ESTUDOS SOBRE CONCESSÕES
E OUTROS ACTOS DA ADMINISTRAÇÃO

DIOGO FREITAS DO AMARAL • LINO TORGAL

ESTUDOS SOBRE CONCESSÕES
E OUTROS ACTOS DA ADMINISTRAÇÃO

(Pareceres)

ALMEDINA

TÍTULO:	ESTUDOS SOBRE CONCESSÕES E OUTROS ACTOS DA ADMINISTRAÇÃO
AUTORES:	DIOGO FREITAS DO AMARAL e LINO TORGAL
EDITOR:	LIVRARIA ALMEDINA – COIMBRA www.almedina.net
LIVRARIAS:	LIVRARIA ALMEDINA ARCO DE ALMEDINA, 15 TELEF. 239 851 900 FAX 239 851 901 3004-509 COIMBRA – PORTUGAL livraria@almedina.net LIVRARIA ALMEDINA – PORTO R. DE CEUTA, 79 TELEF. 222 059 773 FAX 22 2039497 4050-191 PORTO – PORTUGAL porto@almedina.net EDIÇÕES GLOBO, LDA. R. S. FILIPE NERY, 37-A (AO RATO) TELEF. 213 857 619 FAX 213 844 661 1250-225 LISBOA – PORTUGAL globo@almedina.net LIVRARIA ALMEDINA ATRIUM SALDANHA LOJA 71 A 74 PRAÇA DUQUE DE SALDANHA, 1 TELEF. 213 712 690 atrium@almedina.net LIVRARIA ALMEDINA – BRAGA CAMPOS DE GUALTAR, UNIVERSIDADE DO MINHO, 4700-320 BRAGA TELEF. 253 678 822 braga@almedina.net
EXECUÇÃO GRÁFICA:	G.C. – GRÁFICA DE COIMBRA, LDA. PALHEIRA – ASSAFARGE 3001-453 COIMBRA producao@graficadecoimbra.pt
	MARÇO, 2002
DEPÓSITO LEGAL:	177058/02

Toda a reprodução desta obra, por fotocópia ou outro qualquer processo, sem prévia autorização escrita do Editor, é ilícita e passível de procedimento judicial contra o infractor.

PREFÁCIO

O número e a variedade de contratos administrativos celebrados pelo Estado e demais pessoas colectivas públicas, designadamente autarquias locais, têm crescido exponencialmente.

De modo particular, o fenómeno multímodo da privatização da Administração Pública trouxe de volta — e em força — a figura da concessão: concessão de serviços públicos, concessão de obras públicas, concessão de exploração de bens do domínio público, concessão de exploração de jogos de fortuna ou azar, etc..

Mas os problemas jurídicos suscitados em torno destes contratos administrativos não são, em regra, os mesmos que se levantavam algumas décadas atrás. A realidade económica e social alterou-se; a engenharia financeira imaginou novos esquemas; irrompeu o project finance; nasceu o comércio electrónico; abriram-se novos sectores à iniciativa privada, mas em vários casos apenas nos moldes apertados da concessão; surgiram as preocupações, e as intervenções, de ordem ambiental; projectou-se na ordem jurídica interna o Direito Comunitário.

De tudo isto resulta que a casuística dos contratos administrativos é hoje muito diversa: e para problemas novos há que encontrar soluções novas.

Os dez pareceres agora publicados, aqui e ali formalmente retocados, reflectem aquele condicionalismo e esta inovação. Divulgá-los será porventura útil ao público em geral e aos cultores do Direito Administrativo em especial.

Deve porém advertir-se que, embora recentes, os estudos dados à estampa são datados, pelo que, por força da incessante evolução legisla-

tiva, certas questões neles versadas, sobretudo em aspectos de pormenor, poderão ter perdido o sentido que tinham originariamente.

Os co-autores dos referidos pareceres agradecem, sensibilizados, a autorização da publicação concedida pelas entidades citadas nos pareceres que identificam o consulente.

O livro é dedicado aos Netos do primeiro autor e à Mulher, ao Filho e aos Pais do segundo.

Diogo Freitas do Amaral*
Lino Torgal

---

* Agradeço muito reconhecido a excelente colaboração que me deu, nestes pareceres, o Sr. Dr. Lino Torgal.

PLANO

I. CONCESSÃO DE OBRAS PÚBLICAS: DA RESPONSABILIDADE PELO PAGAMENTO DAS EXPROPRIAÇÕES DAS «SALINAS DO SAMOUCO» (*Fevereiro de 1998*)

II. CONCESSÃO DE OBRAS PÚBLICAS: DA NATUREZA DE TÍTULO EXECUTIVO DE UM PARECER DA «COMISSÃO FINANCEIRA DE PERITOS» (*Julho de 1998*)

III. CONCESSÃO DE SERVIÇOS PÚBLICOS MUNICIPAIS: DA ILEGALIDADE DA REFORMULAÇÃO ADMINISTRATIVA DE PROPOSTAS EM CONCURSO PÚBLICO (*Janeiro de 1999*)

IV. CONCESSÃO DE SERVIÇOS PÚBLICOS ESTADUAIS: DEVEM OS TITULARES DE PRÉDIOS ONERADOS COM SERVIDÕES DE GÁS NATURAL SER RESSARCIDOS PELA AFECTAÇÃO DE CABOS DE FIBRA ÓPTICA A TELECOMUNICAÇÕES DE USO PÚBLICO? (*Janeiro de 1999*)

V. CONCESSÃO DE SERVIÇOS PÚBLICOS MUNICIPAIS: CONCEITO DE «TARIFA MÉDIA» E DEFINIÇÃO DE UM LIMITE MÁXIMO À EVOLUÇÃO DO SEU VALOR (*Maio de 1999*)

VI. LICENÇA DE UTILIZAÇÃO DO DOMÍNIO PÚBLICO: CONCORRÊNCIA EM PROCEDIMENTO ATRIBUTIVO DE LICENÇA DE EXTRACÇÃO DE INERTES E MODO DE FISCALIZAÇÃO DESSA ACTIVIDADE (*Julho de 1999*)

VII. CONTRATO DE PRESTAÇÃO DE SERVIÇOS PARA FINS DE IMEDIATA UTILIDADE PÚBLICA: DO AUXÍLIO À CONSTRUÇÃO E GESTÃO DE INFRA-ESTRUTURAS E SERVIÇOS PÚBLICOS MUNICIPAIS (*Março de 2000*)

VIII. CONCESSÃO DE SERVIÇOS PÚBLICOS ESTADUAIS: DA ATRIBUIÇÃO POR AJUSTE DIRECTO DO SERVIÇO DE APOIO À CONTRATAÇÃO ELECTRÓNICA (*Abril de 2000*)

IX. CONCESSÃO DE EXPLORAÇÃO DE JOGOS DE FORTUNA OU AZAR: DA PRORROGAÇÃO DO PRAZO E OUTRAS ALTERAÇÕES DO CONTRATO *(Setembro de 2000)*

X. CONCESSÃO DE OBRAS PÚBLICAS: A QUEM DEVERÃO NOTIFICAR-SE AS DECISÕES DE AVALIAÇÃO DO IMPACTE AMBIENTAL DE LANÇOS DE AUTO-ESTRADA? (*Maio de 2001*)

I
Concessão de obras públicas: da responsabilidade pelo pagamento das expropriações das «Salinas do Samouco»

CONSULTA

Solicita-se o nosso parecer sobre a questão de saber se, à luz das normas por que se rege o *Segundo Contrato da Concessão das Travessias Rodoviárias do Tejo em Lisboa*, que o Estado Português celebrou, em 24 de Março de 1995, com a LUSOPONTE — Concessionária para a Travessia do Tejo em Lisboa, S.A., estará aquele obrigado a suportar os custos que excedam 380 mil contos com as operações de expropriação e recuperação das Salinas do Samouco, bem como sobre outras questões conexas com aquela.

Foram-nos facultados cinco *dossiers* com a seguinte documentação: (1) Legislação; (2) Requerimento de Arbitragem da LUSOPONTE; (3) Documentos anexos ao Requerimento de Arbitragem da LUSOPONTE; (4) Resposta do Estado Português; (5) Documentos anexos à Resposta do Estado Português.

PARECER

I
Introdução

1. Começaremos por recapitular os factos mais relevantes para a compreensão e resolução do problema colocado.

Analisaremos depois o direito aplicável ao caso da consulta. Nesta sede, adoptaremos a seguinte sequência: enquadramento geral do problema (§ 1.°); interpretação da cláusula 73, n.° 2, do *Segundo Contrato da Concessão* (§ 2.°); do (hipotético) erro-vício na formação da vontade de contratar da LUSOPONTE (§ 3.°); da responsabilidade financeira do Estado com a expropriação e recuperação das Salinas do Samouco à luz das regras legais aplicáveis ao *Segundo Contrato da Concessão* (§ 4.°); e, finalmente, enquadramento legal e sentido da repartição contratual entre concedente e concessionária dos encargos com expropriações (§ 5.°).

Por último, apresentaremos as conclusões.

II
Factos

2. A leitura da documentação facultada evidencia os seguintes factos:

a) O Decreto-Lei n.º 220/92, de 15 de Outubro, aprovou a localização da nova ponte sobre o rio Tejo (artigo 1.º) e determinou que a sua realização seria efectuada mediante "contrato de concessão em regime de portagem, a celebrar entre o Estado e uma empresa concessionária a constituir para o efeito" (artigo 2.º, n.º 1);

b) De acordo com o artigo 3.º do mesmo diploma legal, a concessão da concepção, do projecto, da construção, do financiamento, da exploração e da manutenção da Nova Travessia rodoviária sobre o rio Tejo, bem como da exploração e manutenção da Actual Travessia, seria atribuída mediante concurso público internacional (n.º 1), dividido em duas fases (pré-qualificação e apresentação de propostas — n.º 2), realizado na dependência do Ministro das Obras Públicas, Transportes e Telecomunicações (n.º 3) e dirigido pelo GATTEL — Gabinete da Travessia do Tejo em Lisboa (n.º 4);

c) A regulamentação da primeira fase do concurso constaria "de um programa de concurso e de uma «nota informativa», que contém a informação necessária à apresentação de candidaturas, (...)", a aprovar por Portaria dos Ministros das Finanças e das Obras Públicas, Transportes e Telecomunicações (artigo 4.º do Decreto-Lei n.º 220/92);

d) A regulamentação da segunda fase do concurso incluiria um Programa de Concurso e um Caderno de Encargos, a aprovar por Portaria dos Ministros das Finanças e das Obras Públicas, Transportes e Telecomunicações (artigo 6.º do Decreto-Lei 220/92);

e) A regulamentação da "fase de pré-qualificação" foi aprovada pela Portaria n.º 980/92, de 15 de Outubro;

f) A regulamentação da "fase de apresentação de propostas" foi aprovada pela Portaria n.º 366-A/93, de 31 de Março;

g) No artigo 35 do Programa de Concurso, aprovado pela Portaria n.º 366-A/93, previa-se que, após a entrega das propostas, fossem seleccionados pelos Ministros das Finanças e Obras

Públicas, Transportes e Telecomunicações dois concorrentes para uma posterior subfase de negociações dos termos da concessão com o GATTEL;

h) No artigo 41 do mesmo Programa de Concurso estabelecia-se que após a conclusão das negociações, o Estado, através dos Ministros das Finanças e das Obras Públicas, Transportes e Telecomunicações, deveria adjudicar provisoriamente a proposta do concorrente preferido (n.º 1); que a adjudicação provisória converter-se-ia em definitiva mediante a assinatura do contrato de concessão (n.º 2); e que a adjudicação definitiva ficaria dependente "da publicação no Diário da República de decreto--lei aprovando as bases da concessão e de resolução do Conselho de Ministros aprovando a minuta do contrato de concessão, bem como do visto do Tribunal de Contas nela exarado" (n.º 3);

i) Nos termos do artigo 32, n.º 1, do Caderno de Encargos, "a nova travessia deverá entrar em serviço impreterivelmente até ás 24 horas do dia 31 de Março de 1998";

j) Em matéria de expropriações, o Caderno de Encargos determinava que deveriam ser realizadas pela concessionária, "na qualidade de entidade expropriante actuando em nome do Estado", as que fossem necessárias "à execução do conjunto viário que integra a Nova Travessia" (artigo 36, n.º 1), bem como as que se mostrassem precisas "para manter direitos de terceiros no estabelecimento ou restabelecimento de redes, vias de qualquer tipo ou serviços afectados" (artigo 36, n.º 5);

l) Um dos agrupamentos que apresentou a sua candidatura à primeira fase do concurso foi o agrupamento denominado Travessias Rodoviárias do Tejo (doravante agrupamento TRT) — que, ulteriormente, veio a dar origem à LUSOPONTE;

m) Em 13 de Abril de 1993, o agrupamento TRT foi admitido à segunda fase do concurso (apresentação de propostas);

n) Em 4 de Outubro de 1993, o agrupamento TRT (e outros dois dos cinco agrupamentos pré-qualificados) apresentou a sua proposta e, entre outros elementos complementares, os seguintes documentos: (*i*) "estudo prévio da Nova Travessia"; (*ii*) "estudo preliminar de impacto ambiental" (cfr. artigos 12.°, n.° 1, alíneas *b)* e *c)*, e 26.° do Programa de Concurso aprovado pela Portaria n.° 366-A/93);

o) No seu "estudo prévio da Nova Travessia", o agrupamento TRT identificou todos os imóveis necessários à implantação do traçado viário por si proposto — entre os quais se incluíam 4 hectares da área designada "Salinas do Samouco" —, e avaliou o seu valor para efeito de apurar os encargos inerentes à sua aquisição; foi o montante dessa estimativa que veio a ser incluído na proposta financeira integrada no Caso Base apresentado ao Estado e no qual se indicava o valor das taxas de portagem a cobrar aos utentes;

p) No "estudo preliminar de impacto ambiental", em que se deveria descrever genericamente as medidas mitigadoras a observar quer na fase de construção, quer na fase de exploração, nem o agrupamento TRT nem qualquer dos outros concorrentes considerou que a construção ou a exploração da Nova Travessia rodoviária sobre o Tejo implicava a necessidade de proceder à expropriação e recuperação da totalidade da remanescente área das Salinas do Samouco;

q) As propostas (e os documentos que as instruíam e complementavam) apresentadas pelos concorrentes foram analisadas pelo GATTEL, entre os meses de Outubro e Novembro de 1993; com base nessa análise, os Ministros das Finanças e das Obras Públicas, Transportes e Comunicações decidiram admitir à subfase final de negociações (com o GATTEL) o agrupamento TRT e o agrupamento liderado pela sociedade francesa Bouygues;

r) As negociações com os dois concorrentes seleccionados, que deveriam decorrer em paralelo mas com independência (cfr. artigo 36, n.° 3, do Programa de Concurso), iniciaram-se em princípios de Janeiro de 1994;

s) Na pendência dessas reuniões, acordou-se que as propostas financeiras finais dos dois concorrentes deveriam ser apresentadas e entregues ao GATTEL até às 17 horas do dia 3 de Março de 1994 — o que veio a ter, efectivamente, lugar;

t) Entretanto, em 22 de Fevereiro de 1994, teve lugar uma reunião entre representantes do Estado Português e da Direcção-Geral XI da Comissão Europeia; dela resultou que este órgão comunitário, pressionado por organizações ambientalistas internacionais, condicionava a atribuição da verba do Fundo de Coesão que o Estado Português requerera à União Europeia para financiar parte dos custos do projecto de construção da Nova Travessia sobre o rio Tejo à realização da expropriação e recuperação ambiental dos terrenos das Salinas do Samouco;

u) No decurso da sétima ronda negocial, de 4 de Março de 1994, o GATTEL relatou pela primeira vez aos concorrentes o facto referido na alínea anterior, e propôs-lhes que se incumbissem da expropriação e recuperação das Salinas do Samouco para o que deveriam prever uma verba de 380 mil contos, a incluir nos respectivos Casos Base (cfr. Anexo 7 ao Requerimento de Arbitragem);

v) A proposta foi aceite pela LUSOPONTE na mesma reunião (tal como o foi pelo outro concorrente, a Pontejo, na reunião respectiva), "comprometendo-se o Consórcio a incluir aquele montante na definição do «Caso base» a apresentar ao GATTEL" (cfr. Anexo 7);

w) Aquando da formulação da proposta, os representantes do GATTEL: (i) não revelaram à LUSOPONTE os pressupostos em que assentara o cálculo da verba de 380 mil contos indicada como custo previsível das operações de expropriação e de recuperação das Salinas; (ii) não solicitaram à LUSOPONTE que verificasse a correcção dos dados transmitidos; (iii) não indicaram o tipo de trabalhos a desenvolver para promover as obras de recuperação das Salinas; (iv) solicitaram a devolução do Caso Base reformulado com brevidade (cfr. Anexo 7);

x) Em 8 de Março de 1994 (segundo dia útil subsequente a 4 de Março), a LUSOPONTE, correspondendo à solicitação que lhe tinha sido feita, devolveu ao GATTEL o Caso Base reformulado, fazendo-o acompanhar de uma carta na qual, além do mais, se mencionava que "os ajustamentos posteriormente solicitados pelo GATTEL teriam necessariamente de limitar-se à integração dos novos factores acima referidos", sendo que um desses factores era a "necessidade de, por razões ambientais, considerar um investimento adicional de 380.000 contos (...)", orientação essa que "foi rigorosamente observada pela LUSOPONTE" (cfr. Anexo 6 ao Requerimento de Arbitragem);

y) A devolução do Caso Base ao GATTEL não foi antecedida de qualquer avaliação, pelos meios próprios do concorrente LUSOPONTE, das características físicas e da classificação dos solos compreendidos na área das Salinas a expropriar e a recuperar por motivos de protecção ambiental;

z) Em reuniões posteriores a 4 de Março de 1994, as partes discutiram e aprovaram o texto do n.º 2 da cláusula 73 da Minuta do Contrato de Concessão, relativa à expropriação e recuperação das Salinas do Samouco;

a') Na última reunião de negociações, que ocorreu em 14 de Abril de 1994, a LUSOPONTE, correspondendo a uma sugestão feita pelo GATTEL na reunião de 26 de Março de 1994, formulou reservas quanto à redacção da minuta do contrato de concessão mas não da sua cláusula 73, n.º 2, tendo posteriormente rubricado e assinado aquela minuta;

b') A proposta do consórcio LUSOPONTE, tal como resultante das negociações, foi adjudicada provisoriamente por despacho conjunto dos Ministros das Finanças e das Obras públicas, Transportes e Comunicações, de 19 de Abril de 1994 (publicado no *Diário da República*, II Série, n.º 122, de 26 de Maio de 1994);

c') O Decreto-Lei n.º 168/94, de 15 de Junho, atribuiu a concessão "da concepção, do projecto, da construção, do financiamento, da exploração e da manutenção da nova travessia sobre o rio Tejo em Lisboa, bem como da exploração e da manutenção da actual travessia", ao consórcio LUSOPONTE e aprovou, em anexo, as respectivas bases (cfr. artigos 1.º e 2.º);

d') No artigo 3.º deste diploma, e alterando a sequência inicialmente delineada no Decreto-Lei n.º 220/92 e no artigo 41 do Programa de Concurso aprovado pela Portaria n.º 366-A/93 (cfr. *supra* alínea *h)*), determinou-se que a concessão seria, em concreto, estabelecida mediante a celebração de dois contratos: um primeiro — designado *"acordo intercalar"* —, tendo por objecto a elaboração de estudos e projectos da Nova Travessia, bem como de um estudo de impacto ambiental (n.ºs 1 e 2); e um *Segundo Contrato da Concessão*, respeitante à elaboração "dos restantes estudos e projectos e à construção, financiamento, exploração e manutenção da nova travessia e ainda à exploração e manutenção da actual travessia" (artigo 3.º, n.º 3);

e') No que concerne às Salinas do Samouco, referiu-se no preâmbulo do Decreto-Lei n.º 168/94 que "no que respeita à avifauna existente na península de Alcochete e às Salinas do Samouco, ficou já acordado com a concessionária a aquisição de terrenos, a expensas suas, de uma área envolvente à Nova Travessia, destinada à constituição de uma zona de protecção especial"; por outro lado, e em consonância com a minuta previamente acordada, estabeleceu-se no n.º 2 da base LXVIII que "a concessionária obriga-se a expropriar e a recuperar, nos termos do n.º 3, a área designada Salinas do Samouco";

f') O *Acordo Intercalar* foi celebrado em 28 de Julho de 1994; nele se fixaram, entre outras, as seguintes obrigações para a concessionária: (*i*) desenvolver todas as "diligências necessárias à realização das aquisições e expropriações a efectuar por causa directa ou indirecta da concessão, incluindo das causas referidas no n.º 2 da base LXVIII das bases da concessão" (artigo 5.º, n.º 1); (*ii*) custear os "meios necessários à realização das aquisições e expropriações (...) incluindo os inerentes às indemnizações (...)" (artigo 5.º, n.º 2, alínea *f)*, e artigo 6.º, n.º 1);

g') Porém, nos termos do Anexo II ao Decreto-Lei n.º 168/94, respeitante à "estimativa de custos no período intercalar", indicava-se que o montante máximo a despender pela concessionária com expropriações seria, até 31 de Janeiro de 1995 (data prevista para o termo de vigência do *Acordo Intercalar*), 30 mil contos;

h') No decurso das suas diligências tendentes à expropriação das Salinas do Samouco — Verão de 1994 –, a LUSOPONTE teve, pela primeira vez, conhecimento, através da empresa que contratara para elaborar as plantas parcelares e os mapas de expropriações de algumas parcelas das Salinas, que o seu custo total excederia, provavelmente, o valor de 380 mil contos indicado pelo Estado na proposta de 4 de Março de 1994;

i') A LUSOPONTE deu conhecimento imediato dessa informação ao GATTEL;

j') Em reunião de 14 de Dezembro de 1994, o Presidente da Comissão Instaladora do GATTEL, instado a pronunciar-se sobre aquela informação (e suas consequências) por um representante da LUSOPONTE, reconheceu que o Estado Português era responsável perante a LUSOPONTE pelos eventuais custos decorrentes da expropriação e recuperação das Salinas do Samouco que excedessem 380 mil contos;

l') Em 20 de Dezembro de 1994, a LUSOPONTE dirigiu uma carta ao GATTEL na qual referia, entre outros aspectos, a posição que o seu Presidente havia assumido na reunião de 14 de Dezembro de 1994 quanto aos encargos que excedessem 380 mil contos com a expropriação e recuperação das Salinas do Samouco (cfr. Anexo 9 ao Requerimento de Arbitragem);

m') Por carta de 5 de Janeiro de 1995, o Presidente do GATTEL, reportando-se à carta da LUSOPONTE referida na alínea anterior, afirma que "tomou nota de que, no entender da LUSOPONTE, poderá haver lugar a eventuais custos da responsabilidade do Concedente" (cfr. Anexo 10 ao Requerimento de Arbitragem);

n') O Ministro das Obras Públicas, Transportes e Telecomunicações, tendo conhecimento do teor da carta de 20 de Dezembro de 1994 que a LUSOPONTE dirigira ao GATTEL, declarou verbalmente, no início de 1995, que o Estado português era responsável perante a concessionária pelos eventuais custos inerentes às operações de expropriação e recuperação das Salinas do Samouco que excedessem 380 mil contos;

o') O Ministro das Obras Públicas, Transportes e Telecomunicações deu também instruções ao GATTEL para acompanhar de perto os processos de expropriação das Salinas do Samouco;

p') Em 24 de Março de 1995, foi celebrado, em Alcochete, entre o Estado Português e a LUSOPONTE, o *Segundo Contrato da Concessão*;

q') De Março de 1995 a Novembro de 1996, o Estado tomou, entre outras, as seguintes posições no que respeita aos processos de expropriação das Salinas do Samouco: definiu a metodologia que, a esse respeito, deveria ser seguida pela concessionária (cfr. Anexo 11 ao Requerimento de Arbitragem); fez directamente propostas de indemnização a proprietários de terrenos aí situados (cfr. Anexo 27 ao Requerimento de Arbitragem); invocou perante estes dificuldades orçamentais para o efeito de justificar os valores de indemnizações propostos (cfr. Anexo 27 ao Requerimento de Arbitragem); ordenou a um perito a avaliação do custo total da expropriação das Salinas do Samouco;

r') Em reunião de 24 de Janeiro de 1996, o Presidente do GATTEL precisou que a verba de 380 mil contos, que havia sido indicada à LUSOPONTE na proposta de 4 de Março de 1994, se decompunha em duas parcelas: uma, de 250 mil contos, correspondia à estimativa dos encargos com expropriações; e a outra, de 130 mil contos, correspondia à estimativa dos custos dos trabalhos de recuperação ambiental;

s') Em 28 de Maio de 1996, o Presidente do GATTEL escreveu uma carta à LUSOPONTE na qual reconhece, expressamente, que "dada a previsível intervenção financeira neste processo por parte do Estado confirma-se a necessidade do acompanhamento do mesmo por um jurista indicado pelo GATTEL" (cfr. Anexo 27 ao Requerimento de Arbitragem);

t') Em 6 de Novembro de 1996, o Estado português negou, pela primeira vez, a existência de qualquer responsabilidade financeira perante a concessionária relativamente aos custos que excedessem 380 mil contos com as operações de expropriação e de recuperação das Salinas do Samouco (cfr. Anexo 33 ao Requerimento de Arbitragem).

3. *Quid juris?*

III
Direito

§ 1.º
Enquadramento

I — Preliminares

4. A questão principal sobre que foi pedido o nosso parecer é a de saber se, à luz das normas legais e contratuais por que se rege o *Segundo Contrato da Concessão*, o Estado, concedente de obras públicas, está ou não obrigado perante a LUSOPONTE — Concessionária para a Travessia do Tejo em Lisboa S.A., a ressarcir esta sociedade dos custos que, com toda a probabilidade, ela virá a suportar além de 380 mil contos com a expropriação e recuperação das Salinas do Samouco.

Para a resolver, há que determinar o sentido da cláusula 73, n.º 2, do *Segundo Contrato da Concessão*, que dispõe: "A CONCESSIONÁRIA obriga-se a expropriar e a recuperar, nos termos referidos no número 73.3, a área designada Salinas do Samouco, indicada na planta constante do Anexo 20"[1].

---

[1] No n.º 3 da cláusula 73 estabelece-se que: "Para recuperação da área referida no número anterior, a CONCESSIONÁRIA implantará, pelo menos, as seguintes medidas: recuperação de comportas, remoção de lixo, recuperação de desassoreamento de salinas e recuperação de caminhos, muros, portas e vedações".

A letra desta cláusula 73, n.º 2, é, na verdade, duvidosa, pois não permite apurar a responsabilidade financeira de cada uma das partes que subscreveram o *Segundo Contrato da Concessão* com as operações de expropriação e recuperação ambiental das Salinas do Samouco. Dizer que a concessionária se obriga a "expropriar" e a realizar obras de recuperação ambiental não equivale a afirmar que lhe cabe suportar, em definitivo e *in totum*, os encargos inerentes a essas actividades. Tanto pode significar isso, como não, ou seja, que, embora seja obrigação da concessionária "expropriar" e realizar certas obras, os custos decorrentes dessas actividades correm (também) por conta do concedente.

Não vale pois invocar perante ela o brocardo *in claris non fit interpretatio* [2].

Porém, antes de procurarmos fixar o "significado juridicamente relevante" [3] daquela estipulação importa efectuar dois breves excursos em jeito de enquadramento geral do problema. O primeiro, destina-se a apurar a natureza jurídica do *Segundo*

---

[2] Se é que ele é, de todo, invocável. Na verdade, desde há muito que este adágio vem repugnando à jurisprudência e à doutrina dominantes — que o consideram *obsoleto* — por se basear numa leitura formal e literal dos comandos normativos (cfr., por todos, INOCÊNCIO GALVÃO TELLES, *Introdução ao Estudo do Direito*, I, Lisboa, 1997, p. 168 e segs.; e ANTÓNIO CASTANHEIRA NEVES, "Interpretação jurídica", in *Curso de Introdução ao Estudo do Direito*, Coimbra, 1976, p. 4). Como esclarece GALVÃO TELLES, *in claris non fit interpretatio* "é o argumento dos que querem contentar-se com a letra da lei que lhes convém, para evitar interpretação mais profunda, que descubra significação diversa da literal"; acrescentando ainda o mesmo Autor: "(...) semelhante posição é errada: não devemos contentar-nos com a clareza aparente, que pode ser ilusória" (cfr. *Introdução ao Estudo do Direito*, I, p. 168). Também quanto à interpretação dos negócios jurídicos se deve rejeitar o brocardo em causa — cfr. MANUEL DE ANDRADE, *Teoria Geral da Relação Jurídica*, II, Coimbra, 1992 (reimpressão), p. 320.

[3] KARL LARENZ, *Metodologia da Ciência do Direito*, 2.ª ed., Lisboa, 1989, p. 360.

Contrato da Concessão — trata-se de indagação necessária, já que da natureza que lhe atribuamos depende a indicação precisa das regras aplicáveis; o segundo tem por objectivo explicitar o significado das principais regras de interpretação de contratos da natureza do *Segundo Contrato da Concessão*.

II — Qualificação do *Segundo Contrato da Concessão*

5. O objecto do *Segundo Contrato da Concessão* vem definido nas cláusulas 6.ª e 7.ª. Afirma-se no n.º 1 da primeira dessas estipulações que "a Concessão tem por objecto a concepção e projecto, construção, financiamento, exploração e manutenção da Nova Travessia, bem como a exploração e manutenção da Actual Travessia, nos termos definidos no Segundo Contrato da Concessão e nas Bases da Concessão". Por seu turno, escreve-se na cláusula 7.ª que "a Concessão é de obra pública e será explorada em regime de portagem"[4].

Estamos, assim, no caso presente, (também) por força de indicação expressa extraída do próprio texto contratual, diante de um exemplo concreto de uma figura bem conhecida da nossa legislação e dogmática administrativas: o *contrato de concessão de obras públicas*. Com efeito, a sua consagração legislativa e a sua elaboração doutrinária, entre nós e além fronteiras, remontam, *qua tale*, já ao início do século passado[5].

Por outro lado, esta concessão de obras públicas leva associada, *acessoriamente*, uma *concessão de exploração do domínio*

---

[4] Cfr. também o artigo 3.º, n.º 3, do Decreto-Lei n.º 168/94, de 15 de Junho, bem como as Bases II, n.º 3, e III, anexas a este diploma.

[5] Sobre a existência no *Ancién Regime* de procedimentos análogos ao da concessão, cfr. CHRISTIAN BETTINGER, *La Concession de Service Public et de Travaux Publics,* Paris, 1978, p. 2 e segs.; e MARQUES GUEDES, *A Concessão*, I, Coimbra,1954, p. 33 e segs..

público[6], já que, por força da Base IX da Concessão e das cláusulas 13, n.ºs 1 e 2, do *Segundo Contrato da Concessão*, o estabelecimento da concessão constitui uma universalidade pública[7].

6. No actual ordenamento jurídico-positivo português, a concessão de obras públicas perfila-se como um *contrato administrativo*, isto é, como um acordo de vontades "pelo qual é constituída, modificada ou extinta uma relação jurídica administrativa" (artigo 178.º, n.º 1, do CPA)[8].

É-o, em primeiro lugar, por *determinação de lei*: a figura vem prevista na alínea *b*) do n.º 2 do art. 178.º do Código do Procedimento Administrativo [9] (doravante CPA), e no artigo 1.º, n.º 5, do Regime Jurídico das Empreitadas de Obras Públicas[10]

---

[6] Sobre esta figura contratual, hoje prevista na alínea *d)* do n.º 2 do artigo 178.º do CPA, cfr., por todos. MARCELLO CAETANO, "Algumas notas para a interpretação da Lei n.º 2.105", in *Estudos de Direito Administrativo*, Lisboa, 1974, p. 286-287; *Manual de Direito Administrativo*, II, revista e actualizada por DIOGO FREITAS DO AMARAL, 10.ª edição, Coimbra, 1990 (reimpressão), p. 948 e segs.; e FREITAS DO AMARAL, *A Utilização do Domínio Público pelos Particulares*, Lisboa, 1965, pp. 15-16 e 183 e segs.; e *Direito Administrativo*, III, Lisboa, 1989, p. 444-445. No direito estrangeiro, cfr. M. S. GIANNINI, *Diritto Amministrativo*, II, pp. 651 e segs..

[7] Sobre os conceitos de *domínio público* e *universalidades públicas*, cfr. MARCELLO CAETANO, *Manual...*, II, cit., pp. 880 e segs. e 889 e segs.. Sobre a evolução dos diplomas que, entre nós, foram indicando as várias categorias de bens dominiais, cfr. JOSÉ PEDRO FERNANDES, "Domínio Público", in *Dicionário Jurídico da Administração Pública*, IV, Lisboa, 1991, p. 175 e 180-182.

[8] Sobre o significado da expressão *"relação jurídica administrativa"*, cfr. FREITAS DO AMARAL, *Direito Administrativo*, III, pp. 439-440; VIEIRA DE ANDRADE, *Direito Administrativo e Fiscal*, Coimbra, 1994-1995, p. 47; e ESTEVES DE OLIVEIRA/COSTA GONÇALVES/PACHECO DE AMORIM, *Código do Procedimento Administrativo*, 2.ª edição, Coimbra, 1997, p. 811.

[9] Aprovado pelo Decreto-Lei n.º 442/91, de 15 de Novembro, com as alterações introduzidas pelo Decreto-Lei n.º 6/96, de 31 de Janeiro.

[10] Aprovado pelo Decreto-Lei n.º 405/93, de 10 de Dezembro, com as alterações introduzidas pelo Decreto-Lei n.º 101/95, de 19 de Maio.

(doravante REOP), como um exemplo daqueles acordos de vontades disciplinados pelo Direito Administrativo[11]. Aliás, trata-se mesmo de um contrato que já constava do elenco — durante muitos anos considerado taxativo por alguns, quer para efeitos substantivos quer para efeitos contenciosos[12] e, por outros, ao invés, meramente exemplificativo[13] — dos contratos administrativos contido no § 2.º do artigo 815.º do Código Administrativo de 1936-1940[14].

E é-o, depois, por *natureza*: tem por objecto a transferência para um particular do exercício de uma actividade pública legalmente reservada à Administração, e que o concessionário desempenhará por sua conta e risco, mas no interesse geral. No caso concreto, trata-se de transferir para um particular o exercício da actividade de conceber, construir e, ulteriormente, explorar *obras públicas*[15].

7. A principal consequência da qualificação do contrato de concessão de obras públicas e, concretamente, do *Segundo Contrato da Concessão*, como um contrato administrativo é a da sua

---

[11] O contrato de concessão de obras públicas é também referido como um exemplo de contrato administrativo no elenco constante do n.º 2 do artigo 9.º do Estatuto dos Tribunais Administrativos e Fiscais (doravante ETAF), aprovado pelo Decreto-Lei n.º 129/84, de 27 de Abril.

[12] Cfr. neste sentido, por todos, MARCELLO CAETANO, *Manual de Direito Administrativo*, I, 10.ª ed., Coimbra, 1990 (reimpressão), p. 586.

[13] Cfr. neste sentido, MELO MACHADO, *Teoria Jurídica do Contrato Administrativo*, Coimbra, 1937, pp. 77 e segs.; e FREITAS DO AMARAL, *A Utilização do Domínio Público pelos Particulares*, p. 184 e segs..

[14] Sobre os termos gerais dessa controvérsia, cfr. FREITAS DO AMARAL, *Direito Administrativo*, III, p. 425 e segs..

[15] Cfr. FREITAS DO AMARAL, "Apreciação da dissertação de doutoramento do Lic. J. M. Sérvulo Correia: Legalidade e Autonomia Contratual nos Contratos Administrativos", in *Revista da Faculdade de Direito da Universidade de Lisboa*, ano XXIX, 1988, p. 166 e segs.

submissão a um regime jurídico-administrativo, quer no plano substantivo quer no plano adjectivo.

No plano substantivo, o *Segundo Contrato da Concessão* rege-se, para além das cláusulas nele expressamente estipuladas e pelas "Bases da Concessão" (cláusula 4.ª, n.º 2, alínea *a)*), pela demais "legislação aplicável em Portugal" (cláusula 4.ª, n.º 2, alínea *b)*). De entre esta, merece destaque a Constituição (artigo 266.º) e, no plano da lei ordinária, o CPA (especialmente os princípios gerais e os artigos 178.º e segs.).

No plano adjectivo, a qualificação administrativa deste contrato implica, como é sabido, a atribuição de competência aos tribunais administrativos para conhecer os litígios a ele respeitantes (cfr. o artigo 212.º, n.º 3, da Constituição, e os artigos 9.º e 51.º, alínea *g)*, do ETAF, e 71.º e 72.º da Lei de Processo dos Tribunais Administrativos — doravante LEPTA). Poderá, no entanto, a resolução de certo tipo de litígios emergentes de relações contratuais jurídico-administrativas ser cometida a tribunais arbitrais (cfr., o artigo 209.º, n.º 2, da Constituição, e os artigos 2.º, n.º 2, do ETAF, 1.º, n.º 4, da Lei n.º 31/86, de 31 de Outubro, e 188.º do CPA). É essa, aliás, a situação do litígio a que respeitam os problemas jurídicos em análise neste parecer (cfr. cláusula 111 do *Segundo Contrato da Concessão*).

8. O mencionado artigo 1.º, n.º 5, do REOP (de 1993) dá-nos mesmo uma definição legal do contrato de concessão de obras públicas. Na verdade, diz esta disposição que "entende-se por concessão de obras públicas o contrato administrativo pelo qual alguém se encarrega de executar e explorar uma obra pública, cobrando aos utentes as taxas que forem devidas". Trata-se de uma noção que segue de muito perto aquela que apresentámos, em 1989, no III volume do nosso *Direito Administrativo*. Aí se disse, de facto, que a concessão de obras públicas é o "contrato administrativo pelo qual um particular se encarrega de executar e explorar uma obra pública, mediante retribuição a

obter directamente dos utentes, através do pagamento por estes de taxas de utilização"[16]. Ao enunciá-la, dizêmo-lo hoje, tivemos sobretudo a preocupação de não procurar distinguir no seio desta figura, ao contrário do que fazia Marcello Caetano [17], diferentes espécies ou modalidades de concessões de obras públicas, parecendo-nos mais prudente, atenta a dificuldade em delimitar com clareza as fronteiras das várias concessões administrativas típicas, apresentar uma noção abrangente. Preocupação essa, aliás, que, também em face da evolução registada ao nível do direito positivo, se revelou acertada. Com efeito, estabeleceu-se na alínea *d)* do n.º 1 do art. 1.º da Directiva 93/37/CEE que a concessão de obras públicas é o contrato "que apresenta as mesmas características de *a)* (a empreitada de obras públicas), com excepção de que a contrapartida das obras consiste quer unicamente no direito de exploração da obra quer nesse direito acompanhado do pagamento de um preço". Na noção comunitária da figura, e ao contrário do que fez o nosso legislador, não se circunscreve, pois, a contrapartida da Administração pela execução privada das obras públicas à permissão da sua exploração pelo particular mediante a cobrança de taxas aos utentes. Essa contrapartida, aí, pode consistir quer somente no direito de explorar a obra — cobrando-se ou não taxas aos utentes — quer nesse direito acompanhado "do pagamento de um preço". Ora, sendo assim, cabe reconhecer que há um aspecto na nossa definição (e na definição legal) que deverá ser objecto de uma revisão, a saber, o que diz respeito ao *modo de remuneração do concessionário*. Na verdade, a cobrança de taxas junto dos utentes da obra já não pode ser hoje apresentada como o modo exclusivo de remuneração do concessionário de obras públicas, sendo apenas um de entre os vários possíveis: *v.g.*, auxílios financeiros prestados pelo concedente ou por terceiros;

---

[16] FREITAS DO AMARAL, *Direito Administrativo*, III, p. 442.
[17] Cfr. *Manual*, II, p. 1011.

receitas de publicidade, etc. [18]. Será porventura ainda o principal modo de remuneração do concessionário, sê-lo-á, certamente, aliás, no *Segundo Contrato da Concessão* (cfr. cláusulas 7, *in fine*, 57 e 58), mas já não é, de todo, o único.

Com a introdução na noção comunitária de concessão de obras públicas da possibilidade de o co-contratante se remunerar também através do pagamento de um preço pela Administração esbateu-se ligeiramente a fronteira que tradicionalmente existia entre este contrato e o contrato de empreitada de obras públicas. Sugere Philippe Godfrin que o critério distintivo entre os dois deverá doravante ser o do carácter preponderante ou não do preço pago pela Administração ao particular: com efeito, se na concessão de obras públicas "não está necessariamente excluído um financiamento público, este não deve ser preponderante, sob pena de o contrato não se dever qualificar como concessão mas sim como empreitada de obras públicas"[19]. Não é diferente a proposta de Sue Arrowsmith: "não será uma concessão aquele contrato em que o direito de exploração da obra tenha um valor negligenciável, isto por força de um princípio *de minimum*"[20].

9. Mas não é este o local para procedermos à reconstrução teórica da definição da figura da concessão de obras públicas.

Acrescentaremos apenas três notas mais.

Por um lado, atendendo aos termos de uma importante classificação dos contratos administrativos que adiante teremos

---

[18] Também neste sentido, cfr. PIERRE DELVOLVÉ, "La Concession de Service Public et le Droit Communautaire", in *La Concession de Service Public face au Droit Communautaire*, Paris, 1992, p. 109.

[19] PHILIPPE GODFRIN, *Droit administratif des biens*, 5.ª ed., Paris, 1997, p. 226.

[20] SUE ARROWSMITH, *The Law of Public and Utilities Procurement*, Londres, 1996, p. 355, nota 5.

necessidade de convocar [21] — com acolhimento legal no artigo 185.º do CPA —, a concessão de obras públicas é um *contrato com objecto passível de acto administrativo*. Como ensinava Marcello Caetano, "não há nexo necessário entre a transferência de poderes e determinada forma, isto é, nada há que logicamente imponha ser a concessão só possível por contrato ou só por acto administrativo"[22]. E, assim, se "(...) nuns casos a transferência é precedida de demoradas negociações tendentes a precisar os termos em que há-de dar-se, e toma a forma de um acordo de vontades cujos efeitos foram livremente determinados pelas partes: estamos então em presença de um nítido contrato (...)"[23]; noutros, "a vontade da Administração manifesta-se singularmente, operando a transferência por mera graça, sem intervenção constitutiva do concessionário, que somente tem a palavra para declarar se sim ou não está disposto a arcar com os encargos da concessão (...). Há aqui um acto administrativo unilateral cuja eficácia depende da aceitação do particular (...)"[24].

Por outro lado, as deficiências de transposição da noção comunitária de concessão de obras públicas — bem patentes na redacção (restritiva) do artigo 1.º, n.º 5, do REOP — podem ser superadas pela atribuição de *efeito directo* [25] à alínea *d)* do n.º 1

---

[21] Que, no plano doutrinário, se fica a dever a SÉRVULO CORREIA, *Legalidade e Autonomia Contratual nos Contratos Administrativos*, Coimbra, 1987, p. 428.

[22] V. "Subsídios Para o Estudo da Teoria da Concessão de Serviços Públicos", in *Estudos de Direito Administrativo*, Lisboa, 1974, p. 97.

[23] "Subsídios Para o Estudo da Teoria da Concessão de Serviços Públicos", cit., p. 97.

[24] "Subsídios Para o Estudo da Teoria da Concessão de Serviços Públicos", cit., pp. 97-98.

[25] Sobre este fenómeno, cfr. MOTA CAMPOS, *Direito Comunitário*, II, 4.ª edição, Lisboa, 1990, p. 290, e a jurisprudência comunitária aí citada. Uma atenção especial deve merecer o Acórdão do Tribunal de Justiça das Comunidades Europeias, de 20 de Setembro de 1988 (Processo n.º 31/87 —

do artigo 1.º da Directiva 93/37/CEE. Isto por forma a submeter todos aqueles contratos de concessão de obras públicas cujo preço não seja determinado apenas em função das taxas que o concessionário cobre junto dos utentes ao regime (nacional e comunitário) aplicável aos contratos de concessão de obras públicas em que a remuneração do co-contratante seja obtida exclusivamente desse modo. Caso contrário, resultará frustrado o objectivo cardinal da aproximação das legislações nacionais nesta matéria visado pela Autoridade Comunitária com a emanação daquela directiva.

Finalmente, a necessária operação doutrinária de reconstrução da noção de concessão de obras públicas à luz do direito constituído de modo algum nos impede de sublinhar que neste contrato se encontram ligados dois elementos essenciais: a execução de obras públicas e a sua posterior exploração. Trata-se, pois, de um contrato que tem uma estrutura complexa de feição dualista. Sem que isso signifique, ao contrário do que entre nós querem, por exemplo, Romano Martínez e Marçal Pujol, que se trate de um contrato *misto* [26]. É que os contratos mistos são contratos *atípicos*[27] e a concessão de obras públicas é um contrato administrativo *típico* e *nominado*; os contratos mistos são, se assim se pode dizer, contratos sem uma "identidade própria", que combinam elementos de figuras de diferentes origens, o que não sucede na concessão de obras públicas, que tem uma personalidade muito própria e autónoma, com mais de século e meio de existência [28].

Gebroeders Beentjes BV contra *Estado dos Países Baixos*, in *Colectânea da Jurisprudência do Tribunal*, Luxemburgo, 1988-8, pp. 4635 e segs.).

[26] V. PEDRO ROMANO MARTINEZ/JOSÉ MANUEL MARÇAL PUJOL, *Empreitadas de Obras Públicas*, Coimbra, 1995, p. 16.

[27] Cfr., por exemplo, ANTUNES VARELA, *Das Obrigações em Geral*, I, 6.ª ed., Coimbra, 1989, p. 273.

[28] Sobre a evolução histórica da figura cfr. MARCELLO CAETANO, *Manual*, II, pp. 1104 e segs..

III — As regras de interpretação do *Segundo Contrato da Concessão*

10. Assente a natureza jurídico-administrativa do *Segundo Contrato da Concessão*, identifiquemos agora as regras que devem presidir à sua interpretação.
Dispõe o proémio do n.º 1 da cláusula 5 desse contrato que, na sua interpretação, valem, em primeiro lugar, "as regras gerais de interpretação"; subsidiariamente, para "as divergências que porventura existam (...), e que não puderem ser sanadas por recurso às regras gerais da interpretação", valem os vários critérios indicados nas diversas alíneas desse n.º 1 e nos seguintes n.ºs 2 e 3 da mesma disposição contratual.
Quais são as "regras gerais de interpretação" dos contratos administrativos?
A respeito da interpretação dos contratos administrativos, estipula-se no n.º 1 do artigo 186.º do CPA que "os actos administrativos que interpretem cláusulas contratuais (...) não são definitivos e executórios". Do n.º 2 do mesmo artigo extrai-se que, salvo no caso de as partes as afastarem expressamente, valem, para a interpretação das cláusulas de contratos administrativos, as disposições gerais fixadas para a interpretação dos negócios jurídicos nos artigos 236.º e seguintes do Código Civil[29]. Por outro lado, o artigo 189.º consigna que "em tudo quanto não estiver expressamente regulado no presente Código são aplicáveis aos contratos administrativos os princípios gerais de direito administrativo e, com as necessárias adaptações, as disposições legais que regulem as despesas públicas e as normas que regulam formas específicas de contratação pública".

---

[29] V. FREITAS DO AMARAL, JOÃO CAUPERS, JOÃO MARTINS CLARO, JOÃO RAPOSO, MARIA DA GLÓRIA DIAS GARCIA, PEDRO SIZA VIEIRA, VASCO PEREIRA DA SILVA, *Código do Procedimento Administrativo Anotado*, 3.ª edição, Coimbra, 1997, p. 314.

Sendo o contrato administrativo de concessão de obras públicas um *negócio jurídico* (bilateral), é lógico que as regras que devam presidir à sua interpretação sejam, em primeiro lugar, as fixadas para a interpretação dos negócios jurídicos em geral nos artigos 236.º e seguintes do Código Civil. Não obstante incluídas neste diploma, tais directrizes devem considerar-se regras gerais aplicáveis a toda a contratação jurídica, seja ela privada ou pública [30/31].

Mas, porque a concessão de obras públicas é, igualmente, um negócio jurídico *administrativo*, um contrato cuja natureza específica determina a sua sujeição a um regime jurídico distinto do aplicável à generalidade dos outros contratos, poderá e deverá o intérprete, por força da remissão que o artigo 189.º do CPA faz para os princípios gerais de direito administrativo, ter de introduzir, pontualmente, um ou outro desvio àquelas regras gerais do Código Civil.

Será pois da combinação daquelas regras gerais do Código Civil com os princípios gerais de direito administrativo que resultarão as directrizes a observar na interpretação do *Segundo Contrato da Concessão*.

Não é este, evidentemente, o local adequado para descrever o regime contido naqueles preceitos do Código Civil[32]. Consi-

---

[30] É também a solução defendida no ordenamento francês pela doutrina dominante. Cfr., por todos, LAUBADÈRE, MODERNE e DELVOLVÉ, *Traité des Contrats Administratifs*, I, Paris, 1983, p. 701 e segs..

[31] Do mesmo modo que as regras de interpretação da lei, sem embargo de, por razões históricas, estarem formalmente inscritas no Código Civil (cfr. artigos 9.º e segs.), presidem também à determinação do significado de normas de natureza não civil, comercial ou laboral.

[32] Sobre a matéria da interpretação do negócio jurídico, cfr., entre nós, PIRES DE LIMA e ANTUNES VARELA, *Código Civil Anotado*, I, colaboração de HENRIQUE MESQUITA, 3.ª edição, Coimbra, 1987, *sub* artigo 236.º e artigos segs.; MOTA PINTO, *Teoria Geral do Direito Civil*, 3.ª edição, Coimbra, 1985, pp. 444 e segs.; DIAS MARQUES, *Noções Elementares de Direito Civil*, com a

dera-lo-emos pois à medida que isso se tornar necessário para a análise do nosso problema.

Importa, contudo, perguntar desde já: que princípios específicos do direito dos contratos administrativos se poderão e, eventualmente, deverão ponderar especialmente na interpretação do *Segundo Contrato da Concessão*?

11. Ensinava Marcello Caetano que na interpretação dos contratos administrativos era necessário atender aos seguintes princípios decorrentes da sua natureza peculiar: (1) tipicidade; (2) relevância do procedimento pré-contratual para apurar a vontade real das partes; (3) colaboração subordinada do particular com a Administração; (4) protecção do interesse privado do co-contratante; (5) natureza opinativa dos actos administrativos interpretativos de cláusulas contratuais[33].

Nem todos estes princípios apontados pelo ilustre administrativista mantêm hoje plena actualidade. Primeiro, basta lembrar que o quadro legal actual consagra uma definição material de contrato administrativo (cfr. artigos 178.º, n.º 1, do CPA e 9.º, n.º 1 do ETAF). Ao lado dos tradicionais contratos típicos (cfr. artigo 178.º, n.º 2, do CPA) existe, pois, uma infinidade de contratos *atípicos*. Logo, não se pode apontar a *tipicidade* dos negócios jurídico-administrativos como a primeira regra *geral* a ter em conta na respectiva interpretação. Depois, nem todos os contratos administrativos são, hoje, quanto à sua causa-função, *contratos de colaboração*, isto é, contratos que visam associar um particular ao desempenho regular de atribuições administrativas. A seu lado coexistem, como também é sabido, *contratos de atribu-*

---

colaboração de PAULO ALMEIDA, 7.ª edição, Lisboa, 1992, pp. 67 e segs.; MENEZES CORDEIRO, *Teoria Geral do Direito Civil*, II, Lisboa, 1989, pp. 175 e segs.; e CARVALHO FERNANDES, *Teoria Geral do Direito Civil*, II, Lisboa, 1983, pp. 462 e segs..

[33] MARCELLO CAETANO, *Manual...*, I, cit., p. 610 e segs..

ição ³⁴. Assim, também não se pode hoje indicar indiscriminadamente como regra *geral* da hermenêutica da contratação jurídico-administrativa a ideia de que "o contraente particular se devotou, por definição, à realização dos interesses públicos, *associando-se à Administração para colaborar com ela e submetendo-se às leis e regulamentos que exprimam a disciplina normativa da actividade necessitada pelo fim visado*" (sublinhado nosso)³⁵. Esta directriz hermenêutica valerá apenas para alguns contratos administrativos.

Dos princípios apontados por aquele Professor, parecem ainda, no entanto, plenamente válidos, além do que consta do artigo 186.º, n.º 1, do CPA, os seguintes: (1) especial relevância do procedimento pré-contratual para apurar a vontade real das partes; (2) respeito pelo interesse privado do contraente particular. E, para além do seu *alcance pleno*, estes dois últimos são, de resto, também aqueles que mais impressivos se mostram. Vejamos, por isso, brevemente, o seu significado.

12. Depois de lembrar que "por via de regra os contratos administrativos se formam ao longo de um processo gracioso no qual são produzidos vários actos preparatórios cujo conhecimento é indispensável à compreensão do acordo final"³⁶, esclarecia Marcello Caetano que "as dúvidas sobre o que foi definitivamente estipulado quando as cláusulas contratuais sejam obscuras podem nesses casos ser esclarecidas através do exame do anúncio do concurso e do respectivo programa, do caderno de encargos, da acta da sessão de abertura das propostas, do

---

[34] Classificando os contratos administrativos — segundo a sua causa-função — em contratos de colaboração e de atribuição — sendo estes últimos "aqueles que têm por causa-função atribuir uma certa vantagem ao co-contratante da Administração" —, cfr. SÉRVULO CORREIA, *Legalidade e Autonomia Contratual nos Contratos Administrativos,* cit., p. 420 e segs..

[35] MARCELLO CAETANO, *Manual,* I, p. 611.

[36] MARCELLO CAETANO, *Manual,* I, p. 610.

texto da proposta sobre que recaiu a adjudicação definitiva, das reclamações formuladas no processo pelo adjudicatário e decisões sobre elas tomadas, da minuta do contrato..."[37]. O exame destes elementos do procedimento pré-contratual[38] "revelará porventura a vontade real das partes, tal como se manifestou no seu decurso, de maneira a esclarecer dúvidas formadas acerca do significado de expressões do contrato final"[39].

Não é diferente a lição dos mais categorizados autores estrangeiros em matéria de contratos administrativos. Citem-se dois exemplos da doutrina francesa. Assim, Laubadère, Moderne, Delvolvé afirmam que na interpretação dos contratos administrativos importa, acima de tudo, apurar a *vontade comum das partes* sendo que, para o efeito, é lícito recorrer, entre outros, aos elementos preparatórios do contrato[40]. Laurent Richer observa, por seu turno, que para se superar a ambiguidade ou a insuficiência de uma cláusula contratual o intérprete deverá procurar determinar qual foi a *intenção comum das partes*, a qual "deverá prevalecer sobre a interpretação literal do contrato" [41]. Assim, "não podem ser invocados em sentido contrário à intenção comum das partes nem o «sentido literal dos termos» do contrato nem um erro de redacção" [42]. Para determinar aquela intenção comum das partes, refere o mesmo Autor que "é possível recorrer aos trabalhos preparatórios de elaboração do contrato ou, mais frequentemente, à interpretação que as partes hajam adoptado posteriormente" [43].

---

[37] MARCELLO CAETANO, *Manual*, I, p. 610-611.

[38] Indicados pelo Autor sem quaisquer pretensões de exaustividade — como se pode inferir das reticências empregues.

[39] MARCELLO CAETANO, *Manual*, I, p. 611.

[40] LAUBADÈRE, MODERNE e DELVOLVÉ, *Traité des Contrats Administratifs*, I, p. 701 e segs..

[41] LAURENT RICHER, *Droit des Contrats Administratifs*, p. 173.

[42] LAURENT RICHER, *Droit des Contrats Administratifs*, p. 173.

[43] LAURENT RICHER, *Droit des Contrats Administratifs*, p. 173.

13. Por outro lado, referia Marcello Caetano que na interpretação dos contratos administrativos "há que considerar a posição de interesse privado do contraente particular"[44], ou seja, "muito embora o contraente particular seja sempre um colaborador na realização do interesse público, o seu interesse privado deve ser respeitado na medida em que os termos do contrato o imponham e que a realização integral dos fins administrativos o exija, segundo a lógica da livre vinculação contratual"[45]. E acrescentava: "a destruição do interesse privado do contraente particular não só não pode estar estabelecida no contrato, como seria contrária ao espírito da estipulação contratual: o interesse do particular é um incentivo da eficácia da actuação que, por via de contrato, a Administração quis aproveitar em seu benefício e que é preciso manter por se ter reconhecido advirem daí vantagens recíprocas. Tratando-se de contratos onerosos vale aqui a regra prescrita no artigo 237.º do Código Civil para a interpretação dos negócios jurídicos dessa espécie, mandando atender ao sentido que conduzir ao «maior equilíbrio das prestações» (...)"[46]. Transcreva-se, finalmente, a seguinte passagem do I volume do *Manual*: "em todo o contrato administrativo, havendo por definição uma colaboração livre e remunerada do particular com a Administração, tem de se pressupor o equilíbrio das prestações: o particular prestará serviços ou entregará bens mediante as vantagens que estão asseguradas pelo acordo que estipulou. O contrato assenta, pois, numa determinada equação financeira (os encargos assumidos por um dos contraentes correspondem às vantagens prometidas pelo outro), e as relações contratuais têm de desenvolver-se na base do equilíbrio estabelecido no acto da estipulação"[47].

---

[44] MARCELLO CAETANO, *Manual*, I, p. 611.
[45] MARCELLO CAETANO, *Manual*, I, p. 611.
[46] MARCELLO CAETANO, *Manual*, I, p. 612.
[47] MARCELLO CAETANO, *Manual*, I, p. 613.

14. No fundo, não se afastam muito estas regras específicas de interpretação dos contratos administrativos das directrizes gerais fixadas nos já referidos preceitos do Código Civil. Também aí não se exclui, por um lado, que na indagação da vontade real das partes se atenda a elementos retirados da fase da formação do negócio[48] e, por outro, estabelece-se no artigo 237.° desse diploma a regra de que, se existirem dúvidas quanto à interpretação de determinada cláusula de um negócio jurídico oneroso, se deverá perfilhar aquele sentido que se mostre ser o mais equilibrado. Todavia, a respeito desta última regra cumpre sublinhar que, enquanto na lei civil ela assume um carácter supletivo, diferentemente, no Direito Administrativo, ela tem um lugar de primeiro nível, não vendo a sua aplicação condicionada pela não efectividade prática de outras regras interpretativas.

Em suma, as duas regras interpretativas dos contratos administrativos cujo conteúdo enunciámos, não sendo embora verdadeiramente originais, ganham aí, no entanto, uma especial relevância e intensidade, já porque a celebração desses contratos é normalmente antecedida de uma fase formativa longa e extensamente documentada, já porque são contratos que, regra geral, envolvem elevados sacrifícios patrimoniais para ambas as partes.

---

[48] Afirmando existir um princípio de liberdade de averiguação e de selecção dos elementos relevantes para apurar o sentido do negócio, cfr. CARVALHO FERNANDES, *Teoria Geral do Direito Civil*, II, p. 465.

§ 2.º
A interpretação da cláusula 73, n.º 2, do Segundo Contrato da Concessão

I — Exame do procedimento pré-contratual

15. Como "o sentido de todas e cada uma das cláusulas do negócio não pode ser determinado com abstracção das demais circunstâncias que rodearam a sua celebração"[49], que ilações podemos retirar do exame do procedimento pré-contratual para o efeito de apurarmos qual foi a intenção comum das partes no que toca ao financiamento dos custos das operações de expropriação e recuperação das Salinas do Samouco previstas na cláusula 73, n.º 2, do *Segundo Contrato da Concessão*?

O Decreto-Lei n.º 220/92, de 15 de Outubro, o Anúncio do Concurso, o Programa de Concurso e o Caderno de Encargos não são positivamente esclarecedores a esse respeito.

Por uma razão simples: a questão da necessidade da expropriação e recuperação das Salinas do Samouco surgiu, pela primeira vez, na reunião de 4 de Março 1994 entre representantes do Estado e dos concorrentes, quando aqueles referiram a condição que a União Europeia estabelecia para atribuir ao Estado Português o subsídio que este lhe pretendia requerer para financiar parte dos custos do projecto de construção da Nova Travessia sobre o rio Tejo.

Nem por isso escasseiam os elementos cuja ponderação assume elevado interesse para o esclarecimento da questão ora em apreço.

Pelo contrário: tal é a sua variedade, que podemos até distinguir, de entre eles, os que se encontram documentados e os que o não estão.

---

[49] Cfr. DIAS MARQUES, *Noções Elementares...*, p. 69.

No que respeita aos primeiros, relevam: (1) a acta da reunião entre o GATTEL e os concorrentes de 4 de Março de 1994; (2) a carta de 8 de Março de 1994 dirigida pelo concorrente LUSOPONTE ao GATTEL; (3) a carta dirigida pela LUSOPONTE, em 20 de Dezembro de 1994, ao GATTEL; (4) a resposta do GATTEL à carta de 20 de Dezembro de 1994 da LUSOPONTE, de 5 de Janeiro de 1995.

No que concerne aos segundos, destacam-se o teor das declarações verbais do Presidente do GATTEL de 14 de Dezembro de 1994, e do Ministro das Obras Públicas, Transportes e Comunicações, de Janeiro de 1995.

Anasilêmo-los pela ordem indicada.

16. As mencionadas acta da reunião de 4 de Março de 1994 e carta da LUSOPONTE ao GATTEL de 8 do mesmo mês revestem, a nosso ver, uma importância decisiva para determinar a intenção comum das partes a propósito desta questão controvertida da sua responsabilidade financeira com as operações de expropriação e recuperação das Salinas do Samouco. No primeiro destes documentos dá-se conta, como já sabemos, dos termos da proposta que o Estado fez ao concorrente LUSOPONTE, bem como da subsequente aceitação da mesma por este. Do segundo, infere-se o entendimento que a LUSOPONTE fez da proposta que lhe foi dirigida: que a sua responsabilidade financeira com essas operações teria como limite máximo o montante de 380 mil contos indicado pelo Estado[50]. Ora, será que o entendimento da LUSOPONTE coincidiria com aquele "que um declaratário normal, colocado na posição do real declaratário", poderia "deduzir do comportamento do declarante" (artigo 236.º, n.º 1, do Código Civil)?

Afirmamos convictamente que sim.

---

[50] V. *supra*, II, alínea *x)*, os excertos relevantes dessa carta.

Por três ordens de razões: pela *especial autoridade do declarante*, pelos *termos da própria declaração* e pelo *contexto em que a declaração surgiu*. Vejamos.

— Quando na comunidade jurídica alguém propõe a outrem, no quadro da formação de um contrato, a realização, por determinado montante, desta ou daquela operação, é mais do que legítimo ao declaratário crer que o declarante fala a sério, isto é, que, compreendendo e querendo aquilo que diz, tem consciência de que, caso ele (declaratário) aceite, o montante a despender por si corresponde ao que indicado pelo proponente, não mais. Isto, ou não vivêssemos nós, como lembra Baptista Machado, numa comunidade de pessoas responsáveis em que "a toda a conduta (conduta significativa, comunicativa) é inerente uma «responsabilidade» — no sentido de um «responder» pelas pretensões de verdade, de rectitude ou de autenticidade inerentes à mensagem que essa conduta transmite"[51]. Ainda segundo as palavras do ilustre Professor, "dir-se-ia que este é desde logo o imposto que temos de pagar por pertencermos ao universo das pessoas de juízo, das pessoas com credibilidade"[52]. Ora, quando o proponente é o Estado, o ente público máximo e principal responsável pela função administrativa, uma pessoa constitucional e legalmente vinculada à prossecução do interesse público (cfr. artigos 266.º, n.º 2, da Constituição e 4.º do CPA), uma «pessoa de bem», aquela crença reforça-se pela confiança que inspira (objectivamente) ao declaratário a autoridade e especial posição de credibilidade do declarante[53]. Nestes termos, quando o

---

[51] BAPTISTA MACHADO, "Tutela da confiança e «venire contra factum proprium»", in *Revista de Legislação e Jurisprudência*, n.º 3725, 1984, p. 232.

[52] BAPTISTA MACHADO, "Tutela da confiança e «venire contra factum proprium»", cit., p. 232.

[53] JORGE SINDE MONTEIRO, *Responsabilidade por Conselhos, Recomendações e Informações*, Coimbra, 1989, p. 566.

Estado propõe a realização de certa actividade por 380 mil contos, aquilo que um declaratário normal legitimamente deduzirá dessa declaração é que, se aceitar, será 380 mil, e não outro, o montante máximo que terá de despender.

Portanto, cumpre reconhecer que não seria outro o sentido que um declaratário normal colocado na posição da LUSOPONTE atribuiria à declaração que a esta foi, em 4 de Março de 1994, feita pelo Estado.

— Por outro lado, os próprios termos em que a declaração negocial se encontra formulada também confirmam o sentido que a LUSOPONTE lhe atribuiu e atribui. Com efeito, a proposta em causa não foi acompanhada da indicação dos parâmetros em que assentou o cálculo da verba de 380 mil contos: apenas se referiu ser essa a verba que os concorrentes deveriam prever; por outro lado, o Estado Português não formulou qualquer reserva quanto à correcção ou suficiência da verba indicada na proposta. É o que se pode inferir com segurança do facto de lhes ter solicitado que, depois de reformularem o Caso Base em conformidade com o valor de 380 mil contos, o devolvessem com a possível brevidade. Ora, não se pode pensar que quem requer, como o Estado Português requereu aos concorrentes, a maior rapidez na devolução do Caso Base reformulado em função do novo factor, pudesse estar também à espera que aqueles, antes de o fazerem, verificassem, *in loco*, de acordo com procedimentos de avaliação morosos e complexos, como são os utilizados para essas avaliações, quanto aos mais de 390 hectares das Salinas do Samouco que estavam em causa, a (in)justeza ou (in)correcção do valor transmitido. Para mais, sabendo-se que, nos termos do artigo 32, n.° 1, do Caderno de Encargos, a Nova Travessia deverá estar concluída improrrogavelmente até ao dia 31 de Março de 1998.

— Finalmente, milita ainda neste sentido a análise do próprio contexto em que surgiu a proposta dos representantes do

Estado. A questão da expropriação e recuperação das Salinas do Samouco apareceu, como se disse, quando, de acordo com a calendarização acordada, já não era suposto as partes andarem a negociar aspectos financeiros das suas propostas [54]. "Fora da ordem do dia", o Estado veio, em 4 de Março de 1994, propor de surpresa aos concorrentes a assunção por estes de um encargo "extra" em relação aos que constavam já do caderno inicialmente posto a concurso. O Estado surpreendeu assim os concorrentes com uma proposta pela qual se lhes pedia que aceitassem fazer as expropriações que a ele Estado a União Europeia exigira que garantisse sob pena da não atribuição do subsídio pretendido e, em última instância, sob pena de não se construir qualquer Nova Ponte sobre o rio Tejo. (Cenário este que, convenhamos, e entre tantas outras coisas, com uma Exposição Mundial a realizar em 1998, em Lisboa, não era muito animador). Tratava-se portanto de uma proposta que, atento o momento em que se encontrava o desenvolvimento do concurso, dificilmente qualquer dos concorrentes em disputa estaria em posição de declinar. Não obstante, o Estado não poderia ignorar que, caso a aceitassem, os concorrentes o fariam a título excepcional, já que estavam a assumir a realização de actividades que não constavam da regulamentação inicial do concurso e que não se integravam na prossecução (directa ou indirecta) do objecto da concessão.

Daí que, também em função da sua origem algo "atribulada" e, concomitantemente, do seu objecto se pode concluir que um declaratário normal, colocado na posição do real declaratário, a LUSOPONTE, jamais interpretaria a declaração do Estado de 4 de Março de 1994 no sentido de ela significar a atribuição ao concorrente do risco do erro da previsão da verba de 380 mil contos indicada.

---

[54] Cfr, *supra*, parte II, alínea *s)*.

Duas palavras mais.

A primeira, para sublinhar que a importância decisiva que acima atribuímos à carta que em 8 de Março a LUSOPONTE dirigiu ao GATTEL não se deve apenas ao facto de ela ser bem reveladora do modo como a concessionária entendeu a proposta que este lhe formulara em 4 de Março de 1994 (entendimento que, como vimos, coincidiria aliás com o de um declaratário normal colocado na sua posição); tal importância reside também na circunstância de, a partir do momento em que o GATTEL tomou conhecimento do seu teor (nos dias subsequentes a 8 de Março), se poder afirmar, por um lado, que, também à luz do padrão da *normalidade do declaratário* (artigo 236.°, n.° 1, do Código Civil), este ficou a saber (ainda antes da adjudicação provisória da proposta — de Abril de 1994) qual era a posição (clara) da LUSOPONTE em matéria de responsabilidades financeiras por si assumidas com a expropriação e recuperação das Salinas do Samouco (limitadas ao montante máximo de 380 mil contos) e, por outro, que se conformou com a mesma, já que não formulou qualquer tipo de objecções ou reservas quanto à sua (in)correcção ou (im)pertinência.

A segunda palavra, para deixar bem claro que, mesmo que por absurdo não se atribuísse aos documentos (pré-contratuais) de 4 e de 8 de Março de 1994 o relevo que lhes atribuímos como elementos demonstrativos da vontade real da LUSOPONTE (no sentido de limitar ao montante máximo de 380 mil contos a sua responsabilidade financeira com a expropriação e recuperação das Salinas do Samouco), certo é, no entanto, que, como o *mútuo consenso* (isto é, a fusão das declarações de vontade das partes) apenas ocorreu em 24 de Março de 1995, com a assinatura, em Alcochete, do *Segundo Contrato da Concessão* (só nesta data ocorrendo, portanto, a transferência para o particular de poderes legalmente reservados ao Estado), existem ainda outros importantes elementos extraídos do procedimento pré-contratual que, como também já referimos, revelam claramente, *beyond any reasonable doubt*, qual era, àquela data, o montante máximo que a LUSOPONTE estava disposta a despender com as mencionadas operações, bem como que o Estado Português conhecia essa sua vontade.

17. Na verdade, já vimos que, após o Verão de 1994, depois de discutido e aprovado o texto da cláusula 73, n.º 2, depois de adjudicada provisoriamente a proposta, e depois de aprovadas as bases da concessão, quando a LUSOPONTE, em execução da obrigação que para ela decorria do *Acordo Intercalar* no sentido de promover as diligências necessárias para concretizar a aquisição dos terrenos situados na área das Salinas, soube, pela primeira vez, que os custos inerentes a essas aquisições poderiam eventualmente exceder o montante inicialmente estimado e proposto pelo GATTEL, ela deu disso conhecimento aos representantes do concedente. E sabemos também que, ao mesmo tempo, aproveitou o ensejo para explicitar o entendimento que sempre tivera sobre as responsabilidades financeiras que assumira nesse contexto. Resulta isso, particularmente, da carta que, em 20 de Dezembro de 1994, a LUSOPONTE dirigiu ao GATTEL. Aí se refere na verdade a posição que o Presidente desta entidade tomou numa reunião que teve lugar seis dias antes, qual foi a de declarar que o eventual custo que excedesse o valor que havia sido indicado em 4 de Março de 1994 pelo GATTEL seria objecto de uma compensação a pagar pelo Estado à concessionária.

Como é que os representantes do Estado reagiram a esta missiva?

Sintomaticamente, não reagiram.

Do mesmo modo, na sua carta de 5 de Janeiro de 1995, o GATTEL evita tomar posição sobre a questão declarando apenas, laconicamente, que tomara "nota de que, no entender da LUSOPONTE, poderá haver lugar a eventuais custos da responsabilidade do Concedente relativamente às (...) expropriações da área designada «salinas do Samouco»".

Ora, se o Estado fosse abertamente contra a interpretação que a LUSOPONTE fazia acerca do limite máximo das suas responsabilidades financeiras quanto à expropriação e recuperação das Salinas do Samouco, normal seria que o manifestasse nesta altura em que a LUSOPONTE lhe revelava de forma inequívoca a sua posição sobre o assunto. Por outras palavras: se da sua parte houvesse discordância, teria pois sido claramente esse o momento adequado para a dar a conhecer, já que não eram "neutras", sobretudo no plano financeiro, as consequências que daquela leitura da concessionária poderiam derivar para o Estado.

Não o tendo feito, torna-se legítimo inferir que o concedente, afinal, não discordava do entendimento que a LUSOPONTE tinha do problema: *quis tacet ubi loqui potuit et debuit, consentire videtur.*

18. Por último, ponderemos os elementos não escritos da fase pré-contratual. São eles as declarações verbais do Presidente do GATTEL, de 14 de Dezembro de 1994, ainda há pouco referidas e, por outro lado, as proferidas exactamente no mesmo sentido pelo Ministro das Obras Públicas, Transportes e Comunicações à LUSOPONTE, já em Janeiro de 1995.

Ou seja: quer o responsável máximo da pessoa colectiva competente, nos termos do artigo 3.º, n.º 3, do Decreto-Lei n.º 220/92, para dirigir o concurso público, quer o membro do Governo de quem o GATTEL dependia (mesmo artigo 3.º, n.º 3) — e que era o órgão competente, ao abrigo do artigo 14.º do Decreto-Lei n.º 168/94, para outorgar, "em nome e representação do Estado, os contratos de concessão" -, entenderam, pacificamente, uma vez colocado o problema, que os custos que excedessem os referidos 380 mil contos com a expropriação e recuperação das Salinas do Samouco deveriam ser suportados pelo Estado.

Valerão estas declarações verbais alguma coisa em sede de determinação da vontade das partes, atendendo a que a concessão de obras públicas é um negócio formal (artigo 184.º do CPA) e que os negócios formais estão sujeitos a regras especiais de interpretação (artigo 238.º do Código Civil)?

Claro que sim. Sem embargo do que mais desenvolvidamente adiante se dirá sobre a questão, pode desde já afirmar-se que, em face da lei vigente, "na interpretação de negócios formais é admissível o recurso a elementos exteriores ao contexto do documento"[55], e, portanto, é aqui admissível recorrer à prova testemunhal (cfr. artigo 393.º, n.º 3, do Código Civil).

Deste modo, tais declarações são mais um elemento relevante a considerar em sede de determinação da vontade das partes quanto à questão da repartição dos custos relativos à expropriação e recuperação das Salinas do Samouco. Ponto é que as mesmas se provem. O que, como dissemos, poderá ocorrer através de testemunhas, já que, e como é sabido, nos termos da lei geral do contencioso administrativo, é admissível o recurso à prova testemunhal nas acções sobre interpretação dos contratos administrativos (cfr. artigo 72.º, n.º 1, da LEPTA).

19. Em suma: à luz dos referidos elementos do procedimento pré-contratual, a cláusula 73, n.º 2, do *Segundo Contrato da Concessão* deve ser interpretada no sentido de que a concessionária se obrigou a adquirir os imóveis das Salinas do Samouco e a efectuar neles certas obras de recuperação até ao limite máximo de 380 mil contos. Se este valor ficar aquém do necessário, deverá a concessionária, quanto à diferença, ser compensada pelo concedente.

Pretender que a vontade das partes fosse outra, além de contrário a todos os elementos analisados, seria até, salvo o devido respeito, absurdo. É desrazoável e inverosímil supor que

---

[55] V. PIRES DE LIMA e ANTUNES VARELA, *Código Civil Anotado*, I, *sub* artigo 239.º.

a LUSOPONTE — agrupamento de sociedades composto por alguns dos mais categorizados empreiteiros de obras públicas, estrangeiros e nacionais, bem como por respeitáveis instituições financeiras — tivesse aceitado no próprio dia uma proposta respeitante à aquisição e melhoria de um imóvel — que, para mais, nem se integra nos limites do estabelecimento físico da concessão — ignorando, conscientemente, o montante máximo que, do ponto de vista financeiro, isso para si acarretaria.

II — O respeito do princípio do equilíbrio financeiro do contrato

20. Mesmo que se entendesse, o que se conjectura sem conceder, que o exame do procedimento pré-contratual não fornecia indicações relevantes no sentido de que o Estado assumiu nesse contexto a responsabilidade pelos custos que excedessem 380 mil contos com as operações de expropriação e recuperação das Salinas do Samouco, certo é, no entanto, que para a LUSOPONTE sempre foi claro que as suas responsabilidades financeiras tinham aquele montante como limite máximo. Sobre a correcção desta asserção não se pode invocar, com um mínimo de razoabilidade, qualquer tipo de dúvidas, tal é a abundância de registos escritos que a demonstram de forma objectiva e inequívoca. Tal como, da mesma maneira, não se pode duvidar que o Estado — mesmo que, hipoteticamente, não a tivesse aceitado — conhecia essa posição.

Sendo as coisas assim, à mesma conclusão que chegámos acima chegamos agora quando perscrutamos o sentido da cláusula 73, n.º 2, do *Segundo Contrato da Concessão* à luz do outro grande cânone hermenêutico dos contratos administrativos: o do respeito do interesse privado do co-contratante (nas palavras de Marcello Caetano) ou, noutra formulação, do respeito pelo equilíbrio financeiro do contrato.

21. Às considerações atrás citadas do ilustre administrativista de Lisboa sobre o princípio em questão, juntemos agora, com o propósito de iluminar ainda mais o seu alcance e melhor situar as considerações subsequentes, dois pequenos trechos da lavra de Autores oriundos de outros quadrantes da ordem jurídica. Assim, observa Larenz que, na medida em que a regulação contratual "deixe espaço para uma interpretação, esta há-de realizar-se com vista à medida da «justiça contratual» aqui possível"[56]. Por outro lado, sublinha entre nós Menezes Cordeiro que "naquilo que a margem interpretativa deixe em aberto — ou, se se quiser, sempre que as partes não tenham disposto doutra forma — há que validar a interpretação negocial mais justa, ou seja, para o caso: a solução que, tudo visto, surja mais *equilibrada*, sem infligir danos desproporsionados a uma das partes, em proveito da outra"[57].

Ponderando as vantagens e as desvantagens financeiras para si decorrentes do contrato a celebrar, a LUSOPONTE considerou — *malgré tout* — equilibrado assumir a obrigação de despender 380 mil contos com a expropriação e recuperação das Salinas do Samouco. Como é evidente, "se esse equilíbrio financeiro inicialmente estabelecido foi correctamente avaliado não interessa"[58]. Todavia, "em contrapartida, haverá que manter a fórmula do equilíbrio financeiro de início prevista"[59]. Quer dizer: "à data de celebração do contrato, as obrigações das partes foram acordadas tendo por base um determinado equilíbrio financeiro entre si, sendo precisamente esse equilíbrio que, em princípio, se deve manter durante a vigência do contrato"[60].

---

[56] KARL LARENZ, *Metodologia da Ciência do Direito*, p. 360.
[57] MENEZES CORDEIRO, *Teoria Geral do Direito Civil*, II, 199.
[58] SÉRVULO CORREIA, "Contrato Administrativo", separata do III volume do *Dicionário Jurídico da Administração Pública*, Coimbra, 1972, p. 33.
[59] SÉRVULO CORREIA, "Contrato Administrativo", cit., p. 33.
[60] PAULO OTERO, "Estabilidade contratual, modificação unilateral e

A interpretação da cláusula 73, n.º 2, no sentido de a concessionária ter assumido uma responsabilidade financeira ilimitada com as operações aí descritas não parece, assim, contratualmente justa e consentânea com o interesse privado do contraente particular. Ela equivale, antes, a uma diminuição muito significativa daquele interesse. Despender com contrapartidas de expropriações e obras ambientais um valor que se estima ser de cerca de um milhão e meio de contos é, por certo, um cenário bem diverso (financeiramente falando, mais quatro vezes) daquele que foi prefigurado inicialmente pelo co-contratante.

Nestes termos, a interpretação mais *equilibrada* da cláusula 73, n.º 2, do *Segundo Contrato da Concessão* é, antes, a de que em relação às expropriações e obras de recuperação das Salinas do Samouco as partes aceitaram repartir responsabilidades com os respectivos encargos financeiros. Os trabalhos preparatórios do contrato permitem, como vimos, apurar a proporção concreta da repartição: até 380 mil contos, por conta da LUSOPONTE; o eventual excesso, por conta do Estado.

III — A conduta pós-contratual do Estado-concedente

22. A conduta das partes em sede de execução do contrato é também um elemento importante para o intérprete apurar o entendimento que, à data da sua celebração, aquelas faziam de certa e determinada estipulação. Efectivamente, dentro das circunstâncias atendíveis para a interpretação do negócio jurídico, contam-se "os modos de conduta por que, posteriormente, se prestou observância ao negócio concluído"[61]. Trata-se, inclusi-

---

equilíbrio financeiro em contrato de empreitada de obras públicas", in *Revista da Ordem dos Advogados*, II, 1996, pp. 939-940.

[61] RUI DE ALARCÃO, "Interpretação e Integração dos Negócios Jurídicos", in *Boletim do Ministério da Justiça*, n.º 84, pp. 333 e segs., apud MOTA PINTO, *Teoria Geral do Direito Civil*, p. 451 e segs..

vamente, de doutrina que tem expressa consagração num dos Códigos Civis que mais inspiraram a elaboração do nosso Código Civil de 1966: o Código Civil italiano. Consigna-se no artigo 1362.º/2 deste Código que, na procura da intenção comum das partes, o intérprete deve "valorar o seu comportamento global, mesmo posterior à conclusão do contrato"[62].

Vejamos então, no caso concreto, que subsídios podemos extrair da fase pós-contratual para determinarmos o sentido da cláusula 73, n.º 2, do *Segundo Contrato da Concessão*.

23. Comecemos pelos elementos através dos quais o Estado Português revelou quer pela positiva (confirmando o entendimento da LUSOPONTE), quer pela negativa (não o infirmando), estar bem ciente que do *Segundo Contrato da Concessão* decorria para si o compromisso de ter de suportar os eventuais custos que excedessem 380 mil contos com a expropriação e recuperação das Salinas do Samouco. São eles:

Pela positiva: (1) a carta que, em 28 de Maio de 1996, o Presidente do GATTEL escreveu à LUSOPONTE reconhecendo expressamente que "dada a previsível intervenção financeira neste processo por parte do Estado confirma-se a necessidade do acompanhamento do mesmo por um jurista indicado pelo GATTEL" (cfr. Anexo 27); (2) a carta de 30 de Outubro de 1996 do GATTEL, em que se referia que o texto da acta da reunião mensal de 28 de Novembro de 1995 proposto pela LUSOPONTE deveria ser alterado, passando o último ponto do parágrafo 3 a ter a seguinte redacção: "Em resposta a uma questão da LUSOPONTE, o Eng.º Vístulo de Abreu adiantou o seu entendimento de que o acréscimo relativo ao valor considerado na proposta da LUSOPONTE respeitante à expropriação e recuperação das salinas

---

[62] ENZO ROPPO, *O Contrato*, tradução da edição italiana por JANUÁRIO GOMES, Coimbra, 1988, p. 171.

do Samouco, deveria ser suportado pelo Estado, após obviamente a devida aprovação pelo Concedente" (cfr. Anexo 21);

Pela negativa: (1) a carta que, em 12 de Dezembro de 1995, a LUSOPONTE dirigiu ao GATTEL recordando a circunstância de o Estado português ter fixado, em 4 de Março de 1994, o orçamento de 380 mil contos para a expropriação e recuperação das Salinas do Samouco, e dizendo que, por isso, ele seria responsável pelo excesso; na sequência desta carta, o GATTEL enviou, em 22 de Dezembro de 1995, um oficio à LUSOPONTE no qual não negou aquela responsabilidade (cfr. Anexos 18 e 19); (2) a carta de 19 de Abril de 1995, em que o GATTEL invocou como fundamento para rejeitar o aditamento proposto pela LUSOPONTE à acta de uma reunião em que estiveram presentes funcionários comunitários — aditamento esse em que se referia a posição assumida pelo seu Presidente no sentido de que o Estado era responsável pelos custos que excedessem 380 mil contos — o facto de "não se tratar de matéria relevante para a Direcção do Fundo de Coesão" (cfr. Anexo 26);

Pela sua evidência, estes registos valem também, por si sós, para demonstrar *quod erat demonstrandum*.

24. Por outro lado, a conduta que o Estado assumiu na condução dos processos de expropriação das Salinas do Samouco [63] é também reveladora de que o Estado sabia, à data da celebração do contrato, que, por força deste, poderia ter de vir a assumir encargos financeiros com a expropriação e recuperação das Salinas do Samouco.

Com efeito, só essa consciência poderá explicar a forma intensa como o concedente interveio no decurso das diligências necessárias à realização daquelas expropriações. O Estado praticamente assumiu a *direcção* (poder activo, de ingerência, de intromissão) destes processos expropriativos. Isto, note-se, bem

---

[63] Cfr. *supra* Parte II, alínea *q'*.

ao contrário da intervenção que teve no âmbito dos processos de expropriação dos imóveis necessários para a construção da Nova Travessia. Em relação a estes, o Estado jamais fixou ao concessionário metodologias do tipo da de exigir o seu assentimento prévio antes daquele encetar contactos com expropriados; jamais solicitou a terceiros a avaliação do valor dos imóveis a expropriar; jamais fez directamente propostas de indemnização aos titulares dos bens expropriados; jamais teve necessidade de invocar perante estes dificuldades orçamentais para justificar os valores das indemnizações propostas; e jamais admitiu como previsível uma sua intervenção financeira na matéria.

E nada disso porquê?

Porque naturalmente não estava aí em causa salvaguardar os seus interesses financeiros. O Estado sabia que do teor das cláusulas 31 e seguintes do *Segundo Contrato da Concessão* resultava claramente que sendo a concessionária a entidade "*exclusivamente responsável*" pela condução dos processos expropriativos dos imóveis necessários à construção da Nova Travessia — sob a mera *fiscalização* (poder passivo, de acompanhamento, de controle) do concedente (cfr. cláusula 33, n.º 1) — era a ela que cabia suportar integralmente os respectivos custos — e, nomeadamente, os custos inerentes à aquisição, por expropriação por utilidade pública, de bens ou direitos necessários ao estabelecimento da concessão (cfr. cláusula 31, n.º 2).

Tudo, portanto, a demonstrar que o Estado, aquando da assinatura do *Segundo Contrato da Concessão*, em 24 de Março de 1995, também estava ciente de que, contratualmente, as expropriações da área das Salinas do Samouco estavam sujeitas, no que toca ao seu financiamento, a um regime especial, diferente do contratualmente fixado para as expropriações necessárias à construção da Nova Travessia. Especialidade essa que se traduzia na possibilidade de as partes poderem ter de vir a repartir, nos termos em que ficara acordado, responsabilidades com encargos financeiros.

IV — A ponderação do regime do artigo 238.º do Código Civil

25. Como já se teve oportunidade de recordar, o contrato administrativo de concessão de obras públicas deve ser celebrado por escrito (cfr. artigo 184.º do CPA). É, portanto, um negócio *formal*, quer dizer, um contrato cujas declarações de vontade constitutivas devem ser exteriorizadas de uma forma especialmente solene: a forma escrita. O CPA, também já se disse, e não obstante a referência que ao tema é feita no artigo 186.º, não enuncia de forma completa regras próprias de interpretação dos contratos administrativos. Remete, inclusivamente, num certo sentido, para as fixadas no Código Civil. Ora aí encontramos uma regra especialmente dedicada à interpretação dos negócios formais: o artigo 238.º. Dispõe o n.º 1 desta norma que: "nos negócios formais não pode a declaração valer com um sentido que não tenha um mínimo de correspondência no texto do respectivo documento, ainda que imperfeitamente expresso". Acrescentando o n.º 2: "Esse sentido pode, todavia, valer, se corresponder à vontade real das partes e as razões determinantes da forma do negócio não se opuserem a essa vontade".

Decorre, pois, destes preceitos que é possível retirar de um negócio formal um sentido que tenha um mínimo de correspondência no texto do respectivo documento, mesmo se imperfeitamente expresso ou, em certas condições, um sentido que nem com esse mínimo coincida [64].

Assim, para que possa valer o sentido que, por força do exame do procedimento pré e pós-contratual e da ponderação do princípio do equilíbrio financeiro do contrato, vimos ser de atribuir à cláusula 73, n.º 2, do *Segundo Contrato da Concessão* —

---

[64] MENEZES CORDEIRO, *Teoria Geral do Direito Civil*, I, Lisboa, 2.ª edição, 1990, p. 661.

o Estado deverá assumir a responsabilidade pelos custos que excedam 380 mil contos com as expropriações e obras de recuperação das Salinas do Samouco — é ainda necessário: (1) que se considere ter esse sentido um mínimo de correspondência, "ainda que imperfeitamente expresso"[65], com o texto do contrato ou, ainda que o não tenha, (2) que corresponda à vontade real das partes e que as razões que determinam a forma escrita não se oponham à validade desse sentido.

26. Terá o sentido atrás proposto para a cláusula 73, n.º 2, do *Segundo Contrato da Concessão* um mínimo de correspondência, ainda que imperfeitamente expresso, com o respectivo texto?

Pensamos que se deve responder afirmativamente à questão.

Na determinação do genuíno sentido da cláusula 73, n.º 2, temos, evidentemente, de a integrar no contexto do sistema de ordenação a que pertence — e, desde logo, o *Segundo Contrato da Concessão*. Como sublinha Enzo Roppo, "o significado que, segundo a «comum intenção das partes», deve atribuir-se a uma dada cláusula, bem pode resultar de um confronto com o que, nas outras cláusulas, é previsto, no quadro de uma interpretação global de todo o contrato"[66].

A cláusula 73, n.º 2, vem inserida no Cap. XI (Protecção ambiental) e não no Cap. VI (Expropriações). Ora, sendo certo

---

[65] Observação prévia: temos para nós que a exigência feita no n.º 1 do artigo 238.º do Código Civil de que o sentido que se extraia de uma declaração negocial deve ter "um mínimo de correspondência no texto do respectivo documento, ainda que imperfeitamente expresso" tem, no mínimo, que ser entendida habilmente. Com efeito, salvo na interpretação declarativa, o intérprete, quando interpreta de forma restritiva, extensiva, correctiva ou ab-rogante um determinado preceito, pode chegar facilmente à conclusão de que o sentido que dele se deve retirar não corresponde *minimamente* à sua letra, nem sequer de forma imperfeita.

[66] Enzo Roppo, *O Contrato*, p. 172.

que é neste último, e não no XI, que se insere uma cláusula (a cláusula 31, sob a epígrafe: "direitos e obrigações da CONCESSIONÁRIA") onde se afirma a responsabilidade financeira "ilimitada" da concessionária com as expropriações necessárias à construção da Nova Travessia[67], cabe reconhecer que a não inclusão das expropriações referidas na cláusula 73.°, n.° 2, nesse capítulo VI e, por outro lado, a inexistência no texto dessa cláusula 73, n.° 2, de qualquer remissão para o regime de "responsabilidade ilimitada" da concessionária fixado na cláusula 31, n.° 2, só pode significar que as partes pretenderam estabelecer um regime de responsabilidade financeira diferente para as expropriações das Salinas do Samouco[68]. Concretamente, um regime de responsabilidade financeira limitada da concessionária a determinado montante.

---

[67] Com efeito, depois de se reconhecer que "compete à concessionária realizar as expropriações dos imóveis necessários à construção da Nova Travessia" (n.° 1), proclama-se aí que "a CONCESSIONÁRIA suportará todos os custos inerentes à condução dos processos expropriativos e, nomeadamente, os inerentes à aquisição mediante expropriação por utilidade pública, de bens ou direitos necessários ao estabelecimento da Concessão e o pagamento de indemnizações ou outras compensações derivadas de expropriações ou de imposições de servidões ou de quaisquer ónus ou encargos, incluindo eventuais realojamentos" (n.° 2).

[68] Deve fazer-se uma precisão a respeito da segunda parte da cláusula 31, n.° 2, do *Segundo Contrato da Concessão*. Quando nesta se fala no pagamento de indemnizações derivadas de outras expropriações que não as necessárias para o *estabelecimento da concessão* não se deve entender abusivamente que se está aí a pensar também nas expropriações das Salinas do Samouco. A segunda parte da cláusula 31, n.° 2, cujo texto constava já dos artigos 34, n.° 2, alínea a), e 36, n.° 5, do Caderno de Encargos — elaborado numa altura em que ainda não se conjecturava sequer a necessidade de expropriar as salinas do Samouco -, refere-se, tão-somente e apenas, às expropriações que vêm referidas na cláusula 32, n.° 3, do *Segundo Contrato da Concessão* que, note-se, e ao contrário das das Salinas do Samouco, são ainda *indirectamente necessárias para a realização do objecto da concessão*. Dispõe-se nesta *cláusula que:* "sempre que se torne necessário realizar expropriações para

Acresce que outros argumentos de ordem sistemática confirmam a existência desta dualidade de regimes de responsabilidade financeira com expropriações. Assim, enquanto as expropriações referidas na cláusula 31, n.º 2, são efectuadas "por causa directa e indirecta" do objecto da concessão (cfr. artigo 5.º, n.º 1, do *Acordo Intercalar*), já as expropriações das Salinas do Samouco referidas na cláusula 73, n.º 2, nada têm que ver (salvo quanto a uma pequeníssima parcela de cerca de 4 hectares) com a prossecução desse objecto; por outro lado (e consequentemente), enquanto às expropriações referidas nas cláusulas 31, n.º 2, e 32, n.º 2, do *Segundo Contrato da Concessão* foi atribuído "carácter urgente", já às das Salinas do Samouco se não reconheceu esse carácter.

O sentido por nós proposto para a cláusula 73.º, n.º 2, tem assim (mais do que) aquele mínimo de correspondência com o texto dessa cláusula (e do *Segundo Contrato da Concessão*). Portanto, não é também o facto de o contrato de concessão de obras públicas ser um negócio formal que impede a procedência daquele sentido.

---

manter direitos de terceiros no estabelecimento ou restabelecimento de redes, vias de qualquer tipo ou serviços afectados, serão estas de utilidade pública e com carácter de urgência, sendo aplicáveis todas as disposições legais que regem a Concessão, podendo os respectivos bens não integrar necessariamente o património do Concedente".

Também no sentido de que expropriações de natureza semelhante às que vêm indicadas na cláusula 32, n.º 3, do *Segundo Contrato da Concessão* são realizadas com vista à prossecução (indirecta) do objecto da concessão, cfr. a disposição de teor muito semelhante à da cláusula 32, n.º 3, constante do n.º 6 da Base XXV das Bases da Concessão-Brisa, aprovadas pelo Decreto-Lei n.º 294/97, de 24 de Outubro. Também se diz aí que: "sempre que se torne necessário para o objecto do contrato de concessão realizar expropriações para manter direitos de terceiros no estabelecimento ou restabelecimento de redes ou vias de qualquer tipo, serão aplicadas a essa expropriação todas as disposições legais, como se se tratasse das expropriações objecto da concessão, mas os respectivos imóveis podem não ser integrados necessariamente no património do Estado".

27. Admitamos, porém, por mais alguns instantes (sem, mais uma vez, conceder minimamente), que não era assim. A validação do sentido interpretativo proposto, que através da análise hermenêutica dos procedimentos pré e pós contratual vimos corresponder à vontade real das partes, dependeria então de à cláusula 73, n.º 2, se não "estenderem as razões determinantes da forma do negócio" (cfr. artigo 238.º, n.º 2, do Código Civil). E quais são estas?

Razões de *solenidade, reflexão* e *prova* são, em geral e desde sempre, as apontadas pela doutrina para justificar a sujeição de certos contratos a uma forma especial[69].

Solenidade, porquanto certos negócios só surtem plenamente os seus efeitos quando sejam conhecidos ou cognoscíveis pelos elementos da comunidade jurídica: ora, a presença de modos formais facultaria justamente essa possibilidade; *reflexão*, porque a exigência de forma, normalmente associada com uma certa morosidade, possibilitaria, às partes, o amadurecer das soluções que, pelo contrato, se irão constituir, modificar ou extinguir; *prova*, uma vez que a existência de um documento escrito facilitaria a demonstração da sua ocorrência[70].

A doutrina vem, no entanto, duvidando cada vez mais da pertinência dessas justificações: é que, desarticuladas do valor económico real dos negócios, "tais razões não podem ser entendidas em *termos efectivos e racionais*: antes, tão-só, em termos *históricos*"[71]. E, por outro lado, não se deixa de lembrar com razão que "desde o antigo Direito Romano, se pode proclamar que o progresso jurídico implicou uma luta contínua contra o formalismo"[72].

---

[69] V. MENEZES CORDEIRO, *Teoria Geral do Direito Civil*, I, pp. 653-654; MOTA PINTO, *Teoria Geral do Direito Civil*, pp. 430-431.
[70] Cfr. MENEZES CORDEIRO, *Teoria Geral do Direito Civil*, I, p. 653-654.
[71] MENEZES CORDEIRO, *Teoria Geral do Direito Civil*, I, p. 656-657.
[72] MENEZES CORDEIRO, *Teoria Geral do Direito Civil*, I, p. 659.

No domínio da contratação administrativa, a regra geral da forma escrita é justificada por razões de segurança jurídica[73].

28. Valem estas razões justificativas da forma escrita para a cláusula 73.º, n.º 2, do *Segundo Contrato da Concessão*?

Como é sabido, a forma legalmente prescrita não tem de ser observada em relação a todas as cláusulas do negócio[74]. A forma legal só opera perante o cerne negocial[75], não atingindo as *cláusulas acessórias* (cfr. artigo 221.º do Código Civil). É esta, como se diz, "uma restrição inteligente, pois o facto de se exigir uma forma para o negócio não implica que todo o conteúdo dele a deva necessariamente observar, tratando-se de aspectos acessórios"[76]. Como, porém, destrinçar uma cláusula essencial de uma cláusula acessória? Ou melhor: como distinguir de entre as obrigações fixadas numa cláusula contratual as essenciais das acessórias?

A distinção deve efectuar-se de acordo com o critério da *caracterização do tipo negocial*. Isto é (e raciocinando já em concreto): como a concessão (de obras públicas) se caracteriza essencialmente pela transferência de poderes ou direitos legalmente reservados a uma pessoa colectiva pública para um particular, são essenciais as obrigações contratuais assumidas por este como contrapartida (directa ou indirecta) dos direitos atribuídos e são acessórias as que não são inseridas no contrato como reverso desses direitos. Noutra formulação: são essenciais, num contrato de concessão de obras públicas, as obrigações que têm por causa-função a atribuição à concessionária de poderes jurídicos legal-

---

[73] V. Freitas do Amaral et alli, *Código do Procedimento Administrativo Anotado*, p. 311.

[74] Oliveira Ascensão, *Teoria Geral do Direito Civil*, III, Lisboa, 1984-1985, p. 202.

[75] Menezes Cordeiro, *Teoria Geral do Direito Civil*, I, 672.

[76] Oliveira Ascensão, *Teoria Geral do Direito Civil*, III, p. 202.

mente reservados ao Estado e são, ao invés, acessórias as que não relevam para caracterizar o tipo contratual nem contribuem directa ou indirectamente para a realização dos interesses ou utilidades a que a concessão está funcionalmente ligada — quer dizer, sem a sua inserção, a satisfação dos interesses ligados à actividade económica concedida seria igualmente alcançada.

Sendo assim, como qualificar a cláusula 73, n.º 2, do *Segundo Contrato da Concessão*? Cláusula acessória?

Não hesitamos em responder afirmativamente.

Primeiro, porque as obrigações nela estabelecidas para a concessionária não são contrapartida directa ou indirecta de direitos cujo exercício tenha sido para ela transferido (a construção e exploração de obras públicas).

Segundo, porque ela respeita a actividades que não se integram no objecto da concessão tal como este vem definido na cláusula 6.ª do *Segundo Contrato da Concessão*.

Terceiro, porque as obrigações dela decorrentes para o concessionário respeitam a bens que, salvo numa pequena parcela (cerca de 4 hectares), não se integram na delimitação física da concessão (cfr. cláusula 9.ª);

Quarto, porque a concessionária não assume, contratualmente, qualquer obrigação quanto à manutenção e exploração da área das Salinas do Samouco (cfr. cláusulas 49, n.º 2, e 13, n.º 1, e 14, n.º 1, alínea *a)*);

Quinto, porque as expropriações de imóveis necessários à construção da Nova travessia inserem-se no quadro de uma política de obras públicas, enquanto as expropriações das Salinas se enquadram, ao invés, no âmbito de uma política de defesa do ambiente;

Sexto, porque respeitando a expropriações, a cláusula 73, n.º 2, não foi sistematicamente inserida no pertinente capítulo do *Segundo Contrato da Concessão* (Cap. VI), mas em capítulo distinto (Cap. XI).

Sétimo, porque ao contrário do que sucedeu em relação às expropriações necessárias à construção da Nova Travessia e às referidas na cláusula 32, n.º 3, a realização destas expropriações não foi considerada urgente;

Oitavo, porque a matéria da cláusula 73, n.º 2, não foi, *ab initio*, considerada essencial, uma vez que não constava das cláusulas jurídicas definidas no Caderno de Encargos apresentado pelo Estado a concurso.

29. Em suma, mesmo que se considere — o que, repete-se, apenas por hipótese académica se concebe — que o sentido que, por recurso aos vários elementos de interpretação dos contratos administrativos, se extrai da cláusula 73, n.º 2, não tem, como se refere no n.º 1 do artigo 238.º do Código Civil, um "mínimo de correspondência no texto" do Segundo Contrato da Concessão, "ainda que imperfeitamente expresso", é, contudo, seguro afirmar-se que, à luz do n.º 2 do mesmo artigo, esse sentido se deve ter por válido, já porque corresponde à vontade real das partes, já porque sendo inquestionavelmente uma cláusula acessória se não lhe estendem as razões determinantes da forma escrita para as concessões de obras públicas.

V — Significado juridicamente relevante da cláusula 73, n.º 2

30. De tudo quanto se disse, decorre, pois, linearmente, que o significado juridicamente relevante da cláusula 73, n.º 2, do *Segundo Contrato da Concessão* é, no que toca ao financiamento dos encargos inerentes à expropriação e à recuperação das Salinas do Samouco, o seguinte: a responsabilidade da LUSOPONTE com essas operações tem o limite máximo de 380 mil contos; os custos excedentes deverão ser suportados pelo Estado Português.

Poderá, portanto, a LUSOPONTE, logo que munida de documentos comprovativos das despesas que efectuou com contrapartidas de expropriações e obras de recuperação ambiental, interpelar o Estado Português, judicial ou extrajudicialmente, para que este lhe pague as verbas que venha a despender acima de 380 mil contos.

Se este não o fizer, incorrerá, nos termos gerais da responsabilidade civil contratual, em mora (cfr. artigo 804.º do Código Civil), com as consequências legais que daí derivam.

VI — Observações finais

31. Cumpre ainda arredar duas objecções que se poderiam dirigir à solução encontrada.

Assim, não se diga, em primeiro lugar, que tal interpretação da cláusula 73, n.º 2, do *Segundo Contrato da Concessão* colide com a seguinte passagem do preâmbulo do Decreto-Lei n.º 168/94 (diploma que aprovou as bases da concessão): "no que respeita à avifauna existente na península de Alcochete e às Salinas do Samouco, ficou já acordado com a concessionária a aquisição de terrenos, a expensas suas, de uma área envolvente à Nova Travessia, destinada à constituição de uma zona de protecção especial".

Por um lado, porque essa declaração está datada: é de 15 de Junho de 1994. Ora, como sabemos, nesta altura nem o Estado, autor da declaração preambular, nem a LUSOPONTE, tinham conhecimento da informação de que a aquisição dos terrenos das Salinas do Samouco poderia ascender a um montante superior a 380 mil contos. Daí que, ao ter referido no preâmbulo, sem mais, a aquisição a expensas da LUSOPONTE da área das Salinas, o Estado só poderia ter em vista que a mesma se faria nos termos propostos e aceites (pelo montante máximo de 380 mil contos) em 4 de Março de 1994.

Por outro lado, porque, em qualquer caso, se ao Estado é vedado impor unilateralmente a sua interpretação de uma cláusula contratual através de acto administrativo definitivo e executório (artigo 186, n.º 1, do CPA), por identidade de razão sê-lo-á também através do preâmbulo de um diploma legal. Aliás, e não obstante essa forma, tal diploma engloba, em larga medida, matéria contratual, pelo que, nessa parte, deverá ser sempre interpretado de harmonia com as regras da hermenêutica negocial[77].

32. Nem se diga, por último, que tal sentido não poderá valer porquanto o Conselho de Ministros, órgão competente para aprovar a minuta do contrato (cfr. artigo 16.º do Decreto-Lei n.º 220/92 e artigo 14.º do Decreto-Lei n.º 168/94), e o Tribunal de Contas, órgão competente para apor o visto prévio na mesma, não dispunham, aquando da prática dos referidos actos, dado o carácter insuficiente do texto da cláusula 73, n.º 2, de elementos que lhes permitissem tomar consciência de todas as implicações do acordo e, designadamente, das financeiras.

Tal argumento improcede.

Vamos por partes.

Sem preocupações de exaustividade, diremos que há pelo menos três razões pelas quais entendemos não poder o Estado utilizar o argumento de que o Conselho de Ministros, no momento em que aprovou a minuta do *Segundo Contrato da Concessão*, desconhecia, dado o teor lacónico do texto da cláusula 73, n.º 2, o teor da proposta que o GATTEL havia feito em 4 de Março de 1994 à (então concorrente) LUSOPONTE.

Em primeiro lugar, não se pode dizer isso porque o Ministro das Obras Públicas, Transportes e Comunicações — o órgão de quem, nos termos do artigo 3.º do Decreto-Lei n.º 220/92, dependia o GATTEL (a entidade com competência, nos termos da alínea *f*) do n.º 1 do artigo 5.º do Decreto-Lei n.º 14-A/91,

---

[77] Cfr. FREITAS DO AMARAL, "O Caso do Tamariz", in *O Direito*, ano 96, 1965, p. 280.

de 9 de Janeiro, na redacção dada pelo Decreto-Lei n.º 76/94, de 7 de Março, para negociar o contrato com os concorrentes) — tem assento no Conselho de Ministros. Portanto, é de presumir que, além do mais, aquele membro do Governo tenha informado "o órgão colegial constituído pela reunião de todos os Ministros (...), sob a presidência do Primeiro-Ministro"[78] do teor da concreta proposta que esteve na origem da cláusula 73, n.º 2, do *Segundo Contrato da Concessão* e, nomeadamente, do valor de 380 mil contos que lhe estava subjacente. Tendo em conta a *occasio* da proposta, essa presunção será mesmo, com toda a probabilidade, *juris et de jure*, já que, como foi referido, o Estado, por essa via, havia conseguido transferir para os concorrentes a realização de actividades que a União Europeia lhe tinha imposto a ele como condição *sine qua non* para a obtenção da comparticipação comunitária no projecto de construção da Nova Travessia.

Em segundo lugar, tal invocação seria falha de sentido porquanto do teor literal do preâmbulo da própria Resolução do Conselho de Ministros n.º 121-A/94, de 2 de Dezembro, se extrai com clareza que este órgão, ao aprovar a minuta do *Segundo Contrato da Concessão*, teve em devida conta o conteúdo das complexas negociações havidas entre o GATTEL e a LUSOPONTE. Diz-se aí que o Conselho de Ministros aprova a minuta "nos termos das bases da concessão, aprovadas pelo Decreto-Lei n.º 168/94, de 15 de Junho, e das negociações havidas com a sociedade adjudicatária". Ora, aprovar a minuta do contrato nos termos das negociações havidas com a sociedade adjudicatária pressupõe, obviamente, o conhecimento do que aí se passou até se chegar ao texto final. O que, aliás, nada espanta, já que essas negociações ficaram abundantemente documentadas em actas

---

[78] Cfr. FREITAS DO AMARAL, *Curso de Direito Administrativo*, I, Coimbra, 1994, p. 251.

— entre as quais se inclui, claro está, a da reunião de 4 de Março de 1994, onde vem referido o valor que a LUSOPONTE deveria prever para a expropriação e recuperação das Salinas do Samouco.

Finalmente, tal objecção poderá ser também refutada estabelecendo um paralelo entre a questão controvertida e a problemática das *ratificações imperfeitas* em Direito Internacional Público[79]. Com efeito, tal como no Direito Internacional não se admite, à luz do princípio da confiança nas relações internacionais, que um Estado se exima ao cumprimento de compromissos internacionalmente assumidos perante terceiros Estados invocando certo tipo de irregularidades do processo de conclusão do tratado à luz do seu direito interno (cfr. artigo 46.º da Convenção de Viena de 1969), também no caso da hipótese se poderá afirmar que não é admissível, à luz do princípio da confiança (boa-fé) nas relações entre a Administração e os particulares (artigos 266.º, n.º 2, da Constituição e 6.º-A do CPA), que o Estado invoque pretensos "deficites" de comunicação entre alguns dos seus órgãos intervenientes no processo de conclusão de um contrato administrativo (GATTEL, MOPTC e Conselho de Ministros), como via para se libertar de compromissos assumidos pelos seus legítimos representantes perante a LUSOPONTE.

33. Por outro lado, não vale também dizer que, devido ao facto de no momento em que apôs o visto prévio na minuta do *Segundo Contrato da Concessão* o Tribunal de Contas desconhecer, dado o teor lacunar do texto da cláusula 73, n.º 2, o teor da proposta que o GATTEL fez, em 4 de Março de 1994, à LUSOPONTE, isso impediria a valência do sentido interpretativo que assacámos a esta estipulação contratual.

---

[79] Sobre o ponto, GONÇALVES PEREIRA e FAUSTO DE QUADROS, *Direito Internacional Público*, 3.ª edição, Coimbra, 1993, pp. 208-212.

Como é evidente, o sentido que, objectivamente, se extrai de uma cláusula contratual a partir das regras legais aplicáveis de interpretação negocial não pode, de maneira alguma, ficar paralisado pelo facto de o Tribunal de Contas, terceiro em relação a esse acto, não se ter apercebido dele.

Primeiro, porque essa ignorância, a ser relevante, apenas poderia interferir com a validade do próprio visto do Tribunal de Contas, nunca com a do contrato. Depois, porque, se bem virmos, admitir o contrário equivaleria a ressuscitar aqui, sem que se pudesse vislumbrar qualquer razão válida, o já há muito proscrito princípio interpretativo do *in dubio pro Fisco*[80], ou seja, a ideia de que sendo duvidosa a interpretação de uma qualquer cláusula de um contrato em que seja parte o Estado, as dúvidas quanto a ela suscitadas deveriam solucionar-se adoptando o sentido mais favorável aos interesses financeiros do ente público máximo. Semelhante resultado não seria, claro está, aceitável.

E, doutro prisma, contra a procedência deste argumento esgrimido em desabono da solução interpretativa a que chegámos a respeito da cláusula 73, n.º 2, pode também dizer-se que, quando o Tribunal de Contas apõe o seu visto em muitos contratos em que é parte o Estado ou outra pessoa colectiva pública, ele não pode ter nesse momento a certeza de que os encargos para o erário público daí resultantes serão apenas os que vêm referidos nos respectivos textos. Pense-se, paradigmaticamente, no caso dos contratos de empreitada de obras públicas e na eventualidade, de resto bem frequente, de neles se ter de vir a pagar ao empreiteiro *trabalhos a mais*.

---

[80] V. Braz Teixeira, *Princípios de Direito Fiscal*, I, Coimbra, 1986, p. 108.

§ 3.º
Do (hipotético) erro-vício
na formação da vontade de contratar da LUSOPONTE

34. Se se entendesse, no entanto (o que não se concede), que o sentido que deveria corresponder à cláusula 73, n.º 2, do *Segundo Contrato da Concessão* não era o que foi enunciado, quedaria por resolver a seguinte questão: sendo certo que foi esse, em qualquer caso, o sentido que lhe atribuiu a LUSOPONTE, será que se pode pôr em causa a validade do contrato por erro-vício na formação da vontade do co-contratante?

Esta interrogação desdobra-se, por sua vez, em várias sub-questões: (1) relevará o erro-vício do co-contratante no âmbito dos contratos administrativos? (2) se sim, como qualificar, dogmaticamente, o erro em que incorreu a LUSOPONTE? (3) verificar-se-ão, em concreto, os pressupostos legais da relevância invalidatória desse erro? (4) se sim, qual é o valor jurídico negativo que há-de corresponder ao contrato em causa?

Vejamo-las brevemente.

35. Quanto à primeira questão, devemos distinguir dois planos: um teórico, outro de direito constituído.

No primeiro plano, fazemos nossas, com a devida vénia, as seguintes palavras que ao tema dedicam Laubadère, Moderne e Delvolvé no I volume do seu prestigiado *Traité des Contrats Administratifs*. Como observam os Autores, "no contrato administrativo, como em qualquer contrato, o consentimento de qualquer das partes só é válido se não se encontrar viciado"[81]; especificamente quanto ao erro-vício referem que "não existe razão de maior para não acolher nos contratos administrativos, ao menos como ideias directrizes, os princípios da teoria civilista"[82].

---

[81] LAUBADÈRE, MODERNE e DELVOLVÉ, *Traité*, I, p. 533.
[82] LAUBADÈRE, MODERNE e DELVOLVÉ, *Traité*, I, p. 534.

No plano do direito constituído, há que chamar a atenção para a norma do n.º 2 do artigo 185 .º do CPA. Estatui-se nesse preceito que: "são aplicáveis a todos os contratos administrativos as disposições do Código Civil relativas à falta e vícios da vontade".

Sendo o *Segundo Contrato da Concessão* um exemplo concreto de um contrato de concessão de obras públicas e sendo, como vimos, a concessão de obras públicas um contrato administrativo com objecto passível de acto administrativo, não resta senão concluir que, por força do artigo 185.º, n.º 2, do CPA, se lhe aplicam as regras do Código Civil relativas aos vícios da vontade e que, assim, o erro-vício poderá ser uma possível causa de invalidade de contratos administrativos.

Note-se, porém, que não é apenas o *regime do âmbito das formas de invalidade* previsto nos artigos 240.º a 257.º do Código Civil que, por força do artigo 185.º, n.º 2, do CPA, se aplica a qualquer tipo de contrato administrativo; quando um contrato desta natureza seja afectado por um desses vícios, é-lhe também aplicável o *regime jurídico «stricto sensu» das formas de invalidade* (regime da nulidade e regime da anulabilidade), previsto nos artigos 285.º a 294.º do Código Civil.

Por uma razão simples: como é só o Código Civil que dispõe sobre aquele tipo de vícios é lógico que, quando seja um deles a afectar a validade de um concreto contrato administrativo, o regime jurídico *stricto sensu* das formas de invalidade aplicável seja também o do Código Civil[83].

Estas considerações prévias têm particular importância para justificar que, sendo embora o contrato de concessão de obras públicas um contrato administrativo com objecto passível de acto administrativo, o seu *regime jurídico «stricto sensu» das formas de invalidade* quando seja afectado por um vício do tipo do do

---

[83] Neste sentido (ainda que baseado na anterior redacção do artigo 185.º do CPA), cfr. JORGE PEREIRA DA SILVA, "A invalidade dos contratos administrativos", in *Direito e Justiça*, vol. X, tomo 2, 1996, pp. 158.

erro não é, como à primeira vista parecia decorrer da remissão efectuada pela alínea *a*) do n.º 3 do artigo 185.º do CPA[84], o que vem estabelecido nos artigos 133.º e seguintes do CPA. O regime definido nos artigos 133.º e seguintes do CPA aplica-se, sim, quando um contrato administrativo com objecto passível de acto administrativo esteja inquinado por um outro tipo de vícios, que não relativo à falta ou vícios da vontade: *v.g.*, incompetência do órgão que outorgou o contrato; vício de forma; desvio de poder, etc..

36. A nosso ver, o erro em que (hipoteticamente, insista-se) terá incorrido a LUSOPONTE aquando da celebração do contrato deverá qualificar-se como *erro sobre o objecto ou conteúdo do negócio*. Esta modalidade de erro vem prevista no artigo 251.º do Código Civil. Como salienta a doutrina civilista, a expressão "*objecto*" aí referida abrange não apenas o *objecto em sentido material* (a realidade sobre que recaem os efeitos do negócio) como também o *objecto em sentido jurídico* ou *conteúdo* (o conjunto dos efeitos que o negócio visa produzir)[85]. Como diz Menezes Cordeiro, "o artigo 251.º deve ser interpretado extensivamente. Qualquer erro na formação da vontade releva desde que se reúnam os requisitos postos no artigo 247.º e alargados, a este domínio, pelo artigo 251.º; assim sucede, por exemplo, com o erro sobre o regime jurídico aplicável a um negócio, ou erro de direito sobre o conteúdo"[86].

---

[84] Que dispõe: "Sem prejuízo do disposto no n.º 1, à invalidade dos contratos administrativos aplicam-se os regimes seguintes: a) quanto aos contratos administrativos com objecto passível de acto administrativo, o regime de invalidade do acto administrativo estabelecido no presente Código".

[85] Cfr. por exemplo, OLIVEIRA ASCENSÃO, *Teoria Geral do Direito Civil*, III, p. 121; MOTA PINTO, *Teoria Geral do Direito Civil*, p. 507; MENEZES CORDEIRO, *Teoria Geral do Direito Civil*, II, p. 341; CARVALHO FERNANDES, *Teoria Geral do Direito Civil*, II, pp. 239-240 e 284.

[86] Cfr. MENEZES CORDEIRO, *Teoria Geral do Direito Civil*, II, p. 341

A LUSOPONTE contratou cônscia de que a sua responsabilidade financeira com as operações de expropriação e recuperação das Salinas do Samouco estava limitada ao montante de 380 mil contos quando, supostamente, não seria isso que decorria do *conteúdo* do negócio, que, a tal respeito, determinaria para o co-contratante a assunção da responsabilidade pela totalidade dos custos inerentes a tais operações: há erro de direito sobre o conteúdo do negócio[87].

37. A relevância invalidatória deste erro sobre o conteúdo do negócio deverá ser equacionada, *ex vi* do artigo 185.º, n.º 2, do CPA, à luz do regime definido nos artigos 251.º e 247.º do Código Civil. Assim, o erro relevará desde que incida sobre um elemento que tenha sido essencial para a decisão de contratar da LUSOPONTE e desde que o Estado Português conhecesse essa essencialidade ou não a devesse ignorar. Estarão preenchidos estes pressupostos?

Cremos que a resposta afirmativa decorre de tudo quanto já se disse acima, pelo que devemos evitar repetições.

Assim, a admitir-se que a cláusula 73, n.º 2, do *Segundo Contrato da Concessão* não poderia valer com o sentido que acima propusemos, resta concluir que este contrato será inválido por erro quanto ao conteúdo, nos termos combinados dos artigos 251.º e 247.º do Código Civil e dos artigos 178.º, n.ºs 1 e 2, alínea b) e 185.º, n.º 2, do CPA.

38. E qual é o tipo de invalidade que, em concreto, afecta essa cláusula?

Nos termos do artigo 251.º do Código Civil, a sanção que corresponde ao erro-vício sobre o conteúdo do negócio é a da

---

[87] Cfr. OLIVEIRA ASCENSÃO, *Teoria Geral do Direito Civil*, III, p. 121 e segs..

anulabilidade. Como esse erro recaiu apenas sobre um elemento do contrato poderá verificar-se a redução do negócio nos termos do artigo 292.º do Código Civil: *vitiatur sed non vitiat*.

E não será possível, em alternativa, a sua modificação, nos termos referidos no n.º 2 do artigo 252.º do Código Civil (o qual, por sua vez, remete para o artigo 437.º do mesmo diploma)?

Não obstante esse regime da modificação estar apenas expressamente disposto para o erro (bilateral) sobre a "base do negócio", pensamos, todavia, que é possível estendê-lo a outras modalidades de erro e, particularmente, ao erro sobre o objecto/conteúdo do negócio, sempre que a vontade conjectural do errante possa relevar à luz de um juízo de equidade[88].

O que é o caso da LUSOPONTE. Com efeito, e à luz de tudo quanto já foi referido acima aquando da análise do procedimento pré-contratual, não temos dúvidas em vislumbrar para onde apontaria aqui um juízo de justiça do caso concreto: ele determinaria que os encargos a suportar por esta sociedade com a expropriação e recuperação das Salinas do Samouco correspondam (no máximo) aos 380 mil contos que lhe foram propostos em 4 de Março de 1994.

39. Em suma: caso se admitisse (o que mais uma vez se diz que não se concede) que a interpretação a que acima chegámos da cláusula 73, n.º 2, do *Segundo Contrato da Concessão* não seria correcta, assistiria então à LUSOPONTE a possibilidade de requerer a anulabilidade do contrato nessa parte por erro-vício quanto ao conteúdo, com base nos artigos 178.º, n.º 1 e 2, alínea b), e 185.º, n.º 2, do CPA e 251.º, 247.º, 287.º e 292.º do Código Civil ou, em alternativa, a modificação da mesma cláu-

---

[88] Expressamente neste sentido, cfr. OLIVEIRA ASCENSÃO, *Teoria Geral do Direito Civil*, III, pp. 136-137.

sula segundo juízos de equidade — o que, no caso concreto, se traduziria na limitação da sua responsabilidade financeira com a expropriação e recuperação das Salinas do Samouco a 380 mil contos — nos termos dos preceitos já citados (salvo os dos artigos 287.º e 292.º do Código Civil) e ainda das disposições combinadas dos artigos 252.º, n.º 2, e 437.º do Código Civil.

§ 4.º
Análise do problema à luz das regras legais aplicáveis ao *Segundo Contrato da Concessão*

I — As regras do REOP

40. Sobre ser a solução que decorre de uma correcta interpretação da cláusula 73, n.º 2, do *Segundo Contrato da Concessão*, a responsabilização do Estado português pelos custos que excedam 380 mil contos com a expropriação e recuperação das Salinas do Samouco deriva também do regime jurídico da empreitada de obras públicas, actualmente definido no Decreto-Lei n.º 405/93, de 10 de Dezembro.

Vimos já que o n.º 5 do artigo 1.º deste diploma qualifica a concessão de obras públicas como um contrato administrativo (cfr. artigos 178.º, n.ºs 1 e 2, alínea *b)*, do CPA, e 1.º, n.º 5, do REOP). Acrescentemos agora que o n.º 3 do mesmo artigo 1.º determina que ao contrato de concessão de obras públicas se apliquem, adaptadamente, as regras aí definidas para outro contrato administrativo típico: a empreitada de obras públicas (cfr. artigos 178.º, n.ºs 1 e 2, alínea *a)*, do CPA e 1.º, n.º 4, do REOP). Determina-se, na verdade, nesse artigo 1.º, n.º 3, que "o regime do presente diploma é igualmente aplicável, com as necessárias adaptações, às concessões de obras públicas e aos fornecimentos de obras públicas promovidos pelas entidades referidas no número anterior".

Compreende-se, em termos gerais, a razão de ser desta solução legal: ainda que a *causa-função* de cada um desses contratos seja diversa, a empreitada de obras públicas e a concessão de obras públicas constituem, desde há muito, os sistemas privilegiados de que a Administração lança mão para a execução de obras públicas necessárias à prossecução das necessidades colectivas. Como a empreitada sempre beneficiou de um regime jurídico geral é, assim, curial que, atento aquele traço comum, se possa estender o mesmo à concessão de obras públicas. Mas, por outro lado, compreende-se também que esta extensão — quando possível — se tenha de fazer sempre com as adaptações impostas pela diferente fisionomia dos dois tipos contratuais.

Na verdade, distinguem-se basicamente estes dois contratos pelo modo de remuneração do co-contratante e pela sua estrutura subjectiva. Assim, enquanto na empreitada o particular é directamente pago pela Administração, à qual ficará a pertencer a posse e exploração da obra realizada, na concessão, em regra, é o concessionário quem custeia a execução das obras, remunerando-se pela sua exploração durante um determinado período de tempo contratualmente fixado[89]. Por outro lado, se na empreitada de obras públicas é a Administração que assume a posição de dono da obra (aquele que manda executar uma obra — cfr. artigo 2.º, n.º 2, do REOP), na concessão de obras públicas essa posição é, em princípio, por ela transferida para o concessionário [90]. Portanto, e a contrastar com a bilateralidade subjectiva da empreitada de obras públicas, nas concessões existe,

---

[89] Cfr. MARCELLO CAETANO, *Manual*, II, p. 1011, e, também no mesmo sentido, FREITAS DO AMARAL, *Direito Administrativo*, III, pp. 442-443.

[90] Constitui na verdade regra nas concessões de obras públicas serem empreiteiros contratados pelo concessionário quem, sob a direcção deste, leva a cabo os trabalhos de construção do empreendimento. Regra a que não foge o *Segundo Contrato da Concessão*. Na verdade, por imposição legal expressa (cfr. Base XXXII, n.º 1), a LUSOPONTE teve de celebrar com um

em regra, uma relação *multilateral*, que integra (pelo menos) o concedente, o concessionário e o empreiteiro de obras públicas, cumulando-se amiúde na esfera jurídica do co-contratante da Administração o duplo estatuto de concessionário e de dono da obra pública.

41. Do regime jurídico da empreitada de obras públicas importa aqui considerar as regras definidas nos artigos 14.º, n.º 2, 39.º, n.º 2, e 40.º.

Dispõe-se no artigo 14.º, n.º 2, que "no caso de o projecto base ou variante ter sido da sua autoria, o empreiteiro suportará os danos resultantes de erros ou omissões desse projecto ou variante ou dos correspondentes mapas de medições, excepto se os erros ou omissões resultarem de deficiências dos dados fornecidos pelo dono da obra". Trata-se, como já se viu referido, de uma regra e de uma excepção evidentes, "relativamente às quais não se podiam suscitar quaisquer dúvidas com um mínimo de responsabilidade"[91].

Por outro lado, prescreve-se no artigo 39.º que "pelas deficiências técnicas e erros de concepção dos projectos e dos restantes elementos patenteados no concurso ou em que posteriormente se definam os trabalhos a executar, responderão o dono da obra ou o empreiteiro, conforme aquelas peças sejam apresentadas pelo primeiro ou pelo segundo" (n.º 1), e que

---

Agrupamento Complementar de Empresas (ACE), designado Novaponte, um *Contrato de Projecto e Construção*, pelo qual atribuiu a este o desenvolvimento das actividades de projecto e construção da Nova Travessia. O que foi, aliás, reafirmado no n.º 1 da cláusula 37 do próprio contrato: "para cumprimento das obrigações assumidas em matéria de projecto e construção da Nova Travessia, a CONCESSIONÁRIA celebrou com o ACE o Contrato de Projecto e Construção que figura no Anexo 1 (...)".

[91] Cfr. ROMANO MARTINEZ/MARÇAL PUJOL, *Empreitadas de Obras Públicas*, p. 35.

"quando o projecto ou variante for da autoria do empreiteiro, mas estiver baseado em dados de campo, estudos ou previsões fornecidos, sem reservas, pelo dono da obra, será este responsável pelas deficiências e erros do projecto ou variante que derivem da inexactidão dos referidos dados, estudos ou previsões" (n.º 2).

Também não é difícil entender a *ratio* destas soluções. Com efeito, "não podia haver dúvidas quanto à irresponsabilização do empreiteiro pelos defeitos do projecto que ele não apresentou ou que apresentou com base em dados inexactos fornecidos pelo dono da obra"[92]. Nos termos do n.º 2, aquela responsabilização existirá, no entanto, se os dados, estudos ou previsões tiverem sido comunicados pelo dono da obra *sob reserva*, ou seja, competindo ao empreiteiro proceder aos necessários estudos, *in loco*, a fim de prevenir inexactidões. A respeito desta solução legal de fazer recair sobre o dono da obra o risco dos seus erros de previsão, vale a pena transcrever o que se escreveu na nota explicativa do projecto do Decreto-Lei n.º 48871, de 30 de Março (o nosso primeiro REOP). Disse-se aí, depois de se afirmar que para se dar ao concurso uma base firme e séria se tornava necessário "responsabilizar o dono da obra pela correcção dos dados que patenteia", que "exigir dos concorrentes que, por si próprios, revejam e rectifiquem o projecto e as suas medições (colhendo inclusiva e inevitavelmente os dados de campo necessários, refazendo os cálculos; ponderando, até, a finalidade e conveniência das soluções técnicas adoptadas, etc.) (...) não se harmoniza nem com a sua posição natural na relação pré-contratual estabelecida, nem, na maioria dos casos, com as suas qualificações, nem, ainda, com a curteza do prazo do concurso, nem, por último, com os interesses da economia nacional, atento o volume de despesas que determinaria a inútil multipli-

---

[92] Cfr. ROMANO MARTINEZ/MARÇAL PUJOL, *Empreitadas de Obras Públicas*, pp. 71-72.

cação dos mesmos estudos (tantos quantos os concorrentes)." [93].

Em suma: será de excluir a culpa do empreiteiro quando o defeito se tenha ficado a dever a erro de concepção do projecto ou a dados, estudos ou previsões fornecidos sem reservas pelo dono da obra, ou ainda se for o resultado do cumprimento de ordens ou instruções transmitidas por este[94].

Finalmente, estabelece-se no artigo 40.º que "a responsabilidade estabelecida nos dois artigos anteriores traduz-se em serem de conta do responsável as obras, alterações e reparações necessárias à adequada supressão das consequências da deficiência ou erro verificado, bem como a indemnização pelos prejuízos sofridos pela outra parte ou por terceiros".

Neste preceito, "o legislador limita-se a estabelecer as consequências normais e que derivam das regras gerais relativas ao incumprimento de um contrato"[95]. Para além da afirmação do princípio da reconstituição natural, a responsabilidade consagrada nesta regra traduz-se, portanto, na obrigação para o lesante de reparar quer os *danos emergentes* quer os *lucros cessantes* sofridos pelo lesado.

42. Será que estas soluções ditadas para a empreitada de obras públicas quadram também *mutatis mutandis* para a concessão de obras públicas?

Cremos bem que sim.

Num contrato de concessão de obras públicas, o cenário normal é o de ser o próprio concessionário a conceber e pro-

---

[93] Cfr. este excerto da nota explicativa deste diploma, materialmente elaborada pelo Sr. Dr. JOSÉ LUÍS SAPATEIRO, em JORGE ANDRADE DA SILVA, *Regime Jurídico das Empreitadas de Obras públicas*, 4.ª ed., Coimbra, 1995, p. 96-97.

[94] V. ROMANO MARTÍNEZ, *Cumprimento Defeituoso (Em especial na compra e venda e na empreitada)*, Coimbra, 1994, pp. 315-316.

[95] Cfr. ROMANO MARTINEZ/MARÇAL PUJOL, *Empreitadas de Obras Públicas*, pp. 71-72.

jectar as obras que posteriormente financiará, executará e explorará. Daí que seja ele o responsável pela recolha de dados de campo e pela realização dos estudos e previsões necessários à concepção da obra e elaboração do projecto da mesma. É essa, de resto, a situação prevista no *Segundo Contrato da Concessão* no que concerne às obras necessárias para a execução da Nova Travessia (cfr. cláusulas 36 e segs.)[96]. Dir-se-ia não se ver muito bem como pretender aplicar *in casu* os mencionados preceitos do regime da empreitada de obras públicas. Todavia, ao contrário do que eventualmente resultaria dessa primeira (e precipitada) impressão, aquela aplicação vislumbra-se sem qualquer dificuldade no que concerne ao caso específico das expropriações e obras "ambientais" das Salinas do Samouco. Se em relação aos trabalhos necessários à construção da Nova Travessia, e dado ser o concessionário quem deve conceber e projectar a obra, a responsabilidade pelos erros e inexactidões que nesse âmbito se verifiquem deve ser assumida pelo co-contratante, já diversamente, no caso concreto da expropriação e recuperação das Salinas do Samouco, como foi o próprio concedente quem forneceu ao concessionário em 4 de Março de 1994, e sem estabelecer reservas de qualquer espécie, as previsões de custos que, como já sabemos, saíram profundamente erradas, é ele quem deverá assumir o risco da correcção dos dados que apre-

---

[96] Diz-se na cláusula 40, n.º 5, que "a aprovação pelo CONCEDENTE de quaisquer projectos ou estudos apresentados pela CONCESSIONÁRIA não envolve responsabilidade do CONCEDENTE nem exonera a CONCESSIONÁRIA das obrigações decorrentes do Segundo Contrato da Concessão, sendo todas as imperfeições de concepção ou de funcionamento das obras de sua responsabilidade, sem prejuízo do artigo 37". Este artigo 37.º refere-se à responsabilidade que cada uma das casas-mãe dos membros do Agrupamento Complementar de Empresas responsável pela execução do projecto assumiu, por contrato, perante o concedente e o concessionário, em matéria de cumprimento pontual e atempado das obrigações assumidas pelo ACE no que respeita ao projecto da Nova Travessia.

sentou e, portanto, é sobre ele, qual dono da obra numa empreitada de obras públicas, que deverá recair a responsabilidade de compensar o concessionário pelos custos que excedam 380 mil contos com a realização dessas operações. Verifica-se, pois, similitude ou identidade entre esta situação decorrente da cláusula 73, n.º 2, do *Segundo Contrato da Concessão* e a que vem descrita na *fattispecie* dos compulsados preceitos do regime das empreitadas de obras públicas: quadram perfeitamente ali as razões que animam e justificam a regulamentação dos casos aqui previstos. Daí, portanto, que se defenda a sua aplicabilidade à situação em apreço.

Todavia, como o artigo 241.º do actual REOP (Decreto-Lei n.º 405/93, de 10 de Dezembro) determina que "o presente diploma só entra em vigor seis meses após a data da sua publicação e só será aplicável às obras postas a concurso após essa data", e como, por outro lado, a obra da Nova Ponte foi posta a concurso antes de Junho de 1994, cumpre concluir que as regras do regime da empreitada de obras públicas que se aplicam analógica e adaptadamente, *ex vi* do artigo 10.º, n.ºs 1 e 2, do Código Civil, ao *Segundo Contrato da Concessão* não serão, assim, as dos artigos 14.º, n.º 2, 39.º, n.º 2, e 40.º do Decreto-Lei n.º 405/93 (*ex vi* do artigo 1.º, n.º 3, deste diploma) mas, antes, aqueloutras de teor literal rigorosamente idêntico constantes dos artigos 14.º, n.º 2, 40.º, n.º 2, e 41.º do regime jurídico da empreitada de obras públicas anterior, aprovado pelo Decreto-Lei n.º 235/86, de 18 de Agosto.

Em suma: por força da aplicação analógica (e com as devidas adaptações) ao *Segundo Contrato da Concessão*, *ex vi* do artigo 10.º do Código Civil, das regras dos artigos 14.º, n.º 2, 40.º, n.º 2, e 41.º do Decreto-Lei n.º 235/86, de 18 de Agosto, deve concluir-se que ao concedente compete compensar financeiramente a LUSOPONTE dos custos que esta sociedade venha a suportar acima de 380 mil contos com a expropriação e recuperação das Salinas do Samouco, bem como a indemnizá-la dos encargos financeiros que ela suporte por via do dispêndio dessas verbas.

II — As regras da boa-fé

43. Mas, ainda que, por absurdo, se considerasse que as regras do REOP atrás mencionadas não se aplicavam ao *Segundo Contrato da Concessão* — o que, uma vez mais, não se concede — o certo é que também pela aplicação das regras da boa-fé se deverá entender que o Estado é responsável pelos custos que excedam 380 mil contos com as operações de expropriação e recuperação das Salinas do Samouco.

Embora proveniente da dogmática e do direito privados, o princípio da boa-fé é, hoje, um princípio geral (e fundamental) do direito público. Prova acabada do que vem de se dizer é o facto de ainda muito recentemente, com a revisão constitucional de 1997, este princípio ter sido expressamente inscrito na Constituição formal entre os princípios vinculantes da Administração Pública (cfr. artigo 266.º, n.º 2). Aliás, e já um ano antes, o legislador ordinário, através do Decreto-Lei n.º 6/96, de 31 de Janeiro (diploma que procedeu à revisão do CPA), havia dado um significativo passo em frente no sentido da sua expressa autonomização no nosso ordenamento jurídico ao introduzir no CPA um artigo (6.º-A) com o seguinte conteúdo: "No exercício da actividade administrativa e em todas as suas formas e fases, a Administração Pública e os particulares devem agir e relacionar-se segundo as regras da boa-fé (n.º 1); "no cumprimento dos números anteriores, devem ponderar-se os valores fundamentais do direito, relevantes em face das situações consideradas, e, em especial: a) a confiança suscitada na contraparte pela actuação em causa; b) o objectivo a alcançar com a actuação empreendida" (n.º 2). Com esta autonomização visou-se sobretudo satisfazer a "necessidade premente de criar um clima de confiança e previsibilidade no seio da Administração Pública"[97].

Nenhuma dúvida existe, portanto, quanto à hodierna vigência do princípio da boa-fé no domínio do direito administrativo e, muito concretamente, dos contratos administrativos. Aliás, deverá referir-se que mesmo antes da entrada em vigor de qualquer um desses preceitos, já a doutrina propugnava a sua aplicação aos contratos administrativos. Citem-se, por exemplo, nesse sentido as palavras de Marcelo Rebelo de Sousa quando afirma que "a boa fé objectiva atravessa todo o Direito dos Contratos"[98], bem como as do insuspeito jusprivatista Rui de Alarcão quando afirma que um campo fértil de aplicação do princípio da boa-fé no âmbito do Direito Administrativo é, justamente, o dos contratos administrativos[99].

44. Como é sabido, o princípio da boa-fé é um "princípio normativo" que carece de mediações concretizadoras para a sua aplicação aos casos concretos [100].

A enorme variedade de aplicações que dele já se fizeram permitiu à Ciência jurídica a descoberta de institutos aos quais se torna, depois, mais fácil subsumir situações da vida. De entre esses institutos, merece evidente destaque, para a situação que estamos a analisar, o da *culpa in contrahendo* que, descoberto por Jhering em meados do século passado, está hoje expressamente consignado em vários ordenamentos jurídicos (v.g., no artigo 1337.º do Código Civil italiano) e, entre nós, no artigo 227.º

---

[97] FREITAS DO AMARAL et alli, *Código do Procedimento Administrativo Anotado*, p. 47.
[98] V. MARCELO REBELO DE SOUSA, *O Concurso Público na Formação dos Contratos Administrativos*, Lisboa, 1994, p. 21.
[99] RUI DE ALARCÃO, *Direito das Obrigações*, Coimbra, 1983, p. 117.
[100] Sobre o conceito de "princípio normativo", cfr. GOMES CANOTILHO, *Direito Constitucional*, 6.ª edição, Coimbra, 1993.

do Código Civil [101]. Na verdade, e como se dispõe no n.º 1 deste preceito, "quem negoceia com outrem para a conclusão de um contrato deve, tanto nos preliminares como na formação dele, proceder segundo as regras da boa-fé, sob pena de responder pelos danos que culposamente causar à outra parte". Claro que, e sem embargo da natureza do diploma em que vem inserido, este preceito se aplica também, como de resto é pacífico na doutrina [102] e jurisprudência [103], aos contratos administrativos.

De entre os vários deveres impostos pela boa-fé à Administração no âmbito da formação de um contrato (administrativo) destacam-se, nitidamente, os deveres de informação, isto é, o dever de comunicar à contraparte tudo aquilo que possa ser relevante para a sua decisão de contratar. Ora, e como a propósito similar observa Sinde Monteiro, "se é cognoscível que uma informação é pedida (ou de qualquer forma, dada) para servir como base ou elemento para uma decisão de carácter patrimonial (e é a regra na vida comercial), há um mínimo de cuidado exigível no tráfico"[104]. Assim, prossegue o mesmo Autor, "têm de ser evitadas omissões de factos essenciais geradores de uma falsa impressão; *não se podem afirmar como seguros aqueles de cuja verdade o informante não está convencido* (declarações ou afirmações feitas "às cegas"), ou não pode estar convencido se usar um mínimo de reflexão; *a informação baseada numa averiguação superficial não deve criar no destinatário a impressão de uma busca ou recolha*

---

[101] Sobre a *culpa in contrahendo*, cfr. MENEZES CORDEIRO, *Teoria Geral do Direito Civil*, I, pp. 685-723.

[102] Expressamente neste sentido, cfr. MARCELO REBELO DE SOUSA, *O Concurso Público* ..., p. 52; MARIA DA GLÓRIA FERREIRA PINTO DIAS GARCIA, *A Responsabilidade Civil do Estado e demais Pessoas Colectivas Públicas*, Lisboa, 1997, p. 86.

[103] Cfr. o Parecer n.º 138/79, da Procuradoria-Geral da República, in *Boletim do Ministério da Justiça*, n.º 298, pp. 21 e segs..

[104] SINDE MONTEIRO, *Responsabilidade* ..., pp. 564-565.

cuidada de dados; eventualmente, *as dúvidas existentes devem ser comunicadas*. Em última análise, se *nada pôde ser averiguado ou se não há elementos para formar uma opinião, deve comunicar-se isso mesmo ou recusar-se a prestação da informação*" (itálicos nossos)[105]. Ou seja, se a "Administração sonegar informação a (...) concorrentes (...) está a desrespeitar o princípio da confiança e a gerar responsabilidade pré-contratual (...)"[106].

Cremos que estas considerações quadram adequadamente à situação que vimos analisando. Com efeito, em vista de tudo quanto já foi dito — e que, certamente, não vale a pena repetir outra vez —, fácil se torna aceitar que, em 4 de Março de 1994, quando o concedente propôs ao concorrente LUSOPONTE que procedesse à expropriação e recuperação das Salinas do Samouco por 380 mil contos, ele violou culposamente um dever de informação imposto pelo princípio da boa-fé, qual seja o de esclarecer o concorrente LUSOPONTE de que não dispunha, afinal, de qualquer certeza ou convicção acerca da correcção ou suficiência daquele valor para fazer face aos custos globais inerentes àquelas operações. Se o valor de 380 mil contos resultou de uma análise altamente superficial da área em causa — como parece ter sido, atendendo à discrepância entre os valores previsto e real —, o Estado deveria tê-lo comunicado. Não o tendo feito, criou uma situação de confiança (crença da LUSOPONTE sobre a suficiência daquele valor), justificada (inexistência de reservas), que motivou o desenvolvimento de uma actividade (a expropriação e recuperação das Salinas do Samouco) cujo resultado (custo total) ficará comprometido se a confiança do particular quanto ao limite máximo das suas responsabilidades financeiras a esse respeito (380 mil contos) não for respeitada.

---

[105] SINDE MONTEIRO, *Responsabilidade* ..., p. 565.
[106] Cfr. MARCELO REBELO DE SOUSA, *O Concurso Público* ..., p. 52.

Em suma: mesmo que, por absurdo, se não aceite a aplicação analógica das apontadas regras do REOP (1986) à situação em apreço, o certo é que, por força do disposto nos artigos 266, n.º 2, da Constituição, 6.º-A do CPA, e 227.º, n.º 1, do Código Civil, se deve concluir estar o Estado obrigado a indemnizar os prejuízos que a LUSOPONTE vier a suportar — no caso, os custos que excederem 380 mil contos com a expropriação e recuperação das Salinas do Samouco e os lucros cessantes — por violação ilícita e culposa de um dever de informação imposto, *in contrahendo*, pelo princípio da boa-fé.

§ 5.º
Da repartição contratual do montante das indemnizações devidas por expropriações

I — Clarificação conceptual: dos sujeitos da expropriação

45. Antes de analisarmos as questões de saber se o Estado poderá estipular num contrato de concessão de obras públicas a sua comparticipação nos custos das indemnizações devidas pela realização de expropriações pela concessionária de obras públicas e, por outro lado, qual será o sentido dessa comparticipação no *Segundo Contrato da Concessão* — impõe-se fazer, para a sua melhor compreensão, um esforço de clarificação conceptual em torno da matéria dos sujeitos das expropriações.

Nomeadamente, importa esclarecer, com o possível rigor, o que significa dizer-se, como se diz na cláusula 31.ª, n.º 1, do *Segundo Contrato da Concessão* e se terá pretendido dizer na cláusula 73, n.º 2, do mesmo contrato, que a LUSOPONTE é uma "entidade expropriante".

46. Existem (*rectius*, podem existir) três categorias de sujeitos diferentes num processo de expropriação: os *titulares do poder de expropriar*, as *entidades expropriantes* e os *beneficiários da expropriação*.

Entre nós, titulares do *ius expropriandi* são apenas o Estado e, dentro de certos pressupostos, as Regiões Autónomas, já que apenas estas entidades têm competência para praticar o "acto constitutivo"[107] ou "acto-chave"[108] da relação jurídica expropriatória que é, como se sabe, o acto de declaração de utilidade pública (cfr. artigos 11.º e 86.º do Código das Expropriações). Com efeito, é neste acto do processo expropriatório, "cujo alcance é indicar o fim concreto da expropriação e identificar os bens necessários para a (sua) realização"[109], que se consubstancia o exercício de um poder de autoridade, uma vez que a sua prática tem a virtualidade de, só por si, e entre outros efeitos, comprimir o âmbito das faculdades inerentes ao direito de propriedade (o direito paradigmaticamente afectado) e, especialmente, a faculdade de disposição. A atribuição deste poder (quase) em exclusivo ao Estado (esqueçamos por agora, pelo seu carácter secundário, o poder de expropriar das Regiões Autónomas) vem já de longa data, e justifica-se "pelo desejo das autoridades do Estado de verem perpetuado o seu controle numa matéria onde as iniciativas intempestivas poderiam acarretar um atentado radical à propriedade privada"[110].

Não se devem, todavia, confundir (ou, *rectius*, não se devem confundir sempre) — pese embora o nosso Código das Expropriações confunda (cfr. artigos 1.º, 16.º, n.º 1, e 17.º, n.º 1) — os *titulares do direito de expropriar* e as *entidades expropriantes*. Se, por vezes, o Estado e as Regiões Autónomas cumulam ambos os estatutos (e até o de *beneficiário da expropriação*), já noutros procedimentos tal não sucede, sendo o papel de *entidade expropriante*

---

[107] MARCELLO CAETANO, *Manual*, II, p. 1024.
[108] ALVES CORREIA, *Estudos de Direito do Urbanismo*, Coimbra, 1997, p. 129.
[109] ALVES CORREIA, *Estudos de Direito do Urbanismo*, p. 129.
[110] JEAN-MARIE AUBY/PIERRE BON, *Droit administratif des biens*, 3.ª ed, Paris, 1995, p. 360.

desempenhado aí por outras pessoas colectivas. O conceito de *entidade expropriante* é, pois, do ponto de vista *subjectivo*, mais amplo que o de *titular do direito de expropriar*. Nele se incluem, para além do Estado e das regiões Autónomas, todas aquelas entidades que, segundo a lei, podem dar início (*déclencher*) ao procedimento de expropriação através da apresentação do requerimento de declaração de utilidade pública ao ministro competente. No nosso ordenamento, tais entidades tanto podem ser pessoas colectivas públicas (os institutos públicos, as empresas públicas, as autarquias locais) como, em certos casos, pessoas colectivas privadas (v.g., concessionárias de obras públicas e de serviços públicos) — artigos 12.º, n.º 1, e 17.º do Código das Expropriações.

Finalmente, resta-nos falar nos *beneficiários da expropriação*. Esta categoria subjectiva também não foi autonomizada no nosso Código das Expropriações, aparecendo aí identificada com o conceito de *entidades expropriantes*. Na generalidade dos casos, os beneficiários da expropriação serão, de facto, as *entidades expropriantes* — sejam também estas titulares ou não do direito de expropriar. Como tal, caberá também a estas entidades, como contrapartida do ingresso no seu património do bem expropriado, a responsabilidade pelo pagamento das indemnizações devidas aos proprietários. Conhecem-se contudo casos, sobretudo no direito francês, em que *entidade expropriante* e *beneficiário da expropriação* são sujeitos de direito distintos. É o que sucede, por exemplo, quando uma pessoa colectiva pública (*v.g.*, uma colectividade territorial) requer a declaração de utilidade pública de um bem que deverá ingressar no património de uma pessoa colectiva privada (*v.g.*, uma fundação privada) que, à luz da lei, não tem o direito de apresentar esse requerimento. Claro que, quando assim suceda, é ao beneficiário da expropriação — e não à entidade expropriante — que caberá a satisfação da indemnização devida ao expropriado[111].

---

[111] Sobre o ponto, cfr. A. DE LAUBADÈRE, J.-C. VENEZIA e Y. GAUDEMET, *Traité de Droit Administratif*, II, 10.ª ed., Paris, 1995, pp. 369 e segs.; J.-M.

Este, pois, numa análise perfunctória, o quadro geral dos sujeitos da expropriação. Adiante servir-nos-emos dele para explicar a situação jurídica da LUSOPONTE no que respeita às expropriações das Salinas do Samouco.

II — Da partilha contratual dos encargos com expropriações

47. Importa ver agora se seria ou não pertinente objectar à interpretação por nós preconizada para a cláusula 73, n.º 2, do *Segundo Contrato da Concessão* — e que, não se esqueça, decorre também da lei que lhe é aplicável (o REOP de 1986, em primeira linha, as regras da boa-fé, subsidiariamente) — que, resultando dela que o Estado e a LUSOPONTE repartiram responsabilidades com encargos de expropriações, isso molestaria o ordenamento jurídico vigente e, designadamente, o Código das Expropriações (aplicável ao contrato por força da sua cláusula 30[112]).

Uma hipotética objecção desse teor, que desde já dizemos que improcede, obrigar-nos-ia a enfrentar as duas seguintes questões: será possível ao Estado recorrer ao módulo contratual para constituir efeitos jurídicos (subsidiar parte dos encargos das indemnizações) característicos da relação jurídica expropriatória — normalmente constituída por via unilateral (o acto administrativo de declaração de utilidade pública)?; ainda que seja de

---

AUBY e P. BON, *Droit administratif des biens*, p. 366; C. DEBBASCH, J. BOURDON, J. PONTIER e J.-C. RICCI, *Droit administratif des biens*, 2.ª ed., Paris, 1994, pp. 197 e segs..

112 Lê-se na cláusula 30 do Segundo Contrato da Concessão que: "Às expropriações efectuadas no âmbito do Segundo Contrato da Concessão são aplicáveis as disposições da legislação portuguesa em vigor". Importa assim ter sobretudo em conta o regime definido no Código das Expropriações, aprovado pelo Decreto-Lei n.º 438/91, de 9 de Novembro, e demais legislação complementar.

responder afirmativamente, será possível incluir num contrato de concessão de obras públicas (como já sabemos ser o *Segundo Contrato da Concessão*) uma cláusula com semelhante conteúdo? Vejamos.

48. Primeira questão: será possível ao Estado estipular, *por contrato*, efeitos jurídicos em matéria de expropriações por utilidade pública?

Esta pergunta não pode deixar de ser analisada à luz do n.º 1 artigo 179.º do CPA, que dispõe: "os órgãos administrativos, na prossecução das atribuições das pessoas colectivas em que se integram, podem celebrar quaisquer contratos administrativos, salvo se outra coisa resultar da lei ou da natureza das relações a estabelecer".

Decorre deste enunciado legal que, para o legislador, o contrato perfila-se, hoje, como uma via alternativa ao acto administrativo para as entidades públicas, dentro das suas atribuições, constituírem, modificarem ou extinguirem relações jurídicas administrativas, e que, por outro lado, tal apenas não sucederá se a isso obstarem a lei ou a natureza das relações a estabelecer.

Estará, no caso concreto, preenchida qualquer uma destas excepções?

A negativa impõe-se categoricamente.

Por um lado, não se conhece qualquer preceito legal no Código das Expropriações que proíba expressamente à Administração o recurso à técnica contratual para constituir aquele efeito jurídico.

Por outro lado, a natureza da relação jurídica expropriatória não é em abstracto adversa a essa utilização. Bem pelo contrário: basta pensar que, de acordo com o artigo 2.º, n.º 1, do Código das Expropriações, "a expropriação só pode ter lugar após se ter esgotado a possibilidade de aquisição por via do direito privado (...)". Ou seja: o procedimento expropriatório inclui, como fase preambular, a tentativa de adquirir o bem necessário à realização de um fim de utilidade pública através de um contrato. Acresce que também no decurso daquele procedimento a fixação da indemnização pode ser feita (e muitas vezes é) por acordo (cfr. artigos 32.º e segs., 65.º, n.º 3, e 67.º, n.º 2, do Código das Expropriações).

49. Segunda questão: será possível ao Estado, no âmbito de um contrato administrativo de concessão de obras públicas, partilhar com o seu concessionário responsabilidades com os encargos derivados das expropriações por utilidade pública?
Não temos também dúvidas em responder pela positiva.
Decorre isso, desde logo, da própria noção de concessão de obras públicas que, vimo-lo logo de início, não obstante constar de um acto comunitário derivado se deve considerar directamente aplicável no nosso ordenamento jurídico-positivo. Na verdade, diz-se na alínea *d)* do n.º 1 do artigo 1.º da Directiva 93/37/CEE que, concomitantemente com o direito de explorar a obra, a Administração poderá também pagar ao particular um preço. Assim, bem poderá este preço ser atribuído pelo concedente ao concessionário para que este suporte encargos derivados de expropriações.
Decorre isso, por outro lado, da abundância de exemplos concretos de contratos de concessão de obras públicas — e afins — em que se consagra esse tipo de efeito. Nesse sentido, citemos, em primeiro lugar, o recentíssimo e elucidativo exemplo da Concessão-Brisa (expressamente qualificada no n.º 1 da Base II como *concessão de obras públicas*), cujas bases foram aprovadas em anexo ao Decreto-Lei n.º 294/97, de 24 de Outubro. Nos termos do n.º 1 da Base X refere-se expressamente que: "o financiamento necessário à realização do objecto da concessão será assegurado pela concessionária e pelo Estado de acordo com o estabelecido no presente contrato, tendo aquela o direito de receber dos utentes das auto-estradas as importâncias das

portagens das mesmas cobradas e os rendimentos de exploração das áreas de serviço e, bem assim, quaisquer outros rendimentos obtidos no âmbito da concessão". Por sua vez, dispõe-se no n.º 1 da Base XI que "o Estado comparticipará financeiramente no custo de construção das auto-estradas e das obras complementares a que a concessionária se encontre obrigada, por forma a garantir a realização integral do objecto da concessão". Acrescentando-se no n.º 2 da mesma Base que: "para efeitos do disposto no número anterior, considera-se custo de construção o resultado da soma das seguintes parcelas: (...) b) valor relativo à aquisição de terrenos, no qual se incluem as despesas de avaliação, registo, publicitação e notariado, bem como o valor das indemnizações pagas em resultado de processos de expropriação".

Por sua vez, estipula-se na alínea d) do n.º 3 do artigo 6.º Decreto-Lei n.º 9/97, de 10 de Janeiro, diploma que estabelece "o regime de realização dos concursos com vista à concessão de lanços de auto-estradas e conjuntos viários associados nas zonas norte e oeste de Portugal", conhecido como o regime das concessões-"Brisinhas", que, do caderno de encargos relativo a cada uma das concessões, constarão, obrigatoriamente: "a responsabilidade da concessionária pelas indemnizações ou outras compensações derivadas de expropriações ou aquisição de bens e direitos ou da imposição de ónus, servidões ou encargos decorrentes do estabelecimento da concessão". Na sequência deste diploma legal, dispôs-se, por exemplo, no artigo 19.º, n.º 3, do Caderno de Encargos da auto-estrada do Oeste[113] que: "competirá à JAE, como entidade expropriante em nome do Estado, a realização e condução dos processos expropriativos e, bem assim, o pagamento de indemnizações ou outras compensações derivadas de expropriações ou da imposição de servidões ou outros ónus ou encargos delas derivados".

---

[113] Publicado no *Diário da República*, II Série, n.º 32, de 7 de Fevereiro de 1997.

Do mesmo modo, também na alínea *d*) do n.º 3 do artigo 6.º do Decreto-Lei n.º267/97, de 2 de Outubro, diploma que estabelece "o regime de realização dos concursos para as concessões SCUT" — isto é, sem cobrança aos utilizadores —, se consigna uma norma de teor exactamente idêntico à da citada norma do "diploma das Brisinhas". E, tal como vimos suceder relativamente a este, também, por exemplo, no artigo 22.º, n.º 3, do Caderno de Encargos do concurso para a realização de lanços de auto-estrada com portagens virtuais na Beira Interior[114] se prescreve, identicamente, que: "competirá à JAE, como entidade expropriante em nome do Estado, a realização e condução dos processos expropriativos e, bem assim, o pagamento de indemnizações ou outras compensações derivadas de expropriações ou da imposição de servidões ou outros ónus ou encargos delas derivados".

Num plano próximo — o do contrato de concessão de serviços públicos — refira-se também que a RTP, S.A, concessionária do serviço público de televisão (cfr. artigo 5.º, n.º 1, da Lei n.º 58/90, de 7 de Setembro, e artigo 2.º, n.º 2, da Lei n.º 21/92, de 14 de Agosto) é, nos termos da cláusula 11.ª (sob a epígrafe: «compensação financeira do Estado») do contrato de concessão de serviço público que celebrou com o Estado em 17 de Março de 1993, parcialmente remunerada através de auxílios financeiros (*indemnizações compensatórias*) obtidos directamente junto do concedente.

Finalmente, e retomando o fio à meada, saliente-se que a possibilidade de o concedente assumir contratualmente a responsabilidade por uma parte dos encargos que a concessionária tenha de suportar com expropriações decorre ainda, e de forma bem clara, da lição da doutrina, nacional e estrangeira. Citemos apenas dois casos emblemáticos.

---

[114] Publicado no *Diário da República*, II Série, n.º 290, de 17 de Dezembro de 1997.

Assim, dizia, entre nós, Marcello Caetano que era perfeitamente normal que em determinados casos o concedente prestasse *assistência financeira* aos concessionários de serviços e obras públicas através, designadamente, de "*subvenções, subsídios, garantias de rendimento*". E prosseguia: "umas vezes trata-se de prestações certas e regulares a pagar ao concessionário durante certo número de anos (uma subvenção fixa anual, por exemplo). Outras vezes trata-se de prestações eventuais que o concedente só pagará se os rendimentos da exploração do ano não permitirem a remuneração do capital investido (garantia de dividendo) ou só do capital obtido por empréstimo (garantia de juros). Noutros casos, ainda, o subsídio é eventual e extraordinário destinando-se a compensar certos prejuízos que se hajam verificado por motivos imprevistos, ou certas despesas anormais"[115].

De França, começam por lembrar Laubadère, Moderne e Delvolvé que a remuneração dos concessionários de serviços e obras públicas[116], se, classicamente, provinha de "taxas cobradas aos utentes"[117], hoje em dia há-de ser, antes, "determinada pelos resultados financeiros da exploração"[118]. E esclarecem: "a evolução da concessão (..) fez aparecer a solidariedade financeira que se pode estabelecer entre concedente e concessionário"[119] — podendo este, portanto, beneficiar de recursos provenientes de diversas fontes. No volume II da mesma obra, os Autores, retomando o tema, dizem a págs. 371 que: "a evolução da concessão

---

[115] MARCELLO CAETANO, *Manual*, II, p. 1127.

[116] Em boa verdade, os Autores tecem estas considerações a propósito da concessão de serviços públicos. No entanto, mais adiante remetem expressamente para elas quando analisam a definição da concessão de obras públicas. Dizem, com efeito, a págs. 309, que "les précisions auxquelles a conduit la recherche de la définition de la concession de service public permettent de servir à celle de la concession de travaux publics (...)".

[117] LAUBADÈRE, MODERNE e DELVOLVÉ, *Traité*, I, p. 285.

[118] LAUBADÈRE, MODERNE e DELVOLVÉ, *Traité*, I, p. 297.

[119] LAUBADÈRE, MODERNE e DELVOLVÉ, *Traité*, I, p. 296.

conduziu a que a Administração concorresse para o financiamento da mesma, se bem que a concepção inicial estivesse fundada na ideia do financiamento integral da concessão pelo concessionário, com todos os riscos que a remuneração junto dos utentes pode comportar. Em alguns casos, a concepção inicial ainda se verifica nos dias de hoje. Mas, em muitos outros, ela deu lugar a uma contribuição financeira da Administração. E não se trata apenas dos casos em que, em execução do contrato, a Administração é chamada a prestar a sua ajuda ao seu co-contratante por acontecimentos novos (...). Trata-se também daqueles em que, desde o início, as partes contratantes convencionaram que a Administração traria, de uma maneira ou doutra, uma contribuição ao seu co-contratante".

50. Em suma: do ordenamento jurídico vigente (*maxime*, o CPA e o Código das Expropriações), da prática jurídica em matéria de contratos de concessão e da lição da mais autorizada doutrina administrativista decorre que é perfeitamente admissível que num contrato de concessão de obras públicas o concedente assuma perante o concessionário determinadas responsabilidades e, concretamente, a do pagamento parcial dos custos devidos pela realização de expropriações. Ora, e se é assim no que toca às expropriações de terrenos necessários ao desempenho das actividades que integram o objecto da concessão, por maioria de razão sê-lo-á também em relação a imóveis que não servem de base ao desenvolvimento dessas actividades e que nem sequer integram os limites físicos do empreendimento concessionado, como é o caso das Salinas do Samouco.

III — Sentido da concreta repartição dos encargos
com expropriações

51. Demonstrada a impertinência da hipotética objecção que se poderia esgrimir contra a interpretação que preconiza-

mos para a cláusula 73, n.º 2, do *Segundo Contrato da Concessão*, resta-nos explicar porque é que, em nosso entender, a concreta partilha de responsabilidades com encargos de expropriações feita naquela estipulação contratual se nos afigura ser, *in casu*, compreensível e, em certa medida, justificada.

Indo directamente ao ponto, diremos que a explicação é, muito simplesmente, a de que, em relação às expropriações das Salinas do Samouco, a Lusoponte, se assume o estatuto de *entidade expropriante*, já não assume, todavia, ao mesmo tempo, nem sequer indirectamente, o de *entidade beneficiária da expropriação*.

E não assume ambos os estatutos porquê?

Porquanto, e como já foi dito, as Salinas do Samouco, uma vez expropriadas, reverterão não para o património da *entidade expropriante* (Lusoponte), mas sim para o património do titular do *ius expropriandi* (o Estado).

Certo, atalhar-se-á, sucede o mesmo em relação às expropriações dos imóveis necessários à construção da Nova Travessia sobre o rio Tejo, já que tais bens, uma vez adquiridos, integrar-se-ão, automaticamente, por força do disposto na Base IX da Concessão, no domínio público do concedente.

Simplesmente, redarguiremos de nosso lado, quanto a essoutros bens, a Lusoponte, não sendo proprietária é, no entanto, possuidora, e, portanto, titular de uma posição jurídica que lhe permitirá servir-se deles para explorar (lucrativamente, presume-se) a actividade económica que, pelo *Segundo Contrato da Concessão*, lhe foi concedida. Quanto a essoutros bens ela é, em suma, tanto *entidade expropriante* como *beneficiária (indirecta) da expropriação*, nenhuma dúvida existindo, portanto, quanto à razoabilidade da solução de lhe ser cometida a responsabilidade pela satisfação integral das indemnizações devidas aos titulares de direitos sobre os bens expropriados. Não assim, porém, em relação às Salinas do Samouco. Nesta sede, a Lusoponte apresenta-se apenas como *entidade expropriante*. O *beneficiário da expropriação* é, antes, o titular do *ius expropriandi*, o Estado, a quem ficarão a pertencer quer a propriedade quer a posse dos terrenos aí situados. Solução esta que não se altera, como é evidente, mesmo que, posteriormente à sua aquisição, o Estado decida *afectar* os bens em causa a outra entidade pública com atribuições em matéria de preservação e conservação de natureza. Era, pois, ao Estado que, em boa lógica, competiria a responsabilidade pelo pagamento integral das indemnizações devidas com a realização dessas expropriações das Salinas do Samouco.

Sendo as coisas assim, como são, mais reforçada fica a defesa da solução interpretativa por que nos vimos batendo a respeito do significado juridicamente relevante da cláusula 73, n.º 2, do *Segundo Contrato da Concessão*. Com efeito, e não fôra o especialíssimo circunstancialismo que, como sabemos, levou a LUSOPONTE a assumir responsabilidades financeiras neste domínio, já se perceberia mal, à luz do disposto no n.º 2 do artigo 179.º do CPA[120], que a concessionária de obras públicas, não sendo *beneficiária da expropriação* (nem sequer indirectamente) dos terrenos das Salinas do Samouco, tivesse assumido contratualmente quanto a eles — ainda que só até determinado montante — compromissos de ordem financeira (que, apesar de tudo, não se pode dizer serem de pouca monta). Agora, o que seria já seguramente de todo em todo incompreensível era pretender que a concessionária, quando assumiu essas responsabilidades, tivesse também assumido o risco pelo acréscimo que se viesse a verificar em relação ao valor de 380 mil contos que lhe foi proposto pelo Estado na reunião de 4 de Março de 1994. Se fosse esse o entendimento a dar à cláusula em causa (o que mais uma vez se admite sem conceder), não teríamos também já qualquer dúvida em dizer que ela violaria o princípio da pro-

---

[120] Dispõe esta norma que "o órgão administrativo não pode exigir prestações contratuais desproporcionadas ou que não tenham uma relação directa com o objecto do contrato".

porcionalidade consagrado no artigo 266.º, n.º 2, da Constituição e nos artigos 5.º, n.º 2, e 179.º, n.º 2, do CPA.

Também o facto de a concessionária LUSOPONTE, sendo embora *entidade expropriante*, não se perfilar, simultaneamente, como *beneficiária da expropriação* dos terrenos das Salinas do Samouco contribui para demonstrar a correcção da interpretação acima dada à cláusula 73, n.º 2, no sentido, como sabemos, de que a sua responsabilidade financeira com essas operações está restringida a um limite bem preciso: 380 mil contos.

CONCLUSÕES

52. Chegados ao fim da nossa investigação, é agora altura de seriar os principais resultados do estudo efectuado. Assim, o trabalho realizado permite-nos extrair as seguintes conclusões:

a) O *Segundo Contrato da Concessão* reconduz-se ao tipo legal da concessão de obras públicas, que é, inequivocamente, no actual ordenamento jurídico português, um contrato administrativo, quer por natureza (artigos 178.°, n.° 1, do CPA, e 9.°, n.° 1, do ETAF) quer por determinação de lei (artigos 178.°, n.° 2, alínea *b)*, do CPA e 1.°, n.° 5, do REOP);

b) As regras gerais de acordo com as quais deverá ser interpretado o *Segundo Contrato da Concessão* são, por um lado, as regras da interpretação dos negócios jurídicos constantes dos artigos 236.° e segs. do Código Civil e, por outro lado, os princípios específicos da hermenêutica da contratação jurídico-administrativa; de entre estes, avultam, especialmente, os princípios da relevância do exame do procedimento pré-contratual e do respeito do equilíbrio financeiro do contrato;

c) À luz do princípio da relevância do exame do procedimento pré-contratual, extrai-se da cláusula 73, n.° 2, do *Segundo Contrato da Concessão* que a concessionária se obrigou a expropriar os terrenos das Salinas do Samouco e a efectuar neles obras de recuperação até ao limite máximo de 380 mil contos;

d) À luz do princípio do equilíbrio financeiro do contrato, resulta que a interpretação mais *equilibrada* da cláusula 73, n.º 2, do *Segundo Contrato da Concessão* é a de que, em relação às expropriações e obras de recuperação das Salinas do Samouco, as partes repartiram as responsabilidades com os respectivos encargos financeiros. Os trabalhos preparatórios do contrato permitem apurar a proporção concreta da repartição: até 380 mil contos os encargos correm por conta da LUSOPONTE, acima desse valor são da conta do Estado;

e) Da conduta pós-contratual do Estado-concedente resulta que este, aquando da assinatura do *Segundo Contrato da Concessão*, em 24 de Março de 1995, estava ciente de que, contratualmente, lhe poderiam caber responsabilidades financeiras no que toca às operações de expropriação e recuperação da área das Salinas do Samouco;

f) O significado juridicamente relevante da cláusula 73, n.º 2, do *Segundo Contrato da Concessão* — de que as partes repartiram responsabilidades financeiras com os encargos das expropriações e obras de recuperação das Salinas do Samouco — tem, como exige o artigo 238.º, n.º 1, do Código Civil, um mínimo de correspondência com o texto do respectivo documento;

g) Ainda que por absurdo assim não se entendesse, tal sentido poderia, no entanto, valer, nos termos do artigo 238.º, n.º 2, do Código Civil, uma vez que corresponde à vontade real das partes e, por outro lado, porque a cláusula 73.º, n.º 2, do *Segundo Contrato da Concessão* é, no contexto global deste contrato, uma cláusula acessória, não se lhe estendendo, por isso, as razões determinantes da forma escrita para a concessão de obras públicas;

h) Decorrendo da cláusula 73, n.º 2, do *Segundo Contrato da Concessão* a repartição de responsabilidades financeiras com as operações de expropriação e recuperação das Salinas do Samouco, poderá a LUSOPONTE, logo que, evidentemente, munida de documentos comprovativos das despesas que efectuou, interpelar o Estado Português, judicial ou extrajudicialmente, para que este lhe pague as verbas que venha a despender acima de 380 mil contos. Caso este não o faça, incorrerá, nos termos gerais da responsabilidade civil contratual, em mora;

i) Contra o sentido interpretativo proposto para a cláusula 73, n.º 2, não vale dizer que o Conselho de Ministros, órgão competente para aprovar a minuta do contrato (artigo 16.º do Decreto-Lei n.º 220/92 e artigo 14.º do Decreto-Lei n.º 168/94), e o Tribunal de Contas, órgão competente para apor o visto prévio na mesma, não dispunham, aquando da prática respectiva dos referidos actos, dado o carácter insuficiente do texto daquela cláusula, de elementos que lhes permitissem tomar consciência de todas as implicações do acordo e, designadamente, as financeiras;

j) Caso se admitisse (o que não se concede) que a interpretação por nós proposta para a cláusula 73, n.º 2, do *Segundo Contrato da Concessão* não seria correcta, assistiria então à LUSOPONTE o direito potestativo de requerer a anulabilidade do contrato nessa parte, por erro-vício quanto ao conteúdo, com base nos artigos 178.º, n.º 1 e 2, alínea *b)*, e 185.º, n.º 2, do CPA e 251.º, 247.º, 287.º e 292.º do Código Civil ou, em alternativa, a modificação do mesmo (também nessa parte) segundo um juízo de equidade — o que, no caso concreto, se cifraria na limitação da sua responsabilidade financeira com a expropriação e recuperação das Salinas do Samouco a 380 mil contos (também nos termos dos preceitos já citados — salvo os dos artigos 287.º e 292.º do Código Civil — e ainda das disposições combinadas dos artigos 252.º, n.º 2, e 437.º do Código Civil);

l) Da aplicação analógica e com as devidas adaptações ao *Segundo Contrato da Concessão, ex vi* do artigo 10.º do Código Civil, das regras dos artigos 14.º, n.º 2, 40.º, n.º 2, e 41.º do Decreto-Lei n.º 235/86, de 18 de Agosto, decorre também que o Estado deverá pagar os custos que a LUSOPONTE venha a suportar acima de 380 mil contos com a expropriação e recuperação das Salinas do Samouco, bem como indemnizá-la dos encargos financeiros que ela suporte com o dispêndio dessas verbas;

m) Mesmo que, por absurdo, se não aceitasse a aplicação analógica das apontadas regras do REOP (1986) ao *Segundo Contrato da Concessão*, o certo é que, por força do disposto nos preceitos conjugados dos artigos 266, n.º 2, da Constituição, 6.º-A, 178.º, n.ºs 1 e 2, alínea b), do CPA, e 227.º, n.º 1, do Código Civil, dever-se-á concluir estar o Estado obrigado a indemnizar os prejuízos que a LUSOPONTE venha a suportar — os custos que excederem 380 mil contos com a expropriação e recuperação das Salinas do Samouco e os lucros cessantes — por violação ilícita e culposa de um dever de informação *in contrahendo* imposto pelo princípio da boa-fé;

n) Do ordenamento jurídico vigente (*maxime*, o CPA e o Código das Expropriações), da prática contratual em matéria de concessões e da lição da mais autorizada doutrina administrativista decorre que é perfeitamente admissível que, num contrato de concessão de obras públicas, o concedente assuma perante o concessionário certas obrigações financeiras e, concretamente, a do pagamento (total ou parcial) dos custos devidos pela realização de expropriações;

o) A razão fundamental da limitação da responsabilidade da concessionária com os custos de expropriações das Salinas do Samouco ao montante de 380 mil contos consiste no facto de a

LUSOPONTE não ser, quanto a esses terrenos, bem ao contrário do que sucede em relação aos demais terrenos em que actua como entidade expropriante, *beneficiária da expropriação*.

Lisboa, Fevereiro de 1998

II
Concessão de obras públicas: da natureza de título executivo de um parecer da «Comissão Financeira de Peritos»

CONSULTA

Solicita-se o nosso parecer jurídico sobre as seguintes questões:

1. À luz das regras legais e contratuais aplicáveis, foi ou não — e, em caso afirmativo, em que momento — o Estado Português, concedente no *Segundo Contrato da Concessão das Travessias Rodoviárias do Tejo em Lisboa* (doravante *Segundo Contrato da Concessão*), celebrado em 24 de Março de 1995 com a LUSOPONTE — Concessionária para a Travessia do Tejo em Lisboa, S.A. (doravante LUSOPONTE), regularmente notificado do Parecer da Comissão Técnica de Peritos de 25 de Março de 1998?

2. Terá o Parecer da Comissão Técnica de Peritos de 25 de Março de 1998 natureza jurídica de título executivo?

3. De que meios de tutela dispõe a LUSOPONTE se o Estado Português não cumprir voluntariamente o que se determina no Parecer da Comissão Técnica de Peritos de 25 de Março de 1998?

PARECER

I
Factos

1. Da leitura da documentação facultada ressaltam os seguintes factos:

a) Em 2 de Fevereiro de 1998, a LUSOPONTE requereu à Comissão Técnica de Peritos, nos termos e para os efeitos previstos na cláusula 110, n.º 2, do *Segundo Contrato da Concessão* e no Anexo 19 ao mesmo contrato, a emissão de um parecer fundamentado sobre certas questões técnicas relacionadas com o processo de expropriações dos terrenos da ligação à Praça José Queirós, em Lisboa;

b) Na mesma data, a LUSOPONTE enviou ao concedente, juntamente com uma carta dirigida ao Estado Português (ao cuidado do Senhor Eng.º Vístulo de Abreu, Presidente da Comissão Instaladora do GATTEL — Gabinete da Travessia do Tejo em Lisboa — doravante GATTEL), cópia do pedido de Parecer que requerera à Comissão Técnica de Peritos;

c) Em 3 de Fevereiro de 1998, o co-contratante, acompanhando carta enviada ao cuidado do Presidente da Comissão Instaladora do GATTEL, entregou ao concedente o anexo "Legislação e Documentos Contratuais" que, por lapso, não havia sido entregue com a carta de 2 de Fevereiro referida na alínea anterior;

d) Em 20 de Fevereiro de 1998, a Comissão Técnica de Peritos remeteu uma carta à LUSOPONTE: (*i*) acusando a recepção da Reclamação nos termos referidos no segundo parágrafo da cláusula 111 do *Segundo Contrato da Concessão* e, bem assim, confirmando que a mesma se achava organizada de acordo com os requisitos enunciados no artigo 4.2 do Anexo 19 àquele contrato; (*ii*) confirmando as datas de recepção da versão da Reclamação em português (3 de Fevereiro) e em inglês (13 de Fevereiro), e indicando que a data de recepção a ter em conta para efeitos de contagem de prazo seria 13 de Fevereiro, salvo se as partes acordassem na fixação de outro prazo; (*iii*) convocando as partes para uma audição conjunta a realizar, nos termos do artigo 5.º, n.º 1, do referido Anexo 19, e segundo determinada ordem de trabalhos, às 15 horas do dia 2 de Março;

e) Em 20 de Fevereiro de 1998, o GATTEL, através do ofício n.º 361, comunicou ao Presidente da Comissão Técnica de Peritos que, nos termos do artigo 110.º, n.º 3, do *Segundo Contrato da Concessão*, "o prazo para apresentação da defesa do Concedente (...) apenas poderá começar a correr após notificação formal efectuada pelo Senhor Presidente da Comissão Técnica de Peritos daquele requerimento e de que a apresentação do litígio é aceite por essa Comissão sem que tenha havido rejeição liminar ao abrigo do n.º 4.2. do Anexo 19 do Segundo Contrato da Concessão";

f) Em 23 de Fevereiro de 1998, a LUSOPONTE remeteu uma carta (com a ref. GO10/IW) ao Presidente da Comissão Técnica de Peritos — com conhecimento do Exmo. Senhor Presidente do GATTEL — referindo, entre outros aspectos, que no "n.º 4.2. do Anexo 19 ao Segundo Contrato da Concessão não se faz qualquer referência a notificação a dirigir pela Comissão de Peritos à parte reclamada" (n.º 1), e que, "pelo contrário, o artigo 110.º, n.º 3, do mesmo contrato refere que a fase pré-contenciosa se inicia «através de comunicação remetida pela parte reclamante à outra Parte», não podendo deixar de se considerar que o prazo de 10 (dez) dias úteis de que a parte reclamada dispõe para deduzir a sua defesa — a que se faz referência no artigo 110.º, n.º 3 — se começa a contar a partir da comunicação da parte reclamante";

g) Em 25 de Fevereiro de 1998, a Comissão Técnica de Peritos enviou um *fax* à LUSOPONTE dizendo que, em face das questões processuais que haviam sido levantadas pelo GATTEL, houve necessidade de alterar a ordem de trabalhos da reunião agendada para o dia 2 de Março;

h) Também em 25 de Fevereiro de 1998, a LUSOPONTE, através de cartas enviadas ao Presidente da Comissão Técnica de Peritos, manifestou a este que, em seu entender, a data limite para a emissão de Parecer pela Comissão Técnica de Peritos seria o dia 4 de Março de 1998;

i) Em 2 de Março de 1998, teve lugar a referida reunião entre a Comissão Técnica de Peritos e as partes que celebraram o *Segundo Contrato da Concessão*. A ordem de trabalhos foi a seguinte: (*i*) questões processuais relativas à intervenção da Comissão Técnica de Peritos, nos termos do artigo 110.º do *Segundo Contrato da Concessão* e do seu Anexo 19; (*ii*) fixação de data para a Comissão Técnica de Peritos emitir parecer;

j) Em 3 de Março de 1998, a Comissão Técnica de Peritos enviou um *fax* à LUSOPONTE contendo a minuta da acta da reunião do dia anterior. Da sua leitura resulta, além do mais, que foi acordado: (*i*) que o "Presidente da Comissão Técnica de Peritos efectuará, num prazo máximo de três dias úteis, a notificação formal de apresentação do litígio, indicando se a Reclamação está ou não organizada de acordo com os requisitos do parágrafo 4.2. do Anexo 19 do Contrato"; (*ii*) que "caso o Presidente da Comissão de peritos não efectue a notificação formal no prazo indicado, considera-se que a Reclamação foi aceite nos termos do Contrato, iniciando-se, após os três dias, a contagem dos prazos"; (*iii*) que "para o caso da Reclamação, objecto da Convocatória, foi acordado entre as Partes que a notificação formal ao GATTEL se considere efectivada pela Comunicação constante da Convocatória entregue às Partes p.p. em 98.02.20"; (*iv*) que "as partes comprometem-se a estabelecer procedimentos que formalizem a metodologia acordada e informar daqueles a Comissão de Peritos"; (*v*) que "tendo em conta as condições expressas no artigo 110.º, n.º 5, do Contrato, as partes acordam nas seguintes datas: — 98.03.09 — Data limite para a resposta da Parte Reclamada (GATTEL); — 98.03.23, 10 horas — Audição das Partes pela Comissão Técnica de Peritos, de acordo com a Convocatória incluída na carta de 20.02.98; 98.03.25 — Entrega do Parecer pela Comissão Técnica de Peritos";

l) Em 9 de Março de 1998, o GATTEL respondeu à Reclamação da LUSOPONTE; tal resposta foi, juntamente com cópia anexada do ofício n.º 471 (remetido por aquele no mesmo dia à Comissão Técnica de Peritos), enviada ao co-contratante a coberto do ofício ref. 488;

m) Na resposta apresentada pelo GATTEL, o Ministro do Equipamento, do Planeamento e da Administração do Território apôs, em 9 de Março de 1998, o seguinte despacho: "Concordo. Apresente-se à Comissão Técnica de Peritos";

n) Em 13 de Março de 1998, o GATTEL dirigiu à LUSOPONTE um ofício confirmando os procedimentos processuais referidos acima na alínea *j)*;

o) Em 23 de Março de 1998, as partes foram ouvidas pela Comissão Técnica de Peritos;

p) Em 24 de Março de 1998, os membros da Comissão Técnica de Peritos visitaram o troço da ligação à Praça José Queirós em Lisboa;

r) Em 25 de Março, a Comissão Técnica de Peritos emitiu o Parecer fundamentado que lhe havia sido requerido e comunicou-o, em mão, às Partes;

s) Em 7 de Maio de 1998, o GATTEL devolveu à Comissão Técnica de Peritos o Parecer desta de 25 de Março de 1998 e remeteu-lhe uma carta onde se transcrevia um despacho do Secretário de Estado das Obras Públicas de 27 de Abril de 1998. Neste despacho, referia-se, entre outras coisas, que: "1. Esta Secretaria de Estado foi informada pelo GATTEL de que a Comissão Técnica de Peritos remeteu uma carta ao Presidente do GATTEL enviando Parecer relativo à reclamação da LUSO-PONTE referente à Ligação da praça José Queirós" ; e que "2. Verifica-se que até à presente data ao Concedente não foi porém comunicado, como deveria ser, o teor de tal Parecer, de acordo com o disposto na cláusula 111.1 do SCC e do ponto 7.1 do Anexo 19 ao mesmo SCC";

t) Do ofício mencionado na alínea anterior foi, também em 7 de Maio de 1998, enviada cópia à Comissão Técnica de Peritos;

u) Em 15 de Maio de 1998, a Comissão Técnica de Peritos, no seguimento da carta do GATTEL de 7 de Maio de 1998, entregou de novo a esta entidade o seu Parecer de 25 de Março de 1998 e, por carta anexa, sustentou que, em seu entender, não se teria, aquando da primeira notificação, violado qualquer disposição contratual;

v) Em 20 de Maio de 1998, o GATTEL reenvia à Comissão Técnica de Peritos o Parecer de 25 de Março, sustentando: (*i*) que "não dispõe de poderes de representação do Concedente para receber o parecer previsto no artigo 110.5 do S.C.C., se a respectiva comunicação não for dirigida ao Concedente nos termos previstos no artigo 104 do S.C.C e nos artigos 7.º e 9.º do Regulamento que constituiu o Anexo 19 do mesmo S.C.C."; (*ii*) que, "nestas condições (...), solicita-se que de futuro todas as comunicações da Comissão destinadas ao Concedente sejam efectuadas directamente ao Estado Português para o domicílio previsto no artigo 104.º do S.C.C";

w) Em 21 de Maio de 1998, a Comissão Técnica de Peritos tornou a entregar o Parecer de 25 de Março de 1998 ao "Concedente da Nova Travessia Rodoviária sobre o Rio

Tejo, em Lisboa", para a Rua da Cintura do Porto de Lisboa, 1900 Lisboa.

2. *Quid juris?*

II
Direito

Introdução

I — Da qualificação do *Segundo Contrato da Concessão*

3. Antes de nos pronunciarmos sobre as questões da Consulta, devemos qualificar a natureza jurídica da relação contratual formalizada entre o Estado Português e a LUSOPONTE em 24 de Março de 1995, em Alcochete, e expressamente designada *Segundo Contrato da Concessão*, de onde emerge o diferendo relativo às expropriações dos terrenos da ligação à Praça José Queirós, em Lisboa.

Para tanto, é mister apurar-se o seu *objecto*[1].

4. Dispõe-se no n.º 1 da cláusula 6.ª do *Segundo Contrato da Concessão* que "a Concessão tem por objecto a concepção e projecto, construção, financiamento, exploração e manutenção da Nova Travessia, bem como a exploração e manutenção da

---

[1] Sobre a relevância decisiva do critério do objecto para a qualificação de um contrato como administrativo, cfr. FREITAS DO AMARAL, "Apreciação da dissertação de doutoramento do Lic. J. M. Sérvulo Correia: Legalidade e Autonomia Contratual nos Contratos Administrativos", in *Revista da Faculdade de Direito da Universidade de Lisboa*, ano XXIX, 1988, p. 166 e segs.

Actual Travessia, nos termos definidos no Segundo Contrato da Concessão e nas Bases da Concessão". Por seu turno, escreve-se na cláusula 7.ª do mesmo contrato que "a Concessão é de obra pública e será explorada em regime de portagem"[2].

Estamos, assim, no caso presente, (também) por força de indicação expressa extraída do próprio texto contratual, diante de um exemplo concreto de uma figura bem conhecida da nossa legislação e dogmática administrativas: o *contrato de concessão de obras públicas*. Com efeito, a sua consagração legislativa e a sua elaboração doutrinária, entre nós e além fronteiras, remontam, *qua tale*, já ao início do século passado.

Por outro lado, esta concessão de obras públicas leva associada, *acessoriamente*, uma *concessão de exploração do domínio público*[3], já que, por força da Base IX da Concessão e das cláusulas 13, n.ºs 1 e 2, do *Segundo Contrato da Concessão*, o estabelecimento da concessão constitui uma universalidade pública.

5. No actual ordenamento jurídico português, a concessão de obras públicas é um *contrato administrativo*, isto é, um acordo de vontades "pelo qual é constituída, modificada ou extinta uma relação jurídica administrativa" (artigo 178.º, n.º 1, do CPA) [4]. É-o, em primeiro lugar, por *determinação de lei*: a figura vem pre-

---

[2] Cfr. também o artigo 3.º, n.º 3, do Decreto-Lei n.º 168/94, de 15 de Junho, bem como as Bases II, n.º 3, e III, anexas a este diploma.

[3] Sobre esta figura contratual, hoje prevista na alínea *d)* do n.º 2 do artigo 178.º do CPA, cfr., por todos, MARCELLO CAETANO, "Algumas notas para a interpretação da Lei n.º 2.105", in *Estudos de Direito Administrativo*, Lisboa, 1974, p. 286-287; *Manual de Direito Administrativo*, II, 10.ª edição, Coimbra, 1990 (reimpressão), p. 948 e segs.; e FREITAS DO AMARAL, *A Utilização do Domínio Público pelos Particulares*, Lisboa, 1965, pp. 15-16 e 183 e segs.; *Direito Administrativo*, III, Lisboa, 1989, p. 444-445.

[4] Sobre o significado da expressão "*relação jurídica administrativa*", cfr. FREITAS DO AMARAL, *Direito Administrativo*, III, pp. 439-440; VIEIRA DE ANDRADE, *Direito Administrativo e Fiscal*, Coimbra, 1994-1995, p. 47; ESTEVES

vista na alínea *b*) do n.º 2 do art. 178.º do Código do Procedimento Administrativo [5] (doravante CPA), e no artigo 1.º, n.º 5, do Regime Jurídico das Empreitadas de Obras Públicas[6] (doravante REOP), como um exemplo daqueles acordos de vontades disciplinados pelo Direito Administrativo[7]. Aliás, trata-se mesmo de um contrato que já constava do elenco — durante muitos anos considerado taxativo por alguns, quer para efeitos substantivos quer para efeitos contenciosos[8] e, por outros, ao invés, meramente exemplificativo[9] — dos contratos administrativos contido no § 2.º do artigo 815.º do Código Administrativo de 1936-1940 [10].

E é-o, depois, por *natureza*: tem por objecto a transferência para um particular do exercício de uma actividade pública legalmente reservada à Administração, e que o concessionário desempenhará por sua conta e risco, mas no interesse geral. No caso concreto, trata-se de transferir para um particular o exercício da actividade de conceber, projectar, construir e, ulteriormente, explorar *obras públicas*.

DE OLIVEIRA/COSTA GONÇALVES/PACHECO DE AMORIM, *Código do Procedimento Administrativo*, 2.ª edição, Coimbra, 1997, p. 811.

[5] Aprovado pelo Decreto-Lei n.º 442/91, de 15 de Novembro, com as alterações introduzidas pelo Decreto-Lei n.º 6/96, de 31 de Janeiro.

[6] Aprovado pelo Decreto-Lei n.º 405/93, de 10 de Dezembro, com as alterações introduzidas pelo Decreto-Lei n.º 101/95, de 19 de Maio.

[7] O contrato de concessão de obras públicas é também referido como um exemplo de contrato administrativo no elenco constante do n.º 2 do artigo 9.º do Estatuto dos Tribunais Administrativos e Fiscais (doravante ETAF), aprovado pelo Decreto-Lei n.º 129/84, de 27 de Abril.

[8] Cfr., neste sentido, por todos, MARCELLO CAETANO, *Manual de Direito Administrativo*, I, 10.ª ed., Coimbra, 1990 (reimpressão), p. 586.

[9] Cfr., neste sentido, por todos, MELO MACHADO, *Teoria Jurídica do Contrato Administrativo*, Coimbra, 1937, pp. 77 e segs.; e FREITAS DO AMARAL, *A Utilização do Domínio Público pelos Particulares*, p. 184 e segs..

[10] Desenvolvidamente, sobre os termos gerais dessa controvérsia, cfr. FREITAS DO AMARAL, *Direito Administrativo*, III, p. 425 e segs..

6. A principal consequência da qualificação do contrato de concessão de obras públicas e, concretamente, do *Segundo Contrato da Concessão*, como um contrato administrativo é a da sua submissão a um regime jurídico-administrativo, quer no plano substantivo quer no plano adjectivo.

No plano substantivo, rege-se, para além das cláusulas nele expressamente estipuladas e pelas "Bases da Concessão" (cláusula 4.ª, n.º 2, alínea *a)*), pela demais *"legislação aplicável em Portugal"* (cláusula 4.ª, n.º 2, alínea *b)*). De entre esta, merece destaque a Constituição (*maxime*, artigo 266.º) e, no plano da lei ordinária, o CPA (especialmente os princípios gerais e os artigos 178.º e segs.).

No plano adjectivo, a qualificação administrativa implica a atribuição de competência aos tribunais administrativos para conhecer os litígios a ele respeitantes (cfr. o artigo 212.º, n.º 3, da Constituição, e os artigos 9.º e 51.º, alínea *g)*, do ETAF, e 71.º e 72.º da Lei de Processo dos Tribunais Administrativos — doravante LEPTA). Poderá, no entanto, a resolução de certo tipo de litígios emergentes de relações contratuais jurídico-administrativas ser cometida a tribunais arbitrais (cfr., o artigo 209.º, n.º 2, da Constituição, e os artigos 2.º, n.º 2, do ETAF, 1.º, n.º 4, da Lei n.º 31/86, de 31 de Outubro — doravante LAV -, e 188.º do CPA)[11].). É isso que sucede no *Segundo Contrato da Concessão* (cfr. cláusulas 109 a 111).

---

[11] Sobre a admissibilidade da celebração de convenções de arbitragem (cláusulas compromissórias e compromissos arbitrais) no domínio do contencioso dos contratos da Administração, cfr., entre nós, SÉRVULO CORREIA, "A Arbitragem Voluntária no Domínio dos Contratos Administrativos", in *Estudos em Memória do Professor Doutor João de Castro Mendes*, Lisboa, 1994, p. 230 e segs..

II — Do *Processo de Resolução de Diferendos*

7. Dispõe-se na cláusula 109, n.º 1, do *Segundo Contrato da Concessão* que "os eventuais conflitos que possam surgir entre as partes em matéria de aplicação, interpretação ou integração das regras por que se rege a Concessão serão resolvidos de acordo com o Processo de Resolução de Diferendos".

Pela sua importância para a análise e resolução das questões da Consulta, devemos enunciar introdutoriamente os principais traços desse Processo que, adiantêmo-lo já, se decompõe em duas fases: uma *pré-contenciosa*, que decorre perante Comissões de Peritos (cláusula 110), e uma *contenciosa*, que tem lugar diante de um Tribunal Arbitral (cláusula 111).

8. A fase pré-contenciosa, que é *obrigatória* (cláusula 110.º, n.º 1), inicia-se "através de comunicação remetida pela parte reclamante à outra Parte identificando o diferendo em causa e requerendo a audição de uma de duas comissões de peritos especializados constituídas nos termos que figuram no Anexo 19, a qual actuará apenas na qualidade de comissão de peritos independentes e emitirá um parecer fundamentado sobre cada questão que lhe seja formulada" (cláusula 110, n.º 2). Este Parecer fundamentado deverá, salvo em caso de acordo pontual entre as Partes, ser emitido "num prazo não superior a 10 (dez) dias úteis, contados da data da recepção, pela comissão de peritos, da resposta da parte reclamada" (cláusula 110, n.º 5) ou do termo do prazo de dez dias úteis de que a parte não reclamante dispõe para deduzir a sua defesa (cláusula 110, n.º 3).

O Anexo 19 ao *Segundo Contrato da Concessão* (que, nos termos da alínea *t*) do n.º 1 da cláusula 2 deste contrato, é sua parte integrante para todos os efeitos legais e contratuais), enuncia as principais regras relativas "à composição, competência e funcionamento das duas comissões de peritos, e respectivas regras processuais para tratamento das questões apresentadas pelas Partes" (cláusula 110, n.º 4).

De entre essas regras, cumpre destacar:

— a do artigo 1.º, n.º 1, que prevê a existência de duas comissões de peritos especializadas, "sendo uma destinada à resolução dos diferendos de natureza técnica (Comissão Técnica) e a outra destinada à resolução dos diferendos de natureza financeira (Comissão Financeira)";
— a do artigo 2.º, n.º 1, que determina que as comissões de peritos "serão compostas por três membros efectivos cada, designados por comum acordo das partes ou, na falta de acordo, indicados nos termos previstos no número 3 do presente anexo";
— a do artigo 4.º, n.ºs 1 e 4, onde se prescreve, respectivamente, que as comissões de peritos "apenas poderão emitir pareceres sobre questões que lhes tenham sido apresentadas pelas Partes"[12], e que os pareceres fundamentados "expressarão as melhores opiniões das comissões e seus membros, na qualidade de peritos independentes, e não se encontram vinculadas aos aspectos aduzidos pelas Partes nas suas peças processuais, embora devendo ter sempre em consideração o conjunto de regras por que se rege a Concessão";
— a do artigo 5.º, n.º 1, que estipula que "na apreciação das questões que lhes sejam submetidas pelas Partes, as Comissões de Peritos deverão realizar as diligências probatórias requeridas pelas Partes se o julgarem oportuno e quaisquer outras diligências que considerem necessá-

---

[12] Questões essas que "deverão ser deduzidas em requerimento (...) que contenha, sob pena da sua rejeição liminar, um sumário conciso da natureza e contexto do diferendo e dos problemas por ele suscitados, indicação especificada de todos os factos que estão na origem do diferendo, requisição de eventuais diligências probatórias pretendidas e proposta de solução pretendida" (n.º 2).

rias para a emissão do parecer fundamentado sobre a questão em causa", podendo, nomeadamente, ouvir e acarear testemunhas, requerer documentos, ouvir peritos, etc., e apreciando livremente a prova produzida;
— a do artigo 6.º, que delimita em razão da matéria a competência das duas Comissões de Peritos (a Técnica e a Financeira);
— a do artigo 7.º, que dispõe que "os pareceres fundamentados a emitir pelas Comissões de Peritos serão comunicados no dia útil seguinte ao da sua emissão, simultaneamente a ambas as Partes e ao presidente da outra Comissão de Peritos", e deverão conter toda uma série de elementos e, designadamente, a "fixação de compensações em que as Partes sejam condenadas" (alínea d));
— e, finalmente, a do artigo 9.º, n.º 1, onde se pode ler que "as comunicações a efectuar entre as Partes e as Comissões de Peritos serão realizadas em duplicado, nos termos previstos no artigo 105.º do Segundo Contrato da Concessão, devendo o presidente da Comissão de Peritos em causa remeter de imediato duplicados de todas as comunicações realizadas às Partes que as não tenham emitido ou recebido".

9. Por sua vez, a designada *fase contenciosa* terá lugar caso qualquer das partes "não se conforme com o parecer emitido por uma das comissões de peritos" (cláusula 111, n.º 1, 1.ª parte).

Com efeito, se tal suceder, cada parte "(...) poderá, no prazo máximo de 20 (vinte) dias úteis contados da data em que o referido parecer lhe tenha sido comunicado, submeter o diferendo a um Tribunal Arbitral composto por três membros, um nomeado por cada Parte e o terceiro escolhido de comum acordo pelos árbitros que as partes tiverem designado" (cláusula 111, n.º 1, 2.ª parte). Se não o fizerem, "considerar-se-á aceite por ambas (...) o parecer emitido pela comissão de peritos nos termos do artigo anterior, o qual constituirá assim a decisão final do Processo de Resolução de Diferendos relativamente à matéria em causa" (cláusula 111, n.º 3). Caso, porém, alguma das partes decida submeter determinado diferendo ao Tribunal Arbitral, deverá apresentar "os seus fundamentos para a referida submissão e designará de imediato o árbitro da sua nomeação, no requerimento de constituição do Tribunal Arbitral que dirija à outra parte através de carta registada com aviso de recepção, devendo esta, no prazo de 20 (vinte) dias úteis a contar da recepção daquele requerimento, designar o árbitro de sua nomeação e deduzir a sua defesa" (cláusula 111, n.º 4).

O Tribunal Arbitral, "salvo compromisso pontual entre as Partes, julgará segundo o direito constituído, e das suas decisões não cabe recurso, excepto verificando-se a rescisão do Segundo Contrato da Concessão pela CONCESSIONÁRIA, sem prejuízo do disposto na lei em matéria de anulação da decisão arbitral" (cláusula 111, n.º 9).

As decisões do Tribunal Arbitral "deverão ser proferidas no prazo máximo de 6 (seis) meses a contar da data de constituição do tribunal (...), e constituirão a decisão final do Processo de Resolução de Diferendos relativamente às matérias em causa e incluirão a fixação das custas do processo e a forma da sua repartição pelas Partes" (cláusula 111, n.º 10).

§ 1.º
Da regularidade (e do momento) da notificação ao Concedente do Parecer da Comissão Técnica de Peritos de 25 de Março de 1998

10. Foi ou não o Estado Português — e, se sim, quando — regularmente notificado do Parecer da Comissão Técnica de Peritos de 25 de Março do corrente ano, proferido na sequência da reclamação apresentada pela LUSOPONTE relativa às expropriações dos terrenos de ligação à Praça José Queirós, em Lisboa?

Como se referiu em sede de matéria de facto, o Estado Português, por despacho proferido pelo Secretário de Estado das Obras Públicas em 27 de Abril de 1998, sustenta que não, ou seja, que, até esta data, não lhe havia sido comunicado o Parecer da Comissão Técnica de Peritos de 25 de Março de 1998.

É a seguinte a razão pela qual o Estado Português defende tal posição: muito embora o Parecer da Comissão Técnica de Peritos tenha sido enviado para a morada correcta — Rua da Cintura do Porto de Lisboa, 1900 Lisboa —, foi, todavia, dirigido ao GATTEL, mais concretamente ao Presidente da sua Comissão Instaladora, e não, como (supostamente) se determina no *Segundo Contrato da Concessão*, directamente ao Estado Português, concedente da Nova Travessia sobre o Rio Tejo.

Teria havido, pois, uma errónea identificação do *destinatário* do Parecer, sendo que, para suprir a irregularidade daí resultante, a Comissão Técnica de Peritos deveria, logo que recebido do GATTEL o original do Parecer que lhe foi "impropriamente" destinado, comunicá-lo, de novo, agora "correcta" e "directamente", ao Concedente, Estado Português, "para que este tome, querendo, posição sobre o seguimento a dar ao assunto" (cfr. ponto 4 do referido Despacho do Secretário de Estado das Obras Públicas).

Será correcta esta visão das coisas?

11. Não temos dúvidas em responder pela negativa.

E é tão óbvia a razão em que para tanto nos fundamos que, devemos referi-lo, nos suscita alguma perplexidade a solução oposta pelo Estado Português. Na verdade, decorre cristalinamente do corpo do n.º 1 e da alínea *a)* do n.º 2 da cláusula 104 do *Segundo Contrato da Concessão* que as "comunicações" previstas nesse contrato a efectuar ao "CONCEDENTE" devem ser realizadas "por escrito" e "remetidas" para a seguinte morada ou posto de recepção de *fax*:

"Gattel — Rua da Cintura do Porto de Lisboa
1900 Lisboa
Fax: 868 7249".

São estes (morada e posto de recepção de *fax*), pois, os *domicílios electivos*[13] do concedente no que toca às comunicações que lhe devam ser feitas no âmbito do desenvolvimento de qualquer das actividades que constituem o objecto do *Segundo Contrato da Concessão*.

Sendo assim, cumpre reconhecer que as referidas passagens da citada cláusula 104 não poderiam ser mais explícitas quanto à necessidade de as comunicações a efectuar ao concedente deverem ser remetidas para o GATTEL. Noutros termos, é a própria *letra* do contrato — que, escusado seria referir, é um importante elemento a ter em conta na determinação do significado de uma estipulação contratual (cfr. artigos 238.º, n.º 1, do Código Civil, e 178.º, n.º 2, alínea *b)*, e 184.º do CPA) — que *impõe* que seja o GATTEL o destinatário das comunicações previstas nesse contrato que devam ser remetidas ao concedente.

Ora, sendo os pareceres fundamentados das comissões de peritos especializadas um tipo de actos previsto no *Segundo Contrato da Concessão* que, pela sua própria natureza e função, carece, para produzir os seus efeitos típicos, de ser comunicado

---

[13] Nos termos da regra geral constante do artigo 84.º do Código Civil, "é permitido estipular domicílio particular para determinados negócios, contanto que a estipulação seja reduzida a escrito". Sobre a noção e relevância do domicílio, cfr., por exemplo, PIRES DE LIMA e ANTUNES VARELA, *Código Civil Anotado*, I, 3.ª edição, Coimbra, 1987, *sub* artigo 82.º e artigos segs.; MOTA PINTO, *Teoria Geral do Direito Civil*, 3.ª edição, Coimbra, 1985, pp. 257 e segs.; CASTRO MENDES, *Teoria Geral do Direito Civil*, I, Lisboa, 1978, pp. 196 e segs.; OLIVEIRA ASCENSÃO, *Teoria Geral do Direito Civil*, I, Lisboa, 1991, pp. 91 e segs.; e CARVALHO FERNANDES, *Teoria Geral do Direito Civil*, I, Lisboa, 1983, pp. 369 e segs.

(notificado¹⁴) ao destinatário, está bom de ver-se que, quando uma dessas comissões de peritos — seja, por exemplo, a Comissão Técnica — tiver, em concreto, de notificar o concedente de um determinado parecer fundamentado, deverá dirigi-lo, de harmonia com a vontade das próprias partes, ao (cuidado do) GATTEL, para a morada indicada na cláusula 104.º, n.º 2, alínea *a)*, daquele contrato.

O que, como se disse já, sucedeu no caso vertente: o Parecer da Comissão Técnica de Peritos de 25 de Março de 1998 foi, efectivamente, remetido ao GATTEL para a Rua da Cintura do Porto de Lisboa, 1900 Lisboa.

Nestes termos, carece de qualquer sentido a alegação feita pelo GATTEL em 20 de Maio de 1998 segundo a qual ele "não dispõe de poderes de representação do Concedente para receber o parecer previsto no artigo 110.5 do S.C.C., se a respectiva comunicação não for dirigida ao Concedente nos termos previstos no artigo 104 do S.C.C e nos artigos 7.º e 9.º do Regulamento que constituiu o Anexo 19 do mesmo S.C.C". Como é manifesto, a comunicação ao concedente do Parecer da Comissão Técnica de Peritos de 25 de Março de 1998 foi, inquestionavelmente, realizada nos termos prescritos pelas disposições contratuais pertinentes.

Antes de se dar por encerrada, pelos motivos indicados, a resposta à primeira questão da Consulta, devemos, todavia, perguntar: qual terá sido a lógica que levou o concedente a indicar na alínea *a)* do n.º 2 da cláusula 104 do *Segundo Contrato da Concessão* o GATTEL como destinatário das comunicações que lhe devessem ser dirigidas?

Quanto a nós, ela foi a seguinte: tendo o GATTEL sido criado e colocado por lei (artigo 1.º do Decreto-Lei n.º 14-

---

14 *Notificação* "é o acto pelo qual se leva um facto ao conhecimento de uma pessoa" — cfr. ANTUNES VARELA e outros, *Manual de Processo Civil*, 2.ª edição, Coimbra, 1985, p. 266.

-A/91, de 9 de Janeiro) na *directa dependência* do Ministro das Obras Públicas, Transportes e Comunicações (hoje Ministro do Equipamento, do Planeamento e da Administração do Território), por um lado, e cabendo-lhe "a realização, a coordenação e o controlo das actividades necessárias à promoção da construção e exploração da segunda travessia rodoviária do Tejo na região de Lisboa" (artigo 2.º daquele diploma), por outro lado, o Estado Português, por razões de *eficácia, celeridade, desburocratização, maleabilidade, especialização e maior capacidade de resposta a problemas concretos*, tinha grande interesse e conveniência em que fosse uma estrutura ágil como o GATTEL a sua *longa manus* neste contrato e, consequentemente, desde logo o destinatário das comunicações que, no seu âmbito, lhe tivessem de ser remetidas.

Claro que o facto de, pelas referidas razões, se ter estabelecido — por bases aprovadas e constantes de acto legislativo — que é o GATTEL o destinatário das comunicações dirigidas ao concedente implica para esse organismo, por um lado, o dever de fazer seguir para o órgão competente do Estado Português as comunicações que receba da LUSOPONTE e, por outro lado, o dever de fazer seguir tais comunicações acompanhadas de informação sobre o seu conteúdo e, se for esse o caso, com proposta de decisão a adoptar pelo concedente.

Em suma: deve entender-se que, à luz das regras contratuais aplicáveis, não foi irregular, por errónea identificação do destinatário, a notificação feita ao concedente do Parecer fundamentado de 25 de Março de 1998 da Comissão Técnica de Peritos.

Ou dito pela positiva: o concedente foi *regular e eficazmente notificado no seu domicílio electivo do Parecer da Comissão Técnica de Peritos de 25 de Março de 1998.*

12. Poderia contudo perguntar-se se tal notificação não terá sido indevidamente efectuada pelo facto de ter sido dirigida ao Presidente do GATTEL e não simplesmente ao GATTEL

(*tout court*) como expressamente se indica na alínea *a)* do n.º 2 da cláusula 104 do *Segundo Contrato da Concessão*.
Tal hipotética questão não tem fundamento.

Com efeito, as notificações dirigidas a pessoas colectivas públicas (como incontroversamente se assume o GATTEL[15]) devem fazer-se, na falta de indicação em contrário, ao presidente do seu órgão executivo, ou seja, a quem, de acordo com os princípios gerais, incumbe a função de representar a pessoa colectiva em juízo e fora dele[16]. Ora, o GATTEL não constitui excepção a esta regra, já que essa função foi efectivamente cometida pelo respectivo diploma estatutário ao presidente da sua "comissão instaladora". Lê-se, com efeito, no n.º 2 do artigo 5.º do Decreto-Lei n.º 14-A/91, de 9 de Janeiro, na redacção dada pelo Decreto-Lei n.º 76/94, de 7 de Março, que "ao presidente da comissão instaladora cabe representar o GATTEL perante quaisquer entidades públicas ou privadas, convocar e dirigir as reuniões da comissão instaladora e assegurar a execução das suas deliberações".

Portanto, não deverá também assacar-se qualquer espécie de irregularidade à notificação efectuada ao concedente do Parecer da Comissão Técnica de Peritos de 25 de Março de 1998 pelo facto de a mesma ter sido dirigida ao Presidente da Comissão Instaladora do GATTEL.

13. Sobre ser a solução que decorre do *Segundo Contrato da Concessão*, a verdade é que *a eficácia* da notificação ao conce-

---

[15] Desde logo, por ter sido criado por lei e pelos poderes de autoridade que lhe foram conferidos pelo artigo 9.º do Decreto-Lei n.º 14-A/91, de 9 de Janeiro, na redacção dada pelo Decreto-Lei n.º 76/94, de 7 de Março.

[16] Em geral, sobre as funções de representação do presidente de uma pessoa colectiva pública, cfr. FREITAS DO AMARAL, "A Função Presidencial nas Pessoas Colectivas de Direito Público", in *Estudos de Direito Público em Honra do Professor Marcello Caetano*, Lisboa, 1973, p. 35 e segs.

dente do Parecer da Comissão Técnica de Peritos de 25 de Março de 1998 resulta também da aplicação ao caso concreto, com as devidas adaptações (cfr. artigo 295.º do Código Civil), da regra do artigo 224.º, n.º 2, do Código Civil, a qual constitui uma manifestação importante da relevância do *domicílio* como *ponto legal de contacto não pessoal*.

Como ensinava Castro Mendes, o domicílio, para além de relevar como *centro de vida da pessoa* (lugar com o qual esta se considera em especial conexão), assume também especial importância como *ponto legal de contacto não pessoal*. Esta ideia, segundo o Autor, desenvolvia-se, por sua vez, em duas realidades básicas: por um lado, o domiciliado tem o *ónus* de manter ligação com o seu domicílio; por outro lado, as outras pessoas têm o *direito* de contar com essa ligação se tiverem um interesse juridicamente protegido em contactar com o domiciliado[17].

Assim, se o destinatário da comunicação ou da diligência não mantiver ligação com o seu domicílio, "os actos respectivos não deixarão de produzir, por esse facto, os efeitos jurídicos a que tendem"[18]. Conforme sintetizava Mota Pinto, "há uma presunção de presença da pessoa no domicílio, com o que se visa impedir escapatórias"[19].

Castro Mendes acentuava também, sintomaticamente, que "toda esta matéria (regime do domicílio) é permeada por uma necessidade de *razoabilidade* e *boa-fé*"[20].

Ora, como aponta a doutrina, uma importante manifestação da relevância do domicílio como *ponto legal de contacto não pessoal* encontra-se, justamente, no artigo 224.º, n.º 2, do

---

[17] CASTRO MENDES, *Teoria Geral do Direito Civil*, I, pp. 195-196.
[18] MOTA PINTO, *Teoria Geral do Direito Civil*, p. 258.
[19] MOTA PINTO, *Teoria Geral do Direito Civil*, p. 258.
[20] CASTRO MENDES, *Teoria Geral do Direito Civil*, I, p. 197. No mesmo sentido, cfr. expressamente CARVALHO FERNANDES, *Teoria Geral do Direito Civil*, I, p. 369.

Código Civil, respeitante à eficácia da declaração negocial recipienda[21]. Efectivamente, dispõe-se nesse preceito que "é também considerada eficaz a declaração que só por culpa do destinatário não foi por ele oportunamente recebida"[22]. Esta regra constitui, como é sublinhado, um afloramento da chamada *teoria da expedição*[23].

Cremos que se verificam, no caso concreto, os pressupostos de que depende a aplicação da regra do artigo 224.º, n.º 2, do Código Civil. Antes de o explicar, refira-se apenas que, muito embora esta regra do artigo 224.º, n.º 2, do Código Civil esteja directamente pensada para a declaração negocial recipienda, a sua razão de ser estende-se a outras declarações recipiendas desprovidas de conteúdo negocial, como é o caso dos pareceres das Comissões de Peritos, já que também a produção dos efeitos típicos destoutros actos — e, desde logo, o do início da contagem do prazo de que as partes dispõem para, caso não se conformem a primeira decisão do litígio, "submeter o diferendo a um Tribunal Arbitral (...)" (cláusula 111, n.º 1, do *Segundo Contrato da Concessão*) — depende, igualmente, da sua transmissão aos destinatários: as partes. Portanto, nessa medida, justifica-se, por força do artigo 295.º do Código Civil, a sua aplicação a outras declarações recipiendas.

Assim, e por um lado, o Parecer da Comissão Técnica de Peritos de 25 de Março de 1998 foi enviado para o *domicílio electivo* do concedente: "GATTEL — Rua da Cintura do Porto de Lisboa — 1900 Lisboa".

---

[21] CARVALHO FERNANDES, *Teoria Geral do Direito Civil*, I, p. 369.

[22] O n.º 1 do artigo 224.º do Código Civil prescreve que se a declaração negocial tem um destinatário torna-se eficaz logo que chega ao seu poder ou é dele conhecida.

[23] MENEZES CORDEIRO, *Teoria Geral do Direito Civil*, I, Lisboa, 1990, p. 590.

Por outro lado, o concedente não tomou conhecimento oportuno desse parecer. Na verdade, o Estado, por despacho do Secretário de Estado das Obras Públicas de 27 de Abril, declarou que, até essa data, ainda não lhe havia sido "porém comunicado (...) o teor de tal parecer (...)". Porém, esse não conhecimento oportuno é imputável ao concedente, que não manteve com o seu domicílio a ligação necessária. Resulta isso claramente do facto de o GATTEL ter referido, no ofício que em 7 de Maio de 1998 enviou à Comissão Técnica de Peritos (no qual se transcrevia o despacho do Secretário de Estado das Obras Públicas), que deu conhecimento ao concedente da carta que recebera daquela Comissão em 25 de Março de 1998 capeando um Parecer fundamentado da mesma data. Ora, naquela carta da Comissão, pura e simplesmente, refere-se: "Exmo Senhor (Presidente do GATTEL), junto se envia o Parecer da Comissão Técnica de Peritos, relativo ao assunto em epígrafe", ou seja, "Comissão Técnica de Peritos: Reclamação referente à Ligação à Praça José Queirós". Portanto, nas circunstâncias descritas, se o concedente estivesse verdadeiramente interessado em inteirar-se do teor do Parecer, tinha o *ónus* de solicitar o respectivo envio ao GATTEL — sendo que este tinha, aliás, o *dever* de o remeter. Assim, se o GATTEL, contrariamente ao que deveria ter feito, não enviou ao concedente o Parecer nem este, sabendo da sua existência, e não devendo ignorar as consequências desfavoráveis decorrentes do seu não conhecimento, tão-pouco solicitou ao primeiro, organismo dele directamente dependente, o respectivo envio — *sibi imputet*.

Nestes termos, conclui-se que, também por força da aplicação, com as devidas adaptações (artigo 295.º do Código Civil), do regime definido no artigo 224.º, n.º 2, do Código Civil, o concedente foi regular e eficazmente notificado do Parecer da Comissão Técnica de Peritos de 25 de Março de 1998. Entre outros efeitos, tal notificação determinou o início da contagem do prazo de vinte dias úteis para qualquer das partes, querendo, submeter o diferendo a um Tribunal Arbitral (cláusula 111, n.º 1, do *Segundo Contrato da Concessão*).

Por último, mesmo que se entendesse (o que não se concede) que, à luz do *Segundo Contrato da Concessão*, o Parecer da Comissão Técnica de Peritos de 25 de Março de 1995 não deveria ser remetido para o GATTEL mas, antes, directamente para o Estado Português, o certo é que isso não poderia ser por este alegado como fundamento para daí retirar que a notificação daquele parecer havia sido irregular e, por conseguinte, ineficaz. E não poderia ser alegado porque a tal se oporia frontalmente o princípio da boa-fé (artigo 266.º, n.º 2, da Constituição e 6.º-A, n.º 2, do CPA), que, como recordava o Professor João de Castro Mendes, joga, nesta matéria, um papel decisivo. É que se, em relação a outras comunicações que, pela mesma via (através do GATTEL), lhe fez a Comissão Técnica de Peritos, o Estado não revelou qualquer dificuldade em delas tomar oportuno e atempado conhecimento, não parece minimamente correcto, à luz dos ditames que fluem daquele princípio, que o faça agora em relação ao Parecer de 25 de Março de 1998 apenas porque o mesmo lhe é (e o Estado sabia disso, revelou-o no Despacho do Secretário de Estado das Obras Públicas de 27 de Abril) objectivamente desfavorável. Na verdade, o concedente não questionou, por exemplo, a regularidade da notificação da reclamação da LUSOPONTE (que deu início ao litígio) feita ao GATTEL por carta de 20 de Fevereiro de 1998 da Comissão Técnica de Peritos; aliás, tanto não o fez que o próprio Ministro do Equipamento, do Planeamento e da Administração do Território após, em 9 de Março do mesmo ano, despacho de concordância na resposta que àquela reclamação foi elaborada pelo GATTEL e determinou, outrossim, que a mesma fosse apresentada àquela Comissão. Não obstante notificado através do GATTEL, o concedente tomou, pois, regular conhecimento de comunicações anteriores da Comissão Técnica de Peritos. Assim, repete-se, a adopção, pelo concedente, a propósito do

Parecer fundamentado de 25 de Março de 1998, de posição contrária à até agora mantida não se pode deixar de reputar contrária aos deveres de boa-fé e, portanto, mesmo que se entendesse que o seu domicílio electivo não era o GATTEL, isso jamais prejudicaria a eficácia da notificação do referido Parecer.

14. Mas em que momento se deve considerar ter sido o concedente notificado do Parecer da Comissão Técnica de Peritos de 25 de Março de 1998?

Recordemos os dados necessários à resolução do problema:

— a comunicação ao concedente do Parecer da Comissão Técnica de Peritos foi efectuada por escrito e entregue em mão, no GATTEL, no dia 25 de Março (cfr. cláusula 104, n.º 1, alínea a), do *Segundo Contrato da Concessão*);

— existia protocolo para que a comunicação do parecer se efectuasse do referido modo (cfr. segunda parte da alínea a) do n.º 1 da cláusula 104 do mesmo *Segundo Contrato da Concessão*).

Ora, tendo isto presente, por um lado, e atendendo a que, nos termos da alínea a) do n.º 4 da cláusula 104, as "comunicações previstas no Segundo Contrato da Concessão consideram-se efectuadas: no próprio dia em que foram transmitidas em mão (...)", por outro, dever-se-ia concluir, linearmente, que o concedente foi notificado do Parecer da Comissão Técnica de Peritos no dia 25 de Março de 1998 e que, nos termos gerais (cfr. alínea b) do artigo 279.º do Código Civil), começou a contar no dia seguinte o prazo de vinte dias úteis prescrito na cláusula 111, n.º 1, do *Segundo Contrato da Concessão* para qualquer das partes, querendo, submeter o diferendo a um Tribunal Arbitral.

Importa, no entanto, ponderar previamente outro aspecto: é ele o de que, nos termos do n.º 1 do artigo 7.º do Anexo 19 ao *Segundo Contrato da Concessão* (Anexo que, por força da cláusula 2, n.º 1, alínea *t)*, deste contrato é sua parte integrante *"para todos os efeitos legais e contratuais"*), se determina que "os pareceres fundamentados a emitir pelas Comissões de Peritos serão comunicados no dia útil seguinte ao da sua emissão, simultaneamente a ambas as Partes e ao presidente da outra Comissão de Peritos".

Nestes termos, deverá concatenar-se esta regra com a constante da alínea *a)* do n.º 4 da cláusula 104 do *Segundo Contrato da Concessão* — que determina, recorde-se, que se devem considerar efectuadas *no próprio dia* as comunicações previstas no contrato que sejam transmitidas por mão.

Na verdade, parece existir aparente contradição entre ambas, já que, da interpretação (declarativa) e subsequente aplicação, ao caso em apreço, da regra do artigo 7.º, n.º 1, do Anexo 19, parece decorrer, afinal, que, não obstante emitido e enviado às partes a 25 de Março, a comunicação do Parecer apenas se deve ter por efectuada no dia útil seguinte, ou seja, a 26 de Março.

Que pensar?

Como a razão de ser desta regra do n.º 1 do artigo 7.º do Anexo 19 é a de evitar que as comissões de peritos retardem a comunicação dos seus pareceres fundamentados às partes, está bom de ver que a sua *ratio* não foi violentada, no caso concreto, com a entrega do Parecer às partes no próprio dia 25 de Março, data da sua emissão, e não, como se prescreve naquela regra, no dia útil seguinte ao da sua emissão. Logo, e em homenagem ao brocardo da interpretação *cessante ratione legis, cessat eius dispositio*, dir-se-ia dever prevalecer a regra da alínea *a)* do n.º 4 da cláusula 104 do *Segundo Contrato da Concessão*, e considerar-se a notificação efectuada no dia 25 de Março de 1998, data em que o Parecer foi efectivamente entregue às Partes.

Todavia, uma vez que a regra do n.º 1 do artigo 7.º do Anexo 19 se assume, de certo modo — posto que se insere num Anexo especialmente dedicado ao regime da composição, competência e funcionamento das comissões de peritos —, como uma regra *especial* relativamente à regra *geral* (porque pensada indistintamente para quaisquer comunicações) constante da alínea a) do n.º 4 da cláusula 104 do *Segundo Contrato da Concessão*, entendemos, de harmonia com a directriz fixada no artigo 7.º, n.º 3, do Código Civil (lei especial prevalece sobre lei geral), que ela deverá prevalecer sobre esta segunda.

Portanto e em suma: por força do disposto no n.º 1 do artigo 7.º do Anexo 19 ao *Segundo Contrato da Concessão*, deve entender-se que o concedente apenas foi notificado do Parecer da Comissão Técnica de Peritos de 25 de Março de 1998 no dia útil seguinte ao da sua emissão (que foi, concretamente, 26 de Março) e, bem assim, que, nos termos da alínea b) do artigo 279.º do Código Civil, só no dia 27 daqueles mês e ano começou a contar o prazo de vinte dias úteis prescrito na cláusula 111, n.º 1, do *Segundo Contrato da Concessão*, para qualquer das partes, querendo, submeter o diferendo a um Tribunal Arbitral.

§ 2.º
Da natureza jurídica de título executivo do Parecer da Comissão Técnica de Peritos de 25 de Março de 1998

15. Como se teve oportunidade de referir, determina-se no n.º 3 da cláusula 111 do *Segundo Contrato da Concessão* que, se no prazo máximo de vinte dias úteis, contados a partir da comunicação de um Parecer da Comissão de Peritos, nenhum dos contraentes submeter o diferendo a um Tribunal Arbitral, aquele Parecer "considerar-se-á aceite por ambas as Partes (...)" e "constituirá assim a decisão final do Processo de Resolução de Diferendos relativamente à matéria em causa".

Decorre pois do teor literal desta disposição contratual que as partes pretenderam que, decorrido o prazo mencionado, a pronúncia (*imperativa*) de qualquer uma das Comissões de Peritos (Técnica ou Financeira) sobre o direito aplicável ao *diferendo* cuja apreciação lhe tenha sido submetido se convertesse numa pronúncia *definitiva*, ou seja, dito de outro modo, pretenderam que, se nenhuma delas se inconformasse tempestivamente com a decisão tomada pelas ditas Comissões, aquela se tornaria imodificável, insusceptível de reapreciação posterior por qualquer outra entidade.

Como adiante melhor se perceberá (depois de se demonstrar que as decisões das Comissões de Peritos são, efectivamente, actos jurisdicionais), vale o referido por dizer que, nas circunstâncias descritas, os pareceres das Comissões de Peritos, constituindo como que "uma espécie de *lex specialis* do caso concreto"[24], se revestem da autoridade especial do *caso julgado*[25], ou seja, da autoridade que as decisões jurisdicionais adquirem quando transitam em julgado.

Qual será, porém, a natureza jurídica de tais decisões (*finais e*) *imodificáveis* das Comissões? Serão esses pareceres títulos executivos? Será que (e raciocinando já em concreto) se o Estado Português não executar voluntariamente o que se determina no Parecer da Comissão Técnica de Peritos de 25 de Março de 1998, a LUSOPONTE pode, com base nele, promover a sua execução forçada?

Tais as questões que importa esclarecer de seguida.

---

[24] MÁRIO AROSO DE ALMEIDA, *Sobre a Autoridade do Caso Julgado das Sentenças de Anulação de Actos Administrativos*, Coimbra, 1994, p. 35.

[25] Sobre a noção de caso julgado, cfr. ANTUNES VARELA, *Manual de Processo Civil*, cit., p. 683; FREITAS DO AMARAL, *Direito Administrativo*, IV, Lisboa, 1988, p. 220 e segs..

16. Em jeito de enquadramento, deve começar por lembrar-se que, nos termos gerais, a situação prática que pode originar uma *execução forçada*[26] "é o incumprimento de uma obrigação de conteúdo patrimonial por parte do obrigado, com a consequente lesão do direito subjectivo correlativo"[27]. Como diz Liebman, "só em presença desta situação surge a razão de ser e o interesse prático da execução[28]. No entanto, como a *execução forçada* "provoca consequências muito graves sobre o património do devedor (...), compreende-se que a lei se preocupe em impedir toda e qualquer forma de abuso, de modo a que ela se faça apenas em benefício de direitos efectivamente existentes"[29]. Por outro lado, "é necessário libertar o órgão (judicial) executivo da necessidade de indagar, caso a caso, se aquele que solicita a execução é verdadeiramente titular de um direito que não foi satisfeito"[30]. A solução "para este duplo problema consiste em subordinar a execução a condições rigorosas de admissibilidade"[31], ou seja, à titularidade pelo requerente de algum dos documentos que, pelas suas especiais características (designadamente a força probatória), seja por lei considerado "condição suficiente e necessária do processo executivo"[32].

---

[26] Desenvolvidamente, sobre os conceito de *execução forçada* ("a actividade pela qual o poder impõe coercivamente o disposto na sentença, mesmo sem ou contra a vontade do sujeito por ela desfavorecido") e de *execução voluntária* ("a actividade pela qual o sujeito contra quem a sentença foi proferida cumpre voluntariamente, ele próprio, a decisão tomada na sentença"), cfr., por todos, FREITAS DO AMARAL, *A Execução das Sentenças dos Tribunais Administrativos*, 2.ª edição, Coimbra, 1997, pp. 31-34.

[27] ENRICO LIEBMAN, *Manuale di diritto processuale civile*, 4.ª ed., Milão, 1984, p. 183.

[28] ENRICO LIEBMAN, *Manuale di diritto processuale civile*, p. 183.

[29] ENRICO LIEBMAN, *Manuale di diritto processuale civile*, p. 188-189.

[30] ENRICO LIEBMAN, *Manuale di diritto processuale civile*, p. 188-189.

[31] ENRICO LIEBMAN, *Manuale di diritto processuale civile*, p. 189.

[32] MANUEL DE ANDRADE, *Noções Elementares de Processo Civil*, Coimbra, 1979 (reimp.), pp. 58.

Assim, e tal como sucede noutros ordenamentos, também entre nós, por força do artigo 45.º, n.º 1, do Código de Processo Civil, vigora o princípio *nulla executio sine titulo*.

Títulos executivos são, pois, "os *documentos* (escritos) *constitutivos* ou *certificativos* de obrigações que, mercê da *força probatória especial* de que estão munidos, tornam *dispensável o processo declaratório* (ou novo processo declaratório) para certificar a existência do direito do portador"[33/34].

17. Do elenco (*taxativo*[35]) constante dos artigos 46.º e 48.º do nosso Código de Processo Civil, é possível recortar duas grandes modalidades de títulos executivos: por um lado, os títulos executivos *judiciais* (de que constitui espécie única a categoria das *sentenças condenatórias* — cfr. alínea a)); por outro, os títulos executivos *extra-judiciais* (espécie a que correspondem os restantes documentos referidos nas demais alíneas do artigo 46.º e, bem assim, em legislação especial). Resumidamente, pode dizer-se que estas duas modalidades se distinguem pelo seguinte: "enquanto as sentenças de condenação pressupõem a prévia existência de um processo de declaração, os restantes títulos caracterizam-se precisamente pelo facto de servirem de fundamento à execução (...) sem precedência do processo declaratório"[36].

Para o tema do presente Parecer, interessa-nos apenas precisar o significado do conceito de *sentenças condenatórias* referido na alínea *a)* do artigo 46.º do Código de Processo Civil. Com

---

[33] ANTUNES VARELA, *Manual de Processo Civil*, pp. 78-79.

[34] Sobre a formação histórica e a natureza jurídica do título executivo, cfr., por todos, entre nós, JOSÉ ALBERTO DOS REIS, *Processo de Execução*, I, 2.ª edição, reimpressão, Coimbra, 1982, pp. 68 e segs..

[35] Carácter que se retira facilmente do emprego do advérbio *apenas* no corpo do artigo 46.º do Código de Processo Civil.

[36] ANTUNES VARELA, *Manual de Processo Civil*, p. 80.

efeito, é a este tipo de títulos que são equiparadas, sob o ponto de vista da força executiva, as decisões proferidas por tribunais arbitrais (artigo 48.° do Código de Processo Civil e artigo 26.°, n.° 1, da LAV).

18. Como diz Liebman, *sentenza di condanna* é aquela que, simultaneamente, "define o direito a uma prestação e o seu inadimplemento, e confere ao titular do direito uma nova acção, a acção executiva" [37]. Desta noção ressalta, pois, a ligação do *efeito declarativo* do acto jurisdicional (*accertamento*) com o seu *efeito executivo*.

Não menos impressivas se mostram, contudo, algumas formulações de Autores portugueses. Assim, explicava Alberto dos Reis que, "ao atribuir eficácia executiva às sentenças de condenação, o Código quis abranger nesta designação *todas as sentenças em que o juiz expressa ou tacitamente impõe a alguém determinada responsabilidade*" (sublinhado nosso)[38]. Na definição mais lapidar de Manuel de Andrade, "sentença de condenação é toda a sentença que, reconhecendo ou prevenindo (...) o inadimplemento duma obrigação (cuja existência certifica ou declara), determina o seu cumprimento; é a que contém uma *ordem de prestação*"[39]. E acrescentava: é ainda desse tipo "qualquer decisão dos tribunais, quer comuns, quer arbitrais, mesmo que na terminologia legal lhe corresponda outro nome (despacho, acórdão): artigo 48.°". No mesmo sentido, referem Antunes Varela e outros que se diz "*condenatória* toda a sentença que, reconhecendo a violação de um dever jurídico, cuja existência declara, determina o seu cumprimento"[40]. Lebre de Freitas, de sua banda, depois de sufragar o entendimento da doutrina tradicional sobre o con-

---

[37] *Ob. cit., loc. cit.*.
[38] JOSÉ ALBERTO DOS REIS, *Processo de Execução*, I, p. 127.
[39] MANUEL DE ANDRADE, *Noções Elementares de Processo Civil*, p. 62.
[40] ANTUNES VARELA, *Manual de Processo Civil*, p. 80.

ceito em apreço, esclarece que "pode ainda acontecer que a condenação seja proferida em *processo de natureza não civil*, por exemplo, de carácter *penal* (sentença em que o réu seja condenado a pagar uma indemnização ao ofendido) ou *administrativo* (sentença de condenação do Estado em indemnização por acto de gestão pública, ilícito ou lícito). Também aqui temos uma *sentença condenatória*"[41].

Fixados os contornos gerais do conceito, importa fazer ainda duas precisões. Por um lado, a expressão *sentença condenatória* constante da alínea a) do artigo 46.º do Código de Processo Civil não equivale (é mais ampla) à expressão «sentença proferida em acção declarativa de condenação» (cfr. artigo 4.º, n.º 2, alínea *b)*, também deste Código): com efeito, com o seu emprego quis-se apenas "tornar mais claro que também as sentenças lavradas em acções de simples apreciação ou nas acções constitutivas (alíneas *a)* e *c)* do mesmo artigo 4.º) eram exequíveis na parte condenatória — quanto a custas, por exemplo"[42]; acresce, doutra banda, que, como sublinha alguma doutrina, "não pode, igualmente, recusar-se a eficácia de título executivo (...) a muitas acções constitutivas «típicas» tratadas no Código entre os processos especiais (...)"[43].

Por outro lado, e como já havíamos antecipado, na expressão "*sentenças condenatórias*, para o efeito da sua exequibilidade, se incluem não só as decisões finais (ou sentenças *stricto sensu*)", como também "acórdãos (...) e quaisquer outras decisões ou actos da autoridade judicial que condenem no cumprimento de uma obrigação (artigo 48.º, n.º 1)" e, bem assim, *por equiparação*, "as *decisões* proferidas pelo *tribunal arbitral* (artigo 48.º, n.º 2, do

---

[41] LEBRE DE FREITAS, *A Acção Executiva*, Coimbra, 1993, p. 32.

[42] LOPES CARDOSO, *Manual da Acção Executiva*, Lisboa, 1987 (reimpressão), p. 37.

[43] ANSELMO DE CASTRO, *A Acção Executiva Comum, Singular e Especial*, 3.ª edição, Coimbra, 1977, p.16.

Código de Processo Civil)"⁴⁴. Do mesmo modo, dispõe-se hoje no n.º 2 do artigo 26.º da LAV que "a decisão arbitral tem a mesma força executiva que a sentença do tribunal judicial de 1.ª instância". Portanto, entre nós, e "ao contrário do que se dispunha no artigo 230.º da Novíssima Reforma Judiciária e do que se determina na maior parte das legislações estrangeiras (...), *a decisão arbitral não carece de homologação do juiz de direito ou de qualquer outro juiz para ter força executiva*"⁴⁵. Ao dispensar a esse tipo de sentenças a exigência de qualquer *exequatur* para a sua eficácia como título executivo, pode dizer-se que a ordem jurídica portuguesa trata "com bastante liberalidade as decisões arbitrais"⁴⁶.

19. Voltemos às questões iniciais: será o Parecer da Comissão Técnica de Peritos de 25 de Março de 1998 um título executivo? Caso o Estado Português não execute voluntariamente o que se determina nesse Parecer, poderá a LUSOPONTE, com base nele, solicitar a um tribunal a sua execução forçada?

Do que já se analisou, estamos agora em condições de afirmar que uma resposta afirmativa a tais quesitos depende: (1) da possibilidade de se qualificar a decisão proferida pela Comissão Técnica de Peritos, em 25 de Março de 1998, como uma decisão *condenatória* (artigo 46.º, alínea *a)*, do Código de Processo Civil); (2) e, se sim, da possibilidade de a qualificar também como *decisão arbitral* (artigo 48.º, n.º 2, do Código de Processo Civil).

20. Não cremos ser difícil reconhecer que a decisão proferida pela Comissão Técnica de Peritos em 25 de Março de

---

⁴⁴ ANTUNES VARELA, *Manual de Processo Civil*, p. 80.

⁴⁵ ALBERTO DOS REIS, *Código de Processo Civil Anotado*, I, Coimbra, 1948, p. 160; Idem, *Processo de Execução*, I, p. 138 e segs..

⁴⁶ TEIXEIRA DE SOUSA, *Estudos sobre o Novo Processo Civil*, Lisboa, 1997, p. 629.

1998 é, verdadeiramente, uma decisão *condenatória*. Na verdade, para assim concluir, bastará, tendo presente o pano de fundo constituído pelas noções doutrinais de *sentença condenatória* acima sumariadas, compulsar o teor das conclusões que encerram o Parecer de 25 de Março de 1998 daquela Comissão.

Assim, verificamos que aí se determina: por um lado, que o "montante compensatório de Esc. 334.465.664$00 deve ser considerado nos montantes de despesas de expropriações adicionais devidas pelo GATTEL à LUSOPONTE" (alínea *a)*); por outro, que o Estado deverá proceder ao "pagamento imediato, "por conta do valor requerido pela LUSOPONTE para as despesas administrativas e profissionais relativas às expropriações suplementares, de 5 milhões de escudos (...) (alínea *c)*); finalmente, que "as despesas financeiras sobre o montante de expropriações, ou seja, Esc. 27. 821.073$00, sejam pagos de imediato à LUSOPONTE, sob reserva de os montantes terem sido imediatamente pagos, a data dos pagamentos ser justificada e da taxa aplicável ser fixada de comum acordo" (alínea *d)*).

Temos por seguro que a simples leitura destas passagens revela nitidamente o carácter condenatório da decisão tomada pela Comissão Técnica de Peritos em 25 de Março de 1998. Na verdade, a Comissão declarou aí que certos direitos (legais e contratuais) da LUSOPONTE foram efectivamente violados pelo Estado-concedente e, do mesmo modo, impôs a este a realização de determinadas prestações pecuniárias a fim de reparar as violações que cometeu. Trata-se, portanto, de uma decisão condenatória, ou seja, e parafraseando, respectivamente, Alberto dos Reis e Manuel de Andrade, uma decisão que "impõe (ao Estado) determinada responsabilidade" pecuniária, uma decisão que "contém uma ordem" para que o Estado *preste* à sua contraparte no *Segundo Contrato da Concessão* uma determinada quantia em dinheiro.

Por outro lado, não se deve deixar de referir (ou relevar) que a possibilidade de a Comissão de Peritos proferir decisões condenatórias resulta, expressa e pacificamente, do próprio teor literal do artigo 7.1 alínea d), do Anexo 19 ao *Segundo Contrato da Concessão*. Com efeito, e como referimos na Introdução, nesse preceito (contratual) dispõe-se que os pareceres fundamentados das Comissões deverão conter a "(...) fixação de compensações em que as Partes sejam condenadas".

Em suma: o Parecer da Comissão Técnica de Peritos de 25 de Março de 1998 perfila-se, manifestamente, pelo seu conteúdo, como uma decisão condenatória.

21. Será, no entanto, de qualificar tal decisão *condenatória* da Comissão Técnica de Peritos também como uma *decisão arbitral*, isto é, dito de outro modo, como um *acto (jurisdicional)* dimanado de um verdadeiro *tribunal arbitral*?

Para melhor situar a análise subsequente, convém que caracterizemos, previamente, ainda que de uma forma perfunctória, a *função jurisdicional* do Estado.

Como é sabido, no quadro global das funções do Estado[47], a função jurisdicional — que, a par da função administrativa, se assume como uma função secundária, dependente e acessória (sendo primárias as funções política e legislativa)[48] — traduz-se, genericamente, na composição de conflitos de interesses, com vista à realização do Direito e da Justiça. Analisêmo-la, porém, mais de perto, à luz de um tríplice critério: material, formal e orgânico.

Materialmente, pode dizer-se que à função jurisdicional cabe a definição do Direito "em concreto, perante situações da

---

[47] Sobre a matéria, cfr. MARCELLO CAETANO, *Manual de Ciência Política e Direito Constitucional*, I, 6.ª ed., Coimbra, 1993 (reimpressão), pp. 148 e segs..

[48] Sobre o significado desta terminologia, cfr. MARCELO REBELO DE SOUSA, "Estado", in *Dicionário Jurídico da Administração Pública*, IV, Lisboa, 1991.

vida (litígios entre particulares, entre entidades públicas e entre particulares e entidades públicas, e aplicação de sanções), e, em abstracto, na apreciação da constitucionalidade e da legalidade das normas jurídicas" (cfr. artigo 202.º da Constituição)[49].

Do ponto de vista formal, a função jurisdicional caracteriza-se pela *passividade* "(implicando necessidade de pedido de outra entidade, definição do objecto do processo através do pedido e necessidade de decisão)" [50] e *imparcialidade* (ou seja, posição *super partes* dos órgãos incumbidos de a realizar).

Sob o prisma orgânico, cumpre mencionar que a competência para administrar "a justiça em nome do povo" (artigo 202.º da Constituição) cabe aos *tribunais*, que "são independentes e apenas estão sujeitos à lei" (artigo 203.º da Constituição). Neste ponto, importa recordar que, ao lado dos tribunais estaduais, a Constituição (artigo 209.º, n.º 2) e a lei (cfr. artigos 1.º, n.º 4, da LAV, 2.º, n.º 2, do ETAF, e 188.º do CPA), admitem a existência de tribunais arbitrais, isto é, tribunais não integrados na organização judiciária do Estado e não compostos (necessariamente) por juízes de carreira mas, antes, por meros particulares. Concretamente, deve também relembrar-se que o referido artigo 2.º, n.º 2, do ETAF admite expressamente a existência de "tribunais arbitrais no domínio do contencioso dos contratos administrativos", sendo precisamente dessa natureza, como demonstrámos logo de início, o *Segundo Contrato da Concessão*. O regime geral da arbitragem voluntária consta, também já o dissemos, da LAV.

Para terminar, refira-se que a função jurisdicional se projecta em *actos jurisdicionais* (ou sentenças *latissimo sensu*), categoria no seio da qual se pode, com Jorge Miranda, distinguir os

---

[49] Cfr. JORGE MIRANDA, *Manual de Direito Constitucional*, V, Coimbra, 1997, p. 29.

[50] Cfr. JORGE MIRANDA, *Manual de Direito Constitucional*, V, p. 29; FREITAS DO AMARAL, *Sumários de Introdução ao Direito*, Lisboa, 1997, p. 54 e segs..

actos de conteúdo *normativo* (declarações de inconstitucionalidade e de ilegalidade) dos actos de conteúdo *não normativo* (sentenças, acórdãos e decisões interlocutórias)[51].

22. Vejamos, então, se, cotejando a regulamentação relativa à organização, competência e funcionamento das Comissões de Peritos, previstas nas cláusulas 109 a 111 do *Segundo Contrato da Concessão* e, particularmente, no seu Anexo 19, com os traços que caracterizam a função jurisdicional, em geral, e com o regime legal da arbitragem voluntária, em particular, será ou não possível qualificar essas comissões como tribunais arbitrais e, consequentemente, as respectivas decisões finais como *decisões arbitrais*.

Antes de efectuar esse confronto, sublinhe-se apenas que, do particular prisma do *Segundo Contrato da Concessão*, se pode desde logo extrair um argumento no sentido de que as Comissões de Peritos (e respectivas decisões) são efectivamente tribunais (e decisões) arbitrais. Na cláusula 111 daquele contrato qualifica-se como "*decisão final*" quer a decisão proferida por qualquer uma das Comissões de Peritos de que não tenha sido interposto "recurso" (n.º 3) quer a decisão proferida pelo Tribunal Arbitral sobre o fundo de determinado litígio (n.º 10). Ora, sendo incontroverso que a decisão final dimanada do Tribunal Arbitral é uma *decisão arbitral* e, por conseguinte, um título executivo (artigo 48.º do Código de Processo Civil), deve concluir-se, linearmente, que a atribuição de idêntica designação, no n.º 3 da *mesma* cláusula contratual, à decisão proferida por qualquer das Comissões de Peritos a respeito de um diferendo que não tenha sido submetido (no prazo fixado) a um Tribunal Arbitral, não constitui mera coincidência terminológica mas, antes, sinal bem seguro de que as Partes pretenderam que tal

---

[51] Cfr. JORGE MIRANDA, *Manual de Direito Constitucional*, V, p. 25.

tipo de decisão assumisse também juridicamente a natureza de título executivo.

Dito isto, comecemos por recordar a *função* cometida às Comissões de Peritos na cláusula 110 do *Segundo Contrato da Concessão*, bem como no seu Anexo 19. Diz-se, expressivamente, no n.º 1 da cláusula 110.º deste contrato que a finalidade da fase pré-contenciosa (em que actuam estas comissões) é "solucionar o diferendo" que lhes seja submetido; por sua vez, acrescenta-se no n.º 4 da mesma cláusula que as comissões têm por missão proceder ao "tratamento das questões apresentadas pelas Partes"; por outro lado, refere-se no artigo 1.º, n.º 1, do Anexo 19 que compete às comissões a "resolução de diferendos" de natureza técnica ou financeira surgidos entre as partes. Assim sendo, fácil se torna afirmar que esse desígnio de tais órgãos se enquadra perfeitamente na caracterização material da função jurisdicional (cfr. artigo 202.º, n.º 2, da Constituição) e, bem assim, na finalidade que, nos termos do artigo 1.º, n.º 1, da LAV, subjaz à instituição de tribunais arbitrais: decidir "(...) qualquer litígio que não respeite a direitos indisponíveis".

A natureza arbitral destas Comissões resulta também de outras disposições do citado Anexo 19. Pensamos, paradigmaticamente, nas normas constantes dos seus artigos 1.º, n.º 2, e 4.º, n.º 1, que, respectivamente, estatuem que a resolução dos diferendos pelas Comissões deve ser feita "aplicando, interpretando ou integrando as disposições por que se rege a Concessão", e tendo "sempre em consideração o conjunto de regras por que se rege a Concessão". Repare-se bem: resolução de diferendos através da aplicação do direito vigente — eis o cerne da função jurisdicional em sentido material.

Também à luz dos critérios que *formalmente* definem a função jurisdicional se pode afirmar que as Comissões de Peritos previstas no *Segundo Contrato da Concessão* são verdadeiros tribunais arbitrais.

Nesse sentido, importa começar por destacar o disposto nos artigos 1.º, n.º 2, e 4.º, n.º 1, do Anexo 19. Prescreve-se na primeira das referidas disposições que "as Comissões de Peritos serão competentes para emitir pareceres fundamentados sobre as questões que lhe sejam submetidas pelas Partes"; por sua vez, determina-se no n.º 1 do artigo 4.º que "as Comissões de Peritos apenas poderão emitir pareceres sobre questões que lhes tenham sido apresentadas pelas Partes". Resulta, deste modo, claramente evidenciada a nota da *passividade* (e, designadamente, a delimitação do objecto do processo pelo pedido formulado) que, como se viu acima, constitui apanágio da *função jurisdicional*.

Por outro lado, atente-se na *imparcialidade* dos peritos que integram as comissões. Tal característica flui do seu modo de designação: *comum acordo das partes*. Efectivamente, tal procedimento é sinal seguro de que os peritos "são chamados a julgar uma questão, em relação à qual não prosseguem um interesse próprio (...) nem um interesse público diferente daquele que se reconduz à realização do Direito"[52].

Doutro prisma, não deixa de ser significativo para corroborar a natureza jurisdicional destas Comissões o facto de, no artigo 4.º, n.º 4, do Anexo 19, se dizer que, ao proferirem as suas decisões sobre as questões que lhe tenham sido submetidas pelas partes, os membros das comissões actuam "*na qualidade de peritos independentes*". Significa isto, portanto, que, tal como os juízes em geral, também os peritos membros destas comissões ao proferirem as "suas resoluções não obedecem a qualquer orientação exterior"[53], nem ficam sujeitos a qualquer responsa-

---

[52] Cfr. MARCELO REBELO DE SOUSA, "As indemnizações por nacionalizações e as comissões arbitrais em Portugal", in *Revista da Ordem dos Advogados*, Lisboa, 1989, p. 390.

[53] Cfr. MARCELO REBELO DE SOUSA, "As indemnizações por nacionalizações...", cit., p. 389.

bilidade — salvo, como não deixa de ser compreensível, "em caso de dolo ou de negligência grosseira" (artigo 7.º, n.º 3, do Anexo 19).

É também líquido que as regras delineadas pelas partes para parametrizar a actuação processual das Comissões de Peritos respeitam os princípios fundamentais que, nos termos do artigo 16.º da LAV, devem ser observados em qualquer processo arbitral. Com efeito, quer o princípio da igualdade das partes (alínea *a)* deste preceito legal), quer o princípio de que "o demandado será citado para se defender" (alínea *b)*), quer o princípio do contraditório em todas as fases do processo (alínea *c)*), quer, finalmente, o princípio de que as partes devem ser ouvidas antes de ser proferida a decisão final (alínea *d)*) — não só encontram reflexo bastante nos vários números do artigo 4.º do Anexo 19 do *Segundo Contrato da Concessão* como, pelo que nos foi dado ver a partir da leitura da documentação que nos foi entregue e se referiu já em sede de matéria de facto, foram respeitados no decurso do processo que culminou em 25 de Março de 1998 com a prolacção do Parecer da Comissão Técnica de Peritos.

Significativo para coonestar a natureza jurisdicional e arbitral destas comissões é, igualmente, o facto de elas, tal como os tribunais arbitrais (cfr. artigo 18.º da LAV), disporem de amplos poderes instrutórios (interrogar e acarear testemunhas, requerer às partes a apresentação de documentos, efectuar inspecções, ouvir peritos, etc.) e, bem assim, apreciarem livremente a prova produzida.

Sublinhe-se, por último, que, semelhantemente ao que se determina no artigo 23.º da LAV para as decisões finais dos tribunais arbitrais em geral, também a decisão final a proferir por qualquer Comissão de Peritos deverá, por força da regulamentação estabelecida no artigo 7.º do Anexo 19, ser reduzida a escrito e conter: "a) data da decisão, identificação dos peritos que nela participaram e sentido dos respectivos votos; b) identificação clara do objecto do parecer; c) solução para as questões formuladas pelas Partes em toda a sua extensão (...); d) fixação das compensações em que as partes sejam condenadas; e) indicação de todos os argumentos que sustentam as decisões adoptadas; f) fixação da parte responsável pelo pagamento dos custos incorridos para a emissão do parecer fundamentado; g) indicação de eventuais posições contrárias às decisões adoptadas pelas Comissões de peritos que sejam assumidas por alguns dos seus membros e respectiva fundamentação".

Da convergência (material e formal) de todos estes elementos relativos à organização e funcionamento das Comissões de Peritos com os traços que caracterizam a função jurisdicional, em geral, e o regime legal da arbitragem voluntária, em particular, pode concluir-se que as Comissões de Peritos previstas no *Segundo Contrato da Concessão* (e no seu Anexo 19) se assumem como órgãos jurisdicionais de tipo arbitral. Por conseguinte, são também desse jaez as suas decisões finais, como é o caso, já o sabemos, do Parecer de 25 de Março de 1998 da Comissão Técnica de Peritos.

Respondendo directamente à questão colocada: o Parecer fundamentado de 25 de Março de 1998 da Comissão Técnica de Peritos é um título executivo, podendo, assim, o que nele se determina ser imposto coercivamente mesmo sem (ou contra) a vontade do concedente.

23. Abrindo aqui um parênteses, deve referir-se que a análise da (complexa) convenção de arbitragem plasmada nas cláusulas 109 a 111 do *Segundo Contrato da Concessão* nos merece dois brevíssimos comentários de construção dogmática.

Em primeiro lugar, cumpre sublinhar que, por seu intermédio, as partes criaram, de forma atípica e original, um Processo de Resolução de Diferendos que integra não uma mas duas instâncias arbitrais (comissões de peritos, por um lado, e tribunal arbitral, por outro). Nada disso contraria, porém, qualquer disposição legal; pelo contrário, cabe, perfeitamente, dentro da autonomia da vontade das partes.

Em segundo lugar, deve destacar-se o facto de os contraentes terem estabelecido, também de forma original, a regra de que do julgamento da lide efectuado pelas Comissões em primeira instância cabe *recurso de reexame* para um tribunal arbitral (assim denominado), ou seja, e explicando melhor, um recurso que não visa propriamente controlar a correcção da decisão recorrida (como sucede nos denominados *recursos de revisão*) mas, antes, um *recurso cujo objecto coincide com o objecto da instância recorrida*[54]. Na verdade, o tribunal arbitral, a instância de recurso, o que fará, se no prazo fixado for solicitada a sua intervenção por qualquer das partes, *é apreciar e julgar de novo a acção*. Para tanto, note-se, as partes podem mesmo, se assim o quiserem — bem ao contrário do que sucede nos recursos de mera revisão –, alegar factos novos, modificar o pedido e a causa de pedir. Como a propósito similar sublinha Teixeira de Sousa, "os recursos de reexame procuram assegurar às partes e ao tribunal as condições que permitem encontrar a decisão justa do caso concreto: é, por isso, que nesses recursos não existem quaisquer limitações quanto à invocação do *ius novorum* e à modificação do pedido e da causa de pedir".

24. Não se diga que a qualificação e caracterização a que acima chegámos das Comissões de Peritos como órgãos jurisdicionais não colhe, já porque as partes não as designaram como tribunais (nem às suas decisões como acórdãos), já porque tais órgãos não são compostos por magistrados ou, sequer, por licenciados em Direito.

---

[54] Sobre o conceito de recurso de reexame e sua distinção do conceito de recurso de revisão, cfr. FREITAS DO AMARAL, *Conceito e Natureza do Recurso Hierárquico*, I, Coimbra, 1981, p. 227 e segs.; TEIXEIRA DE SOUSA, *Estudos sobre o Novo Processo Civil*, p. 373 e segs..

Vamos por partes.

Quanto ao primeiro aspecto referido (o das designações formalmente atribuídas no *Segundo Contrato da Concessão* às Comissões e suas decisões) deve dizer-se que não o temos por impressivo ou decisivo. A caracterização da natureza de um órgão deve fazer-se, parafraseando Marcelo Rebelo de Sousa, "pela sua estrutura e composição e, sobretudo, pela função primordial para o exercício da qual ele foi criado" [55], e não, obviamente, sublimando aspectos terminológicos. Aliás, deve referir-se a este propósito que este Autor, pronunciando-se a propósito da questão da natureza jurisdicional ou administrativa das *comissões* legalmente instituídas para arbitrar as indemnizações devidas por nacionalizações (previstas na Lei n.º 80/77, com as alterações introduzidas pelo Decreto-Lei n.º 343/80), entendeu, genericamente, que quer a sua função quer a sua estrutura e composição "encontram-se definidas em termos que são a própria expressão exacta do conceito material da função jurisdicional"[56]. Assim, e depois de proceder à análise pormenorizada da regulamentação de tais órgãos à luz daqueles vários factores, não teve dúvidas em concluir que, não obstante não serem apelidadas como tribunais, têm efectivamente "a natureza de *órgão jurisdicional*"[57].

Não é diferente a lição que se extrai do Direito Comparado. Na verdade, e a título de exemplo, refira-se que Laubadère, Moderne e Delvolvé, depois de recordarem que "o órgão arbitral é um órgão jurisdicional, encarregado de resolver um litígio que lhe é submetido, com autoridade de caso jul-

---

[55] MARCELO REBELO DE SOUSA, "As indemnizações por nacionalizações...", cit., p. 388.

[56] MARCELO REBELO DE SOUSA, "As indemnizações por nacionalizações...", cit., p. 388.

[57] MARCELO REBELO DE SOUSA, "As indemnizações por nacionalizações...", cit., p. 390.

gado"⁵⁸, sublinham, impressivamente, que "pouco importa a esse respeito a maneira como ele é designado ou composto: o essencial é a função que lhe está atribuída"⁵⁹.

Portanto, não são meros pormenores formais — como o da designação atribuída aos órgãos ou o do nome dado às suas decisões — que impedem o intérprete de qualificar e proclamar, se à luz de critérios materiais for esse o caso, o carácter jurisdicional de determinado órgão (tenha sido ele instituído por acto do poder político do Estado ou traduza a materialização do exercício por privados da função jurisdicional). Importante é, em suma, verificar se "é uma função jurisdicional a que foi atribuída ao organismo encarregado de resolver um diferendo"⁶⁰. Ora, como se viu acima, têm seguramente tal carácter jurisdicional as Comissões de Peritos previstas no articulado do *Segundo Contrato da Concessão* e no seu Anexo 19.

E que pensar do segundo aspecto acima mencionado: será de recusar natureza arbitral às Comissões pelo facto de os seus membros não serem (necessariamente) juristas?

Claro que não. Primeiro, porque a regra internacionalmente consagrada, em matéria de arbitragens, a respeito das qualificações dos árbitros é a de que "as partes são livres de estipular as exigências que quiserem a esse respeito. Não é portanto necessário que os árbitros sejam juristas". Com efeito, "o regulamento da CCI não contém nenhuma prescrição nesta matéria"⁶¹.

Depois, porque, mesmo no nosso País, existem verdadeiros tribunais, genuínos "órgãos do Poder Judicial encarregados de

---

⁵⁸ LAUBADÈRE, MODERNE e DELVOLVÉ, *Traité des Contrats Administratifs*, II, Paris, 1984, pp. 956 e 957.
⁵⁹ LAUBADÈRE, MODERNE e DELVOLVÉ, *Traité*, II, pp. 956 e 957.
⁶⁰ LAUBADÈRE, MODERNE e DELVOLVÉ, *Traité*, II, p. 958.
⁶¹ Cfr. MARCEL HUYS/GUY KEUTGEN, *L'Arbitrage en Droit Belge et Internacional*, Bruxelas, 1981, p. 462.

exercer a função jurisdicional"[62], que não são (integralmente) compostos por juristas ou sequer por magistrados. Cite-se, a título de exemplo, o caso paradigmático dos tribunais militares (cfr. artigos 209.º, n.º 4, e 213.º da Constituição), cujos juizes são, na sua maioria, militares de carreira.

Finalmente, e é o mais importante, porque o regime legal da arbitragem voluntária vigente entre nós não exige como requisito subjectivo para se ser árbitro a titularidade de qualquer grau académico em Direito, mas, apenas, e genericamente, que os árbitros sejam "pessoas singulares e plenamente capazes" (artigo 8.º da LAV).

25. Existem ainda outros argumentos interpretativos que, em nosso entender, reforçam também, de outra perspectiva, a conclusão de que o Parecer da Comissão Técnica de Peritos de 25 de Março de 1998 é uma decisão arbitral e, portanto, tem natureza jurídica de título executivo (artigo 48.º do Código de Processo Civil).

Em primeiro lugar, poderá brandir-se, para esse fim, um argumento *ad absurdum*, com base no qual se deve excluir a interpretação (da lei e) de cláusulas contratuais que conduza a resultados ilógicos ou iníquos.

Como é timbre da arbitragem, foram razões de celeridade, de conhecimento (e especial qualificação) das pessoas designadas para decidir o litígio (escolhidas por vontade comum das partes), de sigilo e, provavelmente, de poupança de custos, que estiveram por detrás da instituição, pelas partes que subscreveram o *Segundo Contrato da Concessão* em 25 de Março de 1998, do *Processo de Resolução de Diferendos*.

---

[62] Cfr. FREITAS DO AMARAL, *Sumários de Introdução ao Direito*, cit., p. 55.

Vimos já que, na regulamentação que estabeleceram, as partes acordaram em dividir tal Processo de Resolução de Diferendos em duas fases distintas: numa primeira, denominada *fase pré-contenciosa*, o litígio seria apresentado, para decisão, a uma de duas Comissões de Peritos integradas por pessoas especialmente qualificadas e por elas escolhidas de comum acordo; numa segunda, designada *fase contenciosa*, a resolução da questão controvertida seria cometida a um tribunal arbitral. E vimos já também que, segundo a vontade comum das partes, para que se passasse da primeira à segunda fase seria necessário que qualquer uma delas, dentro do prazo máximo de vinte dias úteis, submetesse o diferendo ao tribunal arbitral, manifestando, desse modo, a sua discordância com o julgamento da lide efectuado por qualquer das comissões. Se assim não sucedesse, isso significaria que os contraentes haviam aceitado a *"decisão final"* dos peritos e considerado o litígio dirimido.

Todavia, se a não submissão do diferendo ao tribunal arbitral significa que as partes aceitaram a decisão (*final*) tomada pelas comissões seria um contrasenso — mais: um verdadeiro atentado à teleologia que subjaz ao Processo de Resolução de Diferendos, em especial, e às vantagens que levam à instituição de arbitragens, em geral — permitir que a parte vencida forçasse a parte vencedora a recorrer aos tribunais estaduais para poder fazer valer os seus direitos. Noutros termos: seria de todo em todo *ilógico* que um contrato (como o *Segundo Contrato da Concessão*) que prevê um Processo de Resolução de Diferendos e, portanto, a exclusão da submissão dos mesmos aos tribunais estaduais, fosse interpretado no sentido de, se uma delas (a parte que decaiu no julgamento efectuado pela comissão de peritos) o quiser, poder forçar a outra a recorrer a estes tribunais para obter tutela para as suas posições jurídicas.

26. Em segundo lugar, a solução contrária à por nós ora preconizada não se compadeceria com as exigências decorrentes

do princípio da boa fé. Sendo embora um "conceito indeterminado, dotado de elevado grau de abstracção"[63], o princípio da boa fé não é, contudo, uma "fórmula vazia pseudonormativa"[64]. Designadamente, este princípio constitui "uma pauta da interpretação contratual integradora", ou seja, determina que "a regulação acordada pelas partes há-de interpretar-se, sempre que assim o permitam as declarações de ambas as partes, num sentido que seja, tanto quanto possível, justo para ambas"[65]. Entre nós (cfr. artigo 236.º e segs. do Código Civil), cumpre reconhecê-lo, "surpreende (...) a inexistência de uma remissão expressa para a boa fé, no domínio da interpretação". Tal não significa, porém, mesmo no âmbito do Direito Civil, que não se possa justificar "por via doutrinária" a sua eficácia normativa.[66] E, nessa sede, tem sido entendido que "a própria interpretação não pode deixar de atender à boa fé"[67]. Ora, o princípio da boa-fé (e, concretamente, a proibição do *venire contra factum proprium* por ele determinada[68]) opõe-se, seguramente, a que se interprete o *Segundo Contrato da Concessão* no sentido de permitir a uma das partes, depois de ter aceitado, ao subscrever o *Segundo Contrato da Concessão*, que, se o decidido pela Comissão

---

[63] MENEZES CORDEIRO, "A boa-fé nos finais do século XX", in *Revista da Ordem dos Advogados*, 56, 1996, pp. 877 e segs..

[64] KARL LARENZ, *Metodologia da Ciência do Direito*, Lisboa, 1989, p. 264.

[65] KARL LARENZ, *Metodologia da Ciência do Direito*, p. 361.

[66] MENEZES CORDEIRO, *Teoria Geral do Direito Civil*, II, Lisboa, 1989, p. 211.

[67] MENEZES CORDEIRO, *Teoria Geral do Direito Civil*, II, p. 191.

[68] Como diz MENEZES CORDEIRO, o "*venire contra factum proprium* traduz o exercício de uma posição jurídica em contradição com o comportamento anteriormente exercido pelo exercente" (*Da Boa Fé no Direito Civil*, II, Coimbra, 1984, p. 742). Assim, "*o venire contra factum proprium* postula dois comportamentos da mesma pessoa, lícitos em si e diferidos no tempo. O primeiro — o *factum proprium* — é porém contrariado pelo segundo" (p. 745).

de Peritos não fosse submetido, no prazo estipulado, ao tribunal arbitral, aderia à decisão proferida — actuar de forma diametralmente inversa, ou seja, não submeter o diferendo ao tribunal arbitral nem, simultaneamente, acatar a decisão da Comissão.

Portanto, por a solução interpretativa contrária conduzir a um resultado inaceitável à luz do princípio da boa fé se pode também confirmar a razoabilidade da conclusão a que chegámos relativamente à natureza jurisdicional das comissões de peritos e das suas decisões.

27. Por último, em abono da caracterização das comissões de peritos como tribunais arbitrais pode também apelar-se ao velho princípio hermenêutico romano da *benigna interpretatio* (ou interpretação conservadora), segundo o qual o intérprete deverá excluir aquele de entre os sentidos possíveis de uma declaração que implique a sua invalidade[69]. Numa formulação recente deste princípio (que constitui refracção do princípio geral da conservação dos actos jurídicos), sublinham Oliveira Ascensão e Menezes Cordeiro que ele implica que *"sempre que haja dúvida, quanto a várias interpretações, aplicações ou integrações possíveis e esteja em causa a validade de um negócio jurídico, deve prevalecer aquela ou aquelas que não ponham em causa a sua subsistência"*[70]. E acrescentam os Autores que ele pode (deve) ser complementado pelo disposto no artigo 236.º, n.º 1, do Código Civil, nos termos do qual a declaração deve ter o sentido inferido por um declaratário normal; "ora o declaratário normal não lhe iria emprestar um alcance que conduzisse a um negócio inválido, sendo certo que pretende celebrar um contrato eficaz

---

[69] Sobre o tema, cfr. RAÚL VENTURA, *A Conversão dos Actos Jurídicos no Direito Romano*, Lisboa, 1947, p. 148.

[70] OLIVEIRA ASCENSÃO/MENEZES CORDEIRO, "Cessão de exploração de estabelecimento comercial, arrendamento e nulidade formal", in *Revista da Ordem dos Advogados*, 1987, pp. 872 e 873.

e julga fazê-lo"[71]. De Itália, refere no mesmo sentido Stella Richter que o princípio em causa (consagrado no artigo 1.367.º do Código Civil) "opera, e num grau elevado, quando seja incerto se o acto é válido ou inválido, impondo em tal caso, na dúvida, que se atribua ao acto (ou à cláusula concreta) o significado pelo qual ele resulte válido em detrimento do significado que leve a considerá-lo inválido"[72].

Assim, para que as cláusulas 109 a 111 do *Segundo Contrato da Concessão* não padeçam de invalidade por desrespeito da Lei Fundamental (cfr. artigos 2.º, 3.º, n.º 3, 20.º, n.º 1, e 268.º, n.º 4), não podem ser interpretadas no sentido (ilógico) de que as partes não pretenderam, no âmbito da regulamentação que estabeleceram para o Processo de Resolução de Diferendos, atribuir às Comissões de Peritos (e suas decisões) natureza de tribunais (e decisões) arbitrais.

Se assim não fosse, ficaria comprometido "um pilar fundamental do Estado de Direito" que é o princípio da "protecção jurídico-judiciária individual sem lacunas" (artigos 20.º, n.º 1, e 268.º, n.º 4, da Constituição) [73/74]. Concretizando, o *direito de*

---

[71] OLIVEIRA ASCENSÃO/MENEZES CORDEIRO, "Cessão de exploração...", cit., p. 873.

[72] GIORGIO STELLA RICHTER, "Il principio di conservazione del negocio giuridico", in *Revista Trimestrale di Diritto ed Procedura Civile*, 1967, p. 415.

[73] GOMES CANOTILHO, *Direito Constitucional e Teoria da Constituição*, Coimbra, 1998, p. 265.

[74] Recentemente, este princípio recebeu também adequada densificação por via legislativa. Na verdade, estabelece-se hoje no artigo 2.º do Código de Processo Civil que "a protecção jurídica através dos tribunais implica o direito de obter, em prazo razoável, uma decisão judicial que aprecie, com força de caso julgado, a pretensão regularmente deduzida em juízo, bem como a possibilidade de a poder executar" (n.º 1) e que "a todo o direito, excepto quando a lei determine o contrário, corresponde uma acção adequada a fazê-lo reconhecer em juízo, a prevenir ou reparar a violação

acesso aos tribunais (artigo 20.°, n.° 1, da Constituição), que, como é sabido, é um direito fundamental de natureza análoga aos direitos, liberdades e garantias (e portanto imediatamente aplicável — cfr. artigos 17.° e 18.°, n.° 1, da Constituição), faz parte de um *direito geral à protecção jurídica* que constitui elemento essencial da própria ideia de Estado de Direito, já que não pode "conceber-se uma tal ideia sem que os cidadãos tenham conhecimento dos seu direitos (...) e o acesso aos tribunais quando precisem". Acresce que a garantia deste direito à protecção jurídica, "incluindo a via judiciária, embora esteja inserida no capítulo relativo aos direitos fundamentais, não se restringe naturalmente à defesa dos direitos fundamentais. Ela estende-se a todas as situações jurídicas protegidas". Este direito é, pois, uma autêntica cláusula geral de acesso ao direito e aos tribunais tendente a garantir a *inexistência de zonas isentas de garantia de decisão jurisdicional*[75].

Ora, se a interpretação por nós preconizada a respeito da natureza jurisdicional das Comissões de Peritos não fosse correcta, está bom de ver que a parte contra a qual fora proferida uma decisão condenatória teria, sem qualquer justificação material, encontrado um "expediente" ou um "truque" (são os termos) para não cumprir (impunemente) o *Segundo Contrato da Concessão*, sendo que, correlativamente, a parte vencedora veria a protecção jurisdicional dos seus direitos intoleravelmente afectada. Senão, vejamos.

Caso se entendesse que as decisões das comissões não eram decisões arbitrais, uma primeira conclusão se impunha: que tais decisões eram meramente platónicas. Com efeito (e racioci-

---

dele e a realizá-lo coactivamente, bem como os procedimentos destinados a acautelar o efeito útil da acção" (n.° 2). Sobre este preceito, cfr. LEBRE DE FREITAS, *Introdução ao Processo Civil*, Coimbra, 1996, p. 77 e seg..

[75] Cfr. GOMES CANOTILHO/VITAL MOREIRA *Constituição da República Portuguesa Anotada*, 3.ª edição, Coimbra, 1993, p. 161-162.

nando em concreto), para poder realizar coactivamente os seus direitos, a LUSOPONTE teria de obter previamente de um tribunal estadual uma decisão condenatória do concedente proferida em acção declarativa.

Tendo em conta que o *Segundo Contrato da Concessão*, como demonstrámos na introdução, é um contrato administrativo, a LUSOPONTE deveria, nos termos do artigo 71.º, n.º 1, da LEPTA, começar por propor contra o Estado, no tribunal administrativo de círculo (artigo 51.º, alínea *g*), do ETAF) "do lugar do cumprimento do contrato" (artigo 55.º, n.º 2, do ETAF), uma *acção sobre responsabilidade contratual*, ou seja, uma acção em que pediria ao tribunal "que conden(asse) a Administração (...) a pagar(-lhe) uma indemnização pelo não cumprimento (...) de um contrato administrativo"[76].

Nos termos do artigo 72.º, n.º 1, da LEPTA, tal acção deveria seguir "os termos do processo civil de declaração, na sua forma ordinária".

A LUSOPONTE não sentiria, por certo, nessa sede (tal como não sentiu no processo que correu termos perante a Comissão Técnica de Peritos), especiais dificuldades em convencer o tribunal referido de que se verificavam efectivamente no caso concreto os vários pressupostos de que legalmente dependeria a condenação do Estado na obrigação de a indemnizar: *ilicitude, culpa, dano indemnizável* e *nexo de causalidade entre o facto ilícito e os danos*.

Obtida uma sentença a seu favor, a LUSOPONTE poderia, caso o Estado não cumprisse o que aí se viesse a determinar, instaurar, com base nela, uma acção executiva contra este.

Todavia, a LUSOPONTE não estaria isenta de enfrentar sérias dificuldades nesse seu percurso. Na verdade, o Estado, demandado na acção de condenação, poderia excepcionar, com

---

[76] FREITAS DO AMARAL, *Direito Administrativo*, IV, Lisboa, 1988, p. 232.

alguma probabilidade de êxito, a preterição de tribunal arbitral voluntário (artigo 494.º, n.º 1, alínea h), do Código de Processo Civil) e, nessa medida, requerer a sua absolvição da instância. O seu hipotético argumento (por certo que não isento de mácula à luz do princípio da boa fé) provavelmente seria: as partes que celebraram o *Segundo Contrato da Concessão* estabeleceram um processo destinado a resolver os diferendos dele emergentes, e, portanto, aquele tribunal estadual não seria a sede própria para apreciar a questão que a LUSOPONTE havia posto em juízo. Por outro lado, o Estado podia, também, na sua resposta, excepcionar a existência de caso julgado, alegando (igualmente em desrespeito do princípio da boa fé) que a questão *sub judice* já havia sido decidida — e em termos *"finais"* — pela comissão de peritos competente, nos termos constantes do Processo de Resolução de Diferendos definido nas cláusulas 109.º e seguintes do *Segundo Contrato da Concessão*. Por esta via, o concedente sustentaria, em suma, que o tribunal estadual deveria emitir "uma simples absolvição da instância fundada no impedimento processual representado pela existência do precedente caso julgado"[77].

Bem vistas as coisas, e má fé do Estado à parte (a qual juridicamente relevaria apenas no plano indemnizatório), a LUSOPONTE, neste cenário resultante de uma interpretação do *Segundo Contrato da Concessão* contrária à que veiculámos como boa, seria, afinal, titular de uma decisão condenatória que não poderia executar e, por outro lado, estaria impedida de obter uma decisão desse jaez com força executiva de um tribunal estadual, porquanto estes se poderiam desde logo considerar impedidos para conhecer o fundo da questão.

Como é evidente, tal interpretação, conduzindo a uma situação de desrazoável défice de protecção jurídica dos direitos

---

[77] V. MÁRIO AROSO DE ALMEIDA, *Sobre a Autoridade do Caso Julgado das Sentenças de Anulação de Actos Administrativos*, Coimbra, 1994, p. 36.

do co-contratante particular, determinaria, porque inaceitável à luz do padrão constitucional (cfr. artigos 2.º, 3.º, n.º 3, 20.º, n.º 1, e 268.º, n.º 4) e legal (artigo 2.º do Código de Processo Civil) que invocámos, a invalidade (pelo menos parcial) do *Segundo Contrato da Concessão*. Ora, como vimos, tanto basta, à luz do citado princípio hermenêutico da *benigna interpretatio*, para determinar a sua proscrição.

Acresce, por último, que a interpretação contestada deve ser também repudiada por, lançando mão da regra hermenêutica definida no artigo 236.º, n.º 2, do Código Civil, não ser com certeza o sentido (inválido) dela resultante aquele que um declaratário normal atribuiria à declaração. Não faria, de facto, qualquer sentido que as Partes, em vez de terem instituído um Processo de Resolução de Diferendos, tivessem, afinal, gizado um Processo para "armadilhar" a Resolução de Diferendos.

28. Em suma: por atentar contra as razões que levaram o Estado Português e a LUSOPONTE a instituir um Processo de Resolução de Diferendos no âmbito do *Segundo Contrato da Concessão*, por um lado; por desrespeitar as razões gerais que estão na base da instituição de arbitragens, por outro; e, finalmente, por ser inaceitável à luz dos princípios da boa fé e da protecção "jurídico-judiciária individual sem lacunas" (artigos 20.º, n.º 1, e 268.º, n.º 4, da Constituição) — deve rejeitar-se a interpretação das cláusulas 109 a 111 do *Segundo Contrato da Concessão* segundo a qual as Comissões de Peritos não seriam Tribunais Arbitrais e, concretamente, a decisão da Comissão Técnica de Peritos de 25 de Março de 1998 não teria força executiva.

§ 3.º
Dos meios de tutela da LUSOPONTE caso o concedente não cumpra voluntariamente o que se determina no Parecer da Comissão Técnica de Peritos de 25 de Março de 1998

29. Caso o concedente não se submeta voluntariamente ao declarado no Parecer da Comissão Técnica de Peritos de 25 de Março de 1998, o principal meio de tutela ao dispor da LUSOPONTE é, evidentemente, a promoção da *execução forçada* daquela decisão.

Mas perante que tribunais?

Como é óbvio, "por se atribuir à decisão arbitral força executiva, não se segue que a execução haja de ser promovida perante o tribunal arbitral. Os árbitros não têm competência para a execução; nenhuma disposição da lei lha confere. O seu poder vem do compromisso; e este não pode investir os árbitros noutra missão que não seja a de decidirem determinado litígio"[78]. Assim, "lavrada a decisão, o ofício dos árbitros termina (...): o seu poder extingue-se e esgota-se"[79].

Então, quais serão os tribunais *estaduais* competentes para proceder à referida execução: os judiciais ou os administrativos?

Nem o ETAF nem a LEPTA contêm qualquer norma sobre a execução das decisões arbitrais proferidas no domínio do contencioso dos contratos administrativos.

Porém, os tribunais arbitrais instituídos para apreciar e julgar questões emergentes de contratos administrativos derrogam, em casos concretos, a competência normal de determinado tribunal administrativo de círculo para, pela via da acção (cfr. artigo 51, n.º 1, alínea *j)*, do ETAF), apreciar certas questões sur-

---

[78] Cfr. JOSÉ ALBERTO DOS REIS, *Processo de Execução*, I, p. 140.

[79] DUARTE NAZARÉ *apud* JOSÉ ALBERTO DOS REIS, *Processo de Execução*, I, p. 140.

gidas no âmbito desse tipo de relação jurídico-administrativa. Não existe, pois, qualquer diferença de natureza entre uma decisão condenatória proferida por um tribunal arbitral no âmbito de um litígio emergente de uma relação contratual jurídico-administrativa e as decisões condenatórias proferidas, também nesse contexto, pelos tribunais administrativos estaduais. Nestes termos, os tribunais competentes para promover a execução da decisão arbitral de 25 de Março de 1998 são os tribunais que seriam competentes para executar uma eventual decisão de conteúdo semelhante proferida contra a Administração por um tribunal administrativo.

30. Formule-se de novo a questão: à luz do direito constituído, que tribunais são competentes para a execução de uma decisão condenatória da Administração no pagamento de quantia certa proferida por um tribunal administrativo?

A questão não é simples de resolver, porquanto, e antecipando ideias, o legislador do nosso contencioso administrativo — em nítido contraste com o que fez a propósito do regime aplicável à execução de sentenças anulatórias (cfr. Decreto-Lei n.º 256-A/77, de 17 de Junho) — não definiu quaisquer regras específicas sobre o processo executivo das decisões condenatórias proferidas pelos tribunais administrativos.

Divisam-se, no entanto, duas posições básicas nesta matéria: por um lado, a de que os tribunais competentes para a execução são os *tribunais judiciais*; por outro, a de que os tribunais competentes são os *tribunais administrativos*.

A primeira posição funda-se, essencialmente, na norma do artigo 74.º da LEPTA, que dispõe: "a instauração, no tribunal judicial, de execução, por quantia certa, de decisão condenatória de pessoa colectiva de direito público só pode ter lugar no caso de impossibilidade de cobrança através de requisição prevista no n.º 2 do artigo 12.º do Decreto-Lei n.º 256-A/77, de 17 de Junho". Assim, com base neste artigo, sustenta-se que a execução de sentença condenatória da Administração no pagamento de quantia certa proferida por um tribunal administrativo teria de realizar-se nos *tribunais judiciais*, embora só depois de "ter ficado previamente demonstrada a impossibilidade de cobrança através de requisição, por parte do tribunal administrativo, ao Conselho Superior da Magistratura da ordem de pagamento a favor do interessado"[80]. Ainda segundo esta ordem de ideias, o artigo 74.º da LEPTA constituiria uma norma especial face à regra constante do artigo 51.º, n.º 1, alínea *n)*, do ETAF, pela qual se atribui competência aos tribunais administrativos de círculo para conhecer *"dos pedidos relativos à execução dos seus julgados"*. Isto, basicamente, porque: a letra do artigo 74.º da LEPTA não distingue se as decisões condenatórias da Administração são proferidas por tribunais judiciais ou administrativos; tal regra insere-se num diploma predominantemente vocacionado para a execução de decisões dimanadas dos tribunais administrativos porque regulador do processo nestes tribunais. Esta tese foi sufragada na jurisprudência, entre outros, pelo Acórdão do Supremo Tribunal Administrativo de 14 de Janeiro de 1991[81].

A segunda tese, da competência dos tribunais administrativos, que comporta variações, apoia-se, fundamentalmente, na ideia de que o artigo 74.º da LEPTA não pode ser visto como uma norma especial face à norma do artigo 51.º, n.º 1, alínea *n)*, do ETAF, mas apenas como uma regra que estabelece um pressuposto processual nas hipóteses em que a execução das decisões condenatórias da Administração deva correr nos tribunais judiciais por essas decisões terem sido aí proferidas. Isto porque: em homenagem ao *princípio da interpretação conforme à*

---

[80] Cfr. JOÃO CAUPERS/JOÃO RAPOSO, *Contencioso Administrativo Anotado e Comentado*, Lisboa, 1994, pp. 174-175.

[81] Publicado no *Boletim do Ministério da Justiça*, n.º 414 (1992), pp. 279--281.

Constituição[82], a norma do artigo 74.° da LEPTA não pode ser considerada como uma norma atributiva de competência aos tribunais judiciais, uma vez que tal regra consta de decreto-lei do Governo não publicado no uso de autorização legislativa e a matéria da organização e competência dos tribunais estava, ao tempo, (e está) incluída na reserva relativa de competência legislativa da Assembleia da República (cfr. artigo 168.°, n.° 1, alínea *q*), da Constituição na redacção dada pela revisão de 1982[83]). Esta posição foi, recentemente, entre outros, adoptada no Acórdão do Supremo Tribunal Administrativo (1.ª secção) de 14 de Novembro de 1996 (P. 37.427)[84], tendo recebido, na doutrina, o aplauso de Robin de Andrade — ainda que este Autor, como se terá oportunidade de referir, teça algumas (e importantes) considerações críticas em relação a parte da argumentação aduzida na fundamentação do Acórdão[85].

31. Que pensar destas teses e das razões em que se fundam?

Por nós, aderimos à segunda tese, pelo que entendemos, à luz do direito constituído, que competentes para a execução das

---

[82] Que postula, genericamente, que o intérprete deverá, ante uma norma jurídica que comporte vários sentidos, uns conformes outros contrários à Lei Fundamental, optar, desde que respeitados certos limites, pelo sentido que é mais conforme com a Constituição — excluindo-se, assim, aqueles que determinariam a inconstitucionalidade da norma interpretanda. Sobre este princípio, cfr., por exemplo, GOMES CANOTILHO, *Direito Constitucional e Teoria da Constituição*, p. 1099 e segs.; KARL LARENZ, *Metodologia da Ciência do Direito*, p. 411; e SÉRVULO CORREIA, "O Prazo de Alegação no Recurso Fundado em Oposição de Acórdãos no Supremo Tribunal Administrativo", in *Revista da Ordem dos Advogados*, Ano 50, Junho de 1990, pp. 392-393.

[83] Cfr. hoje o artigo 165.°, n.° 1, alínea *p*), da Constituição.

[84] Publicado nos *Cadernos de Justiça Administrativa*, n.° 5, Setembro/Outubro de 1997, pp. 13-20.

[85] Cfr. ROBIN DE ANDRADE, "A execução das sentenças condenatórias dos tribunais administrativos", in *Cadernos de Justiça Administrativa*, n.° 5, Setembro/Outubro de 1997, pp. 20 e segs..

sentenças condenatórias da Administração (no pagamento de quantia certa) proferidas por tribunais administrativos são, efectivamente, os *tribunais administrativos*.

Nesse sentido, milita, decisivamente, o argumento utilizado no aresto do Supremo Tribunal Administrativo, de 14 de Novembro de 1996, segundo o qual a interpretação contrária — a que vota pela competência dos tribunais judiciais– conduziria, irremediavelmente, à inconstitucionalidade orgânica do preceito contido no artigo 74.º da LEPTA. Ora, e como se escreveu nesse Acórdão, "de acordo com o princípio da interpretação conforme à CRP, de entre as interpretações possíveis do artigo 74.º da LEPTA não deve ser escolhida aquela que o colocaria em colisão com os preceitos constitucionais"[86]. Nestes termos, cai, de facto, por terra o argumento que sustenta a primeira das referidas teses.

Porém, e ao contrário do que se entendeu no Acórdão[87], consideramos, com Robin de Andrade, que a competência dos tribunais administrativos para a execução de decisões condenatórias da Administração proferidas por eles mesmos não resulta da citada norma especial do artigo 51.º, n.º 1, alínea *n)*, do ETAF.

A mencionada norma do ETAF, ao referir-se à competência dos tribunais administrativos de círculo para conhecer dos pedi-

---

[86] Cfr. Acórdão do Supremo Tribunal Administrativo de 14.11.96, loc. cit., p. 17.

[87] Além do argumento fundamental referido no texto, sustenta-se também neste aresto que a solução contrária também não procede, já porque a letra do artigo 51.º, n.º 1, alínea *n)*, do ETAF abrange indistintamente todos os julgados que comportem execução, seja qual for o sujeito passivo ou a forma processual em que tenham sido proferidos, já porque não se vislumbram razões para interpretar restritivamente tal norma, ou seja, razões que deponham no sentido de que o legislador quis excluir da jurisdição administrativa a execução de sentenças de condenação da Administração no pagamento de quantia certa (p. 17).

dos relativos à execução dos seus julgados, remete para as regras de execução de julgados constantes dos artigos 95.º e 96.º da LEPTA (preceitos sistematicamente inseridos na secção V, «*Execução de Julgados*», do capítulo VII, «*Meios processuais acessórios*», deste diploma) e, sobretudo, dos artigo 5.º e segs. do Decreto-Lei n.º 256/77, de 17 de Junho[88]. Ora, a verdade é que em nenhum destes dois núcleos normativos se encontra alguma "disposição sobre os vários trâmites da acção executiva, nomeadamente sobre a liquidação, a penhora, a venda, o pagamento ao credor"[89]. Por outras palavras: nenhum deles abrange a regulamentação da acção executiva para pagamento de quantia certa.

Certo, no Decreto-Lei n.º 256/77, de 17 de Junho, são feitas incidentalmente algumas referências que poderiam inculcar a ideia de que o processo de execução de julgados regulado neste diploma se aplicaria também à execução de sentenças condenatórias para pagamento de quantia certa proferidas pelos tribunais administrativos. Com efeito, no artigo 5.º, n.º 1, prevê-se que "a execução de sentença proferida em contencioso administrativo, quando não seja efectuada espontaneamente pela Administração, no prazo de trinta dias, a contar do trânsito em julgado, pode ser requerida pelo interessado ao órgão que tiver praticado o acto recorrido, ou, tratando-se de acção, ao competente órgão da pessoa colectiva nela demandada"; por outro lado, no artigo 6.º, n.º 5, dispõe-se que "quando a execução de sentença consistir no pagamento de quantia certa, não é invocável causa legítima de inexecução"; e, finalmente, no artigo 7.º, n.º 4, dispõe-se que o processo de declaração de inexistência de causa legítima de inexecução "correrá por apenso aos autos de recurso contencioso ou de acção". Todavia, essas referências, não obstante criarem, à primeira vista, uma impressão contrária, não

---

[88] JOÃO CAUPERS/JOÃO RAPOSO, *Contencioso Administrativo* ..., p. 54.
[89] ROBIN DE ANDRADE, "A execução das sentenças condenatórias dos tribunais administrativos", cit., p. 22.

deverão iludir o intérprete quanto à inaplicabilidade do regime fixado nesse diploma à execução de decisões condenatórias da Administração proferidas por tribunais administrativos. Assim, a apontada referência do artigo 6.º, n.º 5, à possibilidade de a execução de sentença consistir no pagamento de quantia certa *não significa que se trate de execução de sentença condenatória*, uma vez que existem "execuções de sentenças anulatórias que se traduzem única e simplesmente na entrega de quantia certa (toda a anulação contenciosa de actos administrativos que hajam imposto pagamentos aos administrados são disso um exemplo"[90]; acresce, doutra banda, que "se o artigo 6.º expressamente declara que não é invocável causa legítima de inexecução quando a execução da sentença consistir no pagamento de quantia certa, o processo de declaração de inexistência dessa causa a que se refere o artigo 7.º, n.º 4, não se refere (...) à execução de sentenças condenatórias (onde a possibilidade de causa legítima de inexecução nem sequer se coloca), mas unicamente sentenças anulatórias, proferidas em acções administrativas (sobre contratos administrativos, por exemplo"[91].

Portanto, e ao contrário do que já se viu dito[92], o meio processual da execução de julgados regulado nos artigos 5.º e seguintes do Decreto-Lei n.º 256-A/77, de 17 de Junho (para que remetem os artigos 95.º e 96.º da LEPTA), não representa a sede legal de um verdadeiro *processo executivo administrativo*. Como tivemos oportunidade de sublinhar, nesse processo, que "(...) tem por objecto o dever de execução das sentenças dos

---

[90] ROBIN DE ANDRADE, "A execução das sentenças condenatórias dos tribunais administrativos", cit., p. 22.

[91] ROBIN DE ANDRADE, "A execução das sentenças condenatórias dos tribunais administrativos", cit., p. 22.

[92] Cfr. VASCO PEREIRA DA SILVA, *Para um Contencioso Administrativo dos Particulares*, Coimbra, 1989, p. 256; MIGUEL TEIXEIRA DE SOUSA, *Estudos sobre o Novo Processo Civil*, p. 604.

tribunais administrativos (...)", "a intervenção do tribunal assume carácter exclusivamente declarativo, pelo que não é legítimo qualificá(-lo) como processo executivo (...)" [93]. Em sentido próximo, diz Vieira de Andrade que a designação «execução de julgados» constante da LEPTA é, além do mais, "enganosa", porquanto o regime do Decreto-Lei n.º 256-A/77, de 17 de Junho, "não constitui um verdadeiro processo de execução, mas (...), uma *acção sumária de indemnização* ou uma espécie sumária de *acção complementar de reconhecimento de direitos e interesses legítimos*"[94].

Não deverá pois aceitar-se o argumento utilizado pelo Supremo Tribunal Administrativo no Acórdão citado para defender a competência dos tribunais administrativos: ao atribuir aos tribunais administrativos competência para a *execução de julgados*, o artigo 51.º, n.º 1, alínea *n)*, do ETAF está, afinal, "a reportar-se a um meio processual diverso da acção executiva!"[95].

32. Não existindo qualquer disposição especial no nosso ordenamento que indique quais são os tribunais competentes para a execução de sentenças condenatórias proferidas contra a Administração pelos tribunais administrativos, devemos esclarecer com que base normativa considerámos acima serem competentes para esse fim os tribunais administrativos.

A omissão legislativa detectada corresponde a uma *lacuna de regulamentação* — e não a uma mera *situação extra-jurídica* —, uma vez que, como é sabido (e decorre do próprio princípio do Estado de Direito — artigo 2.º da Constituição), o "âmbito jurídico-normativo do direito de acesso aos tribunais abrange

---

[93] Cfr. FREITAS DO AMARAL, *A Execução das Sentenças dos Tribunais Administrativos*, p. 233.

[94] Cfr. VIEIRA DE ANDRADE, *Direito Administrativo e Fiscal*, pp. 105-106.

[95] Cfr. ROBIN DE ANDRADE, "A execução das sentenças condenatórias dos tribunais administrativos", cit., p. 23.

ainda o *direito a um processo de execução*, ou seja, o direito a que, através do órgão jurisdicional, se desenvolva e efective toda a actividade dirigida á execução da sentença proferida pelo tribunal" (cfr. artigo 20.º, n.º 1, da Constituição)[96].

A verificação da existência de uma *lacuna* no contencioso administrativo implica, nos termos do artigo 1.º da LEPTA, que a mesma seja preenchida de acordo com o regime fixado no Código de Processo Civil. Dispõe-se, na verdade, naquela disposição que "o processo nos tribunais administrativos rege-se pelo presente diploma, pela legislação para que ele remete e, supletivamente, pelo disposto na lei do processo civil, com as necessárias adaptações".

Ora bem: decorre dos artigos 90.º e segs. do Código de Processo Civil (e, mais concretamente, do n.º 1 do artigo 90.º) que é competente para a execução que se funde em decisão proferida por tribunais portugueses o tribunal de 1.ª instância em que a causa foi julgada; por outro lado, estabelecem-se nos artigos 801.º a 927.º do mesmo diploma os trâmites da execução para pagamento de quantia certa.

Sendo assim, por força da aplicação (*ex vi* do artigo 1.º da LEPTA) das regras dos artigos 90.º e seguintes do Código de Processo Civil, compete aos tribunais administrativos de círculo proceder à execução das decisões condenatórias da Administração no pagamento de quantia certa proferidas por esses tribunais, sendo que, também por força do artigo 1.º da LEPTA, se aplica a essa execução o regime fixado nos artigos 801.º a 927.º daquele Código.

Esta conclusão é, ademais, a única que se coaduna com o artigo 212.º, n.º 3, da Constituição, nos termos do qual "compete aos tribunais administrativos e fiscais o julgamento das

---

[96] Cfr. GOMES CANOTILHO e VITAL MOREIRA, *Constituição da República Portuguesa Anotada*, pp. 163-164.

acções e recursos contenciosos que tenham por objecto dirimir os litígios emergentes das relações jurídicas administrativas e fiscais". Parafraseando Robin de Andrade, dir-se-á que uma vez que dirimir litígios não equivale à definição teórica dos direitos de cada parte mas antes pressupõe a sua satisfação efectiva, daquele preceito constitucional decorre desde logo a competência dos tribunais administrativos para as acções executivas que visem a execução de decisões condenatórias em quantia certa proferidas por tribunais administrativos[97].

33. Estamos agora em condições de responder directamente à questão de saber quais são os tribunais competentes para a execução da decisão da Comissão Técnica de Peritos de 25 de Março de 1998, caso a mesma não seja voluntariamente acatada pelo concedente.
Importa lembrar que, nos termos do artigo 30.º da LAV, "a execução da decisão arbitral corre no tribunal de 1.ª instância, nos termos da lei de processo civil". Esta norma remete, pois, o regime de execução das decisões arbitrais para os já referidos preceitos do Código de Processo Civil (artigos 90.º e segs. e 801.º e segs).
Assim, da aplicação adaptada (*ex vi* do artigo 1.º da LEPTA) deste artigo 30.º da LAV (que se assume como uma norma de processo civil[98]) ao caso vertente resulta que, para execução da decisão arbitral da Comissão Técnica de Peritos, de 25 de Março de 1998, é competente o tribunal administrativo de círculo do lugar onde funcionou a Comissão (cfr. artigo 90.º, n.º

---

[97] Cfr. ROBIN DE ANDRADE, "A execução das sentenças condenatórias dos tribunais administrativos", cit., p. 23.
[98] Cfr. SÉRVULO CORREIA, "A Arbitragem Voluntária no Domínio dos Contratos Administrativos", cit., p. 254, que lembra, aliás, que a LAV veio substituir um título do Código de Processo Civil de 1961.

2, do Código de Processo Civil), sendo nessa acção executiva aplicável o regime definido nos artigos 801.º e seguintes do Código de Processo Civil (referentes à execução para pagamento de quantia certa sob forma ordinária).

CONCLUSÕES

34. De tudo o que antecede extraímos, em síntese, as seguintes conclusões:

a) O *Segundo Contrato da Concessão* reconduz-se ao tipo legal da concessão de obras públicas, que é, inequivocamente, no actual ordenamento jurídico português, um contrato administrativo, quer por determinação de lei (artigos 178.º,n.º 2, alínea *b)*, do CPA e 1.º, n.º 5, do REOP), quer por natureza;

b) À luz das regras legais e contratuais aplicáveis, o concedente foi regular e eficazmente notificado, no seu *domicílio electivo*, do Parecer da Comissão Técnica de Peritos de 25 de Março de 1998;

c) Por força do disposto no corpo do n.º 1 do artigo 7.º do Anexo 19 ao *Segundo Contrato da Concessão*, deverá entender-se que o concedente apenas foi notificado do Parecer da Comissão Técnica de Peritos de 25 de Março de 1998 no dia útil seguinte ao da sua emissão (26 de Março) e, bem assim, que, nos termos da alínea *b)* do artigo 279.º do Código Civil, só no dia 27 daqueles mês e ano começou a contar o prazo de vinte dias úteis prescrito na cláusula 111, n.º 1, do *Segundo Contrato da Concessão*, para qualquer das partes, querendo, submeter o diferendo a um Tribunal Arbitral;

d) O Parecer da Comissão Técnica de Peritos de 25 de Março de 1998 perfila-se, manifestamente, pelo seu conteúdo, como uma *decisão condenatória*;

e) Da convergência de vários aspectos relativos à organização e funcionamento das Comissões de Peritos com os traços que caracterizam (material e formalmente) a função jurisdicional, em geral, e o regime legal da arbitragem voluntária, em particular, resulta que as Comissões de Peritos previstas no *Segundo Contrato da Concessão* (e no seu Anexo 19) são, inquestionavelmente, tribunais arbitrais;

f) O Parecer fundamentado de 25 de Março de 1998 da Comissão Técnica de Peritos é, por conseguinte, uma *decisão arbitral* (artigo 48.º do Código de Processo Civil), podendo o que nele se determina ser imposto coercivamente mesmo sem ou contra a vontade do concedente;

g) A conclusão referida no número anterior não é prejudicada quer pelo facto de os órgãos chamados a pronunciar-se em primeira instância sobre um diferendo surgido no âmbito do *Segundo Contrato da Concessão* se designarem «Comissões de Peritos», quer pelo facto de as suas decisões se chamarem «pareceres fundamentados», quer, finalmente, pela circunstância de os membros daqueles órgãos não serem (necessariamente) juristas;

h) Apelando ao argumento interpretativo *ad absurdum*, deve entender-se que seria de todo em todo *ilógico* que um contrato (como o *Segundo Contrato da Concessão*) que prevê, expressamente, a exclusão da submissão dos diferendos surgidos entre as partes aos tribunais estaduais fosse interpretado no sentido de, se uma delas (a parte que decaiu no julgamento efectuado pela comissão de peritos) o quisesse, poder forçar a outra a recorrer a estes tribunais;

i) Também o princípio da boa fé, enquanto bitola da interpretação dos negócios jurídicos em geral, se opõe a que se interprete o *Segundo Contrato da Concessão* no sentido de permitir a uma das partes, depois de ter aceitado, ao subscrever o *Segundo Contrato da Concessão*, que, se o decidido pela comissão de peritos não fosse submetido, no prazo estipulado, ao tribunal arbitral, aderia à decisão proferida — actuar de forma diametralmente inversa, ou seja, não submeter o diferendo ao tribunal arbitral nem, simultaneamente, acatar a decisão da Comissão;

j) Para reforçar a caracterização das comissões de peritos como tribunais arbitrais pode também invocar-se o princípio da *benigna interpretatio*, segundo o qual o intérprete deverá excluir aquele de entre os sentidos possíveis de uma declaração que implique a sua invalidade. Na verdade, para que as cláusulas 109 a 111 do *Segundo Contrato da Concessão* não padeçam de invalidade por desrespeito de princípios e regras fundamentais constantes da Constituição (cfr. artigos 2.º, 3.º, n.º 3, 20.º, n.º 1, e 268.º, n.º 4), não podem ser interpretadas no sentido (ilógico) de que as partes não pretenderam atribuir às comissões de peritos (e suas decisões) natureza de tribunais (e decisões) arbitrais;

l) Da aplicação adaptada (*ex vi* do artigo 1.º da LEPTA) do artigo 30.º da LAV ao caso vertente resulta que, para execução da decisão arbitral da Comissão Técnica de Peritos, de 25 de Março de 1998, é competente o tribunal administrativo de círculo do lugar onde funcionou a Comissão (cfr. artigo 90.º, n.º 2, do Código de Processo Civil), sendo nessa acção executiva aplicável o regime definido nos artigos 801.º e seguintes do Código de Processo Civil (execução para pagamento de quantia certa sob forma ordinária).

Lisboa, Julho de 1998

III
Concessão de serviços públicos municipais: da ilegalidade da reformulação administrativa de propostas em concurso público

CONSULTA

A sociedade Indáqua — Indústria e Gestão de Águas, S.A., (doravante Indáqua), que integra o agrupamento de empresas que constituem o Concorrente n.º 1 (Indáqua-Feira) no "Concurso Público para a Concessão da Exploração e Gestão dos Serviços Públicos Municipais de Abastecimento de Água e Saneamento no Concelho de Santa Maria da Feira" (doravante Concurso), solicita o nosso parecer sobre as seguintes questões:

a) Atendendo à omissão das peças do Concurso a respeito do peso relativo dos dois sub-critérios em que se divide o primeiro e principal critério de adjudicação (*regime tarifário*), é juridicamente admissível o procedimento adoptado pela Comissão de Avaliação de Propostas (doravante Comissão) traduzido na atribuição do peso de 3% ao primeiro sub-critério e de 97% ao segundo?

b) Atendendo a que o quinto critério de adjudicação é a *retribuição do concedente* e que, a esse respeito, a Proposta Económica do Concorrente n.º 2 (Feiráqua) não cumpre cabalmente o determinado no n.º 10.6.2 do Programa de Concurso, é juridicamente admissível a reformulação e a integração daquela Proposta pela Comissão?

PARECER

I
Factos

1. A documentação fornecida evidencia os seguintes factos:

a) Por Anúncio publicado no *Jornal Oficial das Comunidades Europeias*, de 3 de Outubro de 1997, foi aberto pelo Município de Santa Maria da Feira "Concurso Público para a Concessão da Exploração e Gestão dos Serviços Públicos Municipais de Abastecimento de Água e Saneamento no Concelho de Santa Maria da Feira";

b) Nos termos do n.º 1.2 do Programa de Concurso, constitui objecto do concurso a concessão: "*a)* da exploração e gestão conjunta dos Serviços Públicos Municipais de tratamento e distribuição de água para consumo público e de recolha, tratamento e rejeição de efluentes no concelho de Santa Maria da Feira, incluindo a construção, extensão, reparação, renovação, manutenção e melhoria de todas as instalações, infra-estruturas e equipamentos que compõem os sistemas concessionados; *b)* de todas as obras necessárias à execução do plano de investimento";

c) Ao Concurso apresentaram propostas os seguintes agrupamentos de empresas: Indáqua (Concorrente n.º 1); Feiráqua (Concorrente n.º 2); Luságua (Concorrente n.º 3); e Hidrofeira (Concorrente n.º 4);

d) Nos termos do n.º 18.2 do Programa de Concurso, o primeiro critério de adjudicação é o *regime tarifário*, a que corresponde o peso de 70%;

e) Esse critério de adjudicação divide-se, de acordo com o n.º 18.3 do Programa de Concurso, em dois sub-critérios — *nível das taxas e tarifas de partida* e *evolução das taxas e tarifas de acordo com as respectivas fórmulas de revisão* —, não se referindo, porém, em qualquer das peças do concurso o seu peso relativo;

f) Antes da entrega das propostas pelos concorrentes, a Comissão de Avaliação de Propostas reuniu por cinco vezes: concretamente, em 21 de Janeiro, 4, 17 e 20 de Fevereiro e 4 de Março de 1998 (cfr. Relatório da Comissão de Avaliação de Propostas — doravante Relatório, p. 1);

g) Nas reuniões da Comissão de Fevereiro e Março, "(...) foram definidas as orientações gerais sobre a metodologia a adoptar na avaliação das propostas (e a) atribuição de pesos aos diversos sub-critérios elencados no ponto 18.3 do Programa de Concurso (...)" (Relatório, p. 1);

h) O teor das reuniões da Comissão de 21 de Janeiro, de 4, 17 e 20 de Fevereiro e de 4 de Março de 1998 não foi comunicado aos concorrentes antes da entrega por estes das respectivas propostas;

i) Na reunião de 4 de Fevereiro de 1998, a Comissão deliberou atribuir o peso de 3% (em 70 %) ao primeiro sub-critério (*nível das taxas e tarifas de partida*) e de 97% (em 70%) ao segundo (*evolução das taxas e tarifas de acordo com as respectivas fórmulas de revisão*) — cfr. Acta n.º 2 da Comissão (pp. 3 e 4) e Quadro I da p. 8 do Relatório;

j) Na p. 10 do Relatório da Comissão, refere-se que "foi decidido pela Comissão que o primeiro dos sub-critérios — Nível das Taxas e Tarifas de Partida — em que se divide o presente critério reporta à avaliação do regime tarifário proposto para o ano zero, considerado como sendo o de 1998, e que equivale à data da apresentação das propostas. Com o segundo dos sub-critérios — Evolução das Taxas e Tarifas de acordo com as respectivas Fórmulas de Revisão — pretende-se apreciar o regime tarifário proposto para todo o período da Concessão, o que foi feito através da sua aplicação aos trinta e cinco anos de duração da Concessão";

k) Mais se explicita no Relatório que "(...) decidiu a Comissão que cada um dos sub-critérios teria o peso que directamente lhe corresponde no período global da Concessão, ou seja, ao primeiro sub-critério corresponde um peso de 3% e ao segundo um peso de 97%" (pp.10 e 11);

l) Em sede de apreciação das propostas de acordo com o primeiro critério de adjudicação (pp. 45 e segs.), refere-se no Relatório da Comissão que "a análise das propostas foi efectuada através da aplicação dos regimes tarifários propostos por cada concorrente aos modelos quantitativos elaborados pela Comissão, de acordo com a metodologia descrita no ponto 2.3.1. do presente Relatório" (p. 46) — ou seja, de acordo com a metodologia referida *supra* nas alíneas *j)* e *k)*;

m) Nos termos do n.º 18.2 do Programa de Concurso, o quinto critério de adjudicação é a *retribuição do concedente*;

n) De acordo com o n.º 10.6 do Programa de Concurso, o valor da retribuição a pagar pelo concessionário ao concedente inclui duas componentes, "sendo a primeira a definida nos termos do artigo 61.º do Caderno de Encargos e a segunda objecto de proposta pelos concorrentes"; esta segunda componente corresponde "ao valor da retribuição anual a pagar pelo Concessionário ao Concedente a partir, pelo menos, do início do 25.º ano da concessão, até ao termo desta" (cfr. n.ºs 1 e 2);

o) A propósito do quinto critério de adjudicação (*retribuição à concedente*), referiu o Concorrente n.º 2 (Feiráqua) na p. 22 da sua Proposta Económica que "a retribuição à Concedente é composta por duas parcelas: uma fixa no valor de 12 mil contos a preços de 1999 (...) e outra de pagamento obrigatório pelo menos a partir do 25.º ano, cujo valor será decisão da Concessionária" e que "em relação a esta segunda parcela, a Concessionária irá atribuir à Câmara Municipal de Santa Maria da Feira uma 2.ª componente de renda anual indexada ao valor da facturação anual e correspondente a 10% desse valor, ocorrendo o primeiro pagamento no ano 2023 (25.º ano da concessão)";

p) Os demais concorrentes propuseram uma segunda componente de retribuição do concedente mediante a apresentação de verbas absolutas, precisas e actualizadas de acordo com os índices de inflação propostos;

q) Apreciando a Proposta Económica do Concorrente n.º 2 (Feiráqua), refere-se na p. 130 do Relatório da Comissão que aquele "(...) propôs uma retribuição variável anualmente, correspondente a «10% do total de facturação anual obtida no ano anterior» (sic)" e que "a Comissão considerou que os valores, indicados a preços correntes, incluídos na demonstração de resultados deste concorrente, relativa à verba «renda à Adjudicante» (sic) constituem a sua proposta relativa ao pagamento da segunda componente da remuneração. Aplicando as taxas de inflação anual consideradas por este concorrente na pág. 4 do «Estudo de viabilidade económico-fianceira da Concessionária», ou seja, taxa de 2,3% em todos os anos, à excepção do ano 2000, em que é de 2,2%, resulta que a proposta deste concorrente é constituída pelos valores, a preços constantes à data de Março de 1998 (data da apresentação da proposta) (...)", referidos num quadro que depois se representa graficamente.

II
Direito

§ 1.º
Da natureza e regime jurídicos do (futuro) contrato de concessão

2. A melhor compreensão e resolução das questões da Consulta aconselha, metodologicamente, que comecemos por apurar a *natureza jurídica* do acordo de vontades a firmar no termo do *iter* procedimental aberto através do citado Anúncio de 3 de Outubro de 1997. É que, para além do enquadramento geral assim proporcionado, dessa indagação depende também a rigorosa determinação do regime jurídico aplicável à *fase de formação* do contrato.

Com efeito, se chegarmos, por exemplo, à conclusão de que (também) se trata de um contrato de concessão de obras públicas, não se pode esquecer que se estipula, hoje, no n.º 3 do artigo 1.º do Decreto-Lei n.º 405/93, de 10 de Dezembro, diploma que contém o Regime Jurídico das Empreitadas de Obras Públicas — doravante REOP, que "o regime do presente diploma é igualmente aplicável, com as necessárias adaptações, às concessões de obras públicas (...) promovidas pelas entidades referidas no número anterior"[1]. Este preceito do REOP — cuja

---

[1] Ou seja, pelo Estado e pessoas colectivas públicas (com excepção das empresas públicas) que prosseguem, «*nomine proprio*», fins de carácter público.

origem foi a necessidade de transpor para o nosso direito as alterações introduzidas pela Directiva 89/440/CEE no texto da Directiva 71/37/CEE[2,3] — estende, pois, com as devidas adaptações, *todo* o regime do contrato de empreitada de obras públicas (e, portanto, também o regime do procedimento pré--contratual) ao contrato de concessão de obras públicas[4].

Nessa senda, recordemos os termos como o Programa de Concurso delimita o respectivo *objecto*. Dispõe-se aí (n.º 1.2)

---

[2] Refere-se na verdade no quarto parágrafo do preâmbulo do REOP que: "(...) impõe-se adequar o regime normativo nacional às novas realidades económico-sociais, bem como às novas disposições derivadas do direito comunitário, tendo presente que nos processos de formação e celebração de contratos de obras públicas devem imperar os princípios da equidade, da transparência e da modernidade, com especial incidência no equilíbrio das obrigações e deveres das partes, salvaguardando a natureza de contratos de direito público".

[3] Hoje estas Directivas encontram-se ambas reunidas na Directiva 93/37/CEE, que procedeu à sua codificação sistematizadora.

[4] Este artigo 1.º, n.º 3, do REOP é fonte de algumas perplexidades. Ele coloca desde logo a questão de saber se o diploma se deve aplicar também, embora com adaptações, às concessões de obras públicas outorgadas pela Administração regional ou local. A remissão que a parte final da norma em questão faz para o preceito do *"número anterior"* — onde não se menciona qualquer ente público integrante da Administração regional ou local — parece induzir uma resposta negativa. Efectivamente, dispõe-se no artigo 1.º, n.º 2, do REOP que "entende-se por administração estadual directa o conjunto de órgãos e serviços do Estado e por administração estadual indirecta o conjunto de pessoas colectivas públicas, que prosseguem em nome próprio fins do Estado". Simplesmente, se assim fosse, ficaria sem explicação plausível a discrepância entre essa solução e a encontrada no artigo 1.º, n.º 1, do mesmo diploma para as empreitadas de obras públicas — todas elas sujeitas uniformemente ao regime do REOP. Porquê distinguir, para estes efeitos, os contratos de empreitada dos de concessão e fornecimento da Administração regional e local? Quais as principais especificidades destes últimos que levam a que se estabeleça para eles vários regimes e não só um regime unitário? Não alcançamos... Para nós, não existe, pois, qualquer razão teleológica para não se aplicar também o REOP às concessões da Administração regional ou

que a *concessão* engloba a "*a*) (...) exploração e gestão conjunta dos serviços públicos municipais de tratamento e distribuição de água para consumo público e de recolha, tratamento e rejeição de efluentes (...), incluindo a construção, extensão, reparação, renovação, manutenção e melhoria de todas as instalações, infra-estruturas e equipamentos que compõem os sistemas concessionados; *b)* (e a realização) de todas as obras necessárias à execução do plano de investimento".

Como caracterizar o (futuro) contrato?

Dois aspectos são claros.

Trata-se, em primeiro lugar, de um *contrato administrativo*, ou seja, de um "acordo de vontades pelo qual é constituída, modificada ou extinta uma relação jurídica administrativa"[5] (artigo

---

local. Cfr., neste sentido, M. ESTEVES DE OLIVEIRA/R. ESTEVES DE OLIVEIRA, *Concursos e Outros Procedimentos de Adjudicação Administrativa*, Coimbra, 1998.

Mas, sendo assim, isto é, se o REOP se aplica às concessões de obras públicas da Administração regional e local, coloca-se agora também a questão da sua harmonização com o Decreto-Lei 390/82, de 17 de Setembro, que também contém algumas (poucas) regras aplicáveis às concessões de obras públicas das autarquias locais (artigos 10.º a 14.º). Por força dos critérios gerais de interpretação, deve, muito simplesmente, valer aqui a regra lei geral não derroga lei especial (artigo 7.º, n.º 3, do Código Civil), pelo que o REOP se aplica na medida em que no Decreto-Lei n.º 390/82 se não disponha de modo diferente.

[5] A norma que acabámos de transcrever, fornecendo uma noção material amplíssima de *contrato administrativo*, veio dar continuidade à linha legislativa traçada desde a entrada em vigor do art. 9.º, n.º 1, do Decreto-Lei n.º 129/84, de 27 de Abril (Estatuto dos Tribunais Administrativos e Fiscais — doravante ETAF), embora este último diploma tenha intentado apenas definir o negócio jurídico administrativo para efeitos de competência contenciosa. O Código do Procedimento Administrativo confirmou, dessa maneira, o afastamento do sistema do *numerus clausus* subjacente ao antigo art. 815.º, § 2.º, do Código Administrativo de 1936-40.

Sobre a polémica doutrinal que se desenrolou à volta deste preceito do Código Administrativo, cfr. FREITAS DO AMARAL, *Direito Administrativo*, III, Lisboa, 1989, pp. 425 e segs.

178.º, n.º 1, do Código do Procedimento Administrativo — doravante CPA). Pelo seu objecto — construção de obras públicas e gestão e exploração de serviços públicos — e pela nítida presença no seu regime de poderes de autoridade e de restrições de interesse público (tanto na esfera do concedente como na do concessionário), a relação jurídica que emergirá do contrato a celebrar no termo do procedimento administrativo em curso perfila-se, claramente, como uma relação jurídica administrativa[6]. Nem vale a pena alongarmo-nos sobre este ponto, que temos por incontroverso.

E trata-se, em segundo lugar, de um contrato administrativo de *concessão*, ou seja, e como ensinava Marcello Caetano, de um contrato pelo qual se efectua a *"transferência de poderes próprios de uma pessoa administrativa para um particular a fim de que este os exerça por sua conta e risco mas no interesse público"*[7]. Concretamente, está em causa a transferência para o concessionário (do exercício) das actividades de construção de obras públicas e, ulteriormente, de exploração e gestão conjunta, a partir dessas obras, dos serviços públicos municipais de tratamento e distribuição de água para consumo público e de recolha, tratamento e rejeição de efluentes.

---

[6] Sobre o significado da expressão *"relação jurídica administrativa"*, cfr., entre outros, FREITAS DO AMARAL, *Direito Administrativo*, III, pp. 439-440; VIEIRA DE ANDRADE, *Direito Administrativo e Fiscal*, Coimbra, 1994-1995, p. 47; ESTEVES DE OLIVEIRA/PEDRO COSTA GONÇALVES/JOÃO PACHECO DE AMORIM, *Código do Procedimento Administrativo*, 2.ª edição, Coimbra, 1997, p. 811.

[7] Cfr. "Subsídios Para o Estudo da Teoria da Concessão de Serviços Públicos", in *Estudos de Direito Administrativo*, Lisboa, 1974, p. 92. Em termos próximos, temos definido a concessão como "o acto pelo qual um órgão da Administração transfere para uma entidade privada o exercício de uma actividade pública, que o concessionário desempenhará por sua conta e risco, mas no interesse geral" (cfr. FREITAS DO AMARAL, *Direito Administrativo*, III, Lisboa, 1989, p. 130).

3. Mas, trata-se de que tipo de contrato administrativo de concessão?

No artigo 178.º, n.º 2, do CPA, *nominam-se*, exemplificativamente, várias concessões: *concessão de obras públicas* (alínea *b)*); *concessão de serviços públicos* (alínea *c)*); *concessão de exploração do domínio público* (alínea *d)*); *concessão de uso privativo do domínio público* (alínea *e)*); e, finalmente, *concessão de exploração de jogos de fortuna ou azar* (alínea *f)*).

Não estamos, seguramente, no caso vertente, diante de uma concessão de exploração de jogos de fortuna ou azar (alínea *f)*); nem, tão-pouco, na presença de uma *concessão de exploração do domínio público* ou de uma *concessão de uso privativo do domínio público*.

E perante uma *concessão de obras públicas*? Será o contrato a celebrar um daqueles "pelo qual alguém se encarrega de executar e explorar uma obra pública, cobrando aos utentes as taxas que forem devidas" (cfr. artigo 1.º, n.º 5, do REOP)?

A espécie em causa não é uma concessão de obras públicas pura. Com efeito, decorre expressamente do enunciado do objecto do contrato que as actividades que o concessionário desenvolverá após a conclusão das obras são actividades de serviço público. Ao particular caberá, efectivamente, *a exploração e gestão conjunta dos serviços públicos municipais de tratamento e distribuição de água para consumo público e de recolha, tratamento e rejeição de efluentes*.

Ora, nas concessões de obras públicas puras a actividade que se pede ao co-contratante após a execução das obras não é um serviço público; ali, com efeito, "o concessionário não tem mais a fazer que conservar os bens no estado passivo de serem utilizados pelo público conforme a sua aptidão e fazer a cobrança de taxas que a lei lhe permite receber para amortização e remuneração dos capitais investidos"[8]. Para extrair rendi-

---

[8] Cfr. MARCELLO CAETANO, *Manual* ..., II, cit., p. 1011.

mento das coisas produzidas, o concessionário não tem, pois, (nas concessões puras) que prestar um serviço por meio da circulação de material e da intervenção de agentes.

O futuro contrato de concessão tem também, pois, elementos da figura da *concessão de serviços públicos* (artigo 178.º, n.º 2, alínea *c*), do CPA), a qual, no nosso ordenamento, em nítido contraste com a concessão de obras públicas, não beneficia de nenhuma definição legal — o que até nem merece censura, já que o legislador comanda mas não teoriza — nem de qualquer regime jurídico geral — sendo antes disciplinada por legislação dispersa.

Parece-nos que o futuro contrato de concessão é, assim, uma *concessão mista de obras e serviços públicos*. Com efeito, se existem concessões de obras públicas *puras* e concessões de serviços públicos *puras*, um contrato que reuna os elementos típicos de cada uma delas (respectivamente, execução de obras públicas e exercício de actividades de serviço público) não deve, à míngua de indicação legal nesse sentido, ser qualificado apenas e só como concessão de obras públicas nem apenas e só como concessão de serviços públicos — isto, note-se, mesmo reconhecendo que, por vezes, como de resto parece suceder no presente caso, as obras públicas têm um carácter secundário. Consideramos, pois, que o futuro contrato de concessão a celebrar será um *contrato administrativo misto de concessão de obras públicas e de serviços públicos*.

4. Qual o seu regime jurídico?

Parafraseando Sérvulo Correia, diremos que o regime de legalidade do *contrato administrativo misto* terá de equacionar-se segundo a *doutrina da combinação*: a parte do conteúdo correspondente a cada um dos tipos combinados deverá ter o regime de legalidade que lhe corresponde segundo a natureza do seu objecto[9], sendo que,

---

[9] Cfr. SÉRVULO CORREIA, *Legalidade e Autonomia...*, p. 642.

em caso de dúvida quanto "à compatibilidade de dois regimes de legalidade diferentes num contrato misto em que pelo menos um dos objectos seja passível de acto administrativo, parece que terá de se derivar para uma aplicação *«sui generis» da doutrina da absorção*, cumprindo globalmente o regime de legalidade mais exigente, pois que será esse o único modo de garantir que o exercício contratual da discricionaridade não seja subtraído aos imperativos de *legalidade material* que devessem presidir ao uso da mesma competência material por via unilateral"[10].

Aplicando esta doutrina ao caso em análise, temos, então, que à formação do contrato e à execução das obras necessárias para executar o estabelecimento da concessão se aplicam as regras definidas para a concessão de obras públicas no REOP (e no Decreto-Lei n.º 390/82), e à exploração e gestão dos serviços públicos municipais de tratamento e distribuição de água para consumo público e de recolha, tratamento e rejeição de efluentes se aplicam as regras constantes do Decreto-Lei n.º 379/93, de 5 de Novembro, do Decreto-Lei n.º 147/95, de 21 de Junho, e demais legislação referente a tais actividades.

Note-se, a findar, que merece crítica uma referência constante, a respeito da legislação aplicável, no ponto n.º 23 do Programa de Concurso. Ao contrário do que é aí sugerido, não é verdade que o REOP se aplique "subsidiariamente" à tramitação do acto público do concurso e só a essa fase. Ele aplica-se directa e imperativamente a tal fase (salvo, como se referiu, no que seja derrogado pelo Decreto-Lei n.º 390/82), bem como à fase da execução das próprias obras necessárias à montagem ou ampliação do estabelecimento da concessão.

---

[10] Cfr. SÉRVULO CORREIA, *Legalidade e Autonomia...*, p. 642.

§ 2.º
Da ilegalidade da deliberação da Comissão respeitante à atribuição do peso relativo dos dois sub-critérios por que se divide o critério «*regime tarifário*»

I — Preliminares

5. Determinada a natureza e indicado o regime jurídico do futuro contrato de concessão, é agora altura de abordarmos directamente a primeira questão da Consulta: atendendo à omissão das peças do Concurso a respeito do peso relativo dos dois sub-critérios em que se divide o primeiro critério de adjudicação (*regime tarifário*), será juridicamente admissível a sua densificação pela Comissão em momento ulterior e como veio a ocorrer no caso da consulta?

Concretizemos os termos do problema.

Referimos já que, no ponto 18.2. do Programa de Concurso — e no n.º 16 do Anúncio de Concurso —, se estabelecia que o principal critério de adjudicação era o regime tarifário, majorado em 70%. E referimos também que, no ponto 18.3, se dizia que, na concretização deste principal critério, se devia atender ao *nível das taxas e tarifas de partida* e à *evolução das taxas e tarifas de acordo com as respectivas fórmulas de revisão*.

É agora altura de acrescentar que, no proémio deste ponto 18.3 do Programa de Concurso, se indicava, simultânea e significativamente, que tais sub-critérios (como aliás todos os outros indicados para a concretização dos demais critérios de selecção dos concorrentes) eram indicados "a título exemplificativo" e sem "qualquer hierarquização ou valoração dos mesmos".

Ou seja: expressamente se anunciava aos concorrentes que os parâmetros de concretização do critério principal de adjudicação tanto podiam ser os indicados como outros idóneos para esse fim e, bem assim, que, entre eles, nenhuma supra ou infra ordenação valorativa se estabelecia. Não havia, numa palavra, no que foi dado a conhecer aos concorrentes, sub-critérios mais ou menos valiosos mas, apenas, um critério principal de adjudicação, denominado *regime tarifário*, que seria ponderado em 70%.

Assim, em face do exposto, uma primeira ilação se impõe: nada fazia antever a deliberação da Comissão de Avaliação no sentido de, quando decidiu antecipadamente a sua metodologia de análise, fixar que o sub-critério do *nível de taxas e tarifas de partida* teria um peso correspondente a 3 %, enquanto o sub-critério da *evolução das taxas e tarifas de acordo com as respectivas fórmulas de revisão* teria o peso de 97%. O contraste entre o disposto nos referidos pontos 18.2 e 18.3 do Programa de Concurso e o que sucedeu efectivamente no caso da Consulta salta, pois, imediatamente à vista.

Claro que, perante tal *densificação* ou, *rectius*, *modificação* do critério do *regime tarifário* — porque, em face do contraste citado, foi disso que claramente se tratou —, seria de esperar que a Comissão de Avaliação tivesse comunicado aos interessados os *novos* critérios de adjudicação, a fim de estes poderem modelar em conformidade as suas propostas. Mas não foi isso que ocorreu. Efectivamente, segundo os elementos de facto que acima sumariámos, os interessados não foram informados da referida deliberação da Comissão, pelo que, quando apresentaram as suas propostas, desconheciam a profunda reformulação do principal critério de selecção entretanto ocorrida.

A questão que se coloca é, pois, a de saber se o referido procedimento da Comissão não inquinará o acto de adjudicação que venha a ser praticado ao abrigo dos *novos critérios*. E, embora o problema pudesse também ser analisado noutras perspectivas, o procedimento descrito suscita particulares e especiais dúvidas em face do princípio da segurança jurídica e da protecção da confiança. Como se verá já de seguida.

II — A questão à luz do princípio da protecção da confiança

6. Como lembra Gomes Canotilho, é ponto assente que o homem necessita de segurança para conduzir, planificar e conformar autónoma e responsavelmente a sua vida[11]. Por isso — e uma vez que os princípios da segurança jurídica e protecção da confiança andam estreitamente associados (a ponto de alguns autores considerarem o princípio da protecção da confiança como um subprincípio ou como uma dimensão específica da segurança jurídica[12]) —, desde cedo se considerou serem os princípios da segurança jurídica e da protecção da confiança um elemento constitutivo do Estado de Direito[13]. É, pois, hoje indiscutível que, de entre os elementos que integram o princípio do Estado de Direito plasmado, entre nós, nos artigos 2.º e 9.º, alínea b), da Constituição, se contêm os da segurança e da protecção da confiança dos cidadãos face à actuação dos poderes públicos[14]. E, justamente, a confiança, extraída do princípio do Estado de Direito, tem desempenhado um papel de relevo no Direito Público[15].

---

[11] Cfr. GOMES CANOTILHO, *Direito Constitucional e Teoria da Constituição*, Coimbra, 1998, p. 250.

[12] Apesar da estreitíssima afinidade existente entre eles, que leva a que os consideremos sempre em conjunto, a distinção parece ser, contudo, de manter: a segurança jurídica prende-se com aspectos objectivos da ordem jurídica — garantia de estabilidade jurídica, segurança de orientação e realização do direito —, enquanto a protecção da confiança se prende mais com as componentes subjectivas da segurança jurídica, designadamente a calculabilidade e previsibilidade dos indivíduos em relação aos efeitos jurídicos dos actos dos poderes públicos. Cfr. GOMES CANOTILHO, *Direito Constitucional...*, p. 250.

[13] Cfr. GOMES CANOTILHO, *Direito Constitucional...*, p. 250.

[14] Cfr., por exemplo, Acórdão do Tribunal Constitucional n.º 141/85, in *Acórdãos do Tribunal Constitucional*, VI, págs. 39 e segs..

[15] Cfr. MENEZES CORDEIRO, *Da Boa Fé no Direito Civil*, II, Coimbra, 1984, p. 1250, nota.

Os princípios da segurança jurídica e da protecção da confiança, enquanto expressões da "capacidade irradiante"[16] do princípio constitucional geral do Estado de Direito, valem perante *qualquer acto* de *qualquer poder* e, concretamente, vinculam tanto o poder legislativo como o poder administrativo[17]. Eles postulam, em geral, a fiabilidade, clareza, racionalidade e transparência dos actos do Poder[18]. Assim, em ambos os casos, a afectação de expectativas é inadmissível quando constitua uma medida com que, razoavelmente, os seus destinatários não pudessem contar. Não são, portanto, toleradas quaisquer medidas que, por sua natureza, obviem "de forma intolerável, arbitrária ou demasiado opressiva àqueles mínimos de certeza e segurança que as pessoas, a comunidade e o direito têm de respeitar, como dimensões essenciais do Estado de Direito democrático"[19].

Todavia, apesar do apontado núcleo fundamental comum dos princípios da segurança jurídica e da protecção da confiança, pode dizer-se que a margem de liberdade de que gozam, neste domínio, as autoridades administrativas é inferior àquela de que desfruta o legislador.

7. Assim, no que toca ao legislador, existe, tão-somente, uma interdição de violações grosseiras dos princípios da segu-

---

[16] Cfr. SÉRVULO CORREIA, "Contencioso Administrativo e Estado de Direito", in *Revista da Faculdade de Direito da Universidade de Lisboa*, XXXVI, Lisboa, 1995, p. 447.

[17] Cfr. GOMES CANOTILHO, *Direito Constitucional* ...,p. 250.

[18] Cfr. GOMES CANOTILHO, *Direito Constitucional*..., p. 250. Cfr., ainda, por exemplo, Acórdão do Tribunal Constitucional n.º 473/92, in *Diário da República*, I-A, 22 de Janeiro de 1993.

[19] Cfr. Acórdão do Tribunal Constitucional n.º 303/90, in *Diário da República*, I, 26 de Dezembro de 1990; Acórdão do Tribunal Constitucional n.º 285/92, in *Diário da República*, I-A, 17 de Agosto de 1992.

rança jurídica e da protecção da confiança[20/21]. Compreensivelmente, num Estado democrático, as opções do legislador são, em larga medida, insindicáveis pelos tribunais. A própria "legislação constitucionalmente concretizadora não se reconduz, no Estado de Direito Democrático, a um esquema de subsunção executiva da Constituição (...). É — prossegue Gomes Canotilho — o cumprimento de tarefas constitucionalmente fixadas, mas não uma execução de preceitos; é uma actividade materialmente vinculada à Constituição, mas não um mero «exercício de execução» do «interesse público», cujos pressupostos estejam esgotantemente plasmados nas normas constitucionais"[22]. Ou, como escreve Barbosa de Melo, "não só os princípios e directivas constitucionais comportam *n* possibilidades de concretização ou especificação, como também acabam por ser muito escassas as normas constitucionais cujo desenvolvimento legislativo se mostra calculável segundo os cânones da hermenêutica jurídica.

---

[20] Cfr., por exemplo, Acórdão do Tribunal Constitucional n.º 154/86, in *Acórdãos do Tribunal Constitucional*, VII-1, pp. 185 e segs..

[21] A reacção do ordenamento à frustração da confiança pelo legislador não é, no entanto, sempre a mesma. Assim, se a lei não for ditada pela necessidade de salvaguardar direitos ou interesses constitucionalmente protegidos que devam considerar-se prevalecentes, a frustração da expectativa será, pura e simplesmente, inconstitucional. A sanção adequada deve, nestes casos, consistir na expurgação do ordenamento da norma legal que, pela sua natureza, obvie de forma intolerável, arbitrária ou demasiado opressiva àqueles mínimos de certeza e segurança que as pessoas, a comunidade e o direito têm de respeitar, como dimensões essenciais do Estado de Direito democrático (cfr., por exemplo, o Acórdão do Tribunal Constitucional n.º 95/92, in *Acórdãos do Tribunal Constitucional*, XXI, pp. 341 e segs.). Pelo contrário, se a medida legislativa lesiva da confiança prosseguir interesses públicos concretamente prevalecentes, a compensação do sacrifício da confiança passa pelo reconhecimento de uma obrigação de indemnizar por acto lícito do poder público em causa.

[22] Cfr. GOMES CANOTILHO, *Constituição Dirigente e Vinculação do Legislador*, Coimbra, 1982, pp. 215 e segs. (*maxime*, 231 e 232).

A obra legislativa continua, em suma, a ser hoje, em larguíssima medida, resultado da vontade, das oportunidades ou da criatividade políticas com vista à realização histórica dos valores primordiais epitomizados na ideia do bem-comum"[23].

Em contrapartida, o alcance (algo) limitado que os princípios da segurança jurídica e da protecção da confiança exibem nas suas relações com o legislador não vale no que toca ao poder administrativo. Neste domínio, com efeito, não existe nada de semelhante à liberdade de conformação de que goza o legislador. Nos nossos dias, assiste-se, antes, à "progressiva integração do poder discricionário nos quadros de um Estado-de-Direito"[24]. Nada obsta, pois, a que a actividade administrativa não vinculada à lei esteja subordinada a um estrito crivo de segurança jurídica e de protecção da confiança[25]. A ideia de segurança jurídica e de protecção da confiança está, aliás, subjacente a uma série de institutos bem conhecidos do Direito Administrativo. Basta recordar, para dar apenas dois exemplos, os limites fixados no artigo 140.º do CPA à revogação dos actos administrativos (válidos) constitutivos de direitos ou de interesses legalmente protegidos ou o dever de, em consequência de uma modificação unilateral por imperativo de interesse público do conteúdo de um contrato administrativo, a Administração repor o respectivo equilíbrio financeiro (cfr. artigo 180.º, alínea a), do CPA). Não surpreende, assim, que numerosos autores prefiram, para sintetizar este alcance mais exigente dos princípios da segurança jurídica e da protecção da confiança no âmbito do

---

[23] Cfr. BARBOSA DE MELO, *Sobre o Problema da Competência para Assentar*, Coimbra, 1988, p. 35.

[24] Cfr. VIEIRA DE ANDRADE, *O Dever da Fundamentação Expressa de Actos Administrativos*, Coimbra, 1991, p. 136.

[25] Cfr. GOMES CANOTILHO, "Fidelidade à República ou fidelidade à Nato?", in *Estudos em homenagem ao Prof. Doutor Afonso Rodrigues Queiró*, Coimbra, I, 1984, p. 180.

Direito Administrativo, apelar ao princípio geral de direito da boa fé em vez de invocar, tão-somente, o princípio constitucional do Estado de Direito.

8. Os princípios da segurança jurídica e da confiança legítima são, na verdade, vistos, frequentemente, como corolários do princípio geral de direito da boa fé. Como entre nós refere Menezes Cordeiro, "nas suas manifestações subjectiva e objectiva, a boa fé está ligada à confiança"[26].

Efectivamente, "também a Administração Pública está obrigada a obedecer à *bona fide* nas relações com os particulares. Mais: ela deve mesmo dar, também aí, o exemplo aos particulares da observância da boa fé, em todas as suas várias manifestações, como núcleo essencial do seu comportamento ético. Sem isso nunca se poderá afirmar que o Estado (e com ele outras entidades públicas) é *pessoa de bem*. E a manutenção, na opinião pública de um Estado Democrático, da consciência de que o Estado é pessoa de bem, em lugar de se transformar no modelo de pessoa sem escrúpulos no cumprimento da lei e dos princípios meta-jurídicos que o regem, ou sem normas éticas e irresponsável no seu comportamento quotidiano, é condição *sine qua non* da própria credibilidade das instituições públicas"[27].

O Direito Positivo vigente dá plena cobertura a estas considerações. Assim, e por um lado, depois da revisão de que foi alvo o CPA pelo Decreto-Lei n.º 6/96, dispõe-se hoje no seu artigo 6.º-A que, "no exercício da actividade administrativa e em todas as suas formas e fases, a Administração Pública e os particulares devem agir e relacionar-se segundo as regras da boa fé" (n.º 1) e que "no cumprimento dos números anteriores,

---

[26] Cfr. MENEZES CORDEIRO, *Da Boa Fé*..., II, pp. 1234 e segs. (*maxime*, p. 1250).

[27] Cfr. FAUSTO DE QUADROS, "O concurso público na formação do contrato administrativo", in *Revista da Ordem dos Advogados*, 1987, p. 725.

devem ponderar-se os valores fundamentais do direito, relevantes em face das situações consideradas, e, em especial: a) a confiança suscitada na contraparte pela actuação em causa; b) o objectivo a alcançar com a actuação empreendida" (n.º 2). Por outro lado, com a revisão constitucional de 1997, o princípio da boa fé foi mesmo expressamente inscrito na Constituição formal entre os princípios vinculantes da actividade da Administração Pública (cfr. artigo 266.º, n.º2).

9. Em suma: seja por via do apelo ao princípio constitucional do Estado de Direito, seja pelo recurso ao princípio geral de direito da boa fé, o princípio da tutela da segurança jurídica e da confiança legítima "é um princípio ético-jurídico fundamentalíssimo"[28] que se impõe à Administração.

A questão que se coloca no âmbito deste estudo é, pois, e concretizando um pouco mais, a de saber se, no domínio dos procedimentos concursais, se pode retirar dos princípios da tutela da segurança jurídica e da protecção da confiança a obrigação de a Administração respeitar as expectativas que criou com o acto de abertura do concurso e a regulamentação que dele se extrai[29].

A resposta, antecipe-se desde já, só pode ser afirmativa.

Efectivamente, o princípio da segurança jurídica e da tutela da confiança assume especial importância nos procedimentos concursais. O concurso público tem, justamente, "a especificidade de consistir num procedimento administrativo pré-contratual, onde (...) se cria uma relação de confiança juridicamente tutelada entre a entidade adjudicante e os potenciais co-contratantes. Independentemente de averiguarmos se existe no con-

---

[28] Cfr. BAPTISTA MACHADO, "Tutela da confiança e *venire contra factum proprium*"", in *Obra Dispersa*, I, Braga, 1991, p. 352.

[29] Cfr. MARGARIDA CABRAL, *O Concurso Público nos Contratos Administrativos*, Coimbra, 1997, p. 94.

curso uma relação contratual ou apenas pré-contratual, não poderá deixar de reclamar-se aqui uma especial tutela da relação de confiança que se cria a partir do momento em que a Administração torna pública a sua intenção de contratar por meio de concurso público"[30].

Sobretudo, e este é o aspecto decisivo no presente parecer, e que cumpre aprofundar já de seguida, a protecção da segurança e da confiança conhece particular expressão na manutenção do quadro jurídico delimitado no acto de abertura do concurso. Ou seja, num procedimento de concurso, os respectivos interessados vêem criada uma expectativa de manutenção daquele quadro. Isto envolve, nomeadamente, não só garantias de transparência e de igualdade, mas, também, garantias de estabilidade das regras a que obedece a abertura do concurso[31]. De facto, por força da sua conduta anterior e, concretamente, em virtude da prévia definição das regras do jogo realizada no acto de abertura do concurso, existe, nestes casos, uma inequívoca autovinculação da entidade administrativa adjudicante e, por conseguinte, o surgimento de uma particular relação de confiança[32]. Tal relação, assente na posição assumida pela Administração no acto de abertura do concurso, é tomada pelos concorrentes como critério orientador das suas propostas. E, obviamente, as consequências negativas da frustração dessa confiança, imputável a uma nova tomada de posição da Administração, não podem recair sobre os concorrentes.

10. É conhecido que o princípio da legalidade não pode, nos nossos dias, ser compreendido à margem do princípio da reserva de lei ou, pelo menos, do princípio da reserva de norma

---

[30] Cfr. MARGARIDA CABRAL, O Concurso..., p. 92.
[31] Cfr. MARCELO REBELO DE SOUSA, O Concurso Público na Formação do Contrato Administrativo, Lisboa, 1994, pp. 26 e segs..
[32] Cfr. BAPTISTA MACHADO, Tutela da confiança..., cit., p. 378.

jurídica. De facto, no moderno Estado Social de Direito, o princípio da legalidade da Administração aparece, não apenas como um *limite* da acção administrativa, mas como o seu verdadeiro *fundamento*[33].

Como temos defendido no nosso ensino, o princípio da legalidade não tem apenas a função de assegurar o primado do poder legislativo através da imposição de uma reserva de lei em sentido formal. Ele "desempenha também a função de garantir os direitos e interesses legalmente protegidos dos particulares"[34]. E, já se vê, esta perspectiva mais garantística não pode ser dissociada do princípio da segurança jurídica e da protecção da confiança. Na verdade, bem vistas as coisas, este postula, além de uma exigência de clareza das normas jurídicas (de uma norma obscura ou contraditória pode não ser possível, através da interpretação, obter um sentido inequívoco, capaz de alicerçar uma solução jurídica para o problema concreto), *a exigência de densidade suficiente* na regulamentação normativa[35]. Na verdade, um acto normativo que não contenha uma disciplina suficientemente concreta não oferece uma medida jurídica capaz de alicerçar posições juridicamente protegidas dos cidadãos, constituir uma norma de actuação para a Administração, e possibilitar, enquanto norma de controlo, a fiscalização da legalidade e a defesa dos direitos e interesses dos cidadãos[36]. Naturalmente, esta perspectiva garantística postula, além de uma reserva de lei, uma reserva mais extensa de norma jurídica (ainda que proveniente do próprio poder administrativo).

---

[33] Cfr. FREITAS DO AMARAL, *Direito Administrativo*, II, Lisboa, 1988, p. 55.

[34] Cfr. FREITAS DO AMARAL, *Direito Administrativo*, II, p. 56.

[35] Cfr. GOMES CANOTILHO, *Direito Constitucional...*, cit., p. 251.

[36] Cfr., nestes termos, GOMES CANOTILHO, *Direito Constitucional ...*, cit., p. 251.

As regras aplicáveis à actividade administrativa no domínio dos concursos públicos permitem, sem dificuldade, ilustrar estas ideias.

11. O fundamento normativo do procedimento concursal deve, antes de mais, buscar-se num acto legislativo. A entidade adjudicante, para o iniciar, carece de uma norma habilitante proveniente do poder legislativo. Tal norma deverá formular um *quadro ou descrição fundamental* suficiente para demarcar o âmbito da actuação autoritária do órgão sobre as esferas jurídicas dos particulares e para repartir o âmbito de actuação entre os diversos órgãos das pessoas colectivas que integram a Administração[37].

Certo, o grau de densificação exigido ao legislador depende sempre da natureza da matéria em questão. Concretamente, e como se extrai da nossa jurisprudência constitucional, ele apresenta-se bastante intenso em matéria de leis restritivas de direitos, liberdades e garantias[38].

Mas, no que toca especificamente aos procedimentos concursais, não é admissível a abertura de um concurso sem a publicação *prévia* das normas que o disciplinam[39]. A lei pode conferir ao promotor do concurso maior ou menor autonomia na condução dos trâmites do processo do concurso e na própria escolha do co-contratante. Mas há uma condição que, em qualquer caso, não pode ser desrespeitada: essa autonomia há-de ter a lei por sua base e medida.

---

[37] Cfr. SÉRVULO CORREIA, *Legalidade e Autonomia...*, p. 492.

[38] Cfr. Acórdão do Tribunal Constitucional n.º 285/92, in *Diário da República*, I-A, 1de 7 de Agosto de 1992; e o Acórdão n.º 289/92, in *Diário da República*, II, de 19 de Setembro de 1992.

[39] Cfr. FAUSTO DE QUADROS, *O concurso...*, cit., pp. 701 e segs. (*maxime*, 704 e 705-707).

12. Sobretudo, mesmo quando não está em causa uma heterovinculação às determinações do legislador, a entidade adjudicante não pode actuar de forma totalmente livre. Efectivamente, *a limitação do poder discricionário da entidade adjudicante resulta ainda da sua autovinculação às normas que ela própria aprovou.* Ou seja, mesmo nos domínios não cobertos pelo princípio da reserva de lei, a Administração, num concurso, *não deixa de estar adstrita à obrigação de esclarecer previamente as regras do jogo.* "Tudo o que for relevante para efeitos de escolha na adjudicação — como correctamente escreve Marcelo Rebelo de Sousa — tem de ficar bem definido na abertura do concurso. Assim deve ser com os critérios de adjudicação"[40].

É sabido que, tanto historicamente como no Direito Comparado, as diversas legislações disciplinadoras de procedimentos de concurso, não só estabelece(ra)m a possibilidade de os concorrentes consultarem os cadernos de encargos e os programas de concurso, como também se preocupa(ra)m em impor que tais documentos concretiz(ass)em um mínimo de elementos a observar no procedimento concursal em causa. Subjacente a esta regulamentação está algo essencial no concurso público: o legislador pretende, por essa via, assegurar que a entidade adjudicante torne público previamente tudo aquilo que irá fazer, a maneira como irá decidir e o que se passará até ao momento final da decisão. Isto não significa, note-se, que deva ser a própria lei a escolher e a regulamentar minuciosamente o procedimento a seguir pela Administração. O legislador contenta-se, antes, em obrigar a Administração a tornar públicas as regras que ela decida adoptar. Decisivo, neste último caso, é que a divulgação pública dos elementos em causa autovincule a Administração ou, o mesmo é dizer, que a comprometa. Desta forma, "a restrição da discricionaridade da entidade adjudicante não resulta apenas

---

[40] Cfr. MARCELO REBELO DE SOUSA, *O concurso*..., p. 75.

de vinculações estabelecidas directamente pela lei, mas igualmente — e nalguns casos, sobretudo — de uma obrigação principal (...) criada pela lei: a de autovinculação"[41].

Pode, pois, dizer-se que o recurso à contratação jurídico-administrativa pela via de um concurso público postula a definição prévia das condições procedimentais e materiais de apreciação de candidaturas ou propostas, comportando, como refere Margarida Cabral, "em si a exigência de que a Administração decida segundo critérios e seguindo formalidades que ela própria escolheu num momento anterior à contratação propriamente dita. Quando se exige concurso público, exige-se também programa de concurso onde a entidade adjudicante determine o procedimento que seguirá e caderno de encargos onde se estabeleçam as cláusulas do contrato a celebrar. Estes documentos são essenciais a qualquer processo de concurso público e deverão estabelecer tudo quanto seja essencial que os concorrentes devam conhecer. A abertura de um concurso público com um programa de concurso em que a Administração se abstém de estabelecer o essencial do procedimento (não estabelecendo requisitos relativos aos concorrentes, forma para a apresentação das propostas, as entidades que presidirão ao concurso, critérios de decisão...) significa afinal que não existe qualquer concurso"[42].

Mais: a evolução registada neste domínio revela que a obrigação de autovinculação tem sido crescente do século passado até hoje. Isto é particularmente nítido em relação aos critérios de adjudicação. Sem dúvida que, historicamente, era frequente a caracterização do concurso pela discricionariedade da entidade adjudicante na valoração das diferentes propostas. Hoje, pelo contrário, está generalizada a obrigação de estabelecimento dos critérios de adjudicação e, inclusivamente, a obrigatoriedade da

---

[41] Cfr. MARGARIDA CABRAL, O concurso..., p. 79.
[42] Cfr. MARGARIDA CABRAL, O concurso..., pp. 79 e 80.

sua hierarquização no programa de concurso. Assim, nos termos da alínea *e)* do n.º 1 do artigo 62.º do REOP, o Programa de Concurso tem de especificar "os critérios de apreciação das propostas para adjudicação da empreitada, com indicação, por ordem decrescente, da importância que se lhes atribui".

Esta concreta obrigação legal de autovinculação, para além da inegável garantia acrescida de respeito pelo princípio da igualdade que oferece, surge, justamente, como contrapartida da relação de confiança que se estabelece no concurso entre concorrentes e entidade adjudicante[43].

Semelhante obrigação de autovinculação não implica, porém, a total abolição da autonomia de actuação da entidade adjudicante. Pelo contrário, no processo de realização do concurso público, existe o exercício de poderes discricionários, quer a montante, no momento da elaboração das regras do concurso, quer a jusante, na fase de aplicação das regras pré-estabelecidas para efeito da escolha do co-contratante[44]. Mas, a autonomia de actuação de que a entidade adjudicante apesar de tudo ainda beneficia, está, hoje, fortemente limitada, não a dispensando da obrigação de pré-estabelecer tudo o que é essencial em relação ao procedimento a seguir e ao contrato a celebrar[45]. Pode mesmo dizer-se que vigora, neste domínio, "um princípio de máxima densificação possível"[46].

13. As finalidades visadas pela exigência do pré-estabelecimento das regras do concurso e da sua suficiente densificação implicam, obviamente, que a entidade adjudicante seja igualmente obrigada a tornar público o procedimento que seguirá na selecção do co-contratante e os critérios que a conduzirão

---

[43] Cfr. MARGARIDA CABRAL, *O concurso...*, p. 80.
[44] Cfr. SÉRVULO CORREIA, *Legalidade...*, p. 697, nota.
[45] Cfr. MARGARIDA CABRAL, *O concurso...*, pp. 81 e 82.
[46] Cfr. MARGARIDA CABRAL, *O concurso...*, p. 153.

nas diferentes escolhas a fazer. Sem dúvida que o princípio da publicidade nos procedimentos concursais é bastante mais rico e não se esgota neste domínio[47]. Mas, quando relacionado com a obrigação de autovinculação, ele tem subjacente uma ideia evidente. Não faria "sentido obviamente que a entidade adjudicante estabelecesse regras e critérios e *os guardasse para si*: do que se trata é de permitir aos interessados o conhecimento prévio de todos os aspectos juridicamente relevantes em causa no concurso para que estes saibam *com o que podem* contar e assim adequar o seu comportamento em função dos *compromissos* assumidos pela entidade adjudicante"[48].

14. Aplicando estas considerações ao caso da consulta, está bom de ver que a opção pelo desdobramento do critério do regime tarifário ou, o mesmo é dizer, do critério de adjudicação mais importante — o Programa de Concurso atribuía-lhe, recorde-se, a ponderação de 70% — em dois sub-critérios e, sobretudo, a sua valoração e hierarquização rígida e claramente desproporcionada — atribuição de um peso correspondente a 3 % ao sub-critério do *nível de taxas e tarifas de partida* e de um peso de 97% ao sub-critério da *evolução das taxas e tarifas de acordo com as respectivas fórmulas de revisão* —, a ter-se por admissível, não podia deixar de ser dada a conhecer, e em tempo útil, aos interessados.

Noutros termos: o *princípio da máxima densificação possível*, por um lado, e a *obrigação de preestabelecer tudo o que é essencial em relação ao procedimento a seguir*, por outro, postulavam que os interessados conhecessem, de antemão, o peso específico de tais sub-critérios de adjudicação.

---

[47] Cfr., por exemplo, LAUBADÈRE/MODERNE/DELVOLVÉ, *Traité des contrats administratifs*, I, Paris, 1983, pp. 594 e segs..

[48] Cfr. MARGARIDA CABRAL, *O concurso...*, pp. 90 e 91.

15. É possível, dito isto, ir ainda mais longe.

Bem vistas as coisas, a exigência do pré-estabelecimento e da prévia divulgação das regras do concurso e da sua suficiente densificação no próprio Programa de Concurso tem, obviamente, *implícito o reconhecimento do dever de a Administração respeitar o mesmo Programa* — dever que, constitui, portanto, um dos princípios fundamentais do concurso público[49]. A autonomia pública de que desfruta a Administração em matéria de concursos está, pois, limitada pelas regras substantivas e adjectivas estabelecidas na respectiva abertura[50].

Mas será esta vinculação às regras pré-estabelecidas uma vinculação absoluta — ou seja: a Administração não pode em qualquer caso derrogá-las — ou, tão-somente, uma vinculação relativa — caso em que seria de admitir, verificado determinado tipo de condicionalismos, a possibilidade de a entidade adjudicante introduzir desvios pontuais às regras estabelecidas?

Claro que, se se seguir a tese da vinculação absoluta, terá de se concluir que, sem prejuízo do esclarecimento de dúvidas surgidas na *interpretação* dos elementos divulgados no programa do concurso (artigo 64.º do REOP), "da necessária pré-elaboração das regras do concurso, a que se alia o princípio da tutela da confiança, decorre o princípio da necessária estabilidade das regras durante o concurso público"[51].

Que pensar?

Entre nós, defende a tese da vinculação absoluta Marcelo Rebelo de Sousa. Sustenta o Autor que um dos princípios específicos do concurso público é o da estabilidade das regras[52], pois que, com a abertura do concurso, a Administração está a autovincular-se. "Não pode, por isso, vir subsequentemente a alterar,

---

[49] Cfr. MARGARIDA CABRAL, *O concurso...*, p. 82.
[50] Cfr. MARCELO REBELO DE SOUSA, *O concurso...*, p. 56.
[51] Cfr. MARGARIDA CABRAL, *O concurso...*, p. 82.
[52] Cfr. MARCELO REBELO DE SOUSA, *O concurso...*, p. 63.

ainda que a título de rectificação, nem o aviso nem os documentos para que remeta, no caso de eles o não integrarem ou acompanharem na publicitação"[53]. Por outro lado, "a estabilidade das regras dos concursos administrativos implica a proibição de modificações subsequentes à abertura do concurso, tendo nomeadamente em linha de conta os direitos e interesses legítimos (...) dos potenciais concorrentes ou mesmo destes, uma vez admitidos. Assim, por exemplo (...), as atinentes ao prazo de apresentação das propostas, às garantias ou cauções exigidas *e aos critérios de apreciação das propostas* (...). *A Administração Pública pode escolher, mas não pode modificar as regras do jogo a que obedece essa escolha, uma vez definido o quadro de um concurso e portanto convidados a definirem-se perante ele os potenciais concorrentes*" (itálico nosso)[54]. De resto, se é certo que razões específicas dos contratos administrativos explicam a garantia acrescida da estabilidade das regras adoptadas pela Administração Pública como base da sua actuação, o princípio da protecção da confiança, por si mesmo, já significa que os órgãos administrativos se devem ater aos termos da sua proposta contratual ou convite para contratar, não podendo alterá-los subsequentemente[55].

Sufragamos, no essencial, esta doutrina. Pelo que sintetizamos: a alteração do tecido contratual, frustrando expectativas criadas, atinge valores profundos ligados à lealdade, à confiança e à própria igualdade dos concorrentes. Doutra perspectiva: tal alteração, após a sua abertura, equivaleria a anular todo o efeito prático do concurso e a esvaziar a axiologia que por lei subjaz a esse tipo de procedimento administrativo.

Em coerência, sendo princípio firme do nosso ordenamento jurídico dos contratos administrativos o da observância

---

[53] Cfr. MARCELO REBELO DE SOUSA, *O concurso...*, p. 69.
[54] Cfr. MARCELO REBELO DE SOUSA, *O concurso...*, pp. 69 e 70.
[55] Cfr. MARCELO REBELO DE SOUSA, *O concurso...*, pp. 30 e 31.

estrita das regras do jogo pré-estabelecidas[56], tem de se concluir que, no caso da consulta, não podia a Comissão de Avaliação ter introduzido as modificações que efectivamente introduziu no critério de adjudicação aqui em apreciação — o *regime tarifário*.

Tendo-o feito, e nos termos em que o fez, daí decorre que se a entidade adjudicante homologar o Relatório elaborado pela Comissão de Avaliação e, consequentemente, adjudicar a concessão ao Concorrente Feiráqua tal acto de adjudicação será inválido por desrespeito do princípio (do direito dos contratos administrativos) da estabilidade das regras pré-estabelecidas nos documentos do concurso, princípio que, constituindo refracção dos princípios da segurança jurídica e da confiança, se filia, em última análise, no princípio geral de direito da boa fé (artigos 6.º-A do CPA e 266.º da Constituição).

E, claro está, sendo inválido tal acto de adjudicação, inválido será também o contrato administrativo de concessão que venha a ser celebrado na sua sequência (cfr. artigo 185.º, n.ºs 1 e 3, alínea *a)*, do CPA).

16. Porém, mesmo que se admitisse que não era necessariamente assim, ou seja, que seria possível a ulterior modificação pela entidade adjudicante das regras do concurso, uma coisa seria sempre certa: está fora de qualquer dúvida que o respeito pelas regras pré-estabelecidas se traduziria nessa hipótese, pelo menos, numa vinculação procedimental.

Ou seja: nessa perspectiva, e sem prejuízo de uma eventual obrigação de indemnizar por acto lícito os prejuízos sofridos pelos concorrentes, a Administração poderia, por razões de interesse público, as quais sempre teriam de ser devidamente fundamentadas, alterar algumas das regras pré-estabelecidas. Porém,

---

[56] Cfr. LAUBADÈRE/MODERNE/DELVOLVÉ, *Traité des contrats administratifs*..., I, cit., p. 643.

ainda que assim fosse, que não é, tais modificações não podiam deixar de ser comunicadas aos interessados e, se isso fosse necessário, deviam ser acompanhadas da fixação de um novo prazo para apresentação das propostas[57].

Portanto, mesmo que se defendesse que, no caso em apreciação, a vinculação às regras pré-estabelecidas não era absoluta mas apenas relativa (o que, repete-se, se conjectura por mera hipótese académica), sempre se teria de concluir que, sob pena de violação da relação de confiança fundada no acto de abertura do concurso, *a densificação e a modificação* do critério do regime tarifário deliberada pela Comissão de Avaliação não podia deixar de ter sido comunicada, e em tempo útil, aos interessados, com um novo prazo para apresentação ou reformulação de propostas. Não o tendo sido, como vimos, impõe-se também logicamente concluir, mesmo de acordo com esta linha de raciocínio, que o acto de adjudicação e o contrato de concessão que possam eventualmente vir a ter lugar na sequência da homologação pela entidade adjudicante do Relatório da Comissão seriam igualmente inválidos por desrespeito dos princípios da segurança jurídica e da confiança inerentes ao princípio da boa fé (artigos 6.º-A do CPA e 266.º, n.º 1, da Constituição).

17. Resumindo e concluindo a resposta à primeira questão da Consulta: por força da vinculação absoluta da Administração às regras pré-estabelecidas aquando da abertura do concurso, decorrente do princípio da estabilidade das regras, corolário do princípio da confiança (e da boa fé), não podia a Comissão de Avaliação ter introduzido as modificações que efectivamente introduziu no critério do *regime tarifário*. Tendo-o feito, o acto de adjudicação e o contrato de concessão que eventualmente ocorram na sequência da homologação do seu Relatório pela entidade adjudicante serão inválidos.

---

[57] Cfr. MARGARIDA CABRAL, *O concurso...*, pp. 147 e 148.

A conclusão seria a mesma caso se não aceitasse (o que se admite sem conceder) uma vinculação absoluta da entidade adjudicante às regras pré-estabelecidas nos documentos do concurso: os princípios da segurança jurídica e da protecção da confiança não permitem que, na fase de abertura do concurso se proponham certos critérios de adjudicação, que os concorrentes aceitam, e, mais tarde, sem prévia notificação aos interessados, se venha juntar a esses critérios outros, de reformulação das condições do concurso, que influenciem ou determinem a aplicação dos primeiros.

§ 3.º
Da ilegalidade da integração feita pela Comissão da lacuna existente na proposta económica do Concorrente n.º 2 em matéria de «*retribuição do concedente*»

I — Preliminares

18. Debrucemo-nos agora sobre a segunda questão da consulta, a qual consiste em saber se é juridicamente admissível a integração pela Comissão da Proposta Económica do Concorrente n.º 2.
Recordemos os termos em que a questão surgiu.
De acordo com o n.º 10.6 do Programa de Concurso, o valor da retribuição a pagar pelo concessionário ao concedente incluía duas componentes, "sendo a primeira a definida nos termos do artigo 61.º do Caderno de Encargos e a segunda objecto de proposta pelos concorrentes"; esta segunda componente correspondia "ao valor da retribuição anual a pagar pelo Concessionário ao Concedente a partir, pelo menos, do início do 25.º ano da concessão, até ao termo desta" (cfr. n.º 2 do ponto 10.6). Ora, a Comissão de Avaliação, depois de o concorrente Feiráqua ter referido, a pp. 22 da sua Proposta Económica,

que o valor da segunda componente da retribuição à concedente será "decisão da Concessionária" e que "em relação a esta segunda parcela, a Concessionária irá atribuir à Câmara Municipal de Santa Maria da Feira uma 2.ª componente de renda anual indexada ao valor da facturação anual e correspondente a 10% desse valor, ocorrendo o primeiro pagamento no ano 2023 (25.º ano da concessão)", a Comissão de Avaliação, dizíamos, entendeu, a fls. 130 do seu Relatório, não apenas que a Feiráqua "(...) propôs uma retribuição variável anualmente, correspondente a «10% do total de facturação anual obtida no ano anterior» (sic)" e que "os valores, indicados a preços correntes, incluídos na demonstração de resultados deste concorrente, relativa à verba «renda à Adjudicante» (sic) constituem a sua proposta relativa ao pagamento da segunda componente da remuneração", como também que "aplicando as taxas de inflação anual consideradas por este concorrente na pág. 4 do «Estudo de viabilidade económico-fianceira da Concessionária», ou seja, taxa de 2,3% em todos os anos, à excepção do ano 2000, em que é de 2,2%, resulta que a proposta deste concorrente é constituída pelos valores, a preços constantes à data de Março de 1998 (data da apresentação da proposta) (...)", referidos num quadro que depois se representa graficamente.

Equacionaremos o problema enunciado numa tríplice perspectiva. Primeiro, à luz do princípio da igualdade; depois, sob o prisma do disposto no artigo 13.º do Decreto-Lei n.º 379/93, de 5 de Novembro; finalmente, ante os ditames que fluem do princípio da imparcialidade.

II — Análise da questão à luz do princípio da igualdade

19. Como é sabido, o princípio da igualdade constitui um dos elementos estruturantes do constitucionalismo moderno, assumindo, aí, desde os seus primórdios, um lugar de destaque.

Na verdade, o princípio da igualdade dos homens surge expressamente consagrado logo no *Virginia Bill of Rights*, de 1776, e na Constituição de Massachussets, de 1780. Da mesma forma, em França, a Declaração dos Direitos do Homem e do Cidadão, de 1789, "a fonte das Constituições liberais portuguesas"[58], continha, logo no seu artigo 1.º, a célebre fórmula «les hommes naissent et demeurent libres et égaux en droits»[59].

O constitucionalismo português teve, igualmente, desde o início, percepção da importância fundamental do princípio da igualdade. É significativo que o artigo 11.º das Bases da Constituição aprovadas pelas Cortes Gerais Extraordinárias e Constituintes da Nação Portuguesa, em 9 de Março de 1821, tenha proclamado solenemente o princípio de que "*a lei é igual para todos*". O princípio manteve-se ao longo de todo o nosso constitucionalismo[60]. É, por isso, sem surpresas que, na actual Constituição, se proclama inequivocamente, no n.º 1 do seu artigo 13.º, que "todos os cidadãos têm a mesma dignidade social e são iguais perante a lei".

O sentido do princípio da igualdade não tem sido, no entanto, uniforme ao longo dos tempos[61]. Mesmo sem referir períodos anteriores ao constitucionalismo liberal, o princípio da igualdade começou por ser entendido e interpretado, no século passado, numa perspectiva exclusivamente formal: a igualdade

---

[58] Cfr. JORGE MIRANDA, *Manual de Direito Constitucional*, IV, Coimbra, 1993, p. 205.

[59] Cfr. MARIA DA GLÓRIA FERREIRA PINTO, "Princípio da Igualdade — Fórmula Vazia ou Fórmula Carregada de Sentido?", separata do *Boletim do Ministério da Justiça*, n.º 358, 1987, p. 26.

[60] Cfr. artigo 9.º da Constituição de 1822; artigo 145.º, parágrafo 12 da Carta Constitucional de 1826; artigo 10.º da Constituição de 1838; artigo 3.º, n.º 2, da Constituição de 1911; artigo 5.º da Constituição de 1933.

[61] Cfr. uma boa síntese dessa evolução no recente Acórdão do Tribunal Constitucional n.º 549/97, in *Diário da República*, II, n.º 280, de 4 de Dezembro de 1997, pp. 14 893.

cumpria-se numa *igual aplicação da lei* a todos os cidadãos. "Numa fórmula sintética, sistematicamente repetida, escrevia Anschütz: *as leis devem ser executadas sem olhar às pessoas*"[62]. O princípio da igualdade traduzia-se, por isso, numa pura exigência de generalidade da lei, confundindo-se com o princípio de prevalência da lei[63]. Hoje, porém, é ponto assente que igualdade e generalidade não são sinónimos, não constituindo o princípio da igualdade uma simples "refracção do princípio da legalidade"[64]. O princípio da igualdade não se circunscreve à obrigação de os órgãos administrativos e jurisdicionais aplicarem a lei de modo igual[65], envolvendo ainda, como sua componente essencial, uma ideia de igualdade *na própria lei* ou *através da lei* [66].

Seja como for, se a força expansiva do princípio da igualdade o eleva, nos nossos dias, a um princípio oponível inclusivamente ao próprio legislador, a verdade é que, hoje como ontem, o princípio da igualdade constitui um importante limite que, não só os tribunais, como as próprias autoridades administrativas devem observar na sua actividade. Designadamente, os procedimentos de concurso estão subordinados ao princípio, particularmente exigente, da efectiva igualdade entre todos os concorrentes.

20. O princípio da igualdade assume inequívoca relevância na formação dos contratos administrativos[67]. Na verdade, além de assegurar a inexistência de desequilíbrios de situações jurídi-

---

[62] Cfr. GOMES CANOTILHO, *Direito Constitucional* ..., pp. 388-389.

[63] Cfr. MARIA DA GLÓRIA FERREIRA PINTO, "Princípio da Igualdade — Fórmula Vazia ou Fórmula Carregada de Sentido ?", cit., p. 26.

[64] Cfr. GOMES CANOTILHO, *Constituição dirigente...*, p. 381.

[65] Cfr. ALVES CORREIA, *O Plano Urbanístico e o Princípio da Igualdade*, Coimbra, 1989, p. 401.

[66] Cfr. JORGE MIRANDA, *Manual*..., IV, p. 219.

[67] Cfr. LAUBADÈRE/MODERNE/DELVOLVÉ, *Traité*, I, pp. 609 e segs..

cas contratuais, ele está subjacente à opção preferencial do legislador pelo procedimento concursal na formação dos contratos administrativos (cfr. artigo 182.º do CPA). O procedimento eleito pelo legislador visa, justamente, assegurar a publicidade, a transparência e, sobretudo, a não discriminação entre os interessados no procedimento e decisão do concurso[68].

O princípio da igualdade postula, como assinala Marcelo Rebelo de Sousa, "o tratamento não discriminatório dos concorrentes ao longo de todo o procedimento de concurso público, impondo, concretamente, que as propostas sejam apreciadas tal como são e apenas em função do respectivo mérito objectivo". Quer isto significar, como concretiza este Autor, "que a decisão não pode recair sobre outra realidade que não seja a constituída pelas propostas dos concorrentes, tal como elas foram formuladas". Viola, portanto, "o princípio da igualdade a reformulação, para efeitos de decisão, das propostas dos concorrentes, ainda que a pretexto de facilitar ou tornar possível a respectiva comparação. Cada proposta é dotada de uma lógica global e ninguém pode garantir qual seria a conduta do respectivo concorrente se tivesse de a reajustar à luz de critérios de reformulação para efeitos comparativos adoptados pela Administração Pública"[69].

21. Ora, no caso da consulta, houve, efectivamente, uma reformulação da proposta do concorrente n.º 2 — Feiráqua.

Na verdade, ante o seu teor simultaneamente vago e lacunar — a Feiráqua não apresentou, ao contrário do que fizeram os demais concorrentes, e como era exigido no Programa de Concurso, uma segunda componente de retribuição do concedente traduzida em verbas absolutas, precisas e actualizadas de

---

[68] Cfr. MARCELO REBELO DE SOUSA, O concurso..., p. 23.
[69] Cfr. MARCELO REBELO DE SOUSA, O concurso..., pp. 74 e 75.

acordo com os índices de inflação propostos — a Comissão de Avaliação "teve" de a integrar e reformular por forma a poder compará-la com as dos demais concorrentes. Foi assim, primeiro, que, sem qualquer base no teor literal da mesma (pois que, aí, como vimos, não se faz qualquer referência ao "ano anterior"), entendeu, para efeitos do n.º 2 do ponto 10.6 do Programa de Concurso, que o concorrente n.º 2 propôs uma retribuição à concedente variável anualmente, equivalente a "10% do total da facturação anual obtida no ano anterior"; foi assim, depois, que considerou, a seu bel-talante, para os mesmos efeitos, e sem que isso resultasse óbvio da proposta, que aquela retribuição correspondia "aos valores incluídos na demonstração de resultados do concorrente na parte relativa à «renda à adjudicante»"; e foi assim que, de seguida, desinflacionou aqueles valores com base nas taxas de inflação referidas no "Estudo de viabilidade económico-financeira da concessionária" apresentado pela Feiráqua. Só no termo deste complexo e verdadeiro procedimento de *reformulação* pôde, na verdade, a Comissão obter um valor de retribuição a imputar à concedente, susceptível de permitir a comparação da proposta da Feiráqua com as propostas dos demais concorrentes — onde aqueles valores eram, logo à partida, como foi referido, indicados de forma absoluta, precisa e clara.

Este procedimento reconstrutivo da proposta económica do concorrente n.º 2 é, assim, inadmissível à luz do princípio da igualdade.

Acresce que, e bem vistas as coisas, não é só por que "cada proposta é dotada de uma lógica global e ninguém pode garantir qual seria a conduta do respectivo concorrente se tivesse de a reajustar à luz de critérios de reformulação para efeitos comparativos adoptados pela Administração Pública" (Marcelo Rebelo de Sousa) que o princípio da igualdade veda à Administração a integração de propostas lacunares dos concorrentes.

Com efeito, a reconstituição, pela entidade adjudicante, de uma proposta lacunar de um concorrente implica a reconstituição, pela Administração, da vontade hipotética do particular, ou seja, a ponderação da vontade que ele teria tido caso houvesse previsto o ponto omisso. Efectivamente, e não obstante ser certo que a expressão vontade hipotética é "plurisignificativa", certo é também que, "na determinação da natureza da vontade hipotética das partes, (se) tem formado um consenso doutrinário em como não se trata de vontade naturalística, a indagar por meios psicológicos. Uma teoria naturalística a singrar depararia com obstáculos intransponíveis: não houve no momento necessário (...) a vontade necessária, donde a lacuna"[70]. A partir daqui, qualquer vontade imputável aos concorrentes deve ser uma vontade reconstruída. E não se pense que se trata, este, de um consenso doutrinário restrito do círculo dos jusprivatistas. Com efeito, "quando no Direito Constitucional a doutrina apela à vontade hipotética do legislador, está obviamente a pensar numa vontade objectivada"[71]. Do mesmo modo, "uma parte importante da doutrina reconhece hoje que a resposta à questão de saber se a autoridade administrativa teria emitido o acto sem a parte ilegal, prescinde da vontade subjectiva ou, em certo sentido, hipotética do autor do acto e é apreciada segundo critérios objectivos"[72].

Ora, a mencionada determinação da vontade hipotética do concorrente é inadmissível à luz do princípio da igualdade, porquanto implica uma inegável participação criativa por parte da entidade adjudicante. É que, ao conjecturar os termos em que o concorrente preencheria a lacuna caso tivesse previsto o ponto

---

[70] Cfr. MENEZES CORDEIRO, *Da Boa Fé...*, II, pp. 1068-1069, em nota.

[71] Cfr. RUI MEDEIROS, *A Decisão de Inconstitucionalidade (Os Autores, o Conteúdo e os Efeitos da Decisão de Inconstitucionalidade da Lei)*, I, policopiado, Lisboa, 1998, p. 408.

[72] Cfr. RUI MEDEIROS, *A Decisão de Inconstitucionalidade*, pp. 408-409.

omisso — no caso, os valores precisos a remunerar ao concedente desde o 25.º ano da concessão e até ao fim desta —, o que a entidade adjudicante está no fundo a fazer é a assumir-se também como co-proponente da proposta onde se regista a incompletude. Ora, como resulta óbvio, tal é absolutamente proscrito nos procedimentos de concurso: sob pena de violação grosseira do princípio da igualdade, a entidade adjudicante não pode extravasar aquele que é, de acordo com a lei, o seu genuíno papel de entidade incumbida de escolher propostas apresentadas, a seu convite, "por estranhos", e cumulá-lo, também e simultaneamente, com o de concorrente.

Por outro lado, afigura-se-nos óbvio e elementar que a Administração Pública não pode substituir-se aos particulares, praticando os actos jurídicos que eles tenham o dever ou o ónus de praticar: fazê-lo seria violar grosseiramente o princípio da prossecução do interesse público, consagrado no artigo 266.º, n.º 1, da Constituição: seria admitir que a Administração, em vez de cuidar só da gestão pública dos interesses colectivos, podia também dedicar-se à gestão privada de interesses particulares. Seria a modalidade mais grave do *desvio de poder*. É certo que os particulares podem ser convidados a suprir as deficiências dos seus actos (cfr. artigo 76.º, n.º 1, do CPA). Mas têm de ser eles a fazê-lo, por via de regra; o suprimento oficioso de deficiências dos actos dos particulares só pode ter lugar, excepcionalmente, quando tais deficiências assumam a forma de "simples irregularidade" ou "mera imperfeição" (cfr. artigo 76.º, n.º 2, do CPA), o que não é manifestamente o caso — o que aqui faltava era um elemento essencial da proposta da Feiráqua, exigido no Programa de Concurso, sem o qual não era possível compará-la com as demais. E, em qualquer caso, o disposto no n.º 2 do artigo 76.º do CPA nunca poderá valer contra o princípio da igualdade.

Em suma, se a entidade adjudicante homologar o Relatório elaborado pela Comissão de Avaliação e, consequentemente, adjudicar a proposta do Concorrente Feiráqua, tal acto de adjudicação será, pelos motivos expostos, inválido por desrespeito do princípio da igualdade (artigos 5.º, n.º 1, do CPA e 13.º, n.º 1, e 266.º, n.º 1, da Constituição) e por desvio de poder. E, naturalmente, sendo inválido tal acto de adjudicação, inválido será também o contrato administrativo de concessão que venha a ser celebrado na sua sequência (artigo 185.º, n.ºs 1 e 3 do CPA).

II — Análise da questão à luz do artigo 13.º do Decreto-Lei n.º 379/93

22. Dispõe-se no artigo 13.º do Decreto-Lei n.º 379/93, diploma (também) aplicável ao futuro contrato, que "a exploração do serviço concessionado é efectuada por conta e risco da concessionária".

Trata-se, este, de um traço bem característico da figura da concessão, a qual recorde-se, consiste, justamente, numa "forma de exercício voluntário e funcional de actividades próprias da entidade concedente, prestado subordinadamente e em nome, por conta, e risco próprios, pela entidade concessionária"[73]. Como explica Jean Rivero, a originalidade do instituto da concessão foi sempre a de permitir aos entes administrativos manter certos empreendimentos "sob a autoridade do poder público, fazer funcionar na sua gestão o móbil do lucro capitalista, na óptica liberal de estímulo do progresso económico, e, finalmente, descarregar sobre o concessionário os riscos financeiros dessas iniciativas"[74].

Não se trata, porém de um princípio absolutamente rígido. Como, entre nós, referia Marcello Caetano, bem pode suceder

---

[73] Cfr. MARQUES GUEDES, *A Concessão*, I, Lisboa, 1954, p. 156.

[74] Cfr. JEAN RIVERO, *Direito Administrativo* (tradução portuguesa), Coimbra, 1981, p. 518.

que, em determinados casos, o concedente preste *assistência financeira* aos concessionários de serviços públicos e de obras públicas através, designadamente, de "*subvenções, subsídios, garantias de rendimento*". Em especial, pode isso ocorrer naqueles casos "em que o concedente pretenda praticar preços políticos" ou quando "importa estimular e favorecer o arranque de um serviço destinado a proporcionar a utilização de meios técnicos pouco vulgarizados e cujo hábito importa primeiro difundir"[75]. Esta assistência pode realizar-se de diferentes modos. Assim, "umas vezes trata-se de prestações certas e regulares a pagar ao concessionário durante certo número de anos (uma subvenção fixa anual, por exemplo). Outras vezes trata-se de prestações eventuais que o concedente só pagará se os rendimentos da exploração do ano não permitirem a remuneração do capital investido (garantia de dividendo) ou só do capital obtido por empréstimo (garantia de juros). Noutros casos, ainda, o subsídio é eventual e extraordinário destinando-se a compensar certos prejuízos que se hajam verificado por motivos imprevistos, ou certas despesas anormais"[76].

Seja como for, e à parte esses ou outros motivos similares, parece-nos que deve continuar a assentar-se na ideia de que a assunção de *algum* risco económico pelo concessionário constitui marca idiossincrática da concessão[77]. Como diz Bettinger, "a essência da concessão é deixar, em princípio, a cargo do concessionário as áleas de exploração; ele deve explorar a concessão por sua conta e risco. Se a gestão é deficitária, ele deverá suportar as consequências. Em contrapartida, o risco que corre contribui para justificar os benefícios que poderá obter se a gestão

---

[75] Cfr. MARCELLO CAETANO, *Manual...*, II, p. 1127.
[76] Cfr. MARCELLO CAETANO, *Manual...*, II, p. 1127.
[77] Cfr., por exemplo, CHRISTIAN BETTINGER/GILLES LE CHATELIER, *Les Nouveaux Enjeux de La Concession*, Paris, 1995, pp.16-17.

for lucrativa"[78]. E, para o que nos interessa directamente, o mencionado artigo 13.º do Decreto-Lei n.º 379/93, de 5 de Novembro, não deixa, como vimos, qualquer dúvida quanto ao facto de ser essa a regra nas concessões a que se aplica (como será a do caso da consulta). Em suma, o futuro concessionário deverá tomar a seu exclusivo cargo o conjunto das actividades que constituem o objecto da concessão com os seus benefícios e as suas perdas eventuais.

23. Ora, como referimos, o concorrente n.º 2 escreveu na sua Proposta Económica, não só que o valor da segunda componente da retribuição à concedente será "decisão da Concessionária", mas também que, em relação a esta segunda parcela de retribuição, "a Concessionária irá atribuir à Câmara Municipal de Santa Maria da Feira uma 2.ª componente de renda anual indexada ao valor da facturação anual e correspondente a 10% desse valor, ocorrendo o primeiro pagamento no ano 2023 (25.º ano da concessão)".
Para além de a primeira referência citada indiciar já, só por si, uma intenção do futuro co-contratante de transferência do risco da exploração para o concedente, o certo é que a segunda não deixa qualquer dúvida a respeito de que foi efectivamente essa a vontade do concorrente Feiráqua. É que, ao propor que a retribuição a atribuir ao concedente a partir do 25.º ano da concessão, e até ao termo desta, corresponda a 10% do valor global da facturação por si obtida, o Concorrente n.º 2 está, no fundo, a dizer, ao arrepio do que vimos dispor claramente a lei aplicável ao futuro contrato e constituir regra ancestral em matéria de concessões, que, a partir dessa data, o risco da exploração do sistema passa também a correr parcialmente por conta

---

[78] CHRISTIAN BETTINGER, *La Concession de Service Public et de Travaux Publics*, Paris, 1978, p. 117.

da entidade adjudicante. Com efeito, se a facturação alcançada for positiva, o concedente receberá 10% do seu valor (montante que, neste momento, é absolutamente impossível de precisar); se o não for, resta ao concedente, passe a expressão, partilhar com o seu co-contratante as mágoas de uma exploração desventurosa. Na verdade, e para que se não diga que exageramos, neste momento, atentas todas as cambiantes que podem vir a afectar no futuro aquela exploração, o concessionário, com a fórmula de retribuição proposta, está longe de poder assegurar o cumprimento das suas obrigações contratuais em matéria de retribuição à entidade adjudicante entre o 25.º ano e o termo da concessão.

Como valorar juridicamente esta desconformidade entre a proposta da Feiráqua e o teor do artigo 13.º do Decreto-Lei n.º 379/93?

O REOP não prevê, com carácter geral[79], a situação de, na fase de avaliação de propostas, se chegar à conclusão que uma delas é inaceitável. Nestes termos, o intérprete deverá, por força do disposto no artigo 236.º deste diploma, recorrer a legislação que preveja casos análogos. Ora, um diploma que prevê um caso análogo é o Decreto-Lei n.º 55/95, de 29 de Março[80], que, no seu artigo 66.º, n.º 2, dispõe justamente que a comissão deverá propor a rejeição das propostas que repute inaceitáveis.

Nestes termos, por força da aplicação analógica do artigo 66.º, n.º 2, do Decreto-Lei n.º 55/95, de 29 de Março, *ex vi* do artigo 236.º do REOP, a proposta do concorrente n.º 2 deverá ser rejeitada pela Comissão — ou, se a Comissão, não tomar

---

[79] Cfr., porém, o disposto no artigo 97.º, n.ºs 3 a 5, deste diploma, em sede de propostas de preço anormalmente baixo.

[80] Este diploma estabelece o regime da realização de despesas públicas com locação, empreitada de obras públicas, prestação de serviços e aquisição de bens, bem como o da contratação pública relativa à prestação de serviços, locação e aquisição de bens móveis (artigo 1.º).

essa iniciativa, pela entidade adjudicante aquando da deliberação final — com fundamento na violação pela mesma do disposto no artigo 13.º do Decreto-Lei n.º 379/93, de 5 de Dezembro.

III — Análise da questão à luz do princípio da imparcialidade

24. A questão da transferência do risco da exploração para o concedente, proposta pelo concorrente n.º 2 (Feiráqua), pode e deve ser também analisada sob a óptica do princípio da imparcialidade.

Na verdade, a Comissão, na análise e apreciação das propostas dos concorrentes sob o prisma da retribuição do adjudicante, em momento algum ponderou o facto de a proposta do concorrente conduzir à transferência parcial do risco da exploração para a entidade adjudicante. É que, se é indiscutível que a retribuição do concedente fica dependente dos resultados da exploração do concessionário e, assim sendo, se torna aleatória, a verdade é que em momento algum a Comissão de Avaliação ponderou o factor de risco assim introduzido. Ora, como se vai ver, essa falta de ponderação é incompatível com as exigências que se extraem do princípio constitucional e legal da imparcialidade.

25. A Constituição consagra o princípio fundamental de que os órgãos e agentes administrativos devem actuar, no exercício das suas funções, com respeito pelo princípio da imparcialidade (n.º 2 do artigo 266.º da Constituição)[81]. O artigo 6.º do

---

[81] Sobre este princípio, cfr., entre nós, VIEIRA DE ANDRADE, "A imparcialidade da Administração como princípio constitucional", in *Boletim da Faculdade de Direito da Universidade de Coimbra*, Coimbra, 1974, pp. 233 e segs.; BAPTISTA MACHADO, *Lições de introdução ao direito público*, in *Obra Dispersa*, II, Braga, 1993, pp. 349 e segs.. Cfr. também, por último, MARIA TERESA DE MELO RIBEIRO, *O Princípio da Imparcialidade da Administração*

CPA considera, por seu lado, princípio geral da actividade administrativa o princípio segundo o qual, "no exercício da sua actividade, a Administração Pública deve tratar de forma justa e imparcial todos os que com ela entrem em relação".

O princípio da imparcialidade vale para além do princípio da legalidade: tem um âmbito diverso e um sentido mais profundo. Pode mesmo dizer-se que ele assume um relevo prático autónomo precisamente para suprir eventuais insuficiências do controle da legalidade. Efectivamente, a legalidade considera-se satisfeita "desde que não se faça prova ou não resulte da fundamentação que os motivos principalmente determinantes do acto eram alheios ao interesse público específico, para a realização do qual a lei tinha concedido competência ao órgão ou agente administrativo (...). Simplesmente esquece-se, desta maneira simplista, a tendência actual da Administração para se libertar do rígido controle apriorístico da lei, tal como é concebido nos quadros da legalidade tradicional"[82]. O princípio da imparcialidade institui, justamente, "um novo critério jurídico objectivo para o julgamento da validade dos actos administrativos, que, se não impõe, nos momentos discricionários, uma solução única, faz depender essa validade de um elemento imperativo de adequação funcional justa ao bem público"[83].

26. O princípio da imparcialidade impõe, seguramente, que as decisões administrativas sejam determinadas exclusivamente com base em critérios próprios, adequados ao cumprimento das suas funções específicas no quadro da actividade

---

Pública, Coimbra, 1995; e DAVID DUARTE, *Procedimentalização, participação e fundamentação: para uma concretização do princípio da imparcialidade administrativa como parâmetro decisório*, Coimbra, 1997.

[82] Cfr. VIEIRA DE ANDRADE, "A imparcialidade...", cit., 1974, pp. 233 e segs..

[83] Cfr. VIEIRA DE ANDRADE, "A imparcialidade ...", cit., pp. 233 e segs..

geral do Estado, não tolerando que tais critérios sejam substituídos ou distorcidos por influência de interesses alheios à função, sejam estes interesses pessoais do funcionário, interesses de indivíduos, de grupos sociais, de partidos políticos, ou mesmo interesses políticos concretos do Governo"[84]. Ou seja, para utilizarmos uma fórmula feliz do Supremo Tribunal Administrativo, o princípio da imparcialidade impõe, entre outras coisas, que os órgãos e agentes administrativos "ajam de forma isenta e equidistante relativamente aos interesses em jogo nas situações que devem decidir ou sobre as quais se pronunciem sem carácter decisório"[85].

Mas o princípio não se esgota nessa exigência. No plano contratual (como nos demais), o princípio da imparcialidade impõe ainda, e de modo especial, "o dever por parte da Administração Pública de ponderar todos os interesses públicos secundários e os interesses privados equacionáveis para o efeito de certa decisão antes da sua adopção. Significa isto que na formação de um contrato administrativo deve a Administração Pública proceder a exaustiva ponderação de interesses, o que supõe o conhecimento cabal dos dados de facto a eles respeitantes"[86].

Efectivamente, como se reconhece hoje pacificamente, o princípio da imparcialidade não se esgota numa vertente negativa. Nesta, como é sabido, proíbe-se à Administração Pública que actue de acordo com objectivos que não correspondem à prossecução dos interesses postos por lei a seu cargo. O princípio da imparcialidade apresenta, no entanto, ainda uma importante vertente positiva. Neste segundo plano, "devem-se considerar parciais os actos ou comportamentos que manifestamente

---

[84] Cfr. VIEIRA DE ANDRADE, "A imparcialidade...", cit., pp. 224 e 225.
[85] Cfr. Acórdão do STA — Pleno da 1.ª Secção — de 16 de Novembro de 1995, in AD, n.º 411, pp. 372 e segs. e, em especial, 376.
[86] Cfr. MARCELO REBELO DE SOUSA, O concurso..., p. 41.

não resultem de uma exaustiva ponderação de interesses juridicamente protegidos"[87].

Esta "obrigação de ponderação comparativa implica um apreciável limite à discricionaridade administrativa, não só pela exclusão que comporta de qualquer valoração de interesses estranhos à previsão normativa, mas principalmente porque o real poder de escolha da autoridade pública só subsiste onde a protecção legislativa dos vários interesses seja de igual natureza e medida. Nesta vertente positiva da imparcialidade encontrará o juiz administrativo a via para anular os actos que se demonstre terem sido praticados sem a ponderação de interesses nos termos mencionados"[88]. É o que sucede quando, numa adjudicação, se verifica a ausência de uma adequada ponderação dos interesses tutelados[89].

A ausência de ponderação dos diferentes interesses em jogo — a qual, na maioria dos casos, é detectada pela fundamentação[90] — é, pois, o vício em que o princípio da imparcialidade aparece a suportar, ao lado dos restantes princípios jurídicos, a injunção de racionalidade decisória, caracterizando-se, justamente, "por reflectir a decisão que não é sustentada numa ponderação. A ausência de ponderação é, portanto, um vício da decisão que traduz a realização de um processo de decisão aleatório, no qual não são ponderados os interesses" em jogo[91].

27. Em face do exposto, e uma vez que, no caso da consulta, e tendo em conta o teor já referido do Relatório da Comissão de Avaliação, esta não ponderou o facto de a proposta

---

[87] Cfr. MARCELO REBELO DE SOUSA, *O concurso...*, p. 59.
[88] Cfr. MARCELO REBELO DE SOUSA, *O concurso...*, p. 60.
[89] Cfr. MARCELO REBELO DE SOUSA, *O concurso...*, p. 60.
[90] Cfr. SÉRVULO CORREIA, *Noções de Direito Administrativo*, I, p. 255.
[91] Cfr. DAVID DUARTE, *Procedimentalizão, participação e fundamentação*, p. 456.

do concorrente n.º 2 (Feiráqua) conduzir, claramente, a partir do 25.º ano da concessão, à transferência parcial do risco da exploração do sistema para a entidade adjudicante, a solução adoptada ofende as exigências que se extraem do princípio constitucional e legal da imparcialidade.

Deve, pois, considerar-se que se a entidade adjudicante homologar o Relatório elaborado pela Comissão de Avaliação e, consequentemente, adjudicar a concessão ao Concorrente Feiráqua, tal acto de adjudicação será inválido por desrespeito do princípio da imparcialidade (artigos 6.º do CPA e 266.º da Constituição). E, naturalmente, sendo inválido tal acto de adjudicação, inválido será também o contrato administrativo de concessão que venha a ser celebrado na sua sequência (artigo 185.º, n.ºs 1 e 3, alínea a), do CPA).

CONCLUSÕES

28. De tudo o que antecede extraímos, em síntese, as seguintes conclusões:

a) O acordo de vontades a firmar no termo do *iter* procedimental aberto através do citado Anúncio de 3 de Outubro de 1997 perfila-se, no essencial, como um *contrato administrativo misto de concessão de obras e de serviços públicos* (CPA, artigo 178.°, n.° 1 e 2, alínea *c)*);

b) À formação desse contrato e à exploração e gestão dos *serviços públicos municipais de tratamento e distribuição de água para consumo público e de recolha, tratamento e rejeição de efluentes* aplicam-se as regras constantes do Decreto-Lei n.° 379/93, de 5 de Novembro, do Decreto-Lei n.° 147/95, de 21 de Junho, e demais legislação referente a tais actividades;

c) Sendo princípio firme do nosso ordenamento jurídico dos contratos administrativos o da observância *estrita* das regras do jogo pré-estabelecidas pela Administração aquando da abertura de um concurso (princípio que, constituindo refracção dos princípios da segurança jurídica e da confiança, se filia, em última análise, no princípio geral de direito da boa fé — artigos 6.°-A do CPA e 266.° da Constituição), tem de se concluir que, no caso da consulta, não podia a Comissão de Avaliação ter introduzido as modificações que efectivamente introduziu no critério de adjudicação *regime tarifário*. Tendo-o feito, e nos termos em que o fez, daí decorre que se a entidade adjudicante homologar o Relatório elaborado pela Comissão de Avaliação e, consequentemente, adjudicar a concessão ao Concorrente n.º 2 (Feiráqua), tal acto de adjudicação será inválido — não tendo sorte diferente o contrato administrativo de concessão que venha a ser celebrado na sua sequência (artigo 185.º, n.ºs 1 e 3, alínea *a)*, do CPA);

d) Mesmo que se defendesse (o que se admite mas não concede) que, no caso em apreciação, a vinculação às regras pré-estabelecidas não era absoluta mas apenas relativa, sempre se teria de concluir que, sob pena de violação da relação de confiança fundada no acto de abertura do concurso, *a densificação* do critério do regime tarifário deliberada pela Comissão de Avaliação não podia deixar de ter sido comunicada, e em tempo útil, aos interessados, com fixação de um novo prazo para apresentação ou reformulação de propostas. Não o tendo sido, deve concluir-se, mesmo de acordo com esta linha de raciocínio, que a adjudicação e o contrato que, eventualmente, possam ocorrer na sequência de uma homologação pela entidade adjudicante do Relatório da Comissão serão igualmente inválidos por desrespeito dos princípios da segurança jurídica e da confiança inerentes ao princípio da boa fé (artigos 6.º-A do CPA e 266.º, n.º 1, da Constituição);

e) Se a entidade adjudicante homologar o Relatório elaborado pela Comissão de Avaliação e, consequentemente, adjudicar a concessão ao Concorrente Feiráqua, tal acto de adjudicação será inválido por desrespeito do princípio da igualdade (artigos 5.º, n.º 1, do CPA e 13.º, n.º 1, e 266.º, n.º 1, da Constituição), uma vez que este princípio veda a reformulação, pela Comissão, das propostas apresentadas pelos concorrentes (como manifestamente sucedeu no caso presente com a do concorrente n.º 2); o princípio da igualdade veda também a assunção, pelo promotor do concurso, do duplo papel de entidade adjudicante e co-proponente (o que sucederia caso se admitisse a reconstituição por aquela Comissão da vontade hipotética do proponente) —, assunção essa que, de resto, consubstanciaria outrossim um caso típico de desvio de poder. E, sendo inválido tal acto de adjudicação, inválido será também o contrato administrativo de concessão que venha a ser celebrado na sua sequência (artigo 185.º, n.ºs 1 e 3, alínea *a)*, do CPA);

f) Por força da aplicação analógica do artigo 66.º, n.º 2, do Decreto-Lei n.º 55/95, de 29 de Março, *ex vi* do artigo 236.º do REOP, a proposta do concorrente n.º 2 (Feiráqua) deverá ser rejeitada pela Comissão — ou, se a Comissão, não tomar essa iniciativa, pela entidade adjudicante aquando da deliberação final —, uma vez que, conduzindo a mesma à transferência parcial do risco da exploração da concessão a partir do 25.º ano e até ao fim do contrato para a entidade adjudicante, viola, frontalmente, por esse modo, o disposto no artigo 13.º do Decreto-Lei n.º 379/93, de 5 de Dezembro;

g) Não tendo a Comissão de Avaliação, no seu Relatório, ponderado o facto de a proposta do concorrente n.º 2 conduzir à transferência parcial do risco da exploração para a entidade adjudicante, a solução adoptada ofende as exigências que se extraem do princípio constitucional e legal da imparcialidade (artigos 6.º do CPA e 266.º da Constituição). Nestes termos, se a entidade adjudicante homologar o Relatório elaborado pela Comissão de Avaliação e, consequentemente, adjudicar a concessão ao Concorrente Feiráqua, tal acto de adjudicação será inválido, sendo-o também, consequentemente, o contrato administrativo de concessão que venha eventualmente a ser celebrado na sua sequência (artigo 185.º, n.ºs 1 e 3, alínea *a)*, do CPA).

Lisboa, Janeiro de 1999

IV
Concessão de serviços públicos estaduais: devem os titulares de prédios onerados com servidões de gás natural ser ressarcidos pela afectação de cabos de fibra óptica a telecomunicações de uso público?

CONSULTA

Considerando terem sido constituídas *servidões de gás* sobre imóveis privados com vista à implantação e exploração das infra-estruturas das concessões do serviço público de transporte, fornecimento e distribuição de gás natural; considerando que nessas infra-estruturas se integram cabos de fibra óptica cuja capacidade excede a estritamente necessária às telecomunicações privativas do serviço do gás natural; considerando que é possível utilizar a capacidade excedentária dos cabos de fibra óptica para telecomunicações não privativas do serviço do gás natural — pergunta-se: a afectação da capacidade excedentária dos cabos de fibra óptica para fins de telecomunicações não privativas do serviço do gás natural conferirá aos proprietários dos imóveis onerados direito a algum ressarcimento?

PARECER

§ 1.º
Enquadramento

I — Preliminares

1. A determinação da natureza jurídica dos contratos de concessão do gás natural aconselha que comecemos por fazer uma referência (sumária) ao diploma que, entre nós, disciplinou, em termos gerais, o exercício das actividades do gás natural[1]: o Decreto-Lei n.º 374/89, de 25 de Outubro, posteriormente alterado pelo Decreto-Lei n.º 274-A/93, de 4 de Agosto. Na verdade, foi na sua linha e sequência que foram depois aprovadas as bases das concessões e, ulteriormente, formalizados entre o Estado e diversas sociedades comerciais os vários contratos de concessão.

Assumindo como "incontroverso que a introdução do gás natural se reveste da maior importância, dadas as qualidades endógenas desta forma de energia e as suas inegáveis potencialidades para o desenvolvimento da indústria nacional", para a

---

[1] Sobre a evolução histórica das actividades do gás natural e sobre a evolução do respectivo regime jurídico nos Estados Unidos da América, cfr., com muito interesse, respectivamente, os textos *A Brief History of the Natural Gas Industry* e *Public Policy and Natural Gas*, in *http://www.naturalgas.org.*.

"(...) preservação do meio ambiente" e para a recuperação "das zonas ambientais já poluídas"[2], por um lado, e, por outro, crendo que aquela introdução "possibilitará a diversificação do sistema energético português e, consequentemente, (...) a dependência em relação ao petróleo"[3], o Governo, através do mencionado Decreto-Lei n.º 374/89, definiu "o regime da importação de gás natural e do seu transporte e fornecimento através da rede de alta pressão, bem como o da sua distribuição e fornecimento através das redes regionais de baixa pressão" (artigo 1.º, n.º 1).

Nos n.ºs 3 a 5 do artigo 1.º deste diploma, especificou-se o conteúdo das várias actividades do gás natural. Assim, a importação "compreende o aprovisionamento de gás natural, no estado gasoso ou liquefeito, e a sua colocação no território nacional" (n.º 3); o transporte e o fornecimento através da rede de alta pressão "abrangem ainda as actividades de recepção, armazenagem, tratamento e eventual regaseificação" (n.º 4); e a distribuição e o fornecimento de gás natural através das redes regionais de baixa pressão "abrangem ainda as actividades de recepção e de armazenagem" (n.º 5).

E no n.º 6 do mesmo artigo 1.º dispôs-se que no âmbito do diploma se compreende também "a produção e fornecimento supletivos de gases de substituição do gás natural, incluindo a importação das respectivas matérias-primas".

Nos termos do artigo 2.º do mesmo Decreto-Lei n.º 374/89, esclareceu-se que aquelas "actividades (...) são exercidas, em regime de serviço público e de exclusivo, por empresas legalmente constituídas e para o efeito vocacionadas, mediante concessão". A justificação deste preceito foi exposta no preâmbulo do Decreto-Lei n.º 374/89. Diz-se aí que "o reconhecimento pelo Governo da importância que reveste a introdução

---

[2] Cfr. §§ 2.º e 3.º do preâmbulo do Decreto-Lei n.º 374/89.
[3] Cfr. § 4.º do preâmbulo do Decreto-Lei n.º 374/89.

do gás natural leva-o a considerar o exercício da actividade ligada à sua utilização como serviço público que deverá ser desenvolvido com eficácia e dinamismo" e que "considera o Governo que o regime mais dinâmico e profícuo para o exercício deste serviço público será o da atribuição de concessões a empresas legalmente constituídas, as quais suportarão os custos inerentes à construção das instalações, gasodutos e redes de distribuição de gás natural"[4].

2. Aprofundemos o conteúdo deste artigo 2.º do Decreto-Lei n.º 374/89.

Refere-se, em primeiro lugar, que as actividades do gás natural serão exercidas em regime de *serviço público*. Tal significa, numa palavra, que elas serão desenvolvidas por forma a facultar "por modo, regular e contínuo, a quantos deles careçam, os meios idóneos para satisfação d(a) necessidade colectiva"[5] de abastecimento e consumo de gás natural.

Depois — acrescenta o citado artigo 2.º —, o exercício de tais actividades goza de *exclusivo*. A referência não surpreende. Na verdade, é frequente funcionarem dessa forma muitos serviços públicos de *carácter económico*, isto é, é normal que "na área onde exerce(m) a sua actividade (fique) proibido o exercício da mesma actividade comercial ou industrial por empresas privadas"[6]. Entende-se que se pode muitas vezes "(...) mostrar perigosa para o interesse público a incerteza ou insegurança da competição das empresas e da oscilação dos preços"[7]. Portanto, quando uma concessão de serviço público é dada com tal garantia, isso significa que o concedente assume a obrigação de, no

---

[4] Cfr. §§ 7.º e 8.º do preâmbulo.
[5] Cfr. MARCELLO CAETANO, *Manual de Direito Administrativo*, II, 10.ª ed., Coimbra, 1991 (mas 1974), p. 1067.
[6] Cfr. MARCELLO CAETANO, *Manual*, II, p. 1077.
[7] Cfr. MARCELLO CAETANO, *Manual*, II, p. 1076.

respectivo âmbito territorial, "não consentir a mais ninguém o exercício da actividade que haja sido objecto de concessão"[8]. Como observam Bettinger e le Chatelier, "a exclusividade atribuída ao concessionário durante a vigência do contrato traz aos investidores uma segurança que eles não encontrariam num mercado concorrencial"[9].

Finalmente, refere-se no artigo 2.º que as actividades do *serviço público* do gás natural serão exercidas (em regime de *exclusivo*) por empresas particulares mediante *concessão*.

Quanto à expressão "concessão", para além de não ser privativa do Direito Administrativo[10], mesmo neste, a acreditar no dizer de Laubadère / Moderne / Delvolvé, "(...) se quisermos abranger a totalidade dos actos jurídicos como tal designados, parece impossível reduzi-los a uma noção comum e fornecer uma definição e um critério"[11]. Sob essa designação comum podem efectivamente surpreender-se actos muitíssimo heterogéneos, quanto ao seu regime, estrutura e natureza jurídicas. Ainda assim, é possível apresentar, com Marcello Caetano, uma noção que espelhe com o desejável rigor os contornos do instituto concessório. Ensinava o fundador da Escola de Direito Público de Lisboa que, jurídico-administrativamente, deve

---

[8] Cfr. MARCELLO CAETANO, *Manual*, II, p. 1121.

[9] Cfr. CHRISTIAN BETTINGER/GILLES LE CHATELIER, *Les Nouveaux Enjeux de La Concession*, Paris, 1995, p. 63.

[10] Embora originário do Direito Administrativo, o termo *concessão* foi incorporado também na utensilagem jurídico-privada, tendo dado origem, por exemplo, à figura do contrato de concessão comercial. Sobre esta última, focando justamente a sua relação com a concessão administrativa, cfr. MARIA HELENA BRITO, *O Contrato de Concessão Comercial*, Coimbra, 1990, p. 51 e segs.

[11] Cfr. ANDRÉ DE LAUBADÈRE/ FRANCK MODERNE/ PIERRE DELVOLVÉ, *Traité des contrats administratifs*, I, 2.ª edição, Paris, 1983, p. 283. Registando também a ambiguidade do termo cfr., entre nós, MARQUES GUEDES, *A Concessão...*, I, p. 23-25.

entender-se por concessão a *"transferência de poderes próprios de uma pessoa administrativa para um particular a fim de que este os exerça por sua conta e risco mas no interesse público"*[12]. O traço típico da generalidade das concessões é, pois, a transferência (temporária e parcial) [13] do exercício de poderes reservados por lei a uma *pessoa colectiva pública* para (em regra) um *particular,* como *privilégios* justificados pelo interesse geral. Nestes termos, às concessionárias do serviço público do gás natural caberá, pois, o exercício, por sua conta e risco, das actividades do gás natural que, por lei, se diz serem apanágio do Estado.

3. Na linha do Decreto-Lei n.° 374/89 e tendo em vista a atribuição concreta das concessões, foram aprovadas pelo Decreto-Lei n.° 285/90, de 18 de Setembro, e pelo Decreto-Lei n.° 33/91, de 16 de Janeiro, respectivamente, deles fazendo parte integrante, as bases da concessão do *serviço público de importação de gás natural e do seu transporte e fornecimento através da rede de alta pressão* e as bases da concessão do *serviço público de distribuição regional de gás natural.* O Decreto-Lei n.° 285/90, de 18 de Setembro, foi posteriormente revogado e substituído pelo Decreto-Lei n.° 274-C/93, de 4 de Agosto.

No n.° 1 da Base I das Bases anexas ao Decreto-Lei n.° 274-C/93, estipula-se que o objecto do contrato de concessão é

---

[12] "Subsídios Para o Estudo da Teoria da Concessão de Serviços Públicos", in *Estudos de Direito Administrativo*, Lisboa, 1974, p. 92.

[13] *Temporária,* porque os poderes transferidos só podem ser usados e fruídos durante certo período, mais ou menos longo — o julgado em cada caso necessário para o concessionário amortizar os custos que suportou e obter ainda um lucro razoável. *Parcial,* porque a Administração nunca se demite de certa parcela de poder sobre a actividade cuja liberdade de exercício outorga a alguém. Como sintetiza MARCELLO CAETANO ("Subsídios para o Estudo...", cit., p. 93) "a Administração concedente conserva poderes de vigilância e de defesa do interesse público : é que, na raiz, a função concedida continua a pertencer-lhe".

o "serviço público de importação de gás natural e do seu transporte e fornecimento através da rede de alta pressão"; por sua vez, no n.º 1 da Base I das Bases anexas ao Decreto-Lei n.º 33/91, refere-se que "as concessões têm por objecto a exploração, em regime de serviço público, de redes de distribuição regional de gás natural (GN) e a construção das respectivas infra-estruturas, nos termos das presentes bases e demais legislação aplicável".

Porém, de acordo com as bases das concessões, as actividades a desenvolver pelas concessionárias no quadro das respectivas concessões não se cingem necessariamente às referidas. Com efeito, no n.º 4 da Base I das Bases anexas ao Decreto-Lei n.º 274-C/93, acrescenta-se que "precedendo autorização do Ministro da Indústria e Energia, dada caso a caso, a concessionária pode exercer outras actividades com fundamento no proveito daí resultante para o interesse da concessão ou dos clientes ou, ainda, na possibilidade de melhor aproveitamento dos meios e produtos da concessão, desde que essas actividades não prejudiquem a regularidade e a continuidade da prestação do serviço". E, no n.º 2 da Base II das Bases anexas ao Decreto-Lei n.º 33/91, dispõe-se, em nítido paralelismo com o estatuído a propósito da concessão da rede nacional de gás natural em alta pressão, que "as concessionárias poderão exercer actividades complementares das que constituem o objecto da concessão, mediante autorização do Ministro da Indústria e Energia".

As concessionárias podem, assim, nos termos destas disposições, exercer outras actividades além das actividades que constituem o objecto principal da concessão. É, pois, a esta luz que se enquadra, da perspectiva do regime jurídico do serviço público do gás natural, o exercício por aquelas entidades da actividade de telecomunicações não privativas desse serviço público [14].

---

[14] Claro que o exercício desse tipo de actividade deve também ser ponderado ante o disposto na Lei n.º 91/97, de 1 de Agosto, que define "as

Importa referir ainda duas notas a respeito destas normas relativas às actividades "complementares" das do gás natural.

Em primeiro lugar, não são absolutamente idênticos os termos dos preceitos constantes das duas bases das concessões relativamente a tais actividades. Ao passo que no preceito das bases da concessão da rede nacional de alta pressão se discriminam vários fundamentos para o exercício pelas concessionárias de outras actividades além das do gás natural, já no das bases das concessões das redes regionais de baixa pressão se refere, de forma genérica, que aquelas podem ser administrativamente autorizadas a exercer *actividades complementares das que constituem o objecto da concessão*. Em face desta discrepância literal, poder-se-ia ser tentado a raciocinar assim: o exercício da actividade de telecomunicações não privativas do gás natural parece fundamentar-se *unicamente* "na possibilidade de melhor aproveitamento dos meios e produtos da concessão" (cfr. do n.º 4 da Base I das Bases anexas ao Decreto-Lei n.º 274-C/93); porém, tal actividade deve considerar-se *acessória* das actividades do gás natural, porquanto não contribui nem para caracterizar o tipo contratual em causa nem para, directa ou indirectamente, realizar os interesses ou utilidades a que a concessão está funcionalmente ligada (quer dizer, sem a sua inserção, a satisfação dos interesses ligados à actividade económica concedida seria igualmente alcançada)[15]; nestes termos, rematar-se-ia, permitindo a

---

bases gerais a que obedece o estabelecimento, gestão e exploração de redes de telecomunicações e a prestação de serviços de telecomunicações" e, por outro lado, no Decreto-Lei n.º 381-A/97, de 30 de Dezembro, que regula "o regime de acesso à actividade de operador de redes públicas de telecomunicações e de prestador do serviço de telecomunicações de uso público".

[15] São *principais* aquelas actividades que se prendem directamente com o serviço concedido; são *complementares* aquelas actividades que, não respeitando ao núcleo essencial das que foram concedidas e que caracterizam o serviço, são, no entanto, necessárias para uma utilização mais eficiente e

lei às concessionárias das redes regionais apenas o exercício de actividades *complementares* deve concluir-se que está vedado a estas o exercício da actividade *acessória* de telecomunicações não privativas do gás natural. Tal raciocínio é, contudo, errado. Para além de estar longe de ser líquido que o exercício da actividade de telecomunicações não privativas do gás natural se fundamente *unicamente* no *melhor aproveitamento* (pelas concessionárias) *dos meios e produtos da concessão*, e não também (e desde logo) no seu *interesse* para à própria concessão[16] (caso em que se poderia dizer tratar-se essa actividade de uma actividade *complementar* e, nessa base, susceptível de permissão às concessionárias das redes regionais), da apontada diferença de formulações literais dos preceitos das bases da concessão não se deverá retirar qualquer ilação quanto ao tipo de actividades a desenvolver pelas concessionárias (a da rede nacional e as das redes regionais). Isto pela simples razão de que o exercício das actividades do gás natural, seja pela concessionária da rede nacional, seja pelas concessionárias das redes regionais, naquilo que tem de comum (transporte, fornecimento e distribuição de gás natural), assenta em meios técnicos praticamente idênticos (em ambas as infra-estruturas existe pelo menos gasoduto e cabos de fibra óptica). Assim, não

---

cómoda do serviço (ex., um restaurante numa carruagem de um combóio); são *acessórias* aquelas actividades que só indirectamente se relacionam com o objecto principal da concessão, ou seja, aquelas que não relevando directamente para a rendibilidade do serviço permitem, contudo, ao concessionário a exploração de actividades estranhas àquele serviço que lhe possam conferir uma posição de potencialidade acrescida de lucro na concorrência com empresas do mesmo sector. Cfr. neste sentido JEAN DUFAU, *Les Concessions de Service Public*, Paris, 1979, p. 111, apud PEDRO GONÇALVES, *Concessão de Serviços Públicos*, Coimbra, 1991, inédito, p.195.

[16] Com efeito, poderá dizer-se (sem esforço) que o desenvolvimento de tais actividades pode gerar rendimentos que, reinvestidos no projecto do gás natural, contribuam para melhorar a qualidade do serviço prestado e mesmo diminuir os custos do próprio gás natural fornecido.

teria sentido negar, com base num argumento formal, às concessionárias das redes regionais o exercício de actividades cujo fundamento seja também *a possibilidade de melhor aproveitamento dos meios e produtos da concessão*. Portanto, por patente analogia de situações, deve interpretar-se em sentido amplo, como abrangendo também as actividades acessórias, a expressão *actividades complementares* constante do n.º 1 da Base I das Bases anexas ao Decreto-Lei n.º 33/91 e entender-se, consequentemente, que as concessionárias das redes regionais de gás natural também poderão, se para tal forem administrativamente autorizadas, exercer a actividade de telecomunicações não privativas do gás natural.

Por outro lado, importa frisar que, como é fácil de compreender, a lei faz depender de algumas cautelas o exercício, pelas concessionárias, de outras actividades para além das que constituem o objecto principal do serviço público concedido. Efectivamente, tais actividades *deverão ser caso a caso autorizadas pelo Ministro competente* — hoje, o Ministro da Economia —, *ao qual cumpre, pois, assegurar, dentro dos parâmetros assinalados, que aquele exercício não comprometerá a regularidade e a continuidade na prestação do serviço público do transporte, fornecimento e distribuição do gás natural* (cfr. n.º 4 da Base I das Bases anexas ao Decreto-Lei n.º 274-C/93).

4. É frequente prever-se em contratos de concessão de serviços públicos a possibilidade de as concessionárias exercerem actividades complementares ou acessórias das que constituem o objecto da concessão. Entre nós, para além dos exemplos representados pelas concessões de serviço público que estamos a analisar, pode referir-se que tal sucede no âmbito da generalidade das *concessões de exploração de jogos de fortuna ou azar* (cfr. artigo 178.º, n.º 2, alínea *f*), do CPA)[17]. Outro caso (recente) é o da *concessão da concepção, do projecto, da construção, do financiamento, da*

---

[17] Cfr. FREITAS DO AMARAL, "*O Caso do Tamariz. Estudo de Jurisprudência Crítica*", in *O Direito*, ano 96, 1965, pp. 205-206

exploração e da manutenção da Nova Travessia rodoviária sobre o rio Tejo, bem como da exploração e manutenção da Actual Travessia na qual a LUSOPONTE — Concessionária para a Travessia do Tejo em Lisboa, S.A., se obrigou *acessoriamente* a efectuar a expropriação e recuperação das Salinas do Samouco (cfr. cláusula 73.°, n.° 2, do *Segundo Contrato da Concessão*).

O Direito Comparado comprova também esta realidade. Sirva de exemplo o ordenamento jurídico francês. Como sublinham os já citados Bettinger e le Chatelier, "o concessionário tende hoje a ver-lhe reconhecido, mais do que outrora, o direito de diversificar as suas actividades, seja no seu domínio de eleição seja em domínios vizinhos"[18]. Lembram ainda estes autores que, nesse sentido, se pronuncia há muito tempo uma figura autorizada da doutrina francesa. Efectivamente, Marcel Waline referira já no início dos anos 50 que não existia "nenhuma razão jurídica para interditar ao explorador de um serviço concedido a prossecução simultânea de outras explorações, acessórias ou não, no sector concorrencial"[19]. E exemplificando esta situação, referem aqueles autores, por um lado, que, em 1982, por ocasião da reforma da Sociedade Francesa de Caminhos de Ferro (SNCF), "os poderes públicos consagraram a diversificação deste concreto concessionário, autorizando-o a exercer todas as actividades que se ligassem directa ou indirectamente à sua missão, com filiais tendo um objeto conexo ou complementar", e, por outro lado, que também a própria Air France pôde, a partir de determinada altura, "estender as suas actividades para lá do objecto inicial da concessão"[20].

---

[18] Cfr. CHRISTIAN BETTINGER/GILLES LE CHATELIER, *Les Nouveaux Enjeux de La Concession*, p. 64.

[19] Cfr. CHRISTIAN BETTINGER/GILLES LE CHATELIER, *Les Nouveaux Enjeux de La Concession*, p. 64.

[20] Cfr. CHRISTIAN BETTINGER/GILLES LE CHATELIER, *Les Nouveaux Enjeux de La Concession*, p. 65.

II — Qualificação dos contratos de concessão do gás natural

5. Na sequência da aprovação das "leis de autorização"[21] das concessões do serviço público de transporte, fornecimento e distribuição de gás natural, foram posteriormente formalizados entre o Estado e diversas sociedades comerciais os respectivos contratos de concessão.

Assim, a concessão da *rede nacional* foi adjudicada à *Transgás — Sociedade Portuguesa de Gás natural, S.A.*; por sua vez, as concessões das *redes regionais* foram adjudicadas às seguintes entidades: *Portgás* (rede norte); *Lusitânia Gás* (rede centro); *Setgás* (rede sul); e *GDL* (rede de Lisboa)[22].

Vejamos, pois, sucintamente, como se caracterizam e qualificam, do ponto de vista jurídico, estes contratos.

6. Ante as referências constantes quer da lei-quadro do gás natural, o já mencionado Decreto-Lei n.º 374/89, quer das próprias bases das concessões[23], a tarefa está facilitada. Efectivamente, não existe qualquer dúvida quanto à caracterização e natureza jurídicas destes contratos de concessão do gás natural. Estamos diante de exemplos concretos de uma figura muito bem conhecida da nossa legislação e dogmática administrativas: a *concessão de serviços públicos*[24]. Na realidade, a sua utilização prá-

---

[21] Cfr. FREITAS DO AMARAL, "*O Caso do Tamariz. Estudo de Jurisprudência Crítica*", cit., p. 280.

[22] A GDP — Gás de Portugal, SGPS, SA, é titular de participações sociais em todas as concessionárias do serviço público de transporte e distribuição de gás natural. Sobre a estrutura do capital social das concessionárias, cfr. *http://www.gdp.pt/gasnatural.htm*.

[23] Cfr. a Base I das Bases da concessão da rede nacional em alta pressão e a Base I das Bases da concessão das redes regionais em baixa pressão.

[24] Sobre esta figura é ainda fundamental a leitura da obra de JOÃO MARIA TELLO DE MAGALHÃES COLLAÇO, *Concessões de Serviços Públicos — Sua Natureza Jurídica*, Coimbra, 1914, pp. 53 e segs.. Cfr. também a excelente

tica e subsequente elaboração doutrinária, entre nós e além fronteiras, remontam, *qua tale*, a finais do século passado, inícios do presente século. Com efeito, a sua utilização prática e subsequente elaboração doutrinária, entre nós e além fronteiras, remontam, *qua tale*, a finais do século passado, inícios do presente século. Diz-se mesmo que em França, berço geográfico da concessão, "a delegação da construção e exploração da maioria das infra-estruturas públicas existe desde o século XVI e tem sido uma constante desde o século XIX"[25]. Seja isso inteiramente exacto ou não[26], verdade é que, hoje em dia, é incontroverso que "concessões deste tipo constituem o principal meio de contruir sistemas de abastecimento de água, auto-estradas, túneis estações de tratamento de resíduos e outros tipos similares de infra-estruturas"[27].

Esta notícia chega-nos um pouco de todo o lado. Entre nós, comenta Sérgio Cabo que, na sequência das alterações de 1988, 1991 e 1993 à Lei de Delimitação de Sectores, se verificou um "alargamento *inusitado* do regime da concessão"[28]. De França, diz-nos Christine Bréchon-Moulènes que "a concessão

---

síntese de MARCELLO CAETANO, "Subsídios Para o Estudo da Teoria da Concessão de Serviços Públicos", in *Estudos de Direito Administrativo*, Lisboa, 1974, pp. 89 e segs..

[25] Cfr. o guia *Project Finance*, 4.ª edição, 1996, p. 15, editado pelo *International Project Finance Group* da sociedade de advogados *Freshfields*.

[26] Sobre a existência no *Ancién Regime* de procedimentos *análogos*, não idênticos, ao da concessão, cfr. CHRISTIAN BETTINGER, *La Concession de Service Public et de Travaux Publics,* Paris, 1978, p. 2 e segs.; e, entre nós, MARQUES GUEDES, *A Concessão*, I, Coimbra,1954, p. 33 e segs..

[27] Cfr. o guia *Project Finance*, 4.ª edição, 1996, p. 15, editado pelo *Internatinal Project Fiance Group* da sociedade de advogados internacional *Freshfields*, p. 15.

[28] "A Delimitação de Sectores na Jurisprudência do Tribunal Constitucional", in *Revista da Faculdade de Direito da Universidade de Lisboa,* vol. XXXIV, 1993, p. 284.

de serviços públicos conhece uma vitalidade admirável"[29]. De Itália, observa Felice Ancora que "a concessão tem sido alvo de uma nova atenção como instrumento de realização do processo de privatizações de que tanto se fala"[30]. Do Reino Unido, para dar um derradeiro exemplo, afirma Sue Arrowsmith que, aí, "as concessões de obras públicas têm assumido cada vez mais importância em todos os sectores (...) desde o início da «Private Finance Initiative» lançada pelo Governo no Outono de 1992, e que pretende promover o envolvimento do sector privado na provisão de serviços públicos e de infraestruturas"[31].

Na esteira da nossa doutrina tradicional[32], temos definido o contrato de concessão de serviços públicos como o contrato pelo qual "um particular se encarrega de montar e explorar um serviço público, sendo retribuído pelo pagamento de taxas de utilização a cobrar directamente dos utentes"[33]. Reconhecemos hoje, porém, que há (pelo menos) um aspecto nesta nossa definição que carece de actualização, a saber, o que diz respeito ao *modo de remuneração do concessionário*. Como vem sendo reconhecido, entre nós e além fronteiras, pela jurisprudência e doutrina, a cobrança de taxas junto dos utentes do serviço não pode mais ser apresentada como o modo *exclusivo* de remuneração do concessionário de serviços públicos, sendo apenas um de entre os vários possíveis[34]. Assim é que Laubadère, Moderne e Del-

---

[29] CHRISTINE BRÉCHON-MOULÈNES, "Rapport Introductif", in *La Concession de Service Public Face au Droit Communautaire*, Paris, 1992, p. 1.

[30] FELICE ANCORA, *Il Concessionario di Opera publica Tra Pubblico e Privato*, Milão, 1990, p. 1.

[31] SUE ARROWSMITH, *The Law of Public and Utilities Procurement*, Londres, 1996, p. 354.

[32] Cfr. MARCELLO CAETANO, *Manual de Direito Administrativo*, II, 10.ª ed., Coimbra, 1991 (mas 1974), pp. 1099.

[33] Cfr. FREITAS DO AMARAL, *Direito Administrativo*, III, Lisboa, 1989, p. 443.

[34] No que respeita à doutrina estrangeira, cumpre dar mais uma vez

volvé³⁵, começando por integrar na definição de concessão de serviços públicos, como a doutrina tradicional, o elemento da remuneração do concessionário através de taxas a cobrar aos utentes, previnem, de seguida, que "a evolução registada alterou sensivelmente a definição clássica ". Na verdade, hoje em dia, dizem, "as taxas cobradas aos utentes não constituem mais o modo exclusivo de remuneração do concessionário. As ajudas financeiras que ele obtém do concedente são a prova disso. E podem-se adicionar outras receitas, não provenientes do concedente nem dos utentes. Concluem mais adiante os Autores que "não se pode mais definir a concessão pela remuneração do concessionário apenas através da cobrança de taxas aos utentes"³⁶ e, portanto, "o essencial é que, em todos os casos, a remuneração do co-contratante dependa dos resultados financeiros da exploração: assim, a percepção de taxas permite reconhecer uma concessão: mas a concessão não pressupõe necessariamente a percepção de taxas"³⁷. François Llorens afina pelo mesmo diapasão, verificando que, "na prática, é frequente que as taxas recebidas pelo concessionário dos utentes sejam complementadas com receitas provenientes, por exemplo, da publicidade ou de actividades anexas ao serviço concedido"³⁸. Também Bettinger e le Chatellier, depois de recordarem a situação mais corrente, sublinham que o concessionário "pode também receber receitas

---

especial relevo à doutrina francesa — que, neste ponto, pelo facto de a figura da concessão ser (mais) uma criação do pensamento jurídico-administrativo francês, leva vantagem sobre as demais com que temos maiores afinidades (espanhola, italiana e alemã).

[35] Cfr. LAUBADÈRE, MODERNE e DELVOLVÉ, *Traité*, I, cit., p. 285.
[36] Cfr. LAUBADÈRE, MODERNE e DELVOLVÉ, *Traité*, I, p. 296.
[37] Cfr. LAUBADÈRE, MODERNE e DELVOLVÉ, *Traité*, I, p. 297.
[38] No mesmo sentido, Cfr. FRANÇOIS LLORENS, "La définition actuelle de la concession de service public en droit interne", in *La Concession de Service Public Face au Droit Communautaire*, Paris, 1992, p. 37.

anexas à exploração da concessão propriamente dita"[39]. Por outro lado, também entre nós se começa a manifestar uma adesão a este entendimento, merecendo destaque nesse sentido o Parecer n.º 1/94 da Procuradoria Geral da República[40].

Em suma, ao lado da cobrança de taxas aos utentes como modo de remuneração do concessionário, deve entender-se que, hoje, a remuneração dos concessionários de serviço público pode provir de outras fontes: quer de auxílios financeiros prestados pelo concedente ou por terceiros, quer de receitas provindas da exploração de actividades complementares ou acessórias da concessão, quer mesmo de receitas de publicidade[41]. Adiante veremos a importância destas referências para o caso da Consulta.

7. No actual ordenamento jurídico-positivo português, a concessão de serviços públicos perfila-se como um *contrato administrativo* por *determinação de lei* — a figura vem como tal prevista na alínea c) do n.º 2 do art. 178.º do Código do Procedimento Administrativo — e por *natureza* — tem por objecto a transferência para um particular do exercício de uma actividade pública legalmente reservada à Administração, e que o concessionário desempenhará por sua conta e risco, mas no interesse geral[42].

---

[39] Cfr. CHRISTIAN BETTINGER/GILLES LE CHATELIER, *Les Nouveaux Enjeux de La Concession*, p. 12..

[40] Cfr. *Parecer n.º 1/94 da Procuradoria-Geral da República*, in Diário da República, II Série, n.º 141, de 21 de Junho de 1994, p. 6083-6084.

[41] Cfr. neste sentido PIERRE DELVOLVÉ, "La Concession de Service Public et le Droit Communautaire", in *La Concession de Service Public face au Droit Communautaire*, Paris, 1992, p. 109.

[42] Cfr. FREITAS DO AMARAL, "Apreciação da dissertação de doutoramento do Lic. J. M. Sérvulo Correia: Legalidade e Autonomia Contratual nos Contratos Administrativos", in *Revista da Faculdade de Direito da Universidade de Lisboa*, ano XXIX, 1988, p. 166 e segs.

A principal consequência da qualificação do contrato de concessão de serviços públicos e, concretamente, dos vários contratos de concessão relativos ao gás natural, como um contrato administrativo é, evidentemente, a da sua submissão a um regime jurídico-administrativo, quer no plano substantivo quer no plano adjectivo.

III — Regime e natureza jurídicos das servidões do gás natural

8. A implantação e exploração das infra-estruturas e equipamentos das concessões do gás natural determinou, entre outras limitações para os titulares de imóveis abrangidos pelo projecto do gás natural, a constituição de servidões de passagem. Perfunctoriamente, e pese embora o cariz predominantemente descritivo desta secção, compulsemos, na parte que possa interessar para o presente parecer, o regime jurídico das servidões de gás natural.

A matéria foi de início regulada pelos artigos 10.º e 11.º do Decreto-Lei n.º 374/89. Correspondem tais artigos ao conteúdo integral do Capítulo III desse diploma, epigrafado *"Servidões e Indemnizações"*.

Nos n.ºs 1 e 2 do artigo 10.º, fornece-se uma primeira descrição do conteúdo das servidões. Assim, "as servidões devidas à passagem do gás combustível compreendem a ocupação do solo e subsolo (...)" (n.º 1), bem como o "direito de passagem e ocupação temporária de terrenos ou outros bens, devido às necessidades de construção, vigilância, conservação e reparação de todo o equipamento necessário ao transporte de gás" (n.º 2). No n.º 4 do mesmo artigo, enunciam-se as restrições que decorrem para os prédios gravados com servidões. Nos seguintes termos: "*a)* O terreno não poderá ser arado, nem cavado, a uma profundidade superior a 50 cm, numa faixa de 2 m para cada lado do eixo longitudinal do gasoduto; *b)* é proibida a plantação de árvores ou arbustos numa faixa de 5 m para cada lado do eixo longitudinal da conduta"; c) é proibida a construção de qualquer tipo, mesmo provisória, numa faixa de 10 m para cada lado do eixo longitudinal do gasoduto; d) pela faixa de 4 m citada na alínea a) terão livre acesso o pessoal e o equipamento necessário à instalação, vigilância, manutenção, reparação e renovação do equipamento instalado; e) o eixo dos gasodutos deve ser assinalado no terreno pelas formas estabelecidas no regulamento de segurança".

No artigo 11.º, determina-se que "o pagamento das indemnizações resultantes da constituição de servidões ou da expropriação de direitos ficará, por inteiro, a cargo da concessionária". Nada se estabelece aí, porém, quanto ao critério que deverá ser utilizado para presidir ao respectivo cômputo.

Em sintonia com estas proclamações, prescrevem, respectivamente, os artigos 15.º, alínea b), e 16.º, alínea d), do mesmo diploma que à concessionária assiste o direito de "constituir servidões e expropriar, por utilidade pública e urgente, bens imóveis, ou direitos a eles relativos" e, correlativamente, o dever de "pagar as indemnizações devidas pela constituição de servidões e expropriação de direitos".

Todavia, reconhecendo o carácter geral da disciplina estabelecida nesta matéria, o legislador anunciou, na alínea d) do artigo 18.º deste diploma (aditada pelo artigo 1.º do Decreto--Lei n.º 274-A/93, de 4 de Agosto) que deveria ser objecto de regulamentação autónoma "o regime jurídico da constituição de servidões relativas ao gás natural".

9. O Decreto-Lei n.º 11/94, de 13 de Janeiro, concretizou a "promessa" constante da alínea d) do artigo 18.º do Decreto-Lei n.º 374/89. Nele se estabelece, de facto, "em complemento do previsto nos artigos 10.º e 11.º" do Decreto-Lei n.º 374/89, "o regime aplicável às servidões necessárias à implantação e exploração das infra-estruturas das concessões de serviço público

relativas ao gás natural (...)" e às "restrições de utilidade pública que se mostrem necessárias em função das actividades referidas no número anterior" (artigo 1.º).

No n.º 1 do artigo 2.º é enunciado o princípio geral em matéria de servidões de gás. Assim, estas "visam, em especial, permitir e assegurar a progressão contínua e ininterrupta dos trabalhos de implantação de infra-estruturas das concessões do serviço público de importação do gás natural e do seu transporte e fornecimento através da rede de alta pressão e de distribuição e fornecimento de gás natural através das redes regionais de baixa pressão, de acordo com os respectivos projectos". No n.º 2 do mesmo artigo estipula-se que "sobre os titulares dos imóveis abrangidos pelos projectos a que se refere o número anterior recai a obrigação da criação de todas as condições adequadas àquela progressão, bem como da pronta e eficaz colaboração, sempre que possível, em face das solicitações da respectiva entidade instaladora ou exploradora das infra-estruturas do gás natural".

No n.º 1 do artigo 3.º determina-se que "tendo em conta o interesse público subjacente ao serviço de gás natural, compete exclusivamente à concessionária optar, com vista à implantação e exploração das infra-estruturas, pelo recurso ao regime das servidões previsto no presente diploma ou ao das expropriações por causa de utilidade pública nos termos do Código das Expropriações". Não se trata, claro, de uma opção inteiramente livre: o preceito tem de ser lido à luz do princípio (constitucional e legal) da proporcionalidade (cfr. artigos 18.º, n.º 2, e 266.º da Constituição e 5.º do CPA). Assim, a expropriação, como medida de *ultima ratio* que é, apenas deve ter lugar caso isso se mostre absolutamente *necessária*[43]. Por outro lado, optando a concessionária pela constituição de servidões, "não necessita da

---

[43] Sobre o princípio da proporcionalidade e as três vertentes em que se desdobra — *necessidade* (do sacrifício da posição subjectiva do particular),

atribuição de posse administrativa", uma vez que aquela constituição não fica "submetida (...) ao regime geral das expropriações, estabelecido no Código das Expropriações"[44].

No artigo 4.º, define-se o *objecto* das servidões de gás. Elas abrangem "os prédios rústicos ou urbanos que não tenham sido objecto de expropriação ou de aquisição por via negocial e que sejam abrangidos pelos projectos de traçado aprovados para: a) gasodutos de transporte de gás natural, estações de compressão, postos de redução de pressão e respectivas infra-estruturas; b) instalações de produção, armazenagem, tratamento ou condicionamento de gás a enviar às redes de distribuição, bem como pelos postos de compressão, redução de pressão, controlo e medida que façam parte das redes de distribuição e das respectivas infra-estruturas; c) terminais de recepção, armazenagem e regasificação de GNL e respectivas infra-estruturas".

No artigo 5.º, enunciam-se as *finalidades* das servidões de gás e outras restrições de utilidade pública — "a) permitir a ocupação do solo e do subsolo na exacta medida requerida pela instalação das infra-estruturas necessárias às actividades do gás natural; b) permitir, em cada momento, às entidades titulares dos direitos de construção ou exploração dos componentes do sistema referidos nas alíneas do n.º 1 do artigo anterior o efectivo exercício desses poderes, nomeadamente a passagem e a ocupação temporária de terrenos ou outros bens em virtude das

---

adequação (da medida tomada ao fim visado) e *equilíbrio* (entre os benefícios esperados para o interesse público e o sacrifício dos direitos ou interesses do particular) — cfr., por todos, VITALINO CANAS, "Princípio da proporcionalidade", in *Dicionário Jurídico da Administração Pública*, VI, Lisboa, 1996; Idem, «O princípio da proibição do excesso na Constituição: arqueologia e aplicações», in Jorge Miranda (org.) *Perspectivas Constitucionais. Nos 20 Anos da Constituição de 1976*, II, cit., pp. 323 e segs..

[44] Cfr. *Acórdão do Supremo Tribunal Administrativo*, de 22 de Janeiro de 1997 (inédito).

necessidades de estudo, construção, ampliação, vigilância, exploração, conservação e reparação das infra-estruturas afectas às concessões de serviço público relativas ao gás natural; c) garantir a eficiência e a segurança no funcionamento das infra-estruturas afectas às concessões de serviço público relativas ao gás natural; d) garantir a segurança das pessoas e dos bens nas áreas a que se refere o artigo anterior, nas zonas com estas confinantes, bem como em quaisquer outras potencialmente abrangidas pelos riscos inerentes e previsíveis do funcionamento das várias instalações e equipamentos".

No n.º 1 do artigo 6.º, estipula-se que compete às concessionárias o exercício dos poderes resultantes da constituição de servidões de gás. No n.º 2 do mesmo artigo, o legislador dispôs, significativamente, num claro afloramento do princípio (constitucional e legal) da proporcionalidade, que "os poderes conferidos pelas servidões de gás serão sempre exercidos por forma que os titulares dos imóveis referidos no artigo 4.º sofram o mínimo de prejuízo ou embaraço em consequência da existência das infra-estruturas das concessões de serviço público relativas ao gás natural, preservando-se-lhes os melhores gozo e disposição dos bens na medida do compatível com o exercício das actividades do gás natural".

No artigo 7.º, especifica-se pormenorizadamente, para além dos encargos a que se refere o artigo 10.º do Decreto-Lei n.º 374/89, o conteúdo das limitações que incidem sobre as áreas abrangidas pelas servidões de gás.

Em matéria de indemnizações aos titulares de imóveis onerados com servidões de gás, prescreve-se, no n.º 1 do artigo 16.º, que os proprietários dos prédios servientes terão o direito de ser "indemnizados em função da efectiva redução do respectivo rendimento ou de quaisquer prejuízos objectivamente apurados e derivados da ocupação desses prédios, ainda que posteriores ao exercício desta". E acrescenta-se no n.º 2: "para efeitos do disposto no número anterior, serão ainda considerados os eventuais prejuízos resultantes da redução ou impossibilidade do uso e fruição pelos titulares das parcelas dos imóveis não directamente afectas ao exercício dos direitos conferidos nos artigos 4.° e 5.° do presente diploma". Nos termos do n.° 3 do mesmo preceito, "o montante da indemnização será determinado de comum acordo entre as partes ou, na falta de acordo, será fixado por arbitragem (...)".

Em sede de disposições finais, o legislador refere, entre outras coisas, no artigo 24.° que: "as servidões de gás e outras restrições de utilidade pública caducam (...) com a cessação de todas as actividades que as fundamentavam" (n.° 1); que "ao cessar definitivamente alguma das actividades do gás natural por força das quais tenha havido lugar à existência de encargos ou restrições sobre imóveis nos termos do disposto no Decreto-Lei n.° 374/89 e no presente diploma, fica a entidade concessionária obrigada: (...) a repor, sempre que e na medida do razoavelmente possível, a situação originária dos bens de terceiros sobre os quais recaíram os encargos ou restrições" (alínea *b*) do n.° 2); e ainda que a "extinção das servidões de gás e de outras restrições de utilidade pública não acarretam, para os titulares dos bens referidos na alínea b) o n.° 2, o direito a qualquer indemnização ou do recebimento de contraprestação para além da prevista na parte final do n.° 1 do artigo 16.°" (n.° 3).

Finalmente, no artigo 25.° deste Decreto-Lei n.° 11/94 proclama-se que "em tudo o que se não encontre expressamente previsto no presente diploma e no Decreto-Lei n.° 374/89 e for compatível com os princípios e objectivos expressos nestes textos legais, será aplicável, com as necessárias adaptações, o regime constante do Código das Expropriações, aprovado pelo Decreto-Lei n.° 438/91, de 9 de Novembro".

10. Posta esta digressão em torno do regime das servidões do gás natural, pergunta-se: qual a natureza jurídica destas servidões? São servidões administrativas ou servidões civis?

O legislador não fornece, nem tinha de resto de o fazer visto que lhe cabe comandar e não teorizar, uma definição de servidão administrativa. Limita-se a dispor, num preceito epigrafado "Constituição de servidões administrativas", que se podem constituir "sobre imóveis as servidões necessárias à realização de fins de interesse público" (artigo 8.º, n.º 1, do Código das Expropriações). Há, pois, que apelar à lição da doutrina sobre este tipo de oneração de direito público do direito de propriedade privada.

Para Marcello Caetano, servidão administrativa é o "encargo imposto por disposição da lei sobre certo prédio em proveito da utilidade pública de uma coisa"[45]. Por nós, aderimos também expressamente a este conceito[46]. Segundo Oliveira Ascensão, "a servidão administrativa é pois necessariamente uma vinculação dum imóvel, ditada por um fim de interesse público, e a que os seus titulares se não podem opor"[47]. De seu lado, entende Menezes Cordeiro que a *servidão administrativa* é "uma afectação de direito público a que se podem encontrar sujeitas alguma ou algumas das utilidades proporcionadas por um prédio"[48]. Refira-se ainda uma noção (menos lapidar de origem) jurisprudencial: "a servidão administrativa traduz-se numa restrição de Direito Público que delimita negativamente o conteúdo de um direito real, tendo, portanto, um conteúdo negativo por consistir na obrigação, para o proprietário do prédio serviente, de se abster de praticar certos actos ou consentir que do seu prédio se

---

[45] Cfr. MARCELLO CAETANO, *Manual*, II, p. 1052.

[46] Cfr. FREITAS DO AMARAL/JOSÉ PEDRO FERNANDES, *Comentário à Lei dos Terrenos do Domínio Hídrico*, Coimbra, 1978, p. 154.

[47] Cfr. OLIVEIRA ASCENSÃO, *Direito Civil — Reais*, 4.ª ed., Coimbra, 1987, p. 253.

[48] Cfr. MENEZES CORDEIRO, *Direitos Reais*, Lisboa, 1993 (mas 1979), p. 417.

faça certo uso, não estando em causa a extinção de um direito mas, sim, a sua limitação"[49].

Em face disto, fácil é verificar que as servidões administrativas "comportam caracteres originais, desconhecidos das servidões do direito civil"[50]. Neste, define-se servidão predial como "(...) o encargo imposto num prédio em proveito exclusivo de outro prédio pertencente a dono diferente; diz-se serviente o prédio onerado com a servidão e dominante o que dela beneficia" (artigo 1543.º do Código Civil)[51]. Ora, ao invés do que sucede na sua congénere civilista, na servidão administrativa, o encargo imposto sobre o *prédio serviente* não é estabelecido em proveito de um *prédio dominante* pertencente a um dono diferente, mas, antes, em benefício de "uma coisa dominial ou *a que a lei reconheça uma importante função de interesse público*" (itálico nosso)[52]. É, assim, correcta a síntese de Oliveira Ascensão: "da análise dos textos legais (relativos a servidões administrativas) resulta que em benefício de qualquer imóvel a que esteja ligado interesse público pode ser constituída uma servidão. Mesmo que sejam pois uma estrada ou um curso de água, que não são prédios, talvez até cabos telefónicos (imobilizados). É pois sempre necessária a relação imobiliária; é dispensável a relação predial. Já a coisa serviente, porém, só poderá ser um prédio"[53].

11. Temos para nós que as servidões de gás natural se devem qualificar como *servidões administrativas*: elas preenchem,

---

[49] Cfr. Acórdão do Supremo Tribunal Administrativo, de 12 de Dezembro de 1991, in *Boletim do Ministério da Justiça*, 411, p. 343.

[50] Cfr. LAUBADÈRE/VENEZIA/GAUDEMET, *Traité de Droit Administratif*, II, 10.ª ed., Paris, p. 263.

[51] Sobre os caracteres componentes desta noção, cfr. PIRES DE LIMA e ANTUNES VARELA, *Código Civil Anotado*, III, *sub* artigo 1543.º.

[52] Cfr. MARCELLO CAETANO, *Manual*, II, p. 1052.

[53] Cfr. OLIVEIRA ASCENSÃO, *Direito Civil — Reais*, 4.ª ed., pp. 434--435.

na verdade, os caracteres das várias definições que cotejámos sobre aquele conceito. Efectivamente, o Decreto-Lei n.º 11/94, não só impõe várias obrigações "aos titulares de imóveis abrangidos pelos projectos (...)" do gás natural aprovados pela Administração (artigo 2.º, n.º 2), como expressamente vinca "o interesse público subjacente ao serviço de gás natural" (artigo 3.º, n.º 1). Noutros termos: tais servidões constituem um encargo legalmente imposto sobre prédios abrangidos pelo projecto aprovado do gás natural, tendo em vista a utilidade pública do respectivo serviço. Por outro lado, e como é típico das servidões administrativas, também as servidões do gás natural são estabelecidas em proveito de um imóvel (infra-estrutura do gás natural) que não é, do ponto de vista jurídico, um *prédio* — como inequivocamente se exige nas servidões reguladas pelo Código Civil[54].

Doutra banda, a qualificação das servidões do gás natural como servidões administrativas impõe-se também pelo facto de ser princípio geral das relações entre as concessionárias e terceiros o de que àquelas "assistem para com terceiros (no particular sector em que como órgão actuam, e nos limites da sua lei ou estatuto de serviço) os mesmos poderes e faculdades que à entidade concedente pertençam"[55]. Ora, assumindo-se inequivocamente como servidões administrativas as servidões que o Estado constituiria sobre bens alheios com vista à realização das actividades de interesse público do gás natural, deve entender-se, logicamente, que, tendo essas actividades sido concedidas, assumem também a mesma natureza as servidões que sejam impostas pelas concessionárias.

---

[54] Cfr. também AFONSO QUEIRÓ/JOSÉ GABRIEL QUEIRÓ, "Propriedade pública e direitos reais de uso público no domínio da circulação urbana", in *Direito e Justiça,* IX, 1995 — 2, pp. 272 e segs..

[55] Cfr. MARQUES GUEDES, *A Concessão*, I, p. 165.

No mesmo sentido — qualificação das servidões do gás natural como servidões administrativas —, pode também aduzir-se o facto de serem dessa natureza as servidões reguladas no diploma subsidiário do das servidões de gás: o Código das Expropriações (cfr. artigo 8.º).

Finalmente, e invocando um caso paralelo, desde há muito que se reconhece terem natureza de servidões administrativas as servidões de linhas telefónicas ou eléctricas que, por intermédio de cabos subterrâneos, atravessam terrenos particulares[56].

Há, entre estas e as servidões do gás natural, ampla analogia.

IV — Plurifuncionalidade dos cabos de fibra óptica

12. Concretizemos, por último, outro dos considerandos da questão da Consulta, a saber, o da aptidão dos cabos de fibra óptica existentes no estabelecimento das diversas concessões para suportar telecomunicações não privativas do serviço público de transporte, fornecimento e distribuição de gás natural.

Dispõe-se no n.º 2 do artigo 1.º do já citado Decreto-Lei n.º 374/89, de 25 de Outubro, que "as redes de gás natural são constituídas por todas as infra-estruturas e equipamentos necessários ao exercício das actividades respectivas"[57].

No que diz respeito à rede nacional de alta pressão, tais infra-estruturas e equipamentos integram, entre outros bens, "o gasoduto, integrado pelo conjunto de todas as tubagens, as respectivas antenas, estações de compressão e equipamentos de controlo, regulação e medida necessários à operação do sistema de transporte de gás natural em alta pressão e os postos de redu-

---

[56] Cfr. MARCELLO CAETANO, Manual, II, p. 1059.

[57] Estas infra-estruturas e equipamentos constituem aquilo que na doutrina se designa como *estabelecimento da concessão*. Cfr. MARCELLO CAETANO, Manual, II, pp. 1078-1079.

ção de pressão de 1.ª classe nos quais se concretiza o fornecimento aos clientes referidos na base II" (alínea *a)* do n.º 1 da Base VIII das Bases da concessão anexas ao Decreto-Lei n.º 274-C/93).

No que concerne às *redes regionais de baixa pressão*, "as infra-estruturas relativas à exploração compreendem a rede de distribuição de GN integrada pelo conjunto de todas as tubagens, respectivas antenas, estações de compressão e equipamentos de controlo, regulação e medida necessários à operação do sistema a jusante dos postos de redução de pressão de 1.º classe" (Base V das Bases anexas ao Decreto-Lei n.º 33/91).

De acordo com o artigo 5.º, n.º 1, do Decreto-Lei n.º 374/89, "a construção, manutenção e reparação das instalações, gasodutos e redes de distribuição do gás que integrem os projectos das concessionárias serão efectuadas por estas, que suportarão os respectivos custos". Trata-se de uma solução típica das concessões de serviço público de "primeira geração", em que o respectivo estabelecimento não constitui uma universalidade do domínio público[58].

Por outro lado, de acordo com o artigo 8.º do mesmo diploma, "no termo da concessão os bens integrantes da mesma revertem a favor do Estado" (n.º 1), sendo que "à concessionária será, então, devido o pagamento de indemnização" (n.º 2). Esta "reversão dos bens para o Estado constitui, como se sabe, um elemento específico do tipo da concessão"[59].

13. Os cabos de fibra óptica integram os equipamentos de controlo, regulação e medida necessários à operação do sistema de transporte de gás natural, tanto em alta pressão como em baixa pressão.

---

[58] Cfr. MARCELLO CAETANO, *Manual*, II, p. 1120.

[59] FREITAS DO AMARAL, "*O Caso do Tamariz. Estudo de Jurisprudência Crítica*", p. 269.

Fisicamente, eles encontram-se sediados em cabodutos próprios, que acompanham o gasoduto. Funcionalmente, a sua vocação é a de permitir o estabelecimento de telecomunicações respeitantes ao serviço público de transporte, fornecimento e distribuição de gás natural. São, deste modo, um dos principais elementos componentes do que se designa por *rede privativa de telecomunicações*.

Como se referiu já, a capacidade dos cabos de fibra óptica integrados nas infra-estruturas e equipamentos do gás natural *excede*, actualmente, no período de "arranque" dos projectos do gás natural, a que é estritamente necessária para o respectivo serviço público. Tal deve-se a razões de ordem técnica: a dimensão normalizada da fibra óptica existente no mercado supera a que seria estritamente necessária para o serviço do gás natural; em qualquer caso, a circunstância de se pretender, aquando da instalação de tais cabos no subsolo, acautelar uma possível e dispendiosa reabertura de valas para aumentar a sua capacidade em resposta a um aumento das necessidades do serviço — sempre justificaria a dimensão actual dos referidos cabos. Em suma, o excesso de capacidade é não apenas (praticamente) inevitável do ponto de vista comercial como também tecnicamente correcto.

As *redes privativas de telecomunicações* afectas ao serviço do gás natural podem, por força da capacidade excedentária dos cabos de fibra óptica, ser tecnicamente *interligadas*[60] a outras redes de telecomunicações[61].

---

[60] O conceito de *interligação* é definido pelo n.º 9 do artigo 2.º da lei de bases das telecomunicações (Lei n.º 91/97, de 1 de Agosto) nos seguintes termos: "por interligação entende-se a ligação física e lógica das redes de telecomunicações utilizadas por um mesmo ou diferentes operadores por forma a permitir o acesso e as comunicações entre os diferentes utilizadores dos serviços prestados".

[61] Sobre a interligação das redes de telecomunicações como princípio fundamental da regulação comunitária das telecomunicações, cfr. SANTIAGO

Não cabe porém no tema do presente Parecer, tal como delimitado pela Consulta formulada, analisar as diversas formas pelas quais as concessionárias do serviço público de gás natural podem aceder às (e exercer as) actividades de *operador de redes públicas de telecomunicações* e de *prestador do serviço de telecomunicações de uso público*. Sempre se deve referir, contudo, que, se vier a verificar-se a sua eventual interligação às redes públicas de telecomunicações, as redes de telecomunicações das concessionárias do gás natural perderão o estatuto de *redes privativas* e passarão a ter o estatuto de *redes públicas*, já que, segundo a lei de bases das telecomunicações (artigo 2.º, n.º 8, alínea b)), são *redes públicas de telecomunicações* "as que suportam, no todo ou em parte, serviços de telecomunicações de uso público".

§ 2.º
Resolução

14. Respondamos agora à questão da consulta: a afectação da capacidade excedentária dos cabos de fibra óptica que integram a infra-estrutura da concessão a fins de telecomunicações não privativas do serviço do gás natural confere ou não aos titulares dos prédios servientes direito a algum ressarcimento?

Antecipando a conclusão, responde-se desde já negativamente.

Vejamos porquê.

15. Está longe de corresponder à realidade dos nossos dias aquela ideia liberal proveniente da Revolução Francesa — que "os códigos civis do século XIX reflectiram (...), não constitu-

---

MUÑOZ MACHADO, *Servicio publico y mercado. II — Las telecomunicaciones*, Madrid, 1998, pp. 98-99.

indo excepção o nosso primeiro código civil" — de que "o direito de propriedade constitui um limite absoluto às intervenções dos poderes públicos, o que (o) leva a considerar (...) como um direito ilimitado, pelo menos tendencialmente, constituindo como que uma garantia de todos os outros direitos"[62]. Na verdade, integra "actualmente a nossa Ordem Jurídica um princípio, segundo o qual o direito real deve desempenhar uma função social. *O seu titular não pode, na mira das suas particulares conveniências, contrariar interesses sociais relevantes*"[63]. Trata-se, aliás, deve acrescentar-se, de um princípio também vigente ordenamentos jurídicos com os quais o nosso mais afinidades tem: assim, e como se escreve paradigmaticamente no n.º 2 do artigo 14.º da *Grundgesetz* alemã: "a propriedade obriga. A sua utilização deve servir ao mesmo tempo o bem comum"[64]; e, não menos impressivamente, dispõe-se no n.º 2 do artigo 33.º da Constituição espanhola: "a função social destes direitos (à propriedade privada e à herança) delimitará o seu conteúdo nos termos da lei".

Esta função social que, desde há muito e em vários Países, é reconhecida a todos os direitos reais e, sobretudo, à propriedade privada, valida, constitucionalmente, a imposição pelo Poder de limitações de interesse público aos direitos dos particulares. Entre nós, a Constituição "considera a limitação da propriedade dos meios de produção um fundamento necessário da garantia e desenvolvimento da liberdade pessoal e em geral dos direitos

---

[62] Cfr. JOÃO CAUPERS, "Estado de Direito, Ordenamento do Território e Direito de Propriedade", in *Revista Jurídica do Urbanismo e Ambiente*, n.º 3, 1995, p. 92.

[63] Cfr. OLIVEIRA ASCENSÃO, *Direito Civil — Reais*, p. 197.

[64] No original: "Eigentum verplichet. Sein Gebrauch soll zugleich dem Wohle der Allgemeinheit dienen". Sobre a função social da propriedade no direito alemão, cfr., por exemplo, ERNST FORSTHOFF, *Traité de Droit Administratif Allemand* (tradução de Michel Fromont), Paris, 1969, p. 485 e segs..

fundamentais e do sistema democrático"[65]. Não é, pois, "por acaso que o direito de propriedade (...) não faz parte do elenco dos «direitos, liberdades e garantias»"[66]. Mas, "muito embora o direito de propriedade não pertença (...) ao grupo dos direitos, liberdades e garantias, a verdade é que ele beneficia do respectivo regime específico, uma vez que tem natureza análoga a estes (cf. artigo 17.º da Constituição)"[67]. E, acrescente-se, "para além de um direito fundamental, o direito de propriedade privada é uma garantia institucional, ou seja, um valor objectivo da ordem económica portuguesa"[68]. A garantia constitucional da propriedade tem, pois, uma dupla função[69].

As limitações do direito de propriedade privada por motivo de interesse público são "tão numerosas, que devem ser (...) objecto de subclassificações"[70]. Atendendo apenas ao critério do *conteúdo*, podemos distinguir: "a expropriação, que é relativa a imóveis, e a requisição de móveis; a servidão administrativa; e as meras limitações"[71]. De entre elas, a expropriação por utilidade pública "reveste (...) um significado muito especial que lhe confere um lugar à parte". É que se trata da agressão mais gravosa e

---

[65] Cfr. GOMES CANOTILHO/VITAL MOREIRA, *Constituição da República Portuguesa Anotada*, 3.ª edição, Coimbra, 1993, p.331.

[66] Cfr. GOMES CANOTILHO/VITAL MOREIRA, *Constituição da República Portuguesa Anotada*, p. 331.

[67] Cfr. JOÃO CAUPERS, "Estado de Direito, Ordenamento do Território e Direito de Propriedade", cit., p. 94.

[68] Cfr. MANUEL AFONSO VAZ, *Direito Económico*, 4.ª ed., Coimbra, 1998, p. 204. Sobre garantia institucionais, figura afim dos direitos fundamentais, cfr. GOMES CANOTILHO, *Direito Constitucional e Teoria da Constituição*, Coimbra, 1998, pp. 369 e ss.

[69] Cfr. ALVES CORREIA, *O Plano Urbanístico e o Princípio da Igualdade*, Coimbra, 1989, p. 302.

[70] Sobre os procedimentos ablatórios da propriedade privada, cfr., por todos, MASSIMO S. GIANNINI, *Diritto Amministrativo*, II, 3.ª ed., Milano, 1993, pp. 695 e segs..

[71] Cfr. OLIVEIRA ASCENSÃO, *Direito Civil — Reais*, p. 214.

intensa à esfera jurídica dos particulares. Efectivamente, ela traduz-se "no processo pelo qual o Estado, para a realização de um fim de utilidade pública, extingue imperativamente os direitos relativos a um bem imóvel e determina a transferência desse bem para o seu património ou para o património de outra entidade, mediante justa indemnização a pagar aos titulares dos direitos extintos"[72]. Daí que seja normalmente por remissão para o seu regime jurídico, de longe o que sempre foi mais desenvolvido a nível legislativo, que se determinam os princípios reguladores das outras limitações de interesse público à propriedade privada.

Todavia, sejam essas limitações mais ou menos intensas, "não se suponha que ao particular se não concedem quaisquer garantias perante os órgãos públicos. Isso seria contrário a um princípio que orienta as ordens jurídicas actuais na aplicação prática da regra da função social da propriedade — o princípio de que os sacrifícios se deverão repartir equitativamente, de modo a não recaírem sobre algum ou alguns todos os ónus, quando os restantes têm apenas as vantagens"[73]. Efectivamente, o princípio da igualdade de todos perante os encargos públicos "exige a necessária compensação de quaisquer sacrifícios *graves* e *especiais* que sejam infligidos ao património dos privados por razões de prossecução do bem comum"[74].

Portanto, como contrapartida das suas intervenções limitadoras da esfera privada, os poderes públicos devem compensar, e de forma justa, os particulares afectados[75]. Tal compensação

---

[72] Cfr. JOSÉ GABRIEL QUEIRÓ, "Expropriação", in *Polis*, vol. II, col. 1343.

[73] Cfr. OLIVEIRA ASCENSÃO, *Direito Civil — Reais*, p. 220.

[74] Cfr. MARIA LÚCIA AMARAL PINTO CORREIA, *Responsabilidade do Estado e Dever de Indemnizar do Legislador*, Coimbra, 1998, p. 576.

[75] Nas palavras de um Autor, "les proprietaires intéressés doivent être dédommagés dans la mesure òu les inconvenients dépassent la limite qu'ils

opera-se através do pagamento de uma *indemnização* pecuniária, a qual não deverá ser meramente nominal, simbólica ou irrisória (aparente) mas "determinada através de uma avaliação concreta em dinheiro correspondente ao valor que o bem sacrificado tinha no património do lesado"[76]. Substitui-se uma coisa pelo seu valor monetário exacto, de tal modo que o valor do património do lesado antes e depois da operação há-de ser idêntico e o mesmo[77]. A justa indemnização é, pois, e em suma, aquela que tem um carácter reequilibrador, em benefício do sujeito lesado por actos dos poderes públicos. Entre nós, "a reconstituição do equilíbrio patrimonial perturbado por um acto legítimo terá de atender à doutrina dos artigos 562.º ss. do Código Civil"[78].

Só deste modo é possível satisfazer a garantia do direito à propriedade privada constante do artigo 62.º da Constituição[79], onde se dispõe que "a todos é garantido o direito à propriedade privada e à sua transmissão em vida ou por morte, nos termos da Constituição" (n.º 1) e que "a requisição e a expropriação por utilidade pública só podem ser efectuadas com base na lei e

---

doivent remplir en raison de la fonction sociale de la propriété", sendo certo que "c'est seulement en tenant compte des conditions particulières à chaque cas que cette limite peut être tracée". V. ERNST FORSTHOFF, *Traité de Droit Administratif Allemand*, p. 586.

[76] Cfr. RUI MEDEIROS, *Ensaio sobre a Responsabilidade Civil do Estado por Actos Legislativos*, Coimbra, 1992, p. 337.

[77] Cfr. GARCÍA DE ENTERRÍA/T.R. FERNÁNDEZ, *Curso de Derecho Administrativo*, II, 5.ª ed., Madrid, 1998, p. 298.

[78] Cfr. GOMES CANOTILHO, *O problema da responsabilidade do Estado por actos lícitos*, Coimbra, 1974, p. 324.

[79] Sobre este direito, cfr., entre nós, desenvolvidamente, RUI MEDEIROS, *Ensaio sobre a Responsabilidade Civil do Estado por Actos Legislativos*, p. 248 e segs., e LÚCIA AMARAL, *Responsabilidade do Estado e Dever de Indemnizar do Legislador*, pp. 540 e segs.. Cfr. também SÉRVULO CORREIA/J. BACELAR GOUVEIA, *Parecer*, in *Direito do Ordenamento do Território e Constituição*, APPII, 1998, pp. 114 e segs..

mediante o pagamento de justa indemnização" (n.º 2). Deste artigo decorre, na verdade, que "ninguém pode ser privado da sua «propriedade» a não ser nos casos de utilidade pública legalmente verificados e mediante o pagamento de justa indemnização"[80]. Esta garantia, como é geralmente reconhecido, filia-se "no princípio geral do Estado de direito Democrático"[81/82], o qual, como é sabido, para além de ser directamente constitutivo de preceitos jurídicos não traduzidos directamente em outras disposições constitucionais (exemplo: *princípio da confiança*) e que se apresentem como consequência imediata e irrecusável daquilo que constitui o seu cerne — *a protecção dos cidadãos contra a prepotência, o arbítrio e a injustiça (sobretudo da parte do Estado)*[83] —, se encontra concretizado num conjunto amplo de regras e princípios dispersos pelo texto constitucional que, como é o caso da regra transcrita, densificam a ideia verdadeiramente essencial e básica da *sujeição do poder a princípios e regras jurídicas, garantindo aos cidadãos liberdade, igualdade e segurança*[84].

---

[80] Cfr. M. LÚCIA AMARAL, *Responsabilidade do Estado e Dever de Indemnizar do Legislador*, p. 559.

[81] Cfr., por último, FERNANDA PAULA OLIVEIRA, "A Potencialidade Edificatória e a Justa Indemnização por Expropriação: Análise de um Caso Concreto", in *Revista Jurídica do Urbanismo e Ambiente*, n.º 9, 1998, p. 11.

[82] O princípio do Estado de Direito "não é um conceito pré- ou extra-constitucional mas um conceito constitucionalmente caracterizado". Pelo contrário: ele tem proclamação expressa nos artigos 2.º e 9.º, alínea *b)*, da Constituição em sede de "Princípios Fundamentais". Note-se, porém, que a expressão *Estado de Direito Democrático* só foi introduzida no articulado da Constituição em 1982 (antes constava apenas do preâmbulo). Cfr. GOMES CANOTILHO/VITAL MOREIRA, *Constituição da República Portuguesa Anotada*, *sub* artigo 2.º.

[83] Cfr. GOMES CANOTILHO/VITAL MOREIRA, *Constituição da República Portuguesa Anotada*, *sub* artigo 2.º.

[84] Cfr. GOMES CANOTILHO/VITAL MOREIRA, *Constituição da República Portuguesa Anotada*, *sub* artigo 2.º.

Note-se, por outro lado, que, não obstante o n.º 2 do artigo 62.º da Constituição referenciar apenas a expropriação e a requisição, certo é, porém, que a garantia aí enunciada também "não pode ser sacrificada sem indemnização mesmo nos casos em que formalmente a titularidade privada se mantém e não há, pois, tecnicamente expropriação"[85]. Com efeito, mesmo naquelas "circunstâncias em que o interesse público não exige (a) cessação radical das utilidades prestadas pelo bem ao seu proprietário" — como ocorre nas servidões administrativas, "em que um prédio priva o seu proprietário de certas utilidades, somente as necessárias à satisfação de um interesse público" —, é devida uma indemnização cujo montante se afere em função "da variação da medida da privação de utilidades" do valor ou do rendimento do imóvel[86]. "Trata-se, obviamente, de um raciocínio paralelo ao que é feito nos casos de expropriação"[87]. O raciocínio justifica-se, efectivamente, por manifesta analogia de situações: quer a expropriação, quer a requisição, quer as servidões administrativas têm subjacente o sacrifício ou oneração da propriedade privada, com a concomitante lesão de direitos patrimoniais do particular. Como referem Gomes Canotilho e Vital Moreira, "elemento essencial do direito de propriedade consiste no direito de não ser privado dela (...)"[88] sem justa indemnização ou, acrescentamos nós, de qualquer das faculdades integradas na respectiva situação jurídica activa. Neste sentido se tem pronunciado também pacificamente a nossa jurisprudência constitucional. Como se pode

---

[85] Cfr. OLIVEIRA ASCENSÃO, "A caducidade da expropriação no âmbito da reforma agrária", in *Expropriações e Nacionalizações*, Lisboa, 1988, p. 64.

[86] Cfr. JOÃO CAUPERS, "Estado de Direito, Ordenamento do Território e Direito de Propriedade", cit., p. 99.

[87] Cfr. JOÃO CAUPERS, "Estado de Direito, Ordenamento do Território e Direito de Propriedade", cit., p. 99.

[88] Cfr. GOMES CANOTILHO/VITAL MOREIRA, *Constituição da República Portuguesa Anotada*, sub artigo 2.º.

ler num aresto recente, "mesmo naqueles casos em que o Estado impõe aos particulares certos vínculos que, sem subtraírem o objecto do vínculo, lhes diminuem a *utilitas rei*, deverá configurar-se o direito a uma indemnização, ao menos quando verificados certos pressupostos"[89].

16. Todavia, a Constituição não fixou os critérios concretos que permitam realizar o conceito de «justa indemnização». "O legislador constitucional deixou para o legislador ordinário a definição dos critérios, os quais sempre terão de respeitar não só na sua formulação como na sua concretização, os princípios constitucionais da igualdade e da proporcionalidade"[90].

Ora, o nosso legislador ordinário prescreveu no n.° 2 do artigo 22.° do Código das Expropriações, diploma que regula a prototípica limitação de interesse público do direito de propriedade privada — e depois de no n.° 1 mencionar que "a expropriação por utilidade pública de quaisquer bens ou direitos confere ao expropriado o direito de receber o pagamento contemporâneo de uma justa indemnização" -, o nosso legislador prescreveu (dizíamos) que a justa indemnização "não visa compensar o benefício alcançado pelo expropriante, mas ressarcir o prejuízo que para o expropriado advém da expropriação, medida pelo valor do bem expropriado, fixado por acordo ou determinado objectivamente pelos árbitros ou por decisão judicial, tendo em consideração as circunstâncias e as condições de facto existentes à data da declaração de utilidade pública"[91].

---

[89] Cfr. Acórdão do Tribunal Constitucional n.° 131/88 (in *Revista da Ordem dos Advogados*, ano 48, Dezembro 1988, p. 900).

[90] Cfr. FERNANDA PAULA OLIVEIRA, "A Potencialidade Edificatória e a Justa Indemnização por Expropriação: Análise de um Caso Concreto", cit., p. 12-13.

[91] Cfr. sobre o preceito FREITAS DO AMARAL, *Direito do Urbanismo (Sumários)*, Lisboa, 1993, p. 99; JOSÉ OSVALDO GOMES, *Expropriações por Utilidade Pública*, Lisboa, 1997, p.153.

Não cabe no tema do presente parecer esmiuçar *ad nauseam* o sentido de todos e cada um destes princípios gerais relativos à justa indemnização.

Importa apenas sublinhar o sentido do subprincípio mencionado no primeiro segmento da norma do n.º 2 do transcrito artigo 22.º do Código das Expropriações — diploma que é, recorde-se, *ex vi* do artigo 25.º do Decreto-Lei n.º 11/94, aplicável a título subsidiário em matéria de servidões de gás —, ou seja, do subprincípio segundo o qual a indemnização por expropriação visa apenas "compensar o sacrifício especial suportado pelo expropriado, ou, por outras palavras, garantir a observância do princípio da igualdade (...), que tinha sido violado com a expropriação, apresentando-se como uma reconstituição em termos de valor da posição que o proprietário detinha"[92].

Ora, a primeira coisa que se nos oferece dizer a tal respeito é que "da característica fundamental referida de que a indemnização é uma compensação de um prejuízo deriva um princípio importante do seu regime jurídico: o de que no cálculo da indemnização não podem ser tomados em consideração os benefícios alcançados pelo expropriante, mas tão-só os danos suportados pelo expropriado"[93]. Este princípio apresenta-se, pois, "como uma consequência natural do «interesse público» que se pretende realizar com a expropriação. Neste aspecto podemos dizer que aquele princípio é o corolário de uma correcta ponderação entre o interesse público e o interesse do expropriado: o interesse deste reclama a indemnização integral do prejuízo suportado; o interesse público impõe que a indemnização não vá além daquele prejuízo"[94].

---

[92] Cfr. ALVES CORREIA, *As Garantias do Particular na Expropriação por Utilidade Pública*, Coimbra, 1982, p. 128.

[93] Cfr. ALVES CORREIA, *As Garantias do Particular...*, p. 128.

[94] Cfr. ALVES CORREIA, *As Garantias do Particular...*, p. 128.

Nestes termos, se o expropriado não deve ser obrigado a suportar um dano ou um sacrifício não exigido aos outros, também "não deve ter um benefício acrescido com a indemnização e ser injustamente enriquecido com ela (...)"[95]. A "medida (da indemnização) não é portanto o enriquecimento obtido. Afastamo-nos assim de institutos como o enriquecimento sem causa"[96].

Neste sentido se pronunciam também dois destacados nomes do panorama jusadministrativista espanhol. Assim, ensinam Eduardo García de Enterría e Tomás-Ramón Fernández, louvando-se na jurisprudência constitucional do seu país, que se não é lícito que a expropriação produza uma "injustificada míngua" no património do expropriado, também o não é, certamente, que ela gere *um enriquecimento* deste[97].

Esta ideia, nem é, aliás, de hoje. Para ilustrar o significado da expressão justa indemnização, lembrava já Marcello Caetano, a págs. 1036-1037 do II volume do *Manual*, o que, em sentido rigorosamente idêntico ao da primeira parte do n.º 2 do artigo 22.º do actual Código das Expropriações, se dispunha no n.º 2 do artigo 42.º de um Regulamento de 1961. Efectivamente, referia-se aí que "a justa indemnização não visa compensar o benefício alcançado pelo expropriante, mas ressarcir o prejuízo que para o expropriado advém da expropriação".

Por outro lado, no plano do Direito Internacional Público, informa Fausto de Quadros que a jurisprudência internacional tem, a propósito da expropriação lícita, sufragado pacificamente

---

[95] Cfr. FERNANDA PAULA OLIVEIRA, "A Potencialidade Edificatória e a Justa Indemnização por Expropriação: Análise de um Caso Concreto", cit., p. 12.

[96] Cfr. OLIVEIRA ASCENSÃO, "O Urbanismo e o Direito de Propriedade", in *Direito do Urbanismo*, Lisboa, 1989, p. 336.

[97] Cfr. GARCIA DE ENTERRIA/T.R. FERNANDEZ, *Curso de Derecho Administrativo*, II, 5.ª ed., Madrid, 1998, p. 298.

o entendimento de que "o valor de mercado do bem à data da expropriação constituía, simultaneamente, a «medida» e «o limite» da indemnização devida"[98].

Virando-nos para o caso da Consulta, pode desde já dizer-se que decorre dos princípios gerais em matéria de justa indemnização fixados no diploma aplicável a título subsidiário às servidões do gás natural — o Código das Expropriações —, que as indemnizações devidas pela constituição desse tipo de servidões se destinam a reparar os prejuízos sofridos pelos titulares dos prédios servientes e não a compensar estes dos benefícios obtidos pelos proprietários dos imóveis dominantes. Portanto, se nenhuma disposição especial em sentido contrário houver no Decreto-Lei n.º 11/94, pode desde já afirmar-se que o princípio geral fixado na primeira parte do n.º 2 do artigo 22.º do Código das Expropriações retira qualquer fundamento a uma (hipotética) pretensão dos proprietários dos imóveis onerados com servidões de gás no sentido de quinhoarem nos benefícios obtidos pelas concessionárias através do exercício das actividades (conexas com as do gás natural) que sejam autorizadas pelo Ministro da Economia — desde que, obviamente, não resultem das actividades referidas quaisquer danos adicionais para os proprietários — e, por conseguinte, justifica, por si só, uma resposta negativa à questão formulada na consulta. Ou seja: por força da aplicação de tal princípio, deve entender-se que a afectação da capacidade excedentária dos cabos de fibra óptica que integram a infra-estrutura da concessão para fins de telecomunicações não privativas do serviço do gás natural não confere aos titulares dos prédios servientes direito a qualquer ressarcimento, com a ressalva há pouco exposta.

---

[98] Cfr. FAUSTO DE QUADROS, *A Protecção da Propriedade Privada pelo Direito Internacional Público*, Coimbra, 1998, p. 355.

17. Porém, o princípio geral fixado em matéria de expropriações, segundo o qual no cálculo da indemnização devida pela imposição de sacrifícios à propriedade privada não devem ser considerados os benefícios alcançados mas tão-só os danos suportados pelos particulares, está, e de forma bem nítida, também reflectido nos artigos 16.º e 24.º, n.º 3, do Decreto-Lei n.º 11/94. E, assim sendo, será o disposto nestes preceitos que, directamente, fundamentará a resposta negativa à questão da Consulta.

Efectivamente, diz-se no n.º 1 do artigo 16.º do Decreto-Lei n.º 11/94 que "os titulares dos imóveis onerados com servidões de gás ou outras restrições de utilidade pública para a implantação das infra-estruturas das concessões de serviço público relativas ao gás natural serão indemnizados, pela concessionária do gás natural, em função da efectiva redução do respectivo rendimento ou de quaisquer prejuízos objectivamente apurados e derivados da ocupação desses prédios, ainda que posteriores ao exercício desta". E estatui-se no n.º 3 do artigo 24.º do mesmo Decreto-Lei n.º 11/94 que a "extinção das servidões de gás e de outras restrições de utilidade pública não acarreta, para os titulares dos bens referidos na alínea b) do n.º 2, o direito a qualquer indemnização ou o recebimento de contraprestação para além da prevista na parte final do n.º 1 do artigo 16.º".

Dificilmente o legislador poderia ter sido mais claro: é devida uma indemnização *se e na medida* em que a constituição de servidões determinar *a efectiva redução do rendimento* (ou quaisquer outros prejuízos) dos prédios abrangidos pelo traçado definido nos projectos do gás natural; por outro lado, extinguindo-se por desnecessidade as servidões, nenhuma indemnização compensatória é devida aos proprietários em função daquilo que as concessionárias possam ter lucrado com o exercício das suas actividades. Ou seja: a indemnização devida pela imposição de servidões de gás visa ressarcir os efectivos prejuízos sofridos pelos particulares e não compensar estes dos benefícios que sejam alcançados pelas concessionárias através da exploração das actividades do gás natural (ou outras).

Estas soluções legais reflectem as tradicionalmente adoptadas nesta matéria.

Efectivamente, abordando especificamente a questão das contrapartidas a cargo da Administração por força da constituição de servidões, entendia Marcello Caetano que "só se a servidão impedir o prosseguimento da fruição normal de todo ou de parte do prédio, *envolvendo diminuição efectiva do seu valor*, nasce da violação da regra da igualdade dos encargos públicos pela imposição de um sacrifício excepcional ao proprietário a necessidade de aplicar o *princípio da indemnização*, sempre por expressa determinação da lei" [99].

O primeiro signatário deste Parecer tem também defendido uma orientação muito próxima desta. Muito próxima porque "as servidões administrativas devem dar lugar a uma indemnização sempre que (elas) impeçam ou afectem a fruição normal do bem onerado"[100]. Não idêntica, porque, ao contrário do sustentado por aquele ilustre administrativista, lendo o direito ordinário em conformidade com o ordenamento constitucional hoje vigente, deve entender-se que esta doutrina vale quer as servidões administrativas sejam estabelecidas por lei quer sejam constituídas por acto administrativo[101]. Na verdade, "a origem formal da servidão não é um critério relevante para se estabelecer a existência ou inexistência de indemnização"[102]. Assim,

---

[99] MARCELLO CAETANO, *Manual*, II, p. 1055.

[100] FREITAS DO AMARAL, "Opções Políticas e Ideológicas Subjacentes à Legislação Urbanística", in *Direito do Urbanismo*, INA, 1989, p. 101.

[101] FREITAS DO AMARAL, "Opções Políticas e Ideológicas Subjacentes à Legislação Urbanística", cit., p. 101.

[102] FREITAS DO AMARAL, "Opções Políticas e Ideológicas Subjacentes à Legislação Urbanística", cit., p. 101.

acrescente-se a título de nota complementar, sob pena de inconstitucionalidade, não se pode aceitar o sentido hermenêutico resultante de uma interpretação meramente declarativa do actual n.° 2 do artigo 8.° do Código das Expropriações[103].

Também não é também diferente a lição que se extrai do Direito Comparado. Vejamos dois exemplos.

Por um lado, de França, Charles Debbasch e outros, depois de definirem servidão administrativa como "os encargos que oneram um imóvel privado por um fim de interesse público", sustentam que se o seu "estabelecimento causar um prejuízo, este é reparável sem culpa caso estejam reunidas as condições necessárias para que um prejuízo seja reparável (directo, certo, especial)"[104].

Por outro lado, refere, do Brasil, Hely Lopes Meirelles que "a *indenização da servidão* faz-se em correspondência com o prejuízo causado ao imóvel. (...) A indenização há que correspon-

---

[103] Depois de no n.° 1 desse artigo se afirmar o princípio geral de que se podem "constituir sobre imóveis as servidões necessárias à realização de fins de interesse público", o legislador estabelece, nos n.°s 2 e 3 subsequentes, regimes indemnizatórios diversos consoante as servidões sejam constituídas por lei ou por acto administrativo. No primeiro caso, "não dão direito a indemnização, salvo se a própria lei determinar o contrário"; no segundo, "dão direito a indemnização quando envolverem *diminuição efectiva do valor ou do rendimento dos prédios servientes*". No sentido da inconstitucionalidade, pronunciou-se, recentemente, FAUSTO DE QUADROS, *A Protecção da Propriedade Privada pelo Direito Internacional Público*, p. 342. O Autor já havia aliás manifestado a sua posição nesse sentido em *Responsabilidade Civil Extracontratual da Administração Pública,* Coimbra, 1995, p. 17, em nota. Aí escreveu, na verdade, que "este preceito é manifestamente inconstitucional, porque as expropriações, as servidões e as restrições de utilidade pública dão lugar a indemnização pela razão *substancial* de que a isso impõe o princípio da igualdade, independentemente da razão *formal* de saber qual é a sua fonte, se a lei, o regulamento ou o acto administrativo".

[104] Cfr. C. DEBBASCH, J. BOURDON, J. PONTIER e J.-C. RICCI, *Droit administratif des biens*, 2.ª ed., Paris, 1994, pp. 126 e segs..

der ao efetivo prejuízo causado ao imóvel, segundo sua normal destinação. Se a servidão não prejudica a utilização do bem, nada há que indenizar; se a prejudica, o pagamento deverá corresponder ao efetivo prejuízo (...)"[105].

E, abrindo aqui um derradeiro parênteses, sublinhe-se ser essa, também, a solução que decorre do nosso Direito Civil. Dispõe-se, efectivamente, no artigo 1554.º do Código Civil que "pela constituição da servidão de passagem é devida a indemnização correspondente ao prejuízo sofrido". Comentando este preceito, sublinham Pires de Lima e Antunes Varela que a referência directa aí feita (...) «ao prejuízo sofrido» significa, por um lado, que "o dano a considerar abrangerá não só o dano emergente, como os lucros cessantes do proprietário do prédio onerado" e, por outro lado, "que a indemnização não cobre, porém, ao contrário do que sustentava M. Rodrigues (...), as *vantagens* ou *lucros* obtidos pelo proprietário do prédio dominante com a constituição da servidão". E, citando a declaração peremptória de Pires de Lima na discussão desta matéria proferida perante a Comissão Revisora do Código Civil, rematam: "é justo que se indemnize o proprietário do prédio serviente pelos prejuízos ou danos causados, mas não pode permitir-se que ele se aproveite da situação de necessidade do prédio dominante"[106].

E também não se mostrava díspar o regime anteriormente consagrado no Código Civil de 1867. Dispunha-se no artigo 2309.º que "os proprietários de terrenos encravados, isto é, que não tenham comunicação alguma com as vias públicas, podem exigir caminho ou passagem pelos prédios vizinhos, indemnizando o prejuízo, que com esta passagem venham a causar". Em anotação a esta regra, dizia Dias Ferreira que a indemniza-

---

[105] Cfr. HELY LOPES MEIRELLES, *Direito Administrativo Brasileiro*, S. Paulo, p. 564.
[106] Cfr. PIRES DE LIMA e ANTUNES VARELA, *Código Civil Anotado*, III, Coimbra, *sub* artigo 1554.º.

ção "deve ser calculada, não pela utilidade que da servidão tira o prédio dominante, mas pelos prejuízos causados no prédio onerado, que é a justa compensação devida ao dono do prédio serviente"[107].

18. Em suma, e retomando, para concluir, o fio à meada: o regime indemnizatório plasmado nos artigos 16.º e 24.º, n.º 3, do Decreto-Lei n.º 11/94 confirma o mesmo princípio que vimos consagrado em matéria de expropriações por utilidade pública na primeira parte do n.º 1 do artigo 22.º do Código das Expropriações. Ou seja: o princípio segundo o qual estão arredados do cálculo da indemnização devida aos titulares dos prédios servientes pela constituição (e extinção) de servidões os benefícios (o enriquecimento) que as concessionárias do gás natural possam (ou venham a) obter com o exercício de *quaisquer* actividades decorrentes dos respectivos contratos de concessão de serviços públicos.

Nestes termos, e respondendo (para já) provisoriamente à questão da Consulta: por força do disposto nos artigos 16.º e 24.º, n.º 3, do Decreto-Lei n.º 11/94, deve entender-se que a afectação da capacidade excedentária dos cabos de fibra óptica que integram a infra-estrutura da concessão para fins de telecomunicações não privativas do serviço do gás natural não confere aos titulares dos prédios servientes direito a qualquer ressarcimento (salvo, claro, se daí resultar qualquer prejuízo adicional para estes).

19. Importa porém reforçar um pouco mais a fundamentação da conclusão acima tirada, ou seja, de que a indemnização devida pela constituição de servidões não visa compensar nem

---

[107] Cfr. DIAS FERREIRA, *Código Civil Português Anotado*, 2.ª ed., Coimbra, 1905, p. 250.

os benefícios provenientes do exercício das actividades do gás natural nem, outrossim, os advenientes do exercício de actividades secundárias dessas — como é concretamente o caso da actividade de telecomunicações não privativas do serviço público do gás natural — que as concessionárias sejam autorizadas a exercer pelo Ministro da Economia.

A proposição justifica-se desde logo por um argumento de maioria de razão: se, no cômputo da indemnização devida pela constituição de servidões de gás, o legislador não leva em linha de conta as (presumíveis) vantagens resultantes do exercício das actividades do gás natural pelas concessionárias, *por maioria de razão* deve entender-se que ele excluiu desse cômputo as vantagens resultantes do exercício, através do aproveitamento (de uma componente) do estabelecimento da concessão, de actividades secundárias das do gás natural. Noutros termos: sendo por certo maiores os benefícios resultantes do exercício das actividades principais do que aqueles que possam resultar do exercício das actividades secundárias, é lógico que, não contando os primeiros para efeitos da compensação a atribuir aos titulares de prédios servientes, os segundos também não contem. Bem vistas as coisas, está apenas em causa, com o exercício de novas actividades, uma possível melhoria da rentabilidade económica das concessionárias — e, portanto, algo, que segundo a lei (Código das Expropriações e Decreto-Lei n.º 11/94), não prejudica nem aproveita aos proprietários dos prédios servientes.

Claro que, como já ressalvámos, não seria assim caso o exercício das actividades secundárias — e, concretamente, da actividade de telecomunicações não privativas do serviço do gás natural — implicasse uma oneração adicional do *rendimento* dos prédios servientes (cfr. artigo 6.º, n.º 2, e 16.º, n.º 1, do Decreto-Lei n.º 11/94). Se fosse esse o cenário, haveria que lançar mão, claro está, do artigo 16.º, n.º 1, do Decreto-Lei n.º 11/94: pelos novos prejuízos seria então devida uma indemnização suplementar aos proprietários. Se fosse esse o cenário, poderia até mesmo convocar-se para o caso concreto o disposto no artigo 5.º do mesmo diploma. Nele se dispõe, efectivamente, como se viu, que uma das *finalidades* das servidões de gás é: "*a)* permitir a ocupação do solo e do subsolo na exacta medida requerida pela instalação das infra-estruturas necessárias às actividades do gás natural". Ora, dir-se-ia, se o exercício daqueloutras actividades redundasse num acréscimo de sacrifício ao uso e fruição dos prédios particulares, aquele preceito estaria a ser desrespeitado, porquanto ele apenas consente a ocupação do solo na exacta medida necessária para o exercício das actividades do gás natural — o que não seria o caso.

Esse cenário, porém, não se coloca sequer no caso da consulta. Com efeito, o eventual desempenho da actividade de telecomunicações não privativas do serviço público do gás natural, para além de não vir a afectar o normal desenrolar da actividade de telecomunicações privativas do gasoduto (uma vez que, como foi dito e redito, a fibra óptica já instalada chega e sobra para ambos os tipos de telecomunicações), não criará também, pela sua própria fisionomia, qualquer perturbação ou embaraço adicional ao uso e fruição dos imóveis sobre que foram constituídas as servidões de gás. É que, pelas "estradas de ideias" constituídas pelos cabos de fibra óptica, apenas passará, doravante, um maior número de símbolos, escrita, imagem, sons ou informações de qualquer natureza[108]. O que, está bom de ver, na perspectiva dos usos e fruição que desses prédios possam fazer aqueles proprietários é, em princípio, absolutamente inócuo. Noutros termos: às limitações à propriedade que, presentemente, por determinação dos preceitos acima transcritos e inseridos no Decreto-Lei n.º 374/89 e no Decreto-Lei n.º 11/94 afectam o uso e fruição "plenos" de tais bens pelos respectivos

---

[108] A expressão em itálico é de MARCELLO CAETANO, "O problema da dominialidade dos bens afectos à exploração de serviços públicos concedidos", in *Estudos de Direito Administrativo*, Lisboa, 1974, p. 79.

titulares, não acrescerão, em regra, outras pelo exercício da actividade de telecomunicações não privativas do serviço do gás natural. Portanto, não implicando o exercício dessa actividade uma *redução suplementar do rendimento de tais prédios ou um agravamento de prejuízos*, impõe-se concluir que não há lugar ao pagamento de qualquer indemnização ou compensação aos titulares dos imóveis onerados. Efectivamente, e invertendo a perspectiva, "a inexistência de prejuízo afasta a indemnização, sob pena de enriquecimento sem causa do particular"[109].

20. Poderia atalhar-se que a conclusão tirada só seria linear caso superasse a seguinte inquietação. Dir-se-ia: o fim justificativo da constituição das servidões de gás foi, como de resto sucede com qualquer limitação à propriedade privada, o interesse público e, concretamente, o interesse público legalmente reconhecido às actividades do gás natural (artigo 3.º, n.º 1, do Decreto-Lei n.º 11/94). É, ao fim e ao cabo, esse fim de interesse público que justifica que as concessionárias não devam compensar os titulares dos imóveis onerados com os benefícios que as actividades do gás natural lhes proporcionarão — mas apenas atribuir-lhes uma indemnização correspondente à *efectiva redução do rendimento* dos respectivos prédios (artigo 16.º, n.º 1, do Decreto-Lei n.º 11/94). Assim, alegar-se-ia, a conclusão acima tirada só será firme caso as actividades do tipo das que as concessionárias pretendem agora exercer, mediante o aproveitamento de uma componente (cabos de fibra óptica) integrante da infra-estrutura do gás natural, não sejam actividades do exclusivo interesse privado das concessionárias. É que, se assim não suceder, a *intromissão* destas nos prédios servientes bem poderá justificar, juridicamente, uma pretensão ressarcitória dos titulares dos mesmos, nos termos gerais do instituto do enriquecimento

---

[109] Cfr. ANTÓNIO PEREIRA DA COSTA, *Servidões Administrativas. Outras Restrições de Utilidade Pública*, Porto, 1992, p. 54.

sem causa (artigos 473.º e segs. do Código Civil)[110]. Concretamente, poderá estar aqui em causa um exemplo daquela modalidade de enriquecimento sem causa que a doutrina civilista designa de *enriquecimento por intervenção* (em bens alheios), ou seja, aquele tipo de enriquecimento em que, não obstante inexistir, em termos estritamente patrimoniais, um empobrecimento do lesado, se pode, no entanto, considerar que existiu uma vantagem patrimonial obtida à sua custa — entendido este requisito legal do *enriquecimento à custa de outrem*, como parece que o deve ser, num plano especificamente jurídico, que atende sobretudo à titularidade dos bens com base nos quais se obteve o enriquecimento, mais do que aos eventuais reflexos patrimoniais negativos produzidos na esfera do credor da restituição[111].
Que pensar?

21. Não parece difícil justificar que as actividades que concretamente as concessionárias pretendem desenvolver são efectivamente actividades de *interesse público*. E, desse modo, afastar toda e qualquer inquietação que se possa levantar quanto ao raciocínio antes explanado.

---

[110] Dispõe-se no artigo 473.º, n.º 1, do Código Civil que "aquele que, sem causa justificativa, enriquecer à custa de outrem é obrigado a restituir aquilo com que injustamente se locupletou". O *enriquecimento sem causa* é, assim, fonte de obrigações, já que gera uma obrigação de restituir em que figura como credor o sujeito à custa de quem o enriquecimento se verificou, e como devedor o beneficiário desse enriquecimento.

Sobre o enriquecimento sem causa, cfr., em geral, ANTUNES VARELA, *Das Obrigações em Geral*, I, 4.ª ed., Coimbra, 1989, pp. 437 e segs.; ALMEIDA COSTA, *Direito das Obrigações*, 7.ª ed., Coimbra, 1998, p. 423 e segs., GALVÃO TELLES, *Direito das Obrigações*, 7.ª ed., Coimbra, 1997, pp. 195 e segs.; RUI DE ALARCÃO, *Direito das Obrigações*, Coimbra, 1983, pp. 178 e segs.; MENEZES CORDEIRO, *Direito das Obrigações*, II, Lisboa, 1980, pp. 43 e segs..

[111] Cfr. RUI DE ALARCÃO, *Direito das Obrigações*, p. 187.

Claro que se poderia dizer, desde logo, que se no quadro do regime legal de um serviço público, a lei expressamente prevê, e permite ao Governo que autorize, certas actividades complementares, é porque as considera de interesse público — ou, pelo menos, porque considera de interesse público que as concessionárias melhorem, através dessas actividades, a sua rentabilidade económica.

Mas, para não "matar" a questão logo por aqui, pode acrescentar-se, sem pretensões de exaustividade, e em jeito necessariamente sintético, que o interesse e a utilidade públicos da actividade de telecomunicações (em geral) saltam nitidamente à vista por três outras ordens de razões: (1) por uma razão histórica; (2) pela importância da actividade no actual contexto sócio-económico; e (3) pelo disposto no direito positivo entre nós vigente.

Historicamente, os serviços de correios e telégrafos, por um lado, e de telefones, por outro, foram instituídos e funcionaram, seja geridos directamente pela Administração, seja concedidos a entidades privadas, em regime de serviço público, ou seja, como actividades administrativas e portanto, por definição, de *interesse público*[112].

Pela sua importância no contexto sócio-económico actual, a actividade de telecomunicações, hoje a caminho da plena liberalização no espaço europeu, também se assume inequivocamente como uma actividade de interesse público. O ponto é de uma evidência intuitiva: da actividade das telecomunicações depende, hoje em dia, o normal funcionamento da generalidade das actividades económicas (todo o tipo de indústrias, as finanças e os sectores bancário e bolsista, as navegações aérea e marítima, etc.) e mesmo o normal funcionamento de outras actividades que, sem terem essa natureza, são essenciais à vida do

---

[112] Cfr., minuciosamente, o estudo de ALMEIDA FERRÃO, *Serviços Públicos no Direito Português*, Coimbra, 1965, pp. 255 e segs. (correios e telégrafos) e 355-6 e 359-362 (telefones).

Estado (defesa, justiça, etc.). As telecomunicações assumem-se mesmo como um vector fundamental para se alcançarem níveis superiores de crescimento económico e de emprego. Como se escreveu na recente Resolução do Conselho das Comunidades (96/CE/376/01), de 21 de Novembro de 1996, "a liberalização dos mercados de telecomunicações dentro dos prazos acordados estimulará os investimentos privados e públicos necessários para o desenvolvimento da sociedade de informação na Europa", sociedade essa que "pode apoiar a promoção de um emprego de alto nível e a elevação dos níveis de qualidade de vida na Comunidade"[113]. Por outro lado, não se deixa também de frisar no mencionado texto comunitário que "a utilização das novas tecnologias deve contribuir para uma protecção e exercício eficazes dos direitos e libertades fundamentais dos cidadãos e dos consumidores"[114].

O interesse público desta actividade resulta claro, enfim, da nossa lei de bases das telecomunicações (Lei n.º 91/97, de 1 de Agosto). Sintomaticamente, é ele que permite explicar o teor de artigos como, por exemplo, o artigo 5.º deste diploma. Diz-se aí que "compete ao Estado a definição das linhas estratégicas e das políticas gerais, a aprovação da legislação aplicável ao sector, a superintendência e a fiscalização das telecomunicações e da actividade dos operadores de telecomunicações" (n.º 1); e que "na prossecução das atribuições do Estado, compete ao Instituto das Comunicações de Portugal, enquanto entidade reguladora do sector e sem prejuízo de outras atribuições cometidas por lei: a) a gestão do espaço radioeléctrico e das posições orbitais; b) a normalização, aprovação e homologação dos materiais e equipamentos de telecomunicações, de acordo com a legislação

---

[113] *Apud* SANTIAGO MUNÕZ MACHADO, *Servicio publico y mercado. II — Las telecomunicaciones*, p. 18.

[114] *Apud* SANTIAGO MUNÕZ MACHADO, *Servicio publico y mercado. II — Las telecomunicaciones*, p.18.

aplicável; c) a fiscalização das telecomunicações e do cumprimento das respectivas disposições legais e regulamentares relativas à actividade, bem como a aplicação das correspondentes sanções; d) a definição das condições de interligação de redes e serviços de telecomunicações de uso público explorados por operadores com posição significativa nos mercados" (n.º 2).

Pela sua impressividade para demonstrar o que aqui se pretende, é caso para se perguntar: se a actividade de telecomunicações não é de interesse público, o que é que o será?

Lembre-se também que, por força da sua eventual interligação às redes públicas de telecomunicações, as redes de telecomunicações das concessionárias do gás natural perderão o estatuto de *redes privativas* e passarão a ter o estatuto de *redes públicas*, já que, segundo a lei de bases das telecomunicações (artigo 2.º, n.º 8, alínea b)), são *redes públicas de telecomunicações* "as que suportam, no todo ou em parte, serviços de telecomunicações de uso público". Ora, nestes termos, isto é, suportando em parte serviços de telecomunicações de uso público, não se pode deixar de qualificar de interesse público a actividade de operador ou de explorador de uma rede pública de telecomunicações.

Em suma: constituindo a actividade de telecomunicações não privativas do serviço do gás natural, como qualquer actividade do sector das telecomunicações, uma actividade de manifesto interesse público, não existe também qualquer fundamento para uma pretensão ressarcitória dos titulares de imóveis onerados com servidões de gás a título de enriquecimento sem causa (artigo 473.º e segs. do Código Civil).

22. Mas imaginemos (sem conceder, obviamente), apenas para levar o raciocínio até ao limite, que não seria de qualificar de interesse e utilidade públicos a actividade de telecomunicações não privativas do serviço público do gás, mas, diversamente, como uma actividade do exclusivo interesse privado das concessionárias. Existiria, mesmo nesse cenário (meramente

hipotético, insista-se), fundamento jurídico para uma pretensão ressarcitória dos titulares de imóveis onerados com servidões de gás a título de enriquecimento sem causa?

Antecipe-se a resposta: não existiria.

Ou seja: mesmo analisando a questão à luz do enriquecimento sem causa, deve concluir-se, como se verá de seguida, que não existe qualquer obrigação para as concessionárias de restituir o enriquecimento que resulte de outras actividades que não as do gás natural, porquanto este, à luz do que se extrai da interpretação do *telos* subjacente ao n.º 4 da Base I das Bases anexas ao Decreto-Lei n.º 274-C/93 e do n.º 2 da Base II das Bases anexas ao Decreto-Lei n.º 33/91, encontra nestas normas uma causa justificativa. Nesses termos, faltaria, pois, um dos pressupostos de cuja verificação a lei (artigo 473.º do Código Civil) faz depender a obrigação de restituir: a ausência de *causa justificativa*.

Vejamos.

23. Questão prévia: sendo as concessionárias do gás natural entidades que integram uma espécie (as *sociedades de interesse colectivo*) pertencente ao género de *instituições particulares de interesse público*[115], ou seja, uma daquelas pessoas colectivas privadas que participa no exercício da função administrativa do Estado-colectividade ou, como entende alguma doutrina, uma entidade privada que se integra efectivamente adentro da Administração Pública[116] — será que se aplicam aos entes (materialmente) administrativos as regras do enriquecimento sem causa definidas no Código Civil?

Responde-se afirmativamente.

---

[115] Cfr. FREITAS DO AMARAL, *Curso de Direito Administrativo*, I, p. 549 e segs..

[116] Cfr., por exemplo, MARCELO REBELO DE SOUSA, "Estado", in *Dicionário Jurídico da Administração Pública*, IV, 1991.

É que o princípio da *proibição do enriquecimento sem causa*, não obstante estar formalmente consagrado (por razões históricas) no Código Civil (artigos 473.º e segs.), deve considerar-se património comum da ciência jurídica e, portanto, aplicável também no direito administrativo. Por uma simples razão: os valores que, através dele, se visam preservar colhem também naquele segundo domínio[117]. Pode, pois, a este propósito evocar-se a lição de Maurer segundo a qual existem *princípios gerais de direito* que, não obstante terem a sua sede formal no Código Civil, valem, independentemente desse Código, em todos os ramos do Direito — na medida em que constituem, por assim dizer, *princípios básicos da teoria geral do Direito* — e, por conseguinte, são directamente aplicáveis no direito administrativo[118]. Em sentido próximo, refere, entre nós, Paulo Otero que "a proibição do locupletamento à custa alheia deve ser entendida como princípio geral de Direito comum e, por conseguinte, também ele é dotado de força vinculativa para a Administração Pública"[119].

---

[117] Cfr. neste sentido, no estrangeiro, entre outros, LAUBADÈRE, VENEZIA e GAUDEMET, *Traité de Droit Administratif*, I, 14.ª ed., Paris, 1996, pp. 668 e 775 e segs.; RENÉ CHAPUS, *Droit administratif géneral*, I, 10.ª ed., Paris, 1996, pp. 1115 e segs.; ALDO SANDULLI, *Manuale di Diritto Amministrativo*, I, 15.ª ed., Napoli, 1989, pp. 170-171; MANUEL REBOLLO PUIG, *El enriquecimiento injusto de la Administracion Publica*, Madrid, 1995, *passim*.

Entre nós, reconhecendo expressamente a aplicabilidade das regras gerais do enriquecimento sem causa à Administração Pública, cfr. AFONSO QUEIRÓ, *Lições de Direito Administrativo*, I, Coimbra, 1976, p. 310; ESTEVES DE OLIVEIRA, *Direito Administrativo*, I, pp. 659 e segs.; PAULO OTERO, "Estabilidade contratual, modificação unilateral e equilíbrio financeiro em contrato de empreitada de obras públicas", in *Revista da Ordem dos Advogados*, II, 1996, pp. 954 e segs.; e, por último, ALEXANDRA LEITÃO, *O Enriquecimento sem Causa da Administração Pública*, especialmente pp. 61-132.

[118] HARTMUT MAURER, *Allgemeines Verwaltungsrecht*, 10.ª ed., Munique, 1995, pp. 54.

[119] Cfr. PAULO OTERO, "Estabilidade contratual, modificação unilateral e equilíbrio financeiro em contrato de empreitada de obras públicas", cit., p. 954.

À parte algumas singularidades que, por não interessarem ao problema em análise, não importa aqui desenvolver, pode entender-se que os "requisitos da figura não revelam especificidades em relação ao Direito Civil"[120]. Deste modo, "sempre que se verificarem os pressupostos legais do enriquecimento sem causa, a Administração Pública constitui-se na obrigação de restituir ao lesado aquilo com que indevidamente se locupletou"[121].

Por aqui, portanto, não fica a nossa (hipotética, insista-se) análise já resolvida.

24. "São múltiplas as situações em que o instituto (do enriquecimento sem causa) é convocado para neutralizar ou corrigir as modificações económicas resultantes de uma deslocação patrimonial, com base na ideia de que o enriquecimento não deve consolidar-se definitivamente no património em que se produziu quando está em desacordo com a correcta ordenação dos bens"[122]. Porém, de acordo com o nosso sistema jurídico, todas elas assentam na verificação *cumulativa* de três requisitos:

(1) a existência de um *enriquecimento*;

(2) obtido *à custa de outrem*;

(3) sem *causa justificativa*.

25. Dá-se um enriquecimento "quando alguém experimenta uma *melhoria da sua situação patrimonial*", ou seja, corresponde "à obtenção de um valor, de um ganho de carácter pecuniário"[123]. São, todavia, várias as vias pelas quais se pode

---

[120] ALEXANDRA LEITÃO, *O Enriquecimento sem Causa da Administração Pública*, p. 81.
[121] Cfr. PAULO OTERO, "Estabilidade contratual, modificação unilateral e equilíbrio financeiro em contrato de empreitada de obras públicas", p. 954-955.
[122] Cfr. RUI DE ALARCÃO, *Direito das Obrigações*, p. 179.
[123] Cfr. RUI ALARCÃO, *Direito das Obrigações*, p. 183.

adquirir uma vantagem patrimonial: (1) por *aumento do activo*; (2) por *diminuição do passivo*; (3) por *intromissão ou ingerência em bens alheios*, sob a forma de *uso* ou *fruição, consumo*, ou de *alienação*.

Raciocinando em concreto, pode admitir-se preenchido este requisito. De facto, o aproveitamento da capacidade excedentária da rede privativa de telecomunicações das concessionárias, ocorrendo a título oneroso, gerará ganhos patrimoniais para estas. E essas vantagens serão, de certo modo, possibilitadas a partir da *intromissão* dos cabos de fibra óptica nos prédios onerados com servidões de gás.

A lei exige, por outro lado, que o enriquecimento seja obtido *à custa de outrem*. O que significa estoutro requisito? Significa que à vantagem alcançada pelo enriquecido deve corresponder um prejuízo suportado pelo sujeito que requer a restituição. Ora, como vimos, o aproveitamento, a título secundário, da capacidade excedentária da rede privativa de telecomunicações das concessionárias não terá, em princípio, reflexos negativos na esfera jurídica patrimonial dos proprietários dos prédios servientes. Assim sendo, poderia desde logo sustentar-se faltar no caso da consulta um dos requisitos do enriquecimento sem causa e, por essa via, considerar improcedente uma hipotética pretensão deduzida a essa luz pelos proprietários dos prédios servientes. Simplesmente, a doutrina dominante considera, como vimos já, existir ainda uma deslocação patrimonial do empobrecido para o enriquecido em situações, como a do caso vertente, em que não há uma passagem de valores de um património (no caso, dos proprietários de prédios servientes) para outro (concessionárias do serviço público do gás natural). Com efeito, repete-se, entende-se que há hipóteses em que não obstante inexistir, em termos estritamente patrimoniais, um empobrecimento do lesado, se deve não obstante considerar que o enriquecimento foi obtido à sua custa. Isto porque se interpreta o alcance do requisito em questão num plano especificamente jurídico, que atende sobretudo à titularidade dos bens com base nos quais se obteve o enriquecimento, mais do que nos eventuais reflexos patrimoniais negativos produzidos na esfera do credor da restituição[124]. Nestes termos, e voltando ao caso da consulta, admitimos que não será também por aqui que uma eventual pretensão ressarcitória dos proprietários dos prédios onerados com servidões de gás possa improceder.

Tertio, é necessário, para que surja a obrigação de restituir, que *não exista uma causa justificativa para o enriquecimento*. Mas, que é a *causa* do enriquecimento?

A dificuldade desta questão tem sido especialmente salientada pelos nossos civilistas, os quais, todavia, apresentam para ela, segundo parece, respostas praticamente coincidentes.

Assim, Antunes Varela, depois de considerar que se trata "de um dos conceitos mais controvertidos entre os autores e dos mais difíceis de precisar, pela extrema variedade das situações a que tem de aplicar-se"[125], sintetiza que "o enriquecimento é injusto porque, *segundo a ordenação substancial dos bens aprovada pelo Direito, ele deve pertencer a outro*". Trata-se, pois, de "um puro problema de interpretação e integração da lei, tendente a fixar a correcta ordenação dos bens à luz do Direito vigente. Quando o enriquecimento criado está de harmonia com a ordenação jurídica dos bens aceite pelo sistema, pode asseverar-se que a deslocação patrimonial tem causa justificativa; se, pelo contrário, por força dessa ordenação positiva, ele houver de pertencer a outrem, o enriquecimento carece de causa"[126]. Em sentido próximo, afirma Galvão Telles que "parece que tudo se reconduz à interpretação da lei, à determinação da vontade legislativa, isto

---

[124] Cfr. RUI ALARCÃO, *Direito das Obrigações*, p. 187.

[125] Cfr. ANTUNES VARELA, *Das Obrigações em Geral*, I, pp. 450. Que acrescenta: "a lei civil não o definiu, limitando-se cautelosamente a facultar ao intérprete algumas indicações capazes de, como meros subsídios, auxiliarem a sua formulação pela doutrina e pela jurisprudência".

[126] Cfr. ANTUNES VARELA, *Das Obrigações em Geral*, I, pp. 455.

é, *saber se o ordenamento jurídico considera ou não justificado o enriquecimento* e se portanto acha ou não legítimo que o beneficiado o conserve. O enriquecimento tem ou não causa justificativa consoante, segundo os princípios legais, há ou não razão de ser para ele. Cumpre ver em cada hipótese, *no âmbito do instituto jurídico aplicável*, se o enriquecimento corresponde à *vontade profunda da lei*"[127]. Segundo Almeida Costa, "o problema consiste em distinguir, entre as vantagens patrimoniais que uma pessoa pode obter na vida de relação, aquelas que (...) determinam, todavia, uma obrigação de restituição, visto não se encontrarem dotadas de justificação suficiente em face do direito. Quer dizer: reputa-se que o enriquecimento carece de causa, quando o direito não o aprova ou consente, porque não existe uma relação ou um facto que, de acordo com os princípios do sistema jurídico, justifique a deslocação patrimonial; sempre que aproveita, em suma, a pessoa diversa daquela a quem, segundo a lei, deveria beneficiar. Mas ele é apenas *ajurídico*, no sentido de substancialmente ilegítimo ou injusto, e não formalmente *antijurídico*"[128]. Menezes Cordeiro, depois de considerar o requisito da carência de causa como "a projecção, no campo do jurídico, da injustiça da situação do enriquecimento, injustiça essa que conduziu à confecção e desenvolvimento da fonte que agora nos ocupa", conclui que "a ausência de causa emerge (...) da inexistência de normas jurídicas que, a título permissivo ou de obrigação, levem a considerar o enriquecimento como coisa estatuída, isto é, tolerada ou querida pelo Direito"[129]. Rui de Alarcão, de sua banda, considera "que o enriquecimento carece de causa quando, segundo a ordenação jurídica dos bens, deve caber a outrem", sendo que a concretização desta "fórmula ampla e elástica" suscita basicamente "um problema de interpre-

---

[127] Cfr. GALVÃO TELLES, *Direito das Obrigações*, pp. 199-200.
[128] Cfr. ALMEIDA COSTA, *Direito das Obrigações*, pp. 432-433.
[129] Cfr. MENEZES CORDEIRO, *Direito das Obrigações*, II, p. 55-56.

tação e integração da lei". Assim, "em face de um enriquecimento obtido à custa de outrem, para apurar se ele se fundamenta ou não numa causa justificativa, urge fazer apelo aos critérios legais definidores de uma correcta ordem ou ordenação dos bens. É, pois, a partir de valorações do ordenamento que poderemos aferir da justiça da vantagem auferida pelo enriquecido, e se ela deve, ou não, permanecer no seu património"[130]. Por último, Júlio Vieira Gomes lembra que "a causa, neste contexto, remete para a existência de uma justificação", justificação essa que se deverá procurar "noutro «lugar» do ordenamento". Nestes termos, "a referência à causa do enriquecimento remete o intérprete para a totalidade da ordem jurídica" [131].

Apliquemos as considerações precedentes ao caso vertente. Cumpre, em suma, apurar se o Direito considera justo (justificado) que as concessionárias do serviço público de gás natural conservem na sua esfera patrimonial os ganhos que para elas possam advir do exercício de outras actividades complementares ou acessórias das do gás natural — como é o caso da actividade de telecomunicações não privativas desse serviço público — ou se, ao invés, não considera isso justo — e, por conseguinte, as concessionárias, se exercerem tal actividade, deverão contar com a possibilidade de ter de restituir (pelo menos) parte do enriquecimento desse modo obtido aos titulares de imóveis onerados com servidões de gás.

Como vimos, a doutrina remete-nos, para apurar se existe ou não causa justificativa para o enriquecimento, para a interpretação da lei.

Recordemos, pois, o teor das pertinentes regras das bases das concessões — as quais, recorde-se, *fazem parte integrante* dos

---

[130] Cfr. RUI ALARCÃO, *Direito das Obrigações*, p. 190-191.

[131] Cfr. VIEIRA GOMES, *O Conceito de Enriquecimento, o Enriquecimento Forçado e os Vários Paradigmas do Enriquecimento sem Causa*, Porto, 1998, p. 470.

diplomas que as aprovaram e são, por conseguinte, nessa medida, (também) disposições legais.

Dispõe o n.º 4 da Base I das Bases da "concessão do serviço público de importação de gás natural e do seu transporte e fornecimento através da rede de alta pressão", publicadas em anexo ao Decreto-Lei n.º 274-C/93, de 4 de Agosto, que, "precedendo autorização do Ministro da Indústria e Energia, dada caso a caso, a concessionária pode exercer outras actividades com fundamento no proveito daí resultante para o interesse da concessão ou dos clientes ou, ainda, na possibilidade de melhor aproveitamento dos meios e produtos da concessão, desde que essas actividades não prejudiquem a regularidade e a continuidade da prestação do serviço". Por outro lado, no n.º 2 da Base II das "bases de exploração, em regime de serviço público, de redes de distribuição regional de gás natural", constantes do Anexo I ao Decreto-Lei n.º 33/91, de 16 de Janeiro, prescreve-se que "as concessionárias poderão exercer actividades complementares das que constituem o objecto da concessão, mediante autorização do Ministro da Indústria e Energia".

Qual a *ratio* destes preceitos?

Decorre linearmente da primeira das disposições citadas a permissão para as concessionárias do gás natural exercerem, desde que autorizadas pela Administração, outras actividades com fundamento na possibilidade de, por esse modo, se proceder a um "melhor aproveitamento dos meios (...) da concessão". E vimos já que essa possibilidade se deve estender também, por identidade de razão, às concessionárias das redes regionais do gás natural (cfr. *supra* § 1.º, I). Ora, nestes termos, fácil é verificar que a lógica do legislador ao estatuir o que efectivamente estatuiu foi a de possibilitar às concessionárias do gás natural que optimizassem economicamente a exploração das infra-estruturas da concessão. Ou seja: sendo possível aproveitar utilidades existentes no estabelecimento da concessão, o legislador pretendeu, dentro da lógica própria daquela figura, que as concessionárias as aproveitassem, desenvolvendo, para tanto, actividades que, não prejudicando a regularidade e continuidade da actividade principal — o que deverá em qualquer caso ser aferido pelo Ministro competente, na apreciação do pedido que lhe for dirigido de autorização do exercício dessas actividades —, lhes proporcionassem outras fontes de rendimentos susceptíveis de viabilizar uma amortização mais rápida dos avultados investimentos que efectuaram (ou um aproveitamento integral de bens que custaram dinheiro e que não devem ser deixados em parte sem exploração económica).

Ora, sendo assim, não seria razoável entender que o legislador das concessões do gás permite às concessionárias do gás natural o exercício de outras actividades com fundamento na possibilidade de "melhor aproveitamento dos meios (...) da concessão" (como são os cabodutos que integram cabos de fibra óptica) e, simultaneamente sustentar que, por outra via, a do enriquecimento sem causa, lhes impunha a restituição (mesmo que apenas de parte) do proveito desse modo obtido aos titulares de imóveis onerados com servidões de gás. Efectivamente, e como não custa admitir, aquela lógica seria pura e simplesmente aniquilada caso se entendesse que, mesmo que tais actividades não causassem prejuízos aos proprietários de prédios onerados com servidões de gás, as concessionárias deveriam partilhar com eles os correspondentes benefícios. Devemos pois excluir estoutro entendimento com base num argumento hermenêutico *a coerentia*.

Pelo que se impõe concluir, parafraseando Menezes Cordeiro, que as referidas normas das bases das concessões levam a considerar o enriquecimento das concessionárias do gás natural, com o desenvolvimento de uma actividade (a actividade de telecomunicações não privativa do gás natural) que possibilita o melhor aproveitamento dos cabos de fibra óptica existentes na infra-estrutura da concessão, *como coisa estatuída, isto é, querida pelo Direito*. E, nestes termos, que, mesmo considerando por absurdo que a questão da Consulta deveria ser também analisada à luz do instituto do enriquecimento sem causa, sempre faltaria um pressuposto para que pudesse ter lugar uma obrigação de restituir o enriquecimento.

26. A razão que vimos estar na base da permissão legislativa do exercício de actividades que viabilizem o melhor aproveitamento pelas concessionárias dos meios integrantes do estabelecimento da concessão "encaixa que nem uma luva" numa ideia que acima vimos (cfr. *supra* § 1.º, II) caracterizar actualmente o instituto da concessão — justamente aquele no seio do qual se deve apurar, dizêmo-lo parafraseando Galvão Telles, se o enriquecimento corresponde à *vontade profunda da lei*.

Tal ideia é a da possibilidade de a concessionária se socorrer de diversas fontes de financiamento para montar e explorar o serviço público concedido e, inclusivamente, de receber auxílios financeiros (directos ou indirectos) do próprio concedente. É que, bem vistas as coisas, subjacente à permissão do exercício dessas actividades está a atribuição de um financiamento indirecto pelo concedente às concessionárias. Ao autorizá-las a tirar partido da infra-estrutura da concessão, o Estado-concedente permite-lhes, efectivamente, a obtenção de outras receitas para além das provenientes das actividades directamente concedidas e, portanto, receitas que, sem aquela autorização, não obteriam.

Que a ideia da diversificação das fontes de financiamento das concessionárias e, concretamente, da obtenção por elas de financiamentos do próprio concedente caracteriza actualmente a figura da concessão demonstram-no claramente os seguintes exemplos de contratos de concessão (tanto de obras públicas como de serviços públicos) entre nós celebrados.

Assim, na Concessão-Brisa (*concessão de obras públicas*), cujas bases foram aprovadas em anexo ao Decreto-Lei n.º 294/97, de 24 de Outubro, refere-se expressamente que "o financiamento necessário à realização do objecto da concessão será assegurado pela concessionária e pelo Estado de acordo com o estabelecido no presente contrato, tendo aquela o direito de receber dos utentes das auto-estradas as importâncias das portagens das mesmas cobradas e os rendimentos de exploração das áreas de serviço e, bem assim, quaisquer outros rendimentos obtidos no âmbito da concessão" (n.º 1 da Base X). Por sua vez, dispõe-se no n.º 1 da Base XI que "o Estado comparticipará financeiramente no custo de construção das auto-estradas e das obras complementares a que a concessionária se encontre obrigada, por forma a garantir a realização integral do objecto da concessão". Acrescentando-se no n.º 2 da mesma Base que: "para efeitos do disposto no número anterior, considera-se custo de construção o resultado da soma das seguintes parcelas: (...) b) valor relativo à aquisição de terrenos, no qual se incluem as despesas de avaliação, registo, publicitação e notariado, bem como o valor das indemnizações pagas em resultado de processos de expropriação".

Por sua vez, estipula-se na alínea *d)* do n.º 3 do artigo 6.º Decreto-Lei n.º 9/97, de 10 de Janeiro, diploma que estabelece "o regime de realização dos concursos com vista à concessão de lanços de auto-estradas e conjuntos viários associados nas zonas norte e oeste de Portugal" (conhecido como o regime das concessões-"Brisinhas"), que do caderno de encargos relativo a cada uma das concessões constarão, obrigatoriamente: "a responsabilidade da concessionária pelas indemnizações ou outras compensações derivadas de expropriações ou aquisição de bens e direitos ou da imposição de ónus, servidões ou encargos decorrentes do estabelecimento da concessão". Na sequência deste diploma legal, dispôs-se, por exemplo, no artigo 19.º, n.º 3, do Caderno de Encargos da auto-estrada do Oeste[132] que: "competirá à JAE, como entidade expropriante em nome do

---

[132] Publicado no *Diário da República*, II Série, n.º 32, de 7 de Fevereiro de 1997.

Estado, a realização e condução dos processos expropriativos e, bem assim, o pagamento de indemnizações ou outras compensações derivadas de expropriações ou da imposição de servidões ou outros ónus ou encargos delas derivados".

Do mesmo modo, também na alínea d) do n.º 3 do artigo 6.º do Decreto-Lei n.º267/97, de 2 de Outubro, diploma que estabelece "o regime de realização dos concursos para as concessões SCUT" — isto é, sem cobrança aos utilizadores -, se consigna uma norma de teor exactamente idêntico à da citada norma do "diploma das Brisinhas". E, tal como vimos suceder relativamente a este, também, por exemplo, no artigo 22.º, n.º 3, do Caderno de Encargos do concurso para a realização de lanços de auto-estrada com portagens virtuais na Beira Interior[133] se prescreve, identicamente, que: "competirá à JAE, como entidade expropriante em nome do Estado, a realização e condução dos processos expropriativos e, bem assim, o pagamento de indemnizações ou outras compensações derivadas de expropriações ou da imposição de servidões ou outros ónus ou encargos delas derivados".

Mas, saliente-se, a possibilidade de o concedente auxiliar financeiramente a concessionária decorre ainda da lição da doutrina, nacional e estrangeira. Citámos já vários autores que referem ser uma realidade dos nossos dias o facto de as concessionárias receberem financiamentos indirectos do concedente através da permissão do exercício de actividades anexas ao serviço concedido. Não vale a pena fazer aqui repetições. Citemos apenas mais dois casos emblemáticos onde tal realidade (financiamento do concessionário pelo concedente) nos aparece claramente enunciada. Assim, dizia, entre nós, Marcello Caetano que era perfeitamente normal que em determinados casos o concedente

---

[133] Publicado no *Diário da República*, II Série, n.º 290, de 17 de Dezembro de 1997.

prestasse *assistência financeira* aos concessionários de serviços e obras públicas através, designadamente, de "subvenções, subsídios, garantias de rendimento". E prosseguia: "umas vezes trata-se de prestações certas e regulares a pagar ao concessionário durante certo número de anos (uma subvenção fixa anual, por exemplo). Outras vezes trata-se de prestações eventuais que o concedente só pagará se os rendimentos da exploração do ano não permitirem a remuneração do capital investido (garantia de dividendo) ou só do capital obtido por empréstimo (garantia de juros). Noutros casos, ainda, o subsídio é eventual e extraordinário destinando-se a compensar certos prejuízos que se hajam verificado por motivos imprevistos, ou certas despesas anormais"[134]. Mais recentemente, escreve-se no já citado guia *Project Finance* da *Freshfields* (p. 18) que "muitas concessões não geram suficiente *cash flow* para cobrir as despesas do beneficiário. É assim necessário que a autoridade pública subsidie em certa extensão o beneficiário."

27. Em suma, e concluindo este excurso final: mesmo equacionando a questão da consulta à luz do instituto do enriquecimento sem causa (o que concebemos, insista-se novamente, por mera hipótese académica), importa concluir que, sendo o sentido das normas das bases das concessões relativas à permissão do exercício pelas concessionárias de outras actividades além das do gás natural, através do aproveitamento das potencialidades do estabelecimento da concessão, o de viabilizar a optimização em proveito próprio da exploração da infra-estrutura concedida, deve entender-se que tal enriquecimento é justificado e que não existe qualquer fundamento jurídico bastante para suportar uma eventual pretensão ressarcitória dos titulares de prédios servientes a título de enriquecimento sem causa.

---

[134] Cfr. MARCELLO CAETANO, *Manual...*, II, p. 1127.

Parafraseando Antunes Varela, diremos, a findar, que o (eventual) enriquecimento das concessionárias do gás natural com o exercício da actividade de telecomunicações não privativas desse serviço público é, à concreta luz do instituto disciplinado nos artigos 473.º e seguintes do Código Civil, justificado, porquanto, *segundo a ordenação substancial dos bens aprovada pelo Direito, apurada pela interpretação das normas aplicáveis às várias concessões, ele deve pertencer-lhes.*

CONCLUSÕES

28. Do que antecede extraímos, em síntese, as seguintes conclusões:

a) Os contratos de concessão do *serviço público de importação de gás natural e do seu transporte e fornecimento através da rede de alta pressão* e do *serviço público de distribuição regional de gás natural* reconduzem-se ao tipo legal da concessão de serviços públicos, que é, inequivocamente, no actual ordenamento jurídico português, um contrato administrativo, quer por natureza (artigos 178.°, n.° 1, do CPA, e 9.°, n.° 1, do ETAF) quer por determinação da lei (artigos 178.°, n.° 2, alínea *c)*, do CPA);

b) As servidões de gás natural reguladas no Decreto-Lei n.° 374/89 e no Decreto-Lei n.° 11/94 têm a natureza jurídica de *servidões administrativas*: preenchem os caracteres das várias noções doutrinais de servidões administrativas; são estabelecidas com vista ao prosseguimento do objecto da concessão; e são subsidiariamente reguladas pelo regime das servidões administrativas constante do Código das Expropriações;

c) Integra actualmente a nossa Ordem Jurídica um princípio, segundo o qual o direito real deve desempenhar uma função social: o seu titular não pode, na mira das suas particulares conveniências, contrariar interesses sociais relevantes. Porém, como contrapartida das suas intervenções limitadoras da esfera privada, os poderes públicos devem indemnizar, e de forma justa, os particulares afectados: só deste modo é possível satisfazer a garantia do direito à propriedade privada constante do artigo 62.º da Constituição, a qual, não obstante referenciar apenas no seu n.º 2 a expropriação e a requisição, vale também para os casos em que formalmente a titularidade privada se mantém e não há, pois, tecnicamente expropriação — como sucede com as servidões administrativas;

d) O legislador constitucional deixou para o legislador ordinário a definição dos critérios concretos que densificam o conceito de justa indemnização. O legislador ordinário definiu, na primeira parte do n.º 2 do artigo 22.º do Código das Expropriações — diploma subsidiariamente aplicável em matéria de servidões de gás (artigo 25.º do Decreto-Lei n.º 11/94) —, o princípio geral de que a justa indemnização devida por expropriação por utilidade pública se destina a reparar os prejuízos sofridos pelo expropriado e não a compensar este dos benefícios obtidos pelo expropriante;

e) Assim, se o expropriado não deve ser obrigado a suportar um dano ou um sacrifício não exigido aos outros, também não deve ter um benefício acrescido com a indemnização e ser injustamente enriquecido com ela. A medida (da indemnização) não é portanto o enriquecimento obtido. Afastamo-nos, pois, do instituto do enriquecimento sem causa;

f) O princípio geral referido encontra-se também nitidamente reflectido no n.º 1 do artigo 16.º e no n.º 3 do artigo 24.º do Decreto-Lei n.º 11/94: por um lado, só é devido o pagamento de uma indemnização pecuniária aos titulares de imóveis abrangidos pelo traçado do gasoduto no caso de a constituição de servidões de gás determinar uma redução efectiva do respectivo rendimento ou quaisquer outros prejuízos; por outro lado, não há lugar a qualquer indemnização compensatória aquando da extinção, por desnecessidade, das servidões do gás natural; assim, também nesta sede normativa se pode concluir que a medida da indemnização não é o enriquecimento obtido pelas concessionárias do gás natural com o exercício das actividades que lhes foram concedidas e, consequentemente, se encontra afastada a aplicação do instituto do enriquecimento sem causa;

g) A conclusão de que as concessionárias do gás natural não têm de compensar os titulares dos prédios servientes dos benefícios que obtenham com o exercício das actividades concedidas vale tanto para as actividades do gás natural como para outras actividades que, como é concretamente o caso da actividade de telecomunicações não privativas do gás natural, implicando o aproveitamento (de uma componente) do estabelecimento da concessão, venham a ser autorizadas pelo Ministro da Economia;

h) O exercício da actividade de telecomunicações não privativas do serviço do gás natural apenas determinaria a atribuição de uma indemnização caso provocasse um sacrifício suplementar (em relação ao imposto pelo exercício das actividades do gás) ou uma redução de rendimentos dos prédios servientes: porém, tal actividade, para além de não prejudicar o normal desempenho de qualquer das actividades do gás natural, não criará, em princípio, qualquer "perturbação adicional" ao uso e fruição dos imóveis sobre que foram constituídas as servidões de gás, já que, pelas "*estradas de ideias*" constituídas pelos cabos de fibra óptica, apenas passarão, doravante, um maior número de símbolos, escrita, imagem, sons ou informações de qualquer natureza;

i) Constituindo a actividade de telecomunicações não privativa do serviço do gás natural uma actividade de manifesto interesse e utilidade públicos, falece também por aí fundamento para uma eventual pretensão ressarcitória dos titulares de imóveis onerados com servidões de gás a título de enriquecimento sem causa (artigo 473.º e segs. do Código Civil);

j) Mas, mesmo abstraindo (por mera hipótese académica) do interesse público associado ao exercício da actividade de telecomunicações não privativas do serviço do gás natural, a verdade é que, em desabono de uma pretensão ressarcitória dos titulares de imóveis onerados com servidões de gás a título de enriquecimento sem causa, sempre deporia o *telos* subjacente ao n.º 4 da Base I das Bases anexas ao Decreto-Lei n.º 274-C/93 e do n.º 2 da Base II das Bases anexas ao Decreto-Lei n.º 33/91: ao ser por tais normas permitido que as concessionárias exerçam, mediante autorização do Ministro da Economia, actividades que optimizem economicamente a exploração da infra-estrutura da concessão *com vista à mais célere amortização dos investimentos efectuados*, o legislador considerou justificado que aquelas conservem os benefícios daí resultantes.

Lisboa, Janeiro de 1999

V
Concessão de serviços públicos municipais: conceito de «tarifa média» e definição de um limite máximo à evolução do seu valor

CONSULTA

Na sequência da abertura ao sector privado, através do Decreto-Lei n.º 372/93, de 29 de Outubro, das actividades de «captação, tratamento e distribuição de água para consumo público, de recolha, tratamento e rejeição de efluentes e de recolha e tratamento de resíduos sólidos», por um lado; e, por outro, da publicação, pelo Decreto-Lei n.º 379/93, de 5 de Novembro, do regime legal da gestão e exploração dos sistemas municipais que tenham por objecto aquelas actividades — deliberou recentemente a Câmara Municipal de C. (doravante CMC) proceder à concessão, mediante contrato, das actividades de distribuição de água para consumo público e de tratamento de águas residuais (*vulgo*, saneamento), com vista a, simultaneamente, melhorar a qualidade da prestação destes serviços públicos no concelho e diminuir os respectivos custos para os consumidores.

Para esse efeito, encontra-se legalmente obrigada à realização de concurso público (artigo 10.º, n.º 1, do Decreto-Lei n.º 379/93). Neste, o principal critério de adjudicação é, nos termos da lei, o da «tarifa média» proposta pelos concorrentes, critério que deverá ser ponderado em, pelo menos, 70% (artigo 8.º, n.º 2, do Decreto-Lei n.º 147/95, de 21 de Junho).

À luz do que antecede e do demais quadro legal pertinente, pretende a Consulente o nosso parecer sobre as seguintes questões:

a) Pode a CMC explicitar no Programa de Concurso o valor máximo da «tarifa média» a indicar pelos concorrentes nas respectivas propostas?

b) Pode a CMC fixar no Programa de Concurso, a preços de 1999, o valor máximo da «tarifa média» a praticar pelo concessionário durante toda a vigência do contrato de concessão, ou seja, durante 25 anos?

Foi-nos fornecida cópia de uma versão preliminar do Anúncio do concurso, bem como de excertos de versões também preliminares do Programa de Concurso e do Caderno de Encargos.

PARECER

Introdução

1. Na resolução das questões sobre que é pedido o nosso Parecer adoptaremos a seguinte sequência: qualificação do futuro contrato (§ 1.º); da admissibilidade, ou não, da fixação no Programa de Concurso de um limite máximo à «tarifa média» a propor pelos concorrentes (§ 2.º); da admissibilidade, ou não, da fixação no Programa de Concurso de um limite máximo à evolução do valor da «tarifa média» a praticar pelo concessionário durante a vigência do contrato de concessão (§ 3.º).

Por último, apresentaremos as nossas conclusões.

§ 1.º
Qualificação do futuro contrato

2. A melhor compreensão e resolução das questões da Consulta aconselha, metodologicamente, que comecemos por apurar a *natureza jurídica* do futuro contrato.

Nessa senda, vejamos os termos em que os (projectos de) documentos do concurso delimitam o respectivo *objecto*. Diz-se no ponto 4 do Anúncio de Concurso que ele consistirá na *concessão da exploração e gestão do sistema de distribuição de água e de drenagem das águas residuais do concelho de C.*[1]

---

[1] Cfr. ponto 4 do projecto de Anúncio de Concurso.

Em face disto, como caracterizá-lo?

Dois aspectos são claros.

Trata-se, em primeiro lugar, de um *contrato administrativo*, ou seja, de um "acordo de vontades pelo qual é constituída, modificada ou extinta uma relação jurídica administrativa" (artigo 178.º, n.º 1, do Código do Procedimento Administrativo — doravante CPA). Pelo seu objecto — construção de obras públicas e gestão e exploração de serviços públicos — e pela nítida presença no seu regime de poderes de autoridade e de restrições de interesse público (tanto na esfera do concedente como na do concessionário), a relação jurídica que emergirá do contrato a celebrar no termo do procedimento administrativo em curso perfila-se, claramente, como uma relação jurídica administrativa. Nem vale a pena alongarmo-nos sobre este ponto, que temos por incontroverso.

E trata-se, em segundo lugar, de um contrato administrativo de *concessão*, ou seja, de um contrato pelo qual se efectua a "transferência de poderes próprios de uma pessoa administrativa para um particular a fim de que este os exerça por sua conta e risco mas no interesse público". Concretamente, está em causa a transferência para o concessionário (do exercício) das actividades de construção de obras públicas — *construção, extensão, reparação, renovação, manutenção e melhoria de todas as Instalações, Infra-estruturas e Equipamentos que compõem os serviços concessionados, bem como de todas as obras necessárias à execução do Plano de Investimento da Concessionária*"[2] — e, ulteriormente, de exploração e gestão conjunta dos serviços públicos municipais de tratamento e distribuição de água para consumo público e de drenagem de águas residuais.

3. Mas trata-se de que tipo de contrato administrativo de concessão?

---

[2] Cfr. ponto 3 do Anúncio de Concurso.

No artigo 178.°, n.° 2, do CPA, *nominam-se*, exemplificativamente, várias concessões: *concessão de obras públicas* (alínea *b)*); *concessão de serviços públicos* (alínea *c)*); *concessão de exploração do domínio público* (alínea *d)*); *concessão de uso privativo do domínio público* (alínea *e)*); e, finalmente, *concessão de exploração de jogos de fortuna ou azar* (alínea *f)*).

Não estamos, seguramente, no caso vertente, diante de uma concessão de exploração de jogos de fortuna ou azar (alínea *f)*); nem, tão-pouco, na presença de uma *concessão de exploração do domínio público* ou de uma *concessão de uso privativo do domínio público*.

E perante uma *concessão de obras públicas?*

A espécie em causa tem elementos da concessão de obras públicas. Na verdade, aí se estabelece que o futuro concessionário terá (também) por obrigação executar o estabelecimento da concessão, ou seja, proceder à *construção, extensão, reparação, renovação, manutenção e melhoria de todas as Instalações, Infra-estruturas e Equipamentos que compõem os serviços concessionados, bem como de todas as obras necessárias à execução do Plano de Investimento da Concessionária*.

Mas não se trata de uma concessão de obras públicas pura. Com efeito, decorre expressamente do enunciado do objecto do contrato que as actividades que o concessionário desenvolverá após a conclusão das obras são actividades que a lei considera de serviço público. Ao particular caberá, efectivamente, *a exploração e gestão conjunta dos* serviços públicos *municipais de tratamento e distribuição de água para consumo público e de recolha, tratamento e rejeição de efluentes*. Ora, nas concessões de obras públicas puras, a actividade que se pede ao co-contratante após a execução das obras não assume as características de uma actividade de serviço público, uma vez que, aí, «o concessionário não tem mais a fazer que conservar os bens no estado passivo de serem utilizados pelo público conforme a sua aptidão e fazer a cobrança de taxas que a lei lhe permite receber para amortização e remuneração dos capitais investidos»[3]. Para extrair rendimento das coisas produzidas, o concessionário não tem, assim, (nas concessões puras) que prestar um serviço por meio da circulação de material e da intervenção de agentes.

O futuro contrato de concessão tem também, pois, elementos da figura da *concessão de serviços públicos* (artigo 178.º, n.º 2, alínea c), do CPA), a qual, no nosso ordenamento, em sentido contraste com a concessão de obras públicas, não beneeficia de nenhuma definição legal — o que até nem merece censura, já que o legislador comanda mas não teoriza — nem de qualquer regime jurídico geral — sendo antes disciplinada por legislação dispersa.

Como qualificar estes contratos administrativos de concessão — de resto, bastante frequentes —, cujo objecto compreende, simultaneamente, a realização de obras públicas e a sua subsequente exploração em regime de serviço público?

A nosso ver, trata-se de *contratos administrativos mistos*. É que, estando reunidos num só contrato elementos de dois contratos administrativos nominados e típicos (concessão de obras públicas e concessão de serviços públicos), a espécie contratual em causa é um *contrato misto*. Com efeito, se existem concessões de obras públicas *puras* e concessões de serviços públicos *puras*, um contrato que reuna os elementos típicos de cada uma delas (respectivamente, execução de obras públicas e exercicio de actividades de serviço público) não deve ser, à revelia de qualquer indicação legal nesse sentido, qualificado apenas e só como concessão de obras públicas nem apenas e só como concessão de serviços públicos — isto, note-se, mesmo reconhecendo que, por vezes, como de resto sucede no presente caso, as obras públicas assumem um carácter secundário. Consideramos, pois, que o futuro contrato de concessão a celebrar entre a CMC e

---

[3] Cfr. MARCELLO CAETANO, *Manual*, II, p. 1011.

um particular concessionário será um contrato administrativo misto de concessão de obras públicas e de serviços públicos.

Qual o regime jurídico dos contratos administrativos mistos?

Parafraseando Sérvulo Correia, diremos que o regime de legalidade do *contrato administrativo misto* terá de equacionar-se segundo a *doutrina da combinação*: a parte do conteúdo correspondente a cada um dos tipos combinados deverá ter o regime de legalidade que lhe corresponde segundo a natureza do seu objecto [4], sendo que, em caso de dúvida quanto "à compatibilidade de dois regimes de legalidade diferentes num contrato misto em que pelo menos um dos objectos seja passível de acto administrativo, parece que terá de se derivar para uma aplicação *«sui generis» da doutrina da absorção*, cumprindo globalmente o regime de legalidade mais exigente, pois que será esse o único modo de garantir que o exercício contratual da discricionariedade não seja subtraído aos imperativos de *legalidade material* que devessem presidir ao uso da mesma competência material por via unilateral"[5].

4. Assim, no plano substantivo, o futuro contrato reger-se-á, directamente, pelas regras constantes do Decreto-Lei n.º 379/93, de 5 de Novembro, do Decreto-Lei n.º 147/95, de 21 de Junho, e, subsidiariamente, em especial no que respeita à sua formação, e por força do artigo 189.º do CPA, pelas normas constantes do Decreto-Lei n.º 59/99, de 2 de Março — diploma que aprova o novo regime jurídico das empreitadas de obras públicas (doravante REOP) —, e do Decreto-Lei n.º 55/95, de 29 de Março.

---

[4] Cfr. SÉRVULO CORREIA, *Legalidade e Autonomia Contratual nos Contratos Administrativos*, Coimbra, 1987, p. 642.

[5] Cfr. SÉRVULO CORREIA, *Legalidade e Autonomia...*, p. 642.

No plano adjectivo, a qualificação administrativa do contrato implica, como é sabido, a atribuição de competência aos tribunais administrativos para conhecer dos litígios a ele respeitantes (cfr. o artigo 212.º, n.º 3, da Constituição, e os artigos 9.º e 51.º, alínea g), do ETAF, e 71.º e 72.º da Lei de Processo dos Tribunais Administrativos — doravante LEPTA).

§ 2.º
Da admissibilidade, ou não, da fixação no Programa de Concurso de um limite máximo da «tarifa média» a propor pelos concorrentes

5. A primeira questão da Consulta consiste em saber se a CMC goza ou não, à luz da legislação pertinente, da liberdade de indicar no Programa do concurso público que deverá obrigatoriamente anteceder a celebração do futuro contrato de concessão o limite máximo da *tarifa média* a propor pelos concorrentes.

Antecipando a conclusão, responde-se afirmativamente.

Vejamos porquê.

6. É sabido que o princípio da legalidade se assume, hoje, como um dos princípios fundamentais do nosso Direito Administrativo (cfr. artigo 266.º, n.º 2, da Constituição e artigo 3.º do CPA)[6]. Dele decorre, em síntese, que a lei (tomado este conceito em sentido amplo, por forma a abranger a própria Constituição) constitui o limite e o fundamento de toda a actividade administrativa. Assim, a Administração, na prossecução do interesse público, não só está impedida de violar a lei (*prefe-*

---

[6] Cfr. FREITAS DO AMARAL, *Princípio da legalidade*, in *Pólis*, 3, cols. 975 e segs.

rência de lei) como a deverá tomar como base da sua actuação (*precedência de lei*). "No fundo, o princípio da legalidade aponta para um princípio de âmbito mais abrangente: o *princípio da juridicidade da administração*, pois todo o direito — todas as regras e princípios da ordem jurídico-constitucional portuguesa — serve de fundamento e é pressuposto da actividade da Administração"[7].

Mas, como é comummente reconhecido, a lei não pode eliminar uma certa margem de autonomia da Administração[8]. Por duas ordens de razões fundamentais: práticas, umas, jurídicas, outras.

Por um lado, é manifesto que o legislador não pode "conhecer antecipadamente todas as circunstâncias susceptíveis de influir na decisão administrativa"[9], ou seja, não pode "predeterminar em todos os pormenores a conduta da Administração para todas as hipóteses".

Por outro lado, é o próprio princípio da separação de poderes que exige que se reconheça à Administração o poder de *realizar* a ideia de Direito, sendo que, doutra banda, também a "própria concepção do Estado Social de Direito, enquanto Estado prestador e constitutivo de deveres positivos para a Administração, (...) não prescinde, antes pressupõe"[10], a autonomia decisória desta.

Da conjugação desta dupla ordem de razões resulta, pois, "uma abertura no grau de densidade das normas, através do qual se confere à Administração competência para assegurar uma melhor adequação da decisão às circunstâncias concre-

---

[7] Cfr. GOMES CANOTILHO e VITAL MOREIRA, *Constituição da República Portuguesa Anotada*, 3.ª ed., Coimbra, 1993, p. 895.

[8] Cfr. PAULO OTERO, *Conceito e fundamento da hierarquia administrativa*, Coimbra, 1992, p. 193.

[9] Cfr. PAULO OTERO, *Conceito e fundamento...*, p. 195.

[10] Cfr. SÉRVULO CORREIA, *Legalidade e Autonomia...*, p. 488.

tas"[11]. Pode chamar-se a esta realidade "espaço de autonomia pública" permitida por lei aos órgãos da Administração.

A autonomia pública da administração não se encontra apenas garantida face ao legislador. Ela é também protegida a nível jurisdicional "através da exclusão de os tribunais controlarem as opções decisórias da Administração no âmbito da sua margem de livre escolha", ou seja, "impedindo os tribunais de substituírem os juízos e as valorações da Administração". Os tribunais "não se transformam em Administração activa, encontrando-se esta apenas submetida ao controlo jurisdicional em áreas de estrita vinculação legal"[12].

7. A autonomia pública administrativa corresponde, basicamente, à discricionariedade administrativa, ou seja, à "faculdade de opção livre por uma de entre várias soluções possíveis dentro dos limites traçados pela própria lei"[13] e insusceptível de controlo pelos tribunais.

Dela se encontra portanto por princípio excluída a interpretação da generalidade dos conceitos vagos e indeterminados, uma vez que tal operação, na maioria dos casos, "visa apurar a vontade da lei ou do legislador" e não "a tornar relevante, nos termos em que a lei o tiver consentido, a vontade da Administração"[14]. Ou seja: a interpretação e a aplicação de conceitos vagos e indeterminados é por regra uma actividade vinculada: "só há uma interpretação correcta da lei"[15/16].

---

[11] Cfr. PAULO OTERO, *Conceito e fundamento...*, p. 195.
[12] Cfr. PAULO OTERO, *Conceito e fundamento...*, p. 195-196
[13] Cfr. FREITAS DO AMARAL, *Direito Administrativo*, II, Lisboa, 1988, p. 132.
[14] Cfr. FREITAS DO AMARAL, *Direito Administrativo*, II, p. 132.
[15] Cfr. FREITAS DO AMARAL, *Direito Administrativo*, II, p. 132.
[16] Admitindo, contudo, que a interpretação de alguns conceitos vagos e indeterminados possa envolver discricionaridade, cfr. FREITAS DO AMARAL, *Direito Administrativo*, II, 135 e 166.

Qual é, porém, o âmbito da discricionariedade?

Ela abarca desde logo a escolha do conteúdo de uma decisão jurídica. Mas não se queda por aí: efectivamente, "a necessidade de uma Administração de um Estado Social de Direito satisfazer um crescente número de necessidades torna-se incompatível, progressivamente, com as enumerações legais taxativas, antes pressupõe espaços de autonomia pública". Deste modo, "a discricionariedade mostra-se susceptível de abranger a apreciação e ponderação de factos e interesses, além de se alargar à concretização e harmonização dos diversos interesses públicos subjacentes a uma situação concreta". Determinado, por interpretação, "o fim da acção, a discricionariedade pode manifestar-se do seguinte modo: na elaboração e avaliação das alternativas aptas tecnicamente à prossecução do fim apurado; na selecção do meio preferencial; na opção sobre a sua utilização, atendendo às respectivas vantagens e desvantagens; e, por fim, na determinação do momento a utilizar o meio seleccionado"[17].

A discricionariedade comporta, pois, "um amplo espaço de escolha conferido por lei aos órgãos da Administração no âmbito do processo de decisão administrativa. Tal escolha pode revestir diversas modalidades: pode limitar-se às condutas tipificadas na lei (*discricionariedade optativa*), ou serem elas próprias deixadas à (…) escolha do órgão decisor (*discricionariedade criativa*)[18].

Claro que a discricionariedade administrativa é também ela limitada. Em termos muito resumidos, pode dizer-se que são limites da discricionariedade administrativa, por um lado, a lei (que coloca limites internos e externos)[19] e, por outro, a *auto-*

---

[17] Cfr. PAULO OTERO, *Conceito e fundamento...*, pp. 199-200.

[18] Cfr. SÉRVULO CORREIA, *Legalidade e Autonomia...*, p. 479 e 483 (nota 299); e PAULO OTERO, *Conceito e fundamento...*, p. 201.

[19] Sobre a matéria, cfr. FREITAS DO AMARAL, *Direito Administrativo*, II, 147 e segs.; e BERNARDO AYALA, *O (Défice) de Controlo Judicial da Margem de Livre Decisão Administrativa*, p. 169 e segs.

vinculação, quer dizer, aquele tipo de situações em que a Administração, sem ter o dever de o fazer, elabora "normas genéricas em que enuncia os critérios a que ela própria obedecerá na apreciação (de certo) tipo de casos"[20].

8. Também no âmbito do regime dos contratos administrativos, e pelas mesmas razões, a lei concede uma ampla autonomia à Administração.

É facto que "se olharmos para os actos de gestão pública que são os contratos administrativos, em muitos deles, para não dizermos na maioria esmagadora, existe (...), além da liberdade de formação da vontade, liberdade de actuação, e mesmo liberdade quanto à conformação de um ou de todos os elementos objectivos do acto". Pode mesmo dizer-se que se verifica "nos contratos administrativos uma realidade jurídica paralela e parcelarmente similar à liberdade de estipulação dos contratos de direito privado"[21].

Claro que tal autonomia nos contratos administrativos não coincide com a autonomia exercida nos contratos privados. É que, enquanto "a autonomia privada, como princípio geral dos negócios jurídicos privados, traduz a protecção de interesses vitais das pessoas (...) privadas e reconduz-se à permissão da criação de efeitos jurídicos em regra não pré-determinados pelo Direito, que privilegia a aposição de limites negativos", a "autonomia pública, diferentemente, visa tutelar interesses públicos, anda associada ao dever de boa administração (...) e consiste na admissão de liberdade de actuação e de liberdade de conformação da forma e do conteúdo de actos do poder político do Estado, sem pré-determinação por regras de Direito"[22].

---

[20] Cfr. FREITAS DO AMARAL, *Direito Administrativo*, II, 148.
[21] Cfr. MARCELO REBELO DE SOUSA, *O Concurso...*, pp. 6-7.
[22] Cfr. MARCELO REBELO DE SOUSA, *O Concurso...*, p. 18.

Comparativamente, pois, a autonomia pública é, no caso dos contratos administrativos, mais limitada do que a autonomia que se verifica nos contratos privados: as escolhas que, naquele âmbito, a Administração efectuar devem conformar-se com o fim de interesse público legalmente estabelecido, ou, caso esse fim não esteja legalmente fixado, o que sucede sobretudo nos contratos típicos, definido, no âmbito das respectivas atribuições, pela própria entidade contraente[23]. Além disso, como efeito do acolhimento, em termos de juridicidade, de vários outros princípios (*v.g.*, imparcialidade, justiça, proporcionalidade, igualdade) a autonomia pública não prevalece, antes se acha subordinada a todos eles[24].

Seja como for, pode dizer-se, com Marcelo Rebelo de Sousa, que "há no tocante à liberdade de actuação e à liberdade de conformação, um espaço passível de similitude entre negócio jurídico privado e (...) contrato administrativo. Trata-se de um espaço no qual, na ausência de regras de direito injuntivas, o poder político se acha perante outros sujeitos de Direito em termos tais que as liberdades de actuação e de conformação ou de estipulação se reconduzem ao mesmo género em que se inserem figuras como a liberdade de celebração e de estipulação no Direito Privado"[25].

Também em matéria de contratos administrativos a Administração Pública dispõe, pois, de uma considerável margem de autonomia pública.

Concretizando, a autonomia de que desfruta a Administração em matéria de contratos administrativos é sobretudo visível no momento da elaboração dos documentos do concurso público — o procedimento pré-contratual paradigmático. Longe de pormenorizar a conduta administrativa, a lei concede

---

[23] Cfr. SÉRVULO CORREIA, *Legalidade e Autonomia...*, p. 622.
[24] Cfr. MARCELO REBELO DE SOUSA, *O Concurso...*, p. 18.
[25] Cfr. MARCELO REBELO DE SOUSA, *O Concurso...*, pp. 18-19.

aí à Administração uma ampla margem de manobra para esta concretizar os termos a que obedecerá o concurso — e, especialmente, para concretizar, de acordo com o fim de interesse público que visa realizar com a celebração do contrato, as condições em que concretamente se dispõe a apreciar e comparar as propostas dos concorrentes.

Razão tem pois quem disse que as normas do Programa de Concurso são "normas concretizadoras onde se vazam dentro das margens consentidas por normas imperativas de interesse superior as finalidades e interesses particulares de cada concurso concreto"[26].

9. Em face do exposto, vejamos, então, em primeiro lugar, se a indicação pela CMC no Programa de Concurso do limite máximo da «tarifa média» que os concorrentes poderão propor e que, posteriormente, após a celebração do contrato, o futuro concessionário praticará viola ou não alguma regra legal injuntiva.

Ponto prévio para aclarar o discurso: o que significa, neste contexto, «tarifa média»?

É fácil de perceber que estamos aqui diante de um conceito vago e indeterminado que o legislador se absteve de concretizar. Mal, diga-se, já que assim se podem gerar dificuldades sobre o exacto sentido do critério fundamental de adjudicação das propostas. Na verdade, recorde-se, tal critério de adjudicação deverá, por força do artigo 8.º, n.º 2, do Decreto-Lei n.º 147/95, ser majorado pela entidade adjudicante, e portanto concretamente pela CMC, em, pelo menos, 70%.

Na cópia do projecto de Programa de Concurso facultada pela CMC, diz-se que a tarifa média calcula-se "pela razão entre as receitas totais de venda de água, da quota de serviço, da tarifa

---

[26] Cfr. Parecer n.º 80/89 da Procuradoria-Geral da República, in *Diário da República* de 11 de Julho de 1990.

fixa de saneamento e o consumo facturado global" (cláusula 18.3.1.1.).

Atentamente ponderada, verificamos que esta definição corresponde razoavelmente ao espírito do legislador — o que se exige aquando da densificação administrativa de um conceito vago e indeterminado[27].

Sendo certo que a prestação do serviço público de distribuição de água pode ser facturada a vários preços — em função do tipo de consumidor (doméstico, comercial, industrial, pessoa colectiva pública, etc. e, dentro de cada tipo, em função das quantidades consumidas) — o que o legislador pretende ao erigir o critério da «tarifa média» em principal critério de adjudicação é que a Administração escolha, para co-contratante, o concorrente que se proponha prestar o serviço ao valor médio mais baixo por forma a, desse modo, se assegurar logo à partida a *protecção dos consumidores contra a prática de preços especulativos do concessionário monopolista.*

Mas o valor "médio" o que é?

Será a média dos diferentes preços em que o concessionário se propõe vender cada m3 de água?

Como bem entendeu a CMC, não. Efectivamente, se a «tarifa média» repousasse na simples média aritmética dos preços unitários propostos para os diversos tipos de consumo de água (doméstico, comercial, agrícola, do Estado, etc.) e, dentro de cada um deles, para os diversos escalões, não haveria qualquer garantia de que a menor média apresentada não seria reflexo de uma proposta *especulativa* e, portanto, economicamente nefasta para a *média* dos consumidores. Não se teria, por essa via, numa palavra, qualquer garantia de se ver respeitado o fim que o legislador pretendeu almejar quando indicou a «tarifa média» como sendo o critério de adjudicação decisivo. Isto porque bastaria a um concorrente subavaliar na sua proposta os preços unitários

---

[27] FREITAS DO AMARAL, *Direito Administrativo*, II, 1988.

de venda do m3 de água dos escalões mais elevados de cada tipo de consumo (onde há menos consumidores) e, concomitantemente, sobreavaliar os preços unitários dos escalões mais baixos (onde se encontra a grande maioria dos consumidores do concelho) — para apresentar uma «tarifa média» cujo valor, podendo até ser numericamente o mais baixo, penalizaria fortemente, caso fossem praticados efectivamente os preços de que ele é a média, a maioria dos consumidores.

Para que a tarifa média não seja fictícia mas real — e para que, desse modo, se respeite a vontade do legislador — torna-se necessário *levar em linha de conta*, no seu cálculo, não só os preços unitários para cada condição de prestação do serviço, como também, obviamente, como se retira da referida definição constante do Programa de Concurso elaborado pela CMC, *o volume dos consumos realmente facturados em momento anterior em cada condição de prestação do serviço*. Como os preços em cada tipo de condição de prestação do serviço têm de ser multiplicados pelas quantidades de água aí consumidas, está claro que, nesta hipótese, se um concorrente sobreavaliasse os preços dos níveis onde há um maior consumo de água (escalões baixos dos consumos domésticos) e subavaliasse aqueles onde o consumo, em termos ponderados, é menor — logo veria que a sua «tarifa média» (resultante da divisão entre receitas totais e quantidades totais consumidas) reflectia necessariamente aquela sobreavaliação, tornando-se economicamente desinteressante.

Em suma, e fechemos o parênteses, bem andou, pois, como dissemos, a CMC ao fazer na citada regra do Programa de Concurso a densificação que fez do conceito legal de «tarifa média».

Retomemos portanto o fio à meada — que é como quem diz: a fixação no Programa de Concurso do máximo da «tarifa média» a propor pelos concorrentes violará alguma regra legal injuntiva ?

Explicitemos sumariamente o teor dos preceitos dos Decretos-Leis n.º 379/93 e n.º 147/95 — os diplomas que directamente regulamentam os contratos de concessão do tipo do que a CMC irá futuramente celebrar — que versam sobre a elaboração pelas entidades administrativas adjudicantes do Programa de Concurso e, designadamente, sobre as especificações que este deverá conter em matéria de regime tarifário.

Por um lado, estabelece-se na alínea *o)* do n.º 2 do artigo 10.º do Decreto-Lei n.º 379/93 que a entidade concedente deverá necessariamente incluir no Programa de Concurso, entre os critérios de adjudicação,"(...) o regime tarifário (...)". Por outro lado, prescreve-se no Decreto-Lei n.º 147/95 que o critério do «regime tarifário», aí designado, como vimos, como «tarifa média», deverá, no mínimo, ser ponderado em 70%. (cfr. artigo 8.º, n.º 2).

Ora, em face dos preceitos expostos, não parece que suscite dúvidas especiais a conclusão de que a disposição que a CMC pretende inserir no Programa de Concurso não consubstancia uma violação às mencionadas normas legais. Ao estabelecer no Programa de Concurso um limite máximo para a «tarifa média» a propor pelos concorrentes, a CMC nem por isso deixará de, como se prescreve na lei, avaliar e comparar as propostas à luz do critério da «tarifa média», nem tão-pouco de atribuir a tal critério uma ponderação percentual equivalente à fixada por lei: 70%. Por aqui, portanto, nada há a apontar negativamente à referida cláusula do Programa de Concurso.

Mas não se fica por aí a disciplina legal da matéria.

Efectivamente, no n.º 1 do artigo 5.º do Decreto-Lei n.º 147/95 estabelece o legislador que a *fixação* das tarifas a praticar pelo concessionário deverá obedecer aos seguintes princípios:

"*a)* Assegurar, dentro do período da concessão, a amortização do investimento inicial a cargo da concessionária descrito em estudo económico anexo ao contrato de concessão, deduzido das comparticipações e subsídios a fundo perdido;
b) Assegurar a manutenção, reparação e renovação de todos os bens e equipamentos afectos à concessão, designadamente mediante a dis-

posição dos meios financeiros necessários à constituição de um fundo de renovação;
c) Assegurar a amortização tecnicamente exigida de eventuais novos equipamentos de expansão ou modernização do sistema especificamente incluídos nos planos de investimento autorizados;
d) Atender ao nível de custos necessários para uma gestão eficiente do sistema e à existência de receitas não provenientes de tarifas;
e) Assegurar o pagamento dos encargos com o funcionamento do observatório, de acordo com o disposto no n.º 4 do artigo 3.º e nos termos que vierem a ser definidos por portaria do Ministro do Ambiente e Recursos Naturais;
f) Assegurar o equilíbrio económico-financeiro da concessão, com uma adequada remuneração dos capitais próprios da concessionária".

Será que este preceito se opõe à inclusão no Programa de Concurso de uma cláusula do tipo da que a CMC nele pretende originariamente incluir em matéria de preço?

Respondemos negativamente.

A razão de ser daquela regra, o motivo que leva o legislador a prescrever, no fundo, que no contrato de concessão deverá ser estabelecido um tarifário *económico* — isto é, um tarifário que, em condições normais de exploração, assegure à concessionária pelo menos a amortização e remuneração adequadas dos seus capitais — é, tal como dizia já com algum ultra-realismo Marcello Caetano, a propósito do artigo 165.º Código Administrativo de 1936-40[28], respeitante à exploração directa pelos municípios de serviços públicos de carácter económico, a de impedir "a adopção de preços políticos que pode constituir tentação de câmaras municipais desejosas de popularidade demagógica para fins de propaganda eleitoral"[29]. É que, inexistindo

---

[28] Estabelece-se no proémio desta regra que : "os serviços municipalizados visarão satisfazer necessidades colectivas da população do concelho a que a iniciativa privada não proveja de modo completo e deverão fixar as tarifas de modo a cobrir os gastos de exploração e de administração, bem como a permitir a constituição de reservas necessárias".
[29] Cfr. MARCELLO CAETANO, *Manual...*, II, p. 1127.

nesse tipo de serviços públicos qualquer razão humanitária, religiosa, cultural ou assistencial que justifique a prática pelo concessionário de preços políticos, pretende o legislador daquele modo explicitar de forma clara que as câmaras, por motivos eleitorais, não podem acordar com os seus concessionários de serviços públicos a prática por estes de tarifários que, economicamente, sejam inferiores aos custos de produção do respectivo serviço — os chamados *tarifários políticos* — e, paralelamente, prometer-lhes auxílios financeiros compensatórios — que, em última análise, recairiam sobre a generalidade dos contribuintes. Ora, sendo essa, como é, a razão de ser do preceito, é evidente que o mesmo não colide com a possibilidade de a Administração salvaguardar os interesses económicos dos (forçados) consumidores de tais serviços mediante a inscrição nos documentos do concurso de cláusulas onde se limitam, pelo máximo, os preços *do tarifário económico* a praticar pelos concessionários. Pois, se é verdade que "ninguém (salvo algum aventureiro), consentiria em tomar à sua conta a onerosa exploração de um serviço público sem a garantia de um mínimo de segurança na retribuição", também não o é menos que "as tarifas devem estabelecer taxas moderadas, tão próximas quanto possível do custo do serviço, que beneficiem a massa da população satisfazendo interesses gerais e não conveniências dos concessionários". A colaboração do concessionário com a Administração, se deve ser livre e remunerada, não pode no entanto passar pela prática de "extorsões" aos utentes. Como também dizia Marcello Caetano, "se a actividade do serviço público é indispensável à colectividade e entregue a uma organização que funciona no interesse geral, não deve transformar-se essa actividade em processo de tributação indirecta, como os monopólios fiscais"[30]. Também o teor do artigo 5.º do Decreto-Lei n.º 147/95 não briga, pois, com a

---

[30] Cfr. MARCELLO CAETANO, *Manual...*, II, p. 1084.

possibilidade de a CMC indicar no Programa de Concurso o limite máximo aquém do qual deve ser fixada a «tarifa média» dos concorrentes.

Em suma, a inclusão pela CMC no Programa de Concurso de uma cláusula onde se estabeleça um limite máximo à «tarifa média» a propor pelos concorrentes não desrespeita qualquer regra legal injuntiva constante dos diplomas directamente disciplinadores do futuro contrato de concessão: os Decretos-Leis n.º 379/93 e n.º 147/95.

10. Porém, como justificá-la contudo em termos de «reserva de lei» ou de «legalidade-fundamento»? Por outras palavras, quais as regras concretamente atributivas de *autonomia* à CMC para esta fixar no Programa de Concurso o limite máximo da «tarifa média» a propor pelos concorrentes?

A margem de liberdade para a CMC incluir essa regra no Programa de Concurso advém, desde logo, da abertura com que se encontram formuladas algumas regras sobre a formação do contrato constantes dos diplomas reguladores da futura concessão: o Decreto-Lei n.º 379/93 e o Decreto-Lei n.º 147//95.

Assim, o artigo 10.º do Decreto-Lei n.º 379/93 (cuja epígrafe é "formação do contrato"), se é certo que enuncia um conjunto de factores que devem obrigatoriamente constar do Programa de Concurso, fá-lo todavia em termos tais que deixam à entidade concedente autonomia para os concretizar de acordo com os objectivos específicos que visa prosseguir com a realização do contrato. Isto é: a lei, por um lado, fixa limites à autonomia procedimental da Administração enunciando alguns aspectos que pretende ver disciplinados naquela peça do concurso, e, por outro lado, dá-lhe ampla liberdade para que ela estabeleça essa disciplina da forma que seja mais adequada à satisfação dos interesses que pretende prosseguir com a celebração do contrato. Sucede assim, por exemplo, em matéria de "forma jurídica a adoptar pelos concorrentes" (alínea *c)*), dos "requisitos de admissibilidade respeitantes às exigências técnicas, económicas e financeiras mínimas" (alínea *d)*), do "montante da caução a prestar" (alínea *h)*), do "prazo de validade das propostas" (alínea *i)*), ou do "prazo de adjudicação" (alínea *n)*). E sucede assim, naturalmente, em matéria de critérios de adjudicação (alínea *o)*): a entidade concedente pode não só enunciar outros critérios que, na sua óptica, sejam concretamente adequados, em vista das finalidades de interesse público que pretende prosseguir com a celebração do contrato de concessão, para apreciar e comparar as propostas dos concorrentes, como também moldar os legalmente fixados em atenção às particularidades do caso concreto.

Semelhante autonomia para conformar o procedimento concursal resulta também com clareza dos termos em que se encontra formulado o n.º 1 do artigo 8.º do Decreto-Lei n.º 147/95. Estabelece-se aí que "a selecção dos concorrentes obedecerá ao princípio geral de que os consumidores devem dispor, ao menor custo, de um serviço com a qualidade especificada nos documentos do concurso". É assim evidente a margem de manobra conferida à CMC para definir, concretamente, qual é, por um lado, a *qualidade do serviço* que pretende ver prestado pelo concessionário, e, por outro lado, para poder concretizar o preço máximo do tarifário que o virtual concessionário poderá inicialmente praticar — para, por outras palavras, indicar concretamente qual é o máximo do «menor custo» que os consumidores devem suportar. Com efeito, quanto ao segundo aspecto referido, a CMC não está pura e simplesmente interessada em transferir "a qualquer preço" para a iniciativa privada a exploração dos serviços públicos de distribuição de água e de drenagem de águas residuais que neste momento explora directamente: naturalmente, ela só está interessada nessa transferência desde que por esse modo veja garantidas, no plano económico, determinadas condições. Ora, a lei, ao estabelecer, nos termos em que estabelece, o princípio geral a que deverá obedecer a escolha do concessionário, e ao dizer, em geral, no seu preâmbulo, que o objectivo da regulamentação adoptada é o de "assegurar uma correcta protecção do consumidor (...), evitando possíveis abusos de mercado, por um lado, no que se refere à garantia e controle de qualidade dos serviços públicos prestados e, por outro, no que respeita à supervisão e controlo dos preços praticados, que se revela essencial por estarmos perante uma situação de monopólio natural" — dá à Administração, e concretamente à CMC, autonomia para, em termos razoáveis, explicitar, numericamente, nos documentos do concurso quais são essas condições, o que pode passar, naturalmente, bem se vê, pela indicação do preço «médio» máximo do tarifário que o futuro concessionário poderá praticar a partir do momento em que assumir a exploração do serviço.

Todavia, a autonomia de que nesta matéria goza a CMC decorre igualmente dos diplomas que, como dissemos acima, se aplicam supletivamente, por força do artigo 189.º do CPA, à formação do futuro contrato de concessão: o REOP e o Decreto-Lei n.º 55/95.

Efectivamente, em matéria de elaboração dos documentos do concurso, também no REOP, se, por um lado, se estabelece um conjunto de menções cuja inclusão naqueles é obrigatória, possibilita-se, simultaneamente, por outro lado, à entidade adjudicante a elaboração discricionária das regras que melhor se ajustem às finalidades e interesses que visa prosseguir com cada concurso e contrato concretos. Assim, ela pode fixar no Anúncio do Concurso, se for caso disso, "o preço base do concurso"; e, por outro lado, pode definir no Programa de Concurso quer "o critério de adjudicação da empreitada, com indicação dos factores e eventuais subfactores de apreciação das propostas e respectiva ponderação" (artigo 66.º, n.º 1, alínea *e)*) quer "quaisquer disposições especiais não previstas neste diploma nem contrárias ao que nele se preceitua relativas ao acto do concurso" (artigo 66.º, n.º 1, alínea *f)*). É, pois, também nítido, à luz, entre outras, das compulsadas regras deste diploma, a atribuição de poderes discricionários às entidades adjudicantes no momento da elaboração dos documentos do concurso[31].

E, finalmente, a mesma convicção resulta também do Decreto-Lei n.º 55/95, em cujo final do proémio do artigo 40.º se assinala, de forma impressiva, que "*o programa do concurso destina-se a definir os termos a que obedece o concurso e deve especificar, designadamente (...)*".

Em suma, pode dizer-se que a fixação pela CMC no Programa de Concurso do limite máximo da tarifa média a indicar pelos concorrentes nas suas propostas corresponde ao exercício da autonomia pública que, com vista à realização do concreto fim de interesse público que aquela entidade visa prosseguir com o contrato de *concessão da exploração e gestão do sistema de distribuição de água e de drenagem das águas residuais do concelho de C.*, lhe é conferida, em geral, pela matriz normativa composta pelos preceitos conjugados da alínea *o)* do n.º 1 do artigo 10.º do Decreto-Lei n.º 379/93, do n.º 1 do artigo 8.º do Decreto--Lei n.º 147/95, do artigo 66.º do REOP e do corpo do artigo 40.º do Decreto-Lei n.º 55/95.

Todas estas regras habilitadoras são, no fundo, expressões concretas do já atrás referido princípio geral do concurso público na formação do contrato administrativo, que é o princípio da autonomia pública, segundo o qual, repete-se uma vez mais, a Administração pode, dentro dos limites da lei e respeitados os seus objectivos, estabelecer nos documentos do concurso as regras mais adequadas à satisfação das finalidades concretas que visa prosseguir com a celebração do contrato.

11. Mas, sobre representar já o concreto exercício da auto-

---

[31] Cfr. SÉRVULO CORREIA, *Legalidade...*, p. 697, nota.

nomia pública conferida pelas normas citadas, a possibilidade de a CMC incluir no Programa de Concurso o limite máximo da «tarifa média» é ainda mais directamente justificada à luz de um outro núcleo normativo.

Bem vistas as coisas, a cláusula que estabelecerá aquele limite corresponde, funcionalmente, a uma cláusula de não adjudicação, ou seja, a uma cláusula pela qual a CMC informa claramente os eventuais concorrentes que se reserva o direito de não adjudicar qualquer das propostas apresentadas caso a «tarifa média» delas constante exceda o limite máximo por si fixado.

Ora, a possibilidade de a Administração incluir no Programa de Concurso esse tipo de cláusulas, para além de ser uma solução pacífica na doutrina[32], está também explicitamente consagrada no artigo 71.º, n.º 1, alínea *e)*, do Decreto-Lei n.º 55/95. Dispõe-se aí, efectivamente, que também "não (haverá) lugar à adjudicação (...) quando no programa do concurso exista cláusula de não adjudicação".

Tal como já foi afirmado, temos também para nós que esta solução constante do artigo 71.º, n.º 1, alínea *e)*, do Decreto-Lei n.º 55/95 "deve ser aplicável por analogia aos procedimentos que corram sob a égide do REOP ou a *quaisquer outros procedimentos concursais*, concluindo-se, então, que à entidade adjudicante — além dos casos em que isso resulte explícita ou implicitamente da lei — é dado reservar-se o direito de não adjudicar, dispondo-o expressamente no programa do concurso, por forma a que os concorrentes conheçam antecipadamente os pressupostos da (não) adjudicação e possam decidir livre e conscientemente se, mesmo assim, querem apresentar proposta para

---

[32] Cfr., por exemplo, MÁRIO ESTEVES DE OLIVEIRA/RODRIGO ESTEVES DE OLIVEIRA, *Concursos e outros Procedimentos de Adjudicação Administrativa*, p. 573; SÉRVULO CORREIA, *Legalidade...*, p. 701 e seg.

[33] Cfr. MÁRIO ESTEVES DE OLIVEIRA/RODRIGO ESTEVES DE OLIVEIRA, *Concursos e outros Procedimentos de Adjudicação Administrativa*, p. 573.

o efeito"[33].

E isto porquê?

Porque, evidentemente, também nos procedimentos que correm directa ou supletivamente sob a égide do REOP e em *quaisquer outros procedimentos concursais* — como é o caso do procedimento que, por força da lei (cfr. artigo 10.º do Decreto-Lei n.º 379/93), a CMC deve promover para proceder à concessão dos sistemas municipais de água e saneamento —, "seria um absurdo — em termos de prossecução do interesse público — e contra o espírito da própria lei, vedar à entidade adjudicante, quando estabelece as normas do concurso, que preveja hipóteses em que a sua vontade de contratar não seja um dado certo e irremediável (...), desde que as concretize ou densifique, obviamente"[34].

Não teria na verdade qualquer justificação que a entidade adjudicante não pudesse concretizar nos documentos do concurso os termos em que está disposta a contratar, os objectivos específicos que visa prosseguir com a celebração do contrato, e, designadamente, que não se pudesse pronunciar sobre um elemento fundamental de qualquer contrato oneroso como é o preço (seja a pagar pelo co-contratante, seja a pagar a este pelos consumidores).

Dentro desta ordens de ideias, há quem vá mais longe e admita que, independentemente de isso ser ou não previamente estabelecido no Programa de Concurso, constitui mesmo princípio geral o de que a Administração, para não abdicar de prosseguir o fim de interesse público que determinou a deliberação de contratar e a abertura do concurso, "tem o dever de não adjudicar quando todas as propostas se apresentem como insatisfatórias face ao fim prosseguido pelo contrato" — fim esse que se revelaria justamente a partir do modo como a Administração

---

[34] Cfr. MÁRIO ESTEVES DE OLIVEIRA/RODRIGO ESTEVES DE OLIVEIRA, *Concursos e outros Procedimentos de Adjudicação Administrativa*, p. 573-574.

configurou os critérios de adjudicação. Tal dever não significa, acrescenta-se, "que estejamos perante um poder vinculado, mas antes que a entidade adjudicante tem o poder discricionário de decidir adjudicar ou não adjudicar conforme apure se as propostas a concurso são ou não aptas para prosseguir o fim do contrato"[35]. E justifica-se: "este dever de não adjudicar por razões que têm a ver com as propostas dos concorrentes está implícito na própria deliberação de contratar e posterior abertura do concurso, que constituem momentos do exercício da autonomia pública da Administração: é inerente à liberdade de contratar. Neste sentido, esta possibilidade não tem de constar nem da lei, nem do programa de concurso", embora, quer o Decreto-Lei n.º 405/93 (artigo 99.º, n.º 1), quer o Decreto-Lei n.º 55/95 (artigo 71.º, n.º 1, alínea a)) a prevejam, e de modo mais abrangente neste último diploma"[36].

Portanto, à luz desta segunda tese, dir-se-ia até que a CMC, mesmo não fixando previamente nos documentos do concurso qualquer limite máximo para a «tarifa média» a propor pelos concorrentes, teria plena liberdade para, futuramente, não adjudicar qualquer das propostas apresentadas se, à luz dos seus interesses financeiros e dos dos consumidores, estas lhe parecessem insatisfatórias em matéria de tarifário a exigir dos consumidores.

Por nós, e sem enjeitar de todo em todo as razões em que se funda esta segunda linha de argumentação, inclinamo-nos, porém, para subscrever, no caso concreto, a primeira concepção enunciada. Ou seja: podendo a entidade adjudicante concretizar desde logo no Programa de Concurso algumas cláusulas de não adjudicação, deverá fazê-lo, porque tal concretização, como bem se compreende, salvaguarda melhor o princípio da transparência

---

[35] Cfr. MARGARIDA CABRAL, O Concurso..., p. 208.
[36] Cfr. MARGARIDA CABRAL, O Concurso..., p. 209.

em matéria de concursos públicos e os interesses dos próprios concorrentes — que, com tal explicitação, ficam de antemão a conhecer os termos exactos em que a entidade adjudicante está disposta a contratar, e, nessa medida, poderão livremente decidir, em face deles, se lhes interessa ou não gastar dinheiro com a apresentação de uma proposta.

Em suma, a fixação do limite máximo do tarifário médio a propor pelos concorrentes, apresentando-se, funcionalmente, como uma cláusula de não adjudicação, como uma cláusula pela qual a entidade adjudicante especifica os termos em que se não sente vinculada a adjudicar as propostas apresentadas, representa, afinal, o exercício concreto pela CMC da margem de liberdade que é em geral conferida à Administração em certos contratos pela alínea *e)* do artigo 71.º do Decreto-Lei n.º 55/95 à Administração — preceito que é aplicável ao futuro contrato de concessão *ex vi* do artigo 189.º do CPA[37] — para estabelecer cláusulas desse jaez.

12. A findar, refira-se que a possibilidade de a Administração fixar nos documentos do concurso preços (máximos e mínimos) limite às propostas económicas dos concorrentes nos é também confirmada pelo Direito Comparado. Sirva de exemplo o ordenamento francês, a propósito do (igualmente aí) modular contrato de empreitada de obras públicas.

Nesse domínio, constitui efectivamente prática corrente em França a de a Administração estabelecer, em sede de regras concursais preparativas de um contrato de empreitada de obras públicas, as condições em que está disposta a apreciar, comparar

---

[37] Diz-se aí que "em tudo quanto não estiver expressamente regulado no presente Código são aplicáveis aos contratos administrativos os princípios gerais de direito administrativo e, com as necessárias adaptações, as disposições legais que regulam as despesas públicas e as normas que regulam formas específicas de contratação pública"

e escolher as propostas e, concretamente, a de indicar no «réglement de l'adjudication» um «prix-limite» ou um «rabais-limite»[38].

Não sendo obviamente, pelo que já se disse, este exemplo comparatístico a *ratio decidendi* do nosso problema, não há dúvida nenhuma que o mesmo serve, *obiter dictum*, para reforçar a conclusão tirada.

Repete-se: a inclusão pela CMC no Programa de Concurso de um limite máximo da tarifa média a propor pelos concorrentes não viola qualquer regra legal injuntiva, antes representa o exercício concreto da autonomia concedida legalmente à Administração para que esta molde o procedimento de concurso de acordo com os interesses e finalidades específicas de interesse público que visa prosseguir com a celebração do contrato de concessão — melhorar a qualidade do serviço com simultânea diminuição do preço para os seus destinatários.

§ 3.º
Da admissibilidade, ou não, da fixação de um limite máximo à evolução do valor da «tarifa média» a praticar pelo concessionário durante a vigência do contrato

13. Enfrentemos agora a segunda questão da Consulta: saber, recorde-se, se a CMC pode, ou não, inserir também no

---

[38] Cfr. LAUBADÈRE, MODERNE e DELVOLVÉ, *Traité des Contrats Administratifs*, I, Paris, 1983, p. 623. Como aí explicam estes Autores, "le prix-limite est le prix maximum au-delà duquel l'administration a décidé de ne pas traiter; le rabais-limite est le rabais minimum en-deçà duquel l'administration entend de même ne pas traiter". Portanto, "lorsqu'il y a ansi prix-limite ou rabais limite et qu'aucune des propositions ne se trouve dans les limites ansi fixées, le marché n'est pas attribué".

Programa de Concurso uma regra segundo a qual os sucessivos valores anuais da «tarifa média» a praticar pelo concessionário durante todo o período da concessão não deverão, em momento algum, exceder, actualizados a preços de 1999, o valor máximo inicialmente estabelecido para aquela tarifa média.

Concretamente, pede-se-nos que apreciemos se é, ou não, juridicamente legítima a cláusula n.º 10.7.1.*e)* da versão preliminar do Programa de Concurso, onde se dispõe: "a tarifa média não deverá em qualquer momento ultrapassar o valor de 315$00 (trezentos e quinze escudos), a preços de 1999, segundo os índices oficiais nacionais".

O problema que nos cumpre dilucidar agora não respeita já, pois, a verificar se é ou não possível inscrever no Programa de Concurso um valor máximo para o tarifário médio a propor pelos concorrentes para vigorar no momento inicial da concessão, mas, antes, repete-se, a saber se a CMC pode, ou não, por acréscimo à determinação de um "tecto inicial", estabelecer naquela peça concursal que o concreto valor da «tarifa média» constante da proposta adjudicada não deverá ultrapassar, "*em qualquer momento*" dos próximos 25 anos, depois de sucessivamente revisto e desinflacionado a valores de 1999, a cifra de 315$00.

Como se vê, trata-se, aqui, de um problema muito específico, que se prende com a "sempre incómoda" temática da *revisão de preços* dos contratos administrativos. Com efeito, a sua resolução pressupõe a compreensão de fórmulas polinómicas — que "implicam o uso e o manejo de conceitos numéricos, percentuais e similares" — difíceis de decifrar "por homens de letras" e tradicionalmente mais familiares a economistas, engenheiros e outros profissionais com formação matemática e esta-

---

[39] Cfr. FERNANDO GUERRERO, "La Revisión de Precios de los Contratos de las Administraciones Públicas: especial referencia al ámbito local", in *Estudios sobre la contratación en las Administraciones públicas* (obra colectiva), Granada, 1996, p. 237.

tística de base[39]. Pode ser essa, de facto, a principal razão da "animadversão dos juristas por este tema concreto"[40]. E que por certo também explicará o quase total abandono a que o tema tem sido votado entre nós[41].

Aquela "incomodidade" é, porém, significativamente atenuada, assim o cremos, se, com vista a perceber o que é que está aqui realmente em causa, antecedermos a resolução do problema concreto da Consulta de algumas precisões terminológicas e conceptuais relacionadas com a teoria geral dos contratos administrativos. É o que faremos de seguida.

14. Como vem sendo sublinhado pela nossa doutrina mais autorizada, constitui princípio geral do direito dos contratos administrativos o *princípio do equilíbrio financeiro* — também por vezes designado princípio da «reciprocidade de interesses», do «equilíbrio das prestações», do «equilíbrio comutativo», da «equação financeira» ou «da equivalência honesta das prestações»[42]. Ou seja: "à data de celebração do contrato, as obrigações das partes foram acordadas tendo por base um determinado equilíbrio financeiro entre si, sendo precisamente esse equilíbrio que, em princípio, se deve manter durante a vigência do contrato"[43]. Em termos mais sintéticos: a lógica comutativa imprimida ao contrato, aquando da sua celebração, deve ser mantida até ao fim.

Como facilmente logo se intui, estamos, aqui, perante uma

---

[40] Cfr. FERNANDO GUERRERO, "La Revisión de Precios...", cit., p. 237.

[41] Versando *ex professo* este tema, conhecemos apenas, entre nós, o estudo de JOSÉ CORREIA MARQUES — justamente um engenheiro! —, *Contratos de Empreitadas e Revisão de Preços*, Coimbra, 1992.

[42] Cfr., por todos, MARCELLO CAETANO, *Manual*, I, p. 632.

[43] Cfr. PAULO OTERO, "Estabilidade contratual, modificação unilateral e equilíbrio financeiro em contrato de empreitada de obras públicas", in *Revista da Ordem dos Advogados*, II, 1996, pp. 939-940.

refracção, no concreto domínio da teoria dos contratos administrativos, do princípio (geral de direito administrativo) da justiça (cfr. artigo 266.º da Constituição). Da falta superveniente do equilíbrio entre as prestações das partes sob a invocação do princípio da intangibilidade do contrato se diz, efectivamente: *summum jus, summa iniuria*[44].

Claro que "o equilíbrio financeiro do contrato não significa (...) a garantia da gestão equilibrada da empresa do co-contratante". Qualquer contrato — e, portanto, também o administrativo — "envolve, em condições normais, um risco para as partes que, procurando benefícios, poderão não os encontrar e, até, conhecer perdas"[45], porventura totais: "mas trata-se então de consequências naturais do risco assumido numa empresa económica e que não constituem injustiça pois resultam do defeito de previsão, ignorância do negócio ou má gestão, sempre da responsabilidade do contraente"[46].

O que o princípio significa, isso sim, é que a fórmula do equilíbrio financeiro de início prevista no contrato deve ser, no essencial, mantida quer perante alterações do conteúdo do contrato ditadas unilateralmente pela Administração, quer perante a verificação de certo tipo de acontecimentos *externos* aos contraentes.

15. O princípio do equilíbrio financeiro do contrato é fruto, essencialmente, de duas teorias jurisprudenciais: a teoria do *fait du prince* e a teoria da *imprevisão*.

Ele foi pela primeira vez afirmado em França, em 1902, a propósito de um litígio que opunha um município ao seu con-

---

[44] Cfr. FERNANDO GUERRERO, "La Revisión de Precios...", cit., p. 237.

[45] Cfr. SÉRVULO CORREIA, "Contrato Administrativo", separata do III volume do *Dicionário Jurídico da Administração Pública*, Coimbra, 1972, p. 33.

[46] Cfr. MARCELLO CAETANO, *Princípios Fundamentais do Direito Administrativo*, I, Coimbra, 1996 (reimpressão), p. 203.

cessionário de uma rede de iluminação pública a gás: "descoberta a electricidade, a câmara municipal impôs ao concessionário que passasse do sistema de iluminação a gás (que constava do contrato de concessão) ao sistema da iluminação eléctrica (não previsto no contrato, mas tornado possível pelo progresso técnico e exigido, desde logo, pela opinião pública). A câmara argumentava que o interesse público exigia o mais moderno sistema de iluminação; o concessionário contrapunha que só estava obrigado pelo contrato a assegurar o serviço público de iluminação a gás"[47].

Sentenciou então o Conselho de Estado que à Administração cabia o poder de modificar o contrato — o conteúdo das prestações do contraente privado — para o adaptar às variações do interesse público, mas, como reverso de tal poder, ao co-contratante assistia o direito de ser ressarcido dos agravamentos que tais adaptações para si acarretassem em termos económicos e financeiros.

Desde então o princípio foi progressivamente afirmado de forma quase pacífica. Na verdade, jurisprudência e doutrina administrativas há muito que aceitam pacificamente que, como do exercício da *potestas variandi* pode resultar "para o contraente particular um encargo financeiro que ele não suportaria se não tivesse contratado e que sacrifique o mínimo de lucro legitimamente esperado ou cause prejuízo de outro modo inexistente"[48], a Administração, "como preço que tem de pagar por derrogar (...) o princípio da estabilidade dos contratos"[49], deve "assegurar ao particular co-contratante que a relação obri-

---

[47] Cfr. FREITAS DO AMARAL, *Direito Administrativo*, III, p. 442.
[48] Cfr. MARCELLO CAETANO, *Manual*, I, p. 620.
[49] Cfr. PAULO OTERO, "Estabilidade contratual, modificação unilateral e equilíbrio financeiro em contrato de empreitada de obras públicas", cit., pp. 939.

gacional alterada sem o seu consentimento lhe continuará a proporcionar satisfações de intensidade idêntica"[50]. Com efeito, "o princípio da interdependência dos interesses empenhados num contrato faz com que nenhuma das partes possa procurar obter da outra uma vantagem sem lhe dar a compensação devida segundo o que estiver estipulado"[51]. Portanto, "se o interesse público exigir a imposição de encargos superiores aos que o particular se dispusera a assumir, há que proceder à revisão da cláusula de remuneração ou que pagar a justa indemnização"[52].

E, o que é mais importante, sobre decorrer já de um entendimento pacífico e de longa data da jurisprudência e da doutrina nesta matéria, a verdade é que o mencionado princípio decorre também claramente quer do artigo 180.º, alínea a), do CPA, quer da previsão especial constante do n.º 1 do artigo 7.º do Decreto-Lei n.º 147/95. Diz-se na primeira norma que: "salvo quando outra coisa resultar da lei ou da natureza do contrato, a Administração Pública pode: modificar unilateralmente o conteúdo das prestações, desde que seja respeitado o objecto do contrato e o seu equilíbrio financeiro"; e acrescenta-se na segunda disposição: "quando se alterarem significativamente as condições de exploração dos sistema ou sistemas concessionados, por determinação do concedente ou por modificação das normas legais e regulamentares em vigor à data da concessão, o concedente compromete-se a promover a reposição do equilíbrio económico-financeiro do contrato".

16. Mas, e é sobretudo esta aplicação do princípio que interessa aprofundar para o tema do presente parecer, de há muito que se entende que o princípio do equilíbrio financeiro

---

[50] Cfr. SÉRVULO CORREIA, *Contrato Administrativo*, p. 33.
[51] Cfr. MARCELLO CAETANO, *Manual*, I, p. 621.
[52] Cfr. MARCELLO CAETANO, *Manual*, I, p. 621.

do contrato administrativo é aplicável "a outras situações não subsumíveis ao exercício do poder de modificação unilateral do contrato pela Administração"[53].

Na verdade, pode suceder que, quando o contrato se desenvolve durante um período relativamente longo, certas "transformações económicas alheias à vontade das partes venham a impor ao contraente uma sobrecarga ruinosa" [54]. O cumprimento é ainda, nesse tipo de situações, materialmente possível — senão haveria força maior e o contraente seria desligado da sua obrigação[55]; mas torna-se economicamente desastroso[56]. A teoria da imprevisão intervém então com a finalidade de assegurar a continuidade do serviço público ou da obra pública, repartindo a álea (económica) pelos dois contraentes, ao impor à pessoa pública que saia em ajuda da contraparte em dificuldades para lhe permitir prosseguir o cumprimento do contrato[57].

No caso a propósito do qual o *Conseil d'Etat* criou a teoria (*Compagnie de gaz de Bordeaux*, de 1916) a guerra de 1914 "tinha provocado tal subida de preço do carvão que os concessionários de gás não podiam prosseguir a sua exploração com as tarifas

---

[53] Cfr. PAULO OTERO, "Estabilidade contratual, modificação unilateral e equilíbrio financeiro em contrato de empreitada de obras públicas", 940.

[54] Cfr. JEAN RIVERO, *Direito Administrativo*, Coimbra, 1981, p. 150.

[555] Sobre a distinção, cfr. MARCELLO CAETANO, *Manual*, I, p. 623.

[56] Cfr. JEAN RIVERO, *Direito Administrativo*, p. 150.

[57] Cfr. JEAN RIVERO, *Direito Administrativo*, p. 150.

[58] Cfr. JEAN RIVERO, *Direito Administrativo*, p. 150.

[59] A situação era a seguinte: como consequência da guerra mundial já em curso, o carvão sofreu uma grande subida dos seus preços: então os concessionários de iluminação a gás alegaram que não podiam prosseguir com a exploração do serviço público continuando a aplicar as tarifas previstas no contrato de concessão. O município argumentava, aqui, que era necessário os concessionários cumprirem à letra o estipulado no contrato; os contraentes particulares reclamavam, diferentemente, uma alteração dos preços ou um

previstas nos contratos sem se exporem à ruína"[58/59]. Em direito privado tais circunstâncias, quando surgiam, não tinham à época efeito sobre as obrigações emergentes dos contratos. O juiz administrativo afastou, porém, essa solução rigorosa: "pensou que a ruína do contraente, consequência inelutável desse rigor, era de molde a comprometer a necessária continuidade da satisfação das necessidades públicas". E, em consequência, ditou à Administração o dever de indemnizar «por imprevisão» o seu concessionário dos prejuízos por este sofridos — *rectius*, os danos emergentes.

17. A teoria da imprevisão foi objecto de larga elaboração jurisprudencial e doutrinal em França. Fundamentalmente, concretizaram-se, aí, os pressupostos de que dependia a sua aplicação, e por outro lado esmiuçaram-se os seus efeitos típicos[60].

E de França tal teoria rapidamente chegaria, por via legislativa, até Portugal. Os seus pressupostos e efeitos foram, na verdade, embora com algumas variações, de uma forma geral acolhidos nos vários diplomas que, no período conturbado das duas guerras e com vista a evitar a "grave torpeza" que para o interesse público resultaria da sua rescisão[61], se elaboraram a propósito de algumas categorias de contratos administrativos: designadamente, fornecimentos, empreitadas e concessões de serviços públicos. Neles perpassa a ideia de que se deve reconhecer aos co-contratantes vítimas de *certo tipo de prejuízos* (*incomportável sacrifício*) ori-

---

subsídio da Câmara para poderem continuar a cumprir as suas obrigações. O Conselho de Estado deu razão aos particulares, reconhecendo-lhes o direito de obterem as alterações pretendidas. A doutrina conclui que tinha sido feita aplicação de um princípio inexistente no direito civil — o princípio da modificação do contrato por alteração das circunstâncias, para manter o equilíbrio financeiro do contrato. Cfr. FREITAS DO AMARAL, *Direito Administrativo*, III, p. 460 e segs..

[60] Cfr. JEAN RIVERO, *Direito Administrativo*, p. 150.
[61] Cfr. FERNANDO GUERRERO, "La Revisión de Precios...", cit., p. 242.

ginados por *certo tipo de alterações* (*anormal*) supervenientes das condições em que cada uma das partes fundou a sua decisão de contratar, o direito à obtenção de *indemnizações* ou, e mais frequentemente, o direito à *revisão dos preços* estabelecidos[62].

Contudo, "os períodos conturbados e as crises profundas (...) por que o sistema económico (português) tem passado neste século fizeram com que a teoria da imprevisão se aplicasse tantas vezes no domínio dos contratos administrativos"[63] que, de providência legislativa avulsamente tomada para atalhar a desequilíbrios de contratos já economicamente alterados, o direito à revisão de preços — a forma característica da efectivação da indemnização por imprevisão — passou a ser geralmente previsto em legislação aplicável a certo tipo de contratos administrativos (caso das empreitadas) e, bem assim, consagrado, *ab origine*, por razões de certeza, nos próprios contratos como mecanismo previsto para manter e restaurar o equilíbrio financeiro dos mesmos contra alterações anormais.

18. E não se ficariam por aí as inovações legislativas em matéria de teoria da imprevisão e de revisão de preços. É que "a segurança que caracterizava os tempos antigos desapareceu". Sobretudo por força de uma reiterada persistência de uma conjuntura económica inflacionista, o legislador viu-se forçado a abrir mão dos rigorosos requisitos da teoria da imprevisão e a aceitar também a sua consagração, embora com *nuances*, "para situações que não são nem anormais, nem imprevisíveis, mas que, se não fossem reguladas como tais, poderiam levar a um acentuado desinteresse dos particulares pela contratação com a Administração ou a forçar aqueles que a isso se dispusessem a apresentar preços elevadíssimos que lhes permitissem enfrentar, sem percalço, a subida significativa dos preços que sabem, de

---

[62] Cfr. MARCELLO CAETANO, *Manual*, I, p. 633-634.
[63] Cfr. ESTEVES DE OLIVEIRA, *Direito Administrativo*, I, p. 715.

ciência certa, ir verificar-se durante a execução dos seus contratos"[64]. Efectivamente, passou a considerar-se o direito à revisão de preços como um direito de interesse e ordem pública, concedido com a finalidade de evitar a fuga de proponentes nos concursos tendentes à celebração de contratos administrativos[65].

Passou, pois, "a ser normal nos contratos a inserção de fórmulas tarifárias cujas variáveis correspondam aos factores da formação dos custos, ou a adopção de índices destinados a actualizar preços consoante as modificações que, com os tempos, se verifiquem nesses custos"[66].

E daí resultou que "o direito à revisão de preços do contrato, que começou por constituir um instrumento para efectivação da indemnização por imprevisão, se viu ampliado, por força de disciplina legal, regulamentar ou contratual, aos casos previsíveis de inflação e ainda que esta não seja anormal no sentido de convulsionar profundamente a economia do contrato"[67].

Não se pode deixar de considerar esta evolução paradoxal: tendo a revisão de preços origem na doutrina do risco imprevisível, a verdade é que, enquanto esta doutrina está pensada para paliar os riscos económicos não previstos no contrato, aquela situa-se no pólo exactamente oposto: o da previsão[68].

19. Paradoxal ou não, a referida versão ampliada da teoria da imprevisão está aí bem à vista de todos na legislação aplicável aos principais contratos administrativos.

Exemplo claro disso são, desde logo, o artigo 198.º e o n.º

---

[64] Cfr. ESTEVES DE OLIVEIRA, *Direito Administrativo*, I, p. 715.
[65] Cfr. FERNANDO GUERRERO, "La Revisión de Precios...", cit., p. 243.
[66] Cfr. MARCELLO CAETANO, *Princípios Fundamentais*, p. 205.
[67] Cfr. ESTEVES DE OLIVEIRA, *Direito Administrativo*, I, p. 716.
[68] Cfr. FERNANDO GUERRERO, "La Revisión de Precios...", cit., p. 243.

1 do artigo 199.º do REOP. Neles se consagra efectivamente um duplo regime de revisão de preços. No primeiro, prevê-se um regime de revisão de preços *excepcional* — correspondente, no seu essencial, às situações anormais e imprevisíveis que estiveram na base da formulação da teoria da imprevisão[69]; no segundo dos referidos preceitos, consagra-se um regime de revisão *normal* — correspondente a situações previsíveis de aumentos relevantes dos custos da produção[70]. Como a este propósito sublinha um Autor, "trata-se de dois sistemas complementares que velam pela manutenção da justiça contratual — ideia à qual deve reconduzir-se o fundamento da teoria da imprevisão. O primeiro prevê uma compensação, a fixar em termos de equidade; o segundo leva ao estabelecimento de novos preços, segundo fórmulas pré-determinadas"[71].

Outro exemplo é, justamente, o Decreto-Lei n.º 147/95, de 21 de Junho, que (também) regulamenta o regime aplicável ao futuro contrato de concessão. Efectivamente, estabelece-se no n.º 2 do artigo 5.º deste diploma, a propósito das alterações previsíveis aos custos de produção do serviço, a obrigatoriedade

---

[69] Diz-se aí que: "Quando as circunstâncias em que as partes hajam fundado a decisão de contratar segundo as regras da prudência e da boa fé sofram alteração anormal e imprevisível, de que resulte grave aumento de encargos na execução da obra que não caiba nos riscos normais, o empreiteiro terá direito à revisão do contrato para o efeito de, conforme a equidade, ser compensado do aumento dos encargos efectivamente sofridos ou se proceder à actualização dos preços"

[70] Onde se prescreve que: "O preço das empreitada de obras públicas será obrigatoriamente revisto, nos termos das cláusulas insertas nos contratos, as quais, todavia, deverão subordinar-se aos princípios fundamentais previstos em lei especial aplicável". Tal lei é, ainda hoje, o Decreto-Lei n.º 348-A/86, de 16 de Outubro. Note-se que é obrigatória a inclusão no contrato da fórmula de revisão sem o que este será nulo.

[71] Cfr. ANDRADE DA SILVA, *Regime Jurídico das Empreitadas de Obras públicas*, 4.ª ed., Coimbra, 1995, p. 363.

de, no Programa de Concurso, se definirem os termos a que deverá obedecer a revisão do tarifário. E acrescenta-se aí também que tais termos se deverão conformar com os mesmos princípios que presidiram à fixação inicial das tarifas, ou seja, aqueles de cuja matriz decorre, em síntese, que o tarifário a praticar deverá ser um tarifário *económico* e não *político*, isto é, um tarifário que, em condições normais de gestão — isto é: inabilidade do concessionário à parte —, permita ao concessionário "as somas necessárias não só para cobrir as despesas respectivas, como ainda para renovar o estabelecimento, amortizar o capital investido (...) e dar (...) o justo lucro"[72].

As cláusulas de revisão de tarifas em contratos de concessão são, pois, do ponto de vista estrutural, totalmente análogas às cláusulas de revisão dos preços previstas para os contratos de empreitada de obras públicas.

A teoria da imprevisão nem por isso se deixa de aplicar nestes contratos quanto aos riscos que sejam *anormais*. Ou seja: "a presença de uma cláusula de revisão da tarifa numa concessão não proíbe, eventualmente, ao concessionário que ele invoque a imprevisão se, por uma razão ou outra, a aplicação da cláusula de revisão «não operou efectivamente em condições normais conformemente às previsões das partes», por exemplo, no seguimento de flutuações que se baseiam em parâmetros diferentes dos parâmetros escolhidos"[73]. Fundamento jurídico-positivo para esta asserção: o direito à revisão de preços por ocorrência de situações imprevisíveis causadoras de prejuízos consideráveis decorre de um princípio geral de direito administrativo que, como tal, se aplica a qualquer contrato administrativos *ex vi* do disposto no artigo 189.º do CPA.

---

[72] Cfr. MARCELLO CAETANO, *Manual*, II, p. 1124.
[73] Cfr. LAUBADÈRE, *Direito Público Económico*, Coimbra, 1985 (mas ed. francesa de 1979), p. 406.

20. A função do regime de revisão de preços é, pois, permitir o ajustamento do preço inicialmente estipulado em função das variações *normais* que podem produzir-se em *parâmetros* (preços das matérias primas, salários, etc.) condicionantes do preço de custo[74]. Por seu intermédio garante-se o equilíbrio, por toda a vigência do contrato, do sistema de preços unitários de início estabelecido em cada tarifa[75]. Ele é assim um meio que, "no consenso de ambas as partes, poderá permitir (...) dadas as variações previsíveis e comuns de mercado, um resultado financeiro normal no negócio bem conduzido"[76].

Doutra perspectiva, as cláusulas de revisões de preços impedem que o serviço público se transforme "em fonte de rendimentos fiscais". É que sobre as "empresas privadas concessionárias pesa sempre a suspeita de procurarem lucros excessivos à sombra do exclusivo do serviço e da inevitabilidade de consumo das suas prestações pelo público"[77]. Elas visam, pois, "evitar injustos sobrelucros"[78].

As cláusulas de revisão de preços representam, em suma, "uma manifestação da substituição da ideia de antagonismo de interesses das partes pela tomada em consideração do seu interesse comum em colaborar"[79].

Mas o mecanismo da revisão de preços não tem forçosamente de produzir uma restauração exacta e completa do equi-

---

[74] Cfr. LAUBADÈRE, *Direito Público Económico*, p. 396.

[75] A tarifa é justamente a "tabela obrigatória de preços unitários fixados em moeda corrente para as diversas modalidades da prestação dum serviço, contendo as normas regulamentares necessárias à sua justa aplicação". Cfr. MARCELLO CAETANO, "Revisão das Tarifas de Venda de Energia Eléctrica em Alta Tensão", in *Estudos de Direito Administrativo*, Lisboa, 1974, p. 255.

[76] Cfr. MARCELLO CAETANO, *Manual*, I, p.

[77] Cfr. MARCELLO CAETANO, *Manual*, II, p. 1098.

[78] Cfr. MARCELLO CAETANO, *Manual*, II, p. 1098.

[79] Cfr. LAUBADÉRE, *Direito Público Económico*, p. 396.

líbrio financeiro *inicial* do contrato. É sabido que tanto historicamente como no Direito Comparado, foi (é) frequente, sobretudo nos contratos de empreitada de obras públicas, convencionar-se ficar uma parte da obra isenta de revisão (normalmente 20%); e, por outro lado, no que respeita à parte restante, foi (é) também frequente estabelecer-se que o co-contratante deve assumir o risco do aumento dos preços até um certo limite (até ao coeficiente 1, 025 — ou seja, até 2,5 % do aumento dos preços) e que a Administração deve assumir o risco da descida dos preços até também certo limite (até ao coeficiente 0,975 — ou seja, até 2,5 % da descida dos preços). Nestes sentido, pode dizer-se que a revisão de preços — para além de poder ter carácter bilateral, isto é, tanto actuar em favor do contraente particular como da Administração, em função do sentido que tenha em cada caso a variação dos preços[80] — é um risco que, dentro de certos limites, se pode distribuir entre a Administração e o particular nas proporções que se definirem[81].

21. A revisão de preços e taxas constantes de uma tarifa de uma concessão efectua-se através de um coeficiente apurado por recurso a uma ou várias *fórmulas* acordadas entre as partes.
A fórmula de revisão de tarifas é, pois, uma expressão algébrica que, estruturada a partir de determinados *parâmetros*, permite determinar um coeficiente de revisão que, aplicado no momento contratualmente estipulado (*v.g.*, anualmente) ao tarifário em vigor, permite a fixação do novo tarifário[82].
É a seguinte a estrutura da fórmula definida pela CMC na versão preliminar do Programa de Concurso para a revisão das tarifas que contribuem para a determinação da «tarifa média»:

---

[80] Cfr. FERNANDO GUERRERO, "La Revisión de Precios...", cit., p. 247.
[81] Cfr. FERNANDO GUERRERO, "La Revisión de Precios...", cit., pp. 249-250.
[82] Cfr. MARCELLO CAETANO, *"Revisão das Tarifas"*, cit., p. 256-257.

"10.5.5. (...)

$Tr = Tv. P$

Onde:

Tr — Tarifa média revista
Tv — Tarifa média em vigor antes da revisão
P — Estrutura de parâmetros e respectivos pesos de ponderação para a revisão

A tarifa média em cada ano (...) será calculada pelo quociente entre o conjunto das receitas resultantes das tarifas 10.5.2 de a) a d) e os consumos facturados no mesmo período de tempo.

10.5.6. O factor P (...) será considerado pelos concorrentes com base na seguinte estrutura:

$$P = a. \frac{IAp}{IAo} + b. \frac{IBp}{IBo} + c. \frac{ICp}{ICo} + \frac{IDp}{Ido}$$

Onde:

a = 0,25; b = 0,20; c =0,05; d =0, 50

IA, IB, IC, ID = índices objectivos constantes de publicações oficiais portuguesas a identificar e a propor e relativos a:

IA = Obras Públicas
IB = Salários da função pública
IC = Índice Financeiro
ID = Índice de preços ao consumidor (sem habitação)".

10.5.7. (...)

10.5.8. Para efeitos do disposto no ponto 10.5.6. os concorrentes deverão identificar as fontes de que se socorreram na elaboração dos índices que utilizaram, indicando, nomeadamente, qual a publicação utilizada, ano e período a que se reporta".

Esta fórmula respeita as condicionantes legais na matéria. Dispondo-se no n.º 3 do artigo 5.º do Decreto-Lei n.º 147/95 que "os parâmetros da fórmula de revisão deverão ser exteriores ao sector da água, águas residuais e resíduos sólidos" — verifica-se ser isso justamente o que sucede com a fórmula avançada pela CMC no Programa de Concurso.

Com efeito, os parâmetros nela indicados — obras públicas, salários da função pública, índice financeiro e inflação — são estranhos aos sectores indicados naquele preceito. Salvaguardou-se, pois, desse modo, o perigo eventual para os consumidores de se estabelecer uma fórmula de revisão de preços que integrasse parâmetros cuja variação (fictícia) de índices pudesse ser fonte de ganhos especulativos para o concessionário.

22. Fazendo agora uma síntese, podemos dizer que a digressão anteriormente efectuada nos permite assentar nas seguintes proposições:

a) Constitui princípio geral dos contratos administrativos, aplicável *ex vi* do artigo 189.º do CPA ao futuro contrato de concessão, o princípio segundo o qual o equilíbrio económico-financeiro de início estabelecido entre as obrigações das partes deve ser mantido durante a vigência do contrato;

b) Este princípio foi firmado por duas correntes jurisprudenciais: a teoria do *fait du prince* e a teoria da imprevisão;

c) Entre nós, a teoria da imprevisão foi primeiro consagrada em diplomas avulsos do período das duas guerras e depois acolhida quer em diplomas especialmente aplicáveis a certos contratos administrativos, quer no próprio texto de alguns contratos administrativos;

d) Por força da persistência da uma conjuntura económica instável, a teoria da imprevisão foi "desnaturada": passou também a garantir o equilíbrio financeiro original contra variações previsíveis e comuns de mercado, com vista a obter-se um resultado financeiro normal num negócio bem conduzido;

e) O meio tecnicamente idóneo para assegurar tal objectivo é a definição numa cláusula contratual de uma fórmula de revisão de preços;

f) A fórmula de revisão de preços constante das cláusulas 10.5.5 e seguintes do Programa de Concurso elaborado pela CMC respeita os ditames constantes do Decreto-Lei n.º 147/95.

23. Com este pano de fundo, recoloque-se então a questão formulada: é, ou não, juridicamente legítimo o teor da cláusula n.º 10.7.1.*e)* da versão preliminar do Programa de Concurso, onde se dispõe que "a tarifa média não deverá em qualquer momento ultrapassar o valor de 315$00 (trezentos e quinze escudos), a preços de 1999, segundo os índices oficiais nacionais"?

Respondemos negativamente: a CMC não pode estabelecer *hoje* no Programa de Concurso um limite máximo à evolução do tarifário médio a praticar pelo concessionário durante os 25 *anos* da vigência do futuro contrato de concessão. Não pode, dito doutro modo, impor que o equilíbrio contratual inicialmente estabelecido possa vir a perder-se por força de circunstâncias que são imprevisíveis e incontroláveis pelo concessionário.

Expliquemo-nos melhor.

No actual contexto dos acontecimentos económicos, tudo quanto se possa dizer sobre a evolução da realidade futura é, por mais seguras que se assumam as premissas de partida, algo de extremamente frágil e falível.

Isso vale naturalmente também para o comportamento futuro de qualquer um dos parâmetros que compõem o factor «*P*» da fórmula de revisão do tarifário médio constante das cláusulas 10.5.5. e seguintes da versão preliminar de Programa de Concurso elaborado pela CMC.

Ninguém pode asseverar com suficiente credibilidade qual será o comportamento que, no próximo quarto de século (período de vigência da concessão), terão os índices das obras públicas, dos salários da função pública ou financeiros: subirão

2%? 5%? 15%? Ou talvez — e porque não? — 40%? Manter-se-ão sensivelmente ao mesmo nível de hoje cobrindo apenas o valor da desvalorização monetária? Ou descerão — e, neste caso, sensivelmente quanto?

Efectivamente, e concretizando, que dizer a respeito da variação do valor do petróleo nos próximos 25 anos? Ascenderá ele em termos tais que conduza indirectamente ao aumento significativo do índice das obras públicas? Poderá ser este índice também significativamente majorado por um aumento dos preços do ferro ou do cimento?

Doutra banda: a tendência a que se assiste hoje de privatização geral da economia, o anunciado fim do Estado-Providência e as recomendações de "downsizing" das estruturas públicas — conduzirão à flexibilização da legislação aplicável à relação jurídica de emprego público? E, ocorrendo isso, será que os níveis salariais dos funcionários públicos se equipararão ou pelo menos se aproximarão dos valores dos salários do sector privado?

E que dizer a respeito do comportamento dos índices financeiros? Qual será o comportamento do nível das taxas de juro nos próximos 25 anos? Acompanhará a inflação? Nem isso — como entre nós sucede hoje? Excedê-la-á? Se sim, em quanto?

Dependendo o coeficiente «P» da fórmula de revisão de preços estabelecida no Programa de Concurso de todos estes factores, está bom de ver que a configuração anual do mesmo nos próximos vinte e cinco anos se mostra, neste momento, como algo que é por demais incerto. Nesses termos, o que há a fazer é, como manda a lei, estabelecer uma fórmula que garanta o co-contratante contra qualquer variação do cenário inicial e dos cenários que se vierem sucessivamente a colocar e que são alheias à sua maior ou menor capacidade empresarial.

Claro que se a fórmula de revisão definida no Programa de Concurso estivesse aí posta apenas para corrigir o valor da inflação o problema da admissibilidade da fixação de um limite máximo para a evolução do tarifário médio durante todo o período da concessão nem sequer se punha: o tarifário médio em vigor seria anualmente indexado ao valor da inflação, daí resultando um valor que, seguramente, a preços de 1999, não excederia o preço de 315$00 — posto que o tarifário inicial fora fixado abaixo deste valor.

Mas a fórmula de revisão definida no Programa de Concurso não está estruturada, como vimos, apenas para corrigir a inflação: além desta, dela fazem também parte os parâmetros «obras públicas», «salários da função pública» e «índices financeiros».

Ora, assim sendo, está bom de ver que não é inverosímil prever-se que estoutros parâmetros daquela fórmula de revisão possam variar, futuramente, isto é, nos próximos 25 anos, de forma bem superior à da inflação, por forma a que, do *normal* funcionamento da fórmula, resulte um coeficiente *«P»* que, concretamente aplicado em determinado ano ao tarifário em vigor, dê origem a um valor que, mesmo desinflacionado a preços de 1999, exceda o valor máximo de 315$00 que a CMC pretende fixar *ne varietur* no Programa de Concurso.

E se tal cenário viesse efectivamente a ocorrer, o que é que teríamos?

Teríamos que, tendo sido fixado um limite máximo para a evolução da «tarifa média», a cláusula de revisão de preços acordada entre as partes se tornaria inoperante, ou seja, ela não cumpriria a sua função natural de manter actualizado, em função das variações ocorridas, o equilíbrio financeiro inicialmente estabelecido.

E o resultado estaria à vista: transformação do contrato celebrado de comutativo em aleatório; facturação dos serviços prestados pelo concessionário aos utentes de acordo com preços inferiores, em termos reais, aos estabelecidos inicialmente aquando da adjudicação da concessão e por ele, nessa altura, atentas todas as suas obrigações e direitos, considerados equilibrados.

Ora, como vimos, uma tal situação não é juridicamente aceitável à luz do padrão normativo constituído pelo princípio geral do equilíbrio financeiro dos contratos administrativos e pelo artigo 5.º, n.º 2, do Decreto-Lei n.º 147/95. Dele decorre, recorde-se, que, aquando da celebração do contrato, se devem garantir ao concessionário, mediante a estipulação, de acordo com certas regras, de uma fórmula de revisão de preços, as condições necessárias para que, durante a vigência do contrato, seja mantida a equação económico-financeira de início estabelecida, ou, dito pela negativa, decorre que não é admissível, e é ilegal, pretender vincular o concessionário à eventualidade de ter que praticar preços inferiores ao respectivo custo de produção (preços políticos) por força do comportamento de factores que não relevam da sua boa ou má gestão.

O tarifário a praticar durante todo o período de duração da concessão terá de ser, pois, o que resultar da aplicação ao tarifário que estiver em vigor do coeficiente obtido através da fórmula de revisão de preços inicialmente estabelecida — exceda ele, ou não, 315$00, a valores de 1999. Só esse valor será o valor justo, o único que acautela o legítimo interesse privado num contrato administrativo.

Em suma, repete-se, à luz do princípio geral do equilíbrio financeiro do contrato e do disposto no n.º 2 do artigo 5.º do Decreto-Lei n.º 147/95, não pode, sob pena de ilegalidade, a CMC fixar no Programa de Concurso, como sucede presentemente com a cláusula n.º 10.7.1.*e)* da versão preliminar do Programa de Concurso, o limite máximo além do qual não poderá jamais ser fixado o tarifário a praticar pelo concessionário durante todo o período da concessão.

CONCLUSÕES

24. Do que antecede extraímos, em síntese, as seguintes conclusões:

a) O futuro contrato de concessão será um *contrato administrativo misto de concessão de obras e de serviços públicos* (CPA, artigo 178.º, n.º 1 e 2, alíneas *b)* e *c)*);

b) À formação do contrato e à exploração e gestão dos serviços públicos municipais de tratamento e distribuição de água para consumo público e de recolha, tratamento e rejeição de efluentes aplicam-se directamente as regras constantes do Decreto-Lei n.º 379/93, de 5 de Novembro, do Decreto-Lei n.º 147/95, de 21 de Junho, e, subsidiariamente, por força do artigo 189.º do CPA, as do Decreto-Lei n.º 59/99, de 2 de Março — que aprova o novo regime jurídico das empreitadas de obras públicas —, e do Decreto-Lei n.º 55/95, de 29 de Março;

c) A inclusão pela CMC no Programa de Concurso de uma cláusula onde se estabelece um limite máximo à «tarifa média» a propor pelos concorrentes não desrespeita qualquer regra legal injuntiva respeitante à elaboração do Programa de Concurso constante dos diplomas directamente respeitantes ao futuro contrato de concessão: os Decretos-Leis n.º 379/93 e n.º 147/95;

d) A definição pela CMC no Programa de Concurso do limite máximo da tarifa média a indicar pelos concorrentes nas suas propostas corresponde ao exercício da autonomia pública que, com vista à realização do concreto fim de interesse público que visa prosseguir com o contrato de *concessão da exploração e gestão do sistema de distribuição de água e de drenagem das águas residuais do concelho de C.*, lhe é conferida pela matriz normativa composta pelos preceitos conjugados da alínea *o)* do n.º 1 do artigo 10.º do Decreto-Lei n.º 379/93, do n.º 1 do artigo 8.º do Decreto-Lei n.º 147/95, do artigo 66.º do REOP e do corpo do artigo 40.º do Decreto-Lei n.º 55/95;

e) A fixação do limite máximo do tarifário médio a propor pelos concorrentes, apresentando-se, funcionalmente, como uma cláusula de não adjudicação, como uma cláusula pela qual a entidade adjudicante especifica os termos em que se não sente vinculada a adjudicar as propostas apresentadas, representa, afinal, o exercício concreto pela CMC da margem de liberdade que é em geral conferida à Administração pela alínea *e)* do artigo 71.º do Decreto-Lei n.º 55/95 — preceito que é aplicável ao futuro contrato de concessão *ex vi* do artigo 189.º do CPA — para estabelecer cláusulas desse jaez;

f) Constitui princípio geral dos contratos administrativos, aplicável *ex vi* do artigo 189.º do CPA ao futuro contrato de concessão, o princípio segundo o qual o equilíbrio económico-financeiro de início estabelecido entre as obrigações das partes deverá ser mantido durante a vigência do contrato;

g) A fixação na cláusula 10.7.1.*e)* da versão preliminar do Programa de Concurso de um limite máximo à evolução do tarifário a praticar pelo concessionário nos próximos 25 anos, não acautelando o efectivo respeito daquele princípio durante toda a vigência do contrato de concessão, desrespeita o princípio geral do equilíbrio financeiro do contrato e, especificamente, o disposto no n.º 2 do artigo 5.º do Decreto-Lei n.º 147/95;

h) O princípio do equilíbrio financeiro do contrato determina que o tarifário a praticar pelo concessionário durante todo o período da concessão seja o que resultar da sucessiva aplicação ao tarifário em vigor em cada ano do coeficiente obtido através da fórmula de revisão de preços inicialmente estabelecida.

Lisboa, Maio de 1999

VI
Licença de utilização do domínio público: concorrência em procedimento atributivo de licença de extracção de inertes e modo de fiscalização dessa actividade

CONSULTA

Solicita-nos a Direcção Regional do Ambiente X (doravante Consulente) Parecer sobre as seguintes questões:

1. Pode ser definido no pertinente documento do concurso tendente à atribuição de uma licença de extracção de inertes em terrenos do domínio público hídrico o preço mínimo de 300$00 por metro cúbico extraído?

2. O procedimento tendente à atribuição de uma licença de extracção de inertes em terrenos do domínio público pode ser um «concurso limitado», ou tem de ser, obrigatoriamente, à face do Decreto-Lei n.º 46/94, de 22 de Fevereiro, um «concurso público»?

3. Pode o disposto nos artigos 51.º e 52.º do Decreto-Lei n.º 46/94, de 22 de Fevereiro, ser colocado no caderno de encargos, suporte do concurso, como condição de admissibili-

dade ao concurso, e o preço como único critério final de adjudicação?

4. A fiscalização da actividade de extracção de inertes por meios electrónicos — designadamente, balanças e sistema de *video* e *modems* — colide com algum direito constitucionalmente protegido do titular da licença?

PARECER

§ 1.º
Da admissibilidade de fixação no edital de concurso do preço de 300$00 por metro cúbico de inerte extraído

1. É intenção da Consulente estabelecer doravante no pertinente documento do procedimento de «inquérito público» que, por força das disposições combinadas do artigos 6.º, 50.º, n.º 3 e 52.º do Decreto-Lei n.º 46/94, de 22 de Junho, deverá preceder a concreta atribuição de licenças de extracção de inertes em terrenos do domínio público hídrico[1], o valor mínimo de 300$00 a pagar por metro cúbico (m3) extraído.

Radica semelhante propósito na convicção de que o preço actualmente praticado — 50$00/m3 — não corresponde ao valor de mercado dos materiais inertes em questão (areia, areão, burgau, godo, cascalho, etc.). Fixado no contexto de uma conjuntura de dificuldades económicas das empresas extractivas que não se verificará mais, impõe-se, hoje, a sua actualização.

---

[1] O domínio público hídrico corresponde às águas públicas. Todavia, advirta-se, "a designação *domínio público hídrico* não significa que ele se circunscreva apenas às aguas dominiais, pois que logicamente abrange, além das águas, os terrenos que interessam ou podem interessar à cabal produção ou defesa da utilidade pública dessas águas, como, *v.g.,* os leitos e as margens" — cfr. FREITAS DO AMARAL/JOSÉ PEDRO FERNANDES, *Comentário à lei dos terrenos do domínio hídrico*, Coimbra, 1978, pp. 33-34.

A concreta cifra de 300$00/m3 extraído tem uma explicação. Para além de se supor (mais) adequada ao actual valor de mercado dos referidos materiais inertes — sobretudo utilizados na indústria da construção civil e na produção de obras públicas —, está estabelecida na alínea *b)* da Portaria n.º 62/88, de 1 de Fevereiro, do Ministro do Planeamento e da Administração do Território (doravante MPAT) para a extracção de materiais inertes das zonas de escoamento e expansão (leitos, margens, zonas inundáveis e zonas adjacentes) de águas navegáveis ou flutuáveis. Efectivamente, diz-se aí que:

"Manda o Governo da República Portuguesa, pelo Ministro do Planeamento e da Administração do Território, que as taxas a cobrar pela Direcção-Geral dos Recursos Naturais nos termos da alínea b) do n.º 1 do artigo 19.º do Decreto-Lei n.º 403/82, de 24 de Setembro, sejam as seguintes:

a) Pela extracção de materiais inertes das zonas de escoamento e expansão de águas não navegáveis nem flutuáveis — 200$ por cada metro cúbico ou fracção;

b) Pela extracção de materiais inertes das zonas de escoamento e expansão de águas navegáveis ou flutuáveis — 300$ por cada metro cúbico ou fracção.

2. Como resulta do seu teor literal, a Portaria n.º 62/88 foi editada em execução ou complemento da alínea *b)* do n.º 1 do artigo 19.º do Decreto-Lei n.º 403/82, de 24 de Setembro — diploma que, com a redacção dada pelo Decreto-Lei n.º 164/84, de 21 de Maio, "estabelece os critérios a que deve obedecer a extracção de materiais inertes das áreas afectas à jurisdição da Direcção-Geral dos Recursos e Aproveitamentos Hidráulicos (DGRAH), nomeadamente areia, areão, burgau, godo e cascalho, das zonas de escoamento e de expansão (leitos, margens, zonas inundáveis e zonas adjacentes) das águas de superfície, quer correntes (rios, ribeiros, canais e valas), quer fechadas

(lagos e lagoas), sejam as águas navegáveis ou flutuáveis ou não navegáveis nem flutuáveis (...)".

Sucede todavia que o referido Decreto-Lei n.º 403/82, de 24 de Setembro — e não directamente a Portaria n.º 62/88 —, foi *revogado* pela alínea *t)* do n.º 1 do artigo 91.º do Decreto-Lei n.º 46/94, de 22 de Fevereiro. Aí se diz que: "não se aplicam na matéria respeitante ao presente diploma: (...) o Decreto-Lei n.º 403/82, de 24 de Setembro, com a redacção dada pelo Decreto-Lei n.º 164/84, de 21 de Maio".

Assim, a primeira questão a resolver é a de saber se o fundamento legal (entendida a expressão em sentido amplo, abrangendo as próprias normas administrativas) para a fixação no procedimento de «*inquérito público*» do referido valor de 300$00/m3 extraído pode ser a referida alínea *b)* da Portaria n.º 62/88 do MPAT — ou, em caso negativo, se existe (e, se sim, qual) outro fundamento jurídico para aquela fixação.

3. É necessário principiar com dois esclarecimentos.

Disse-se que o Decreto-Lei n.º 403/82 — o diploma legal habilitante da Portaria n.º 62/88 — foi *revogado* pelo Decreto-Lei n.º 46/94.

Ora, e não obstante a citada norma da alínea *t)* do n.º 1 do artigo 91.º do Decreto-Lei n.º 46/94 se inserir num artigo cuja epígrafe é «*norma derrogatória*», foi efectivamente isso (revogação) que ocorreu à vigência do Decreto-Lei n.º 403/82.

É que, como há muito se entende, do ponto de vista técnico-jurídico, a *derrogação* da lei não é outra coisa senão a sua revogação parcial — e que se contrapõe, dentro do género, à *abrogação*, ou seja, à revogação total. *Derrogat legi, aut abrogatur; derrogatur legi, quum pars detrahibur; abrogatur legi, quum prorsus tollitur* — como escreveu em tempos ancestrais Modestino[2].

---

[2] *Digesto*, D. 50.16.102. "A lei derroga-se ou abroga-se; derroga-se quando se suprime uma parte; abroga-se, quando de todo se suprime" —

É manifesto, em face do objecto definido no artigo 1.º do Decreto-Lei n.º 46/94 — "O presente diploma estabelece o regime da utilização do domínio hídrico, sob jurisdição do Instituto da Água (INAG)" —, que o legislador deste diploma pretendeu revogar todos os preceitos legais anteriores respeitantes à matéria aí regulada. Como eles se encontravam dispersos por múltiplos diplomas, tinha, basicamente, duas alternativas: ou individualizava as disposições dessoutra legislação dispersa concretamente revogadas — método porventura mais moroso, em sede de feitura da lei, conquanto mais seguro; ou, como preferiu e realizou, limitava-se a indicar que não se "aplicam na matéria respeitante ao presente diploma" a parte dos textos legais e regulamentares elencados nas mais de vinte alíneas do n.º 1 do artigo 91.º que correspondessem à matéria regulada no Decreto-Lei n.º 46/94 — cabendo ao intérprete verificar onde existem sobreposições entre a lei nova e as antigas regulamentações de utilização do domínio hídrico.

Ora, de acordo com a orientação legalmente consagrada, verifica-se, a partir do cotejo do objecto dos dois diplomas, que a matéria regulada no Decreto-Lei n.º 403/82 foi, na sua maior parte, disciplinada pelo Decreto-Lei n.º 46/94.

Assim, pode assentar-se na proposição de que o Decreto-Lei n.º 46/94 operou uma *revogação* parcial do Decreto-Lei n.º 403/82[3].

Por outro lado — é o segundo esclarecimento —, nenhuma dúvida deve existir quanto à natureza jurídica da Portaria n.º

---

original em latim e tradução colhidos *apud* CASTRO MENDES, *Introdução ao Estudo do Direito*, Lisboa, 1984, p. 117.

[3] Do conteúdo preceptivo do Decreto-Lei n.º 403/82 aquele diploma apenas parece não regular a matéria do regime económico e financeiro da utilização do domínio público hídrico, a qual, no entanto, foi expressamente regulamentada por um outro diploma da mesma data: o Decreto-Lei n.º 47/94, de 22 de Fevereiro.

62/88: ela assume-se, pelo seu teor simultaneamente geral e abstracto, por ser dimanada de um órgão administrativo (MPAT) no exercício de um poder administrativo, como um *regulamento administrativo*. Mais especificamente, ela é um regulamento complementar ou de execução (e *devido*), um regulamento *que desenvolve ou aprofunda a disciplina jurídica constante de uma lei* — e, nessa medida, completa-a, viabilizando a sua aplicação aos casos concretos[4].

Assim, qual a consequência, em sede de vigência da Portaria n.º 66/88, do facto de a lei nova (o Decreto-Lei n.º 46/94) ter revogado a lei antiga (Decreto-Lei n.º 403/82) sem no entanto incluir expressamente no âmbito da sua norma revogatória (artigo 91.º) aquele regulamento de execução?

4. Num plano geral, a resposta correcta é: a força obrigatória do regulamento de execução cessa "pela revogação da lei a que o regulamento sirva de complemento"[5]. Por outras palavras: "quanto ao regulamento de execução, a revogação da lei implica a imediata cessação automática das normas que a desenvolvam ou executam"[6].

Mas não tem de ser sempre assim.

Se, "em princípio, a revogação da lei a que o regulamento sirva de complemento acarreta também a revogação deste", a verdade é que "se essa lei é *substituída* por outra lei ainda não regulamentada, (...) ela continua a ser regulamentada pelo regulamento antigo em tudo aquilo em que este a não contrariar"[7]. Noutros

---

[4] Sobre a noção de regulamento e suas espécies, cfr. FREITAS DO AMARAL, *Direito Administrativo*, III, Lisboa, 1989, pp. 13 e segs. e 17 e segs.

[5] Cfr. MARCELLO CAETANO, *Manual de Direito Administrativo*, I, 10.ª ed., Coimbra, 1990 (reimpressão), p. 111.

[6] Cfr. ESTEVES DE OLIVEIRA, *Direito Administrativo*, I, Lisboa, 1980, p. 149.

[7] Cfr. SÉRVULO CORREIA, *Noções de Direito Administrativo*, I, Lisboa, p. 113.

termos: "subsistirá o regulamento na parte em que se mostrar materialmente conforme à disciplina instituída pela lei nova"[8].

É preciso interpretar o Decreto-Lei n.º 46/94 (a lei nova).

E responder à seguinte questão: será a Portaria n.º 62/88 necessária para a execução, no ponto considerado, do Decreto-Lei n.º 46/94?

5. Não nos parece.

O Decreto-Lei n.º 46/94 prevê e regula um procedimento administrativo, de tipo concursal e iniciativa oficiosa, denominado "inquérito público", que deverá preceder a atribuição de licenças de extracção de inertes em terrenos do domínio público hídrico.

Numa das normas votadas a tal regulamentação — o artigo 52.º, n.º 2, alínea b) — estabelece-se que o *edital*[9] que, em cada caso concreto, cada Direcção Regional do Ambiente deve afixar nos lugares de estilo (com vista a publicitar a sua intenção de atribuir uma licença de extracção de inertes e os termos em que, para esse efeito, se encontra recebedora de propostas de eventuais interessados), especificará o "valor mínimo a pagar por metro cúbico extraído".

Decorre pois da letra da lei — e, segundo cremos, de forma clara — que a definição concreta do valor mínimo a pagar por metro cúbico extraído é, hoje, uma competência que o legislador do Decreto-Lei n.º 46/94 situou na esfera de cada Direcção Regional do Ambiente territorialmente competente para atribuir licenças de extracção de inertes em terrenos do domínio público hídrico.

---

[8] Cfr. J. M. FERREIRA DE ALMEIDA, "Regulamento Administrativo", in *Dicionário Jurídico da Administração Pública*, V, Lisboa, 1996, p. 203.

[9] Figura que, parece reunir, simultaneamente, o papel habitualmente desempenhado em sede de concursos públicos pelos Anúncio e Programa de Concurso.

Decorre pois da letra da lei, noutros termos, que a fixação do *concreto* valor mínimo a pagar por m3 de inertes extraído é ponto em que as entidades licenciadoras dispõem de toda a liberdade.

Podia o legislador ter definido ele próprio o valor mínimo a pagar — ou (como se fazia antes) remeter essa definição, em termos uniformes, para diploma regulamentar de entidade administrativa (por exemplo, um membro do Governo) distinta da que concede a licença.

Mas não: estabeleceu que, para a definição de tal patamar mínimo, são competentes as próprias Direcções Regionais do Ambiente.

Portanto, logo com base na letra da lei (concretamente, da alínea *b)* do n.º 2 do artigo 52.º), pode afirmar-se que a *nova* regulamentação do procedimento pré-licenciatório em questão prescinde, de todo em todo, para efeitos da sua exequibilidade, das indicações que, em matéria de valores mínimos a pagar por m3 extraído, constam da Portaria n.º 62/88.

6. O confronto pormenorizado do regime do procedimento da lei actual (Decreto-Lei n.º 46/94) com o da anterior (Decreto-Lei n.º 403/82) corrobora a negativa a que chegámos por apelo à letra da lei.

Pois, como se acenou já, enquanto na lei anterior, o Decreto-Lei n.º 403/82, se remetia para portaria ministerial, em sede de regulamentação do procedimento de atribuição da licença, a indicação do valor de base (da então denominada «taxa») a pagar por metro cúbico de material inerte, na lei nova, em sede sistemática paralela, omite-se qualquer referência a regulamentos ministeriais, antes se estabelece que a concretização de tal elemento é aspecto que compete à entidade competente para a formulação e afixação públicas do edital.

Efectivamente, à luz do diploma anterior, a "taxa" que deveria servir de "base de licitação" no procedimento de "hasta pública" tendente "à concessão da licença para a extracção de inertes" correspondia à "que se refere a alínea b) do n.º 1 do artigo 19.º deste decreto-lei" (artigo 9.º), ou seja, à taxa definida "em tabela a aprovar por portaria do Ministro da Habitação e Obras Públicas" (artigo 19.º, n.º 1, alínea b)); à luz do Decreto-Lei n.º 46/94, o "valor mínimo a pagar por metro cúbico extraído" pode e "deve" (proémio do n.º 2 do artigo 52.º) ser indicado no edital a elaborar pelas Direcções Regionais do Ambiente no contexto do procedimento de atribuição de licença.

Reafirma-se, à luz do elemento histórico da interpretação, que a revogação parcial efectuada pelo artigo 91.º, n.º 1, alínea t), do Decreto-Lei n.º 46/94 do regime do Decreto-Lei n.º 403/82 acarretou também a caducidade da Portaria n.º 62/88 do MPAT.

7. Respondendo à primeira questão da Consulta: à Consulente, entidade competente para atribuir licenças de extracção de inertes do domínio público, assiste o direito de, como é seu intento, definir no edital de cada concurso que promover para o efeito o concreto valor mínimo de 300$00 por m3 extraído.

O fundamento jurídico para tanto não é a Portaria n.º 62/88. Tal Portaria, por desnecessária para executar a nova lei, caducou com a revogação parcial do Decreto-Lei n.º 403/82 efectuada pelo Decreto-Lei n.º 46/94. O fundamento é, isso sim, o disposto no artigo 52.º, n.º 2, alínea b) do Decreto-Lei n.º 46/94, norma que confere à Administração — às várias Direcções Regionais do Ambiente e portanto à Consulente — competência para concretizar *numericamente* em cada edital o valor mínimo a pagar por m3 extraído.

8. Percebe-se, refira-se a findar, a solução legal exposta.

Se bem vemos as coisas, com a definição administrativa do valor mínimo a pagar por metro cúbico extraído, está em causa,

além da estipulação de um elemento (objectivo) à luz do qual se
compararão as propostas dos interessados na obtenção da licença
(cfr. artigo 52.º, n.º 3, alínea d), do Decreto-Lei n.º 46/94), a
fixação de um *preço* que, lidimamente, é um elemento que se
integra, como objecto mediato, numa relação obrigacional de
direito privado (um contrato de compra e venda) que visa a
realização de uma receita pública (ainda que não tributária) e
que, como tal, é distinta da relação jurídico-pública de utilização privativa de um bem do domínio público titulada pela
licença.

Efectivamente, não nos repugnaria sustentar que, do regime
estabelecido nos Decretos-Leis n.º 46/94 e n.º 47/94, resulta
um esquema *complexo* em que a adjudicação administrativa da
proposta vencedora (em conjunto com a emissão subsequente
da licença) se perfila como um acto duplamente constitutivo.

Por um lado, *constitui, unilateralmente*[10], uma relação jurídica
administrativa (titulada e disciplinada pela licença de uso privativo do domínio público e pelas normas de direito administrativo aplicáveis).

Por outro lado, *co-constitui* (juntamente com a proposta
vencedora) uma relação jurídica privada (um contrato de com-

---

[10] A vontade do particular, na licença, não surge, no plano estrutural,
como requisito de existência, mas, antes, como requisito de legalidade do
acto, já que sem a solicitação para a sua prática, concretamente materializada
na apresentação de proposta em sequência da afixação do edital, ele seria ilegal. Sobre os vários critérios de distinção entre «contrato (administrativo)» e
«acto administrativo dependente de colaboração do administrado», cfr., por
todos, SÉRVULO CORREIA, *Legalidade e Autonomia Contratual nos Contratos
Administrativos,* Coimbra, 1987, p. 349 e segs. Diz aí o Autor (p. 350) que a
distinção se faz fundamentalmente do seguinte modo: "se, no plano estrutural, a manifestação de vontade do particular surge como requisito de existência, está-se perante um contrato. Pelo contrário, o acto será unilateral quando
aquela manifestação apenas constituir um requisito de legalidade (actos
dependentes de requerimento) ou de eficácia (actos sujeitos a consentimento) da definição da situação jurídico-administrativa".

pra e venda de inertes, *prima facie* disciplinado pelo Código Civil) entre a Administração e o particular.

Significa isto que, ao passo que na licença são desiguais as vontades da Administração e do particular, uma vez que "o poder constitutivo apenas assiste à vontade da Administração, enquanto que à do administrado cabe uma mera virtualidade integrativa da vontade constitutiva da Administração", no contrato (de compra e venda) "as vontades são iguais como requisito de existência" dessa relação jurídica[11].

Só esta simultânea emergência de duas relações jurídicas distintas (embora umbilicalmente conexas) a partir da adjudicação e emissão da licença quadra adequadamente ao figurino legal do uso privativo da extracção de inertes.

Pois que, neste, diferentemente do que sucede com a generalidade dos outros usos privativos referidos e disciplinados no articulado do Decreto-Lei n.º 46/94 (em que, na esfera do respectivo titular, ou há poderes de ocupação ou de transformação de bens dominiais), o particular titular da licença de extracção de inertes está obrigado a uma dupla prestação pecuniária a favor da Administração.

Por um lado, como contrapartida do uso *exclusivo* de um bem do domínio público — que é uma relação disciplinada por regras de direito administrativo —, o particular é devedor da *taxa de utilização* prevista (e calculada nos termos definidos) no artigo 6.º do Decreto-Lei n.º 47/94, de 22 de Fevereiro. Tal taxa, que é "a contraprestação devida pelo uso privativo dos bens do domínio público hídrico" (artigo 3.º, n.º 2, do mesmo diploma), visa a "protecção e melhoria daquele domínio" (artigo 2.º, n.º 1, também do Decreto-Lei n.º 47/94)[12]. É efectivamente fácil de

---

[11] Cfr. SÉRVULO CORREIA, *Legalidade e Autonomia,* p. 350.

[12] Em geral, sobre a "onerosidade" do uso privativo, cfr., entre nós, FREITAS DO AMARAL, *A utilização do domínio público pelos particulares,* Lisboa, 1965, pp. 223 e segs.

entender o fundamento do pagamento desta taxa: "como o particular no uso privativo não usa a coisa como todos os outros mas para seu proveito pessoal (...) seria injusto que de uma utilização privativa de certa coisa pública, construída e conservada com o dinheiro de todos os contribuintes, uma pessoa só extraísse gratuitamente vantagens exclusivas"[13].

Por outro lado, e uma vez que o conteúdo deste concreto direito de uso privativo se analisa sobretudo num "poder de apropriação de quantidades limitadas de algumas coisas"[14] (extracção de areias e outros materiais) — que tem como correlato sinalagmático o dever do Estado de as entregar —, o particular deverá, no âmbito de uma compra e venda privada, proceder ao pagamento à Administração do respectivo *preço*. Consiste este, afinal, naquela contrapartida devida ao Estado "por ocasião da disposição de bens do seu património"[15] (como é a condição jurídica, concretamente, depois da separação, dos materiais inertes extraídos do leito de um rio ou, noutro exemplo, da lenha extraída das matas nacionais[16]) — ou, noutra formulação, na contrapartida que corresponde "a bens ou serviços que não são por essência da titularidade do Estado, de acordo com a concepção política dominante, e que são objecto de oferta e procura, dada a sua susceptibilidade de avaliação nos termos que são próprios do regime de mercado; oferta e procura que se traduzem juridicamente num acordo de vontades que dá origem a uma obrigação voluntária"[17].

---

[13] Cfr. FREITAS DO AMARAL, *A utilização do domínio público pelos particulares*, p. 225.

[14] Cfr. MARCELLO CAETANO, *Manual de Direito Administrativo*, II, Coimbra, 1990, p. 937.

[15] Cfr. ALBERTO XAVIER, *Manual de Direito Fiscal*, I, Lisboa, 1981, p. 53.

[16] O exemplo é de ALBERTO XAVIER, *Manual de Direito Administrativo*, I, Coimbra, 1990, I, p. 53.

[17] Cfr. ALBERTO XAVIER, *Manual*, I, pp. 54-55.

Ora, tendo-se nitidamente separado, na nova regulamentação do uso privativo do domínio público «extracção de inertes», as contrapartidas preço e taxa a cargo do particular (o que não sucedia na anterior, em que apenas existia a taxa[18]), não surpreende a liberdade decisória agora plenamente conferida às entidades licenciadoras para a definição do preço mínimo por m3 extraído.

É que, não se fundando o mesmo, ao contrário das verdadeiras taxas, em razões "como a justa distribuição de encargos públicos, ou em considerações de ordem política, como as de facilitar ou dificultar o acesso a certos bens ou serviços", mas em atenção a um critério objectivo de mercado ("este é sempre a base da sua formação"[19]), por um lado; e sendo, por outro lado, um elemento em constante variação em função da concreta fisionomia da oferta e da procura, por outro — é inteiramente racional que a sua fixação não seja rígida (como era no sistema anterior) mas siga as naturais oscilações do mercado dos bens em questão, dos inertes.

§ 2.º
Do âmbito concorrencial do procedimento de atribuição de licença de extracção de inertes

9. Pode o procedimento de concurso tendente à atribuição de uma licença de extracção de inertes em terrenos do domínio público ser um «concurso limitado», ou tem de ser, à face do Decreto-Lei n.º 46/94, de 22 de Fevereiro, um «concurso público»?

---

[18] Que, verdadeiramente, não o seria apenas, já que o montante fixado não era mera contrapartida do uso do domínio público mas, sobretudo, a contrapartida devida por unidade do bem que o Estado alienava.

[19] Cfr. ALBERTO XAVIER, *Manual*, I, p. 55.

Na base desta pergunta estão duas preocupações: por um lado, presume a Consulente que, se o procedimento que for seguido for um *concurso limitado*, serão menores os riscos de se verificarem conluios entre concorrentes, uma vez que os convidados serão entidades por ela tidos em boa conta quanto à sua seriedade e capacidades técnica e financeira; por outro, sendo certo que a lei que regula a actividade em causa não formula quaisquer requisitos gerais subjectivos para o seu exercício, receia a Consulente que, caso o procedimento seja do tipo concurso público, ela possa ter, forçosamente, de apreciar propostas de entidades que, a seus olhos, não possuem os requisitos técnicos e financeiros necessários para o efeito.

Para responder a esta questão, devemos, antes de mais, tomar contacto com a disciplina estabelecida no Decreto-Lei n.º 46/94 — na parte, claro, que se relaciona com o tema em causa nesta questão do Parecer.

10. No Decreto-Lei n.º 46/94, faz-se, como se viu, depender a atribuição de licenças de extracção de inertes em terrenos do domínio público hídrico da observância de um procedimento designado como "inquérito público" (n.º 3 do artigo 50.º)[20].

Trata-se de uma modalidade procedimental desconhecida do Código do Procedimento Administrativo (doravante CPA) — cfr. o seu artigo 182.º, bem como dos outros dois diplomas que, entre nós, tipificam e regulam, de forma mais minuciosa, os procedimentos de adjudicação: o Decreto-Lei n.º 59/99, de 2 de Março, que consagra "o regime do contrato administrativo

---

[20] Trata-se de um procedimento em princípio só obrigatório para licenças atribuídas por prazos superiores a 10 anos (artigo 6.º). Embora as licenças de extracção de inertes só possam ser atribuídas pelo prazo máximo de 10 anos, prorrogável, a verdade é que, ao contrário da regra geral afirmada no diploma, estão dependentes de inquérito público (artigo 50.º, n.º 3).

de empreitada de obras públicas" e que se aplica "com as necessárias adaptações, às concessões de obras públicas" (artigo 1.º, n.ºs 1 e 2), e, por outro lado, o Decreto-Lei n.º 197/99, de 8 de Junho, que "estabelece o regime da realização de despesas públicas com locação e aquisição de bens e serviços, bem como da contratação pública relativa à locação e aquisição de bens móveis e serviços" (artigo 1.º)[21]. Note-se, aliás, que, pelo seu objecto, nenhum destes diplomas se aplica imperativamente ao procedimento tendente à atribuição de licenças de extracção de inertes de terrenos do domínio público hídrico[22].

O procedimento do "inquérito público" é regulado em dois distintos núcleos normativos do Decreto-Lei n.º 46/94: nas disposições gerais sobre títulos de utilização do domínio hídrico (artigos 5.º e segs.)[23], por um lado; e, por outro, nos preceitos

---

[21] Este diploma iniciará a breve trecho (8 de Agosto) a sua vigência, posto que revogou, através do seu artigo 207.º, o Decreto-Lei n.º 55/95, de 27 de Março.

[22] Na medida em que corporizam soluções gerais, poder-se-ão aplicar no entanto os seus princípios a outros procedimentos concursais. No mesmo sentido, quanto ao concurso público, cfr. MARGARIDA CABRAL, *O Concurso Público nos Contratos Administrativos*, Coimbra, 1997, p. 73.

[23] O legislador, na esteira da legislação revogada — o Decreto-Lei n.º 468/71, de 5 de Novembro (artigos 17.º e segs.) — distingue dois tipos de títulos de utilização do domínio hídrico: a licença e o contrato de concessão. A diferença fundamental entre os dois é que enquanto a licença de utilização do domínio hídrico é conferida a título *precário* (artigo 6.º) — "o que significa que são revogáveis a todo o tempo e sem que o seu titular tenha direito a receber qualquer indemnização" (Cfr. FREITAS DO AMARAL/JOSÉ PEDRO FERNANDES, *Comentário à Lei dos Terrenos do Domínio Hídrico*, p. 185), já o contrato de concessão confere garantias acrescidas ao concessionário que "consistem principalmente na estabilidade do prazo fixado no respectivo contrato e concomitantemente na segurança que ao interessado conferem a prefixação de um prazo mais longo e o direito a receber uma indemnização em caso de rescisão do contrato antes do seu termo, data em que se prevê já estar amortizado o custo das obras e das instalações fixas" (Cfr. FREITAS DO

especificamente respeitantes à extracção de inertes (artigos 50.º e segs.). Compulsêmo-los.

Em primeiro lugar, sublinhe-se que, como já se disse, a abertura do procedimento de inquérito público compete à DRARN respectiva (artigo 5.º, n.º 2 e 52.º, n.º 1). Ela efectua-se "através da fixação de editais nos lugares de estilo, de publicação de anúncios em pelo menos um dos jornais de maior divulgação na respectiva região e no Diário da República, quando se trate de volumes superiores a 10000 m3" (n.º 1 do artigo 52.º). O referido edital "deve conter os seguintes elementos: *a)* Prazo e local para apresentação das propostas; *b)* Valor mínimo a pagar por metro cúbico extraído; *c)* Local da extracção; *d)* Local da consulta do caderno de encargos" (n.º 2 do artigo 52.º).

Por outro lado, as "propostas dos interessados na realização da actividade referida no n.º 1 são entregues na DRARN respectiva em sobrescrito fechado, das quais constem: *a)* o modo de execução da extracção; *b)* o tipo de equipamento a utilizar; *c)* o prazo de execução da mesma; *d)* o valor a pagar por metro cúbico extraído; *e)* as medidas de minimização ambiental" (n.º 3 do artigo 52.º). Todos estes elementos "constituem, no seu conjunto, factor de decisão para a escolha da melhor proposta" (n.º 4 do artigo 52.º).

Doutra banda, a atribuição da licença, "pela respectiva direcção regional do ambiente e recursos naturais (DRARN)" (n.º 2 do artigo 5.º), "fica dependente do depósito de uma caução, à ordem do INAG, que garanta a execução do projecto de extracção, a recuperação do local e o cumprimento de outras condições impostas pela licença" (n.º 5 do artigo 51.º).

Preceitua-se ainda que "o período de inquérito público e de exposição do projecto, a anunciar com a antecedência mínima de 8 dias, não pode ser inferior a 30 dias" (n.º 5 do

---

AMARAL/JOSÉ PEDRO FERNANDES, *Comentário à Lei dos Terrenos do Domínio Hídrico*, p. 185).

artigo 8.º); que "as reclamações são entregues na DRARN respectiva no prazo máximo de 30 dias a contar da publicação dos editais referidos no n.º 1, devendo aquela decidir no prazo de 30 dias a contar da entrega das reclamações" (n.º 6 do artigo 8.º); e que "findo o prazo estipulado na primeira parte do número anterior sem que sejam enviadas quaisquer reclamações à DRARN, prossegue o processo de atribuição da licença" (n.º 7 do artigo 8.º).

11. Explicitadas as linhas gerais do regime do procedimento de inquérito público, deve agira esclarecer-se o que distingue o concurso público do concurso limitado. Só dominando o significado destes conceitos será depois possível responder à questão de saber se o procedimento previsto e disciplinado no Decreto-Lei n.º 46/94 pode ser um concurso limitado ou tem de ser inevitavelmente um concurso público.

Nos termos da nossa lei geral em matéria procedimental (CPA), que aliás não disciplina pormenorizadamente aquelas figuras, a diferença básica é a seguinte: ao *concurso público* "são admitidas todas as entidades que satisfaçam os requisitos gerais estabelecidos por lei"; ao *concurso limitado*, pelo contrário, somente podem ser admitidas a apresentar propostas "as entidades seleccionadas pelo órgão administrativo adjudicante" («concurso limitado por prévia qualificação»), ou "as entidades convidadas (pelo órgão administrativo adjudicante) de acordo com o conhecimento e a experiência que tenha (...) daquelas entidades" («concurso limitado sem apresentação prévia de candidaturas») — cfr. CPA, artigo 182.º, n.ºs 3 a 5.

A característica primeira do *concurso público* é, pois, "a de não se saber *que pessoas* ou entidades vão concorrer e de *não haver limite (numérico) ao número de concorrentes*, tudo isso porque são admitidos a concorrer todos os que preenchem os requisitos *genericamente* determinados". Nos outros procedimentos adjudicatórios, seja nos concursos limitados ou nos procedimentos por negociação, os concorrentes são conhecidos e determinados, "apenas concorrem (apresentando propostas) aqueles que forem seleccionados ou escolhidos pela entidade adjudicante"[24].

Não era esta a diferença estabelecida pela versão inicial do CPA. Se era aí já idêntica a noção de concurso público, a de concurso limitado perfilava-se de modo diverso. Efectivamente, estabelecia o legislador que concurso limitado era aquele ao qual "só podem ser admitidas as entidades que satisfaçam os requisitos especialmente fixados pela Administração para cada caso ou que tenham sido convidadas para o efeito pelo contraente público" (cfr. n.º 3 do artigo 183.º do CPA).

A lei anterior não autonomizava, no âmbito do concurso limitado, a figura do concurso por prévia qualificação — compreendia apenas o concurso limitado sem prévia apresentação de candidaturas.

Por outro lado, considerava-se, também ao contrário da lei actual, ser limitado o concurso em que a Administração fixa requisitos especiais de acesso. Hoje já não é assim: "dever-se-á admitir que também é concurso público aquele em que se estabelecem requisitos especiais de admissão, desde que tais requisitos digam respeito a categorias e não se refiram a sujeitos previamente determinados"[25].

12. Na posse destes dados, vejamos, então, de seguida, se as indicações constantes do Decreto-Lei n.º 46/94 sobre o modo de a Administração (e, concretamente, a Consulente) proceder à delimitação do universo dos eventuais concorrentes à atribuição de uma licença de extracção de inertes permitem conceber, ou

---

[24] Cfr. M. ESTEVES DE OLIVEIRA/R. ESTEVES DE OLIVEIRA, *Concursos e Outros Procedimentos de Adjudicação Administrativa*, Coimbra, 1998, p. 177.

[25] M. ESTEVES DE OLIVEIRA/R. ESTEVES DE OLIVEIRA, *Concursos e Outros Procedimentos de Adjudicação Administrativa*.

não, o procedimento de inquérito público como um concurso limitado.

Esclareça-se apenas previamente que, atenta a sua formulação, nenhuma dúvida deverá existir quanto à imperatividade das exigências em matéria procedimental constantes do Decreto-Lei n.º 46/94. Isto é: o "conteúdo processual" do procedimento aí regulado não pode ser singularmente derrogado pela Administração num determinado caso. Naturalmente, não significa isto "que a Administração não disponha de alguma margem de conformação na elaboração, em concreto, de cada (edital), uma margem que lhe possibilita moldar e concertar o regime procedimental de cada procedimento aos interesses específicos que se procurem realizar através dele"[26]. Não só aliás a tem, como, vê-lo-emos de seguida, deverá mesmo exercê-la para que, em cada procedimento que seja concretamente promovido, se respeitem alguns princípios constitucionais.

Dito isto, não nos parece, sob o aspecto em análise, que o procedimento de inquérito público possa ser um concurso do tipo do concurso limitado sem apresentação de candidaturas.

É que o Decreto-Lei n.º 46/94 exige, imperativamente, que a entidade promotora do procedimento deve afixar editais nos lugares de estilo e diligenciar no sentido da publicação de anúncios em jornais. Ora, tal não se compadece com a delimitação do universo concorrencial, característica daquele tipo de concursos que, como se disse, assenta no sistema do convite para a apresentação de propostas.

Na verdade, no concurso limitado sem apresentação de candidaturas há lugar a "uma prévia escolha *ex officio* dos candidatos admitidos a apresentar proposta"[27], facto que, ao contrário do

---

[26] Cfr. ESTEVES DE OLIVEIRA/ESTEVES DE OLIVEIRA, *Concursos e outros Procedimentos de Adjudicação Administrativa*, p. 175-176.

[27] Cfr. MARGARIDA CABRAL, *O Concurso Público nos Contratos Administrativos*, p. 124.

concurso público, torna dispensável "um anúncio da abertura do concurso" e postula antes a existência de "uma circular enviada (em simultâneo) às entidades convidadas, da qual constarão as menções típicas desses anúncios que sejam aplicáveis"[28].

O legislador do Decreto-Lei n.º 46/94 quis, pois, ao determinar o que determinou, que o procedimento de inquérito público tivesse um grau de concorrência superior à existente nesta espécie de concurso limitado.

13. E, atento o regime legal estabelecido no Decreto-Lei n.º 46/94, poderá o procedimento de inquérito público decorrer nos moldes do «concurso limitado por prévia qualificação»? Ou seja, poderá ser um procedimento complexo no qual se antepõe uma fase de selecção dos concorrentes — "de carácter público, em que podem candidatar-se todos os que preenchem as características fixadas no respectivo anúncio" — à fase da adjudicação, vale dizer, "da escolha da melhor proposta, que é limitada aos concorrentes seleccionados na primeira fase"[29]?

Não o cremos.

Isso, por força da letra da lei. Quer na alínea *a)* do n.º 2 do artigo 52.º do Decreto-Lei n.º 46/94, quer no n.º 3 dos mesmos artigo e diploma menciona-se o vocábulo *"propostas"*. Na alínea *a)* do n.º 2 do artigo 52.º diz-se que o edital deve conter "o prazo e local para apresentação de propostas"; no n.º 3, acentua-se que "as propostas dos interessados na realização da actividade referida no n.º 1 são entregues na DRARN respectiva em sobrescrito fechado, das quais constem: *a)* o modo de execução da extracção; *b)* o tipo de equipamento a utilizar; *c)* o prazo de execução da mesma; *d)* o valor a pagar por metro cúbico

---

[28] Cfr. ESTEVES DE OLIVEIRA/ESTEVES DE OLIVEIRA, *Concursos e outros Procedimentos de Adjudicação Administrativa*, p. 210.

[29] Cfr. ESTEVES DE OLIVEIRA/ESTEVES DE OLIVEIRA, *Concursos e outros Procedimentos de Adjudicação Administrativa*, p. 191.

extraído; e) as medidas de minimização ambiental"; (recorde-se que a actividade prevista no n.º 1 é a "extracção de inertes em terrenos do domínio público").

Ora, apresentar "propostas" é algo de inconfundível com apresentar "candidaturas" ou "pedidos de participação" — como é característico dos procedimentos por prévia qualificação.

Distinguem hoje essas realidades tanto o Decreto-Lei n.º 197/99, de 8 de Junho, quando delimita o concurso público do concurso limitado por prévia qualificação (cfr. artigos 89.º, alínea c), e 112.º, alínea c)), como, na mesma sede, o Decreto-Lei n.º 59/99, de 2 de Março (cfr., por exemplo, os artigos 66.º, n.º 1, alínea a), e 123.º, n.º 2). E distinguia-as já, acrescente-se, ao tempo da elaboração do Decreto-Lei n.º 46/94, o legislador do REOP de 1993 (cfr. artigos 50.º, n.º 1, e 115, n.º 1, do Decreto-Lei n.º 405/93, de 10 de Dezembro) — pelo que não será válido desvalorizar por aí, pela *ocasio* do Decreto-Lei n.º 46/94, o sentido interpretativo restrito que estamos a dar à expressão "propostas" (distinguindo-a de "candidaturas" ou "pedidos de participação").

Assim, se o legislador do Decreto-Lei n.º 46/94 tivesse pretendido que o procedimento de inquérito público compreendesse eventualmente duas fases (selecção e adjudicação) não teria por certo empregue, do modo como empregou, uma expressão, "propostas", que fortemente conduz o intérprete para a ideia de que esse procedimento é, afinal, um procedimento no qual os interessados que reunam os requisitos exigidos têm o direito de indicar desde logo o modo como realizarão a actividade adjudicanda caso sejam escolhidos sem serem sujeitos a um prévio procedimento de selecção (de candidaturas).

Acresce que, também o modo como vêm formuladas, no n.º 3 do citado artigo 52.º do Decreto-Lei n.º 46/94, as especificações sobre o conteúdo das propostas a apresentar pelos interessados à Administração, pouco tem que ver com o conteúdo típico das candidaturas ou pedidos de participação em fase de selecção nos concursos por prévia qualificação.

Aí, o que se exige aos concorrentes é, não a apresentação de um projecto do *modus faciendi* da actividade adjudicanda (como claramente resulta daquele n.º 3 do artigo 52.º do Decreto-Lei n.º 46/94), mas, preliminarmente a isso, determinados documentos destinados a permitir à Administração aquilatar da sua idoneidade e capacidade técnica e financeira.

Resulta isso com meridiana clareza dos dois diplomas onde tal figura é detalhadamente disciplinada. Assim, no Decreto-Lei n.º 179/99, de 8 de Junho, diz-se que o programa de concurso nesse tipo de procedimentos deve especificar, designadamente: "modo de apresentação de candidaturas, com indicação dos documentos que a integram" e os "critérios de selecção das candidaturas" (alíneas *e)* e *f)* do artigo 112.º)[30]; por sua vez, do modelo n.º 3 do Anexo IV do actual REOP, resulta, mais esclarecedoramente, que, neste tipo de concursos, a entidade promotora o que deverá exigir aos interessados são "informações e formalidades que devam conter os pedidos de participação, sob a forma de documento ou de declarações posteriormente comprováveis, necessárias à avaliação da idoneidade e das condições mínimas de carácter económico e técnico que o empreiteiro deva preencher, designadamente (...)" (n.º 10).

Estando os concorrentes, por força do Decreto-Lei n.º 46/94, obrigados a apresentar à DRARN *propostas*, daí resulta, portanto, que o procedimento de inquérito público não pode ser gizado como um procedimento complexo no qual, primeiro, se avaliam candidaturas, e, depois, se comparam e classificam propostas, escolhendo, a final, a melhor destas.

Em suma: ainda que, pelo amplo grau de concorrência aí também existente, não nos repugnasse que o procedimento de

---

[30] No Decreto-Lei n.º 46/94 diz-se, antes, que os elementos referidos no n.º 3 "constituem, no seu conjunto, factor de decisão para a escolha da melhor proposta" (n.º 4 do artigo 52.º).

inquérito público pudesse ser concretamente construído como um procedimento do tipo do concurso limitado por prévia qualificação, a verdade é que, à luz da letra dos mencionados preceitos do Decreto-Lei n.º 46/94, tal possibilidade parece estar vedada à Consulente.

Terá talvez pesado nesta opção do legislador do Decreto-Lei n.º 46/94 o facto de essa "modalidade de concurso limitado ser em geral mais morosa, e porventura mais onerosa do que o simples concurso público, uma vez que em lugar de um procedimento "contínuo", teremos duas fases, com prazos distintos para apresentação de candidaturas e de propostas, etc."[31].

14. Parece portanto conduzir-se a nossa análise para a conclusão de que, sob o aspecto considerado, o do âmbito do respectivo universo concorrencial, o procedimento de inquérito público deve ser um concurso (do tipo do clássico) público.

É que, dos referidos preceitos legais, resulta que também o caracteriza facto de não se saber, de antemão, logo à partida, *que pessoas ou entidades vão concorrer* e de *não haver limite (numérico) ao número de concorrentes*: são admitidos a concorrer — a apresentar *propostas* — todos os que preenchem os requisitos *genericamente* determinados.

15. Também para aí aponta, de resto, a própria evolução do regime do procedimento de licenciamento de extracção de inertes.

Efectivamente, o Decreto-Lei n.º 403/82 não admitia à Administração proceder a uma prévia restrição do universo dos concorrentes à atribuição de licenças de extracção de inertes do género da que ocorre em qualquer dos referidos concursos

---

[31] Cfr. MARGARIDA CABRAL, *O Concurso Público nos Contratos Administrativos*, pp. 123-124.

limitados (sobretudo no concurso sem prévia apresentação de candidaturas).

A atribuição de licenças fazia-se em hastas públicas. Ora, nestas, todos quanto cumprissem os requisitos (geral ou especialmente) fixados poderiam apresentar propostas. As hastas públicas eram (e são), pois, do ponto de vista do respectivo universo concorrencial, uma modalidade de concurso público[32].

Singulariza-as apenas o facto "de a respectiva adjudicação depender apenas do preço (oferecido ou reclamado) e de este ser fixado, em regra, através de licitação verbal entre os interessados, que vão oferecendo sucessivos "lanços", sendo vencedor aquele que oferecer o maior deles"[33].

Como bem se compreende, na "generalidade dos casos em que se recorre a esta modalidade de concurso público, o que está em causa é a alienação de direitos reais ou obrigacionais jurídico-privados do Estado"[34]. É isso que explica o sistemático desinteresse, neste tipo de procedimento, pela pessoa dos concorrentes e, nomeadamente, pelas suas idoneidade profissional e capacidade técnica — estão exclusivamente em causa interesses financeiros.

16. Mas, como já se sugeriu, o facto de no procedimento de inquérito público desenhado pelo Decreto-Lei n.º 46/94 não ser admissível à respectiva entidade promotora nem anteceder a fase de adjudicação de uma fase de selecção de candidatu-

---

[32] Também neste sentido, cfr. ESTEVES DE OLIVEIRA/ESTEVES DE OLIVEIRA, *Concursos e Outros Procedimentos de Adjudicação Administrativa*, p. 188.

[33] Cfr. ESTEVES DE OLIVEIRA/ESTEVES DE OLIVEIRA, *Concursos e Outros Procedimentos de Adjudicação Administrativa*, p. 188.

[34] Cfr. ESTEVES DE OLIVEIRA/ESTEVES DE OLIVEIRA, *Concursos e Outros Procedimentos de Adjudicação Administrativa*, p. 188. V. também vários exemplos em que se recorria às hastas públicas em ARMANDO NOBRE, *Bens do Estado*, Lisboa, 1957.

ras nem convidar directamente certas entidades para apresentar propostas — não a impede de proceder a uma delimitação do universo dos concorrentes à obtenção da licença e, designadamente, de estabelecer no edital do concurso requisitos respeitantes quer à sua habilitação e idoneidade profissional quer à sua capacidade económica, financeira e técnica.

É que, como vimos, hoje, ante o disposto nos principais diplomas adjudicatórios, e, desde logo, à luz do CPA, um concurso não deixa de ser público quando quem o promove fixa requisitos especiais de acesso para além dos da lei geral (que no caso do Decreto-Lei n.º 46/94 nem sequer existem).

E, se, concretamente, a Consulente o fizer, tal será plenamente justificado, uma vez que, com a extracção de inertes em terrenos do domínio público hídrico, está em causa uma actividade cujo exercício pode, como é notório, ter repercussões muito negativas ao nível do ordenamento do território, do urbanismo e do ambiente. Aproveitando as palavras do legislador, pode dizer-se que está aí em causa uma actividade que pode afectar, nomeadamente: "a) as condições de funcionamento das correntes, a navegação e flutuação, o escoamento e espraimento das cheias; b) o equilíbrio das praias e da faixa litoral; c) o equilíbrio dos ecossistemas lagunares; d) os lençóis subterrâneos; e) as áreas agrícolas envolventes; f) o uso das águas para diversos fins, incluindo obras de captação, represamento, derivação e bombagem; g) a integridade dos leitos e margens; h) a segurança de obras marginais ou de transformação dos leitos; i) a fauna e a flora" (cfr. n.º 1 do artigo 51.º do Decreto-Lei n.º 46/94). Atento isto, não poder fixar requisitos especiais de acesso, do tipo dos elencados, é que, de facto, seria uma solução absurda.

À Consulente assiste, portanto, a liberdade para definir no edital do procedimento de inquérito público, com ampla extensão, requisitos especiais de acesso ao mesmo, uma vez que, pelos relevantes interesses públicos coenvolvidos no exercício da actividade em questão, "o concorrente em si mesmo considerado assume uma grande importância"[35].

17. Fazendo aqui um parêntesis, pode arriscar dizer-se que terá sido a tomada de consciência da delicadeza dos referidos interesses envolvidos no processo de extracção de inertes que levou o legislador a substituir o anterior procedimento de «hasta pública» (assente exclusivamente em preocupações de interesse financeiro — "quem der mais leva a licença"), por um procedimento dominado pela preocupação de escolher a proposta globalmente mais satisfatória para o interesse público e no qual a pessoa dos concorrentes, nomeadamente a sua capacidade técnica ou financeira, não é indiferente.

De uma preocupação exclusiva com o interesse financeiro (e daí que o único critério de adjudicação fosse o preço), caminhou-se, na verdade, para uma consciência da pluralidade de interesses que estão em jogo no licenciamento de extracção de inertes em terrenos do domínio público hídrico e, nomeadamente, o interesse em encontrar um particular capaz e tecnicamente competente que se possa perfilar como verdadeiro colaborador da Administração[36].

18. Vejamos agora as principais condições que, de acordo com os princípios gerais em matéria de concursos públicos (e não só), legalmente se impõem à definição administrativa de tais requisitos especiais de acesso.

Por um lado, eles devem dizer "respeito a categorias e não (...) a sujeitos previamente determinados"[37]. Ou seja: é necessá-

---

[35] Cfr. MARGARIDA CABRAL, *O Concurso Público nos Contratos Administrativos*, p. 122.

[36] Cfr. MARGARIDA CABRAL, *O Concurso Público nos Contratos Administrativos*, p. 25.

[37] Cfr. MARGARIDA CABRAL, *O Concurso Público nos Contratos Administrativos*, p. 120.

rio que, no procedimento de inquérito público fixado no Decreto-Lei n.º 46/94, o apelo à concorrência seja formulado de forma genérica, por categorias e qualidades"[38], já que, caso contrário, isto é, "no caso de tais entidades serem duas ou três, todas conhecidas da Administração", esta, no fundo, "em vez de as chamar pelos nomes (em concurso limitado), "escolhe(-as)" através do enunciado abstracto do requisito que só elas preenchem"[39]. O que consubstanciaria, manifestamente, uma situação de fraude à lei[40], ou seja, um modo de "frustrar o fim visado por uma norma material"[41].

Por outro lado, "tais requisitos terão de ser exigidos pela própria natureza do contrato (ou do acto) em causa ou para a prossecução de objectivos constitucionalmente relevantes nos termos já analisados, sendo ilegais, (designadamente) por violação do princípio da igualdade, estabelecendo discriminações sem uma razão material válida, aqueles que se apresentem como irrelevantes, ou simplesmente desnecessários, para a correcta prossecução do interesse público pelo contrato (ou pelo acto) em causa"[42] (parênteses nossos).

Em suma, no procedimento de inquérito público é admissível à Consulente fixar "requisitos mesmo que especialíssimos de acesso muito para além dos da lei geral", bastando que eles

---

[38] Cfr. ESTEVES DE OLIVEIRA/ESTEVES DE OLIVEIRA, *Concursos e Outros Procedimentos de Adjudicação Administrativa*, p. 178.

[39] Cfr. ESTEVES DE OLIVEIRA/ESTEVES DE OLIVEIRA, *Concursos e Outros Procedimentos de Adjudicação Administrativa*, p. 178.

[40] Cfr., sobre a figura, MANUEL DE ANDRADE, *Teoria Geral da Relação Jurídica*, II, Coimbra, 1960, pp. 337 e segs.; MOTA PINTO, *Teoria Geral do Direito Civil*, 3.ª edição, 6.ª reimpressão, Coimbra, 1992, p. 551; BAPTISTA MACHADO, *Lições de Direito Internacional Privado*, 4.ª edição, Coimbra, 1990 (reimpressão), pp. 272 e segs.

[41] Cfr. BAPTISTA MACHADO, *Lições...*, cit., p. 272.

[42] Cfr. MARGARIDA CABRAL, *O Concurso Público nos Contratos Administrativos*, p. 120.

sejam *equilibrados* em face aos interesses públicos envolvidos na atribuição da licença em causa e que, depois de explicitados, "sejam ainda indeterminados os potenciais concorrentes"[43].

19. O fundamento teórico que explica a definição pela Consulente destes requisitos é, registemo-lo de modo brevíssimo, o designado princípio da autonomia pública[44].

A autonomia pública, que "é uma decorrência da não pré-determinação integral da conduta administrativa"[45], corresponde, basicamente, à discricionariedade administrativa, ou seja, à "faculdade de opção livre por uma de entre várias soluções possíveis dentro dos limites traçados pela própria lei"[46] e insusceptível de controlo pelos tribunais. Dela se encontra portanto excluída, as mais das vezes, a interpretação de conceitos vagos e indeterminados, uma vez que tal operação, "visa apurar a vontade da lei ou do legislador" e não "a tornar relevante, nos termos em que a lei o tiver consentido, a vontade da Administração"[47]. Ou seja: a interpretação e a aplicação de conceitos vagos e indeterminados é, por via de regra, uma actividade vinculada: "só há uma interpretação correcta da lei"[48/49].

Basicamente, tal discricionariedade comporta "um amplo espaço de escolha conferido por lei aos órgãos da Administração

---

[43] Cfr. ESTEVES DE OLIVEIRA/ESTEVES DE OLIVEIRA, *Concursos e Outros Procedimentos de Adjudicação Administrativa*, p. 179.

[44] Cfr., por último, MARCELO REBELO DE SOUSA, *O concurso público na formação do contrato administrativo.*, Lisboa, 1994, pp. 37 e segs.

[45] Cfr. MARCELO REBELO DE SOUSA, *O Concurso público...*, p. 38.

[46] Cfr. FREITAS DO AMARAL, *Direito Administrativo*, II, Lisboa, 1988, p. 132.

[47] Cfr. FREITAS DO AMARAL, *Direito Administrativo*, II, p. 132.

[48] Cfr. FREITAS DO AMARAL, *Direito Administrativo*, II, p. 132.

[49] Admitindo, contudo, que a interpretação de alguns conceitos vagos e indeterminados possa envolver uma margem de livre decisão, cfr. FREITAS DO AMARAL, *Direito Administrativo*, II, 135 e 166.

no âmbito do processo de decisão administrativa. Tal escolha pode limitar-se às condutas tipificadas na lei (*discricionariedade optativa*), ou serem elas próprias deixadas à livre escolha do órgão decisor (*discricionariedade criativa*)[50].

Refira-se ainda que a discricionariedade administrativa é, também ela, limitada. São seus limites: a lei (que coloca limites internos e externos)[51], por um lado, e, por outro, a *autovinculação*, quer dizer, aquele tipo de situações em que a Administração, sem ter o dever de o fazer, elabora "normas genéricas em que enuncia os critérios a que ela própria obedecerá na apreciação (de certo) tipo de casos"[52].

Ora, também em matéria de concursos públicos (e procedimentos afins) para a formação de actos (e contratos) administrativos, a lei, de uma forma geral, e o Decreto-Lei n.º 46/94, em particular — longe de pormenorizarem a conduta administrativa, concedem à Administração (à Consulente) uma ampla margem de manobra para se concretizar nos pertinentes documentos do concurso os termos a que este obedecerá.

As específicas normas que a Consulente vier a afixar no edital respeitantes a requisitos especiais de acesso ao concurso traduzem, pois, o exercício concreto da discricionariedade administrativa que a lei aplicável lhe confere. São, numa síntese feliz, "normas concretizadoras onde se vazam dentro das margens consentidas por normas imperativas de interesse superior as finalidades e interesses particulares de cada concurso concreto"[53].

---

[50] Cfr. SÉRVULO CORREIA, *Legalidade e Autonomia...*, p. 479 e 483 (nota 299); PAULO OTERO, *Conceito e fundamento...*, p. 201.

[51] Sobre a matéria, cfr. FREITAS DO AMARAL, *Direito Administrativo*, II, 147 e segs.; e BERNARDO AYALA, *O (Défice) de Controlo Judicial da Margem de Livre Decisão Administrativa*, p. 169 e segs.

[52] Cfr. FREITAS DO AMARAL, *Direito Administrativo*, II, 148.

[53] Cfr. Parecer n.º 80/89 da Procuradoria-Geral da República, in *Diário da República* de 11 de Julho de 1990.

20. Antes de concluirmos a resposta a esta questão, e muito embora este ponto não seja directamente objecto de nenhuma questão da Consulta, não se quer deixar de chamar aqui também a atenção para o facto de à Consulente, ao abrigo da sua autonomia pública, assistir o dever de densificar nos pertinentes documentos do concurso — edital e caderno de encargos — alguns aspectos importantes do regime do procedimento de inquérito público que se encontram omissos na sua lei directamente reguladora.

Resulta essa necessidade de este procedimento adjudicatório, conquanto especial, não se desenvolver à margem dos princípios gerais (constitucionais e legais) que regem a actividade administrativa (cfr. artigo 2.º, n.º 5, do CPA).

Sucede isso, por exemplo, por força designadamente dos princípios da igualdade, imparcialidade, transparência, publicidade e concorrência — a maior parte deles com reflexos constitucionais —, em matéria de abertura das propostas. Depois da entrega das propostas em sobrescrito fechado (como se exige no artigo 52.º, n.º 3, do Decreto-Lei n.º 46/94), parece necessário, por força daqueles princípios, que se preveja nos documentos do concurso uma fase procedimental *grosso modo* correspondente à legalmente designada como "acto público do concurso"[54].

Para tanto, não terá a Consulente de seguir qualquer um dos figurinos legais gerais existentes. Já dissemos que não se aplicam imperativamente ao procedimento para atribuição de licenças de extracção de inertes nem o Decreto-Lei n.º 197/99 nem o Decreto-Lei n.º 59/99. Pode pois ela própria construir o regime de tal "acto público do concurso" por via da adaptação,

---

[54] Assim denominado "porque é a única fase ou formalidade concorrencial do respectivo procedimento que se realiza na presença dos interessados, dos concorrentes". Cfr. ESTEVES DE OLIVEIRA/ESTEVES DE OLIVEIRA, *Concursos e outros Procedimentos de Adjudicação Administrativa*, p. 458.

decerto aligeirada, do essencial de qualquer um desses regimes. Naturalmente que, se assim o entender, pode também o regime dessa fase procedimental ser estabelecido por remissão, no todo ou em parte, para a disciplina sobre essa matéria constante de qualquer um daqueles diplomas (cfr., respectivamente, artigos 98.º e segs. e artigos 85.º e segs. dos diplomas referidos).

E sucede isso, também por exemplo, em matéria de critérios de adjudicação. É essencial que a Consulente explicite nos documentos do concurso a importância e o peso relativos que atribui a cada um dos critérios legalmente definidos. Se historicamente foi frequente a caracterização do concurso pela discricionariedade da entidade adjudicante na valoração das diferentes propostas, hoje, em contrapartida, está generalizada não só a obrigação de estabelecimento dos critérios de adjudicação como a obrigatoriedade da sua hierarquização no programa de concurso. É que, com isso, está em causa, desde logo, o respeito do princípio da confiança, vertente nuclear do princípio constitucional do Estado de Direito, plasmado no artigo 2.º da Constituição de 1976. De tal princípio decorre, efectivamente, que "tudo o que for relevante para efeitos de escolha na adjudicação, tem de ficar bem definido na abertura do concurso. Assim deve ser com os critérios de adjudicação"[55]. Só desse modo os concorrentes podem saber "*com o que podem* contar e assim adequar o seu comportamento em função dos *compromissos* assumidos pela entidade adjudicante"[56].

A cabal realização do procedimento de inquérito público postula, assim — o que, de resto, não é inédito no nosso ordenamento[57] —, a definição prévia nos respectivos documentos

---

[55] Cfr. MARCELO REBELO DE SOUSA, *O concurso*..., p. 75.

[56] Cfr. MARGARIDA CABRAL, *O concurso*..., pp. 90 e 91.

[57] Passa-se o mesmo nas concessões das zonas de jogo: também aí a regulamentação legal do procedimento de concurso público (constante do Decreto-Lei n.º 422/89, de 2 de Dezembro, alterado pelo Decreto-Lei n.º

de alguns aspectos da tramitação processual do concurso e de algumas condições materiais de apreciação das propostas que não vêm expressamente previstas na lei, mas que são exigidas por certos princípios gerais da actividade administrativa. Tais documentos deverão assim estabelecer tudo quanto seja essencial que os concorrentes devam conhecer. Caso contrário, e sendo a regulamentação do concurso estabelecida no Decreto-Lei n.º 46/94 algo escassa, a sua abertura "com um programa de concurso (um edital) em que a Administração se abstém de estabelecer o essencial do procedimento (não estabelecendo requisitos relativos aos concorrentes, forma para a apresentação das propostas, as entidades que presidirão ao concurso, critérios de decisão...) significa(ria) afinal que não existe qualquer concurso"[58].

21. Resumindo e concluindo: à luz do que se dispõe no artigo 52.º do Decreto-Lei n.º 46/94, a Consulente não poderá escolher ela própria, seja directamente, seja mediante prévia realização de um concurso público de selecção, as entidades que poderão apresentar propostas para a obtenção da licença de extracção de inertes em terrenos do domínio público hídrico. O procedimento de inquérito público não se assume, numa palavra, como um procedimento do tipo «concurso limitado», obedece antes à matriz do «concurso público».

O facto de tal procedimento ser conformado pelo Decreto-Lei n.º 46/94 como um concurso (do tipo do tradicional con-

---

10/95, de 19 de Janeiro) é bastante escassa, limitando-se a alguns preceitos sobre a abertura do concurso — que deverá ser feita por Decreto Regulamentar. Este diploma regulamentar deverá determinar, entre outras coisas, e para salvaguarda de princípios gerais, "os requisitos específicos que os eventuais concorrentes devem satisfazer" (alínea a) do artigo 11.º), a "tramitação processual do concurso" (alínea f)) e os "critérios de escolha das propostas" (alínea g)).

[58] Cfr. MARGARIDA CABRAL, O concurso..., pp. 79 e 80.

curso) público não impede, no entanto, que a Consulente, ao abrigo do princípio geral da autonomia pública em matéria de concursos públicos, defina ela própria requisitos especiais de acesso ao mesmo. Isto, desde que de tal definição não resulte a determinação dos potenciais concorrentes — caso em que haveria fraude à lei —, ou a ofensa dos princípios gerais de toda a actividade administrativa sobretudo plasmados no artigo 266.º, n.º 1, da Constituição e nos artigos 3.º e segs. do CPA.

§ 3.º
Da inadmissibilidade de erigir o preço em critério final de adjudicação

22. E pode o disposto nos artigos 51.º e 52.º do Decreto-Lei n.º 46/94, de 22 de Fevereiro, ser colocado no caderno de encargos, suporte do concurso, como condição de admissibilidade ao concurso, e o preço como único critério final de adjudicação?

Respondemos negativamente a este quesito.

Vejamos porquê, dispensando-nos no entanto de discorrer novamente sobre as razões por que, à luz daquele Decreto-Lei n.º 46/94, pensamos estar vedado por lei à Consulente a conformação administrativa do procedimento de inquérito publico como um concurso limitado de prévia qualificação (cfr. *supra*, § 2.º).

23. Como é sabido, a letra da lei assume-se como ponto de partida e elemento incontornável da hermenêutica jurídica (cfr. artigo 9.º, n.ºs 1 e 2, do Código Civil). A "interpretação do texto não pode deixar de assentar nas palavras desse texto, veículo indispensável para a comunicação dum sentido"[59].

---

[59] Cfr. OLIVEIRA ASCENSÃO, *O Direito — Introdução e teoria geral*, Lisboa, 1995, pp. 381-382. Sobre a matéria, cfr. também, FREITAS DO AMARAL,

Ora, a respeito desta matéria, dispõe-se, como vimos, no n.º 4 do artigo 52.º que "os elementos referidos no número anterior constituem, no seu conjunto, factor de decisão para a escolha da melhor proposta" (n.º 4 do artigo 52.º).

Tais elementos, como ficou acima também explicitado, são: "*a)* o modo de execução da extracção; *b)* o tipo de equipamento a utilizar; *c)* o prazo de execução da mesma; *d)* o valor a pagar por metro cúbico extraído; *e)* as medidas de minimização ambiental" (n.º 3 do artigo 52.º).

No procedimento de inquérito público, o critério de adjudicação (*lato sensu*) decompõe-se, pois, numa série de aspectos, entres os quais se inclui *o valor a pagar por metro cúbico extraído*, sendo que, no dizer da lei, todos eles, *no seu conjunto*, constituem *factor de decisão* para a escolha da proposta vencedora.

Ora, assim sendo, parece ser correcta a asserção de que o preço, se é *um* dos critérios de adjudicação, porventura o mais importante, não é nem pode vir concretamente a ser, sob pena de invalidade do acto de adjudicação da proposta vencedora e, reflexamente, do licenciamento praticado na sua sequência, o *único* critério de adjudicação. Pois, se assim fosse, a escolha da proposta vencedora não resultaria da ponderação *conjunta* de todos os critérios de adjudicação mas apenas de um deles.

Portanto, repete-se, a letra do mencionado preceito legal prejudica assim a possibilidade de se fazer a escolha final da proposta vencedora apenas com base no factor preço.

24. O sentido interpretativo extraído do mencionado preceito legal por apelo ao elemento literal é também coonestado por recurso ao elemento histórico da interpretação. Como é sabido, "as mais das vezes a norma é produto de uma evolução

---

Sumários de Introdução ao Direito, Lisboa, 1997, p. 72 e segs., e BAPTISTA MACHADO, *Introdução ao Direito e ao Discurso Legitimador*, Coimbra, 1992 (reimpressão), p. 175 e segs.

histórica de certo regime jurídico, pelo que o conhecimento dessa evolução é susceptível de lançar luz sobre o sentido da norma, pois nos faz compreender o que pretendeu o legislador com a fórmula ou com a alteração legislativa introduzida"[60]. Os *precedentes normativos* assumem efectivamente uma função auxiliar muito importante da interpretação. É o próprio n.º 1 do artigo 9.º do Código Civil que, ao remeter para "as circunstâncias em que a lei foi elaborada", permite suportar aquela asserção, uma vez que a menção das circunstâncias, sendo muito vasta, permite englobá-los [61].

Ora bem, nesta matéria que evolução temos?

Em primeiro lugar, que, em 1982, através do Decreto-Lei n.º 403/82, o legislador, em sede de procedimento de *hasta pública*, fazia depender a adjudicação das propostas unicamente do critério preço. Dizia-se na verdade que: "a concessão da licença para a extracção de materiais inertes de zonas de escoamento e de expansão das águas navegáveis ou flutuáveis será normalmente precedida de hasta pública (...) tendo como base de licitação a taxa a que se refere a alínea *b)* do n.º 1 do artigo 19.º deste decreto-lei (...)".

E temos, em segundo lugar, que, em 1994, por intermédio do Decreto-Lei n.º 46/94, diploma que revogou parcialmente aquele Decreto-Lei n.º 403/82, o legislador, em sede de procedimento de *inquérito público*, faz depender a adjudicação das propostas de um conjunto de critérios entre os quais se encontra o preço.

A evolução verificada permite afirmar que, neste tipo de procedimentos que seguem a matriz do concurso público, o legislador pretendeu que o preço deixasse de ser o único critério de adjudicação.

---

[60] Cfr. BAPTISTA MACHADO, *Introdução ao Direito e ao Discurso Legitimador*, p. 184.

[61] Cfr. OLIVEIRA ASCENSÃO, *O Direito — Introdução e teoria geral*, p. 398.

Daí que, assentar a decisão final do procedimento apenas no critério do preço, é solução que colide também com o sentido interpretativo que se extrai da evolução legislativa da norma que, em concursos públicos destinados à atribuição de licenças de extracção de inertes de terrenos do domínio público hídrico, se refere a critérios de adjudicação.

25. O sentido interpretativo resultante da ponderação dos elementos literal e histórico da lei é outrossim coonestado pelo elemento teleológico da interpretação, ou seja, por recurso à determinação do fim visado pelo legislador ao elaborar a norma interpretanda.

Segundo cremos, e já atrás referimos (cfr. *supra*, § 2.°), o que o legislador do Decreto-Lei n.° 46/94 pretendeu, ao determinar que a selecção do particular neste tipo de procedimento se deveria doravante fazer à luz do conjunto de critérios que enuncia no mencionado n.° 2 do artigo 52.° e não apenas com base no preço, foi, em atenção aos delicados interesses públicos envolvidos na extracção de inertes (bem revelados no n.° 1 do artigo 51.°), substituir a lógica exclusivamente financeira da atribuição da licença, de modo automático, a "quem oferecesse mais ao erário público", pela lógica, mais consentânea, da proposta *globalmente* — isto é, dos pontos de vista técnico, ambiental, urbanístico, económico e financeiro — mais favorável para o interesse público.

Sob este prisma, repete-se, fica também justificada a impossibilidade legal de se fazer assentar a decisão final de escolha da proposta vencedora exclusivamente no critério do preço.

Portanto, resulta da letra, da história e do espírito dos n.°s 2 e 3 do artigo 52.° do Decreto-Lei n.° 46/94 ser incontornável que a decisão final de adjudicação do procedimento de extracção de inertes de terrenos do domínio público hídrico deve repousar no conjunto de critérios ali referidos — e não exclusivamente no critério do preço.

26. O que fica dito não impede porém que a Consulente, nos procedimentos que promover, atribua um relevo preponderante, em sede de adjudicação, ao critério do preço.

Concedendo-lhe a lei autonomia para determinar nos documentos do concurso qual o *peso percentual relativo de cada um dos critérios de adjudicação* legalmente enunciados no n.º 2 do artigo 52.º do Decreto-Lei n.º 46/94, bem pode a Consulente elaborar uma grelha quantitativa na qual faça corresponder ao critério do preço um peso elevado, por exemplo, superior a 50%.

Deve aliás referir-se termos conhecimento de um diploma legal que, em sede de definição (complementar[62]) do procedimento preparatório de um determinado tipo de contrato administrativo de concessão de serviço público, expressamente refere que o preço, para efeitos de adjudicação, deve ser, pelo menos, majorado em 70%: trata-se do Decreto-Lei n.º 147/95, de 21 de Junho, cujo artigo 8.º dispõe da seguinte forma: a selecção dos concorrentes "obedecerá ao princípio geral de que os consumidores devem dispor, ao menor custo, de um serviço com a qualidade especificada nos documentos do concurso" (n.º 1), sendo que "para efeitos do princípio referido no número anterior, de entre os critérios de selecção deve constar obrigatoriamente a tarifa média, com uma percentagem de ponderação não inferior a 70%" (n.º 2). Não se tratando embora de exemplo absolutamente paralelo àquele sobre que vimos discorrendo, posto que se trata de situações em que o elemento preço desempenha lógicas distintas — ali, a Administração é recebedora de um preço, que pretende que seja o mais alto possível; aqui, é o administrado que cobra aos consumidores um determinado tarifário, que a Administração deseja que seja o mais baixo possível —, este diploma é elucidativo sob o ponto de

---

[62] O regime essencial da matéria consta do Decreto-Lei n.º 379/93, de 5 de Novembro.

vista da importância que a própria lei reconhece poder ser dada ao factor preço.

Sem dúvida que existem limites à referida autonomia administrativa para proceder à quantificação percentual relativa dos vários critérios de adjudicação enunciados no n.º 2 do artigo 52.º do Decreto-Lei n.º 46/94. Não será difícil conceder (nem será preciso explicar porquê) que constituiria uma típica situação de fraude à lei a atribuição administrativa ao critério preço de uma percentagem na ordem, por exemplo, dos 99% e aos demais quatro critérios legais percentagens de 0,25 % cada. Fraude essa que se repercutiria por certo negativamente em matéria de adjudicação e na própria licença que fosse emitida na sua sequência.

Mas, dentro de limites de razoabilidade, não oferece hesitação a proposição de que na determinação da ponderação relativa do peso de todos e cada um dos vários critérios legais de adjudicação, o preço a pagar por metro cúbico de inertes extraído pode perfeitamente assumir o papel preponderante.

§ 4.º
**Da fiscalização por meios electrónicos
da actividade de extracção de inertes**

27. A adopção de meios electrónicos de fiscalização da actividade de particulares que extraiam inertes de terrenos do domínio público hídrico — tais como balanças, *videos* e *modems* — violará algum direito constitucionalmente protegido daqueles?
Vejamos.

28. Ninguém ignora que toda a actuação administrativa de fiscalização de actividades desenvolvidas por particulares tem de respeitar os direitos fundamentais destes e, mais especificamente, os seus direitos, liberdades e garantias (que, consagrados

em normas preceptivas, beneficiam de um regime de protecção maior).

É isso assim, hoje, e desde logo, por força do artigo 18.º, n.º 1, da Constituição de 1976, preceito no qual se afirma, enfaticamente, a aplicabilidade directa e a vinculação de todas as entidades públicas (e portanto também as administrativas) aos preceitos constitucionais respeitantes a direitos, liberdades e garantias. E é isso assim, hoje, também, por força do artigo 266.º, n.º 1, igualmente da Constituição, onde se estabelece que "a Administração Pública visa a prossecução do interesse público, no respeito pelos direitos e interesses legalmente protegidos dos cidadãos".

Não foge a tal regra a fiscalização da actividade de extracção de inertes em terrenos do domínio público hídrico[63].

Assim, quando até há bem pouco tempo se dispunha no n.º 3 do artigo 23.º do Decreto-Lei n.º 468/71, de 5 de Novembro, que "os titulares de licenças e concessões de usos privativos estão sujeitos à fiscalização que as entidades com jurisdição do local entendam dever realizar para vigiar a utilização dada aos bens dominiais e para velar pelo cumprimento das normas aplicáveis e das cláusulas estipuladas", por um lado, e quando, ainda hoje, se diz na alínea d) do artigo 180.º do CPA que nos contratos administrativos a Administração goza, em princípio, do poder de "fiscalizar o modo de execução do contrato"[64], por outro lado — era e é evidente que essas afirmações

---

[63] Sobre a fiscalização da actividade de extracção de recursos geológicos, cfr. J. L. RAMOS, *O Regime e a Natureza Jurídica do Direito dos Recursos Geológicos dos Particulares*, Lisboa, 1994, pp. 111 e segs.

[64] Com a revogação do artigo 23.º do Decreto-Lei n.º 468/71 e a não consagração de preceito similar no diploma revogatório — o Decreto-Lei n.º 46/94 —, deve entender-se ser hoje aplicável por analogia à fiscalização da extracção de inertes titulada por licença a norma do CPA ditada para os contratos administrativos. Como bem se compreende, o fundamento de tal poder independe da estrutura unilateral ou bilateral do título constitutivo da respectiva relação jurídica administrativa. Pois que quer num caso quer

tinham e têm de ser lidas em conformidade e em articulação com o disposto naqueles preceitos basilares da nossa Lei Fundamental.

29. É despropositado e impossível tentar responder à última questão da Consulta pelo modo que os seus termos literais mais imediatamente sugerem, ou seja, verificar a propósito de todo e qualquer direito constitucionalmente protegido dos particulares que desempenharão a actividade de extracção de inertes se ele é ou não violado por algum dos referidos métodos de fiscalização electrónica.

O catálogo dos direitos fundamentais (ou mesmo só o dos direitos, liberdades e garantias consagrado no Capítulo I da Parte II da Constituição), para além de extenso, é aberto e, portanto, tendencialmente indeterminado (cfr. artigo 16.º, n.º 1, da Constituição).

O método a seguir será outro.

Isolaremos, por aproximação empírica, de entre a enorme constelação de direitos fundamentais constantes da Constituição, aquele perante o qual nos parece fazer mais sentido colocar a questão.

E tal direito é o direito à imagem, referido no n.º 1 do artigo 26.º da Constituição e densificado no artigo 79.º do Código Civil.

Equacionaremos o problema ainda à luz do princípio da proporcionalidade.

30. Antes de efectuar essa análise há, porém, que proceder a uma restrição.

---

noutro se justifica plenamente acompanhar ou supervisionar a actividade do particular, verificando e acompanhando as eventuais insuficiências ou anomalias detectadas, com vista a assegurar o respeito pelo interesse público.

É que, em relação a um dos meios de fiscalização electrónica referidos na última questão da Consulta, nem sequer se pode razoavelmente colocar a questão da eventual violação do referido direito fundamental à imagem.

Estamo-nos a referir, naturalmente, à fiscalização operada através de balanças. Neste caso, não vemos que o seu emprego possa por em xeque (aquele ou) quaisquer (outros) direitos fundamentais dos particulares. Exigir a estes que os inertes que extraiam sejam pesados após removidos em balanças de tal ou tal tipo constitui, a olho nu, "mesmo que míope", uma solução ajustada e equilibrada para garantir que a quantidade de materiais que, paulatinamente, seja efectivamente extraída se acomoda nos limites máximos da quantidade total cuja extracção seja permitida em cada título de utilização do domínio público hídrico.

Pois que, se não for assim, se a Administração não puder medir ou pesar o que seja efectivamente extraído, ela não terá praticamente outra forma de se certificar do cumprimento do que se estipular senão a de ter de fazer fé na veracidade das declarações que lhe sejam prestadas pelo titular da licença. O que, mesmo com todas as cautelas que possam ter sido postas na sua escolha, é claramente uma situação frágil e, portanto, inaceitável. É absurdo que a Administração não possa fiscalizar, pelos meios mais adequados, a actividade dos particulares.

Acresce que não seriam apenas interesses financeiros os afectados por uma fiscalização menos rigorosa. Como vimos, existem interesses (públicos) doutra índole — e não de pouca monta — que o exercício menos cauteloso (e escrupuloso) da extracção de inertes pode afectar. Refere-os claramente o n.º 1 do artigo 51.º do Decreto-Lei 46/96, já acima (com excepção do seu proémio) transcrito.

Nestes termos, a Consulente pode estabelecer no caderno de encargos do "inquérito público" que antecede a atribuição de licenças de extracção de inertes em terrenos do domínio público hídrico que a medição das quantidades extraídas pelo licenciado seja feita por intermédio de balanças (electrónicas).

31. Vejamos então se a filmagem e monitorização (via *video* ou *modem*) da actividade do particular a extrair inertes, a pesá-los ou a depositá-los em camionagem de caixa aberta (cujas dimensões a Administração pode conhecer e, nessa medida, controlar as quantidades efectivamente extraídas) viola ou não o direito (fundamental) à imagem daquele.

Antes, refira-se que o direito à imagem é um direito inconfundível com o direito à reserva da intimidade da vida privada. Distingue-os nitidamente quer a Constituição (que os autonomiza no n.° 1 do seu artigo 26.°) quer a lei ordinária — tanto civil (cfr. Código Civil, artigos 79.° e 80.°) como penal (cfr. Código Penal, artigos 192.° e 199.°). "Só a compreensão de um autónomo *direito à imagem*, material e normativamente distinto do direito à reserva da vida privada e, sobretudo, da intimidade se ajusta ao direito português vigente"[65]. O direito à imagem abrange, "primeiro, o direito de cada um de não ser fotografado (ou filmado) nem ver o seu retrato exposto em público sem seu consentimento (...) e, depois, o direito de não o ver apresentado de forma gráfica ou montagem ofensiva ou malevolamente distorcida ou infiel" — "em causa está um bem jurídico eminentemente pessoal, com a estrutura de uma liberdade fundamental e que outorga à pessoa o domínio sobre a própria imagem: *determinar quem e em que medida a pode registar ou divulgar*"[66]; o direito à reserva de intimidade da vida privada,

---

[594] Cfr. COSTA ANDRADE, *Sobre as proibições de prova em processo penal*, Coimbra, 1992, p. 267.

[595] Cfr. COSTA ANDRADE, *Sobre as proibições de prova em processo penal*, p. 268. Que cita ainda no mesmo local uma síntese feliz de ORLANDO DE CARVALHO: "o direito ao não conhecimento por outrem da sua própria imagem física: no que se inclui decerto o *retrato*, mas se incluem igualmente

que, no direito português, face à autonomização do primeiro e do direito à palavra, "tem de ser considerado residual"[67], analisa-se principalmente em dois direitos menores: "(a) o direito de impedir o acesso a estranhos a informações sobre a vida privada e familiar e (b) o direito a que ninguém divulgue as informações que tenha sobre a vida privada e familiar de outrem"[68].

Ora, com a filmagem da actividade de extracção não está em jogo a reserva da intimidade da vida privada. Está sim em causa a vida profissional. Pelo que, sob esse prisma, tal modalidade de fiscalização não pode merecer qualquer censura.

Temos para nós que a filmagem da actividade de extracção de inertes não configura uma violação do direito fundamental à imagem do particular que, concretamente, a venha a desenvolver sob essa forma de vigilância.

Em primeiro lugar, porque, em condições normais, ela será feita com o consentimento do titular da licença. A Consulente publicitará muito provavelmente no caderno de encargos que a fiscalização poderá, entre outros meios, ocorrer deste modo. Pelo que, ao apresentarem propostas, os interessados estão a consentir, expressamente, em ser fiscalizados desse modo se eventualmente algum deles vier a ser o adjudicatário. Assim, havendo consentimento, pode desde logo dizer-se que a filmagem não configurará violação censurável do direito fundamental à imagem.

Em segundo lugar, porque, sendo amplamente discriminadas no n.º 2 do artigo 79.º do Código Civil várias restrições à "necessidade de consentimento para a divulgação do retrato",

---

todas as outras captações possíveis do corpo do indivíduo, da sua projecção imagética".

[67] Cfr. OLIVEIRA ASCENSÃO, *Direito Civil — Teoria Geral*, I, Coimbra, 1998, p. 108.

[68] Cfr. GOMES CANOTILHO/VITAL MOREIRA, *Constituição da República Portuguesa Anotada*, 3.ª ed., Coimbra, 1993, p. 181.

restrições essas que o conteúdo do direito fundamental constante do n.º 1 do artigo 26.º da Constituição também seguramente incorpora, a situação vertente preenche, sem qualquer esforço, algumas delas. Tais restrições podem fundar-se: "1.º — na notoriedade da pessoa ou do cargo que desempenhe; 2.º — nas finalidades da reprodução, se forem policiais, judiciais, científicas, didácticas ou culturais; 3.º — no enquadramento da imagem em lugares públicos, ou que hajam decorrido publicamente". Ora, como dissemos, a situação vertente subsume-se sem qualquer esforço no âmbito de algumas destas restrições. Por um lado, a finalidade do registo da imagem por sistema de *video* não deixa de respeitar a exigências de polícia (do domínio público): verificar se o titular do direito de uso privativo cumpre ou não as condições constantes da lei e da licença[69]; por outro lado, tal actividade ocorre em lugares públicos («mais públicos», dir-se-ia, é impossível!).

Assim, deverá entender-se que, mesmo que não houvesse solicitação prévia de consentimento do titular da licença, a gravação do seu desempenho profissional não configura qualquer violação ilícita do direito fundamental à imagem[70].

---

[69] Sobre a polícia (especial) do domínio público, cfr. PHILIPPE GODFRIN, *Droit administratif des biens*, 5.ª ed., Paris, 1997, p. 172 e segs.; MIGUEL SÁNCHEZ-MORÓN et alli, *Los Bienes Públicos (Régimen Jurídico)*, Madrid, pp. 74-75.

[70] Alguns exemplos da jurisprudência alemã reforçam esta leitura. Por um lado, "a decisão (30-10-1979) do *Oberlandsgericht Schleswig*, (…) veio sustentar a legitimidade substantiva e a admissibilidade processual de um filme feito sem consentimento e relativo à actividade profissional do empregado de um casino. E isto porque o filme reproduzia a imagem da pessoa no seu *local de trabalho* e não contendia com a privacidade"; por outro lado, o Tribunal Federal alemão reconheceu "à polícia a legitimidade para filmar os participantes numa manifestação com vista à identificação dos suspeitos da prática de crimes (decisão de 12-8-1975, *JZ* 1976 31 ss)"; por outro lado ainda, também "o BGH se louva em considerações do género: «o arguido não foi filmado no âmbito da sua vida privada, mas tão só como participante numa

Sem dúvida que o n.º 3 do artigo 79.º estabelece excepções às excepções enunciadas no n.º 2 do mesmo artigo. "Em qualquer caso, o retrato (o filme) não pode ser reproduzido, exposto ou lançado no comércio se do facto resultar prejuízo para a honra, reputação ou simples decoro da pessoa retratada (ou filmada)"[71] (parênteses nossos). O caso em análise, não preenche, porém, manifestamente, nenhuma das excepções às excepções: desde logo, e para "matar a questão", deve sublinhar--se que o filme em causa é "para consumo interno" da entidade fiscalizadora, e não para ser reproduzido, exposto em público ou lançado no comércio.

Em suma, a fiscalização administrativa da actividade extractiva através de um sistema integrado de *videos* e *modems* não configura qualquer violação do direito (fundamental) do titular da licença à imagem consagrado no n.º 1 do artigo 26.º da Constituição e no artigo 79.º do Código Civil.

32. Concebem-se abstractamente outros sistemas de fiscalização que, ao contrário da gravação, não envolvem a projecção monitorizada da imagem do titular do direito de uso privativo.

Poderia, por exemplo, a Administração vigiar a execução dessa actividade por intermédio de fiscais seus colocados no bem do domínio público onde ocorrerá a extracção.

Sendo assim, uma derradeira questão que cumpre apreciar é a de saber se do princípio da proporcionalidade não decorrerá a *desnecessidade* — e, portanto, a ilegalidade — do sistema de fiscalização que se pretende adoptar.

Qual o seu significado?

O princípio da proporcionalidade, consagrado, entre outros locais, nos artigos 266.º, n.º 2, da Constituição e 5.º, n.º 2, do

---

reunião *pública*". Cfr. COSTA ANDRADE, in (dir. Figueiredo Dias) *Comentário Conimbricence ao Código Penal*, I, Coimbra, 1999, pp. 823-824.

[71] Cfr. OLIVEIRA ASCENSÃO, *Direito Civil — Teoria Geral*, I, p. 108.

CPA, analisa-se juridicamente em três vertentes fundamentais: *adequação* (da medida tomada ao fim visado), *necessidade* (do sacrifício da posição subjectiva do particular) e *equilíbrio* (entre os benefícios esperados para o interesse público e o sacrifício dos direitos ou interesses do particular)[72].

Nestes termos, fácil é ver que o sistema de fiscalização em apreço também não configura uma violação deste princípio basilar do nosso ordenamento jurídico — constitui mesmo uma refracção do princípio do Estado de Direito.

Por um lado, a convocação do padrão da proporcionalidade como teste de legitimidade das medidas dos poderes públicos apenas faz sentido no caso de as mesmas envolverem algum sacrifício de direitos ou interesses legalmente protegidos dos particulares — o que, no caso presente, como atrás se demonstrou, não sucede.

Por outro lado, e mesmo que se entendesse, por exercício académico, que o sistema de fiscalização através de filmagens sacrificaria posições jurídicas subjectivas, verdade é que, partindo do pressuposto de que é necessário fiscalizar com rigor essa actividade, sempre estaria por demonstrar que filmar uma actividade é concretamente um sistema mais gravoso do que controlar o seu exercício *in loco* através de meios humanos (o sistema da filmagem não seria assim *desnecessário*), bem como que este controlo *in loco* através de meios humanos é, o que se questiona, um sistema de fiscalização adequado em face do fim de interesse público que se pretende atingir com o sistema da videofilmagem e monitorização — o rigoroso e escrupuloso cumprimento do fixado na licença de extracção de inertes (o sistema da filmagem não seria assim *desadequado*).

É, pois, também negativa a resposta à derradeira questão aventada: a possibilidade de se efectuar a fiscalização administra-

---

[72] Sobre este princípio, cfr., Vitalino Canas, "Princípio da proporcionalidade", in *Dicionário Jurídico da Administração Pública*, VI, Lisboa, 1996.

tiva da actividade extractiva através de meios humanos *in loco* em detrimento do sistema integrado de *videos* e *modems* não determina a ilegalidade deste por ofensa de qualquer das máximas em que se analisa o princípio (constitucional e legal) da proporcionalidade.

CONCLUSÕES

33. Do que antecede extraímos, em síntese, as seguintes conclusões:

a) A Consulente, entidade concretamente competente para atribuir licenças de extracção de inertes em terrenos do domínio público hídrico, pode, como é seu intento, definir no edital do concursos procedimentos que promover para o efeito o valor mínimo de 300$00 por m3 de inerte extraído;

b) O fundamento jurídico para tal definição não é no entanto a Portaria n.º 62/88. Esta, por desnecessária para executar a nova lei, o Decreto-Lei n.º 46/94, caducou com a revogação que a norma revogatória deste diploma efectuou do seu diploma habilitante: o Decreto-Lei n.º 403/82. O fundamento permissivo é, antes, directamente, a alínea b) do n.º 2 do artigo 52.º do Decreto-Lei n.º 46/94, norma que confere à Administração — às várias Direcções Regionais do Ambiente — liberdade para concretizar *numericamente* no edital do procedimento de inquérito público o valor mínimo a pagar por m3 extraído;

c) À luz do que se dispõe no artigo 52.º do Decreto-Lei n.º 46/94, a Consulente não poderá escolher ela própria, seja directamente, seja mediante a realização de um concurso público de selecção, as entidades que poderão apresentar propostas para a obtenção da licença de extracção de inertes em terrenos do domínio público hídrico. O procedimento de inquérito público não se assume, pois, como um procedimento do tipo «concurso limitado», mas, sim, como um procedimento próximo da matriz do tradicional concurso público;

d) O facto de o procedimento de inquérito público ser, sob o prisma do respectivo universo concorrencial, conformado no Decreto-Lei n.º 46/94 como um procedimento do tipo concurso público, não impede a Consulente de, ao abrigo da autonomia pública que a lei lhe concede, fixar requisitos especiais de acesso ao mesmo. De tal fixação não poderá no entanto resultar indirectamente a determinação de concorrentes — caso em que haveria fraude à lei — ou ofensa dos princípios gerais da actividade administrativa plasmados no artigo 266.º, n.º 1, da Constituição e nos artigos 3.º e segs. do CPA;

e) Resulta da letra, da história e do espírito dos n.ºs 2 e 3 do artigo 52.º do Decreto-Lei n.º 46/94 que a decisão de adjudicação a emitir no final do procedimento tendente à atribuição de uma licença de extracção de inertes de terrenos do domínio público hídrico deve repousar no conjunto de critérios aí referidos — e não exclusivamente no critério do preço;

f) O referido na alínea anterior não impede naturalmente a Consulente de, nos procedimentos que promover, atribuir um relevo preponderante ao critério do preço: a lei confere-lhe autonomia para determinar nos documentos do concurso o peso percentual relativo de cada um dos critérios de adjudicação legalmente enunciados no n.º 2 do artigo 52.º do Decreto--Lei n.º 46/94 pelo que, nessa medida, poderá elaborar uma grelha quantitativa na qual se faça corresponder ao critério do preço um peso percentual elevado. A determinação desse peso não pode no entanto ser tal que inutilize a eficácia decisória dos demais critérios legais;

g) A Consulente pode estabelecer no caderno de encargos do "inquérito público" que antecede a atribuição de licenças de extracção de inertes em terrenos do domínio público hídrico que a medição das quantidades extraídas pelo licenciado será feita por intermédio de balanças electrónicas;

h) A fiscalização administrativa da actividade extractiva através de um sistema integrado de *videos* e *modems* não configura qualquer violação do direito (fundamental do titular da licença) à imagem, consagrado no n.º 1 do artigo 26.º da Constituição e no artigo 79.º do Código Civil;

i) A possibilidade de se efectuar a fiscalização administrativa da actividade extractiva através de meios humanos *in loco* em detrimento do sistema integrado de *videos* e *modems* não determina a ilegalidade deste por ofensa de qualquer das máximas em que se analisa o princípio (constitucional e legal) da proporcionalidade.

Lisboa, Julho de 1999

VII

Contrato de prestação de serviços para fins de imediata utilidade pública: do auxílio à construção e gestão de infra-estruturas e serviços públicos municipais

CONSULTA

I. A Consulente, empresa estrangeira de consultoria ambiental, concebeu, desenvolveu e tem aplicado com sucesso no seu país um modelo de *financiamento privado de infra-estruturas públicas municipais* (doravante «modelo»). São os seguintes os seus traços fundamentais:

1) Na sequência de concurso público internacional promovido por um Município com vista à escolha de um projecto de financiamento privado de infra-estruturas municipais, o Consórcio adjudicatário, liderado pela Consulente, constitui uma sociedade integralmente privada (Empresa Gestora do Projecto — doravante EGP) com o propósito exclusivo de prestar os serviços especificados num contrato a celebrar com o Município (doravante «Contrato de Cooperação»);

2) Pelo «Contrato de Cooperação», fica a EGP incumbida de: *(i)* prestar ao Município diversos serviços de coordenação técnica, económica e financeira; *(ii)* actuar como dono da obra

nas empreitadas de construção e reparação de infra-estruturas municipais de distribuição de água e de saneamento básico; *(iii)* obter o financiamento necessário à prestação dos serviços de coordenação técnica, económica e financeira, bem como à concepção, construção e renovação das infra-estruturas municipais de distribuição de água e de saneamento básico; *(iv)* prestar assessoria durante o período de duração do contrato (que pode ir até vinte anos), à entidade incumbida de explorar as infra-estruturas municipais;

3) Os contratos celebrados pela EGP com terceiros com vista à execução do «Contrato de Cooperação» são-no *nomine proprio*, mas no interesse e por conta do Município;

4) O Projecto de expansão dos sistemas municipais de distribuição de água e de saneamento básico será candidatado à comparticipação pelos financiamentos públicos disponíveis, designadamente no âmbito do III Quadro Comunitário de Apoio;

5) A exploração e gestão dos serviços públicos municipais de abastecimento de água e de saneamento básico cabe exclusivamente, nos termos do n.º 2 do artigo 6.º da Lei n.º 58/98, de 18 de Agosto, a uma Empresa Pública Municipal de capitais maioritariamente públicos (Empresa Municipal Operadora — doravante EMO), cujo capital é detido em 51% pelo Município e em 49% pela EGP;

6) O Município obriga-se pelo «Contrato de Cooperação» a disponibilizar à EGP no tempo, forma e sede própria os meios necessários para esta cumprir as obrigações que, em execução do Contrato de Cooperação, assumir perante terceiros;

7) A dívida do Município perante a EGP é, por contrato celebrado por aquele com a EMO («Contrato de Prestação

Liberatória»), realizada por esta, ou seja, a EMO promete ao Município pagar mensalmente à EGP um montante pecuniário proveniente das receitas de exploração dos serviços públicos municipais de distribuição de água e de saneamento básico, exonerando-o, desse modo, da dívida assumida pela celebração do «Contrato de Cooperação»;

8) A actuação da EGP, enquanto entidade criada exclusivamente para a execução do Projecto de expansão dos sistemas municipais de distribuição de água e de saneamento básico, conquanto autónoma, é controlada e supervisionada, com vista à realização e adequada execução das finalidades do «Contrato de Cooperação», por um órgão denominado «Conselho de Cooperação», no qual se encontram representados o Município e a EGP, mas onde apenas os representantes do Município têm poder decisório e, designadamente, o de aprovar e ratificar todos os contratos e actos jurídicos praticados pela EGP por conta e no interesse do Município;

9) A remuneração do Consórcio consiste num percentual pré-fixado sobre o valor total: (*i*) dos financiamentos necessários à concepção e construção de infra-estruturas; (*ii*) dos refinanciamentos de infra-estruturas municipais já existentes; (*iii*) de outros custos associados ao projecto;

10) A remuneração do Consórcio e, bem assim, a remuneração da EGP (a necessária apenas para manter em funcionamento a sua estrutura durante a vigência do Contrato de Cooperação) é assegurada do seguinte modo: (1) na *fase inicial de investimento com infra-estruturas*, através de montante (calculado segundo certa fórmula) retirado de uma linha de crédito que o banco financiador disponibiliza à EGP; (2) na *fase de exploração*, através da retenção pela EGP de quantia correspondente a percentual pré-fixado sobre o montante da prestação pecuniária mensal atribuída pela EMO;

11) A prestação pecuniária mensal atribuída à EGP é retirada dos *cash flows* gerados pela exploração e gestão dos sistemas municipais de distribuição de água e de saneamento básico; o volume concreto dos *cash flows* gerados não interfere, no entanto, no montante da remuneração do Consórcio e da EGP — que é fixo.

II. Pergunta-se: à luz do ordenamento português vigente, é admissível este modelo de financiamento privado de infra-estruturas públicas? Concretamente, pretende a Consulente que respondamos às cinco seguintes questões:

a) É admissível a celebração entre o Município e a EGP do «Contrato de Cooperação»?

b) É, ou não, aplicável ao «modelo» a limitação referida no n.º 3 do artigo 24.º da Lei das Finanças Locais?

c) É admissível a celebração entre o Município e a EMO do «Contrato de Prestação Liberatória»?

d) Pode a EGP ser «dono da obra pública» nos contratos necessários à execução das infra-estruturas necessárias à expansão dos serviços públicos municipais de abastecimento de água e de saneamento básico?

e) É admissível: (*i*) a transferência do Município para a EGP de financiamentos públicos por aquele obtidos, ou (*ii*) o recebimento directo pela EGP dos mesmos financiamentos públicos?

PARECER

§ 1.º
Admissibilidade do «Contrato de Cooperação»

I — A questão à luz das regras da reserva do sector público

1. A questão da admissibilidade, ou não, da celebração de um contrato do jaez do Contrato de Cooperação coloca-se, em primeiro lugar, face ao disposto, por um lado, no artigo 1.º da Lei n.º 88-A/97, de 25 de Julho (Lei de delimitação dos sectores reservados à iniciativa económica pública), e, por outro, no artigo 6.º do Decreto-Lei n.º 379/93, de 5 de Novembro[1].

A primeira das referidas normas veda à iniciativa privada o acesso às actividades económicas de "captação, tratamento e distribuição de água para consumo público, recolha, tratamento e rejeição de águas residuais urbanas, em ambos os casos através de redes fixas, e recolha e tratamento de resíduos sólidos urbanos, no caso de sistemas municipais e multimunicipais". Excepciona-se dessa proibição o acesso por concessão (de serviços públicos).

---

[1] Diploma que tem por objecto "o regime de exploração e gestão dos serviços públicos municipais de captação, tratamento e distribuição de água para consumo público, de recolha, tratamento e rejeição de efluentes e de recolha e tratamento de resíduos sólidos" — cfr. n.º 1 do artigo 1.º.

Na segunda, dispõe-se que "a exploração e a gestão dos sistemas municipais pode ser directamente efectuada pelos respectivos municípios e associações de municípios ou atribuída, em regime de concessão, a entidade pública ou privada de natureza empresarial, bem como a associação de utilizadores"[2]. Acrescente-se que, nos termos do n.º 1 do artigo 9.º do Decreto-Lei n.º 379/93: "O contrato de concessão tem por objecto: a) A exploração e a gestão dos serviços públicos municipais de captação, tratamento e distribuição de água para consumo público; b) A exploração e a gestão dos serviços públicos municipais de recolha, tratamento e rejeição de efluentes, através de redes fixas; c) A exploração e a gestão dos serviços públicos municipais de recolha e tratamento de resíduos sólidos; d) A exploração e a gestão conjunta dos serviços prestados nas alíneas a), b) e c)"; que, por força do n.º 2 da mesma disposição legal, "a exploração e a gestão dos serviços referidos no número anterior abrangem a construção, extensão, reparação, renovação, manutenção de obras e equipamentos e respectiva melhoria"; e que, segundo o n.º 3 ainda do mesmo artigo: "a concessão pode abranger a utilização de obras e equipamentos instalados pelo município ou municípios concedentes".

Quer dizer: a titularidade e o exercício das actividades em causa são, por lei, reservados à Administração, podendo, no entanto, o *exercício* de qualquer uma delas — ou de ambas simultaneamente — ser transferido para privados por *concessão*.

Será o Contrato de Cooperação um exemplo de concessão de serviços públicos?

---

[2] Esta regra tem hoje, evidentemente, de ser conjugada com a Lei n.º 58/98, de 18 de Agosto. Assim, a exploração e a gestão dos serviços municipais em causa também pode ser efectuada por empresas municipais — para além da forma tradicional de gestão através de serviços municipais ou municipalizados.

2. Na esteira da nossa doutrina tradicional[3], vimos definindo a concessão de serviços públicos como o acordo de vontades pelo qual "um particular se encarrega de montar e explorar um serviço público, sendo retribuído pelo pagamento de taxas de utilização a cobrar directamente dos utentes"[4].

Ora, o Contrato de Cooperação não habilita a EGP à exploração dos serviços públicos municipais de abastecimento de água e de saneamento básico. No âmbito do «modelo», tal exploração caberá, em exclusivo, nos termos dos pertinentes preceitos da Lei n.º 58/98, de 18 de Agosto[5], a uma empresa pública municipal de capitais maioritariamente públicos — a EMO. A EGP obriga-se apenas a desenvolver uma actividade cujo beneficiário directo é a própria Administração (*ad intra*), e não os utentes dos serviços públicos de abastecimento de água e de saneamento básico. Falta, pois, àquele contrato um elemento essencial da figura da concessão de serviços públicos — a exploração pelo co-contratante, durante um determinado período de tempo, do estabelecimento da concessão.

Seguir-se-á daí, no entanto, como à primeira vista poderia parecer, a inadmissibilidade legal do Contrato de Cooperação por violação dos preceitos que apenas excepcionam da proibição do exercício por privados das actividades económicas em causa — que, como vimos, "abrangem a construção, extensão, reparação, renovação, manutenção de obras e equipamentos e respectiva melhoria" — a concessão de serviços públicos?

---

[3] Cfr. MARCELLO CAETANO, *Manual de Direito Administrativo* (reimpressão), II, Coimbra, 1990, p. 1099.

[4] Cfr. FREITAS DO AMARAL, *Direito Administrativo*, III, Lisboa, 1989, p. 443.

[5] Designadamente, a do n.º 2 do artigo 6.º, nos termos da qual "as autarquias locais podem delegar poderes respeitantes à prestação de serviços públicos nas empresas por elas constituídas nos termos da presente lei, desde que tal conste expressamente dos estatutos".

3. Pensamos que não.

Isto, pela decisiva razão de que, pela celebração do Contrato de Cooperação, à EGP *não ficará a caber* a *exploração e a gestão* de qualquer dessas actividades económicas reservadas à iniciativa pública. Por outras palavras: por via de tal contrato, ela não *acede* ao *domínio* das mesmas, antes será um mero *auxiliar* da Administração no respectivo exercício.

Efectivamente, em execução do Contrato de Cooperação, a EGP actua sob a *direcção* de um órgão (o Conselho de Cooperação) no qual o poder decisório cabe apenas aos representantes do Município. O designado «Conselho de Cooperação» tem, segundo a vontade das partes, o poder de aprovar ou de ratificar todos os actos jurídicos praticados pela EGP em execução do «Contrato de Cooperação». Nestes termos, a *responsabilidade* pela concepção, construção e financiamento das obras públicas municipais a executar permanece na esfera da Administração. É esta quem decide ou, por outras palavras, quem explora e gere as actividades. A EGP é apenas um prestador de serviços, um *auxiliar*, que se limita a executar tarefas públicas como instrumento da Administração e sob a sua direcção[6]. Exemplificando, não ficam a caber à EGP, por exemplo, a decisão *final* sobre como, quem e por quanto se deverão fazer os projectos e desenhos de execução da expansão das infra-estruturas dos serviços em causa; sobre as obras que deverão ser feitas, e sobre o processo por que serão feitas (série de preços, preço global, etc.); sobre quais serão os empreiteiros que as executarão; sobre quais

---

[6] Sobre a distinção entre a concessão de serviços públicos e a prestação de serviço público, cfr. PEDRO GONÇALVES, *A Concessão de serviços públicos*, Coimbra, 1999, pp. 160-161. Como refere o A., se, na prestação de serviços, não é alterada a *responsabilidade* pela gestão do serviço, obra ou bem público, que se mantém na esfera da Administração (o particular apenas colabora na execução de determinadas condições de realização do serviço), na concessão, diversamente, *a Administração transfere para o co-contratante a responsabilidade pelas exploração* e *gestão* do serviço, obra ou bem público.

serão as taxas de juro dos financiamentos necessários à expansão dos referidos sistemas. Tudo isso são decisões que permanecem, pois, na esfera de responsabilidades do Município. Este será, assim, repete-se, a entidade a quem caberá, quer directa (através da sua participação decisória e decisiva no Contrato de Cooperação), quer indirectamente (através da sua participação maioritária no capital da EMO), a exploração e a gestão daqueles serviços públicos municipais, contratando apenas com a EGP um mero *auxílio humano* e *técnico* para o seu desempenho. Numa palavra: a EGP, por força do Contrato de Cooperação, *auxilia* a Administração no exercício de funções administrativas — não se *substitui* a ela.

Assim, como, por força do Contrato de Cooperação, a EGP não passa a explorar e a gerir os serviços públicos municipais de abastecimento de água e de saneamento básico, que, por àquela escapar o essencial do poder decisório sobre a sua actuação, permanecerão na esfera pública (Município e EMO) — antes será, meramente, um mero prestador de serviços, um colaborador no exercício público das mesmas –, deve entender-se que o referido contrato não viola a reserva legal de sector público enunciada no artigo 1.º da Lei n.º 88-A/97, de 25 de Julho (Lei de Delimitação de Sectores), e, bem assim, no artigo 6.º do Decreto-Lei n.º 379/93, de 5 de Novembro.

4. O Contrato de Cooperação aparta-se, pois, por esta razão, e não obstante algumas afinidades materiais, daqueles contratos conhecidos em Itália como *concessões da mera construção* (*concessione di sola costruzione*[7]). Por essa via, a Administração

---

[7] Cfr., por exemplo, M. S. GIANNINI, *Diritto Amministrativo*, II, 3.ª edição, 1993, Milão, p. 445 e segs.; GUIDO LANDI — GIUSEPPE POTENZA, *Manuale di Diritto Amministrativo*, 9.ª edição, Milão, 1990, p.243. Em especial, cfr., entre outros, GIOVANNI LEONE, *Opere Pubbliche tra Appalto e Concessione*, Pádua, 1990, p. 56 e segs; FRANCO PELIZZER, *Le Concessioni di Opera Pubblica*,

transfere para um concessionário (público ou privado) — que, ao contrário do que sucede na empreitada, não tem de ser empreiteiro de obras públicas, como contrapartida a um pagamento que (além de cobrir os custos da realização da mesma e a respectiva actividade organizatória) dê para obter algum lucro — a *gestão (lato sensu) de uma obra pública*, isto é, a *responsabilidade* pelas tarefas de projectar as obras públicas, de promover e dirigir os processos de expropriação de terrenos e sua posterior ocupação, organizar e dirigir o procedimento tendente à escolha do empreiteiro que as executará, concluir o contrato, fiscalizar a sua execução, etc.. Para tanto, confere-lhe, pois, determinadas prerrogativas de autoridade. Nestes casos, o concessionário é um "*«general contractor»*", que *em vez* da Administração e com um certo orçamento, providencia, com ampla autonomia, no mais curto período de tempo, à realização de uma obra pública desde a sua projectação até à sua entrega «chave na mão»[8]. À Administração, neste tipo de contrato, cabe, "na execução, apenas uma genérica vigilância"[9]. Pallottino justifica o recurso a esta modalidade contratual nos seguintes termos: "bem pode a Administração entender que a melhor prossecução do interesse público pode justamente passar pelo exercício privado de um feixe complexo de tarefas, tais como: realização de projectos de empreendimentos de vulto; direcção, vigilância e contabilidade dos trabalhos; disponibilização da área em que devem ter lugar

---

Pádua, 1990; ANTONIO CARULLO, "*La concessione per la realizzazione di opera pubbliche*", in *Il Diritto dell' Economia*, n.º 3, Milão, 1989, p. 648; SORACE — MARZUOLI, "*Concessioni Amministrative*", in *Digesto delle Discipline Pubblicistiche*, III, p. 280 e segs., *maxime*, p. 298 e segs.; MICHELE PALLOTINO, "*Costruzione di Opere Pubbliche (Concessione di))*, in *Enciclopedia del Diritto*, pp. 350 e 358.

[8] V. GIOVANNI LEONE, *Oppere Pubbliche tra Appalto e Concessione*, Pádua, 1990, p. 52.

[9] V. ANTONIO CIANFLONE, *L'Appalto di Opere Pubbliche*, 9.ª ed., Milão, 1993, p. 150.

os trabalhos e disponibilização dos materiais; gestão das relações com os executores dos trabalhos"[10].

Ora, no Contrato de Cooperação, como se disse, não está em causa a *transferência* para privados do exercício de tarefas administrativas, não está em causa, nas palavras dos AA. italianos, a "sostituizione di un privato nei compiti propri dell' amministrazione"[11]. Em causa está, isso sim, repete-se, mantendo-se o exercício público da actividade, ou seja, o poder decisório do respectivo *modus faciendi*, na esfera do público, a busca de um auxiliar privado "che verso un corrispettivo si obbliga ad una determinada prestazione"[12].

II — A questão à luz da capacidade jurídico-contratual do Município

5. A questão da admissibilidade, ou não, da celebração de um contrato do cariz do Contrato de Cooperação deve colocar-se, depois, antes as normas que delimitam juridicamente a capacidade de contratar da Administração Pública. Goza, ou não, a essa luz, o Município de capacidade para o celebrar?

Para responder, torna-se necessário apurar, previamente, a natureza do contrato em causa — de direito administrativo ou de direito privado[13]. Com efeito, não é a idêntica a sujeição de

---

[10] V. MICHELE PALLOTTINO, "*Costruzione di Opere Pubbliche (Concessione di)*", in *Enciclopedia del Diritto*, p. 350.

[11] V. DOMENICO SORACE — CARLO MARZUOLI, "*Concessioni Amministrative*", in *Digesto delle Discipline Pubblicistiche*, III, p. 298.

[12] V. ANTONIO CIANFLONE, *L'Appalto di Opere Pubbliche*, p. 150.

[13] Não se ignora que a dicotomia contratos administrativos/contratos privados da Administração tem sido posta em causa, sendo de destacar, nesse sentido, entre nós, os estudos de MARIA JOÃO ESTORNINHO, cujas conclusões apontam precisamente para a sua abolição e para a uniformização de toda a

uns e outros ao princípio da legalidade da Administração[14] — menos intensa nos contratos de direito privado[15].

6. O problema da natureza do Contrato de Cooperação não pode ser analisado à margem do artigo 178.º, n.º 1, do CPA, nos termos do qual "diz-se contrato administrativo o acordo de vontades pelo qual é constituída, modificada ou extinta uma relação jurídica administrativa".

Adoptou-se, nesta definição, um conceito *material* ou *aberto* de qualificação dos contratos administrativos, enterrando-se definitivamente a querela de saber se a figura do contrato administrativo abrange apenas certos tipos fixados por lei ou se há uma figura geral de contrato administrativo[16]. Todavia, se por força daquele enunciado do artigo 178.º, n.º 1, do CPA, se resolveu essa *vexata quaestio* da nossa doutrina administrativista, alargando-se muitíssimo o campo de aplicação dos contratos administrativos, sempre se deverá questionar o significado da expressão nele contida "relação jurídica administrativa".

Apurar o que seja lidimamente uma *relação jurídica administrativa* (para efeitos substantivos ou adjectivos) é uma tarefa

---

actividade contratual da Administração. Não é essa porém a posição maioritária entre nós, a qual, seguindo uma linha de pensamento há muito radicada doutrinária e jurisprudencialmente — e, para mais, consagrada na lei (artigo 178.º, n.º 1, do CPA) —, continua a distinguir aquelas duas zonas de contratação. Cfr., daquela Autora, *Requiem pelo Contrato Administrativo*, Coimbra, 1990, *passim*.

[14] V., entre nós, SÉRVULO CORREIA, *Legalidade e Autonomia Contratual nos Contratos Administrativos*, Coimbra, 1987, *passim*.

[15] Cfr. MARIA JOÃO ESTORNINHO, *A Fuga para o Direito Privado*, Coimbra, 1996, pp. 184 e segs..

[16] Sobre os termos gerais dessa controvérsia, cfr. FREITAS DO AMARAL, *Direito Administrativo*, III, Lisboa, 1989, p. 425 e segs.; SÉRVULO CORREIA, *Legalidade e Autonomia...*, cit., p. 355, n. 28; ESTEVES DE OLIVEIRA, *Direito Administrativo*, I, Coimbra, 1980, p. 641 e segs..

repleta de escolhos, já que convoca a própria ponderação da *ratio essendi* do Direito Administrativo e, consequentemente, a discussão em torno da cada vez mais fluida fronteira entre o Direito Público e o Direito Privado[17]. Conceito de contornos algo difusos, também o legislador constitucional o acolheu, em 1989 (cfr. artigo 212.º, n.º 3, da Constituição), embora não tenha, compreensivelmente (já que, como reza um elementar princípio metodológico, não lhe cabe teorizar mas sim comandar), explicitado desenvolvidamente o entendimento que dele fazia.

Pelo nosso lado, sustentamos que a indagação em torno da natureza de uma relação jurídica contratual deve assentar no *critério do objecto*[18]. Assim, é administrativo o contrato cujo objecto respeite ao conteúdo da função administrativa e se traduza, em regra, em prestações referentes ao funcionamento de serviços públicos, ao exercício de actividades públicas, à gestão de coisas públicas, ao provimento de agentes públicos ou à utilização de fundos públicos. Em alternativa, se o objecto não for nenhum destes, o contrato só será administrativo se visar um fim de utilidade pública.

7. Dito isto, temos para nós que a relação jurídica cuja constituição resultará da formalização do Contrato de Cooperação se deve ter como uma relação jurídica administrativa. É assim porque, muito embora a descrição dos efeitos de direito a pactuar pelas partes não permita, à primeira vista, surpreender a

---

[17] Cfr. VIEIRA DE ANDRADE, *Direito Administrativo e Fiscal*, Coimbra, 1994-1995, p. 47, e ESTEVES DE OLIVEIRA/COSTA GONÇALVES/PACHECO DE AMORIM, *Código do Procedimento Administrativo*, 2.ª edição, Coimbra, 1997, p. 810.

[18] V. FREITAS DO AMARAL, "Apreciação da dissertação de doutoramento do Lic. J. M. Sérvulo Correia: Legalidade e Autonomia Contratual nos Contratos Administrativos", in *Revista da Faculdade de Direito da Universidade de Lisboa*, ano XXIX, 1988, p. 166 e segs..

titularidade de prerrogativas de autoridade, ou a adstrição a sujeições especiais, na esfera jurídica da Administração, o *objecto mediato* do contrato respeita ao exercício de uma actividade por lei considerada pública. Pelo contrato, recorde-se, a EGP obriga-se ao *desempenho regular e continuado de tarefas de auxílio à Administração na promoção e realização das actividades de concepção, construção, financiamento de infra-estruturas públicas necessárias à exploração e gestão dos serviços públicos municipais de abastecimento de água e de saneamento básico, acompanhado do compromisso complementar de prestar, por um longo período de tempo, diversos serviços de consultoria e assessoria à exploração pela EMO dos referidos serviços públicos* (*v.g.*, apoio no recrutamento e formação contínua dos funcionários da EMO; auxílio no serviço de processamento de facturas; elaboração de planos de manutenção preventiva e controlo técnico à totalidade das infra-estruturas existentes; escolha e implementação de soluções informáticas e *software* apropriado). Ora, dispõe-se no artigo 13.º, n.º 1, da Lei n.º 159/99, de 14 de Setembro (lei que estabelece o quadro de transferências de atribuições e competências para as autarquias locais), que "*os municípios dispõem de atribuições nos seguintes domínios: l) Ambiente e saneamento básico*", sendo que, como dispõe o artigo 26.º, n.º 1, do mesmo diploma, "é da competência dos órgãos municipais o planeamento, a gestão de equipamentos e a realização de investimentos nos seguintes domínios: a) Sistemas municipais de abastecimento de água; b) Sistemas municipais de drenagem e tratamento de águas residuais urbanas; c) Sistemas municipais de limpeza pública e de recolha e tratamento de resíduos sólidos urbanos". O objecto *mediato* do Contrato de Cooperação respeita, assim, ao conteúdo da função administrativa. Tanto basta, segundo cremos, para que se deva ter por preenchido o conceito de prestação de serviços para fins de imediata utilidade pública referido na alínea *h)* do n.º 2 do artigo 178.º do CPA.

Não seria diferente a qualificação caso se perfilhasse o *critério estatutário*, nos termos do qual são relações jurídicas administrativas as "disciplinadas em termos específicos do sujeito administrativo, entre pessoas colectivas da Administração ou entre a Administração e os particulares"[19]. Dessa perspectiva, o mero facto de o Município ser sujeito da relação contratual apontaria até, e desde logo, para a qualificação do Contrato de Cooperação como contrato *administrativo*, posto que, como defendem os sequazes desta orientação, sendo o Direito Administrativo o *Direito comum da Administração*, "quando os deveres ou direitos pactuados pelas partes são na sua totalidade «neutros» ou «indiferentes» — no sentido de que tanto se podem acomodar no âmbito de um contrato administrativo como no de um contrato privado — justifica-se a presunção de que as partes remeteram para a aplicação dos princípios gerais do contrato administrativo. Salvo pois prova de que a vontade real de ambas as partes era a oposta, partir-se-á do princípio de que celebraram um contrato administrativo"[20].

O «Contrato de Cooperação» é, pois, um contrato administrativo de prestação de serviços para fins de imediata utilidade pública.

8. Afirmar a natureza jurídico-administrativa do «Contrato de Cooperação», não significa que não se possa aplicar supletivamente ao mesmo as regras enunciadas nos artigos 1180.º e segs. do Código Civil relativas à figura do *mandato sem representação*[21], com a qual aquele concreto acordo de vontades exibe,

---

[19] V. entre nós, SÉRVULO CORREIA, *Legalidade e Autonomia*..., p. 396 e segs..

[20] Cfr., nestes termos, SÉRVULO CORREIA, *Legalidade e Autonomia*..., p. 405. Criticamente, porém, FREITAS DO AMARAL, "Apreciação da dissertação de doutoramento do Lic. J. M. Sérvulo Correia: Legalidade e Autonomia Contratual nos Contratos Administrativos", cit. p. 166 e segs..

[21] *Mandato* "é o contrato pelo qual uma das partes se obriga a praticar um ou mais actos jurídicos por conta da outra" (Código Civil, artigo 1157.º). É, essencialmente, como dizem os AA. italianos um *facere per conto altrui*.

manifestamente, claras afinidades, já porque a EGP, na sua execução, actuará perante terceiros, a título oneroso, por conta e no interesse do Município, já porque o fará *nomine proprio*.

No Direito positivo português, muitos institutos com relevo geral surgem regulados, por razões históricas, no Código Civil. Todavia, sempre que se tratar de institutos que interessem à Ciência do Direito no seu todo e, portanto, dos quais possa comungar também o Direito Administrativo, não há obstáculos à invocação e aplicação do respectivo regime no Direito público. Há muito que o pensamos e publicamente defendemos. Efectivamente, já em 1965, na nossa obra *A utilização do domínio público pelos particulares*, sustentámos, a propósito do arrendamento, que se trata de um verdadeiro instituto geral de direito, uma vez que, e não obstante a sua origem privatista, a sua essência — acordo pelo qual uma das partes se obriga a proporcionar à outra o gozo temporário de uma coisa imóvel, mediante retribuição –, se ajusta perfeitamente a ambientes marcados pela prevalência e

---

O mandato tanto pode ser gratuito como oneroso (artigo 1158.º do Código Civil). E o mandatário tanto pode agir em representação do mandante como não. Neste segundo caso, "o mandatário (...) adquire os direitos e assume as obrigações decorrentes dos actos que celebra, embora o mandato seja conhecido dos terceiros que participem nos actos ou sejam destinatários destes" (artigo 1180.º do Código Civil). Como escreve PESSOA JORGE, no fundo, "o alcance da actuação em nome próprio é o de fazer projectar sobre a esfera jurídica do agente, além dos efeitos característicos da situação de parte, os de natureza pessoal: é ele quem tem legitimidade para exigir e receber o cumprimento das obrigações decorrentes do contrato, é contra ele que a outra parte se deve dirigir, não só para reclamar os seus créditos, como para fazer valer quaisquer acções pessoais derivadas do contrato, nomeadamente a respeitante à sua validade e eficácia". "A situação do mandante é, pois, em princípio, estranha às pessoas que contratam com o mandatário, e estas pessoas, por seu turno, também não é com o mandante, mas com o mandatário, que estabelecem relações negociais. Estas não passam de terceiros em relação ao mandato" — cfr. PESSOA JORGE, *Mandato sem representação, apud* PIRES DE LIMA e ANTUNES VARELA, *Código Civil anotado*, II, Coimbra, 1989, pp. 746-747.

especial intensidade do factor interesse público, pelo que o mesmo e as correspondentes regras gerais são perfeitamente utilizáveis no Direito Administrativo[22].

9. A principal consequência da qualificação de um contrato como administrativo é, evidentemente, a da sua submissão a um regime jurídico-administrativo, quer no plano substantivo quer no plano adjectivo.

Assim, no plano substantivo, o contrato rege-se pelos princípios gerais dos contratos administrativos e demais legislação aplicável em Portugal. De entre esta, merece evidente destaque a Constituição e, no plano da lei ordinária, o CPA (especialmente os princípios gerais e os artigos 178.º e segs.).

No plano adjectivo, a qualificação administrativa implica a atribuição de competência aos tribunais administrativos para conhecer dos litígios respeitantes ao contrato. Poderá, no entanto, a resolução de certo tipo de litígios emergentes de relações contratuais jurídico-administrativas ser cometida a tribunais arbitrais[23].

10. Mas existirá base normativa especificamente habilitante da celebração do «Contrato (administrativo) de Cooperação» pelo Município?

Responde-se afirmativamente.

Integram-na, em primeiro lugar, as normas que consagram o *princípio da especialidade* das pessoas colectivas: artigos 12.º, n.º 2, da Constituição ("as pessoas colectivas gozam dos direitos e estão sujeitas aos deveres compatíveis com a sua natureza") e

---

[22] Cfr. FREITAS DO AMARAL, *A utilização do domínio público pelos particulares*, Lisboa, 1965, p. 174.

[23] Sobre a matéria, cfr. SÉRVULO CORREIA, "A Arbitragem Voluntária no Domínio dos Contratos Administrativos", in *Estudos em Memória do Professor Doutor João de Castro Mendes*, Lisboa, 1994, p. 230 e segs..

160.º, n.º 1, do Código Civil (a capacidade da pessoa colectiva compreende "os direitos e obrigações *necessários* ou *convenientes* à prossecução dos seus fins).

Em segundo lugar, fazem parte dela as normas dos artigos 13.º, n.º 1, e 26.º, n.º 1, do Decreto-Lei n.º 159/99 (definidoras, respectivamente, das atribuições das autarquias locais e da competência dos órgãos municipais em matéria de abastecimento de água e de saneamento básico).

Por outro lado, compõem-na as normas dos artigos 178.º, n.º 1, e n.º 2, alínea *h)* — já transcritas —, e 179.º, n.º 1, do CPA. Neste último preceito, ao dispor-se que "Os órgãos administrativos, na prossecução das atribuições da pessoa colectiva em que se integram, podem celebrar quaisquer contratos administrativos, salvo se outra coisa resultar da lei ou da natureza das relações a estabelecer" — consagra-se "um princípio do maior alcance na teoria geral do contrato administrativo: o princípio da capacidade jurídica dos órgãos da Administração Pública para celebrarem contratos administrativos, independentemente de lei expressa que lhes confira tal poder, desde que necessários à prossecução das atribuições da pessoa colectiva. Dispõe assim hoje a Administração da faculdade de construir os modelos contratuais de direito público que melhor se adaptem à natureza do objecto contratual que pretende adoptar"[24]. A regra é, pois, a de que a Administração tem, salvo se "outra coisa resultar da lei ou da natureza das relações a estabelecer", todo o direito de celebrar outros contratos administrativos — atípicos ou inominados — como alternativa quer à prática de actos administrativos quer à celebração de contratos privados.

Como vimos, o Contrato de Cooperação é adequado à prossecução de atribuições do Município no âmbito do saneamento básico.

---

[24] Cfr. ROBIN DE ANDRADE, *Os Contratos de Cessão de Exploração em Direito Público*, in *Direito da Saúde e da Bioética*, Lisboa, 1996, p. 260.

Existe, assim, base normativa habilitante da celebração do Contrato de Cooperação pelo Município com a EGP.

III — Síntese

11. Em suma: tanto por não colidir com a reserva legal de sector público em matéria de abastecimento de água e de saneamento básico (enunciada no artigo 1.º da Lei n.º 88-A/97, de 25 de Julho, e no artigo 6.º do Decreto-Lei n.º 379/93, de 5 de Novembro), como por a sua celebração estar habilitada normativamente pela matriz conjugada dos artigos 178.º, n.º 1, e n.º 2, alínea h), e 179.º, n.º 1, do CPA, dos artigos 13.º, n.º 1, e 26.º, n.º 1, do Decreto-Lei n.º 159/99, 12.º, n.º 2, da Constituição e 160.º, n.º 1, do Código Civil — é admissível, à luz do Ordenamento Jurídico português vigente, a celebração do «Contrato de Cooperação» entre o Município e a EGP.

§ 2.º
A prestação pecuniária mensal devida pelo Município à EGP não releva para efeitos da proibição constante do artigo 24.º, n.º 3, da Lei das Finanças Locais

12. Mas as obrigações que o Município assume pelo «Contrato de Cooperação», de, respectivamente, provisionar ou reembolsar a EGP das despesas que esta, em seu nome próprio, mas por conta e no interesse daquele, fizer ou tiver feito em execução daquele contrato, por um lado, e de, por outro, remunerar os serviços prestados pelo «Consórcio» e pela EGP — relevarão para efeitos dos limites máximos da capacidade de endividamento do Município?

Eis o que importa esclarecer de seguida.

A questão põe-se, já que, recorde-se, na fase de exploração das infra-estruturas, o montante daquela prestação pecuniária mensal terá por base de cálculo o valor necessário para a EGP proceder à amortização e juros dos empréstimos por ela contraídos junto de bancos financiadores.

13. Dispõe o artigo 24.º, n.º 3, da Lei das Finanças Locais (Lei n.º 42/98, de 6 de Agosto) que: "os encargos anuais com amortizações e juros dos empréstimos a médio e longo prazos, incluindo os dos empréstimos obrigacionistas, não podem exceder o maior dos limites do valor correspondente a três duodécimos dos Fundos Geral Municipal e de Coesão Municipal que cabe ao município ou a 20% das despesas realizadas para investimento pelo município no ano anterior". Proíbe, pois, esta regra que, anualmente, o Município despenda com amortizações e juros de empréstimos encargos superiores ao maior dos dois limites nela alternativamente enunciados.

A proibição não é, todavia, absoluta.

Por um lado, no n.º 6 do mesmo artigo 24.º consigna-se: "Do limite previsto no n.º 3 ficam excluídos: a) O endividamento decorrente de empréstimos destinados à amortização de outros empréstimos e somente durante o tempo estritamente necessário para o efeito; b) O endividamento decorrente de empréstimos contraídos com o fim exclusivo de acorrer a despesas extraordinárias necessárias à reparação de prejuízos resultantes de calamidade pública; c) O endividamento decorrente dos empréstimos para aquisição, construção ou recuperação de imóveis destinados à habitação social".

Por outro lado, estabelece o artigo 32.º do mesmo diploma: "dos limites de endividamento previstos no n.º 3 do artigo 24.º fica excluído o endividamento para execução de projectos comparticipados pelos fundos estruturais comunitários, no âmbito do Quadro Comunitário de Apoio".

14. Para responder ao segundo quesito da Consulta é, já se vê, necessário ter claramente presente o significado de um importante conceito da Teoria Geral do Direito, qual seja o de *fraude à lei*.

Que significa este conceito que, entre nós, tem sido objecto de elaboração dogmática sobretudo por parte de civilistas e internacional-privatistas [25]?

Segundo Manuel de Andrade, *fraude à lei* significa "contornar ou circunvir uma proibição legal, tentando chegar ao mesmo resultado por caminhos diversos dos que a lei designadamente previu e proibiu"[26]; é "burlar a lei"[27]. Como apurá-la?

"Todo o problema se reconduz ao da exacta interpretação da norma proibitiva, segundo a sua finalidade e alcance substancial". Assim, prossegue o Autor, "haverá fraude relevante caso se mostre que o intuito da lei foi proibir não apenas os negócios que especificamente visou, mas quaisquer outros tendentes a produzir o mesmo resultado, só não os mencionando por não ter previsto a sua possibilidade, ou ter tido deliberadamente mero propósito exemplificativo. (...) Não haverá fraude relevante caso se averigue que a lei especificou uns tantos negócios por só ter querido combater certos meios (esses mesmos negócios) de atingir um dado fim ou resultado, em razão de os julgar particularmente graves e perigosos"[28]. Em termos semelhantes

---

[25] Cfr., entre outros, MANUEL DE ANDRADE, *Teoria Geral da Relação Jurídica*, II, Coimbra, 1960, pp. 337 e segs.; MOTA PINTO, *Teoria Geral do Direito Civil*, 3.ª edição, 6.ª reimpressão, Coimbra, 1992, p. 551; MENEZES CORDEIRO, *Tratado de Direito Civil Português*, I, Coimbra, 1999, pp. 424 e segs..; PIRES DE LIMA e ANTUNES VARELA, *Código Civil Anotado*, I, Coimbra, 1987, pp. 68 e segs.; J. BAPTISTA MACHADO, *Lições de Direito Internacional Privado*, 4.ª edição, Coimbra, 1990 (reimpressão), pp. 272 e segs.; A. MARQUES DOS SANTOS, *Sumários de Direito Internacional Privado*, Lisboa, 1987, p. 175.

[26] *Teoria Geral...*, II, p. 337.
[27] *Teoria Geral...*, II, p. 337.
[28] *Teoria Geral...*, II, p. 339.

se pronunciava, na óptica do Direito Internacional Privado, Baptista Machado. Para este ilustre Professor, fraude à lei é o "procedimento pelo qual um particular realiza, por forma inusitada, um tipo legal em vez de um outro, a fim de provocar a consequência jurídica daquele em vez da deste"[29]. Quer dizer, "na fraude há, pois, a considerar a regra jurídica que é objecto de fraude — a norma a cujo imperativo se pretende escapar -, a regra jurídica a cuja protecção se acolhe o fraudante, a actividade fraudatória pela qual o fraudante procura modelar artificiosamente uma situação coberta por esta segunda regra, e — para muitos autores — uma intenção fraudatória (*animus fraudandi*). São quatro, pois, os elementos constitutivos da fraude à lei (...): 1) norma fraudada; 2) norma-instrumento; 3) actividade fraudatória e 4) intenção fraudatória"[30]. Para Mota Pinto, negócios em fraude à lei são aqueles "que procuram contornar uma proibição legal, tentando chegar ao mesmo resultado por caminhos diversos dos que a lei expressamente previu e proibiu". Acrescentava que "a fraude à lei põe um problema de interpretação da lei e, nalguns casos, de aplicação analógica" e que "é óbvio que não podem admitir-se interpretações ilimitadas de proibições, mas há fraude à lei, quando se fruste claramente a intenção legislativa, se a proibição não for aplicada"[31]. Mais recentemente, sintetiza Menezes Cordeiro que, "no fundo, a *fraude à lei* apenas exige uma interpretação melhorada dos preceitos vigentes: se se proíbe o resultado, também se proíbem os meios indirectos para lá chegar; se se proíbe *apenas* um meio — sem dúvida por se apresentar perigoso ou insidioso — fica em aberto a possibilidade de percorrer outras vias que a lei não proíba"[32]. Por último, referam-se as seguintes palavras que Pais

---

[29] V. *Lições...*, p. 272.
[30] V. *Lições...*, p. 272.
[31] V. *Teoria Geral*, p. 551.
[32] V. *Tratado de Direito Civil Português*, I-1, Coimbra, 1999, p. 429.

de Vasconcelos dedica ao tema da relação da fraude à lei com os contratos atípicos. Diz ele: se as partes optam por celebrar um contrato atípico em vez de um tipo contratual legal "há que aferir, em relação à norma tida por defraudada, se o princípio que funda o seu carácter injuntivo, princípio que é de Ordem Pública, é específico ou privativo do tipo contratual em relação ao qual foi formalmente legislada, ou se a «ratio» da injuntividade é de molde a impor a sua vigência para além daquele tipo e em atenção a consequências jurídicas ou práticas que se verifiquem também como consequência do contrato atípico"[33].

15. Posto isto, interpretemos a regra do n.º 3 do artigo 24.º da Lei das Finanças Locais. A questão é esta: proíbe ela *apenas* que o dispêndio anual pelos municípios de encargos com amortizações e juros de *empréstimos* por eles *directamente* contraídos seja superior ao maior dos dois limites aí estabelecidos, ou, mais latamente, proíbe que tais limites sejam também excedidos por via de «empréstimos» *indirectamente* contraídos por veículos societários do tipo da EGP, que agem por conta e no interesse do Município?

A favor do primeiro entendimento parecem depor os elementos *literal* e *sistemático* da interpretação. Por um lado, a norma do n.º 3 do artigo 24.º da Lei das Finanças Locais refere-se expressamente a "encargos anuais com amortizações e juros dos empréstimos a médio e longo prazos" — o que, literalmente, inculca a ideia de encargos com empréstimos *directamente* contraídos pelos Municípios, deixando de fora encargos com contratos atípicos de crédito, como, de certa sorte, se perfila o «Contrato de Cooperação». Por outro lado, diz-se no n.º 1 do artigo 23.º («Regime de crédito dos municípios») da mesma lei: "os municípios podem contrair empréstimos e utilizar aber-

---

[33] Cfr. PAIS DE VASCONCELOS, *Contratos Atípicos*, Coimbra, 1995, p. 355.

turas de crédito junto de quaisquer instituições autorizadas por lei a conceder crédito, bem como emitir obrigações e celebrar contratos de locação financeira, nos termos da lei"; acrescentando-se no n.º 3 do mesmo artigo:"os empréstimos e a utilização de aberturas de crédito, que para efeitos do presente diploma são designados por empréstimos, podem ser a curto ou a médio e longo prazos". Do confronto do texto do n.º 3 do artigo 24.º com a letra dos n.º 1 e n.º 3 do artigo 23.º parece, pois, também resultar que a limitação daquela primeira norma se refere só a empréstimos de médio e longo prazo directamente contraídos pelos próprios Municípios. Quer dizer, no n.º 3 do artigo 24.º o legislador teria utilizado o termo *empréstimo* com o exacto alcance dado nos referidos preceitos do artigo anterior. Assim, sendo o Contrato de Cooperação um negócio diferente do empréstimo — por seu intermédio, o Município não contrai, ele próprio, um empréstimo junto de qualquer entidade legalmente autorizada a conceder crédito —, estaria, *in casu*, liminarmente afastada a aplicabilidade do n.º 3 do artigo 24.º da Lei das Finanças Locais a esse negócio atípico.

Porém, se é um dado firme que a letra da lei se assume como ponto de partida da hermenêutica jurídica (cfr. artigo 9.º, n.ºs 1 e 2, do Código Civil), não menos o é que "toda a fonte existe para atingir fins ou objectivos sociais" e, portanto, que "se não se descobrir o para quê duma lei, não se detém ainda a chave da sua interpretação"[34]. Qual é, pois, a *ratio* do n.º 3 do artigo 24.º da Lei das Finanças Locais?

Temos por relativamente seguro ser a seguinte: assegurar tanto quanto possível uma criteriosa e eficiente gestão das

---

[34] Cfr. OLIVEIRA ASCENSÃO, *O Direito. Introdução e Teoria Geral*, p. 400. O artigo 9.º do Código Civil presume o elemento teleológico quando preconiza que "na fixação do sentido e alcance da lei, o intérprete presumirá que o legislador consagrou as soluções mais acertadas" (n.º 3).

finanças locais, designadamente evitando que a mesma se norteie por objectivos eleitoralistas que, em última análise, fatalmente onerariam o Orçamento do Estado e, por essa via, perturbariam o cumprimento dos objectivos da política macroeconómica do País. Depois, e complementarmente, salvaguardar a possibilidade de o Estado português honrar compromissos por si assumidos juridicamente perante os parceiros da União Europeia quanto ao nível anual do déficite público face ao valor do Produto Interno Bruto, já que, como é sabido, releva para aquele efeito o endividamento das autarquias locais.

Ora, sendo esta a *ratio* do mencionado preceito, ela também se estende a empréstimos indirectamente contraídos pelo Município, quer dizer, por prestadores de serviços que os contraem em nome próprio junto da Banca, mas no interesse e por conta daquele. É que, por força do «Contrato de Cooperação», o Município assume na respectiva esfera jurídica a obrigação de, respectivamente, provisionar ou reembolsar a EGP, mensalmente, das despesas que esta sociedade fizer ou tiver feito em execução daquele contrato e, designadamente, com amortizações e juros de empréstimos por ela directamente contraídos. Por outras palavras, o «Contrato de Cooperação» não exime a Administração do dever de reembolsar o custo integral do financiamento (se bem que em prazo dilatado) das infra-estruturas municipais cuja concepção e construção forem auxiliadas pela EGP[35]. Certo, o montante da prestação pecuniária mensal devida pelo Município à EGP não se cinge apenas ao necessário para esta amortizar e pagar juros de empréstimos. Abrange outra componente — a remuneração dos serviços prestados pela EGP e pelo Consórcio. Nessa parte, somos, claro, de opinião que o montante pago pelo Município não relevará para efeito da sua

---

[35] Cfr. FERNANDO AZOFRA VEGAS, *La financiación privada de infraestructuras públicas*, in Revista Española de Derecho Administrativo, Outubro-Dezembro de 1997, p. 454.

capacidade de endividamento. O Município estará a pagar um serviço e não um financiamento. Mas, quanto à restante, que, como foi já dito, corresponde à parte principal daquela prestação mensal, pensamos, à luz *apenas* da leitura "teleológica" do n.º 3 do artigo 24.º da Lei das Finanças Locais, que o montante da mesma deve relevar para efeitos dos limites da capacidade de endividamento anual do Município.

Por outro lado, o facto de o Município ser, através do «Contrato de Prestação Liberatória», *substituído* na realização da sua obrigação à EGP pela EMO[36] não nos parece que seja suficiente para alterar os dados da questão. Para já, e como melhor veremos adiante, tal *substituição* não significa que a dívida do Município seja assumida pela EMO. A verdade, porém, é que mesmo que se considerasse que, por força daquele contrato, a dívida daquele seria *assumida* por esta, o que se admite sem conceder, a consequência dessa assunção não seria diferente do que anteriormente referimos. Efectivamente, também nos termos do n.º 5 do artigo 24.º da Lei das Finanças Locais "os empréstimos contraídos pelas empresas públicas municipais relevam igualmente para os efeitos referidos no número anterior". E, do mesmo modo, dispõe-se no n.º 4 do artigo 24.º da Lei das Empresas Municipais: "os empréstimos de médio e longo prazos contraídos pelas empresas públicas municipais relevam para os limites da capacidade de endividamento do município".

Demais, que a Lei das Finanças Locais se refira nos preceitos atrás compulsados só a empréstimos (directamente) contraídos pelo Município é algo que não se pode deixar de considerar razoável. Trata-se, por certo, da forma normal de aquele tipo de pessoa colectiva pública obter crédito no mercado. Excepção é, manifestamente, que os Municípios se sirvam de intermediários societários para o efeito. Não parece, assim, legítima a asser-

---

[36] V. *infra*, § 3.º.

ção segundo a qual, tendo o legislador mencionado de modo explícito naquelas normas só os *empréstimos*, deve entender-se, uma vez que estaria ao seu alcance indicar outros (ou todos os) contratos de crédito, que apenas aos empréstimos se aplica o disposto no n.º 3 do artigo 24.º da Lei das Finanças Locais. Produzindo o mesmo resultado material que os empréstimos directamente contraídos pelo Município, também os outros contratos de crédito deverão, pois, ser tidos em consideração para efeito da aplicação da mencionada regra do n.º 3 do artigo 24.º da Lei das Finanças Locais.

16. Não se pode, porém, olvidar que o n.º 3 do artigo 24.º da Lei das Finanças Locais conhece excepções, à luz das quais também a presente questão da Consulta deve ser equacionada.

E, entre elas, cumpre destacar desde logo a do artigo 32.º. Recorde-se o seu teor: "dos limites de endividamento previstos no n.º 3 do artigo 24.º fica excluído o endividamento para execução de projectos comparticipados pelos fundos estruturais comunitários, no âmbito do Quadro Comunitário de Apoio". Funda-se esta regra, crêmo-lo, quer na presunção do carácter essencial ao desenvolvimento económico-social do Município de projectos financeiramente comparticipados pelo Quadro Comunitário de Apoio, quer no facto de tal comparticipação, pela sua expressão, poder reduzir em larga escala o risco de se ter de subsidiar com fundos do Orçamento de Estado encargos que o Município não conseguisse saldar através das suas receitas normais.

Assim, sobrevindo comparticipação de fundos provenientes do Quadro Comunitário de Apoio III ao projecto de expansão dos sistemas municipais de abastecimento de água e de saneamento básico — que, como se diz na Consulta, será candidatado aos mesmos, e, pelo seu carácter estrutural, parece elegível —, deve entender-se que o endividamento resultante de contratos de empréstimos *stricto sensu* e de contratos de que emirjam para o Município obrigações de resultado similar ao daqueles, como é o caso do «Contrato de Cooperação», não relevam, por força do artigo 32.º, para efeitos do disposto no n.º 3 do artigo 24.º da Lei das Finanças Locais.

17. Mas, mesmo que (ou enquanto) não sobrevenha a referida comparticipação de dinheiros comunitários, temos para nós, por uma outra ordem de razões, que a prestação a pagar pelo Município à EGP por força do Contrato de Cooperação não deve relevar para efeitos do disposto na regra do n.º 3 do artigo 24.º da Lei das Finanças Locais. Isto porque a razão que está na base de uma outra excepção à referida regra, concretamente a plasmada na alínea c) do n.º 6 do artigo 24.º, pode também, ao que cremos, ser estendida, sem esforço, ao endividamento (indirecto) decorrente de contratos de crédito necessários para expansão das infra-estruturas dos sistemas municipais de abastecimento de água e de saneamento básico. Recordemos o teor do referido preceito: "Do limite previsto no n.º 3 ficam excluídos: (...) c) O endividamento decorrente dos empréstimos para aquisição, construção ou recuperação de imóveis destinados à habitação social". Manifestamente que a razão que anima este preceito é a especial relevância do interesse público inerente ao realojamento digno de quantos habitam em condições precárias. Ciente de que o desenvolvimento económico-social pressupõe, além do mais, que seja travada a disseminação de zonas de habitação degradada e subequipadas, onde se concentram as populações mais vulneráveis, os «grupos de risco» e algumas minorias étnicas e emigrantes — o legislador exceptua ao limite da capacidade de endividamento anual do Município os empréstimos de médio e longo prazos necessários à promoção daquele objectivo.

Ora não sofre a nosso ver contestação séria a ideia de que, a um nível bastante próximo desse interesse, se situa o da expansão e reparação dos sistemas municipais de abastecimento de água e de saneamento básico. Aumentar os níveis de atendimento e da qualidade da água distribuída à população, por um lado, e, por outro, eliminar ou minimizar a poluição ambiental provocada pelos efluentes domésticos e industriais — são, efectivamente, aspectos que, além do mais, também se revelam nucleares para um desenvolvimento económico-social sustentado. Relevante prova indirecta do carácter essencial e básico destas infra-estruturas e das utilidades geradas pelas actividades que nelas assentam têmo-la desde logo no facto de os sectores de abastecimento de água e de saneamento básico estarem, por força da Lei de Delimitação de Sectores, reservados à iniciativa económica pública. E não deixa de ser também indício do mesmo carácter essencial o facto de o legislador excepcionar do estabelecido no artigo 24.º, n.º 3, da Lei das Finanças Locais a comparticipação de fundos comunitários à execução de projectos infra-estruturais (artigo 32.º), como é, claramente, o caso da expansão e melhoria das infra-estruturas de água e esgotos.

De resto, não é exigível para fundar o paralelismo entre várias situações da vida que procedam numa delas todas as razões justificativas da regulamentação das outras. É que, se fosse assim, então não teríamos um caso análogo mas um caso idêntico. "O caso omisso tem de ter sempre alguma diversidade em relação ao caso previsto. É relativamente semelhante, mas é também relativamente diverso. O que a analogia supõe é que as semelhanças são mais fortes que as diferenças. Há um núcleo fundamental nos dois casos que exige a mesma estatuição. Se esse núcleo fundamental pesar mais que as diversidades, podemos então afirmar que há analogia"[37].

Ora, pelo que já acima deixámos referido, temos para nós que pelo menos o essencial das razões justificativas da mencio-

---

[37] Cfr. OLIVEIRA ASCENSÃO, *O Direito. Introdução e Teoria Geral*, p. 440.

nada excepção constante da alínea c) do n.º 6 e do artigo 24.º da Lei das Finanças Locais colhe também para o endividamento decorrente de empréstimos necessários para a expansão e melhoria das infra-estruturas de água e esgotos.

Portanto, por força da aplicação analógica da norma da alínea c) do n.º 6 e do artigo 24.º da Lei das Finanças Locais, deve entender-se que mesmo não sobrevindo (ou enquanto não sobrevier) a comparticipação de fundos comunitários à execução de um projecto municipal de expansão e melhoria das infra-estruturas de água e esgotos, a prestação a pagar pelo Município à EGP, por força do Contrato de Cooperação, não deve relevar para efeitos do disposto no n.º 3 do artigo 24.º da Lei das Finanças Locais.

18. Objectar-se-ia à conclusão anterior o facto de o artigo 11.º do Código Civil dispor que as normas excepcionais — como é o caso da da alínea c) do n.º 6 e do artigo 24.º da Lei das Finanças Locais — não comportam aplicação analógica.

Que a regra estabelece isso é facto incontornável. Que ela seja cogente é já no entanto uma proposição controversa. Para nós, desde um ponto de vista material, o mais relevante, a regra do artigo 11.º do Código Civil — que, além do mais, como é evidente, pressupõe "uma inaceitável (...) menoridade da nossa judicatura"[38] –, está *superada*. Está-o, primeiro, dizêmo-lo com Castanheira Neves, "pela impossibilidade metodológica (...) de se delimitar rigorosamente (...) a «interpretação extensiva» da analogia — delimitação ou distinção que o citado artigo 11.º pressupõe expressamente. Pelo que, já por aqui, proibir nesta caso legislativamente a analogia para só admitir a interpretação extensiva é hoje tão ingénuo como o foi ontem a proibição da

---

[38] Cfr. CASTANHEIRA NEVES, *Metodologia Jurídica,* Coimbra, 1993, p. 274.

própria interpretação (...): essa proibição carece, pura e simplesmente, de metodológica condição de possibilidade"³⁹/⁴⁰.

Está-o, depois, porque, como também escreve Castanheira Neves, "o que justifica a analogia em geral justificará igualmente a aplicação analógica das normas excepcionais (...) sempre que a *eadem ratio* da norma excepcional (...) se puder afirmar quanto a outros casos não expressamente previstos nessa norma. O que não quer dizer que seja fácil o exacto reconhecimento dessa *eadem ratio* e não se deva ser exigente na delimitação do âmbito metodológico que nela se apoie, para que a pretexto de uma analogia legítima não se subvertam os princípios ou os regimes jurídicos excepcionais. Mas a dificuldade e o rigor não devem também ser obstáculos a soluções normativo-juridicamente correctas (...) e inclusivamente exigíveis com fundamento num princípio (...) que se impõe ao próprio legislador e a cuja aplicação em concreto não lhe será, por isso, legítimo obstar. Digâmo-lo com Canaris: «quando o legislador impõe aqui ao juiz que trate de modo diferente casos juridicamente semelhantes, obriga-o portanto a uma *infracção contra o supremo mandamento da ideia do direito, o mandamento da igualdade de tratamento* — toda a proibição da analogia tem por isso *prima facie* algo de

---

[39] Cfr. CASTANHEIRA NEVES, *Metodologia Jurídica*, p. 275.

[40] No mesmo sentido, retoricamente, BAPTISTA MACHADO, *Introdução ao Direito*..., p. 327: "como distinguir a «interpretação extensiva» (...) da *analogia legis* ou «extensão analógica» ("extensão teleológica") das normas?". Que acrescenta: "(...) do referido artigo 11.º deduzir-se-ia apenas (como aliás sempre teria de ser) que o que é proibido é transformar a excepção em regra, isto é, partir dos casos *taxativamente* enumerados pela lei para induzir deles um princípio geral que, através da *analogia iuris*, permitiria depois regular outros casos não previstos, por *concretização* dessa cláusula ou princípio geral. Mas não já que seja proibido estender analogicamente a hipótese normativa que prevê um tipo particular de casos a outros casos particulares do mesmo tipo e perfeitamente paralelos ou análogos aos casos previstos na sua própria particularidade".

'escandaloso' e *necessita de uma particular justificação*. (...) Ou seja, o fundamento normativo da analogia não se suspende perante as normas excepcionais e uma solução contrária (...) seria *inclusive*, não só absurda, como mesmo *contra legem*"[41/42].

Ora, como vimos acima, e, *brevitatis causa*, nos abstemos aqui de repetir, o essencial das razões justificativas do afastamento do limite enunciado no n.º 3 do artigo 24.º da Lei das Finanças Locais ao endividamento decorrente de empréstimos para aquisição, construção ou reparação de imóveis destinados à habitação social colhe também para o endividamento decorrente de contratos atípicos de crédito cujo escopo seja, como é no Contrato de Cooperação, a expansão das infra-estruturas municipais destinadas aos serviços públicos de abastecimento de água e de saneamento básico.

A regra do artigo 11.º do Código Civil não constitui, pois, em síntese, obstáculo para, por aplicação analógica da alínea *c)* do n.º 6 do artigo 24.º da Lei das Finanças Locais ao caso vertente, se entender que a prestação devida pelo Município à EGP não releva para efeitos do n.º 3 do artigo 24.º da Lei das Finanças Locais.

§ 3.º
Admissibilidade do «Contrato de Prestação Liberatória»

19. No «modelo», a dívida do Município à EGP é paga pela EMO. É esta que, como vimos[43], por contrato realizado com o Município («Contrato de Prestação Liberatória»), exo-

---

[41] Cfr. CASTANHEIRA NEVES, *Metodologia Jurídica,* pp. 275-276.

[42] No mesmo sentido, v. BAPTISTA MACHADO, *Introdução ao Direito...*, p. 327.

[43] Cfr. alínea *g)* do ponto I da Consulta.

nera este da sua dívida para com a EGP. Para tanto, afecta mensalmente, segundo fórmula estabelecida no «Contrato de Cooperação», parte das receitas da exploração dos serviços municipais de abastecimento de água e de saneamento básico.

Ora, existe algum obstáculo à celebração do referido «Contrato de Prestação Liberatória»?

20. Primeiro ponto: trata-se o «Contrato de Prestação Liberatória», de um contrato celebrado entre duas pessoas colectivas públicas: tanto o Município como a EMO têm de facto essa natureza — quanto a esta, refira-se apenas de passagem que, não obstante a participação (minoritária) nela de capitais privados, o facto de a Lei n.º 58/98 estabelecer um regime jurídico unitário para as três espécies de empresas jurídicas municipais aí previstas e reguladas aponta decisivamente para a existência de uma natureza unitária a qual, por razões que nos absteremos de expor aqui, é pública[44]. Será isso possível?

Responde-se pela positiva.

Como defende a nossa doutrina dominante, o contrato é, a par do acto jurídico unilateral, quer em direito privado quer em direito público (cfr. artigos 178.º e 179.º, n.º 1, do CPA), uma forma normal de constituição, modificação ou extinção de relações jurídicas. Sérvulo Correia, por exemplo, em 1987, depois de informar, a propósito dos sujeitos dos contratos administrativos, que é frequente no direito comparado (e sobretudo na Alemanha) a celebração de contratos entre entes públicos, afirma expressamente, depois de cuidada análise, não ver qualquer obstáculo à admissibilidade teórica de contratos celebrados entre pessoas colectivas públicas e que, inclusivamente, o nosso orde-

---

[44] Sobre o conceito de pessoa colectiva pública e sobre as razões que nos levam a considerar a empresa pública como uma espécie de pessoa colectiva pública, cfr. FREITAS DO AMARAL, *Curso de Direito Administrativo*, I, Coimbra, 1994.

namento jurídico permite surpreender vários exemplos desse tipo de acordos[45].

Pela nossa parte, manifestámo-nos também já favoráveis à formalização, por contratos de direito privado, de relações jurídicas entre duas pessoas colectivas públicas [46]. Tais entes têm, a par de uma capacidade jurídico-pública, uma capacidade negocial de direito privado, que resulta "de uma conjugação de preceitos normativos: *o princípio da especialidade* e as *normas que fixam as atribuições da pessoa colectiva pública*" [47].

21. Mas qual a natureza jurídica do «Contrato de Prestação Liberatória»?

Indo directamente à questão, parece-nos, salvo melhor opinião, que se trata de um contrato de direito privado, posto que, à luz do critério de qualificação dos contratos administrativos que temos por preferível, o do objecto, o «Contrato de Prestação Liberatória» não respeita *directamente* ao conteúdo da função administrativa. É, antes, um contrato *instrumental* face ao «Contrato de Cooperação», este, sim, sem dúvida administrativo, por o seu objecto mediato respeitar directamente, como se disse, ao exercício da função administrativa.

Assim, a capacidade jurídica das partes intervenientes para a sua celebração depende de se poder considerar ser ele *necessário* ou *conveniente* (cfr. artigos 12.º, n.º 2, da Constituição e 160.º do Código Civil) à prossecução das respectivas atribuições, bem como, por outro lado, da não preterição de quaisquer regras injuntivas.

Quanto ao segundo aspecto, parece-nos claro que este acordo não bole com qualquer preceito injuntivo.

---

[45] Cfr. SÉRVULO CORREIA, *Legalidade e Autonomia* ..., p. 409 e segs..

[46] FREITAS DO AMARAL, *Direito Administrativo*, in *Dicionário Jurídico da Administração Pública*, III, Lisboa, 1991, p. 18.

[47] Cfr. SÉRVULO CORREIA, *Legalidade e Autonomia* ..., p. 531.

A respeito do primeiro, devemos analisar separadamente as posições do Município e da EMO.

Quanto ao Município: ele deve à EGP, por força do «Contrato de Cooperação», a remuneração dos serviços desta e do Consórcio, bem como a provisão ou reembolso das despesas que, em sua execução, efectuará ou efectuou no seu interesse. Tem, assim, um interesse relevante na celebração deste contrato. Em vez de a EMO — em que é accionista maioritário e, por Acordo Parassocial, beneficiário único dos respectivos dividendos [48] — lhe libertar as receitas que, depois, destinaria à EPG, é razoável, uma vez que a EPG será provisionada, reembolsada e remunerada através das receitas de exploração dos serviços municipais, que seja a própria EMO, nos termos convencionados no «Contrato de Cooperação», a entregá-las directamente à EGP.

No que concerne à EMO, percebe-se também bem a sua conveniência em participar neste esquema. Para explorar e gerir (lucrativamente, presume-se) os serviços públicos municipais de abastecimento de água e de saneamento básico — os seus fins estatutários –, necessita de infra-estruturas adequadas para o efeito. Sendo as mesmas promovidas, em seu benefício (é ela quem recebe dos utentes as receitas), pelo seu principal accionista, ao qual tais infra-estruturas pertencem em propriedade, parece razoável que, como contrapartida, por um lado, da delegação de serviço público e, por outro, da faculdade de utilização e gestão das infra-estruturas, celebre um contrato pelo qual libera o Município da dívida que este assumiu perante um terceiro pela realização das infra-estruturas.

22. O «Contrato de Prestação Liberatória» *assemelha-se* bastante, quanto à respectiva natureza jurídica, a uma figura bem conhecida no direito privado: o *contrato a favor de terceiro*

---

[48] A participação da EGP na EMO destina-se apenas a garantir os créditos dos bancos financiadores.

(Código Civil, artigos 443.º e segs.). "Diz-se *contrato a favor de terceiro* aquele em que um dos contraentes (*promitente*) se compromete perante o outro (*promissário*) a atribuir certa vantagem a uma pessoa estranha ao negócio (*beneficiário*)"[49]. Chama-se "*relação de cobertura* a que se estabelece entre o promitente e o promissário e que serve de suporte ao direito de terceiro", e designa-se por "*relação de valuta* o vínculo que liga o promissário ao terceiro. Nela se encontra o objectivo visado pelo promissário com o contrato (efectuar uma liberalidade, extinguir uma dívida)"[50]. É, pois, elemento essencial (e não simples cláusula acessória) desta figura contratual a existência de um interesse do promissário "digno de protecção legal" (artigo 443.º, n.º 1, do Código Civil).

Ora, como dizíamos, é patente a semelhança do «Contrato de Prestação Liberatória» com a figura do contrato a favor de terceiro, já que a EMO se obriga perante o Município, que tem nisso um interesse digno de protecção legal, a efectuar uma prestação à EGP. A semelhança não é, no entanto, total, porquanto, como resulta do exposto acima, o direito da EGP à prestação do Município existe já por força do «Contrato de Cooperação» e não, como seria típico da figura do contrato a favor de terceiro (cfr. n.º 1 do artigo 444.º do Código Civil[51]), a partir da celebração do «Contrato de Prestação Liberatória». Neste, que lidimamente se assume como uma *promessa de liberação*, a EGP apenas terá que anuir à realização do seu crédito por um terceiro e não pelo seu devedor.

---

[49] Cfr. ALMEIDA COSTA, *Direito das Obrigações*, 7.ª ed., Coimbra, 1998, pp. 297-298.

[50] Cfr. ALMEIDA COSTA, *Direito das Obrigações*, p. 300.

[51] Nos termos do artigo 444.º, n.º 1, do Código Civil, "o terceiro a favor de quem for convencionada a promessa adquire direito à prestação, independentemente da aceitação".

Em suma: é admissível, ao abrigo do *princípio da especialidade* (artigos 12.º, n.º 2, da Constituição, e 160.º do Código Civil) e das *normas que fixam as atribuições das pessoas colectivas públicas* a celebração entre o Município e a EMO, no âmbito do «modelo», do «Contrato de Prestação Liberatória».

23. Também o Direito Comparado nos mostra o recurso pelas entidades públicas a figuras mais ou menos próximos do *contrato a favor de terceiro* no âmbito de operações de financiamento privado de infra-estruturas públicas similares à que vimos apreciando.

Para não irmos mais longe, refira-se o que, do país vizinho, nos relata Fernando Azofra Vegas a propósito da *encomenda de gestão* de uma infra-estrutura pública — figura pela qual a Administração celebra "um contrato de mandato com uma empresa mercantil maioritariamente participada pelas administrações públicas (...) em virtude do qual possa a Administração mandante encomendar ao mandatário a execução «chave na mão» de certa infraestrutura pública" e que tem como "traço mais relevante (...) a assunção por parte da Administracão mandante da obrigação de suportar todos os custos de realização das infraestruturas (inclusivamente os custos do financiamento), realizando para esse efeito as correspondentes afectações orçamentais"[52]. Assim, refere o A. ser nesse caso adequado para garantir os créditos das entidades financiadoras a *"subscrição por parte da Administração mandante de um contrato a favor de terceiro* (ao abrigo do artigo 1.257, parágrafo segundo, do Código Civil) *em que aquela directamente se compromete a favor dos terceiros a cumprir as suas obrigações de transferência de fundos ao mandatário em execução do mandato*, e inclusivamente a aumentar o capital da sociedade

---

[52] Cfr. FERNANDO AZOFRA VEGAS, *La financiación privada de infraestructuras públicas*, cit., p. 456.

mandatária na precisa medida para que esta possa cumprir com as suas obrigações conforme o contrato com os terceiros" [53]. E exemplifica esta realidade com o contrato celebrado em 14 de Março de 1996 pela Comunidade Autónoma de Madrid com os financiadores da empresa pública incumbida da gestão das obras públicas[54].

§ 4.º
Da possibilidade de a EGP ser «dono de obra pública»

24. Quarta questão: pode, à luz do Decreto-Lei n.º 59/99, de 2 de Março (diploma que aprovou o regime das empreitadas de obras públicas — doravante REOP), a EGP ser «dono da obra pública» nos contratos necessários à execução das infra-estruturas necessárias à expansão dos serviços públicos municipais de abastecimento de água e de saneamento básico?

25. Três notas prévias, em jeito de enquadramento da questão.

É manifesto, em primeiro lugar, que as obras de expansão dos sistemas municipais de abastecimento de água e de saneamento básico se assumem, em face da noção de «obras públicas»

---

[53] Cfr. FERNANDO AZOFRA VEGAS, *La financiación privada de infraestructuras públicas*, cit., p. 456.

[54] Cfr. FERNANDO AZOFRA VEGAS, *La financiación privada de infraestructuras públicas*, cit., p. 456, nota, 4. Este contrato foi assim designado no *Boletín Oficial de la Comunidad de Madrid*, n.º 290, de 5 de Dezembro de 1996: "La relación de la Comunidad de Madrid y Arpegio, S. A., como consecuencia de los encargos que se le encomiende en el marco del presente Convenio es la de un mandato por el que Arpegio, SA, actúa en nombre proprio pero por cuenta de la Comunidad de Madrid, debiendo hacerce constar así en los contratos que Arpegio, SA, celebre con terceros en ejecución del mandato recibido".

constante do n.º 1 do artigo 1.º do REOP, como obras dessa natureza. É assim, primeiro, pelo seu objecto (trabalhos "de construção, reconstrução, ampliação, reparação, conservação, limpeza, restauro, reparação, adaptação, beneficiação e demolição de bem imóveis (...)"; é assim, depois, pelo seu escopo ("...destinadas a preencher, por si mesmas, uma função económica ou técnica ..."); e é assim, finalmente, pelo facto de, no «modelo», elas serem em última análise, executadas "por conta" de um dono de obra pública (a autarquia local Município — cfr. artigo 3.º, n.º 1, alínea d), do REOP).

Segunda nota: é evidente, assim, que a não sujeição da realização destas obras (financiadas por dinheiros públicos) ao regime do REOP — sobretudo ao regime da sua formação — constituiria uma fraude à lei. É assim, primeiro, porque promovidas directamente por uma (1) autarquia local, (2) uma empresa pública municipal ou (3) uma concessionária de serviço público, entidades expressamente habilitadas por lei à sua realização, nenhuma dúvida haveria de que se submeteriam ao REOP (cfr. alíneas d), g) e h) do n.º 1 do artigo 3.º). É assim, depois, porque esse regime dá cumprimento às directivas comunitárias sobre contratação pública, as quais, em matéria de obras financiadas por dinheiros públicos, visam assegurar, através do princípio da transparência, os princípios do Tratado da União Europeia da *não discriminação* e da *concorrência*[55]. Ficariam, pois, inadmissivelmente, por satisfazer estes valores.

Em terceiro lugar, o artigo 3.º do REOP, disposição que procede à delimitação do âmbito *subjectivo* de aplicação do diploma, não contempla nas categorias enumeradas no seu texto estruturas societárias do tipo da EGP. Não parece, na verdade,

---

[55] Sobre este regime, cfr., por exemplo, entre nós, MARGARIDA CABRAL, *O Concurso Público nos Contratos Administrativos*, Coimbra, 1997, pp. 38-52. V. ainda LAURENT RICHER, *Droit des contrats administratifs*, Paris, 1995, pp. 281-286.

que ela se possa subsumir na categoria referida na alínea h) do n.º 1 e no n.º 2 daquele artigo 3.º: "(...) entidades dotadas de personalidade jurídica, criadas para satisfazer de modo específico necessidades de interesse geral, sem carácter industrial ou comercial e em relação às quais se verifique alguma das seguintes circunstâncias: a) Cuja actividade seja financiada maioritariamente por alguma das entidades referidas no número anterior; b) Cuja gestão esteja sujeita a um controlo por parte de alguma das entidades referidas no número anterior ou no presente número; c) Cujos órgãos de fiscalização sejam compostos, em mais de metade, por membros designados por alguma das entidades referidas no número anterior ou no presente número". É que, por um lado, a EGP tem forma e substracto societário e, por outro lado, as "«pessoas colectivas criadas para satisfazer de *modo específico* necessidades de interesse geral...», se não são apenas pessoas colectivas de direito público (...)", correspondem "a uma categoria muito reduzida de pessoas colectivas de direito privado (...) como as instituições particulares de interesse público, a que se refere o n.º 4 do artigo 2.º do CPA"[56].

Posto isto, recoloque-se a questão: pode, ou não, à luz do Decreto-Lei n.º 59/99, de 2 de Março (diploma que aprovou o regime das empreitadas de obras públicas — REOP), a EGP ser «dono da obra pública» nos contratos necessários à execução das infra-estruturas necessárias à expansão dos serviços públicos municipais de abastecimento de água e de saneamento básico?

Responde-se afirmativamente.

26. A letra do referido artigo 3.º do REOP não constitui obstáculo insuperável à aplicação daquele regime às empreitadas promovidas pela EGP.

---

[56] M. ESTEVES DE OLIVEIRA/R. ESTEVES DE OLIVEIRA, *Concursos e Outros Procedimentos de Adjudicação Administrativa. Das Fontes às garantias*, p. 64--65.

Efectivamente, e antecipando a conclusão, temos por defensável a aplicação analógica à EGP do disposto na alínea *g)* do n.º 1 do artigo 3.º do REOP, que considera donos de obras públicas "as empresas públicas e as sociedades anónimas de capitais maioritária ou exclusivamente públicos, sem prejuízo do n.º 3 do artigo 4.º"[57]. Isto porque, como procuraremos demonstrar seguidamente: (1) há manifesta semelhança, no plano material, entre a EGP e estas sociedades anónimas; (2) a razão que, no plano jurídico, justifica a aplicação do REOP a tais sociedades, colhe também, no essencial, para a EGP.

Vejamos.

27. Estranharia, à primeira vista, defender-se, como fizemos, existir paralelismo entre a EGP e as *sociedades anónimas de capitais exclusiva ou maioritariamente públicos* referidas na alínea *g)* do n.º 1 do artigo 3.º do REOP. Decerto que, conceder-se-ia, tal como elas, também a personalidade jurídica da EGP é de direito privado, já que adopta forma e estrutura societárias. Decerto também que, por outro lado, que, tal como aquelas, a EGP subordina-se, primariamente, à lei mercantil, que rege o seu funcionamento corrente. No entanto, dir-se-ia, a sustentar-se a existência de semelhanças, no plano material, da EGP com alguma das categorias descritas no n.º 1 do artigo 3.º, ela deveria ser com a categoria referida na alínea *h)* desse n.º 1. Considera-se aí serem donos de obras públicas: "as concessionárias de serviço público, sempre que o valor da obra seja igual ou superior ao estabelecido para efeitos de aplicação das directivas da União Europeia relativas à coordenação dos processos de adju-

---

[57] Que dispõe: "Nas empreitadas de valor inferior ao estabelecido para efeitos de aplicação das directivas da UE relativas à coordenação dos processos de adjudicação de empreitadas de obras públicas, podem as entidades referidas na alínea g) do n.º 1 do artigo 3.º ser isentadas da aplicação do presente diploma, mediante decreto-lei".

dicação de empreitadas de obras públicas". Ora, formalmente, a EGP não tem capitais exclusiva ou maioritariamente públicos, mas, antes, tal como sucede tipicamente com as sociedades concessionárias de serviço público (da administração estadual, regional ou local), capital integralmente privado.

Afasta-se, no entanto, essa hipotética objecção, pelo facto de, de um outro prisma — o da maior ou menor autonomia decisória da EGP relativamente ao ente legalmente incumbido de promover a realização das obras públicas em causa (o Município) —, notoriamente mais relevante do que o acima referido, a EGP se aproximar bastante mais da categoria das sociedades de capitais maioritária ou exclusivamente públicos.

É sabido que o recurso crescente a estas "formas jurídicas privadas de organização do sector empresarial público" traduz "a opção por um modelo que proporciona *maior flexibilidade de gestão e uma maior transparência e veracidade em termos de rentabilidade económica ou social,* permitindo o seu financiamento através da captação de capitais privados (...) *sem prejuízo de garantir o controlo público da respectiva actividade decisória*"[58]. E "exactamente porque a adopção pelo Estado de formas organizativas empresariais de Direito Privado *continua a garantir um controlo público das decisões empresariais,* pode bem dizer-se que estamos perante um *processo formal de privatização*: as estruturas empresariais continuam, afinal, a pertencer ao sector empresarial público, deixando, todavia, de revestir a forma tradicional (...) de empresas públicas, enquanto sujeitos dotados de uma personalidade jurídica de Direito Público, passando a configurarem-se (como) em sociedades sob forma comercial"[59].

---

[58] V. PAULO OTERO, *Vinculação e Liberdade de Conformação Jurídica do Sector Empresarial do Estado*, Coimbra, 1998, p. 190.

[59] V. PAULO OTERO, *Vinculação e Liberdade...*, cit., p. 190. É justamente por essa circunstância que alguma doutrina entende que estas sociedades anónimas de capitais públicos, outrora empresas públicas, são ainda, não obs-

Ora, em nítido paralelismo com o que sucede relativamente às sociedades anónimas que as entidades públicas comandam simultaneamente "por dentro" (através do exercício da *função accionista*) e "por fora" (*poderes de superintendência e tutela*), a EGP é uma sociedade "em mão" municipal, já que, como vimos, o Município, através do seu assento no "Conselho de Cooperação", tem o poder de, "por fora", aprovar ou ratificar todos os contratos que a EGP celebre, *nomine proprio*, com terceiros, em execução do Contrato de Cooperação. Pertence-lhe, assim, não apenas a titularidade como também a participação decisiva no exercício da actividade. Este controle, em suma, tal como moldado pelo «Contrato de Cooperação», não chegando ao ponto de, comprimindo a necessária margem de autonomia da EGP, converter esta num *nudus minister* da Administração[60] — estabelece efectivamente um poder de intervenção muito forte do Município sobre o âmbito da actuação da EGP.

São já simultaneamente menos extensos e intensos os poderes de controle que, por regra, a Administração concedente reserva sobre a gestão corrente do concessionário. O que se compreende bem, posto que, aí, é ao concessionário que cabe a participação decisiva no exercício da actividade administrativa concedida. E cabe-lhe, porque aceitou, por título jurídico-público, financiar por sua conta a obra, suportando, consequentemente, o inerente risco. Parafraseando Cianflone, o concessionário coloca-se no lugar da Administração, é um substituto que, perseguindo um fim lucrativo e agindo em nome próprio, actua

---

tante a privatização da natureza jurídica da sua personalidade, parte integrante da Administração Pública — cfr. MARCELO REBELO DE SOUSA, *Lições de Direito Administrativo*, Lisboa, 1994/1995, pp. 489 e 494; MARIA JOÃO ESTORNINHO, *A Fuga para o Direito Privado*, pp. 327-328.

[60] SUAY RINCON, "La Ejecución del Contrato de Obra Publica", in *Comentario a la Ley de contratos de las Administraciones Publicas*, Madrid, 1996, p. 666.

simultaneamente um fim da Administração[61]. Daí que à Administração caiba apenas um poder *genérico* de *fiscalizar* se a sua actuação se vai coadunando ou não com o superior interesse público materializado nos documentos contratuais, e não já, como é claramente o caso do Município relativamente à EGP, uma sorte de *poder de dirigir* a sua actuação[62]. No mesmo sentido, referem de França Laubadère, Moderne e Delvolvé que, nas concessões de serviços e obras públicas, o controle exercido pela Administração "não é senão um controle em sentido estrito, ou seja, uma mera supervisão do modo como é executado o contrato", e que "não se pode aí falar propriamente num poder de dirigir a execução do contrato, *já que é o próprio concessionário que é responsável pelo serviço*, ou seja, quem deve organizar os meios necessários para o seu funcionamento"[63]. Isto, sob pena de "desnaturação da concessão"[64].

Portanto, à luz do controle exercido pela Administração sobre a actuação da EGP, temos por seguro que esta entidade, de uma óptica material, está muito mais próxima da categoria das sociedades de capitais públicos do que das sociedades concessionárias.

Dito isto, cabe agora verificar, como pressuposto essencial da aplicação analógica do disposto na alínea *g)* do n.º 1 do artigo 3.º do REOP, se a *ratio* do preceito que considera donos de obras públicas "as empresas públicas e as sociedades anónimas de capitais maioritária ou exclusivamente públicos, sem prejuízo do n.º 3 do artigo 4.º"[65], se estende também a sociedades pri-

---

[61] ANTONIO CIANFLONE, *L'Appalto di Opere Pubbliche*, cit., p. 150.
[62] ANTONIO CIANFLONE, *L'Appalto di Opere Pubbliche*, cit., p. 150.
[63] LAUBADÈRE, MODERNE e DELVOLVÉ, *Traité des Contrats Administratifs*, II, p. 453 e segs.
[64] LAUBADÈRE, MODERNE e DELVOLVÉ, *Traité des Contrats Administratifs*, II, p. 426.
[65] Que dispõe: "Nas empreitadas de valor inferior ao estabelecido para efeitos de aplicação das directivas da UE relativas à coordenação dos proces-

vadas, como a EGP, cuja gestão é, por contrato administrativo, intensa e extensamente controlada por uma autoridade pública.
A resposta é positiva.

Com a submissão das empreitadas de entes societários privados de capitais (maioritariamente) públicos ao REOP, o legislador visou, manifestamente, na esteira do disposto nas directivas comunitárias sobre contratação pública, assegurar que o dispêndio de dinheiros públicos, nesse fim, por sociedades cujo *munus* estatutário é, no fundo, a satisfação de necessidades colectivas postas por lei primariamente a cargo das entidades que as criaram e que as controlam, fosse feito no quadro de um procedimento assente no respeito dos princípios da igualdade, imparcialidade, transparência, publicidade e concorrência — a maior parte deles, note-se, com reflexos constitucionais[66].

Ora o *munus* estatutário da EGP é, igualmente, como já o dissemos e redissemos, auxiliar o Município, a título oneroso, no adequado desempenho das atribuições que legalmente lhe cabem nos domínios do abastecimento de água e do saneamento básico. O genoma daquele "veículo societário" (na sugestiva expressão inglesa: *special purpose project development company*) não é o de financiar por sua conta e risco, como as concessionárias, obras municipais que, depois, directamente explorará por um determinado período — é, sim, repete-se, e aproveitando-nos agora da sugestiva expressão de AA. alemães, o de ser um *Verwaltungshelfer* (auxiliar da Administração), ou seja, um ente que, por conta dela, colabora na realização de tarefas

---

sos de adjudicação de empreitadas de obras públicas, podem as entidades referidas na alínea *g)* do n.º 1 do artigo 3.º ser isentadas da aplicação do presente diploma, mediante decreto-lei".

[66] Sobre a *ratio* deste preceito à luz do direito anterior ao actual REOP, cfr. M. ESTEVES DE OLIVEIRA/R. ESTEVES DE OLIVEIRA, *Concursos e outros Procedimentos de Adjudicação Administrativa. Das Fontes às garantias*, Coimbra, 1998, p. 53 e segs..

públicas como um seu instrumento e sob a sua *direcção* ⁶⁷ — concretamente, através do «Conselho de Cooperação». Como é o Município quem, em última análise, assegura os meios necessários ao financiamento das obras cuja realização é, sob a *direcção* daquele, promovida pela EGP — como, numa palavra, estão em causa empreitadas (co)financiadas por dinheiros (provenientes da exploração de serviços) públicos — deve entender-se que a *ratio* da referida norma do REOP colhe também, no seu essencial, para a situação da EGP.

Daí que, e porque *ubi eadem ratio est, ibi eadem dispositio*, as empreitadas que a EGP promover com vista à construção ou reparação de infra-estruturas municipais necessárias ao funcionamento dos serviços públicos de abastecimento de água e de saneamento básico devem, por força da aplicação analógica da alínea *g)* do n.º 1 do artigo 3.º do REOP, submeter-se, com as adaptações necessárias, ao regime procedimental e substantivo plasmado no REOP. Há, pois, logo por aqui, *base legal expressa* para justificar, por via de *analogia legis*, o estatuto da EGP como dono de obra pública.

Duas derradeiras notas finais sobre este ponto:

a) Primeira: temos por incontroverso que o artigo 3.º do REOP é um regime aberto, susceptível de analogia *legis*. Como vimos, "a transposição analógica de uma regulamentação apenas será de considerar excluída quando dessa regulamentação se possa afirmar que o legislador a formulou deliberadamente em termos rigorosos e restritivos, e de uma maneira «fechada» ou completa. Assim devem ser interpretadas aquelas enumerações (taxativas) que não são acompanhadas de qualquer fórmula ou cláusula geral (...)"⁶⁸. Não é isso, porém, que sucede no preceito

---

⁶⁷ V. WOLFF/BACHOF/STOBER, *Verwaltunsgsrecht*, II, Munique, 1987, p. 414.

⁶⁸ V. BAPTISTA MACHADO, *Introdução ao Direito...*, p. 330.

em questão. Não se lêem na sua letra expressões como (*o presente diploma aplica-se:*) *apenas*, ou *exclusivamente*, ou *só*, a estes ou àqueles entes — o que claramente inculcaria uma tipicidade taxativa[69]. Diz-se nele: "(...) são considerados donos de obras públicas: (...)". Quer dizer, as entidades aí descriminadas *são donos de obras públicas* — tal não equivale, no entanto, a dizer que *só elas o possam ser*. Nem teria qualquer sentido a posição contrária: imagine-se a criação legal, por via de transposição de directiva comunitária, de uma nova categoria de entidades administrativas sem que nesse diploma concomitantemente se determinasse a aplicação à tal nova categoria do regime das empreitadas de obras públicas. Prosseguindo interesses públicos relevantes do tipo dos prosseguidos pelas demais pessoas colectivas enunciadas naquele artigo 3.º, faria algum sentido excluir as empreitadas desse tipo de entidade do âmbito de aplicação do REOP apenas por não serem explicitamente individualizadas pelo legislador? Evidentemente que não.

b) A conclusão alcançada pressupõe resolvida em sentido afirmativo, como o está, a questão da admissibilidade de contratos administrativos entre particulares. Numa brevíssima nota, cumpre apenas recordar, por um lado, que se é verdade que foi durante muitas décadas dogma absoluto na doutrina e jurisprudência administrativas portuguesas a inadmissibilidade de entes particulares celebrarem contratos administrativos, também o é que por força do contributo de AA. como Sérvulo Correia[80],

---

[69] Sobre a distinção entre tipicidade taxativa, delimitativa e exemplificativa, cfr. OLIVEIRA ASCENSÃO, *A Tipicidade dos Direitos Reais*, Lisboa, 1968, pp. 53 e 54; ALBERTO XAVIER, *Conceito e natureza do acto tributário*, Coimbra, 1972, p. 73.

[80] V. SÉRVULO CORREIA, "Contrato Administrativo", in *Dicionário Jurídico da Administração Pública*, II, Lisboa, 1972, pp. 78 e segs.. Em 1987, veio o A. sustentar: podem celebrar contratos administrativos as associações, funda-

Esteves de Oliveira[81], nós próprios[82], e, por último, Casalta Nabais[83], tal posição está, no plano doutrinal, completamente ultrapassada[84].

E, por outro lado, sobre estar completamente ultrapassada no plano doutrinal, também o está no plano legal, já que o legislador português, por um lado, no artigo 178.º, n.º 1, do CPA, ao definir o conceito de contrato administrativo, não exige que um dos sujeitos da relação jurídico-administrativa

---

ções e sociedades desde que se verifique uma de duas circunstâncias: (*i*) a lei reconhecer expressamente essa capacidade à(s) entidade(s) privada(s) contratante(s); (*ii*) pelo menos uma delas estar submetida a normas de Direito Administrativo que confiram a algum dos seus órgãos o poder de praticar actos administrativos. *Legalidade e Autonomia...*, pp. 414 a 417.

[81] ESTEVES DE OLIVEIRA, *Direito Administrativo*, I, Coimbra, 1980, pp. 657 e 658. Que concretiza serem requisitos dessa possibilidade: (*i*) uma das partes estar (legal, estatutária ou contratualmente) obrigada a prosseguir um interesse público administrativo; (*ii*) o contrato ser qualificável como administrativo se, em vez dessa pessoa privada, interviesse a pessoa colectiva pública que a habilitou a prosseguir tal interesse.

[82] V. FREITAS DO AMARAL, «Apreciação da Dissertação de Doutoramento do Lic. J. M. Sérvulo Correia», cit., p. 168: "(...) podem perfeitamente conceber-se contratos administrativos entre dois sujeitos privados".

[83] V. *Contratos Fiscais*, Coimbra, 1994, p. 62. Refere o Autor: "é de salientar que a possibilidade de contratos administrativos entre particulares é cada vez maior na medida em que se vai alargando a acção da Administração, alargamento esse que, não obstante os apelos crescentes a menos Estado, não se vislumbra que pare. Ora, para que a acção administrativa assim alargada não venha a assumir um cariz total(izante), impõe-se uma ampla e profunda descentração em que as instituições privadas (...) não podem deixar de ter um importante papel na assunção de tarefas públicas, para a realização das quais, não se poderá dispensar o recurso ao instrumento que constitui o contrato administrativo".

[84] Não diverge o entendimento dominante noutras ordens jurídicas. Na Alemanha, por exemplo, está tão generalizada a tese favorável que o objecto da discussão é apenas a extensão que a figura assume. Cfr. algumas referências em CASALTA NABAIS, *Contratos Fiscais...*, pp. 71 e segs.

que se constitui, modifica ou extingue seja uma pessoa colectiva pública organicamente inserida na Administração e, por outro lado, e virando-nos mais para as empreitadas de obras públicas, porque no próprio artigo 3.º do REOP se prevê claramente a possibilidade de serem donos de obras públicas pessoas colectivas privadas -como é manifestamente o caso dos concessionários de serviço público e das empresas de capitais exclusiva ou maioritariamente públicos.

28. Mas existe uma outra via (eventual) para justificar a aplicação adaptada do regime do REOP às empreitadas promovidas pela EGP.

É ela a do artigo 2.º, n.º 5, do REOP. Diz-se aí: "O regime do presente diploma aplica-se ainda às empreitadas que sejam financiadas directamente, em mais de 50%, por qualquer das entidades referidas no artigo seguinte". Ora entre as entidades referidas no n.º 1 do artigo 3.º desse diploma figura o Estado (alínea *a*)).

Portanto, se o Estado financiar empreitadas promovidas pela EGP em mais de 50%, é às mesmas, por força do referido artigo 2.º, n.º 5, aplicável directamente o regime do REOP — prescindindo-se, até, por esta via, da consideração da EGP, subjectivamente, como «dono de obra pública» (artigo 3.º do REOP).

Note-se "que o financiamento directo de mais de 50% do valor da empreitada por dinheiros públicos, abrange não só os financiamentos comunitários internamente distribuídos pelo Estado, como também aqueles casos em que essa percentagem do valor da empreitada é financiada por mais de uma entidade pública, mesmo que a comparticipação de cada uma delas seja inferior a tal percentagem"[85].

---

[85] Cfr. M. ESTEVES DE OLIVEIRA/R. ESTEVES DE OLIVEIRA, *Concursos e outros Procedimentos de Adjudicação Administrativa. Das Fontes às garantias*,

Em suma: na eventualidade de as empreitadas promovidas pela EGP virem a ser, nos termos expostos, financiadas em mais de 50% por dinheiros do (ou agenciados e internamente distribuídos pelo) Estado, como com muita probabilidade virá a suceder, é pacífica, pela aplicação directa do artigo 2.º, n.º 5, do REOP, a submissão das mesmas ao regime procedimental e substantivo regulado no Decreto-Lei n.º 59/99, de 2 de Março.

29. Em síntese: ou (*i*) por via da aplicação analógica (e adaptada) do disposto na alínea *g)* do n.º 1 do artigo 3.º do Decreto-Lei n.º 59/99, ou (*ii*) por via da aplicação directa (também adaptada) do disposto no artigo 2.º, n.º 5, do mesmo diploma — é admissível que as empreitadas promovidas pela EGP em execução do «Contrato de Cooperação» com vista à expansão e renovação dos sistemas municipais de abastecimento de água e de saneamento básico se subordinem ao regime procedimental e substantivo do REOP.

---

p. 65. Como notam estes AA., a solução legal do artigo 2.º, n.º 5, do REOP "peca, do ponto de vista comunitário, por excesso: é que a Directiva 93/37/CEE apenas exigia (além de que tais empreitadas financiadas se subordinassem ao regime da directiva, não ao regime, mais extenso e pormenorizado, do REOP) que o seu regime se aplicasse a certo e determinado tipo de empreitadas financiadas — as que constam da classe 50, grupo 502 do NACE e da 2.ª parte do n.º 2 do artigo 2.º da Directiva — não para todas elas" (p. 66). Acompanhamo-los também quando referem "que tal «excesso» (...) não redunda em qualquer desconformidade invalidante do REOP face ao direito comunitário. (Trata-se) de uma pura opção política do legislador interno, sem qualquer relevo prejudicial no seu confronto com o disposto na directiva" (p. 66).

§ 5.º
Da transferibilidade de financiamentos públicos para a EGP

30. Derradeira questão: é admissível: (*i*) a transferência do Município para a EGP de financiamentos públicos obtidos por aquele, ou (*ii*) o recebimento directo pela EGP dos mesmos financiamentos públicos?

A questão coloca-se porque, como se expôs na Consulta, o projecto de expansão das infra-estruturas municipais de abastecimento de água e de saneamento básico será candidatado a fundos estruturais[86], designadamente no âmbito do Quadro Comunitário de Apoio III — o qual se encontra, actualmente, em fase final de negociações entre o Estado Português e a União Europeia.

31. À míngua, no momento em que escrevemos, da existência da regulamentação especificamente respeitante a esta problemática, isto é, de regras especificamente enunciadoras da forma como o Estado deverá proceder na atribuição concreta a projectos de investimento apresentados e por ele aprovados de verbas provenientes do Quadro Comunitário de Apoio III, a questão tem de ser analisada à luz dos princípios gerais.

E parece-nos que os princípios fundamentais em sede de distribuição pelo Estado de dinheiros provenientes da União Europeia só podem manifestamente ser os da *transparência* e do *rigor* na utilização dos mesmos.

Quer dizer, por força deles deverá ser perfeitamente claro o encaminhamento do financiamento comunitário desde a sua

---

[86] Sobre o conceito de fundos estruturais comunitários, cfr. RUI MOURA RAMOS, *Os Fundos Estruturais e o Direito Comunitário. Estudos de Direito Comunitário*, in *Das Comunidades à União Europeia*, Coimbra 1994, pp. 179 e segs..

entrega ao Tesouro português — o serviço encarregado da centralização das receitas e despesas e que, como é sabido, permite uma gestão mais racional e operacional dos meios ao dispor da Administração Pública[87] — até à emissão do respectivo recibo pelo fornecedor do bem ou pelo prestador do serviço. A boa observância daqueles princípios determina, pois, que todo e qualquer passo "percorrido" por determinada comparticipação financeira — desde a sua atribuição ao Tesouro português até ao seu recebimento final pelo beneficiário, passando pela sua canalização ao serviço administrativo que tenha a seu cargo a gestão do Programa Operacional relativo a acções de desenvolvimento de valor estratégico regional — seja própria e devidamente documentado. É isto assim, porque, como é evidente, do maior ou menor nível da taxa de sucesso na execução dos projectos comparticipados depende a própria realização do Quadro Comunitário de Apoio III. Quer dizer, se o Estado português não explicar devidamente à União Europeia todo aquele percurso a propósito de cada comparticipação financeira, a UE poderá bloquear a atribuição futura de verbas inicialmente acordadas.

32. Na questão que nos é formulada prevêem-se duas situações.

Uma, é a de ser a própria EGP a candidatar o *projecto de investimento* a executar aos fundos comunitários, e, uma vez aprovada essa candidatura, a recebê-los directamente do Tesouro português, contra a apresentação de justificativos das despesas efectuadas.

A outra, é a de ser o Município a candidatar o projecto de investimento. Sendo tal projecto aprovado, coloca-se a questão de saber se as entidades nacionais que gerem o Programa Ope-

---

[87] Cfr. SOUSA FRANCO, *Finanças Públicas e Direito Financeiro*, I, Lisboa, 1991, p. 354.

racional ao abrigo do qual foi decidida a atribuição da comparticipação podem libertar as verbas contra facturas passadas por fornecedores de bens e serviços não ao Município mas à EGP.

Alguma destas situações é incompatível com os referidos princípios fundamentais da transparência e rigor na utilização de dinheiros provenientes da União Europeia?

Quanto à primeira situação, não vemos qualquer obstáculo de princípio quanto à possibilidade de uma entidade como a EGP candidatar directamente o projecto de investimento ao pertinente Programa Operacional de execução do Quadro Comunitário de Apoio III, bem como a beneficiar também directamente da atribuição dessa mesma verba. Trata-se, como vimos, de entidade exclusivamente criada para prestar auxílio a uma entidade pública no desempenho das suas atribuições administrativas. Nada repugna, pois, atendendo ao seu escopo, que ela seja directamente beneficiada com uma comparticipação financeira ao abrigo de um qualquer Programa Operacional. Evidentemente que deverá instruir a candidatura em causa com a documentação necessária a permitir às autoridades que decidem dessa atribuição aquilatar dessa sua especial vocação. Argumentaríamos mesmo por maioria de razão: se têm ou terão essa possibilidade as concessionárias de entidades públicas, as quais, como vimos, têm uma autonomia de gestão muito superior à EGP, *a fortiori* também esta a deverá ter. Este esquema, como nos foi informado pela Consulente, é o observado no seu país. Não vemos, em suma, obstáculo à sua concretização nos mesmos moldes em Portugal.

Quanto à segunda situação, não nos parece também que existam reservas a este modo de proceder conquanto as referidas facturas se apresentem visadas / certificadas pelo representante do Município no Conselho de Cooperação. Nesse caso, a transparência do processo está assegurada. A entidade que gere o Programa Operacional ao abrigo do qual foi concedida a comparticipação financeira sabe, por esse meio, que a factura representa uma despesa feita, não em nome próprio da entidade directamente beneficiária (o Município), mas por sua conta e interesse. Claro que também nesta hipótese importa apresentar às autoridades administrativas competentes o Contrato de Cooperação que habilitou a EGP à prestação de determinados serviços. Não vemos, pois, qualquer óbice à execução, nestoutros termos, de uma comparticipação financeira proveniente do Quadro Comunitário de Apoio III, ou de outro qualquer fundo comunitário, estadual ou regional.

CONCLUSÕES

33. De tudo o que antecede podemos agora extrair, em síntese, as seguintes conclusões:

a) Tanto por não colidir com a reserva legal de sector público em matéria de abastecimento de água e de saneamento básico (enunciada no artigo 1.º da Lei n.º 88-A/97, de 25 de Julho, e no artigo 6.º do Decreto-Lei n.º 379/93, de 5 de Novembro), como por a sua celebração estar habilitada normativamente pela matriz conjugada dos artigos 178.º, n.º 1, e n.º 2, alínea h), e 179.º, n.º 1, do CPA, 13.º, n.º 1, e 26.º, n.º 1, do Decreto-Lei n.º 159/99, 12.º, n.º 2, da Constituição e 160.º, n.º 1, do Código Civil — é admissível, à luz do Ordenamento Jurídico português vigente, a celebração do «Contrato de Cooperação» entre o Município e a EGP;

b) Interpretado teleologicamente, o n.º 3 do artigo 24.º da Lei das Finanças Locais não pode deixar de ser tido como aplicável à (parte da) prestação pecuniária mensal devida pelo Município à EGP por força do «Contrato de Cooperação», cujo montante corresponde, na prática, ao necessário para a EGP cumprir junto das instituições financiadoras as obrigações de reembolso do capital mutuado (e de pagamento de juros) no interesse do Município;

c) Sendo o projecto de expansão dos sistemas municipais de abastecimento de água e de saneamento comparticipado com fundos provenientes do Quadro Comunitário de Apoio (n.º III), deve entender-se, por via da aplicação conjugada das normas do n.º 3 dos artigos 24.º e 32.º da Lei das Finanças Locais, que os encargos anuais com amortizações e juros de empréstimos do Município *materialmente* incluídos na prestação pecuniária mensal que este deve à EGP por força do Contrato de Cooperação não relevam para efeitos dos limites da capacidade de endividamento do Município;

d) Também por força da aplicação analógica da norma da alínea *c)* do n.º 6 e do artigo 24.º da Lei das Finanças Locais, deve entender-se que mesmo que (ou enquanto) não sobrevenha a comparticipação de fundos comunitários na execução de um projecto municipal de expansão e melhoria das infra-estruturas de água e esgotos, a prestação a pagar pelo Município à EGP por força do Contrato de Cooperação não releva para efeitos do disposto no n.º 3 do artigo 24.º da Lei das Finanças Locais;

e) A regra do artigo 11.º do Código Civil não constitui, de um ponto de vista material, o que é decisivo, obstáculo para a aplicação analógica ao caso da consulta da alínea *c)* do n.º 6 do artigo 24.º da Lei das Finanças Locais;

f) É admissível, ao abrigo do *princípio da especialidade* (artigos 12.º, n.º 2, da Constituição, e 160.º do Código Civil) e das *normas que fixam as atribuições das pessoas colectivas públicas* a celebração entre o Município e a EMO, no âmbito do «modelo», do «Contrato de Prestação Liberatória» — que, dogmaticamente, se assemelha à figura do contrato a favor de terceiro;

g) Porque *ubi eadem ratio est, ibi eadem dispositio*, as empreitadas que a EGP promover com vista à construção ou reparação de infra-estruturas municipais necessárias ao funcionamento dos serviços públicos de abastecimento de água e de saneamento básico devem, por força da aplicação analógica da alínea *g)* do n.º 1 do artigo 3.º do Decreto-Lei n.º 59/99, submeter-se, com as adaptações necessárias, ao regime procedimental e substantivo plasmado nesse diploma legal;

h) Na eventualidade de as empreitadas promovidas pela EGP serem financiadas em mais de 50% por dinheiros do (ou agenciados e internamente distribuídos pelo) Estado — o que, com probabilidade, poderá suceder —, é pacífica, pela aplicação directa do artigo 2.º, n.º 5, do REOP, a submissão dessas empreitadas ao regime do Decreto-Lei n.º 59/99, de 2 de Março;

i) É admissível, à luz dos princípios fundamentais que regem a distribuição pelo Estado português de financiamentos comunitários — *transparência* e *rigor* na utilização dos mesmos –, quer a transferência do Município para a EGP de financiamentos públicos obtidos por aquele, quer o recebimento directo pela EGP dos mesmos financiamentos públicos.

Lisboa, Março de 2000

VIII
Concessão de serviços públicos estaduais: da atribuição por ajuste directo do serviço de apoio à contratação electrónica

CONSULTA

Está em estudo a celebração de um contrato entre o Estado e uma sociedade de capitais maioritariamente públicos (doravante, Sociedade). O objecto do contrato é, genericamente, a prestação pela Sociedade ao Estado (e demais entes da sua administração directa e indirecta e ainda a sociedades do respectivo sector empresarial) de apoio à contratação electrónica deste, bem como a prestação de informação relativa à contratação, electrónica ou não, também do Estado (e demais entes referidos).

Solicita-se o nosso Parecer sobre a questão de saber se, à luz do ordenamento jurídico vigente, nacional e comunitário, a celebração do contrato pode fazer-se por ajuste directo ou, ao invés, deve ser precedida de concurso público ou de outro procedimento concorrencial.

Quid juris?

PARECER

Introdução

1. A resolução do problema sobre que é pedida a nossa *opinio juris* exige, em primeiro lugar, que se proceda à qualificação do contrato, já que disso depende, essencialmente, a identificação do regime aplicável à sua formação.

Posto isso, analisaremos a questão de saber se o mesmo pode, ou não, ser realizado por ajuste directo.

Por último, apresentaremos as nossas conclusões.

§ 1.º
Qualificação do contrato

2. Como é entendimento corrente, "a primeira e mais directa via para a submissão de um contrato ao regime traçado pela lei para um tipo contratual é a da sua qualificação como pertencendo a esse tipo"[1].

Que quer isto, porém, significar?

A problemática da *qualificação* não é privativa do Direito dos contratos. Pertence, antes, a todos os ramos do Direito. Entre nós, o seu campo de discussão privilegiado tem sido, fora

---

[1] V. RUI PINTO DUARTE, *Tipicidade e Atipicidade dos Contratos*, Coimbra, 2000, p. 61.

de qualquer dúvida, o do Direito Internacional Privado [2]. Vale a pena, por isso, sintetizar o modo como daí se caracteriza este problema. Sirvam-nos as expressivas palavras de Baptista Machado. Dizia o ilustre A.: *"qualificar* um certo *quid* é determiná-lo como subsumível a um conceito, por aplicação desse mesmo conceito: é verificar ou constatar em certo *dado* as notas ou características que formam a compreensão de certo conceito" [3]. Não diferem, no entanto, significativamente, as caracterizações que do fenómeno se fazem a partir de outros sectores da Ordem Jurídica. Vejamos dois exemplos. No Direito Civil diz-se que qualificar "é atribuir a uma matéria a regular pelo direito a nominação própria de um conceito, envolvendo com isso a aplicação das regras jurídicas correspondentes" [4]. Em termos próximos, observa-se no Direito Tributário (internacional) que a qualificação "consiste na subsumilidade de um *quid* (objecto da qualificação) num conceito utilizado por uma norma (fonte da qualificação)" [5].

A qualificação é, acrescente-se, um problema fundamental de aplicação do Direito. Como explica Isabel de Magalhães Collaço, "ao estudar a problemática da interpretação de determinadas categorias de conceitos técnico-jurídicos, não se há-de

---

[2] V., entre nós, FERRER CORREIA, *Lições de Direito Internacional Privado*, Coimbra 1973, pp. 267 e segs.; ISABEL DE MAGALHÃES COLLAÇO, *Direito Internacional Privado*, II, Lisboa, 1959, pp. 128 e segs..; BAPTISTA MACHADO, *Lições de Direito Internacional Privado*, 4.ª edição, Coimbra, 1990 (reimpressão), pp. 102 e segs.; e ANTÓNIO MARQUES DOS SANTOS, *Sumários de Direito Internacional Privado*, Lisboa, 1987, p. 193 e segs..

[3] V. BAPTISTA MACHADO, *Lições de Direito Internacional Privado*, pp. 111-112.

[4] V. OLIVEIRA ASCENSÃO/MENEZES CORDEIRO, "*Cessão de exploração de estabelecimento comercial, arrendamento e nulidade formal*", in *Revista da Ordem dos Advogados*, 1987, III, p. 858.

[5] V. ALBERTO XAVIER, *Direito Tributário Internacional*, Coimbra, 1997 (reimpressão), p. 137.

esquecer, por certo, que a interpretação de dado conceito, em si mesma considerada, se não confunde com aquela operação que traduz subsumir nesse conceito um certo substracto concreto — ou seja, com a qualificação de algo à luz desse conceito. Em princípio, não parece difícil distinguir os planos em que hão-de mover-se essas duas actividades. A interpretação cifra-se em definir por via geral e abstracta todos os possíveis conteúdos de um dado conceito, enquanto a qualificação, incidindo sobre um *quid* concreto e traduzindo-se por uma decisão de espécie, contende já com a aplicação da norma de direito" [6].

Posto isto, pode agora responder-se ao quesito acima feito: qualificar um contrato traduz a operação lógica pela qual o intérprete, perante uma determinada espécie, individualiza o conceito ao qual ele se submete [7].

Como se referiu, a qualificação implica uma dupla operação de delimitação: a "do objecto a qualificar e a do conceito à luz do qual a qualificação é feita" [8].

Assim procederemos de seguida.

Antes, porém, importa aludir sinteticamente, para melhor enquadrar a análise a empreender, à questão do *critério* de qualificação dos contratos.

3. São basicamente três as doutrinas existentes a propósito do problema do *critério* de qualificação dos contratos: (1) a doutrina dos *essentialia*; (2) a doutrina da causa; e (3) a doutrina do tipo — *Typuslehre* [9].

---

[6] V. Isabel de Magalhães Collaço, *Da Qualificação em Direito Internacional Privado*, Lisboa, 1964, pp. 142-143.

[7] V. Enzo Roppo apud Rui Pinto Duarte, *Tipicidade e Atipicidade dos Contratos*, p. 61, em nota.

[8] V. Rui Pinto Duarte, *Tipicidade e Atipicidade dos Contratos*, p. 63.

[9] Sobre esta matéria v., entre nós, desenvolvidamente, Rui Pinto Duarte, *Tipicidade e Atipicidade dos Contratos*, pp. 79 e segs.; Pedro Pais de Vasconcelos, *Contratos Atípicos*, Coimbra, 1995, p. 21 e segs..

A doutrina dos *essentialia*, diz-se, "constitui o exemplo mais significativo do pensamento conceptual em matéria de contratos"[10]. De acordo com ela, a qualificação de um contrato como pertencendo a dada categoria pressupõe a verificação nele dos elementos essenciais constantes da definição legal dessa categoria. Trata-se de uma doutrina *estruturalista*, que é a da corrente tradicional nas nossas doutrina e jurisprudência [11].

Para a doutrina da causa, de jaez *funcionalista*, o critério decisivo em matéria de qualificação está na correspondência entre a função económico-social de certa espécie concreta com a função económico-social de uma determinada categoria abstracta. A "operação de qualificação consistiria na comparação do «*but pratique*» das partes com os «*buts pratiques*» dos tipos legais" [12].

A *Typuslehre* [13], finalmente, é a corrente que surgiu "como reacção contra a utilização rígida das definições legais no sentido da submissão ou da exclusão de factos à disciplina traçada pela lei e para a superação dos problemas com que a Doutrina tradicional se defronta em matéria de qualificação" [14]. Sustentam os seus adeptos que as previsões legais de contratos devem ser entendidas como conceitos abertos (*conceitos-tipo*) e não como conceitos fechados (*conceitos classificatórios*). Expliquêmo-nos. Comum àqueles dois tipos de conceitos é o "situarem-se fora do campo do individual": são ambos modos de exprimir realidades

---

[10] V. PEDRO PAIS DE VASCONCELOS, *Contratos Atípicos*, p. 70.

[11] V., com abundantes referências, RUI PINTO DUARTE, *Tipicidade e Atipicidade dos Contratos*, pp. 81 e segs..

[12] EL CHIATI *apud* RUI PINTO DUARTE, *Tipicidade e Atipicidade dos Contratos*, pp. 92-93.

[13] Entre nós, cfr. os estudos pioneiros de ORLANDO DE CARVALHO, *Critério e Estrutura do Estabelecimento Comercial*, I, Coimbra 1967, pp. 834 e segs.. e 872 e segs., e de OLIVEIRA ASCENSÃO, *A Tipicidade dos Direitos Reais*, Lisboa, 1968, pp. 21 e segs..

[14] V. RUI PINTO DUARTE, *Tipicidade e Atipicidade dos Contratos*, pp. 96--97.

plurais [15]. Diferencia-os o "grau de correspondência entre um concreto e cada uma das formas conceituais que se exigiria para a recondução a elas desse concreto" [16]. Efectivamente, "enquanto no caso do conceito classificatório se exigiria que o concreto apresentasse todas as qualidades dele integrantes, no caso do conceito-tipo poderia acontecer a ausência de algumas qualidades dele integrantes, sem que isso, por si só, obstasse à recondução a ele do concreto" [17]. Noutros termos: "a recondução ao tipo e a subsunção ao conceito seriam operações logicamente diversas; enquanto nesta «nada mais» haveria a fazer que verificar se os elementos em que o conceito é decomponível — e todos eles — estariam presentes no caso concreto (...), naquela o juízo de correspondência, mais do que uma análise comparativa do conceito, exigiria a apreensão do sentido global de ambos" [18]. Dito ainda de outro modo: na doutrina tipológica, "a qualificação não constitui um processo de subsunção a um conceito, mas de correspondência do contrato a um tipo. A qualificação é um juízo predicativo que tem como objecto um contrato concretamente celebrado e que tem como conteúdo a correspondência de um contrato a um ou a mais tipos, bem como o grau e o modo de ser dessa correspondência" [19]. Do entendimento dos conceitos utilizados pelo legislador como conceitos-tipo derivaria, é certo, "uma menor previsibilidade das soluções. A contrapartida vantajosa estaria na maior proximidade ao concreto — ou na possibilidade de uma maior gradação ao concreto e às gradações que lhe são próprias por parte do utilizador — e na potencial melhor justiça a isso inerente" [20].

---

[15] V. PEDRO PAIS DE VASCONCELOS, *Contratos Atípicos*, p. 24.
[16] V. RUI PINTO DUARTE, *Tipicidade e Atipicidade dos Contratos*, p. 99.
[17] V. RUI PINTO DUARTE, *Tipicidade e Atipicidade dos Contratos*, p. 99.
[18] V. RUI PINTO DUARTE, *Tipicidade e Atipicidade dos Contratos*, p. 100.
[19] V. PEDRO PAIS DE VASCONCELOS, *Contratos Atípicos*, p.161.
[20] V. RUI PINTO DUARTE, *Tipicidade e Atipicidade dos Contratos*, p. 100.

Não é este, evidentemente, o local adequado para tomar posição nesta complexa contenda — entre nós, de resto, ainda virgem no terreno dos contratos administrativos. Aqui e agora, importante é observar, na esteira do preconizado por Rui Pinto Duarte, que a resposta a dar não pode deixar de levar em consideração os dados do direito positivo. É que, "se, no plano da política legislativa, pode bastar a demonstração da superioridade da justiça alcançada através da utilização pela lei de conceitos-tipo, em vez de conceitos classificatórios, no plano do direito constituído, é necessário demonstrar a inevitabilidade — ou, quando menos, a possibilidade — do entendimento dos conceitos legais como conceitos-tipo" [21]. A "diversidade dos materiais fornecidos" conduz, pois, ao entendimento de que "os conceitos utilizados pela lei podem ser considerados quer como conceitos classificatórios quer como conceitos-tipo e que a opção, norma a norma, deve ser consequência dos dados do direito positivo, não sendo lícito, na ausência de indicação do legislador, entender como conceitos-tipo definições legais de carácter fechado" [22].

Por outro lado, como bem nota o referido Autor, "o problema do entendimento dos conceitos legais como conceitos classificatórios ou como conceitos-tipo não se coloca apenas relativamente aos conceitos que a lei define expressamente" [23]. Lembre-se que, além de definições e descrições, a lei também prevê os contratos que disciplina através da mera atribuição de designações [24]. Exemplifica-se no Direito Civil esta situação com o contrato do jogo e aposta (artigo 1245.º do Código Civil). Ora "no que toca aos tipos legais de contratos a inexis-

---

[21] V. RUI PINTO DUARTE, *Tipicidade e Atipicidade dos Contratos*, p. 102.
[22] V. RUI PINTO DUARTE, *Tipicidade e Atipicidade dos Contratos*, p. 104.
[23] V. RUI PINTO DUARTE, *Tipicidade e Atipicidade dos Contratos*, p. 104.
[24] V RUI PINTO DUARTE, *Tipicidade e Atipicidade dos Contratos*, p. 66 e segs..

tência de definição legal propicia mais facilmente o entendimento dos conceitos respectivos como conceitos-tipo. A referência implícita que dessa forma é feita a conceitos sociais e a normal fluidez destes obstam a que seja possível ao aplicador do Direito formular um conceito classificatório" [25].

Nestes termos, "não há qualquer razão de ordem lógica que imponha que o critério qualificativo (...) seja igual para todos os tipos legais. Bem ao contrário, (...) ele deve variar com os modos e os elementos de previsão normativa" [26]. Por conseguinte, "quando a lei recorre a definições de natureza classificatória, a doutrina dos *essentialia* tem de servir de base à qualificação" – embora possam ou devam ter aí um papel complementar a desempenhar a ideia de causa e o "«teste» da adequação do regime" [27]. Já "quando a lei recorta o tipo através de definições não classificatórias, abertas, o critério dos *essentialia* poderá ter ainda um papel a desempenhar, quando seja possível formar sub-conjuntos de elementos a que se possa atribuir o papel de núcleos mínimos do tipo" [28]. Finalmente, "nos casos em que a lei, pura e simplesmente, se abstenha de dar definições e em que não seja possível retirar dela a exigência da verificação de certos elementos para que o tipo seja preenchido, o recurso ao conceito social da figura assume importância especial" [29] — são aqui, plenamente admissíveis as teses da *Typuslehre*.

4. Delimitemos agora o objecto do contrato a celebrar entre o Estado e a Sociedade.

Por seu intermédio, a Sociedade obriga-se, basicamente, a prestar apoio à contratação electrónica do Estado e de outras

---

[25] V. RUI PINTO DUARTE, *Tipicidade e Atipicidade dos Contratos*, p. 105.
[26] V. RUI PINTO DUARTE, *Tipicidade e Atipicidade dos Contratos*, p. 105.
[27] V. RUI PINTO DUARTE, *Tipicidade e Atipicidade dos Contratos*, p. 124.
[28] V. RUI PINTO DUARTE, *Tipicidade e Atipicidade dos Contratos*, p. 128.
[29] V. RUI PINTO DUARTE, *Tipicidade e Atipicidade dos Contratos*, p. 129.

entidades públicas da sua administração directa e indirecta, bem como do sector empresarial público. Materializa-se essa obrigação quer em prestações de facto positivo — acções de consultadoria, de formação de funcionários da Administração, de instalação de «estações de trabalho», de criação de manuais de procedimento e práticas correctas de uso das novas tecnologias, etc. –, quer em prestações de *dare* — fornecimento de determinado tipo de material electrónico.

Obriga-se, por outro lado, a Sociedade a prestar ao Estado determinado tipo de informação classificada de carácter público relativa à contratação, electrónica ou não, daqueles entes.

Finalmente, vincula-se ainda a Sociedade a verificar, de acordo com parâmetros preestabelecidos pelo Estado, a idoneidade, ou não, de certas empresas para fornecer determinado tipo de bens ou serviços ao Estado e outros entes.

Por seu turno, o Estado, em contrapartida do apoio à contratação electrónica, atribui à Sociedade, durante determinado período de tempo, o exclusivo da realização de aquisições de certo tipo de bens e serviços no *marketplace* desta, quer dizer, na plataforma de comércio electrónico por esta gerida e explorada (espaço *that enables businesses to engage in e-commerce with other businesses* — B2B). A vantagem está em que, desse modo, a Sociedade recebe dos fornecedores de bens e serviços *on-line* ao Estado (e demais entes) uma determinada comissão sobre cada transacção. Juridicamente, resolve-se esta obrigação numa prestação de facto negativa, qual seja a de o Estado se abster de adquirir bens e serviços em qualquer outro *Marketplace B2B* existente ou que venha a existir.

Por outro lado, em contrapartida da prestação da Sociedade de fornecer à Administração Pública informação não confidencial existente na sua base de dados sobre sectores de actividade e agentes económicos, a segunda prestará os montantes pecuniários devidos.

À margem das receitas contratuais descritas, acrescente-se, a título informativo, que a Sociedade terá ainda fontes de receita advenientes: (1) do pagamento de um *fee* anual pelos fornecedores "alojados" na sua plataforma de comércio electrónico (*business web hosting*); (2) de publicidade feita no seu portal *business-to-business*; (3) de outros serviços de valor acrescentado (v.g., *business web stores building tools*; *transaction services*; *professional education*; *marketing services*).

5. Qual a natureza do contrato cujo objecto se identificou?

A questão em apreço deve ser analisada à luz do artigo 178.º, n.º 1, do Código do Procedimento Administrativo (doravante, CPA), nos termos do qual "diz-se contrato administrativo o acordo de vontades pelo qual é constituída, modificada ou extinta uma relação jurídica administrativa".

Apurar, porém, o que seja lidimamente uma *relação jurídica administrativa* (para efeitos substantivos ou adjectivos) é uma tarefa repleta de escolhos, já que convoca a própria ponderação da *ratio essendi* do Direito Administrativo e, consequentemente, a discussão em torno da cada vez mais fluida fronteira entre o Direito Público e o Direito Privado [30].

Pelo nosso lado, sustentamos que a indagação em torno da natureza (administrativa ou privada) de uma relação jurídica contratual deve assentar no *critério do objecto* [31]. É administrativo o contrato cujo objecto respeite ao conteúdo da função admi-

---

[30] Cfr. VIEIRA DE ANDRADE, *Direito Administrativo e Fiscal*, Coimbra, 1994-1995, p. 47, e ESTEVES DE OLIVEIRA/COSTA GONÇALVES/PACHECO DE AMORIM, *Código do Procedimento Administrativo*, 2.ª edição, Coimbra, 1997, p. 810.

[31] V. FREITAS DO AMARAL, "Apreciação da dissertação de doutoramento do Lic. J. M. Sérvulo Correia: Legalidade e Autonomia Contratual nos Contratos Administrativos", in *Revista da Faculdade de Direito da Universidade de Lisboa*, ano XXIX, 1988, p. 166 e segs..

nistrativa e se traduza, em regra, em prestações referentes ao funcionamento de serviços públicos, ao exercício de actividades públicas, à gestão de coisas públicas, ao provimento de agentes públicos ou à utilização de fundos públicos. Em alternativa, se o objecto não for nenhum destes, o contrato só será administrativo se visar um fim de utilidade pública.

Temos para nós que a relação jurídica cuja constituição resultará da formalização do contrato em apreço se deve ter como administrativa. É assim porque, muito embora a descrição efectuada dos efeitos de direito a pactuar pelas partes não permita, à primeira vista, surpreender a titularidade de prerrogativas de autoridade, ou a adstrição a sujeições especiais, na esfera jurídica da Administração, o *objecto mediato* do contrato respeita ao exercício de uma actividade pública. Pelo contrato, recorde-se, a Sociedade obriga-se ao desempenho regular e continuado de diversas tarefas de apoio ao Estado e outros entes públicos na aquisição de bens e serviços *on-line* indispensáveis para a prossecução das respectivas atribuições (*v.g.*, apoio à formação de pessoal dos serviços públicos; fornecimento do *know-how* necessário à contratação electrónica; apoio na escolha e materialização de soluções informáticas e *software* apropriado). O objecto *mediato* do Contrato de respeita, assim, ao conteúdo da função administrativa. Tanto basta, segundo cremos, para se ter por preenchido o conceito de *relação jurídica administrativa* referido no n.º 1 do artigo 178.º do CPA.

O contrato em apreço será, pois, quanto à sua natureza, um contrato administrativo.

6. A principal consequência da qualificação de um contrato como administrativo é, evidentemente, a da sua submissão a um regime jurídico-administrativo, quer no plano substantivo quer no plano adjectivo.

Assim, no plano substantivo, o contrato rege-se pelos princípios gerais dos contratos administrativos e demais legislação aplicável em Portugal. De entre esta, merece evidente destaque a Constituição e, no plano da lei ordinária, o CPA. No plano adjectivo, a qualificação administrativa implica a atribuição de competência aos tribunais administrativos para conhecer dos litígios respeitantes ao contrato. Mas a resolução de certo tipo de litígios emergentes de relações contratuais jurídico-administrativas pode ser cometida a tribunais arbitrais.

7. Pode e deve ir-se mais longe no processo de qualificação iniciado. Designadamente, saber se, além da natureza administrativa, a espécie em causa se submete a algum tipo legal de contrato administrativo. Isto, por um lado, por um escrúpulo científico de exigência e rigor. Por outro lado, e mais pragmaticamente, porque a disciplina (da formação) dos contratos administrativos não é uniforme. Ao lado do regime geral estabelecido no CPA, existem vários regimes especiais. É, por exemplo, o caso do Decreto-Lei n.º 55/99, de 2 de Março, para a *empreitada de obras públicas* e a *concessão de obras públicas* (artigos 178.º, n.º 2, alíneas a) e b)). É também, para dar mais um exemplo, do Decreto-Lei n.º 197/99, de 8 de Junho, para certas *prestações de serviços para fins de imediata utilidade pública* (artigo 178.º, n.º 2, alínea h)). E, para dar um derradeiro exemplo, mencione-se que existe também um estatuto legal aplicável aos concessionários de serviços públicos [32].

Submete-se, pois, a espécie em causa a algum tipo legal de contrato administrativo?

Deve, ao invés, ser considerada um contrato atípico — com objecto passível de contrato privado ou com objecto passível de contrato administrativo [33]?

---

[32] V., em pormenor, PEDRO GONÇALVES, *A Concessão de Serviços Públicos*, Coimbra, 1999, pp. 282 e segs..

[33] Sobre esta classificação, SÉRVULO CORREIA, *Legalidade e Autonomia...*, p. 405.

8. A espécie em apreciação corresponde ao tipo contratual «concessão de serviços públicos» (artigo 178.º, n.º 2, alínea c), do CPA).

Não existe uma definição de concessão de serviços públicos. O seu crisma legal não foi acompanhado por qualquer definição ou descrição. Isto, certamente, "pela grande dificuldade de o fazer em termos precisos. É preferível não empregar qualquer definição a adoptar uma que possa induzir em erro. Fica à jurisprudência o encargo de, nos casos controvertidos, fazer a sua qualificação jurídica, em harmonia com o significado comum das palavras e os mais elementos utilizáveis" [34].

A perspectiva "tipológica" de qualificação dos contratos sugere, em casos deste género, o recurso ao conceito *social* do contrato em causa [35]. Como?

Verificando, primeiro, aquilo que na doutrina e jurisprudência dominantes, procurando sintetizar-se a realidade, se considera ser uma *concessão de serviços públicos*. E apurando, depois, na base de que a causa-função da generalidade dos contratos administrativos "é a associação duradoura e especial de particulares à realização do fim administrativo" [36], se a espécie em causa se reconduz àquela noção e se identifica com esta causa. Tarefa que, em bom rigor, implica, desde logo, apurar o significado dos conceitos de *concessão* e de *serviço público*.

9. Segundo o entendimento tradicional, a *concessão* é a *"transferência de poderes próprios de uma pessoa administrativa para um particular a fim de que este os exerça por sua conta e risco mas no*

---

[34] V. INOCÊNCIO GALVÃO TELLES, *Contratos Civis*, Lisboa, 1954, p. 80 (Separata da *Revista da Faculdade de Direito da Universidade de Lisboa*).

[35] Sobre esta perspectiva, cfr. RUI PINTO DUARTE, *Tipicidade e Atipicidade dos Contratos*, Coimbra, 2000.

[36] Cfr. SÉRVULO CORREIA, *Contrato Administrativo*, p. 5. Onde acrescenta: "este contrato é, pois, fundamentalmente, uma fórmula de colaboração com a Administração Pública".

interesse público"37. Na concessão ocorre, como diz outro ilustre autor ibérico, José Luís Villar Pallasí, uma *privatização formal* de uma tarefa pública, ou seja, logra-se, mantendo-se a titularidade e, logo, o *controle público sobre as actividades concedidas*, "uma despolitização e uma desburocratização destas", separando duas fases, a de execução e a de controle, e deixando em mão pública apenas a segunda [38].

O traço comum à generalidade das concessões, consiste, pois, na transferência temporária e parcial do exercício de poderes (competências) de uma *pessoa colectiva pública* para (em regra) um *particular*, que os exercerá, por sua *conta e risco*, como *privilégios* justificados pelo interesse geral.

10. Muito mais difícil de recortar é o conceito de *serviço público*.

Desde logo, porque o legislador, que a ele tem recorrido insistentemente, não o usa sempre de forma rigorosa [39]. Ora, se, como é sabido, "a vulgaridade raramente é compatível com a precisão dos conceitos", então, o primeiro trabalho do administrativista é seriar as acepções em que se fala de serviço público para escolher aquela ou aquelas que convêm à ciência jurídica [40].

Já empreendemos essa tarefa noutro local [41].

---

[37] Cfr. MARCELLO CAETANO, "Subsídios Para o Estudo da Teoria da Concessão de Serviços Públicos", in *Estudos de Direito Administrativo*, Lisboa, 1974, p. 92.

[38] J. L. VILLAR PALLASÍ, "Concessiones Administrativas", in *Nueva Enciclopedia Jurídica Seix*, IV, Barcelona, 1975, p. 695.

[39] Cfr. por último, JOSÉ PEDRO FERNANDES, "Serviço Público", in *Dicionário Jurídico da Administração Pública*, VII, Lisboa, 1996, pp. 390 e segs..

[40] Cfr. MARCELLO CAETANO, "Subsídios Para o Estudo da Teoria da Concessão de Serviços Públicos", cit., p. 93.

[41] V. FREITAS DO AMARAL, *Curso de Direito Administrativo*, I, Coimbra, 1994, p. 619 e segs..

Definimos então em geral serviços públicos como sendo as *"organizações humanas criadas no seio de cada pessoa colectiva pública com o fim de desempenhar as atribuições desta, sob a direcção dos respectivos órgãos"* [42].

E, de uma perspectiva estrutural [43], distinguimos, no âmbito dessa categoria, os serviços públicos *principais* (aqueles que desempenham as actividades correspondentes às atribuições da pessoa colectiva pública a que pertencem) dos *auxiliares* (aqueles que desempenham actividades secundárias ou instrumentais, que visam tornar possível ou mais eficiente o funcionamento dos serviços principais) [44].

---

[42] V. FREITAS DO AMARAL, *Curso de Direito Administrativo*, I, p. 619.

[43] De uma perspectiva funcional, os serviços públicos distinguem-se de acordo com os seus fins: por exemplo, serviços de polícia, serviços de educação, serviços de saúde, serviços de transportes colectivos, etc. V. FREITAS DO AMARAL, *Curso de Direito Administrativo*, I, p. 621.

[44] Dentro dos principais, distinguimos depois os *burocráticos* (os que lidam por escrito com os problemas directamente relacionados com a preparação e execução das decisões dos órgãos da pessoa colectiva a que pertencem) dos *operacionais* (os que desenvolvem actividades de carácter material, correspondentes às atribuições das pessoas colectivas a que pertencem). Em cada uma dessas subespécies encontrámos ainda subdivisões. Assim, nos serviços burocráticos, temos os de *apoio* (os que estudam e preparam as decisões dos órgãos administrativos), os *executivos* (os que executam as leis e os regulamentos aplicáveis, bem como as decisões dos órgãos dirigentes das pessoas colectivas a que pertencem) e os de *controle* (os que fiscalizam a actuação dos restantes serviços públicos). No âmbito dos operacionais, distinguimos os de *prestação individual* (os que facultam aos particulares bens ou serviços de que estes carecem para a satisfação de necessidades colectivas individualmente sentidas), os de *polícia* (os que exercem fiscalização sobre as actividades dos particulares susceptíveis de pôr em risco os interesses públicos que à Administração compete defender) e os *técnicos* (todos os restantes serviços operacionais). V. FREITAS DO AMARAL, *Curso de Direito Administrativo*, I, pp. 623 e 624.

11. Interiorizados, em separado, alguns dados relativos aos conceitos de *concessão* e de *serviço público*, deixemos agora três notas sobre a *concessão de serviços públicos*, numa perspectiva dinâmica.

a) A primeira, a respeito da *natureza* dos serviços concedíveis.

Como tradicionalmente se ensina, "a concessão só é admissível em relação àqueles serviços públicos que sejam susceptíveis de exploração no regime económico de *empresa privada*, isto é, cujo exercício produza rendimento pecuniário prometedor do lucro, como compensação do risco que o empresário corre de suportar prejuízos" [45]. Efectivamente, "a concessão assenta na ideia de que é útil ao interesse público aproveitar para a sua realização os méritos da iniciativa privada e do estímulo do lucro" [46].

Esta ideia carece, no entanto, de uma precisão.

É que, em oposição ao entendimento tradicional, não é mais verdade que *apenas* sejam susceptíveis de exploração no regime económico de *empresa privada* os serviços públicos "que se resolvem em prestações a fazer aos indivíduos *uti singuli* mediante o pagamento de taxas calculadas sobre a base da formação normal dos preços no respectivo mercado (...)" [47], quer dizer, serviços públicos *económicos* (ou *industriais* ou *comerciais*, na terminologia francesa) de *prestação individual*.

Efectivamente, conhecem-se, hoje, nas nossas legislação e dogmática administrativas, por um lado, concessões de serviços públicos em que a Administração é a própria utente do serviço.

---

[45] Cfr. MARCELLO CAETANO, "Subsídios Para o Estudo da Teoria da Concessão de Serviços Públicos", cit., p. 95.

[46] Cfr. MARCELLO CAETANO, "Revisão das Tarifas de Venda de Energia Eléctrica em Alta Tensão", in *Estudos de Direito Administrativo*, cit., p. 258.

[47] Cfr. MARCELLO CAETANO, "Subsídios Para o Estudo da Teoria da Concessão de Serviços Públicos", cit., pp. 95-96.

Ilustra essa realidade a concessão da concepção, construção, financiamento e construção de uma estação de tratamento de resíduos sólidos feita, por determinado período, por uma associação de municípios a uma empresa particular, e onde a remuneração principal do concessionário consistia no pagamento de um preço pela associação por tonelada de lixo depositada [48]. Outro exemplo é o da concessão do serviço público de televisão à RTP, S.A., "em que a retribuição do concessionário («pelo cumprimento das obrigações de serviço público») consiste exclusivamente na retribuição do concedente" [49] — como se depreende do artigo 47.º da Lei n.º 31-A/98, de 14 de Julho (Lei da Televisão). Como diz Pedro Gonçalves, "(...) não há no direito português nenhum princípio ou norma jurídica que impeça de qualificar como concessão de serviços públicos o acto que «concede» a uma entidade o «direito de gerir um serviço público» e que estabelece como contrapartida do gestor uma remuneração suportada exclusivamente pelo concedente. Desde que o acto em causa efectue a «concessão» de um «serviço público» e seja a fonte de uma «relação jurídica administrativa», aquela qualificação não só se recomenda como se impõe"[50].

Por outro lado, conhecem-se também inúmeras concessões de serviços públicos *administrativos* (de prestação individual): é o caso da saúde pública, da assistência médico-social, da escolaridade infantil, etc. [51].

---

[48] Algumas vicissitudes relativas ao procedimento de formação deste contrato podem ser confrontadas no *Parecer n.º 1/94 da Procuradoria-Geral da República*, in *Diário da República*, II Série, n.º 141, de 21 de Junho de 1994, pp. 6083-6084.

[49] V. PEDRO GONÇALVES, *A Concessão de Serviços Públicos*, pp. 141-142, nota 121.

[50] V. PEDRO GONÇALVES, *A Concessão de Serviços Públicos*, p. 141.

[51] V. CHRISTIAN BETTINGER/GILLES LE CHATELIER, *Les Nouveaux Enjeux de La Concession*, Paris, 1995, p. 99; FRANÇOIS LLORENS, "La défini-

Todas elas são, pois, formas de concessões de serviços públicos.

b) A segunda nota, complementar da primeira, respeita ao *modo de remuneração* do co-contratante.

Como vem sendo afirmado e reconhecido, entre nós e além fronteiras, pela lei, jurisprudência e doutrina, a cobrança de taxas junto dos utentes do serviço não pode mais ser apresentada como o modo *exclusivo* de remuneração do concessionário de serviços públicos, sendo apenas um de entre os vários possíveis [52]. O essencial, hoje, é que o concessionário busque a contrapartida da sua actividade no direito de explorar os serviços públicos. E esse direito, como diz Delvolvé, "pode comportar a percepção de taxas, mas pode ser também acompanhado de outras modalidades. As taxas são uma condição suficiente mas não necessária" [53]. Ao lado da cobrança de taxas aos utentes como modo de remuneração do concessionário, entende-se, pois, que a mesma pode provir, exclusiva ou cumulativamente, de uma diversidade de outras fontes: prestações financeiras do concedente ou de terceiros; receitas da exploração de actividades complementares ou acessórias da concessão; receitas de publicidade; etc.. O próprio "direito comunitário tem em conta a diversidade dos modos de remuneração" [54].

---

tion actuelle de la concession de service public en droit interne", in *La Concession de Service Public Face au Droit Communautaire*, Paris, 1992, pp. 22-23.

[52] Cfr. neste sentido, entre outros, LAUBADÈRE, MODERNE e DELVOLVÉ, *Traité des Contrats Administratifs*, I, p. 296; PIERRE DELVOLVÉ, "La Concession de Service Public et le Droit Communautaire", in *La Concession de Service Public face au Droit Communautaire*, Paris, 1992, p. 109; FRANÇOIS LLORENS, "La défintion actuelle de la concession de service public en droit interne", cit., p. 37; CHRISTIAN BETTINGER/GILLES LE CHATELIER, *Les Nouveaux Enjeux de La Concession*, p. 12.

[53] PIERRE DELVOLVÉ, "La Concession de service Public et le Droit Communautaire — Rapport de Synthese", cit., p. 109.

[54] PIERRE DELVOLVÉ, "La Concession de Service Public et le Droit Communautaire", cit., p. 109.

c) A terceira nota, finalmente, destina-se a precisar a *delimitação da concessão de serviços públicos face a um contrato vizinho* — a prestação de serviços para fins de utilidade pública.

Característica idiossincrática da concessão de serviços públicos é a atribuição ao concessionário da *responsabilidade*, por certo período de tempo, da *gestão* do serviço público concedido. Quer dizer, por ela transfere-se da esfera do público para a do privado o *essencial* do poder decisório relativo à organização e ao *modus faciendi* de certa actividade. Como se diz em França, berço geográfico da figura da concessão de serviços públicos, "para que haja concessão, não é suficiente que o contrato respeite a uma actividade de serviço público. É preciso que ao co-contratante seja confiada a responsabilidade pelo serviço. (...) Isso não significa naturalmente que a colectividade concedente perca o controle sobre a actividade delegada. O simples facto de se tratar de um serviço público proíbe-lhe que abandone totalmente a sua direcção. Pela transferência ou devolução do serviço ao co-contratante, deve entender-se que este gere o serviço em seu nome e por sua conta"[55].

A não ser assim, estaremos perante a figura da prestação de serviços para fins de utilidade pública. Efectivamente, nesta, a *responsabilidade* (o *essencial* do poder decisório relativo à respectiva organização e funcionamento) pela gestão do serviço público mantém-se incrustada na esfera da Administração — e o particular apenas colabora na execução de determinadas condições de realização do serviço, sob a direcção daquela [56].

Como se diz em Itália, enquanto na concessão de serviços públicos está em causa a "substituição de um privado nas tarefas

---

[55] V. FRANÇOIS LLORENS, "La définition actuelle de la concession de service public en droit interne", cit., p. 32.
[56] V. PEDRO GONÇALVES, *A Concessão de Serviços Públicos*, pp. 160--161.

administrativas" [57], na prestação de serviços, diversamente, o que sucede é a mera busca de um auxiliar privado que, "mediante contrapartida, se obtiga a uma determinada prestação" [58].

12. A espécie em apreciação corresponde ao tipo contratual «concessão de serviços públicos» (artigo 178.º, n.º 2, alínea c), do CPA) — dissemos mais acima. Carreados posteriormente os elementos necessários para justificar esta afirmação, é agora altura de o fazer.

Que se verifica na espécie qualificanda o fenómeno da transferência para um particular (a Sociedade) de actividades próprias da Administração (o Estado), é ponto que nos parece claro. Pretendendo passar-se, gradualmente, pelas suas inúmeras e evidentes vantagens de ordem financeira, de tempo e outras, de um sistema de contratação pública de base documental para um sistema de base electrónica, claro está que, em primeira linha, as actividades em que se materializará a prestação contratual principal da Sociedade (v. supra) ficariam a cargo de um serviço público actualmente existente em qualquer Ministério ou instituto público — ou, eventualmente, seriam atribuídas a um serviço público (ou instituto público) a criar *ex novo*. A mais ninguém, senão ao Estado, caberia, *prima facie*, promover as actividades necessárias à referida transformação. Representam, pois, aquelas actividades tarefas naturalmente sediadas na esfera de responsabilidades do Estado.

Trata-se, por outro lado, da concessão de um *serviço público auxiliar* — isto é, de um serviço público que visa tornar simultaneamente *possível* e mais *eficiente* a prossecução por *serviços públicos principais* das atribuições próprias das entidades públicas

---

[57] V. DOMENICO SORACE — CARLO MARZUOLI, "Concessioni Amministrative", in *Digesto delle Discipline Pubblicistiche*, III, p. 298.

[58] V. ANTONIO CIANFLONE, *L'Appalto di Opere Pubbliche*, 9.ª ed., Milão, 1993, p. 150.

em que se inserem. Mediatamente, é uma actividade que gera utilidades para a colectividade em geral — permite que a máquina administrativa adquira, a menores custos e em menor tempo, os bens indispensáveis para a satisfação regular das necessidades colectivas. Evidentemente que beneficiários imediatos desse serviço não são os particulares *uti singuli*, mas, antes, os serviços públicos do Estado e de outros entes da sua Administração indirecta que dele se servem. Porém, como vimos acima, nada impede, em nossos dias, a existência de concessões "para dentro", ou seja, voltadas para a própria Administração. Como diz Pedro Gonçalves, "a prestação *uti singuli* (associada à criação de uma relação jurídica específica entre concessionário e utente) também deixou de ser um elemento essencial da concessão"[59].

Por outro lado ainda, tal como numa típica concessão de serviço público, também nesta o Estado assume perante o concessionário a obrigação de lhe garantir o exclusivo. Na verdade, como há mais de 50 anos escreveu Marcello Caetano, a "mais importante obrigação do concedente", a par da de garantir a tarifa ao concessionário, é a obrigação de garantir o exclusivo da concessão[60]. "*Garantir* a tarifa e *o exclusivo* são obrigações do concedente que podem originar prestações de facto (positivo e negativo) — tendentes a tornar efectivos os poderes que a Administração transferiu pela concessão, e a garantir o seu exercício pelo concessionário"[61].

Também o facto de no serviço a conceder a remuneração do concessionário não provir, predominantemente, do beneficiário do serviço, a Administração, mas, antes, de terceiros (os fornecedores daquela) — em nada prejudica a qualificação do con-

---

[59] PEDRO GONÇALVES, *A Concessão de Serviços Públicos*, pp. 160-161.

[60] Cfr. MARCELLO CAETANO, *Natureza jurídica das tarifas de serviços públicos concedidos*, in *Estudos de Direito Administrativo*, p. 110.

[61] Cfr. MARCELLO CAETANO, *Natureza jurídica das tarifas de serviços públicos concedidos*, p. 110.

trato como concessão de serviços públicos. Repete-se: na concessão de serviços públicos, a remuneração do concessionário pode provir, exclusiva ou cumulativamente, de uma diversidade de fontes: dos utentes, de terceiros, do concedente.

Doutro ângulo — o da causa —, também corresponde esta espécie ao tipo da *concessão de serviços públicos*. Efectivamente, o fim prático deste contrato é, de modo notório, o de assegurar uma associação duradoura e especial de um particular à realização de um fim administrativo (apoiar a conversão do Estado ao *paperless trade*).

Finalmente, vislumbra-se, *in casu*, o elemento caracterísitco da concessão de serviços públicos que é o da atribuição da responsabilidade pela gestão do serviço. Com efeito, será a Sociedade que organizará e definirá — e tomará, por conseguinte, as decisões fundamentais — o modo de efectuar o apoio necessário à contratação pública. Quantos formadores recrutar; que *software* implementar; quantas «estações de trabalho» piloto organizar; como disponibilizar a assistência; que procedimentos deverão os vários serviços adoptar, etc. — tudo isso são decisões que, por força do contrato, transitam do Estado para a esfera de responsabilidades da Sociedade. Não significa isso, como adiante melhor veremos, que aquele se desinteresse de acompanhar, *pari passu*, posto que não dirigindo, o respectivo exercício. A delicadeza dos interesses em causa a isso se opõe desde logo.

Note-se ainda que, como é típico da figura da concessão de serviços públicos, também nesta o particular corre um risco: o de não conseguir converter tão rápida e eficazmente quanto desejável os procedimentos de contratação pública do Estado e dos outros entes públicos, e, assim, não conseguir atrair para o seu *Marketplace* agentes económicos em número bastante para obter o lucro compensador da sua actividade — facto esse que, a acontecer com especial gravidade, isto é, se se repercutir na qualidade do serviço prestado, poderá, naturalmente, conduzir à rescisão do contrato de concessão, nos termos habituais.

13. A digressão efectuada permitiu verificar existir — e em grau apreciável — correspondência do contrato a qualificar com o conceito doutrinal de concessão de serviços públicos e, bem assim, com a causa desse tipo legal de contrato.

Deve, pois, qualificar-se tal contrato como uma *concessão de serviços públicos* (artigo 178.°, n.° 2, alínea *c)*, do CPA).

§ 2.°
Da atribuição do contrato por ajuste directo

I — Preliminares

14. Mas pode a concessão de serviços públicos em apreço ser atribuída por ajuste directo? Ao invés, deve ser antecedida de concurso público ou outro procedimento pré-contratual concorrencial?

A questão tem de ser analisada à luz de dois sistemas normativos: o Direito comunitário, por um lado, e o Direito administrativo português, por outro[62]. E, em cada um deles, também sob uma dupla perspectiva: ante o direito *originário* (Tratado da União Europeia[63] e Constituição, respectivamente) e face ao direito *derivado* (directivas comunitárias e diplomas legais aplicáveis, respectivamente) [64].

---

[62] Sobre as relações entre o Direito Comunitário e o Direito Administrativo, cfr. AA.VV. in JÜRGEN SCHWARZE (ed.), *Le droit administratif sous l'influence de l'Europe (une étude sur la convergence des ordres juridiques nationaux dans l'Union européene*, Baden-Baden/Bruxelles, 1996, e, entre nós, FAUSTO DE QUADROS, *A Nova Dimensão do Direito Administrativo*, Coimbra, 1999.

[63] De acordo com as alterações introduzidas pelo Tratado de Amsterdão (assinado em 20 de Outubro de 1997), que entrou em vigor em 1 de Maio de 1999.

[64] Sobre estes conceitos, cfr., entre nós, JOÃO MOTA DE CAMPOS, *Direito Comunitário*, II, 3.ª edição, Lisboa, 1990, pp. 24 a 156; RUI MOURA

Começaremos pelo Direito comunitário.

Nesta sede, a par, naturalmente, da ponderação dos valiosos subsídios da jurisprudência comunitária e da própria doutrina juscomunitarista portuguesa, conferir-se-á especial relevo à doutrina francesa especializada: é que, além do facto de tanto a *concessão* como o *serviço público* serem criações do espírito jurídico gaulês, é também reconhecido que o direito francês dos contratos administrativos "serviu largamente de modelo ao legislador comunitário" [65]. Não admira, pois, que seja nesse espaço geográfico que o problema da relação da concessão de serviços públicos com o Direito Comunitário tem sido trabalhado em maior extensão e profundidade [66].

II — O problema ante o Direito Comunitário

A) Direito Comunitário Originário

15. Que directrizes é possível extrair do Direito Constitucional Comunitário para responder à questão em apreço?

Directamente, poucas.

RAMOS, "As Comunidades Europeias", in *Das Comunidades à União Europeia. Estudos de Direito Comunitário*, Coimbra 1994, pp. 70 e segs. e 82 e segs..

[65] V. JEAN-FRANÇOIS FLAUSS, "Influences européennes sur le droit administratif du point de vu de chaque Etat membre. Rapport français", in Jürgen Schwarze (ed.), *Le droit administratif sous l'influence de l'Europe (une étude sur la convergence des ordres juridiques nationaux dans l'Union européene*, pp. 46 e 51.

[66] Natural destaque deve ser dado, entre os vários estudos sobre a matéria, à obra colectiva *La Concession de Service Public Face au Droit Communautaire*, Paris, 1992, e ao estudo, também já citado, de CHRISTIAN BETTINGER/GILLES LE CHATELIER, *Les Nouveaux Enjeux de La Concession*, Paris, 1995.

Na verdade, "o direito comunitário não toma qualquer posição sobre a concessão" [67]. Aliás, mais latamente, não obstante a "enorme importância" [68] ou "transcendência" do sector da contratação pública para a plena realização do mercado interno na Comunidade [69], não existe no Tratado da UE qualquer preceito específico sobre o tema [70]. É esta, pois, matéria que "escapou aos Autores do Tratado de 1957" [71]. O que talvez se explique tanto pelo facto de as referidas importância e transcendência do sector da contratação pública não serem nítidas nos momentos iniciais da Comunidade, como pela circunstância de as consideráveis diferenças existentes nessa data entre os diferentes sistemas nacionais terem impossibilitado a obtenção de um acordo [72].

Indirectamente, colhem-se, no entanto, directrizes importantes da Lei Fundamental comunitária. Existe aí um «incontornável» regime que «macro-configura» os principais aspectos do sistema da contratação pública no espaço comunitário [73]. Na verdade, "embora nenhum artigo do Tratado de Roma se refira

---

[67] V. MICHEL BAZEX, "La concession de service public et le traité de Rome", in *La Concession de Service Public Face au Droit Communautaire*, Paris, 1992, p. 61.

[68] V. ANTONIO CARULLO, *Lezioni di Diritto Pubblico dell' Economia*, 2.ª ed., Milano, 1999, p. 211 e segs..

[69] Já em 1986, sem abranger os contratos das empresas públicas, os contratos públicos representavam cerca de 9% do PIB da Comunidade.

[70] Com excepção da alusão acidentalmente feita no artigo 163.2. Sobre a matéria, cfr. SUE ARROWSMITH, *The Law of Utilities and Public Procurement*, London, 1996, pp. 78 e segs.

[71] CHRISTIAN BETTINGER/GILLES LE CHATELIER, *Les Nouveaux Enjeux de La Concession*, p. 99.

[72] MORENO MOLINA, *Contratos públicos: Derecho comunitario y Derecho español*, Madrid, 1995, p. 71.

[73] Cfr. PIÑAR MAÑAS, "El Derecho Comunitario de la Contratacion Pública. Marco de Referencia de la Nueva Ley", in *Comentario a la ley de contratos de las Administraciones Publicas*, Madrid, 1996, p. 25.

especialmente à concessão, há numerosas disposições que se podem aplicar" [74]. Seguramente que, entre outros, se podem invocar os princípios e normas do artigo 12.º (princípio da não discriminação em razão da nacionalidade), do artigo 31.º (obrigação de adaptação dos monopólios de natureza comercial), dos artigos 43.º e 49.º (supressão das restrições à liberdade de estabelecimento e à liberdade de prestação de serviços), e do artigo 86.º (submete às disposições do Tratado e, em particular, às regras sobre concorrência as empresas públicas que disponham de direitos especiais ou exclusivos, bem como as empresas encarregadas da gestão de serviços de interesse económico geral ou que tenham carácter de monopólio)[75]. No seu conjunto, visam "estabelecer um regime que assegure que a concorrência não seja falseada no *Mercado comum*" [76]. Proíbem-se, pois, só por si, práticas discriminatórias no sector dos contratos públicos [77].

O problema é, assim, saber se se coaduna, ou não, com este regime comunitário, a atribuição, por *ajuste directo*, e em *regime de exclusivo*, da concessão do serviço público de apoio à contratação electrónica do Estado e demais entes públicos.

16. Importa, logicamente, principiar por apurar se o Tratado da UE permite a *criação* de exclusivos pelos Estados-Membros a favor de certas empresas — e, designadamente, pela via da concessão.

---

[74] Cfr. PIERRE DELVOLVÉ, "La Concession de Service Public et le Droit Communautaire. Rapport de Synthése", cit., p. 104.
[75] V. CHRISTIAN BETTINGER/GILLES LE CHATELIER, *Les Nouveaux Enjeux de La Concession*, 117, em nota.
[76] Cfr. MICHEL BAZEX, "La concession de service public et le traité de Rome", cit., p. 74.
[77] V. PIÑAR MAÑAS, "El Derecho Comunitario de la Contratacion Pública. Marco de Referencia de la Nueva Ley", cit., p. 28.

Nessa senda, deve atentar-se no n.º 1 do artigo 86.º do Tratado, preceito sistematicamente inserido no âmbito das normas relativas à concorrência. Diz-se aí que, "no que respeita às empresas públicas e às empresas a que concedam direitos especiais ou exclusivos, os Estados-Membros não tomarão nem manterão qualquer medida contrária ao disposto no presente tratado, designadamente ao disposto nos artigos 12.º (princípio geral da proibição da discriminação em razão da nacionalidade) e 81.º a 89.º (relativos às normas de Direito da Concorrência), inclusive" [78]. Proíbe-se, pois, nesta regra que os Estados-Membros exerçam "os seus poderes de tutela, intervenção ou influência directa sobre essas empresas, para lhes impor ou permitir comportamentos que possam ser qualificados como *abuso de posição dominante* na conformidade do artigo (82.º); ou para as autorizar ou obrigar a *participar em cartéis* interditos pelo artigo (81.º); tal como lhes está vedado conceder a tais empresas ajudas proibidas pelo artigo (87.º), susceptíveis de afectar o comércio entre Estados-membros e portanto de falsear a concorrência no seio do mercado comum" [79]. Indirectamente, dela resulta, porém, que "o que se proíbe (...) não é a atribuição de exclusivos, mas antes a adopção eventual, por parte do Estado, de determinadas medidas, por força da relação que mantém com as empresas públicas ou com aquelas a que atribui direitos espe-

---

[78] Sobre o regime deste artigo 86.º (ex artigo 90.º), v. JEAN-PHILIPPE COLSON, *Droit Publique Économique*, Paris, 1995, pp. 35 e segs. e 380 e segs., e, entre nós, JOÃO MOTA DE CAMPOS, *Direito Comunitário*, III, 2.ª edição, Lisboa, 1997, pp. 575 e segs.; SÉRGIO CABO, *A concessão de exploração de empresas públicas*, Lisboa, 1992, pp. 142 e segs.; NUNO RUIZ, "A aplicação do Direito Comunitário da Concorrência em Portugal", in *Documentação e Direito Comparado*, Setembro de 1999, pp. 9-36.

[79] V. JOÃO MOTA DE CAMPOS, *Direito Comunitário*, III, p. 585. Como nota o A., "esta disposição só entra em jogo (...) quando uma empresa está submetida a uma intervenção ou influência directa dos órgãos do Estado, autorizados a impor-lhe determinados comportamentos".

ciais ou de exclusivos" [80]. Pela positiva: a regra em causa confirma a possibilidade de atribuição de exclusivos pelos Estados-membros.

Por outro lado, como se não ignora, "o regime da concessão é particularmente propício à atribuição de direitos especiais ou exclusivos" [81]. Quer dizer, "a situação de excepção ou privilégio concedido pelo Estado pode consistir na concessão de um serviço público em regime de monopólio" [82], ou seja, "a colectividade concedente compromete-se perante o concessionário a não autorizar outras empresas, exercendo a mesma actividade do concessionário, a virem fazer-lhe concorrência" [83]. O Tribunal de Justiça das Comunidades também já o reconheceu nos acórdãos *Sacchi* e *Bodson* [84]. No mesmo sentido, depõe ainda o artigo 295.º do Tratado. Aí se diz: "o presente Tratado em nada prejudica o regime de propriedade nos Estados-Membros". Quer dizer, "na medida em que a organização dos serviços públicos toque nas escolhas sociais a fazer pelo Estado, o Tratado afirmou a sua neutralidade quanto às decisões do Estado membro a esse respeito" [85].

Consente, pois, o Tratado da UE a criação (e atribuição) de um exclusivo por via de uma concessão de serviço público.

---

[80] Cfr. FAUSTO DE QUADROS e J. M. ALBUQUERQUE CALHEIROS, "Os Exclusivos no Direito Administrativo Português e a sua Conformidade com o Direito Comunitário", in *Revista da Ordem dos Advogados*, 1995, III, p. 1066.

[81] V. CHRISTIAN BETTINGER/GILLES LE CHATELIER, *Les Nouveaux Enjeux de La Concession*, p. 133; LAUBADÈRE, *Direito Público Económico*, Coimbra, 1985 (mas ed. francesa de 1979), pp. 408-409.

[82] V. JOÃO MOTA DE CAMPOS, *Direito Comunitário*, III, p. 580.

[83] V. LAUBADÈRE, *Direito Público Económico*, p. 409.

[84] V. JOÃO MOTA DE CAMPOS, *Direito Comunitário*, III, p. 582.

[85] V. CHRISTIAN BETTINGER/GILLES LE CHATELIER, *Les Nouveaux Enjeux de La Concession*, p. 101.

17. Deve, de seguida, averiguar-se em que termos essa criação é permitida e, depois, concretamente, se se justifica a exclusão da concorrência para exercer a actividade de apoio à contratação electrónica do Estado e demais entes públicos.

a) A jurisprudência do Tribunal das Comunidades é, a propósito do primeiro ponto, muito clara. Diz: se do referido n.º 1 do artigo 86.º do Tratado da UE decorre a admissibilidade da titularidade privada de direitos especiais ou exclusivos, daí não se segue, necessariamente, que todo e qualquer direito especial ou exclusivo seja compatível com o Tratado. Para que tal ocorra, "é preciso ainda fazer a demonstração da necessidade desses direitos"[86].

b) Portanto, passemos ao segundo passo: é concretamente *necessária* a criação do exclusivo de apoio à contratação electrónica do Estado e demais entes públicos? Tem essa actividade especificidades suficientes que justifiquem a criação do exclusivo?

Estamos sinceramente convencidos de que sim.

Pela simples mas decisiva razão de que não teria qualquer sentido dispersar por várias empresas o exercício de uma actividade cujo bom funcionamento depende, notoriamente, da existência de uma certa unidade metodológica. Não é difícil imaginar a descoordenação que resultaria do facto de operações que integram a actividade em causa (como a formação "digital" dos funcionários administrativos, a criação de manuais de procedimento, a gestão de estações de trabalho, a instalação do *software*, etc.) serem efectuadas por várias entidades, utilizando metodologias diversas, organizando bases de dados distintas, e administradas por conselhos porventura inspirados em filosofias de ges-

---

[86] V. arestos citados em CHRISTIAN BETTINGER/GILLES LE CHATELIER, *Les Nouveaux Enjeux de La Concession*, p. 104 e p. 138.

tão desiguais. Se assim fosse, não parece, com efeito, forçado vaticinar que a contratação pública e, mediatamente, a satisfação das necessidades colectivas a cargo das entidades públicas, longe de beneficiar com a mudança de sistema, seria, afinal, pior prosseguida do que actualmente o é. Certo é, em qualquer caso, que desapareceriam as promissoras vantagens dos novos métodos de contratação. Justifica-se, pois, por razões de funcionalidade do sistema, centralizar o exercício da actividade de apoio à contratação electrónica do Estado e demais entidades públicas numa única entidade. Deve, noutros termos, o seu desempenho, por razões de interesse público de natureza não económica, ser subtraído às regras da concorrência.

c) A mencionada especificidade funcional da actividade em causa leva-nos mesmo a pensar que à mesma quadra adequadamente o conceito de *serviço de interesse económico geral* — n.º 2 do artigo 86.º do Tratado da UE. Tal implica, antecipe-se desde já, a possibilidade de subtrair as empresas que o levam a cabo ao cumprimento pleno das regras da concorrência comunitária.

Diz-se naquela regra que "as empresas encarregadas da gestão de serviço de interesse económico geral ou que tenham a natureza de monopólio fiscal ficam submetidas ao disposto no presente Tratado, designadamente às regras da concorrência, na medida em que a aplicação destas regras não constitua obstáculo ao cumprimento, de direito ou de facto, da missão particular que lhe foi confiada. O desenvolvimento das trocas comerciais não deve ser afectado de maneira que contrarie os interesses da Comunidade".

É certo que não é fácil apurar "em que é que consiste um *serviço de interesse económico geral*, dadas as compreensíveis diferenças de Estado para Estado sobre o que seja uma actividade dessa natureza"[87]. Parece, no entanto, na esteira do entendimento do

---

[87] V. JOÃO MOTA DE CAMPOS, *Direito Comunitário*, III, p. 584.

Tribunal de Justiça, "razoável pensar que a gestão de um serviço de interesse económico geral só é contemplada no n.º 2 do artigo (86.º) se essa gestão resultar de um acto de poder público e implicar o exercício de competências que normalmente incumbiriam ao próprio Estado ou a outros entes públicos (por ex., emissão de moeda, gestão de portos, aeroportos e vias de comunicação, controle da qualidade dos produtos e emissão de certificados de conformidade às normas técnicas prescritas, distribuição de água, de electricidade e gás, etc.)" [88].

Por outro lado, como acrescenta Mota de Campos, "a dificuldade em fornecer uma noção comunitária de serviços de interesse económico geral implica que em princípio deve ter-se em conta as diversas concepções nacionais sobre a matéria — sem prejuízo da competência do Tribunal Comunitário para, em última análise, decidir se uma empresa encarregada da gestão de um determinado serviço fica ou não submetida ao artigo (86.º), n.º 2"[89]. Note-se ainda que "não se exclui que actividades qualificadas (ou qualificáveis) como 'serviço de interesse económico geral' no sentido do Tratado de Roma tenham sido erigidas no direito francês seja em serviço público industrial e comercial, seja em serviço públco administrativo. Mais prosaicamente, é concebível que uma actividade qualificada como serviço público não seja qualificada como serviço económico de interesse geral..." [90]. O mesmo entendimento colhe, manifestamente, *mutatis mutandis*, em Portugal.

---

[88] V. JOÃO MOTA DE CAMPOS, *Direito Comunitário*, III, p. 584.

[89] V. JOÃO MOTA DE CAMPOS, *Direito Comunitário*, III, p. 584. FAUSTO DE QUADROS e J. M. ALBUQUERQUE CALHEIROS, "Os Exclusivos...", cit., p. 1065, informam que para A. Wachsmann e F. Berrod, "é a especificidade da actividade em causa que autoriza o Estado a elevá-la à categoria de serviço de interesse económico geral: *os poderes públicos consideram que existe uma necessidade legítima da população que deve ser satisfeita pelo Estado (ou por outra entidade que o Estado encarregue de o fazer) uma vez que, doutra forma, a necessidade não seria satisfeita, ou sê-lo-ia, mas insuficientemente*".

[90] V. JEAN-FRANÇOIS FLAUSS, "Influences européennes sur le droit

Particularmente elucidativo sobre o sentido do n.º 2 do artigo 86.º é o acórdão *Corbeau*, de 19 de Maio de 1993, do Tribunal das Comunidades. Nele, "o Tribunal indicou nitidamente que o artigo 90-2 permite aos Estados membros conferir direitos exclusivos a empresas encarregadas da gestão de serviços públicos de interesse económico geral, que podem ser um obstáculo à aplicação das regras do Tratado sobre concorrência, isto na medida em que essas restrições, designadamente a exclusão de toda a concorrência da parte de outros operadores económicos, sejam necessárias para assegurar a prossecução da missão particular que foi (cometida) às empresas titulares de direitos exclusivos" [91].

Enfim, o preceito do n.º 2 do artigo 86.º "visa preservar as actividades que um Estado membro *julga oportuno confiar a um determinado organismo* e supõe um confronto delicado entre interesses opostos que dizem respeito a uma avaliação própria de cada Estado membro, a que os outros Estados são, em princípio, estranhos" [92].

Ora, primeiro e decisivo ponto, a actividade em que se materializa o apoio à contratação electrónica do Estado e demais entes públicos é, estruturalmente, como vimos acima, um *serviço público auxiliar* do Estado. A este, e a mais ninguém, compete, com vista a alcançar as inegáveis vantagens da contratação pública no *cyberspace*, a organização e dinamização dos processos tendentes à adaptação do actual sistema convencional de contrata-

---

administratif du point de vu de chaque Etat membre. Rapport français", cit., p. 55. No mesmo sentido, CHRISTIAN BETTINGER/GILLES LE CHATELIER, *Les Nouveaux Enjeux de la Concession*, p. 101.

[91] CHRISTIAN BETTINGER/GILLES LE CHATELIER, *Les Nouveaux Enjeux de La Concession*, p. 143. V. excertos do Acórdão em JOÃO MOTA DE CAMPOS, *Direito Comunitário*, III, p. 581.

[92] V. FAUSTO DE QUADROS e J. M. ALBUQUERQUE CALHEIROS, "Os Exclusivos...," *cit.*, p. 1063.

ção pública. É assim tanto no plano administrativo como no plano legislativo — neste, promovendo, designadamente, a emissão de diplomas legais reguladores do procedimento dos concursos de adjudicação *on-line*.

A realização de tal tarefa traduz, aliás, o cumprimento de um dever jurídico constitucional e legalmente consagrado. Escreve-se no CPA, na linha do artigo 267.º, n.º 4, da Constituição, que "a Administração Pública deve ser estruturada de modo a aproximar os serviços das populações e de forma não burocratizada, a fim de assegurar a celeridade, a economia e a eficiência das suas decisões" (artigo 10.º do CPA). Implica, assim, este princípio que "a Administração Pública deva organizar-se por forma a possibilitar uma utilização racional dos meios ao seu dispor, simplificando tanto as suas operações como o relacionamento com os cidadãos. Trata-se de um princípio (...) que obriga a uma renovação permanente das estruturas e dos métodos de funcionamento da Administração Pública, a fim de o respeitar"[93].

Por outro lado, o interesse público da actividade em causa revela-se também no facto de à Sociedade vir a incumbir a tarefa de credenciar os fornecedores do Estado. Efectivamente, segundo nos foi informado, caberá (ou poderá caber) àquela a certificação, à luz de certos critérios, de que certas entidades são idóneas para entabular e concretizar, por via electrónica, relações contratuais com o Estado e demais entes da sua administração directa ou indirecta, bem como do respectivo sector empresarial. Ora, esta é, manifestamente, uma função pública[94].

Finalmente, e como é normal (e necessário) a propósito de contratos de concessão de serviços públicos, a necessária transfe-

---

[93] V. FREITAS DO AMARAL et alli, *Código do Procedimento Administrativo Anotado*, 3.ª ed., Coimbra, 1997, p. 53.

[94] V. PAULO OTERO, *O poder de substituição em direito administrativo*, I, Lisboa, 1995, p. 56 e segs..

rência de poderes públicos será titulada por um contrato coberto por um acto formalmente legislativo.

Tanto basta para justificar a afirmação de que se verificam, *in casu*, os pressupostos de que a doutrina e a jurisprudência comunitárias fazem depender o reconhecimento de um *serviço de interesse económico geral*. Tanto basta, pois, para justificar a afirmação de que ainda que a actividade em causa infligisse algum atentado — que não inflige — a qualquer regra da concorrência, ele seria, dentro de certos parâmetros, aceitável (v. artigo 86.º, n.º 2, do Tratado da UE).

18. Vimos já que o Tratado da UE permite aos Estados-Membros a criação e a atribuição, através de concessão, de exclusivos a certas empresas. Aludimos, depois, aos termos gerais que, àquela luz, parametrizam essa criação e concluímos, seguidamente, que a situação da Consulta neles se acomoda sem esforço.

Deve agora esclarecer-se: que decorre do Tratado a respeito da questão de saber *como* deve ser atribuído um exclusivo? Por procedimento aberto (à concorrência) ou fechado? Como se quiser?

Directamente, como resulta do que já acima dissemos, o Tratado nada dispõe sobre a matéria do tipo de procedimento a observar previamente à outorga de um exclusivo ou direito especial por um Estado-Membro. A transcrita regra do n.º 1 do artigo 86.º não se aplica — como decorre da sua simples leitura — ao *iter* de formação dos contratos. A questão está a montante do que aí se determina. Significa isso que a atribuição de exclusivos, por via da celebração de contratos de concessão de serviço público ou similares, é matéria em que os Estados dispõem de total liberdade?

Tradicionalmente, era esse o entendimento dominante [95].

---

[95] V. PEDRO GONÇALVES, *A Concessão de Serviços Públicos*, pp. 232 e segs.

Dizia-se (e, de França, ainda há quem o diga hoje [96]): sendo os contratos de concessão contratos de longa duração, por um lado, e contratos em que, diferentemente do que sucede nas empreitadas ou nos fornecimentos, não há, em regra, um preço a pagar pela entidade adjudicante, por outro, o factor do *intuitus personae* desempenha neles um papel decisivo e, portanto, a Administração deve dispor de uma "ampla margem de discricionaridade na escolha do co-contratante" [97], não tendo, pois, de realizar um concurso público ou sequer um concurso limitado para escolher o co-contratante [98]. Efectivamente, alegava-se, "por força das relações que unem a colectividade concedente à empresa concessionária, da confiança que a primeira deve ter na segunda, do papel que esta exerce na gestão do serviço público, a personalidade do concessionário é determinante: o concedente deve poder escolher livremente, sem constrangimento, sem concorrência" [99]. A regra da livre escolha do concessionário era, pois, "um dos princípios absolutos do regime da concessão de serviços públicos" [100]. E comparava-se: ao invés, a inexistência nos contratos de empreitada de obras públicas e de fornecimento de qualquer um dos referidos factores justifica que o procedimento de

---

[96] V. as indicações de CHRISTIAN BETTINGER/GILLES LE CHATELIER, *Les Nouveaux Enjeux de La Concession*, p. 99.

[97] Cfr. MICHELE PALLOTINO, "Costruzione di Opere Pubbliche (Concessione di)", in *Enciclopedia del Diritto*, pp. 350 e 358.

[98] Sobre o ponto, cfr. por exemplo, LAURENT RICHER, *Droit des Contrats Administratifs*, Paris, 1995, p. 360. Entre nós, v. PEDRO GONÇALVES, *A Concessão de Serviços Públicos*, pp. 209 e segs.; MARGARIDA CABRAL, *O Concurso Público nos Contratos Administrativos*, Coimbra, 1997, p. 77, n. 131.

[99] V. PIERRE DELVOLVÉ, "La Concession de Service Public et le Droit Communautaire. Rapport de Synthése", cit, p. 114.

[100] V. CHRISTIAN BETTINGER/GILLES LE CHATELIER, *Les Nouveaux Enjeux de La Concession*, p. 13.

escolha do co-contratante obedeça a regras de publicidade e concorrência muito mais rígidas [101].

Não é, porém, este, o entendimento hoje dominante.

O Direito Comunitário, como não se ignora, assenta nos dogmas do liberalismo — no dinamismo da iniciativa privada e nas regras de uma economia de mercado. "Decididamente ligada ao sistema da economia de mercado, a Comunidade Europeia (está), em grande medida, assente na ideia de que o bom funcionamento dos mecanismos de mercado constitui a melhor organização possível das trocas" [102]. Não se estranhará assim que, em relação ao Tratado, se diga que todos os seus dispositivos, se destinam a garantir a concorrência [103]. Ora, enquanto actividade comercial, a concessão de serviços públicos não poderia permanecer indiferente ao Direito Comunitário [104]. Como não permaneceu. Sustenta, de facto, hoje, a jurisprudência comunitária que do princípio da livre concorrência consagrado no Tratado decorre que qualquer derrogação deste, mesmo em matéria de concessão de serviço público, apenas será lícita caso se perfile uma justificação material suficiente nesse sentido [105]. Da possibilidade de criação de um direito exclusivo não se segue, de modo imediato, que se deva ignorar que podem existir, em abstracto, diversos agentes económicos potencialmente interessados em assegurá-lo. Quando, em face da concreta actividade em causa, for patente poder a mesma despertar, de modo verosímil, o interesse de vários agentes

---

[101] V. CHRISTIAN BETTINGER/GILLES LE CHATELIER, *Les Nouveaux Enjeux de La Concession*, p. 13.

[102] V. MANUEL AFONSO VAZ, *Direito Económico*, p. 271.

[103] V. PIERRE DELVOLVÉ, "La Concession de Service Public et le Droit Communautaire. Rapport de Synthése", cit., p. 104.

[104] V. CHRISTINE BRÉCHON-MOULÈNES, "Rapport Introductif", cit., p. 2.

[105] V. evolução desta jurisprudência em CHRISTIAN BETTINGER/GILLES LE CHATELIER, *Les Nouveaux Enjeux de La Concession*, pp. 102-113.

económicos notoriamente capacitados para a desempenhar, então, claro está, deve a atribuição do exclusivo pela entidade competente ser precedida de um procedimento concorrencial. Caso contrário, a invocação da especificidade do serviço público seria pretexto para escapar às regras do Tratado [106] e, designadamente, aos princípios da igualdade e da imparcialidade [107] — ora, como o Tribunal tem sublinhado, um "sistema de concorrência não falseado, como o que é previsto pelo Tratado, exige igualdade de oportunidades entre os diferentes operadores económicos" (acórdãos *Terminaux* e *RTT belge*) [108]. Será assim *arbitrário*, e, por conseguinte, ilegal por violação do princípio da igualdade, recorrer-se ao ajuste directo sem justificação material bastante. E, tanto ou mais grave, pode estar mesmo em xeque o próprio princípio da prossecução do interesse público, posto que "a abertura de um concurso, sobretudo em contratos de vulto, tem por efeito normal o *fazer baixar* os custos e *aumentar a qualidade* das prestações da outra parte: a própria imagem dos candidatos a um concurso, oferecendo, em desafio, condições mais favoráveis, corresponde à da concorrência" [109].

Não se pode porém cair no exagero daqueles que, como referem C. Bettinger e G. le Chatelier, "não hesitam em exigir o desaparecimento da ideia de serviço público, deixando o direito da concorrência ocupar todo o espaço liberto" [110]. Em certos

---

[106] V. CHRISTIAN BETTINGER/GILLES LE CHATELIER, *Les Nouveaux Enjeux de La Concession*, p. 102.

[107] Sobre o princípio da igualdade no Direito Comunitário, cfr. JOÃO MOTA DE CAMPOS, *Direito Comunitário*, I, 6.ª ed., Lisboa, 1989, p. 608 e segs..

[108] V. CHRISTIAN BETTINGER/GILLES LE CHATELIER, *Les Nouveaux Enjeux de La Concession*, p. 124.

[109] MENEZES CORDEIRO, "Da Abertura de Concurso para a Celebração de um Contrato no Direito Privado", in *Boletim do Ministério da Justiça*, n.º 369, 1987, p. 34.

[110] CHRISTIAN BETTINGER/GILLES LE CHATELIER, *Les Nouveaux Enjeux de La Concession*, p. 99.

casos, tanto a ocorrência de determinadas circunstâncias excepcionais (urgência) como certos aspectos ligados à personalidade de certa entidade podem justificar legitimamente a derrogação das regras da concorrência. Como dizem aqueles AA., "a especificidade da ideia de serviço público impõe naturalmente limites a uma extensão irreflectida das regras da concorrência (...) " [111]. E a doutrina portuguesa vai também neste sentido. Para Fausto de Quadros e J. M. Albuquerque Calheiros, a "Ordem Jurídica comunitária admite a existência de circunstâncias justificativas da atribuição, pelas autoridades nacionais, de direitos especiais ou exclusivos a *determinadas* entidades, ou (...) a atribuição a *certas* empresas da gestão de serviços de interesse económico geral. Reconhece-se, assim, de forma expressa (...) a legitimidade da atribuição, a *certas* empresas (sejam elas públicas, de capitais mistos ou de outra natureza), de direitos especiais ou exclusivos, dentro dos limites gerais impostos pelo Direito Comunitário" [112] (itálicos nossos). E, acrescenta-se, no n.º 2 do mesmo artigo 86.º do TUE estabelece-se "a legitimidade da atribuição a *certas* empresas — em condições especiais — da gestão de serviços que as autoridades nacionais considerem de interesse público, e que, por isso mesmo devem, no seu entender, ser subtraídas, ainda que parcialmente, ao regime de liberdade económica que o Tratado pressupõe" [113]. Verificada, pois, uma justifica-

---

[111] CHRISTIAN BETTINGER/GILLES LE CHATELIER, *Les Nouveaux Enjeux de La Concession*, p. 150.

[112] V. FAUSTO DE QUADROS e J. M. ALBUQUERQUE CALHEIROS, "Os Exclusivos...", cit., p. 1061.

[113] V. FAUSTO DE QUADROS e J. M. ALBUQUERQUE CALHEIROS, "Os Exclusivos...", cit., p. 1063. É essa também a posição do próprio Comissário europeu da concorrência (Karel Van Miert). Afirmou, de facto, este Comissário, em 1995, que "concurrence et service public ne sont pas incompatibles", e que "le marché ne peut pas tout et que une intervention publique peut, dans certais cas, être necessaire poir répondre à des besoins sociaux sociale-

ção material suficiente, "a escolha do concessionário permanece livre" [114]. O desenvolvimento do direito da concorrência não se opõe à outorga por ajuste directo de concessões de serviço público [115].

Não há incoerência entre esta conclusão e a filosofia que presidiu ao sistema instituído, posto que este "não é senão expressão dum liberalismo relativista e não intransigente" [116]. Aliás, como alerta Delvolvé, em boa verdade, "as relações entre a concessão de serviços públicos e o direito comunitário não deverão ser nem contraditórias nem conflituais. Uma e outra com efeito fundam-se sobre uma mesma concepção política e económica: o liberalismo" [117]. Quer dizer, "a política de concorrência não deve ser senão um instrumento entre outros para alcançar os objectivos pretendidos pelos autores dos tratados (...) –, a saber, uma melhor coesão económica e social, uma maior protecção dos consumidores, etc." [118]. É assim fundamental estabelecer um equilíbrio adequado entre o direito comunitário da concorrência e a concessão (de serviços públicos).

19. Voltêmo-nos para o caso concreto.

Existirão razões materiais bastantes que justifiquem a atribuição por ajuste directo, em regime de exclusivo, da concessão

---

ment essentiels" — *apud* CHRISTIAN BETTINGER/GILLES LE CHATELIER, *Les Nouveaux Enjeux de La Concession*, p. 109.

[114] V. PIERRE DELVOLVÉ, "La Concession de Service Public et le Droit Communautaire. Rapport de Synthése", cit, p. 115.

[115] V. PIERRE DELVOLVÉ, "La Concession de Service Public et le Droit Communautaire. Rapport de Synthése", cit, p. 113.

[116] J. F. FLAUSS, "Influences européennes sur le droit administratif du point de vu de chaque Etat membre. Rapport français", cit., p. 53.

[117] V. PIERRE DELVOLVÉ, "La Concession de Service Public et le Droit Communautaire. Rapport de Synthése", cit., p. 103.

[118] CHRISTIAN BETTINGER/GILLES LE CHATELIER, *Les Nouveaux Enjeux de La Concession*, p. 151.

do serviço público de apoio à contratação electrónica do Estado e outros entes?

Em sentido afirmativo, poderia pensar-se, primeiro, no «*know-how* electrónico» da futura Sociedade. Esta, de facto, como nos foi informado, tem acordadas parcerias com algumas das maiores empresas mundiais de *software* para portais *B2B*. Todavia, redarguir-se-á, e a nosso ver com pertinência, tal razão não tem qualquer valor demonstrativo, porquanto tais empresas, sendo das maiores, não são as *únicas* no mercado a dispor *desse tipo* de tecnologia nem a proporcionar *essa gama* de serviços. Por conseguinte, outros concorrentes poderiam, caso o projecto fosse *publicitado*, associar-se a empresas com domínio de tecnologia equivalente e propor-se gerir o mesmo serviço público — oferecendo porventura melhores condições à Administração. O «*know-how* electrónico» não parece assim, em concreto, constituir factor que diferencie, *decisivamente*, para o efeito tido em vista (ajuste directo), a Sociedade de outros eventuais concorrentes portugueses ou comunitários. Por aqui não se parece justificar, em suma, a derrogação das regras gerais da concorrência através da adopção do procedimento do ajuste directo.

No mesmo sentido, poderia pensar-se, depois, no facto de a *ideia* em apreço ter vindo da Sociedade. Foi esta — ou, *rectius*, alguns dos seus futuros sócios ou parceiros estratégicos — quem apresentou o projecto de criação de um portal B2B ao Estado e quem, de certo modo, o fez despertar para as evidentes vantagens que a sua materialização pode vir a ter para o interesse público. Foi ainda ela quem preparou o *dossier* e incorreu em significativos custos de consultadoria com este projecto.

Isso é em alguma medida relevante, concede-se. Todavia, poderá contrapôr-se, e a nosso ver também com razão, que a Sociedade não tem a "patente" da actividade de criação e gestão de uma plataforma de comércio electrónico B2B. Trata-se, essa, de uma actividade praticada por diferentes empresas em todos os continentes. Ficaria, assim, por demonstrar, caso o Estado recorresse sem mais ao ajuste directo, que a solução escolhida representava a melhor solução em termos de custos e de qualidade para a Administração. Ou seja: ficaria por demonstrar que outros interessados, caso o projecto fosse tornado público, não apresentariam uma proposta tão ou mais interessante para o Estado. Também a prioridade temporal na apresentação da ideia não parece, assim, constituir factor que, por si só, diferencie *decisivamente* a Sociedade face a outros eventuais concorrentes à obtenção do serviço público de apoio à contratação electrónica, portugueses ou comunitários. Por aí, igualmente se não parece justificar o recurso ao ajuste directo.

Como resolver, portanto?

Se, de per si, nenhuma das razões acima mencionadas parece ser suficientemente forte para justificar a inobservância de um procedimento moldado nas regras da concorrência, a verdade é que existem, entretanto, duas razões que, combinadas, justificam já a atribuição da concessão do serviço público de apoio à contratação electrónica do Estado e outros entes por ajuste directo à Sociedade.

a) Por um lado, a *urgência* na celebração do contrato. Conforme se anuncia na Resolução n.º 94/99, de 29 de Julho, do Conselho de Ministros [119], a desmaterialização dos procedimentos de troca de informação dentro da Administração e desta com os agentes económicos deve ser forte e rapidamente incentivada. "Urge — lê-se no preâmbulo desse diploma — criar as condições para que o desenvolvimento do comércio electrónico seja uma realidade no nosso país contribuindo-se, dessa forma, para que a competitividade das empresas portuguesas seja salvaguardada neste novo ambiente de concorrência à escala mundial

---

[119] Que aprova em anexo o *Documento Orientador da Iniciativa Nacional para o Comércio Electrónico*. No ponto 5 deste documento indicam-se as medidas a aplicar na Administração Pública.

potenciado, ainda, na Europa pela existência de uma moeda única". Ora, "o Estado representa uma parcela importante dos negócios das empresas. (...) O simples uso de meios de comércio electrónico pela Administração Pública representa, por si só, um mercado de dimensão suficiente para assegurar a massa crítica necessária que garanta o sucesso do comércio electrónico" [120]. O Estado assumiu, assim, como prioritário, impulsionar, e quanto antes, a criação e gestão de uma plataforma de comércio electrónico B2B. É necessária "uma abrangente e rápida introdução dos novos paradigmas facultados pelos meios de comunicação electrónica" [121]. E decidiu fazê-lo também, legitimamente, em seu próprio benefício. Pretende-se, quanto à Administração Pública, "criar condições para que a partir do ano 2001 as aquisições (desta) sejam maioritariamente efectuadas por meios que o comércio electrónico proporciona".

Assim, está bom de ver que, com metas temporais tão curtas, a observância dos normais procedimentos de concurso acarretariam para o Estado português um custo de oportunidade excessivamente elevado: o retardamento da satisfação de interesses públicos de elevadíssima monta económica (diminuição da despesa pública, celeridade na satisfação das necessidades colectivas e valorização de activos a privatizar) e relevância social (criação de emprego). O benefício que a essa luz (com a realização do concurso) se obteria ficaria, tão óbvias são as vantagens do comércio público electrónico, aquém do custo suportado por não se recorrer de imediato ao ajuste directo. O princípio da proporcionalidade, na sua vertente do equilíbrio justifica, pois, no caso concreto, o recurso ao ajuste directo.

---

[120] V. *Documento Orientador da Iniciativa Nacional para o Comércio Electrónico*.
[121] V. *Documento Orientador da Iniciativa Nacional para o Comércio Electrónico*.

b) No mesmo sentido depõe o facto de a Sociedade, sobre ser concessionária de serviço público, assumir as vestes de *sociedade de capitais maioritariamente públicos*.

Esta forma organizatória traduz, como é sabido, "a opção por um modelo que proporciona maior flexibilidade de gestão e uma maior transparência e veracidade em termos de rentabilidade económica ou social, permitindo o seu financiamento através da captação de capitais privados (...), sem prejuízo de garantir o controlo público da respectiva actividade decisória"[122]. E "exactamente porque a adopção pelo Estado de formas organizativas empresariais de Direito Privado continua a garantir um controlo público das decisões empresariais, pode bem dizer-se que estamos perante um processo formal de privatização: as estruturas empresariais continuam, afinal, a pertencer ao sector empresarial público, deixando, todavia, de revestir a forma tradicional (...) de empresas públicas, enquanto sujeitos dotados de uma personalidade jurídica de Direito Público, passando a configurarem-se (como) em sociedades sob forma comercial"[123]. Por outras palavras, e raciocinando em concreto, a forma organizatória prevista traduz a possibilidade de o Estado vigiar a Sociedade simultaneamente "por dentro" (através do exercício da *função accionista*) e "por fora" (*poderes de superintendência e tutela*). Não se chegando ao ponto de, comprimindo a necessária margem de autonomia decisória da Sociedade, converter esta num *nudus minister* da Administração [124] — estabelece-se, desse modo, um significativo poder de controle do Estado sobre o âmbito de actuação daquela [125].

---

[122] V. PAULO OTERO, *Vinculação e Liberdade de Conformação Jurídica do Sector Empresarial do Estado*, Coimbra, 1998, p. 190.

[123] V. PAULO OTERO, *Vinculação e Liberdade...*, cit., p. 190.

[124] V. SUAY RINCON, "La Ejecución del Contrato de Obra Publica", in *Comentario a la Ley de contratos de las Administraciones Publicas*, Madrid, 1996, p. 666.

[125] V. JEAN RIVERO, *Direito Administrativo*, Coimbra, 1981, p. 518.

O modelo das sociedades concessionárias puras — de capital inteiramente privado — constitui o contraponto do acima descrito. Aí, como é sabido, são já simultaneamente menos extensos e intensos os poderes de controle que, por regra, a Administração concedente reserva sobre a gestão corrente do concessionário. Há apenas um mero direito de vistoria da administração concedente sobre o funcionamento do serviço, do qual não se pode desinteressar[126]. No mesmo sentido, dizem Laubadère, Moderne e Delvolvé que, nas concessões de serviços e obras públicas, o controle exercido pela Administração não é senão um controle em sentido estrito, ou seja, uma mera supervisão do modo como é executado o contrato, e que não se pode aí falar propriamente num poder de dirigir a execução do contrato, já que é o próprio concessionário que é responsável pelo serviço, ou seja, quem deve organizar os meios necessários para o seu funcionamento [127]. Isto, claro, sob pena de se verificar uma "desnaturação da concessão" [128]. Nesses termos, à Administração cabe apenas um poder *genérico* de *fiscalizar* se a actuação particular se vai coadunando ou não com o superior interesse público materializado nos documentos contratuais.

Ora, o facto de a Sociedade ter capitais maioritariamente públicos e, desse modo, estar sujeita a um controle público interno e externo superior ao de uma mera sociedade concessionária — posto que inferior ao de um normal prestador de serviço para fins de imediata utilidade pública — releva na medida em que possibilita uma adequada prossecução dos relevantes interesses públicos em jogo no exercício desta actividade.

---

[126] V. LAUBADÈRE, *Direito Público Económico*, p. 400.

[127] Cfr. LAUBADÈRE, MODERNE e DELVOLVÉ, *Traité des Contrats Administratifs*, II, Paris, 1984, p. 453 e segs.

[128] Cfr. LAUBADÈRE, MODERNE e DELVOLVÉ, *Traité des Contrats Administratifs*, II, p. 426.

Repete-se: está em causa, primeiro, a contratação do serviço de aquisição de bens e serviços indispensáveis para o Estado e demais entes públicos prosseguirem as atribuições postas por lei a seu cargo; está em causa, depois, a certificação técnica das entidades privadas idóneas para fornecer os mesmos bens e serviços àqueles entes; está em causa, de seguida, o aumento da eficiência da Administração Pública; está em causa, outrossim, alcançar uma redução significativa da despesa pública através da racionalização de recursos; está em causa, enfim, a promoção, na senda do definido na Resolução n.º 94/99, de 29 de Julho, do Conselho de Ministros, da modernização tecnológica simultaneamente da Administração Pública e do sector privado do País, com as vantagens daí advenientes [129].

Justifica-se, por isso, sobretudo na fase de transição inicial, que a entidade concessionária que leva a cabo esta actividade esteja submetida a um controle relativamente estreito por parte do concedente. Ora, como se começou por dizer, a forma jurídico-organizatória a adoptar pela Sociedade possibilita a realização de tal controle de forma adequada.

É, assim, essa qualidade também *decisiva* para diferenciar a Sociedade de outros eventuais interessados e, por conseguinte, ela concorre também para justificar o recurso ao ajuste directo aquando da atribuição, em regime de exclusivo, da concessão do serviço público de apoio à contratação electrónica do Estado e outros entes.

---

[129] Como se lê no preâmbulo da Resolução n.º 94/99, de 29 de Julho, do Conselho de Ministros, "a reformulação pelas empresas portuguesas dos seus sistemas de informação, de modo a permitir a sua integração nas redes digitais, irá potenciar a criação de emprego nesse sector específico, exigir o aumento da qualificação profissional, facilitar a modernização das estruturas empresariais, rejuvenescer a sua gestão, aumentar a sua competitividade e alargar os seus mercados".

20. Por outro lado, o ideado contrato não viola outras regras fundamentais do Tratado da União Europeia.

a) Designadamente, a regra do artigo 31.º acima referido. Sistematicamente inserido no capítulo II, denominado *"A eliminação das restrições quantitativas entre os Estados membros"* (o qual, por sua vez, está colocado no Título I, relativo à *"Livre Circulação de Mercadorias"*), estabelece-se nele que "os Estados membros adaptarão progressivamente os monopólios nacionais de natureza comercial, de modo que, findo o período de transição, esteja assegurada a exclusão de toda e qualquer discriminação entre nacionais dos Estados membros, quanto às condições de abastecimento e comercialização" (1.º §), e que "o disposto no presente artigo é aplicável a qualquer organismo através do qual um Estado membro, de jure ou de facto, controle, dirija ou influencie sensivelmente, directa ou indirectamente, as importações entre os Estados membros" (2.º §). Visa-se, portanto, com esta norma "(...) assegurar o respeito da regra fundamental da livre circulação de mercadorias em todo o mercado comum, em particular pela abolição das restrições quantitativas e medidas de efeito equivalente nas trocas comerciais entre os diversos Estados Membros e a manter assim as condições normais de concorrência entre as economias destes últimos, de modo a que a mesma não seja falseada no caso em que num destes Estados um produto é sujeito à acção de um monopólio nacional de carácter comercial" [130/131].

---

[130] V. JOÃO MOTA DE CAMPOS, *Direito Comunitário*, III, p. 198.

[131] No mesmo sentido, FAUSTO DE QUADROS e J. M. ALBUQUERQUE CALHEIROS, "*Os Exclusivos...*," cit., p. 1058. MANUEL AFONSO VAZ refere que "esta regra tem sido interpretada pelo Tribunal de Justiça como estabelecendo um princípio de proibição de toda a exclusividade de comercialização (mas não de produção) conferido pelo Estado a uma empresa pública ou privada e relativa a um produto (por oposição a uma prestação de serviços) susceptível de ser objecto de concorrência e de desempenhar um papel efectivo nas trocas intra-comunitárias" — *Direito Económico*, p. 248.

Ora, como é bom de ver, o caso em análise em nada se relaciona com a liberdade de circulação de mercadorias que neste artigo se pretende salvaguardar. Como abundantemente vimos, o que está em causa na situação da Consulta é a atribuição contratual da gestão de um serviço público auxiliar — e não o estabelecimento de um monopólio de natureza comercial cujo objecto seja a venda de produtos nacionais ou importados [132]. O artigo 31.º do Tratado da UE é, portanto, inaplicável.

b) Não parece também haver restrição injustificável das liberdades de estabelecimento e de prestação de serviços.

Nos termos do artigo 43.º do Tratado da UE, "a liberdade de estabelecimento compreende tanto o acesso às actividades não assalariadas e o seu exercício como a constituição e gestão de empresas e designadamente de sociedades ..." e, bem assim, o direito de criar "*agências, sucursais ou filiais*" de empresas já constituídas noutro Estado-Membro. Assim, "os nacionais de um Estado da Comunidade estão autorizados a estabelecer-se livremente em qualquer outro Estado-Membro, criando aí, *ex novo*, uma empresa individual ou colectiva de natureza industrial, agrícola, comercial ou de prestação de serviços (*estabelecimento principal*) ou uma simples agência, sucursal, filial ou qualquer outra forma de representação ou extensão de empresa já constituída noutro país da Comunidade (*estabelecimento secundário*)"[133].

Ora, com o ideado contrato, não se está, manifestamente, a proibir a ninguém o respectivo estabelecimento em Portugal. O exclusivo por essa via atribuído não impede o estabelecimento em Portugal de todos os outros operadores daquele sector, porquanto o exercício da actividade de gestão de uma plataforma de comércio electrónico *B2B* não pressupõe necessariamente a

---

[132] V. PIERRE DELVOLVÉ, "*La Concession de Service Public et le Droit Communautaire. Rapport de Synthése*", cit. p. 115.
[133] JOÃO MOTA DE CAMPOS, *Direito Comunitário*, III, p. 374

realização de fornecimentos de bens e serviços à Administração Pública. Em bom rigor, o exercício dessa actividade nem sequer exige o estabelecimento efectivo de uma sociedade (ou de uma agência, sucursal ou filial) em território português, já que tudo se processa *on-line*. Pode, pois, a entidade gestora e operadora do portal estar sediada num qualquer outro Estado. Não se afecta, assim, a posição jurídica fundamental prevista no artigo 43.° do Tratado.

Doutra banda, "as restrições à livre prestação de serviços na Comunidade serão proibidas em relação aos nacionais dos Estados-Membros estabelecidos num Estado da Comunidade que não seja o do destinatário da prestação" (artigo 49.° do Tratado da UE). Consideram-se "serviços as prestações realizadas normalmente mediante remuneração, na medida em que não sejam reguladas pelas disposições relativas à livre circulação de mercadorias, de capitais e de pessoas. Os serviços compreendem designadamente: a) actividades de natureza industrial; b) actividades de natureza comercial; c) actividades artesanais; d) actividades das profissões liberais." (artigo 50.° do Tratado da UE).

Não tolhe também o futuro contrato, inadmissivelmente, a liberdade de prestar estes serviços (artigo 49.° do Tratado da UE). Quem quiser criar uma plataforma de comércio electrónico B2B, poderá fazê-lo — trata-se de uma actividade aberta. Evidentemente, no entanto, que, além da Sociedade, nenhum outro operador comunitário de uma plataforma de comércio electrónico B2B prestará, *durante um determinado período de tempo*, o serviço público de apoio à contratação electrónica do Estado e outros entes públicos. Não consubstancia essa limitação, no entanto, pelas razões apontadas, qualquer ilicitude. Pela sua própria especificidade, essa actividade só é eficazmente promovida por uma única entidade e, mais concretamente, uma sociedade cujo *estatuto* permita ao Estado, pelo menos numa fase inicial, exercer um controle relativamente estreito.

c) Finalmente, não vislumbramos que a actividade normal da Sociedade possa, por si só, dar azo a qualquer das práticas abusivas proibidas pelo artigo 82.º do Tratado da UE [134], ou seja, e concretizando: "*a)* Impor, de forma directa ou indirecta, preços de compra ou de venda ou outras condições de transacção não equitativas; *b)* Limitar a produção, a distribuição ou o desenvolvimento técnico em prejuízo dos consumidores; *c)* Aplicar, relativamente a parceiros comerciais, condições desiguais, no caso de prestações equivalentes colocando-os, por esse facto, em desvantagem na concorrência; *d)* Subordinar a celebração de contratos à aceitação, por parte dos outros contraentes, de prestações suplementares que, pela sua natureza ou de acordo com os usos comerciais, não têm ligação com o objecto desses contratos".

E também o Estado, por força da remissão que para esta regra se faz no n.º 1 do artigo 86.º, não pode, em princípio, impor ao seu co-contratante qualquer uma dessas práticas anti-concorrenciais [135]. Em princípio, dizemos, já que a Sociedade, pelo facto de gerir um *serviço económico de interesse geral*, se submete, como vimos, ao regime do n.º 2 do artigo 86.º do Tratado da UE. Ora este, vimo-lo outrossim, ao consagrar uma "subordinação debilitada" [136] às regras comunitárias, "autoriza (...) algum entorse às regras da concorrência"[137].

---

[134] Sobre a matéria do *abuso de posição dominante*, v., entre nós, especialmente, JOÃO MOTA DE CAMPOS, *Direito Comunitário*, III, pp. 503 e segs. e 541 e segs..

[135] A demonstração da violação desta regra exige, no entanto, uma exigente análise jurídico-económica. V. os respectivos pressupostos em FAUSTO DE QUADROS e J. M. ALBUQUERQUE CALHEIROS, "Os Exclusivos...", cit., p. 1070-1071.

[136] V. PAULO OTERO, *Vinculação e Liberdade* ..., p. 139.

[137] V. JOÃO MOTA DE CAMPOS, *Direito Comunitário*, III, p. 587.

21. Em suma, o Tratado da UE não proíbe nem a criação do serviço público de apoio à contratação electrónica do Estado e outros entes, nem a possibilidade da sua concessão por ajuste directo à Sociedade.

Proibi-la-á, contudo, o Direito Comunitário derivado?

B) Direito Comunitário Derivado

1) Preliminares

22. O estabelecimento e o funcionamento de um genuíno *mercado único europeu* exigiu dos órgãos comunitários a adopção de medidas jurídicas tendentes à aproximação das legislações nacionais no sector dos contratos públicos. Nessa senda, foi sendo produzida pelas instâncias competentes da Comunidade uma vasta gama de directivas sobre o processo da formação dos contratos públicos — a que se dá justamente o nome de «*Direito Comunitário da Contratação Pública*»[138].

A questão da consulta deve agora ser vista a essa luz. Concretamente, importa analisá-la ante o disposto na directiva 92/50/CEE, de 18 de Junho de 1992 [139] (doravante, «directiva-serviços»[140]) e na directiva 93/37/CEE (doravante, «directiva-empreitadas»).

---

[138] Cfr. PIÑAR MAÑAS, "El Derecho Comunitario de la Contratacion Pública, Marco de Referencia de la Nueva Ley", cit., p. 25.

[139] Alterada pela Directiva 97/52/CEE, de 13 de Outubro de 1997.

[140] Sobre esta directiva, cfr., entre nós, MARGARIDA CABRAL, *O Concurso Público nos Contratos Administrativos*, Coimbra 1997, pp. 46-48; REGINA QUELHAS LIMA, *Conhecer o Mercado Único. Contratos Públicos*, 1994, pp. 36-38. Na bibliografia estrangeira, v., por exemplo, SUE ARROWSMITH, *The Law of Utilities and Public Procurement*, pp. 131-141; JEAN-BERNARD AUBY, "Perspectives d'évolution de la concession de service public", in *La Concession de Service Public Face au Droit Communautaire*, Paris, 1992, pp. 92 e segs.; ANTONIO SACHETTINI,

2) *Directiva-serviços*

23. A «directiva-serviços» aplica-se, nos termos do proémio da alínea *a)* do seu artigo 1.°, aos *contratos públicos de serviços* [141], isto é, aos "contratos a título oneroso celebrados por escrito entre um prestador de serviços e uma entidade adjudicante". Não a todos, porém. Exceptuam-se: os contratos de empreitadas e de fornecimentos; os contratos nos sectores da água, energia, transportes e telecomunicações — os designados «sectores excluídos»; os contratos de aquisição ou locação de bens imóveis; os contratos de aquisição, desenvolvimento, produção ou co-produção de programas por parte de organismos de radiodifusão e contratos relativos ao tempo de antena; os contratos relativos a serviços de telefonia vocal, telex, radiotelefonia móvel, chamada de pessoas e comunicação via satélite; os contratos relativos ao emprego; e os contratos de investigação e desenvolvimento (artigo 1.°, alínea *a)*).

Por outro lado, esta Directiva "não se aplica da mesma maneira a todos os contratos públicos de serviços. Ela aplica-se inteiramente apenas aos contratos designados «Part A services contracts». Outros contratos — os correspondentes aos services da «Part B» — estão apenas sujeitos a uma regulação muito limitada" [142].

"La comunidad europea y los contratos públicos. Nociones básicas y desarollo reciente", in *Contratación Pública*, Madrid, 1996, pp. 99--100; MARTÍN RAZQUIN LIZARRAGA, *Contratos Públicos y Derecho Comunitario*, Pamplona, 1996, pp. 78 e segs.; MORENO MOLINA, *Contratos públicos: Derecho comunitario y Derecho español*, Madrid, 1995, pp. 183-191; JOSÉ MANUEL SALA ARQUER, *El Contrato de Servicios*, in *Contratación Pública*, Madrid, 1996, p. 266; GONZALO SAMANIEGO BORDIÚ, "La Transposicion espanõla de la directiva europea sobre los contratos publicos de servicios", in *Comentario a la ley de contratos de las Administraciones Publicas*, Madrid, 1996, p. 827 e segs..

[141] SUE ARROWSMITH, *The Law of Utilities and Public Procurement*, p. 131.

[142] V. SUE ARROWSMITH, *The Law of Utilities and Public Procurement*, p. 132. A Autora acrescenta: "Part A services are those on which the open mar-

Há, pois, uma aplicação a dois níveis (regime integral, por um lado, e regime mínimo, por outro) [143].

A análise geral das características dos serviços contemplados nesta directiva permite concluir que os mesmos não respeitam ao conceito técnico de serviço público — serviços cuja gestão seja por lei da competência da Administração [144]. Correspondem, isso sim, a certas condições da realização daquela gestão, actuando o prestador ao abrigo da sua liberdade de iniciativa e de empresa. Está em causa, nessoutros casos, contratar um auxiliar da Administração — um ente que, por conta dela, colabora na realização de tarefas públicas como um seu instrumento e sob a sua *direcção* [145].

Ora, o caso da Consulta respeita, como se viu, a um serviço público administrativo. É, repete-se, a Administração que tem a seu cargo o *munus* de converter os seus serviços ao *e-commerce*. A lista de serviços excluídos da directiva na alínea *a)* do seu artigo 1.º não é, assim, taxativa. Fora da directiva está também a prestação por um privado de serviços públicos da competência da Administração.

---

ket is likely to have the most impact, taking into account factors as the potential for cross-border trade, economic importance, and the availability of savings. Another relevant factor was the extent of information avaiable about each service. In its review of the Services Directive under Article 43 of the directive, the Comisson is obliged to consider the possibilities for applying all the provisions of the directive to Part B services".

[143] V. REGINA QUELHAS LIMA, *Conhecer o Mercado Único. Contratos Públicos*, p. 36.

[144] Assim, expressamente, PEDRO GONÇALVES, *A Concessão de Serviços Públicos*, pp. 210-211: a directiva adopta "um conceito de 'serviço' que está longe de poder abranger o conceito técnico de 'serviço público'. Portanto, a *directiva-serviços* não se aplica aos procedimentos de adjudicação de contratos de concessão de serviços públicos, visando essencialmente os contratos de *aquisição de serviços*".

[145] V. WOLFF/BACHOF/STOBER, *Verwaltunsgsrecht*, II, Munique, 1987, p. 414., *apud* PEDRO GONÇALVES, *A Concessão de Serviços Públicos*, Coimbra, 1999.

Da análise da letra da alínea *a)* do artigo 1.° da directiva pode, pois, retirar-se a conclusão de que esta não é aplicável à formação dos contratos de concessão de serviços públicos.

24. Mas, se dúvidas ainda houvesse, a verdade é que a ponderação dos trabalhos preparatórios desta directiva as dissiparia por completo.

Como já foi dito, "uma norma de direito não brota de um jacto, como Minerva armada da cabeça de Júpiter legislador"[146]. Assim, "muitas vezes, o cotejo da fórmula finalmente adoptada e promulgada como lei com as fórmulas propostas nos projectos, nas emendas, propostas, etc., é de grande valia para definir a atitude final e a opção do «legislador», servindo, assim, para afastar interpretações que se devem considerar rejeitadas (pelo mesmo legislador) justamente pelo facto de ele ter alterado a fórmula do projecto, ter recusado a sua adesão a uma proposta de emenda ou ter considerado impertinente uma crítica movida ao texto submetido a votação"[147]. Por outro lado, "na *interpretação* do direito comunitário são utilizados todos os métodos e princípios interpretativos geralmente utilizados na fixação do sentido e alcance das normas de direito interno"[148].

---

[146] Cfr. MANUEL DE ANDRADE, *Ensaio sobre a Teoria da Interpretação das Leis*, 3.ª ed., Coimbra, 1978 (reimp.), p. 143.

[147] Cfr. BAPTISTA MACHADO, *Introdução ao Direito e ao Discurso Legitimador*, Coimbra 1983, p. 185. Sublinhando a importância dos trabalhos preparatórios, mesmo sem aceitar uma orientação subjectivista e historicista, v. FREITAS DO AMARAL, *Sumários de Introdução ao Direito*, Lisboa, 1997, p.77.

[148] V. JOÃO CAUPERS, *Introdução ao Direito Comunitário*, Lisboa, 1988, p. 96. Entre nós, o legislador refere-se expressamente ao elemento histórico da interpretação quando consigna que o intérprete deverá ter em conta *"(...) as circunstâncias em que a lei foi elaborada"* (cfr. artigo 9.°, n.° 1, do Código Civil). V. também no sentido da relevância dos trabalhos preparatórios na interpretação do direito comunitário derivado, PENNACCHINI/MONACO/FERRARI BRAVO/PUGLISI, *Manuale di Diritto Comunitario*, I, Torino, 1983, pp. 88-89.

A elaboração desta directiva começou em 1988 [149]. Logo nessa altura, "a questão da inclusão das concessões pareceu muito sensível (...)" [150].

Foi, posteriormente, apresentado um projecto em 1991. Nele foi definida a concessão de serviços públicos[151]. E visava-se, além do mais, com o texto: (1) "impor uma certa publicidade na outorga de concessões de serviço público cujo valor ultrapassasse a sima de 5 milhões de ecus"; (2) "regular as empreitadas outorgadas pelos concessionários, impondo-lhes o respeito de certas regras de publicidade" [152]. Porém, a definiçãode concessão de serviços públicos foi eliminada do texto final [153]. O Conselho das Comunidades, ao adoptar a directiva 92/50/CEE, decidiu, na verdade, não incluir no seu campo de aplicação as concessões de serviço público como lhe propusera a Comissão. Foi assim porque "as posições defendidas pelos Estados-membros, seja para alargar o conteúdo da noção de concessão de serviços públicos a toda e qualquer forma de delegação de serviço público, seja para a restringir ao contrato de concessão *«stricto*

---

[149] Proposta de 11 de Outubro de 1998 (cfr. *Jornal Oficial das Comunidades Europeias*, de 12 de Dezembro de 1988).

[150] V. JEAN-BERNARD AUBY, "Perspectives d'évolution de la concession de service public", cit., p. 93.

[151] Da seguinte forma: a *«concessão de serviços públicos»* "est un contrat autre qu'une concession de travaux publics au sens de (la directive sur les marchés de travaux), conclus entre un pouvoir adjudicateur et une autre entité de son choix, en vertu duquel le premier confie l'éxecution d'une activité dont il est chargé à la seconde et par lequel la seconde accepte d'exercer l'activité moyennant soit le droit d'exploiter le service, soit ce droit assorti d'un prix". V. JEAN-BERNARD AUBY, "Perspectives d'évolution de la concession de service public", cit., p. 93.

[152] V. JEAN-BERNARD AUBY, "Perspectives d'évolution de la concession de service public", cit., pp. 93-94.

[153] Referindo com pormenor as posições dos vários países, JEAN-BERNARD AUBY, "Perspectives d'évolution de la concession de service public", cit., p. 94

sensu», eram demasiado divergentes para alcançar um compromisso" [154]. Doutro modo: "quanto às concessões de serviços públicos, que estavam incluídas inicialmente no campo de aplicação da Directiva, foram, a final, retiradas do texto, justificando-se esta postura tanto por motivos de natureza política como de ordem jurídica. As concessões de serviços públicos, como modalidade de gestão de serviços característica das administrações públicas de vários países europeus (sobretudo os países latinos), revestem uma importância notória sob o ponto de vista económico. Sem embargo, as distintas modalidades que a respeito desta instituição contemplam os diferentes Estados membros da Comunidade e as peculiaridades que apresentam estes contratos, tornaram infrutuosos os esforços por alcançar um compromisso e introduzir, desta maneira, as concessões de serviços públicos na Directiva" [155].

Portanto, "os desacordos levaram a um bloqueio que conduziu a colocar as concessões à margem do campo de aplicação do texto" [156]. A concessão de serviços públicos é, pois, o "único tipo de contrato que, pelas suas especiais características, não foi objecto de regulação em qualquer Directiva" [157].

Em suma, à luz do elemento histórico, conclui-se também que as concessões de serviços públicos estão, efectivamente, fora do campo de aplicação da directiva-serviços [158].

---

[154] V. GHYSLAINE GUISOLPHE, "Les concessions de service public et les directives communautaires sur les marchés publics", in *La Concession de Service Public Face au Droit Communautaire*, Paris, 1992, p. 88.

[155] V. MORENO MOLINA, *Contratos públicos: Derecho comunitario y Derecho español*, p. 186

[156] V. JEAN-BERNARD AUBY, "Perspectives d'évolution de la concession de service public", cit., p. 93.

[157] Cfr. PIÑAR MAÑAS, "El Derecho Comunitario de la Contratacion Pública, Marco de Referencia de la Nueva Ley", *cit.*, p. 48.

[158] Que, entre nós, foi primeiro transposta através do Decreto-Lei n.º 55/95, de 29 de Março.

3) *Directiva-empreitadas*

25. Por outro lado, também se não aplica também à concessão de serviços públicos a directiva 93/37/CEE (diploma que procedeu à codificação dos diplomas anteriores na matéria: directivas 71/305/CEE e 89/440/CEE). Esta directiva estabelece uma noção de *concessão de obras públicas*. Este é o contrato "que apresenta as mesmas características de *a)* (a empreitada de obras públicas), com excepção de que a contrapartida das obras consiste quer unicamente no direito de exploração da obra quer nesse direito acompanhado do pagamento de um preço" (alínea *d)* do n.º 1 do artigo 1.º). Remete-se, deste modo, o intérprete, quanto à fixação das características gerais do contrato de concessão, para o contrato de empreitada de obras públicas.

Na parte dispositiva do diploma (n.º 1 do artigo 1.º-B) enuncia-se o regime específico destes contratos, fixado, uma vez mais, por remissão para os correspondentes preceitos do contrato de empreitada. Desse regime, saliente-se, por um lado, a necessidade de as concessões de obras se pautarem por exigentes regras de publicidade (as definidas nos n.ºs 3, 6, 7 e 9 a 13 do art. 12.º) e, por outro, a imposição de um prazo mínimo de 52 dias para a apresentação de candidaturas à concessão (art. 15.º-A).

Finalmente, nos termos do n.º 2 do art. 1.º-B, a entidade adjudicante pode, alternativamente, "quer impor ao concessionário de obras a entrega a terceiros dos contratos que representem no mínimo 30% do valor global das obras que são objecto da concessão (...), quer convidar os próprios candidatos a concessionários a indicar nas suas propostas a percentagem, quando existir, do valor global das obras que são objecto da concessão que tencionam entregar a terceiros".

Como resulta óbvio, sujeitas a esta directiva estão apenas as concessões de obras públicas [159] e, no limite, as concessões mis-

---

[159] O regime desta Directiva foi primeiro (parcialmente) transposto

tas, quer dizer, aquelas que são "tanto concessões de obras públicas como de serviço público"[160]. Não já, manifestamente, as concessões de serviços públicos "puras" [161].

Ora, no caso concreto estamos diante de uma concessão de serviços públicos pura. Quer dizer, não se vislumbra, aí, a realização de quaisquer obras públicas. Está-se, pois, completamente à margem do âmbito objectivo de aplicação da directiva 93/37/CEE.

26. Em suma: também o direito comunitário derivado analisado não se aplica à concessão, em regime de exclusivo, do serviço público de apoio à contratação electrónica do Estado e outros entes, que o Estado projecta celebrar com a Sociedade. Vale dizer, a atribuição da mesma por ajuste directo não sofre, pois, a essa luz, qualquer contestação. Assiste, assim, razão a

---

pelo Decreto-Lei n.º 405/93, de 10 de Dezembro, e, mais recente e adequadamente, pelo Decreto-Lei n.º 55/99, de 2 de Março. Neste se define concessão de obras públicas como o "contrato administrativo que, apresentando as mesmas características definidas no número anterior — isto é, as da empreitada de obras públicas —, tenha como contrapartida o direito de exploração da obra, acompanhado ou não do pagamento de um preço" (artigo 2.º, n.º 4). Por sua vez, a empreitada de obras públicas é definida como o "contrato administrativo, celebrado mediante o pagamento de um preço, independentemente da sua forma, entre um dono de obra pública e um empreiteiro de obras públicas e que tenha por objecto quer a execução quer conjuntamente a concepção e a execução das obras mencionadas no n.º 1 do artigo 1.º, bem como das obras ou trabalhos que se enquadrem nas subcategorias previstas no diploma que estabelece o regime de acesso e permanência na actividade de empreiteiro de obras públicas, realizados seja por que meio for e que satisfaçam as necessidades indicadas pelo dono da obra" (artigo 2.º, n.º 3).

[160] JEAN-BERNARD AUBY, "Perspectives d'évolution de la concession de service public", cit., p. 96.

[161] Cfr. J. F. FLAUSS, "Influences européennes sur le droit administratif du point de vu de chaque Etat membre. Rapport français," cit., p. 50.

Michel Bazex: "nem toda a concessão entra necessariamente no campo de aplicação do Tratado CEE e do direito derivado"[162].

III — O problema à luz do Direito Português

27. Tal como o Tratado da UE, também a Constituição portuguesa de 1976 nada dispõe, em geral, sobre a matéria da formação dos contratos públicos, administrativos ou privados. Apenas no artigo 296.° se faz uma referência isolada à figura do concurso público[163].

Cabe, pois, ao legislador estabelecer, avaliando os interesses em jogo em cada situação e respeitados certos limites gerais, o regime procedimental que se lhe afigurar concretamente mais adequado [164]. Entre aqueles limites, contam-se os princípios fundamentais da actividade administrativa, de natureza material (artigo 266.°) e procedimental (cfr. artigos 112.°, n.° 7 e n.° 8, e artigo 241.°) [165] — seja ainda o princípio da concorrência con-

---

[162] Cfr. MICHEL BAZEX, "La concession de service public et le traité de Rome", cit., p. 59.

[163] Efectivamente, aí se diz que "Lei-quadro, aprovada por maioria absoluta dos Deputados em efectividade de funções, regula a reprivatização da titularidade ou do direito de exploração de meios de produção e outros bens nacionalizados depois de 25 de Abril de 1974, observando os seguintes princípios fundamentais: a) A reprivatização da titularidade ou do direito de exploração de meios de produção e outros bens nacionalizados depois do 25 de Abril de 1974 realizar-se-á, em regra e preferencialmente, através de concurso público, oferta na bolsa de valores ou subscrição pública".

[164] O artigo 6.°, n.° 3, alínea b), da Lei n.° 11/90, de 5 de Abril, dispõe: "quando o interesse nacional ou a estratégia definida para o sector o exijam ou quando a situação económico-financeira da empresa o recomende, poderá proceder-se: (...) b) por venda directa, à alienação de capital ou à subscrição de acções representativas do seu aumento". A não inconstitucionalidade desta regra é evidente.

[165] Sobre os princípios gerais da actividade administrativa, v. FREITAS

figurado nos artigos 81.º, alínea *e)*, e 99.º, alíneas *a)* e *c)*, da Constituição "como valor objectivo ou constelação de valores objectivos da ordem constitucional" [166].

Compreende-se que seja assim — isto é, que, num Estado democrático, as opções do legislador sejam, em larga medida, insindicáveis pelos tribunais. A própria "legislação constitucionalmente concretizadora não se reconduz, no Estado de Direito Democrático, a um esquema de subsunção executiva da Constituição (...). É o cumprimento de tarefas constitucionalmente fixadas, mas não uma execução de preceitos; é uma actividade materialmente vinculada à Constituição, mas não um mero «exercício de execução» do «interesse público», cujos pressupostos estejam esgotantemente plasmados nas normas constitucionais" [167].

Ora, tal como verificámos acima aquando da análise da compatibilidade do objecto do contrato com o Tratado da UE — para onde de aqui se remete —, não nos parece que a concessão, em regime de exclusivo, do serviço público de apoio à contratação electrónica do Estado e outros entes, que o Estado projecta celebrar com a Sociedade, ponha em xeque qualquer princípio ou norma da nossa Lei Fundamental — que, no

---

DO AMARAL *et alli*, *Código do Procedimento Administrativo Anotado*, 3.ª ed., Coimbra, 1997, *sub* artigos 3.º e segs.; ESTEVES DE OLIVEIRA/PEDRO GONÇALVES/PACHECO DE AMORIM, *Código do Procedimento Administrativo*, *sub* artigos 3.º e segs.. Sobre o «direito administrativo constitucional», cfr., entre nós, PAULO OTERO, *O Poder de Substituição em Direito Administrativo*, I, p. 122 e segs.; VITAL MOREIRA, *Constituição e Direito Administrativo (A «Constituição Administrativa» Portuguesa)*, in *Ab Uno Ad Omnes. 75 anos da Coimbra, Editora*, Coimbra, 1998, pp. 1141 e segs..

[166] Cfr. MANUEL AFONSO VAZ, *Direito Económico*, 4.ª ed., Coimbra, 1998, p. 235.

[167] Cfr. GOMES CANOTILHO, *Constituição Dirigente e Vinculação do Legislador*, Coimbra, 1982, pp. 215 e segs. (*maxime*, 231 e 232).

essencial, e como não causará espanto, se inspira numa axiologia análoga à que anima o Tratado da UE.

28. Sucede o mesmo a respeito do direito ordinário.

Ao invés da Constituição, a lei ordinária não é, contudo, omissa a respeito da matéria da formação dos contratos administrativos.

Segundo reza o artigo 183.º do CPA, "com ressalva do disposto nas normas que regulam a realização de despesas públicas ou em legislação especial, os contratos devem ser precedidos de concurso público".

No mesmo sentido, para certos contratos administrativos e para determinados contratos privados da Administração, dispõe o n.º 1 do artigo 80.º do Decreto-Lei n.º 197/99, de 8 de Junho — diploma que "estabelece o regime da realização de despesas públicas com locação e aquisição de bens e serviços, bem como da contratação pública relativa à locação e aquisição de bens móveis e serviços" (artigo 1.º) — que "é aplicável o concurso público quando o valor do contrato seja igual ou superior a 25.000 contos ou, por decisão da entidade competente para autorizar a despesa, quando inferior àquele valor".

A opção é facilmente compreensível.

Ela justifica-se, na verdade — ou porque o contrato implicará em regra o dispêndio de avultadas quantias em dinheiros públicos, cujo gasto tem de ser criteriosamente decidido e controlado; ou porque muitas vezes o contrato transferirá poderes de carácter público e de grande responsabilidade para mãos privadas, que têm de dar provas de competência técnica, capacidade económica e idoneidade moral para poderem receber tão delicado encargo; ou ainda porque na generalidade dos casos ser adjudicatário de um contrato administrativo equivale a receber uma encomenda de muitos milhares de contos, e representa assim um negócio apetecível para muitas empresas, havendo que garantir a transparência e a seriedade no processo de escolha do contraente privado, e igualdade de oportunidades na apresentação das várias propostas.

29. Se, por regra, a contratação pública deve ser precedida da realização de procedimento que salvaguarde a concorrência entre os vários interessados na aquisição do "bem" posto no mercado, por vezes, porém, admite o legislador a derrogação das regras da concorrência — como vimos, aquele teve plena consciência da existência de *contratos cuja formação se pode concretamente não adaptar ao esquema do concurso público*, já que no artigo 183.º do CPA ressalva expressamente desse esquema, para além das situações referidas nas normas que regulam a realização de despesas públicas, como é o caso do Decreto-Lei n.º 187/99, de 8 de Junho, os casos previstos "em normas constantes de diplomas especialmente aplicáveis a certas modalidades de contratos que disponham diversamente"[168].

Tal ocorre, tipicamente, em atenção:

— ao reduzido valor do contrato;
— à urgência na celebração do contrato;
— à infungibilidade da pessoa do co-contratante.

São facilmente compreensíveis as razões pelas quais se permite à Administração, nos dois primeiros casos, o ajuste directo[169]. Vejamos que situações mais tipicamente justificam a terceira hipótese.

30. *a)* Por um lado, justificam-na os chamados contratos de atribuição, ou seja, aqueles que "têm por causa-função atribuir

---

[168] V. FREITAS DO AMARAL et alli, *Código do Procedimento Administrativo Anotado*, cit., p. 310.

[169] Cfr. ESTEVES DE OLIVEIRA/ESTEVES DE OLIVEIRA, *Concursos e outros Procedimentos de Adjudicação Administrativa*, pp. 220-223.

uma certa vantagem ao co-contratante da Administração" [170]. Efectivamente, como diz Sérvulo Correia, "os contratos típicos de atribuição não nascem de uma necessidade sentida pela Administração independentemente da noção de quem deva vir a ser o outro contraente: pelo contrário, é a verificação de uma situação concreta que suscita a necessidade e a possibilidade do contrato e, desse modo, o co-contratante está naturalmente individualizado desde o princípio (...). Aliás, o acto propulsivo do procedimento que conduz a vários desses contratos não é sequer a *decisão ou deliberação de contratar*, mas, antes dela, um pedido ou uma proposta apresentados pelo eventual co-contratante" [171]. E, de seguida, acrescenta o mesmo autor: "a necessidade de escolha ergue-se portanto naquelas outras situações em que a Administração precisa de organizar meios com vista à consecução de uma finalidade e, para isso, carece de entrar em relação com outra entidade que lhe possa prestar um serviço ou alienar uma coisa ou, até, receber um serviço ou adquirir uma coisa à Administração" [172].

Estas hipóteses, observa Sérvulo Correia, caracterizam-se pela fungibilidade do co-contratante porquanto o pressuposto determinante da celebração do contrato não é a necessidade de providenciar uma situação concreta de uma certa pessoa mas sim a de satisfazer uma carência da Administração. Uma vez que, em abstracto, poderão ser múltiplos os interessados em contratar em tais termos com a Administração, assume especial acuidade o princípio da imparcialidade, sob a vertente da *igualdade de tratamento*" [173].

São exemplo deste tipo de acordos os *contratos de urbanização*, posto que têm por causa-função a atribuição de um certo

---

[170] Cfr. SÉRVULO CORREIA, *Legalidade e Autonomia...*, p. 421.
[171] Cfr. SÉRVULO CORREIA, *Legalidade e Autonomia...*, p. 690.
[172] Cfr. SÉRVULO CORREIA, *Legalidade e Autonomia...*, p. 691.
[173] Cfr. SÉRVULO CORREIA, *Legalidade e Autonomia...*, p. 691.

benefício ao co-contratante da Administração, qual seja, a aprovação da operação de loteamento e de obras de urbanização que lhe confere a possibilidade de urbanizar os seus terrenos e de os afectar à construção urbana, com a consequente vantagem económica decorrente da sua valorização [174]. Outro exemplo é o dos *contratos de redução da carga poluente* previstos na lei de bases do ambiente: "bastará pensar nos interesses a que se pré-ordena a celebração de um contrato-programa de redução da carga poluente, para tomar consciência de que a sua *causa-função* não se coaduna com a «técnica da licitação concorrencial»" [175].

b) Um outro tipo de situações em que circunstâncias ligadas à personalidade do concessionário podem, em certos termos, justificar a derrogação das regras da concorrência é, já o sabemos, a de certos contratos de concessão [176].

Ora, como já acima referimos em pormenor e, *brevitatis causa*, nos absteremos aqui de repetir, é precisamente isso que sucede com o contrato de concessão cuja celebração o Estado e a Sociedade têm em vista.

Efectivamente, divisam-se, *in casu*, a par de circunstâncias de urgência na sua celebração, razões ligadas à personalidade do concessionário que justificam o não recurso à concorrência e a atribuição directa da concessão, por lei especial, à Sociedade.

---

[174] Cfr. CARLOS FERNANDES CADILHA, "Aspectos Contratuais do Loteamento Urbano. O Contrato de Urbanização", in *Boletim da Faculdade de Direito da Universidade de Coimbra*, Coimbra, 1986, p. 403, nota 16. Como aí diz este A., uma vez que o "contrato de urbanização pressupõe a pré-determinação do requerente do pedido de licenciamento das obras de urbanização como co-contratante da Administração, o mecanismo do concurso público como processo de escolha do co-contratante não se coaduna com a natureza e o regime do contrato de urbanização".

[175] V. P. RANGEL, *Concertação, Programação e Direito do Ambiente*, Coimbra, 1994, p. 89.

[176] V. PEDRO GONÇALVES, *A Concessão de Serviços Públicos*, pp. 232 e segs.

É, pois, esta situação também plenamente conforme com os dados do nosso direito ordinário.

31. Também o Direito Comparado mostra existirem razões ligadas à personalidade do concessionário justificativas da não realização de concurso público.

Vejamos, mais uma vez, e por todos, o caso francês. E sirvamo-nos novamente das palavras de Bettinger e le Chatelier. Estes AA., depois de lembrarem que a *loi Sapin*, de Janeiro de 1993, introduziu a concorrência no âmbito da concessão — e de referirem que "um dos efeitos maiores da pressão comunitária e da *loi Sapin* é o de aproximar o regime das concessões do das empreitadas (submetendo as primeiras a regras novas de publicidade e de concorrência mínima")[177] —, afirmam, com toda a clareza, que "os traços fundamentais da concessão perduram, por ora, constantes e que é prematuro evocar uma qualquer assimilação com as empreitadas de obras públicas" [178]. Concretamente, acrescenta-se, um dos princípios que se mantém é o do *intuitus personae*. Como refere Jacqueline Morand-Deviller, "o *intuitu personae* conserva a sua força", quer dizer, "a Administração conserva o seu poder de escolher em função das qualidades do seu parceiro e da confiança que ele lhe mereça". O que se passa é, simplesmente, que, por acréscimo, existem regras impondo maior publicidade para se esclarecerem melhor aquelas escolhas[179].

32. Finalmente, parece adequado para ilustrar as considerações anteriores apontar um par de exemplos em que também se

---

[177] CHRISTIAN BETTINGER/GILLES LE CHATELIER, *Les Nouveaux Enjeux de La Concession*, p. 35.

[178] CHRISTIAN BETTINGER/GILLES LE CHATELIER, *Les Nouveaux Enjeux de La Concession*, p. 35.

[179] JACQUELINE MORAND-DEVILLER, *Cours de Droit Administratif*, 6.ª ed., Paris, 1999, p. 409.

procedeu à derrogação da regra geral do artigo 183.º do CPA por intermédio de legislação especial.

Seja, em primeiro lugar, o Decreto-Lei n.º 274-B/93, de 4 de Agosto. Aí se definiu "o regime jurídico do procedimento de ajuste directo a que deverá obedecer a adjudicação da concessão da exploração do serviço público da importação de gás natural e do seu transporte e fornecimento através da rede de alta pressão". E, preambularmente, referiu-se: com o recurso a este procedimento, "atende-se (...) à importância estratégica para o País da concretização deste projecto, à urgência na satisfação da necessidade pública a que se impõe responder, agora agravada pelo tempo despendido no gorado procedimento anterior, à especificidade técnica do serviço a prestar e, bem assim, à reconhecida situação especial do aprovisionamento do gás natural"[180].

Em segundo lugar, mencione-se o artigo 6.º, n.º 3, alínea b), da Lei n.º 11/90, de 5 de Abril. Aí se diz: "quando o interesse nacional ou a estratégia definida para o sector o exijam ou quando a situação económico financeira da empresa o recomende, poderá proceder-se: (...) b) por venda directa, à alienação de capital ou à subscrição de acções representativas do seu aumento".

Esta regra, proporciona "a vantagem significativa (e que se imporá em alguns casos) de permitir conhecer de antemão e seleccionar um determinado núcleo de accionistas. Será um método indicado (...) para aqueles casos em que se considera prioritário transferir a titularidade do capital da empresa para um grupo empresarial (...) com provas dadas em matérias de gestão (...), capacidade de investimento e racionalidade de decisão empresarial, dentro de uma estratégia sectorial global. A preocupação básica, subjacente a estes casos, é a de garantir soluções de

---

[180] V. 3.º § do preâmbulo.

certa continuidade da política empresarial, sobretudo em áreas que naturalmente exijam aptidões técnicas e «know-how» empresariais específicos [(como o sector da Banca e dos Seguros em primeira linha ou, em grau diferente, sectores marcados por uma forte componente tecnológica como a Petroquímica, a indústria Química em geral e as Telecomunicações (...)]"[181] (itálico nosso). O preceito em causa foi recentemente aplicado na venda de parte do capital social da Petrogal [182].

---

[181] Cfr. LUÍS MORAIS, *Privatização de Empresas Públicas — As Opções de Venda*, Lisboa, 1990, p. 70.

[182] Efectivamente, e como se retira do seguinte trecho do preâmbulo do diploma que enquadrou a operação, o Decreto-Lei n.º 261-A/99, de 7 de Julho: "a 1.ª fase de privatização da GALP consiste, pois, num aumento de capital, nos termos antes descritos e definidos no presente diploma. Seguir-se-lhe-á outra fase, destinada à alienação, por venda directa, de uma participação a um ou vários parceiros estratégicos. Estas duas fase de privatização realizar-se-ão, assim, nos termos do artigo 6.º, n.º 3, alínea b), da Lei n.º 11/90, de 5 de Abril, *quer por tal ser uma imposição da estratégia definida para o sector* (articulação e futura integração dos subsectores do petróleo e do gás natural), *quer por o próprio interesse nacional* (reforço da solidez financeira e viabilidade económica de um operador energético português que possa ser internacionalmente competitivo, com prossecução simultânea de uma privatização já iniciada, que contribua adequadamente para esse fim) *o exigir*".

CONCLUSÕES

33. De tudo o que antecede podemos agora extrair, em síntese, as seguintes conclusões:

a) A relação jurídica cuja constituição resultará da formalização do contrato em apreço deve ter-se como uma relação jurídica administrativa. É assim porque, muito embora a descrição dos efeitos de direito a pactuar pelas partes não permita, à primeira vista, surpreender a titularidade de prerrogativas de autoridade, ou a adstrição a sujeições especiais, na esfera jurídica da Administração, o *objecto mediato* do contrato respeita ao exercício de uma actividade pública;

b) Não seria diferente a qualificação caso se perfilhasse o *critério estatutário*, nos termos do qual são relações jurídicas administrativas as disciplinadas em termos específicos do sujeito administrativo, entre pessoas colectivas da Administração ou entre a Administração e os particulares;

c) A principal consequência da qualificação de um contrato como administrativo é, evidentemente, a da sua submissão a um regime jurídico-administrativo, quer no plano substantivo quer no plano adjectivo;

d) Concretamente, a espécie contratual específica que o Estado pretende celebrar com a Sociedade corresponde ao tipo legal «concessão de serviços públicos» (artigo 178.º, n.º 2, alínea c), do CPA);

e) O Tratado da UE permite a *constituição* de direitos exclusivos pelos Estados-Membros a favor de certas empresas — e a concessão é um instrumento particularmente propício à respectiva atribuição;

f) Por razões de interesse público de natureza não económica (sobretudo razões funcionais), justifica-se centralizar o exercício da actividade de apoio à contratação electrónica do Estado e demais entidades públicas numa única empresa — subtraindo-se o seu desempenho às regras da concorrência;

g) À actividade de apoio à contratação electrónica do Estado e outras entidades quadra adequadamente o conceito de *serviço de interesse económico geral* — n.º 2 do artigo 86.º do Tratado da UE. Tal implica, se necessário, a possibilidade de a Sociedade se subtrair ao cumprimento pleno das regras comunitárias da concorrência;

h) Sustenta hoje a jurisprudência comunitária — a respeito da questão de saber *como* deve ser atribuído um exclusivo — que do princípio da livre concorrência consagrado no Tratado decorre que qualquer derrogação deste, mesmo em matéria de concessão de serviço público, apenas será lícita caso exista uma justificação material suficiente nesse sentido;

i) Existem duas razões materiais decisivas para permitir ao Estado atribuir à Sociedade por ajuste directo a concessão do serviço público de apoio à contratação electrónica do Estado e outros entes: por um lado, a *urgência* na celebração do contrato (que releva à luz do princípio fundamental da proporcionalidade); por outro lado, o facto de a Sociedade, sobre ser concessionária de serviço público, assumir também as vestes de *sociedade de capitais maioritariamente públicos* — forma jurídico-organizatória que, possibilitando a realização de estreito controle interno e externo pelo concedente, se justifica valorizar particularmente em atenção à delicadeza dos interesses públicos envolvidos no exercício da actividade da Sociedade;

j) O projectado contrato não se afigura violador de outras regras fundamentais do Tratado da União Europeia: seja o artigo 31.º (relativo à "*eliminação das restrições quantitativas entre os Estados membros*"), sejam os artigos 43.º e 49.º (relativos às liberdades de estabelecimento e de prestação de serviços), seja, ainda, o artigo 82.º (relativo ao abuso de posição dominante);

k) O direito comunitário derivado (directivas 92/50/CEE e 93/37/CEE) não se aplica, objectivamente, à concessão, em regime de exclusivo, do serviço público de apoio à contratação electrónica do Estado e outros entes, que o Estado projecta celebrar com a Sociedade. Vale dizer, a atribuição da mesma por ajuste directo não sofre, pois, também a essa luz, qualquer contestação;

l) A concessão, em regime de exclusivo, do serviço público de apoio à contratação electrónica do Estado e outros entes, que o Estado projecta celebrar com a Sociedade, não põe igualmente em xeque qualquer princípio ou norma da nossa Lei Fundamental — que, no essencial, e como não causa espanto, se inspira numa axiologia análoga à que anima o Tratado da UE;

m) A concessão, por lei especial, em regime de exclusivo, do serviço público de apoio à contratação electrónica do Estado e outros entes é também conforme com os dados do direito ordinário português (v. artigo 183.º do CPA).

Lisboa, Abril de 2000

IX
Concessão de exploração de jogos de fortuna ou azar: da prorrogação do prazo e outras alterações do contrato

CONSULTA

1. Em face do que se dispõe, sobretudo, nos artigos 10.º, 12.º e 13.º do Decreto-Lei n.º 422/89, de 2 de Dezembro, alterado pelo Decreto-Lei n.º 10/95, de 19 de Janeiro, e nos contratos de concessão da exploração de jogos de fortuna ou azar referentes às zonas de jogo do Estoril, Espinho, Póvoa de Varzim, Figueira da Foz e Algarve — é possível a prorrogação do prazo de cada uma das referidas concessões até ao limite máximo de 15 anos, por forma a que todas elas só expirem no ano de 2020?

2. À luz do mesmo regime, é possível cumular-se a prorrogação dos contratos com a alteração das respectivas cláusulas? Em caso afirmativo, as alterações produzem efeitos a partir da publicação do Decreto-Lei que determine a prorrogação ou, inversamente, apenas a partir do início da prorrogação?

3. Podem a prorrogação e a alteração das cláusulas contratuais referidas nas duas questões anteriores ter lugar de forma

concomitante com a alteração da Lei do Jogo, isto na medida do necessário para assegurar a aplicabilidade de algumas alterações contratuais?

PARECER

§ 1.º
Da natureza e regime dos contratos de exploração de jogos de fortuna ou azar

1. Os contratos referidos na consulta configuram exemplos do *contrato de concessão de exploração de jogos de fortuna ou azar* [1,2].

A consagração legislativa desta figura remonta às primeiras décadas do século XX. Em Portugal, o Decreto n.º 14.643, de 3 de Dezembro de 1927, pondo termo a uma longa tradição de proibição do jogo, veio autorizar a exploração de jogos de fortuna ou azar [3], em regime de concessão de exclusivo, em deter-

---

[1] Nos termos do artigo 1.º do Decreto-Lei n.º 422/89, de 2 de Dezembro, "jogos de fortuna ou azar são aqueles cujo resultado é contingente por assentar exclusiva ou fundamentalmente na sorte".

[2] Sobre esta figura contratual, cfr., entre nós, FREITAS DO AMARAL, *O Caso do Tamariz — Estudo de Jurisprudência Crítica*, in O Direito, ano 96, n.ºs 3 e 4, Lisboa, 1964-5; OLIVEIRA ASCENSÃO/MENEZES CORDEIRO, "Das Concessões de Zonas de Jogo," in Revista de Direito Público, ano II, n.º 3, 1988, pp. 53 e segs..
V. ainda MOTA PINTO/PINTO MONTEIRO/CALVÃO DA SILVA, *Jogo e Aposta*, 1982 (edição da Santa Casa da Misericórdia de Lisboa); e PEDRO GONÇALVES, *A Concessão de Serviços Públicos*, Coimbra, 1999, pp. 95-97.

[3] Na base desta autorização esteve a convicção de que o "sistema da proibição absoluta do jogo de azar (...) arrastou consigo o alastrar da clandestinidade e o desprestígio da lei. Além disso, a prática clandestina tornava difi-

minadas localidades qualificadas como zonas de jogo [4]. Actualmente — e depois de a matéria da concessão de jogo ter sido sucessivamente regulada pelo Decreto-Lei n.º 41.562, de 18 de Março de 1958, e pelo Decreto-Lei n.º 48.912, de 18 de Março de 1969 —, o contrato vem previsto no artigo 9.º do Decreto-Lei n.º 422/89, de 2 de Dezembro (doravante, Lei do Jogo), diploma alterado pelo Decreto-Lei n.º 10/95, de 19 de Janeiro.

2. Dogmaticamente, o *contrato de concessão de exploração de jogos de fortuna ou azar* vem sendo classificado pela doutrina como um contrato *nominado* (uma vez que vem expressamente referenciado na lei, surgindo dotado de um *nomen iuris*); *típico* (visto o essencial do seu regime constar da lei); *formal* (na medida em que é lavrado perante oficial público, por escrito); *sinalagmático* (por produzir efeitos em relação a ambas as partes contratantes que reciprocamente se fundamentam); *oneroso* (por implicar sacrifícios e vantagens económicas para ambas as partes contratantes); de *execução continuada* (porquanto implica obrigações cujo cumprimento é diferido, ao longo do tempo); e de *efeitos múltiplos* (uma vez que provoca a constituição de situações jurídicas muito diversificadas, que vão desde obrigações até direitos reais, passando por variados efeitos administrativos e fiscais) [5].

---

cil ou impedia a fiscalização necessária. Por outro lado, as exigências do turismo internacional reforçavam os inconvenientes da proibição absoluta. Pois não só a preferência dos turistas se dirige para os centros onde possam jogar, como as próprias zonas turísticas de nível internacional não encontram facilmente fora da exploração do jogo as avultadas receitas de que carecem" — cfr. FREITAS DO AMARAL, *O Caso do Tamariz*, cit., p. 200.

[4] Sobre a origem histórica do fenómeno do jogo, cfr., entre nós, MOTA PINTO/PINTO MONTEIRO/CALVÃO DA SILVA, *Jogo e Aposta*, pp. 33-54; e SÉRGIO VASQUES, *Os Impostos do Pecado*, Coimbra, 2000, pp. 150-154.

[5] V. O. ASCENSÃO/M. CORDEIRO, *Das Concessões de Zonas de Jogo*, cit., p. 59.

3. No ordenamento jurídico-positivo português, a *concessão de exploração de jogos de fortuna ou azar* perfila-se, inequivocamente, como um *contrato administrativo*, isto é, como um acordo de vontades "pelo qual é constituída, modificada ou extinta uma relação jurídica administrativa" (artigo 178.º, n.º 1, do CPA) [6].

É-o, em primeiro lugar, por *determinação de lei*: a figura vem prevista na alínea *f)* do n.º 2 do art. 178.º do Código do Procedimento Administrativo [7] (doravante CPA), e, bem assim, na parte final do artigo 9.º da Lei do Jogo como exemplo dos acordos de vontades disciplinados pelo Direito Administrativo.

E é-o, depois, por *natureza*: tem por objecto a transferência (temporária e parcial [8]) para um particular do exercício de um direito legalmente reservado à Administração [9], que o concessionário desempenhará por sua conta e risco, mas no interesse geral. Trata-se, pois, de uma concessão em sentido técnico [10]:

---

[6] Sobre o significado da expressão *"relação jurídica administrativa"*, cfr. FREITAS DO AMARAL, *Direito Administrativo*, III, pp. 439-440; VIEIRA DE ANDRADE, *Direito Administrativo e Fiscal*, Coimbra, 1994-1995, p. 47; ESTEVES DE OLIVEIRA/PEDRO GONÇALVES/PACHECO DE AMORIM, *Código do Procedimento Administrativo*, 2.ª edição, Coimbra, 1997, p. 811.

[7] Aprovado pelo Decreto-Lei n.º 442/91, de 15 de Novembro, com as alterações introduzidas pelo Decreto-Lei n.º 6/96, de 31 de Janeiro.

[8] Como, com a habitual felicidade, sintetizava MARCELLO CAETANO, a Administração *"nunca se demite de certa parcela de poder sobre a actividade cuja liberdade de exercício outorga a alguém (...): é que, na raiz, a função concedida continua a pertencer-lhe"* — *Subsídios Para o Estudo da Teoria da Concessão de Serviços Públicos*, in *Estudos de Direito Administrativo*, Lisboa, 1974, p. 93.

[9] Nos termos do artigo 9.º da actual Lei do Jogo, "o direito de explorar jogos de fortuna ou azar é reservado ao Estado e só pode ser exercido por empresas constituídas sob a forma de sociedades anónimas a quem o Governo adjudicar a respectiva concessão mediante contrato administrativo, salvo os casos previstos no n.º 2 do artigo 6.º".

[10] Assim, FREITAS DO AMARAL, "O Caso do Tamariz", cit., p. 208; OLIVEIRA ASCENSÃO/MENEZES CORDEIRO, *Das Concessões de Zonas de Jogo*, cit., p. 65.

por seu intermédio, fica um sujeito privado habilitado a exercer temporariamente uma actividade de interesse público por lei integrada na esfera de atribuições do concedente [11]. "Se o Estado se reserva o exclusivo da exploração de jogos de fortuna ou azar e a concede, depois, a empresas a quem exige especiais qualificações de idoneidade, retirando, do facto, benefícios vários, é porque tal exploração, nesses moldes, tem *interesse público*, visa um *fim público* ou redunda em *atribuição do ente público*. E assim será até alteração da lei, não devendo a análise jurídica sucumbir ao peso de séculos de baldada repressão do jogo ou à realidade nefasta, mas muito actual, da prática do jogo clandestino" [12].

4. A principal consequência da qualificação de um contrato como administrativo é a da sua submissão a um regime jurídico-administrativo, quer no plano substantivo quer no plano adjectivo.

Assim, no plano substantivo, os contratos de concessão de exploração de jogos de fortuna ou azar regem-se, para além do disposto nas suas cláusulas, pela demais legislação administrativa aplicável. De entre esta, merece evidente destaque a Constituição (artigo 266.º) e, no plano da lei ordinária, o CPA (*maxime*, os princípios gerais e os artigos 178.º e segs.) e, especialmente, a Lei do Jogo.

No plano adjectivo, a qualificação administrativa implica, como é sabido, a atribuição de competência aos tribunais administrativos para conhecer os litígios a ele respeitantes (cfr. o artigo 212.º, n.º 3, da Constituição, e os artigos 9.º e 51.º, alínea *g)*, do Estatuto dos Tribunais Administrativos e Fiscais —

---

[11] V. SÉRVULO CORREIA, *Legalidade e Autonomia Contratual nos Contratos Administrativos*, Coimbra, 1987, p. 419.

[12] V. OLIVEIRA ASCENSÃO/MENEZES CORDEIRO, *Das Concessões de Zonas de Jogo*, cit., p. 64.

ETAF –, e 71.º e 72.º da Lei de Processo dos Tribunais Administrativos). Poderá, no entanto, a resolução de certo tipo de litígios emergentes de relações contratuais jurídico-administrativas ser cometida a tribunais arbitrais (cfr., o artigo 209.º, n.º 2, da Constituição, e os artigos 2.º, n.º 2, do ETAF, 1.º, n.º 4, da Lei n.º 31/86, de 31 de Outubro, e 188.º do CPA).

5. Para melhor apreendermos a sua identidade, delimitemos agora a concessão de exploração de jogos de fortuna ou azar, mesmo que a traço largo, das duas concessões "clássicas" — porque objecto de vasta regulamentação legislativa e atenção doutrinal —, quais sejam, a concessão de serviços públicos [13] e a concessão de obras públicas.

a) Existem nítidas afinidades entre a concessão de exploração de jogos de fortuna ou azar e a concessão de serviços públicos. Tal como esta, também naquela "a exploração do jogo é objecto de uma concessão por parte de uma pessoa colectiva de direito público. O particular fica com o direito de exercer uma actividade que lhe estava vedada, isto é, fica senhor de um exclusivo. Desenvolve uma actividade de prestação de utilidades em benefício do público. Actua por sua conta e risco, embora subordinado em certos termos ao interesse geral" [14].

Mas separam-nas também diferenças importantes. E a essencial é seguinte: a indústria do jogo, sendo sem qualquer dúvida uma actividade de interesse público, não constitui,

---

[13] Sobre esta figura é ainda fundamental a leitura da obra de JOÃO MARIA TELLO DE MAGALHÃES COLLAÇO, *Concessões de Serviços Públicos — Sua Natureza Jurídica*, Coimbra, 1914, pp. 53 e segs.. Cfr. também a excelente síntese de MARCELLO CAETANO, "Subsídios Para o Estudo da Teoria da Concessão de Serviços Públicos", in *Estudos de Direito Administrativo*, Lisboa, 1974, pp. 89 e segs..

[14] V. FREITAS DO AMARAL, "O Caso do Tamariz", cit., p. 203-204.

porém, tecnicamente, um serviço público. Certo, o conceito de serviço público é um conceito problemático, posto que o legislador o utiliza amiúde sem rigorosa consistência [15] — e, como é sabido, "a vulgaridade raramente é compatível com a precisão dos conceitos [16]. Mas, devido à lição de Marcello Caetano, tal noção assume, entre nós, um conteúdo relativamente preciso e que a torna, desse modo, cientificamente operativa [17]. *Serviço público* é então a organização de pessoas e bens instituída pelo Estado ou por outra pessoa colectiva de Direito Público com o fim de exercer a iniciativa de satisfazer directamente necessidades colectivas individualmente sentidas mediante o emprego de meios de autoridade [18]. Ou seja, é uma actividade posta por lei directamente a cargo de uma pessoa colectiva pública e que deve ser exercida de acordo com os "célebres princípios directivos (...) formulados por Louis Rolland: princípio da *continuidade* (...); princípio da *igualdade*, que proíbe a discriminação entre os utentes do serviço; princípio da *adaptação* às necessidades do momento, que explica a ausência de um direito adquirido à manutenção da regulamentação que rege o serviço público (...)"[19].

---

[15] Cfr., por último, JOSÉ PEDRO FERNANDES, "Serviço Público", in *Dicionário Jurídico da Administração Pública*, VII, Lisboa, 1996, pp. 390 e segs..

[16] Cfr. MARCELLO CAETANO, "*Subsídios Para o Estudo da Teoria da Concessão de Serviços Públicos*", cit., p. 93.

[17] A essa lição presta SÉRVULO CORREIA, *Legalidade e Autonomia...*, justa homenagem: "não é por certo das menores a dívida de gratidão que nos merece a memória de MARCELLO CAETANO por, apesar da sua estreita afinidade com o pensamento administrativista francês do seu tempo, não ter querido transpor para os quadros teóricos do nosso Direito o conceito material de serviço público com a amplitude que se lhe reconhecia (e reconhece ainda) além-Pirinéus".

[18] Cfr. MARCELLO CAETANO, "Subsídios Para o Estudo da Teoria da Concessão de Serviços Públicos", cit., p. 94.

[19] Cfr. PROSPER WEIL, *O Direito Administrativo*, Coimbra, 1978, p. 86.

Sendo assim, é na verdade forçado afirmar-se que a exploração do jogo se destina "a satisfazer uma necessidade colectiva individualmente sentida. Não pode dizer-se, para começar, que a necessidade de praticar o jogo de fortuna ou azar constitua uma necessidade colectiva. E, por outro lado, é indubitável que as grandes restrições ao acesso do público em geral às salas de jogo não se deixam reconduzir de todo em todo ao princípio segundo o qual o serviço público se destina a beneficiar a colectividade proporcionando à massa dos cidadãos a obtenção fácil das prestações. (...) A indústria do jogo não é ou não foi, assim, erigida em serviço público. Pode o Estado, com o regime que para ela instituiu, pretender atingir um ou mais fins de interesse público: isso não basta, em todo o caso, para que se trate tecnicamente de um serviço público"[20].

b) Existem também afinidades consideráveis entre a concessão de exploração de jogos de fortuna ou azar e a concessão de obras públicas. Desde logo, o facto de, tal como sucede nesta, também ali o co-contratante assume, como contrapartida do direito de o explorar em exclusivo durante um certo período, a obrigação de realizar obras (públicas).

Porém, é claro que "não basta haver num contrato a obrigação assumida pelo particular de realizar determinadas obras públicas para se estar perante uma concessão. É preciso que a transferência de poderes públicos, em que nuclearmente a concessão se traduz, constitua o objecto principal do contrato. E não é este o caso. Aquilo a que se chama «concessão de jogo» é uma figura cuja disciplina jurídica se centra em torno de um ponto fulcral: *a outorga, pelo Estado ao particular, da exploração em regime de exclusivo da indústria do jogo de azar.* Este é que é, claramente, o objecto do contrato: é para o obter que o particular se apresenta a concurso, é o jogo que ele quer explorar, no inte-

---

[20] V. FREITAS DO AMARAL, "O Caso do Tamariz", cit., pp. 203-205.

resse próprio, por sua conta e risco. Tudo o mais é acessório em relação a isto. Designadamente, as obrigações que o concessionário assume, assume-as em contrapartida do exclusivo que recebe das mãos do Estado. São encargos que o Estado lhe impõe, porque lhe concede a exploração do jogo, fonte de avultadas receitas das quais entende dever tirar proveito em benefício do interesse público. Não são o objecto principal do contrato" [21].

Por outro lado, nem todas as obras que o concessionário se obriga a realizar podem ser consideradas como obras públicas. Um "hotel, por exemplo, não se vê como possa reconduzir-se a essa noção" [22].

c) A concessão de exploração de jogos de fortuna ou azar distingue-se ainda quer da concessão de serviços públicos quer da concessão de obras públicas pelo facto de, nela, ser sobre o concessionário, em virtude das vantagens que lhe são atribuídas pela celebração do contrato, que impende o dever de prestar contrapartidas financeiras (iniciais e anuais) ao Estado concedente.

Nas outras concessões, como é sabido, o concessionário não assume por via de regra esse dever de remunerar o concedente. Normalmente, para além de perceber taxas dos utentes, o que sucede é ele receber auxílios financeiros prestados pelo concedente [23]. Atente-se, aliás, no modo como hoje, sintomaticamente, a lei define o contrato de concessão de obras públicas: "contrato

---

[21] V. FREITAS DO AMARAL, "O Caso do Tamariz", cit., pp. 205-206.

[22] V. FREITAS DO AMARAL, "O Caso do Tamariz", cit., p. 205.

[23] Cfr. entre tantos, PIERRE DELVOLVÉ, "La Concession de Service Public et le Droit Communautaire", in *La Concession de Service Public face au Droit Communautaire*, Paris, 1992, p. 109; FRANÇOIS LLORENS, "La définition actuelle de la concession de service public en droit interne", in *La Concession de Service Public Face au Droit Communautaire*, Paris, 1992, p. 37; CHRISTIAN BETTINGER/GILLES LE CHATELIER, *Les Nouveaux Enjeux de La Concession*, p. 12; CELSO A. BANDEIRA DE MELLO, *Curso de Direito Administrativo*, S. Paulo, 1999, pp. 500-501.

administrativo que, apresentando as mesmas características definidas no número anterior — isto é, as da empreitada de obras públicas —, tenha como contrapartida o direito de exploração da obra, *acompanhado ou não do pagamento de um preço*" (artigo 2.º, n.º 4, do Decreto-Lei n.º 59/99, de 2 de Março).

§ 2.º
Da prorrogação do prazo dos contratos de concessão

6. À luz das regras legais e contratuais aplicáveis às concessões de exploração de jogos de fortuna ou azar nas zonas de jogo do Estoril, Espinho, Póvoa de Varzim, Figueira da Foz e Algarve é ou não possível *prorrogar* por decreto-lei o prazo de cada uma delas até ao limite máximo de 15 anos por forma a que todas expirem no ano de 2020?

Verificando o que se dispõe no clausulado dos diversos contratos de concessão quanto à respectiva duração, apura-se que:

(1) a concessão da zona de jogo da Figueira da Foz teve o seu início em 2 de Julho de 1981 e tem o respectivo termo marcado para 31 de Dezembro de 2005;

(2) a concessão da zona de jogo do Estoril principiou em 1 de Janeiro de 1987 e está previsto que termine em 31 de Dezembro de 2005;

(3) as concessões das zonas de jogo de Espinho e da Póvoa de Varzim iniciaram-se em 1 de Janeiro de 1989 e têm os respectivos termos fixados para 31 de Dezembro de 2008;

(4) a concessão da zona de jogo do Algarve, tendo tido início em 27 de Janeiro de 1996, tem termo previsto para 31 de Dezembro de 2017.

Está, pois, em causa saber se, hoje, é ou não possível, à luz das mencionadas regras, prorrogar: (a) em cerca de três anos, o prazo da concessão da zona de jogo do Algarve; (b) em cerca de 12 anos, os prazos das concessões das zonas de jogo de Espinho e da Póvoa de Varzim; e (c), finalmente, em cerca de 15 anos, os prazos das concessões das zonas de jogo da Figueira da Foz e do Estoril. Vejamos.

7. O conteúdo dos referidos contratos de concessão de exploração de jogos de fortuna ou azar — cuja sistematização é, aliás, bastante semelhante — é, em síntese, o seguinte: na cláusula primeira, indica-se que o Governo procede à adjudicação *definitiva* da concessão do exclusivo da exploração de jogos de fortuna ou azar na respectiva zona de jogo à sociedade anónima *x* e, por outro lado, explicita-se, no que toca à vigência temporal do contrato, as datas do início e do termo da concessão; nas cláusulas segunda, terceira, quarta e quinta, enuncia-se, basicamente, que o concedente assume, em determinados termos, o compromisso de garantir à concessionária o exclusivo de exploração do jogo em determinada área geográfica e, por outro lado, que a concessionária não só aceita as obrigações genericamente impostas pela legislação em vigor como também um leque de outras obrigações aí especificamente discriminadas (e o seu modo de efectivação); subsequentemente, em cláusula cujo número é variável nos diferentes contratos, refere-se o dever assumido pela concessionária de proceder ao pagamento de um imposto especial pelo exercício da actividade do jogo; e nas derradeiras cláusulas, reconhece-se, por último, o direito de qualquer das partes à modificação do contrato segundo juízos de equidade caso se verifique uma alteração anormal das circunstâncias em que fundaram a sua decisão de contratar e, por outro lado, o direito do concedente à rescisão do contrato caso também ocorram determinados eventos [24].

---

[24] V. contrato de concessão da zona de jogo da Figueira da Foz, publicado no *Diário da República*, n.º 169, III Série, de 25 de Julho de 1981; contrato

Nada se prescreve, pois, aí, a respeito da questão que ora nos ocupa.

8. Diferentemente, a Lei do Jogo contém uma regra específica sobre prorrogação do prazo das concessões [25].
Estabelece-se, na verdade, no seu artigo 13.º (epigrafado *prorrogação do prazo*) que: "tendo em conta o interesse público, o prazo da concessão pode ser prorrogado por iniciativa do Governo ou a pedido fundamentado das concessionárias que tenham cumprido as suas obrigações, estabelecendo-se as condições da prorrogação em decreto-lei".

Condição fundamental da prorrogação do prazo de uma concessão é, assim, o facto de nisso convir o *interesse público*.

O conceito de *interesse público* é, porém, indeterminado [26], vago — e, ademais, um conceito "cuja evidência intuitiva não facilita em muito a definição" [27].

---

de concessão da zona de jogo do Estoril, publicado no *Diário da República*, n.º 197, III Série, de 28 de Agosto de 1985; contrato de concessão da zona de jogo de Espinho, publicado no *Diário da República*, n.º 37, III Série, de 14 de Fevereiro de 1989; contrato de concessão da zona de jogo da Póvoa de Varzim, publicado no *Diário da República*, n.º 37, III Série, de 14 de Fevereiro de 1989; contrato de concessão da zona de jogo do Algarve, publicado no *Diário da República*, III Série n.º 50/96 (14.º Suplemento), de 28 de Fevereiro de 1996.

[25] Outras leis estabelecem também disposições análogas: cfr. por exemplo o n.º 1 do artigo 7.º do Decreto-Lei n.º 374/89, de 25 de Outubro (gás natural): "A duração da concessão será estabelecida de acordo com a sua natureza, não podendo exceder 40 anos, contados a partir da duração do acto que a outorgar". E diz-se no n.º 3: "A concessão poderá ser renovada se o interesse público assim o justificar e a concessionária estiver a cumprir as obrigações provenientes do contrato de concessão". V. também FREITAS DO AMARAL, *A Utilização do Domínio Público pelos Particulares*, Lisboa, 1965, p. 203 e segs..

[26] Ou seja, conceitos que não permitem comunicações claras quanto ao seu conteúdo, seja por polissemia, vaguidade, ambiguidade, porosidade ou esvaziamento.

[27] SÉRVULO CORREIA, *Os Princípios Constitucionais da Administração Pública*, in *Estudos sobre a Constituição*, III, Lisboa, 1979, p. 662.

Mas, pese embora a sua vaguidade, não parece difícil concretizar o seu alcance. Isto porque no contexto sistemático em que é referida (Lei do Jogo), a expressão *interesse público* há-de naturalmente corresponder aos objectivos que o Estado visa prosseguir ao reservar para si a exploração da indústria do jogo de azar.

E tais objectivos são de vária ordem. Por um lado, "ao criar zonas de jogo, que fiscaliza (...), o Estado, ao mesmo tempo que possibilita a satisfação de uma tendência natural do homem, fá-lo ainda por saber que serão observadas certas condições por ele impostas, as quais contribuem para atenuar os efeitos negativos do jogo (por ex., condições de entrada em casinos restritas a uma certa idade, profissão, etc.). Assim, ao mesmo tempo que permite que o homem satisfaça o seu desejo de jogar, o Estado *encaminha* a sua prática para instituições onde são dadas garantias de seriedade e isenção aos jogadores — instituições que o Estado controla e fiscaliza — reduzindo, ou anulando mesmo, o interesse pelo jogo *clandestino*, ilícito e particularmente perigoso, em si mesmo e no ambiente marginal que o rodeia. Por outro lado, e ao mesmo tempo, o Estado obtém importantes receitas fiscais, incentiva o turismo e canaliza parte significativa das receitas de jogo para fins de ordem social" [28].

Esta síntese doutrinal é amplamente coonestada por passagens respigadas de preâmbulos de diplomas legais relativos ao jogo. Assim, refere-se no preâmbulo da versão original da Lei do Jogo constituir este um "factor favorável à criação e ao desenvolvimento de áreas turísticas"; e sublinham-se também os benefícios que ele traz à "animação e equipamento turístico das regiões" e à "respectiva promoção nos mercados interno e externo". No preâmbulo do Decreto-Lei n.º 314/95, de 24 de Novembro (regulamento de exploração do jogo do bingo), o legislador reconduz o interesse público à "defesa da honestidade

---

[28] V. MOTA PINTO/PINTO MONTEIRO/CALVÃO DA SILVA, *Jogo e Aposta*, pp. 30-31.

das explorações, ao combate ao jogo clandestino, à obtenção de receitas públicas e à dinamização turística das regiões onde estão instalados os casinos". Finalmente, refere-se no preâmbulo do Decreto-Lei n.º 10/95 (diploma que alterou a lei do jogo) que:"(...) dada a impossibilidade de reprimir efectivamente todas as manifestações daquele fenómeno [jogo], é preferível autorizá-lo e dar-lhe um enquadramento estrito, susceptível de assegurar a honestidade do jogo e de trazer alguns benefícios para o sector público".

Resumidamente, pode, pois, dizer-se que os interesses que o Estado visa prosseguir com a exploração da indústria do jogo de azar são: (i) regulamentar e fiscalizar o exercício do jogo por razões de moralidade e de paz social; (ii) fomentar o turismo em determinada zona geográfica e, desse modo, o respectivo desenvolvimento económico-social; (iii) obter receitas fiscais, a canalizar para a satisfação das suas atribuições económicas, sociais e culturais.

Ora bem: ao fazer depender a prorrogação do prazo de uma concessão de jogo da circunstância de isso servir o «interesse público», o legislador pretendeu, no fundo, que a Administração possa, avaliando a actuação passada e presente de um seu concreto concessionário, estimar se a exploração por este do exclusivo do jogo por um período de tempo adicional é, ou não, a solução que de futuro melhor acautelará os interesses públicos visados pela concessão do jogo. Caso seja assim, ela poderá então dispensar a realização de concurso público (artigo 10.º, n.º 1, da Lei do Jogo [29]) e adjudicar directamente a concessão, por um período adicional, ao actual concessionário [30].

---

[29] Onde se diz: "a concessão da exploração de jogos de fortuna e azar nos casinos das zonas de jogo é feita por concurso público, nos termos dos artigos seguintes".

[30] Sobre o juízo de prognose inerente à valoração de conceitos indeterminados, cfr. SÉRVULO CORREIA, *Legalidade e Autonomia...*, p. 474. Como

Esta solução é não só lógica como conforme à lei (em sentido amplo).

É lógica, por um lado, porque se o desempenho passado e presente do co-contratante se afigura, administrativamente, à luz de certos parâmetros legalmente estabelecidos, globalmente positivo e se, por outro lado, o concessionário se mostra interessado em proceder à exploração do jogo, em termos satisfatórios para o interesse público, por novo período de tempo, tem todo sentido que a lei abra a possibilidade de, por negociação particular, a Administração assegurar a continuidade da colaboração do seu concessionário.

Na atribuição de uma concessão de jogo não pesam apenas interesses financeiros. Pesam também, e muito, como se referiu já, relevantes interesses públicos morais e sociais. Sabe-se, aliás, que, em nossos dias, o jogo em casinos constitui uma actividade vulnerável aos branqueamentos de capitais [31]. A solução que, nesta matéria, melhor serve o interesse público não é, por isso, necessariamente aquela que se traduza no pagamento de contrapartidas financeiras mais elevadas à Administração ou, bem assim, na realização de infra-estruturas urbanísticas de maior dimensão. A personalidade do co-contratante assume, frequentemente, grande importância na escolha que se venha a fazer. Portanto, mesmo que se possa dizer que nas concessões de jogo

---

esclarece aí o Autor, "ao empregar conceitos desta ordem, o legislador remete para o executor a competência de fazer um juízo baseado na sua experiência e nas suas convicções, que não é determinado, mas apenas enquadrado por critérios jurídicos. O executor tem de optar por uma entre várias hipóteses em abstracto possíveis e essa opção não é juridicamente determinada. Por isso o tribunal apenas pode controlar as zonas de vinculação que rodeiam a opção (competência, aplicabilidade da norma à hipótese, correcção da interpretação da norma, respeito pelo princípio da proporcionalidade na sua faceta de que o meio previsto não seja totalmente inapropriado à obtenção do resultado pretendido)".

[31] V. Decreto-Lei n.º 325/95, de 2 de Dezembro.

o co-contratante da Administração é, em muitas situações, fungível, a verdade é que também nesse âmbito podem ser e "são frequentes as situações em que (...) a peculiaridade da prestação não se conform(a) com um procedimento como o do concurso público" [32]. A Administração pode, por outras palavras, ter fundadas razões para crer que os custos (em tempo e dinheiro) inerentes à realização de um concurso público excedem, em determinado caso, as vantagens que a sua realização poderia trazer.

É conforme à lei, por outro lado, porque se, em regra, os "os contratos administrativos (de colaboração) devem ser precedidos de concurso público" (v. artigo 183.º, n.º 1, do CPA), sem dúvida a forma que, em tese, como há muito sustentamos no nosso ensino, "melhor garante a igualdade dos concorrentes, a escolha da melhor proposta, a transparência do processo e a sua moralidade" [33], existem também razões — tipicamente: o reduzido valor dos interesses envolvidos; a urgência na celebração do contrato; e a infungibilidade da pessoa do co-contratante — que de há muito levaram e levam os legisladores a reconhecer à Administração a possibilidade de derrogar os mecanismos da concorrência em sede de individualização do seu co-contratante.

Tradicionalmente, entendia-se até, de uma forma geral, que em matéria de concessões a Administração estava dispensada da realização de procedimento pré-contratual de escolha do co-contratante [34]. Dizia-se: tratando-se de contratos de longa duração, o factor do *intuitus personae* desempenha aí um papel decisivo e,

---

[32] V. SÉRVULO CORREIA, *Legalidade e Autonomia...*, p. 704.

[33] FREITAS DO AMARAL, *Direito Administrativo*, III, p. 455. A característica primeira do *concurso público* é, pois, "a de não se saber *que pessoas* ou entidades vão concorrer e de *não haver limite (numérico) ao número de concorrentes*, tudo isso porque são admitidos a concorrer todos os que preenchem os requisitos *genericamente* determinados" — cfr. ESTEVES DE OLIVEIRA/ESTEVES DE OLIVEIRA, *Concursos e outros Procedimentos de Adjudicação Administrativa*, Coimbra, 1998, p. 177.

[34] PEDRO GONÇALVES, *A Concessão de Serviços Públicos*, pp. 232 e segs.

portanto, a Administração deve dispor de uma "ampla margem de discricionaridade na escolha do co-contratante" [35], não tendo, pois, de realizar um concurso para escolher o co-contratante [36].

Todavia, o apelo à concorrência aquando da celebração de contratos de concessão tem progressivamente aumentado. Sobretudo em matéria de concessão de obras públicas. A razão da evolução é simples: as autoridades de Bruxelas constataram que a regra tradicional propiciava a ocorrência de fraudes pela tentação das entidades nacionais de chamar (e tratar como) concessões aquilo que eram, na realidade, empreitadas — frustrando-se, nessa medida, os objectivos do Tratado da União Europeia quanto à constituição de um genuíno mercado concorrencial dos contratos públicos. E, nesses termos, impuseram, desde 1989, a regra da obrigatoriedade do concurso também para a concessão de obras públicas. E, na sequência do exposto, a tendência das leis nacionais foi, de uma forma geral, a de estender a obrigatoriedade do concurso à figura das concessões. Foi o que sucedeu, entre nós, através dos artigos 182.º e 183.º do CPA.

Seja como for, e embora o ponto não vá ser aqui aprofundado (porque o presente parecer se cinge à análise das questões da Consulta à luz do direito de fonte nacional), certo é que, hoje, o Tratado da União Europeia continua a reconhecer ao legislador ordinário autonomia para, em função da avaliação por si feita dos interesses envolvidos nos casos concretos, derrogar o princípio da concorrência no âmbito da formação dos contratos públicos. Em especial, ou seja, em matéria de jogo, não existe qualquer directiva comunitária que proíba o recurso ao ajuste directo, seja inicial-

---

[35] Cfr. MICHELE PALLOTINO, "Costruzione di Opere Pubbliche (Concessione di)), in *Enciclopedia del Diritto*, pp. 350 e 358.

[36] Sobre o ponto, cfr. por exemplo, entre nós, PEDRO GONÇALVES, *A Concessão de Serviços Públicos*, pp. 209 e segs.; MARGARIDA CABRAL, *O Concurso Público nos Contratos Administrativos*, Coimbra, 1997, p. 77, n. 131.

mente, aquando da atribuição de uma concessão [37], seja posteriormente, por intermédio da prorrogação do prazo de uma concessão em vigor — não se aplicam às concessões de jogo as directivas 92/50/CEE e 93/37/CEE.

9. Mas da leitura do acima transcrito artigo 13.º da Lei do Jogo não decorre apenas que a condição fundamental para se proceder à prorrogação do prazo de uma concessão é o facto de nisso convir o *interesse público*. Decorre, outrossim, que o legislador condiciona o momento temporal a partir do qual esse juízo poderá ser feito. Sucede isso claramente quando a letra da lei refere que a prorrogação do prazo poderá apenas ocorrer caso a concessionária tenha cumprido as respectivas obrigações (legais e contratuais, não se distingue).

É este um condicionamento que faz todo o sentido. Um juízo de prognose sobre a vantagem para o interesse público da permanência do concessionário na exploração do jogo em determinada zona só pode ser razoavelmente efectuado quando exista "histórico" para avaliar. Naturalmente, ninguém questionará a precocidade da decisão de prorrogação de um prazo por dez anos tomada no segundo ano de vigência de uma concessão com a duração total de vinte. Pura e simplesmente, não decorreu ainda nesse exemplo o tempo suficiente para a Administração se convencer de que a prorrogação do prazo, e não a realização de concurso público, representa a solução que melhor serve o interesse público. Isto, note-se, por mais correcta que tenha sido até então a actuação do concessionário sob avaliação.

Apenas em momento *próximo do fim* do prazo da concessão pode aquilatar-se, para o efeito tido em vista no artigo 13.º da

---

[37] No n.º 2 do artigo 10.º da lei do Jogo dispõe-se que "poderá o Governo, em casos especiais devidamente justificados, adjudicar a concessão independentemente de concurso público, estabelecendo em decreto-lei as obrigações da concessionária".

Lei do Jogo, se o concessionário cumpriu ou não as suas obrigações. Próximo do fim do prazo mas, sublinhe-se, *antes* do fim do prazo, quer dizer, em momento em que subsistam ainda obrigações por cumprir. Não teria qualquer sentido esperar pelo último dia do prazo da concessão para verificar se foram ou não cumpridas todas as obrigações a que a concessionária está adstrita. Criar-se-ia, temporariamente, desse modo, um vazio que poderia gerar as maiores dificuldades práticas. A prorrogação do prazo deverá, pois, ser determinada antes de se ter certeza sobre se o concessionário cumpriu ou não todas as suas obrigações legais e contratuais. Mas pode, naturalmente, a sua eficácia ser condicionada ao cumprimento da totalidade das obrigações.

Claro que não é possível determinar exactamente a partir de quando se estará "próximo do fim do prazo da concessão". Será a partir do último ano da concessão? Ou dos últimos seis meses? Ou, antes, do último terço ou da última metade do prazo?

Devem valer, nesta sede, considerações de razoabilidade. E há também que ter em conta a duração global de cada concessão. Por outro lado, tendo em conta os pesados sacrifícios patrimoniais assumidos pelo co-contratante numa concessão de jogo, não repugna que uma decisão dessas seja tomada a alguns anos de vista do termo do prazo.

Mostra ainda a experiência em matéria de concessões que tende a diminuir consideravelmente nos últimos anos de exploração o volume dos investimentos dos concessionários com a conservação e a actualização do estabelecimento da concessão — tratando-se de bens do Estado, ou então para ele reversíveis no termo do prazo, deixam de se sentir motivados para despender avultadas quantias na sua conservação e actualização. E é este um fenómeno difícil de combater por mais apertada que seja a fiscalização da Administração. Ora, a prorrogação, decidida com alguma antecedência, dissipando incertezas dos concessionários interessados em prosseguir a exploração do jogo, poderá, porventura, contribuir para a melhoria da *performance* financeira da concessão de exploração de jogos de fortuna ou azar — o que, tendo em conta o modo de realização de contrapartidas neste tipo contratual, também beneficia o interesse público.

A prorrogação do prazo da concessão da zona de jogo do Funchal foi autorizada por decreto legislativo regional em 1996 [38]. Tratava-se de uma concessão inicialmente atribuída por 35 anos. Tendo-se iniciado em Março de 1968, tinha termo marcado para 31 de Dezembro de 2003. Portanto, sete anos antes do termo do prazo, e 28 anos depois do seu início, decidiu o concedente autorizar, condicionalmente, a prorrogação do prazo da concessão por mais dez anos. Justificou-se a decisão com o interesse público da região e, por outro lado, com o facto de, até à data, a respectiva concessionária ter cumprido o essencial das obrigações a que estava adstrita. E foram, por intermédio daquele diploma, fixadas ao concessionário novas contrapartidas de interesse público de elevado montante. A decisão não foi contestada. Pode, pois, servir de bitola para aferir outros casos.

10. Voltêmo-nos para as concessões de exploração de jogos de fortuna ou azar referidas na primeira questão da Consulta. Como vimos acima, elas encontram-se em situações temporalmente distintas. Analisêmo-las, pois, em separado.

Comecemos pela concessão que foi mais recentemente adjudicada — a do Algarve. Esta zona de jogo foi concessionada há cerca de quatro anos. Faltam, assim, 17 anos para o termo do prazo inicialmente estabelecido. Parece claro, pelas razões anteriormente referidas, ser prematuro reconhecer-se, hoje, à luz do disposto no artigo 13.º da Lei do Jogo, que a concessionária cumpriu as obrigações que sobre ela impendem. Não parece, pois, possível determinar-se para já, ao abrigo do referido preceito legal, a prorrogação do prazo desta concessão.

---

[38] Decreto Legislativo Regional n.º 19/96/M, de 12 de Agosto.

Diferentemente se passam as coisas com as concessões da Figueira da Foz e do Estoril. O prazo de ambas termina em finais de 2005. Já decorreram 19 anos do prazo da primeira, e 13 do da segunda. Estão, pois, ainda que com variações relativas, na "recta final" do prazo. A Administração tem já um passado considerável para avaliar. Por conseguinte, nada choca, que, condicionalmente, caso nesse sentido deponha o interesse público, seja determinada a prorrogação dos prazos das concessões da Figueira da Foz e do Estoril.

As concessões das zonas de jogo de Espinho e da Póvoa de Varzim não se encontram em situação muito diferente da das zonas de jogo da Figueira da Foz e do Estoril. Também já decorreu mais de metade do prazo de cada uma delas — a actuação dos concessionários tem já igualmente um rasto considerável. Estão, aliás, estas concessões em situação bastante semelhante àquela em que, em 1996, se encontrava a concessão do Funchal. Verificando-se o necessário pressuposto legal, pode também admitir-se a prorrogação dos respectivos prazos.

Em suma: se, à luz do disposto no artigo 13.º da lei do Jogo, não parece possível prorrogar-se, hoje, o prazo da concessão da zona de jogo do Algarve, diferentemente se passam as coisas com as concessões das zonas de jogo da Figueira da Foz, Estoril, Espinho e Póvoa de Varzim. Estas encontram-se já numa fase de execução susceptível de fundar decisões no sentido de prorrogar por mais algum tempo os respectivos prazos.

11. Mas será concretamente possível, como pretende a Consulente, prorrogar, em cerca de 12 anos, os prazos das concessões das zonas de jogo de Espinho e da Póvoa do Varzim e, em cerca de 15 anos, os prazos das concessões das zonas de jogo da Figueira da Foz e do Estoril, ou seja, até ao ano de 2020?

A Lei do Jogo nada determina a respeito da duração concreta da prorrogação do prazo. Trata-se de uma matéria que se insere no âmbito da autonomia contratual das partes. O que aliás até se percebe considerando que a fixação exacta de um prazo depende de inúmeros factores específicos de ordem administrativa, técnica ou financeira. "É difícil *a priori* fornecer indicações precisas a esse respeito " [39].

Mas existem, igualmente, regras gerais que enquadram juridicamente a autonomia contratual das partes. Designadamente, está enraizado em matéria de concessões o princípio segundo o qual o prazo deve ser fixado em função do tempo reputado necessário para o concessionário amortizar, em normais condições de rentabilidade da exploração, o capital investido para montar o estabelecimento e explorar durante certo tempo a actividade [40] — e também para o remunerar adequadamente.

É isto assim, por um lado, porque ninguém (salvo algum aventureiro) consentiria em tomar à sua conta a onerosa exploração de actividade de interesse público sem a garantia de um mínimo de segurança na retribuição. A concessão "assenta na ideia de que é útil ao interesse público aproveitar para a sua realização os méritos da iniciativa privada e do estímulo do lucro, sendo contraditório e paradoxal, portanto, suprimi-los" [41]. O concessionário "não é um benemérito, um filantropo, que faça doações à colectividade: é um industrial que busca lucro" [42]. Para o concessionário, "a prestação do serviço é um *meio* através do qual obtém o *fim* que almeja: o lucro" [43].

---

[39] V. LAUBADÈRE/MODERNE/DELVOLVÉ, *Traité des contrats administratifs*, Paris, II, 1984, p. 682.

[40] Cfr. MARCELLO CAETANO, *Manual*, II, p. 1117-1118.

[41] Cfr. MARCELLO CAETANO, "Revisão das Tarifas de Venda de Energia Eléctrica em Alta Tensão", in *Estudos de Direito Administrativo*, p. 258.

[42] Cfr. MARCELLO CAETANO, "O problema da dominialidade dos bens afectos à exploração de serviços públicos concedidos", in *Estudos de Direito Administrativo*, Lisboa, 1974, p. 81.

[43] Reversamente, para o Estado, o lucro que propicia ao concessionário é *meio* por cuja via busca sua *finalidade*, que é a boa prestação da actividade. O regime da concessão procede da lógica da situação instaurada nestes ter-

É assim, por outro lado, porque a colaboração do concessionário com a Administração, se se pretende livre e remunerada, não deve servir, no entanto, para aquele tirar um benefício excessivo do exclusivo de um serviço de interesse geral [44]. Isto, desde logo, porque a fixação de um prazo demasiado dilatado, além de permitir sobrelucros injustificados, equivaleria a conceder um benefício para o qual seria difícil encontrar justificação atendível à luz dos princípios constitucionais da igualdade e da concorrência.

Bem vistas as coisas, a regra acima enunciada é um afloramento do princípio da proporcionalidade em matéria de contratos administrativos. Nos termos do n.º 2 do artigo 179.º do CPA, "o órgão administrativo não pode exigir prestações contratuais desproporcionadas ou que não tenham uma relação directa com o objecto do contrato". Visou-se pôr termo à tendência, muito negativa, de a nossa Administração Pública abusar da sua autoridade, exigindo dos contraentes particulares, na negociação dos contratos, prestações assaz exageradas (desproporcionadas) ou mesmo prestações sem relação directa com o objecto do contrato. Agora, este tipo de exigências fica sendo ilegal por força do artigo 179.º, n.º 2, do CPA. Concretamente, não é possível à Administração exigir obrigações ao concessionário sem lhe dar simultaneamente em contrapartida um prazo razoável, equilibrado, para ele amortizar e remunerar os capitais investidos na respectiva execução.

12. É também esta a lição do Direito Comparado.

Vejamos, por todos, o caso da França — berço geográfico da figura da concessão. Diz-se, em matéria de delegações de serviços públicos — mas podendo estender-se o raciocínio, sem esforço, à generalidade das concessões —, que "no século XIX existiram

---

mos — cfr. CELSO A. BANDEIRA DE MELLO, *Curso de Direito Administrativo*, p. 508.

[44] V. MARCELLO CAETANO, *Manual*, II, p. 1115.

concessões muito longas e mesmo perpétuas e, na época contemporânea, os delegatários procuram obter contratos tão longos quanto possível. A fim de favorecer a concorrência, *a loi Sapin* veio limitar a duração das convenções e as possibilidades de prolongamento ". Assim, hoje, a duração deve ser "determinada pela colectividade em função das prestações exigidas ao delegatário" [45]. Se o concessionário tem de construir o estabelecimento, haverá que ter em conta para determinar a sua duração a natureza e o montante do investimento a realizar; porém, aquela não deve ultrapassar "a duração normal da amortização"[46].

A regra enunciada vale, a nosso ver, tanto para concessões de primeira como para as de segunda geração. A lógica é exactamente a mesma: a fim de evitar prestações contratuais desproporcionadas, deve dar-se ao co-contratante tempo suficiente para que ele possa amortizar e remunerar justamente, em condições normais de exploração, o capital investido na realização dos seus encargos. Nem tempo a menos (lesando-se o interesse privado), nem tempo a mais (beneficiando-se também, sem qualquer razão material, o interesse privado em detrimento do interesse público). Repete-se: a duração da prorrogação deve ser fixada em função do tempo necessário para, em condições normais de exploração, o concessionário reintegrar e remunerar adequadamente o capital que investiu.

Pois bem: respeitada esta regra, são possíveis quaisquer datas concretas que venham a ser fixadas quanto ao termo da concessão. E se, em face do que a Administração convencionar com qualquer um dos concessionários de exploração de jogos de fortuna ou azar, o ano de 2020 for, fundamentadamente, do ponto de vista económico-financeiro, a data em que é razoável presumir que o co-contratante terá amortizado o capital investido com a realização de novas contrapartidas de interesse

---

[45] Cfr. RICHER, *Droit des contrats administratifs*, p. 436.
[46] Cfr. RICHER, *Droit des contrats administratifs*, p. 436.

público e com os encargos da exploração — então tal limite temporal poderá ser legitimamente estabelecido.

13. E, derradeira questão, não trairá a prorrogação do prazo a confiança daqueles particulares que esperavam que, no termo do período inicialmente definido, fosse lançado novo concurso?

É sabido que, por razões associadas aos ditames que fluem dos princípios da concorrência e publicidade, se exige, de uma forma geral, para se admitir uma decisão de prorrogação, que esta estivesse prevista nas regras procedimentais que disciplinaram a formação do contrato. É que só assim terá ficado claro para todos que o prazo de vigência do contrato inicialmente estabelecido poderia ser estendido. Caso contrário, contra aquilo que poderiam razoavelmente contar, os demais interessados na exploração concessionada do jogo de fortuna ou azar veriam gorada a possibilidade de tentar aceder à actividade. Neste sentido refere, entre nós, Pedro Gonçalves a propósito da concessão de serviços públicos que, "por força das regras de publicidade e concorrência do procedimento de adjudicação da concessão, a prorrogação só deve aceitar-se quando esteja prevista nas normas que regularam esse procedimento" [47].

Porém, como é bom de ver, no caso da concessão de exploração de jogos de fortuna ou azar, a possibilidade de prorrogação consta da própria lei — a qual, de acordo com as regras gerais (artigo 12.º, n.º 2, do Código Civil), se aplica tanto às concessões constituídas posteriormente à sua entrada em vigor como àquelas que a essa data já existiam. Não há, assim, interesses ou expectativas que se possa dizer que sairão ilegitimamente frustrados caso sejam eventualmente tomadas decisões de prorrogação dos prazos das actuais concessões.

De resto, note-se que, mesmo quanto às concessões atribuídas antes da entrada em vigor da nova Lei do Jogo, a lei antiga

---

[47] V. PEDRO GONÇALVES, *A Concessão de Serviços Públicos*, p. 328.

dispunha já que "o Governo poderá determinar que seja atribuída preferência na adjudicação das respectivas zonas às empresas que, no período anterior àquele a que se refiram as novas concessões, se encontrem a explorar as mesmas zonas" (artigo 15.º, § 2.º, do Decreto-Lei n.º 48.912, de 18 de Março de 1968). Era, pois, também provável à luz do regime anterior a possibilidade de o concessionário permanecer por mais algum tempo na exploração do jogo de fortuna ou azar em determinada zona.

14. Em suma: à excepção da concessão da zona de jogo do Algarve, somos de opinião que as demais concessões de zonas de jogo de Portugal continental poderão ser prorrogadas com base no regime estabelecido no artigo 13.º da Lei do Jogo.

§ 3.º
Da possibilidade de modificar o conteúdo dos contratos de concessão

15. À luz da Lei do Jogo, é ou não possível cumular-se a prorrogação dos contratos de concessão com a alteração das respectivas cláusulas? Em caso afirmativo, as alterações produzem efeitos logo a partir da publicação do Decreto-Lei que determine a prorrogação ou, pelo contrário, apenas quando se verificar o início da prorrogação?
Vejamos.

16. Responde-se afirmativamente à primeira subquestão da segunda questão da Consulta.
Decorre essa afirmativa, aliás, do que ficou acima dito. Como esclarecemos, o prazo de duração da prorrogação não deve ser estabelecido arbitrariamente, mas, antes, em função do volume de investimentos necessário para o concessionário realizar os *novos encargos* que o concedente legitimamente lhe exige

como contrapartida da atribuição por um novo período do direito de explorar em regime de exclusivo jogos de fortuna ou azar.

Ora, por essa razão — realização de novas obrigações —, e também porque várias das obrigações estabelecidas de início terão sido já executadas pelo concessionário (pense-se, por exemplo, na construção de um hotel em determinado local) — o contrato prorrogado terá um conteúdo inevitavelmente diferente do do inicialmente fixado. Acresce, evidentemente, a possibilidade de, ao abrigo da sua liberdade contratual, as partes fixarem condições distintas para a realização de obrigações de natureza semelhante à das que foram de início acordadas — por exemplo, pode estabelecer-se que a concessionária doravante pagará anualmente ao concedente já não 50% mas sim 60% do valor das receitas brutas de exploração do jogo.

A letra do artigo 13.º da Lei do Jogo é, aliás, clara a este respeito: diz-se, na verdade, aí, que o decreto-lei que determinar a prorrogação fixará também "as condições da prorrogação". Ora, entre estas, não se encontra apenas a condição relativa à respectiva duração. Se fosse assim, o legislador tê-lo-ia, por certo, dito expressamente.

Logo por aqui se conclui, pois, que não só é possível como até é de certo modo inevitável cumular a prorrogação do prazo dos contratos com a alteração das respectivas cláusulas.

17. Mas a alteração dos contratos de concessão de exploração de jogos de fortuna ou azar produz efeitos a partir da publicação do Decreto-Lei que determine a prorrogação ou, pelo contrário, só quando se iniciar a prorrogação da concessão?

Ambas as hipóteses são concebíveis.

Assim, não se verificando no decurso do prazo de duração originalmente fixado quaisquer circunstâncias determinantes da alteração imediata da disciplina de início estabelecida, antes sucedendo apenas que a Administração estima que o interesse público subjacente à concessão do jogo sairá beneficiado caso seja prolongado por mais algum tempo o prazo da concessão — é claro que, aí, os novos direitos e obrigações pactuados pelas partes para a prorrogação apenas "vigorarão" a partir do momento em que ela se iniciar. Estando essas novas situações jurídicas sinalagmaticamente ligadas ao direito de explorar o jogo — o concessionário aceita novas obrigações porque, em contrapartida, adquire o exclusivo da exploração do jogo por novo período de tempo –, é lógico que as mesmas só devam ser executadas quando a decisão que confere tal direito se tornar eficaz.

A situação é, portanto, a seguinte: em momento anterior à expiração do prazo da concessão inicialmente fixado, as partes, por iniciativa de qualquer delas, definem a disciplina que regerá as respectivas relações por novo período a partir do termo do prazo da concessão. Essa disciplina constará do decreto-lei que determinar a prorrogação da concessão. E será depois formalizada contratualmente de forma adequada. Ela vigorará logo que alcançada a data do termo inicial da concessão.

Mas a par desta, concebem-se também razões justificativas da outra hipótese referida, qual seja, a de se modificar, com efeitos imediatos, no decurso da vigência do contrato, a disciplina pactuada, incluindo-se nessa modificação a alteração do termo do prazo do contrato.

Várias causas podem determinar esta solução.

18. Desde logo, a modificação do interesse público.

Os contratos administrativos de concessão têm, em regra, longa duração. Assim, por vezes, as circunstâncias em que foram celebrados alteram-se no decurso da sua execução, de tal forma que o conteúdo do contrato, tal como ficou *ab initio* estipulado entre as partes, pode já não representar, mais tarde, qualitativamente, a melhor forma de prosseguir o interesse público. Daí que a generalidade das leis reconheça à Administração o poder de modificar unilateralmente o conteúdo do contrato com vista a ajustá-lo às novas exigências do interesse público.

Mas com limites.

Como do exercício da *potestas variandi* pode resultar para o contraente particular um encargo financeiro que ele não suportaria sem a alteração imposta, e que sacrifique o lucro legitimamente esperado ou cause prejuízo de outro modo inexistente [48], a Administração, como preço que tem de pagar por derrogar o princípio da estabilidade dos contratos [49], deve assegurar ao particular co-contratante que a relação obrigacional alterada sem o seu consentimento lhe continuará a proporcionar satisfações de intensidade idêntica [50].

Por outro lado, impõe-se também à Administração respeitar o *objecto do contrato*. Pretende no fundo com isto significar-se "que a Administração pode alterar as obrigações do co-contratante no que respeita à sua quantidade, modelo, qualidade, condições técnicas e jurídicas de execução, mas não lhe pode ordenar que passe a prestar uma actividade diferente daquela a que se comprometera" [51]. Por exemplo, pode pedir-se ao concessionário de um serviço de transportes colectivos rodoviários que aumente o número das suas carreiras, ou que modifique o respectivo percurso; já não é porém legítimo pedir-lhe que explore também o serviço público ferroviário [52].

O regime que o nosso actual Direito Administrativo prevê para estas situações traduz-se, pois, em síntese, nos dois seguintes aspectos: por um lado, à Administração é conferido o poder de modificar unilateralmente o conteúdo das prestações do co-

---

[48] Cfr. MARCELLO CAETANO, *Manual...*, I, p. 620.
[49] Cfr. PAULO OTERO, "Estabilidade contratual, modificação unilateral e equilíbrio financeiro em contrato de empreitada de obras públicas", cit., pp. 939.
[50] Cfr. SÉRVULO CORREIA, *Contrato Administrativo*, p. 33.
[51] ESTEVES DE OLIVEIRA, *Direito Administrativo*, I, p. 699.
[52] ESTEVES DE OLIVEIRA, *Direito Administrativo*, I, p. 699.

contratante, actualizando-as em funções das novas exigências do interesse público; por outro lado, é-lhe imposto que respeite o *objecto* e o *equilíbrio financeiro* do contrato, protegendo-se deste modo os direitos e interesses legítimos dos particulares[53]. O poder de modificação unilateral é por via de regra exercido mediante acto administrativo (cfr. artigo 186.º, n.º 1, *a contrario*, do CPA), o qual obriga por si o contraente particular, independentemente de sentença judicial.

Naturalmente, a modificação do conteúdo do contrato por variação do interesse público pode também formalizar-se por acordo entre as partes. Por via de regra, as relações jurídicas administrativas tanto podem ser constituídas, modificadas ou extintas por via unilateral como por via bilateral. O n.º 1 do artigo 179.º do CPA habilita na verdade os órgãos administrativos a utilizar o módulo contratual em alternativa ao acto administrativo para constituir, *modificar* ou extinguir relações jurídicas administrativas[54]. Podendo a Administração, por acto administrativo unilateral, modificar, dentro de certos limites, o conteúdo de um contrato administrativo (cfr. artigo 180.º, alínea *a)*, do CPA), podê-lo-á também fazer por acordo com o seu co-contratante e, concretamente, com o concessionário da exploração de jogos de fortuna ou azar. O recurso à forma contratual é até mais consentâneo com o espírito de colaboração e de boa fé que, hoje, por força da lei constitucional e ordinária, se deseja que exista nas relações entre a Administração e os administra-

---

[53] Entre nós, diz-se no artigo 180.º, alínea a), do CPA que, "salvo quando outra coisa resultar da lei ou da natureza do contrato, a Administração Pública pode: (...) modificar unilateralmente o conteúdo das prestações, desde que seja respeitado o objecto do contrato e o seu equilíbrio financeiro".

[54] Diz-se na verdade aí que: "os órgãos administrativos, na prossecução das atribuições das pessoas colectivas em que se integram, podem celebrar quaisquer contratos administrativos, salvo se outra coisa resultar da lei ou da natureza das relações a estabelecer".

dos. Por vezes, as partes estabelecm expressamente esta possibilidade — é o caso da concessão-Brisa onde, no n.º 2 da Base II das Bases da Concessão aprovadas em anexo ao Decreto-Lei n.º 294/97, de 24 de Outubro, se estabelece que "o objecto da concessão poderá ser alterado por acordo entre a concessionária e o Estado".

Ora, no âmbito de tal acordo modificativo do conteúdo do contrato, as partes são livres para estabelecer que o modo adequado, à luz do interesse público, para ressarcir o concessionário do agravamento das suas prestações contratuais será, não o pagamento de uma indemnização pecuniária, mas, antes, a realização de uma outra contrapartida capaz de lhe gerar uma utilidade ou satisfação idêntica. E entre esses modos alternativos encontra-se, claramente, o da prorrogação do exclusivo da exploração por novo período. É que ele permite o ressarcimento dos prejuízos sofridos.

Limite importante que nesta sede se ergue à autonomia das partes é o do respeito pelo objecto inicial do contrato. É assim, basicamente, por força dos princípios da publicidade e da concorrência. Caso contrário, as partes, a pretexto da modificação do contrato, poderiam, no fundo, proceder ao mútuo dissenso da relação original e, seguidamente, à celebração, por ajuste directo, de novo acordo — desrespeitando a exigência legal do concurso público para a formação de contratos desse tipo. A manutenção de um nexo de correspondência entre os objectos dos contratos inicial e alterado, é, assim, fundamental para assegurar o respeito das regras da concorrência, posto que, repete-se, estas de nada valeriam se fosse concedida às partes uma liberdade ilimitada para a conclusão de contratos modificativos do contrato inicial [55].

A solução preconizada não é inédita no nosso País em matéria de contratos de concessão. Para dar um exemplo actual,

---

[55] Assim, RICHER, *Droit des contrats administratifs*, pp. 208-209.

basta referir que se dispõe no n.° 7 da cláusula 101 do *Segundo Contrato de Concessão*, que a LUSOPONTE celebrou com o Estado Português em 24 de Março de 1995, que "sempre que haja lugar à reposição do equilíbrio financeiro da Concessão, e sem prejuízo do disposto no número 29.2 e do disposto no número 101.8, essa reposição poderá ter lugar, consoante opção do Concedente, através de uma das seguintes modalidades: *a) Prorrogação do prazo da Concessão;* b) Aumento extraordinário das tarifas de portagem; c) Atribuição de compensação directa pelo Concedente*; d) Uma combinação das modalidades anteriores, ou qualquer outra forma que venha a ser acordada entre as Partes"*.

O Direito Comparado mostra-nos também ser voz corrente na doutrina e prática habitual na vida administrativa a prorrogação, por acordo modificativo, do prazo de um contrato anterior, isto como forma de compensar o concessionário pelas consequências do exercício *ius variandi*. Para se não ir mais longe, vejamos o caso de Espanha.

Como refere Jaime Rodríguez-Araña, "a doutrina, comummente, acreditou ver no poder da Administração modificar a prestação em que o contrato consiste "– o chamado *ius variandi* ou *potestas variandi* — a possibilidade de abrir prorrogações ao contrato, existam ou não previsões nesse sentido nos documentos da concessão" [56]. Refere também o A. que "inclusivamente entre os autores que, como Villar Palasí, denunciaram que o outorgamento de uma prorrogação supõe uma nova concessão, se aceitam as ampliações do prazo como uma realidade necessária e insubstituível" [57]. E acrescenta igualmente que lhe parece inteiramente lógico que numa disposição legal espanhola (artigo

---

[56] V. RODRIGUEZ-ARĀNA, in GONZÁLEZ MARINĀS (coord.), *Comentario al proyecto de Ley de Contratos de las Administraciones Públicas*, Santiago de Compostela, 1994, p. 374 e segs..

[57] V. RODRIGUEZ-ARĀNA, in GONZÁLEZ MARINĀS (coord.), *Comentario al proyecto de Ley de Contratos de las Administraciones Públicas*, p. 375.

115.4 RSCL) se correlacione o prazo do contrato com o agravamento das prestações do concessionário. "Isso porque normalmente o exercício pela Administração do *ius variandi* dá lugar a que o concessionário tenha que efectuar novos investimentos, os quais, sob o ponto de vista do princípio da equivalência das prestações, podem dar lugar a um prolongamento do prazo para amortizar o dito investimento" [58]. Não tem, pois, o A. qualquer dúvida em afirmar que, "em definitivo, devem admitir-se sem mais problemas as prorrogações estabelecidas por motivos de interesse público". Mas previne: "sem embargo, há que pôr como limite infranqueável a elas o desvirtuamento da causa e fim do poder de prorrogar. Assim, é inadmissível usar as faculdades de modernizar o serviço para evitar, sem nenhuma causa legítima, um novo concurso no termo da concessão" [59].

Por último, refira-se que a conclusão que acima alcançamos com apelo às regras gerais dos artigos 179.º e 180.º do CPA poderia ser igualmente obtida combinando a primeira das referidas normas com a do artigo 14.º da Lei do Jogo (epigrafado *Alteração de circunstâncias*).

Naquele artigo determina-se que: "Quando alguma das obrigações contratuais das concessionárias não possa ser cumprida ou seja aconselhável para o desenvolvimento turístico a execução de realizações não previstas, pode o membro do Governo da tutela impor ou admitir a respectiva substituição ou alteração, em termos de equivalência de valor" (n.º 1); "as alterações dos contratos de concessão, nos termos do número anterior, quando impostas pelo membro do Governo da tutela, não podem agravar nem reduzir os valores das obrigações inicialmente assumidas pelas concessionárias e, quando pedidas por

---

[58] V. RODRIGUEZ-ARÃNA, in GONZÁLEZ MARIÑAS (coord.), *Comentario al proyecto de Ley de Contratos de las Administraciones Públicas*, p. 378.

[59] V. RODRIGUEZ-ARÃNA, in GONZÁLEZ MARIÑAS (coord.), *Comentario al proyecto de Ley de Contratos de las Administraciones Públicas*, p. 377.

estas, não podem reduzi-los" (n.º 2). Prevê-se, pois, que variações do interesse público podem levar a Administração a impor ao concessionário a realização de obrigações não previstas inicialmente. Mas simultaneamente indica-se que tais alterações não podem agravar o valor das obrigações da concessionária. Quer dizer: não podem agravar o valor das suas obrigações sem simultaneamente aumentarem o valor dos correspondentes benefícios. A adequação do conteúdo do contrato à nova realidade de interesse público não poderá nem deverá ser feita através do sacrifício do interesse privado do contraente particular [60]. A tanto se opõe o princípio (constitucional) do equilíbrio financeiro das prestações das partes num contrato administrativo. Segundo este, como vimos, "à data de celebração do contrato, as obrigações das partes foram acordadas tendo por base um determinado equilíbrio financeiro entre si, sendo precisamente esse equilíbrio que, em princípio, se deve manter durante a vigência do contrato"[61]. Deve, pois, dar-se ao concessionário uma contrapartida que reponha o equilíbrio afectado. E nesta matéria as partes gozam de liberdade para, por acordo, encontrar a solução mais adequada — que, como já sabemos, tanto pode ser a atribuição de uma indemnização pecuniária como a prorrogação do prazo do contrato por novo período.

---

[60] Respeitada a equação financeira do contrato, claro que é possível agravar o valor das obrigações do concessionário. Seria um contra-senso sustentar que para se poder adequar o conteúdo de um contrato às variações do interesse público se tivesse, para não agravar o valor das obrigações do concessionário, de prescindir da realização de um encargo inicialmente previsto e que a variação superveniente do interesse público não tornou desnecessária. Sobre ser insensata, tal leitura seria mesmo inconstitucional: se a satisfação do interesse público não ditar que se prescinda de algo inicialmente acordado, será lesá-lo proceder a tal substituição.

[61] Cfr. PAULO OTERO, "Estabilidade contratual, modificação unilateral e equilíbrio financeiro em contrato de empreitada de obras públicas", cit., pp. 939-940.

19. A necessidade de modificar, com efeitos imediatos, a disciplina inicialmente pactuada pode também resultar da ocorrência de um caso imprevisto.

Como ensinava Marcello Caetano, o caso imprevisto é o facto estranho à vontade dos contraentes que, determinando a modificação das circunstâncias económicas gerais, torna a execução do contrato muito mais onerosa para uma das partes do que caberia no risco normalmente considerado [62]. Pode efectivamente suceder, sobretudo quando o contrato se desenvolve durante um período relativamente longo, que certas "transformações económicas alheias à vontade das partes venham a impor ao contraente uma sobrecarga ruinosa" [63]. O cumprimento é ainda, nesse tipo de situações, jurídica e materialmente possível — senão haveria força maior e o contraente seria desligado da sua obrigação; mas torna-se economicamente desastroso [64].

A teoria da imprevisão intervém então com a finalidade de assegurar a continuidade do serviço ou da obra pública, repartindo a álea (económica) pelos dois contraentes ao impor à pessoa pública que venha em ajuda da contraparte em dificuldades para lhe permitir prosseguir o cumprimento do contrato [65]. Se o contrato administrativo tiver de ser executado em conjuntura económica que subverta o equilíbrio financeiro de início estabelecido e não tivesse podido ser prevista no momento da celebração, a Administração deve partilhar dos prejuízos verificados ou rever o contrato por forma a restabelecer a base de justiça comutativa, essencial ao reconhecimento legal da respectiva validade [66].

---

[62] Cfr. MARCELLO CAETANO, *Manual*, II, p. 625.
[63] Cfr. JEAN RIVERO, *Direito Administrativo*, p. 150.
[64] Cfr. JEAN RIVERO, *Direito Administrativo*, p. 150.
[65] Cfr. JEAN RIVERO, *Direito Administrativo*, p. 150.
[66] Cfr. MARCELLO CAETANO, *Manual*, I, p. 630.

Pois bem: se em matéria de concessões de exploração de jogos de fortuna ou azar ocorrer alguma circunstância imprevista que perturbe gravemente o equilíbrio financeiro estabelecido, a Administração deve *partilhar* dos prejuízos verificados e *rever* o contrato por forma a respeitar o princípio geral do direito dos contratos administrativos (cfr. artigo 189.° do CPA) da "honesta equivalência das prestações contratuais"[67], segundo o qual a lógica comutativa imprimida ao contrato, aquando da sua celebração, deve ser mantida até ao fim. Ora, como já sabemos, uma das formas de repor o equilíbrio do contrato é precisamente a de, por acordo formalmente fundamentado nas disposições conjugadas dos artigos 179.° e 189.° do CPA, ser prorrogado o prazo de vigência do mesmo.

É também esta a lição do Direito Comparado.

Escutemos novamente Jaime Rodríguez-Araña. Pronunciando-se sobre os casos em que se produzam riscos imprevisíveis, refere aquele A. que, de forma alternativa ou cumulativa com a outorga administrativa de uma subvenção ou com a revisão das tarifas, "a prorrogação ou ampliação do prazo inicial pode nestes casos servir como fórmula correctora do desequilíbrio económico (...)"[68].

E acrescenta: "parece indubitável que o princípio da equivalência das prestações exige a compensação do sacrifício que o risco imprevisível ocasiona ao contraente particular, o que pode passar não apenas pelo incremento das tarifas, mas também pelo aumento do prazo necessário para que se amortizem integral-

---

[67] Sobre a matéria, cfr., entre nós, AUGUSTO DE ATAÍDE, "Limites e efeitos do exercício do poder de modificação unilateral pela Administração", in *Estudos de Direito Público em Honra do Professor Marcello Caetano*, Lisboa, 1973, p. 71 e segs..

[68] V. RODRIGUEZ-ARĀNA, in GONZÁLEZ MARINÃS (coord.), *Comentario al proyecto de Ley de Contratos de las Administraciones Públicas*, p. 381.

mente os prejuízos inerentes ao risco imprevisível sofrido pelo concessionário"[69].

Em suma: se um caso imprevisto puser em causa a equação financeira do contrato, as partes podem, por acordo, prorrogá-lo por forma a respeitar o princípio do equilíbrio financeiro do contrato.

20. Finalmente, pode também a modificação imediata da disciplina inicialmente pactuada ser causada por uma conduta exclusivamente imputável à Administração.

Imaginemos, por mera hipótese académica, que a Administração violava a obrigação de garantir o exclusivo aos concessionários. Sem dúvida que, nessa hipótese, o concedente incorreria em responsabilidade contratual. O contraente "que se obriga com a outra parte a assegurar um exclusivo tem de responder pela inobservância deste (...). Este o princípio fundamental que nenhuma conveniência ou sofisma pode infirmar, porque o exclusivo é sempre um motivo determinante da aceitação pelo concessionário dos encargos da concessão"[70].

Assistiria então à concessionária o direito a ser ressarcida dos prejuízos por si sofridos. Ora, mais uma vez, pode perfeitamente conceber-se aqui, à luz, além do mais, das regras gerais dos artigos 178.º e 179.º do CPA, a celebração de um acordo entre as partes, pelo qual estas, além do mais, consignem a obrigação de a Administração garantir ao concessionário o exclusivo da exploração do jogo por um período de tempo superior ao inicialmente estabelecido.

E mais uma vez é elucidativo verificar que o direito espanhol nos confirma esta realidade. Refere, na verdade, o já várias vezes citado Jaime Rodríguez-Arana que, perante o incumpri-

---

[69] V. RODRIGUEZ-ARANA, in GONZÁLEZ MARINÃS (coord.), *Comentario al proyecto de Ley de Contratos de las Administraciones Públicas*, p. 381.

[70] V. MARCELLO CAETANO, *Manual*, II, pp. 1123-1124.

mento de obrigações contratuais pela Administração concedente, "também cabe a possibilidade de se assim o exigir o interesse público, se conceder uma oportuna prorrogação" do contrato [71].

21. Em suma: é não só possível como até inevitável cumular a prorrogação do prazo de uma concessão da exploração de jogos de fortuna ou azar com alterações contratuais.

As alterações podem, conforme os casos, entrar em vigor em momentos distintos.

Por um lado, não se verificando no decurso do prazo inicialmente fixado quaisquer circunstâncias justificativas da alteração imediata da disciplina estabelecida, antes sucedendo apenas que a Administração estima que o interesse público subjacente à concessão do jogo sairá beneficiado caso o prazo da concessão seja prolongado — então, aí, os novos direitos e obrigações pactuados pelas partes, e reproduzidos no decreto-lei que determinar a prorrogação, apenas "vigorarão" a partir do momento em que se iniciar a prorrogação.

Por outro lado, ocorrendo no decurso do prazo originalmente estabelecido circunstâncias justificativas da alteração imediata da disciplina de início acordada —seja a variação do interesse público; a ocorrência de um caso imprevisto; ou um prejuízo causado ao concessionário por acto exclusivamente imputável à Administração —, será possível às partes alterar, dentro de certos limites, o conteúdo do mesmo e o respectivo prazo de vigência por forma a respeitar-se rigorosamente o princípio da "honesta equivalência das prestações contratuais". Nestes casos, as alterações entrariam imediatamente em vigor com a publicação do decreto-lei que, além de fixar os novos termos da concessão, determina, igualmente, alterações ao respectivo prazo.

---

[71] RODRIGUEZ-ARAÑA, in GONZÁLEZ MARIÑAS (coord.), *Comentario al proyecto de Ley de Contratos de las Administraciones Públicas*, p. 380.

Apenas acrescentaremos mais que, sendo este um problema importante, acerca do qual não deve haver dúvidas entre as partes, estas deverão esclarecer por escrito nos contratos de prorrogação qual o momento, ou quais os momentos, em que as alterações acordadas entrarão em vigor.

§ 4.º
Da possibilidade de alterar a lei do jogo para assegurar a aplicação de alterações contratuais

22. Questiona-se, por último, se tanto a prorrogação como a alteração das cláusulas contratuais referidas nas duas questões anteriores podem ter lugar de forma concomitante com a alteração da "Lei do Jogo", isto na medida do necessário para assegurar a aplicabilidade das alterações contratuais.

Segundo informação prestada pela Consulente, na base desta questão está o interesse manifestado por várias concessionárias, ao qual o Estado é em tese sensível, de, como contrapartida da sua intenção de realizar maiores despesas com o cumprimento das obrigações de índole turística referidas no artigo 16.º da Lei do Jogo [72], poderem deduzir uma percentagem superior dessas des-

---

[72] Este preceito dispõe: "para cumprimento das obrigações previstas nas alíneas b) e c) do número anterior, a concessionária deverá afectar uma verba não inferior a 3% das receitas brutas de jogo apuradas no ano anterior ou, no primeiro ano das concessões, no ano em causa, não podendo a verba afecta ao cumprimento das obrigações previstas em cada uma daquelas alíneas ser inferior a 1% de tais receitas". Diz-se, por sua vez, no n.º 1 do artigo em questão que: "Sem prejuízo de outras obrigações constantes do presente diploma, de legislação complementar e dos respectivos contratos de concessão, as concessionárias obrigam-se a: (...) b) Fazer executar regularmente no casino, nas dependências para tal destinadas, programas de animação de bom nível artístico; c) Promover e organizar manifestações turísticas, culturais e desportivas, colaborar nas iniciativas oficiais de idêntica natureza que tiverem

pesas ao montante pecuniário que, anualmente, devem prestar ao Estado. Actualmente, nos termos da cláusula 4.ª, n.º 2, alínea *f)*, do contrato de concessão da zona de jogo do Estoril, a respectiva concessionária apenas poderá efectuar deduções "até 1% das receitas brutas de exploração dos jogos". E percentagens idênticas constam dos contratos de concessão das zonas de jogo de Espinho e da Póvoa de Varzim (cfr. cláusulas 4.ª, n.º 1, alínea *g)*).

Mas a possibilidade de se alterarem no ponto referido os vários contratos de concessão esbarra, à primeira vista, com o disposto no n.º 2 do artigo 14.º da Lei do Jogo: proibindo-se, nesta regra, que as alterações aos contratos diminuam o valor dos encargos da concessionária, poderia, porventura, considerar-se — não discutiremos aqui e agora o bem fundado da objecção — que, desse modo, se estaria a reduzir ilegalmente as obrigações das concessionárias.

Pode, assim, a Lei do Jogo ser alterada de modo a consagrar-se nela que as despesas efectuadas pelas concessionárias no cumprimento das obrigações turísticas impostas no n.º 1 do artigo 16.º da Lei do Jogo são dedutíveis, até à percentagem x das receitas brutas dos jogos, ao valor que anualmente deve ser por aquelas prestado ao Estado a título de cumprimento das suas obrigações contratuais?

23. Responde-se de modo afirmativo. Salvo, fundamentalmente, no que toca às normas relativas a ilícitos e sanções constantes dos seus artigos 108.º e seguintes[73], a Lei do Jogo regula matéria não reservada à competência legislativa da Assembleia da República. O Governo tem, assim (cfr. artigo 198.º, n.º 1,

---

por objectivo fomentar o turismo na respectiva zona de jogo e subsidiar ou realizar, ouvido, através da Inspecção-Geral de Jogos, o ICEP — Investimentos, Comércio e Turismo de Portugal, a promoção da zona de jogo no estrangeiro".

[73] V. artigo 165.º, n.º 1, alíneas *c)* e *d)*, da Constituição.

alínea *a)*, da Constituição de 1976) competência para intervir legislativamente em matéria de jogos de fortuna ou azar, seja modificando preceitos da actual lei, seja acrescentando novas regras ou, finalmente, suprimindo outras. "As leis e os decretos-leis têm igual valor" (artigo 112.º, n.º 2, da Constituição). A Lei do Jogo não é, por outro lado, uma lei ordinária de valor reforçado (cfr. artigo 112.º, n.º 3, da Constituição).

Nada há, pois, a opor à consagração legal da possibilidade de as concessionárias deduzirem despesas por si efectuadas com o cumprimento de obrigações turísticas em montante superior ao que consta dos actuais contratos de concessão das zonas de jogo do Estoril, de Espinho e da Póvoa de Varzim.

Nesses termos, pode a fixação legal dos novos termos de exercício de cada concessão ser antecedida da alteração no sentido referido da Lei do Jogo.

Claro, finalmente, que devendo a alteração da disciplina de cada concessão (aquando da respectiva outorga ou renovação) ocorrer por intermédio de diploma legislativo — isto, fundamentalmente, para se legitimar a transferência para um privado de uma tarefa pública e, por outro lado, para se condicionar com força de lei a liberdade de estipulação contratual —, poderia também estabelecer-se nesse diploma especial um regime específico derrogatório da Lei do Jogo e, portanto, deixar de alterar em geral este diploma.

É outra alternativa de que dispõe a Administração.

CONCLUSÕES

24. Do que antecede podemos agora extrair, em síntese, as seguintes conclusões:

a) As relações contratuais estabelecidas entre o Estado Português e diversas entidades particulares tendo por objecto a exploração temporária e em regime de exclusivo de jogos fortuna ou azar nas zonas de jogo do Estoril, Espinho, Póvoa de Varzim, Figueira da Foz e Algarve configuram exemplos de uma figura bem conhecida da nossa legislação e dogmática administrativas: o *contrato de concessão de exploração de jogos de fortuna ou azar*;

b) No ordenamento jurídico-positivo português, a *concessão de exploração de jogos de fortuna ou azar* perfila-se, inequivocamente, por determinação da lei e por natureza, como um *contrato administrativo*, isto é, como um acordo de vontades "pelo qual é constituída, modificada ou extinta uma relação jurídica administrativa" (artigo 178.º, n.º 1, do CPA);

c) Ao fazer depender a prorrogação do prazo de uma concessão de jogo da circunstância de isso servir o «interesse público», o legislador no fundo pretendeu que a Administração pudesse, avaliando a actuação passada e presente de um seu concessionário, estimar se a exploração por ele do exclusivo do jogo por um período adicional é, ou não, a solução que de futuro melhor acautelará os interesses públicos em causa. Caso seja assim, a Administração poderá dispensar a realização de concurso público (artigo 10.º, n.º 1, da Lei do Jogo) e adjudicar directamente a concessão por novo período de tempo ao actual concessionário;

d) Hoje, o Tratado da União Europeia concede ao legislador ordinário a possibilidade de, em função da avaliação por ele feita dos interesses concretamente em jogo, derrogar o princípio da concorrência no âmbito da formação de contratos públicos. Por outro lado, em matéria de jogo, não existe qualquer directiva comunitária que proíba o recurso ao ajuste directo, seja quando da atribuição inicial de uma concessão, seja por intermédio da prorrogação do prazo de uma concessão em vigor — não se aplicam às concessões de jogo a directiva 92/50/CEE e a directiva 93/37/CEE;

e) Do artigo 13.º da Lei do Jogo não decorre somente que a condição fundamental para se proceder à prorrogação do prazo de uma concessão é o facto de nesse sentido depor o *interesse público*. O legislador condiciona outrossim o momento temporal a partir do qual esse juízo poderá ter lugar, pois que o seu pressuposto é o cumprimento pela concessionária das respectivas obrigações (legais e contratuais, não se distingue), e este, por mais correcta que tenha sido até então a actuação de um concreto concessionário, só pode dar-se por verificado quando exista "histórico" para avaliar;

f) Se à luz do disposto no artigo 13.º da Lei do Jogo, parece prematuro prorrogar, hoje e nos tempos mais próximos, o prazo da concessão do Algarve, diferentemente se passam as coisas com as concessões das zonas de jogo da Figueira da Foz, Estoril, Espinho e Póvoa de Varzim. Encontram-se estas numa fase em que já se pode ajuizar se as respectivas concessionárias cumpriram ou não os respectivos encargos e, assim, eventualmente, tomar decisões no sentido de prorrogar por mais algum tempo os seus prazos;

g) Se, em face do que for concretamente convencionado pela Administração com cada concessionário de exploração de jogos de fortuna ou azar, o ano de 2020 for, fundamentadamente, do ponto de vista económico-financeiro, aquele em que é razoável presumir que o co-contratante terá já amortizado o capital investido — então tal limite temporal poderá ser legitimamente estabelecido;

h) É não só possível como até inevitável cumular a prorrogação do prazo de uma concessão da exploração de jogos de fortuna ou azar com outras alterações contratuais. Basta ver que, por um lado, não tem sentido inserir no contrato prorrogado certas obrigações constantes do acordo inicialmente celebrado que foram já executadas e, por outro lado, que não se deixarão de estabelecer nele encargos novos, ou seja, contrapartidas da atribuição pelo concedente do direito de proceder em exclusivo à exploração do jogo em determinada zona de jogo por um período suplementar;

i) As alterações aos contratos podem, conforme os casos, entrar em vigor em momentos distintos: assim, não se verificando no decurso do prazo inicialmente fixado quaisquer circunstâncias justificativas da alteração imediata da disciplina estabelecida — então, aí, os novos direitos e obrigações pactuados pelas partes apenas "vigorarão" a partir do momento em que se iniciar a prorrogação;

j) Pelo contrário, se, no decurso do prazo originalmente estabelecido, ocorrerem circunstâncias que perturbem o equilíbrio das prestações contratuais — a variação do interesse público; a ocorrência de um caso imprevisto; um prejuízo causado ao concessionário por acto exclusivamente imputável à Administração —, será possível às partes, por acordo, alterar, dentro de certos limites, o conteúdo do mesmo e o respectivo prazo de vigência por forma a respeitar rigorosamente a "honesta equivalência das prestações contratuais". Neste caso, as alterações entram imediatamente em vigor com a publicação do decreto-lei que as consagre;

l) O momento concreto da entrada em vigor das alterações contratuais deverá ser expressamente fixado pelas partes em cada contrato de prorrogação;

m) Por se tratar de um diploma que, salvo, fundamentalmente, no que toca a ilícitos e sanções (artigos 108.º e segs.), não versa matéria da reserva relativa de competência legislativa do Parlamento, nada obsta à consagração na Lei do Jogo da possibilidade de as concessionárias deduzirem uma parcela das despesas realizadas com o cumprimento de obrigações de índole turística (artigo 16.º da Lei do Jogo) superior àquela que resulta dos actuais contratos de concessão do Estoril, Espinho e Póvoa de Varzim.

Lisboa, Setembro de 2000

X
Concessão de obras públicas: a quem deverão notificar-se as decisões de avaliação do impacte ambiental de lanços de auto-estrada?

CONSULTA

A AENOR — *Auto-Estradas do Norte, S.A.* (doravante AENOR, Concessionária ou Consulente) — sociedade que, na sequência de concurso público internacional, celebrou com o Estado português (nesse acto representado conjuntamente pelos Ministros das Finanças e do Equipamento, do Planeamento e da Administração do Território), em Vila Nova de Famalicão, em 9 de Julho de 1999, o contrato de "concessão da concepção, projecto, construção, financiamento, exploração e conservação, em regime de portagem real, de determinados lanços de auto-estrada e conjuntos viários associados na Zona Norte de Portugal" — recebeu, em 26 de Janeiro de 2001, através do ofício do Gabinete do Secretário de Estado do Ambiente com o n.º SEA-325 e a Ref.ª Proc. 06.1 — Reg. 65, datado de 24 do mesmo mês, cópia da *Declaração de Impacte Ambiental* (DIA) proferida por aquele órgão no processo de avaliação ambiental relativo ao Estudo Prévio do Projecto "*A11/IP9-194/A4 — Lanço Guimarães/IP4*", e onde se concluía que "o proponente deverá apresentar um novo Estudo de Impacte Ambiental, que aprecie verdadeiros corredores alternativos permitindo uma análise comparativa dos impactes e que, ao mesmo tempo, tenha em devida conta os resultados da Consulta Pública".

Até àquela data e desde o momento da celebração do contrato, jamais a AENOR havia sido informada pelas autoridades governamentais responsáveis pela área do ambiente da decisão final tomada no procedimento de avaliação do impacte ambiental (AIA) de cada um dos lanços da auto-estrada compreendida no objecto da concessão.

Sucede porém que entretanto foi substituída a legislação de avaliação de impacte ambiental em vigor no momento da celebração do contrato de concessão. O Decreto-Lei n.º 186/90, de 6 de Junho, com a redacção dada pelo Decreto-Lei n.º 278/97, de 8 de Outubro, foi, de facto, revogado pelo Decreto-Lei n.º 69/2000, de 3 de Maio (cfr. o artigo 46.º).

E o novo diploma determina, no seu artigo 18.º, n.º 2, que a DIA — isto é, a "decisão emitida no âmbito da AIA sobre a viabilidade da execução dos projectos sujeitos ao regime previsto no presente diploma" (cfr. artigo 2.º, alínea *g)*") — seja "notificada, de imediato e em simultâneo, à entidade licenciadora ou competente para a autorização e ao proponente".

Em face do exposto, solicita a AENOR a nossa opinião sobre a questão de saber se, à luz das normas por que se rege o contrato de concessão, ela deve ser, ou não, notificada pelas autoridades administrativas ambientais da Declaração de Impacte Ambiental proferida no procedimento relativo a cada lanço da auto-estrada objecto da concessão.

Quid juris?

PARECER

§ 1.º
Enquadramento

1. A resolução da questão da Consulta aconselha, metodologicamente, que comecemos por apurar a natureza jurídica da relação contratual estabelecida entre o Estado Português e a AENOR. É que, além do enquadramento geral assim proporcionado, disso depende, desde logo, a rigorosa determinação do regime jurídico à mesma aplicável.
Vejamos, pois, como as partes delimitaram o respectivo *objecto* [1].

2. Preceitua-se, por um lado, na cláusula 5.ª do contrato da concessão /AENOR (*"Objecto da concessão"*), que a "concessão tem por objecto a concepção, projecto, construção, financiamento, exploração e conservação, em regime de portagem" dos

---

[1] Sobre a relevância decisiva do critério do objecto — eventualmente complementado, em certas hipóteses, pelo critério do fim — para a qualificação de um contrato como administrativo, cfr. FREITAS DO AMARAL, "Apreciação da dissertação de doutoramento do Lic. J. M. Sérvulo Correia: Legalidade e Autonomia Contratual nos Contratos Administrativos", in *Revista da Faculdade de Direito da Universidade de Lisboa*, ano XXIX, 1988, p. 166 e segs..

lanços de auto-estrada enumerados no n.º 1, bem como a "exploração e conservação" dos lanços referidos no n.º 2.

Por outro lado, dispõe-se na cláusula 10.ª do contrato que "as zonas das Auto-Estradas e os conjuntos viários a elas associados que constituem o estabelecimento físico da Concessão integram o domínio público do Concedente" (n.º 1); e que "constitui zona de auto-estrada: a) O terreno por ela ocupado, abrangendo a plataforma da auto-estrada (faixa de rodagem, separador central e bermas), as valetas, taludes, banquetas, valas de crista e de pé de talude, os nós e ramais de ligação e os terrenos marginais até à vedação; b) As obras de arte incorporados na Auto-estrada e os terrenos para implantação das praças de portagem, das Áreas de Serviço e de repouso, integrando os imóveis que nela sejam construídos" (n.º 2).

Finalmente, consigna-se na cláusula 12.ª que "o prazo da Concessão é de 30 (trinta) anos, expirando automaticamente às 24 (vinte e quatro) horas do trigésimo aniversário da data da assinatura do presente contrato".

Este é, pois, no essencial, o objecto do contrato de concessão.

3. O contrato da concessão/AENOR constitui um exemplo de um contrato de concessão de obras públicas [2] que leva acessoriamente acoplada uma concessão de exploração do domínio público.

a) Tradicionalmente, o contrato de concessão de obras públicas é definido como aquele "pelo qual um particular se encarrega de executar e explorar uma obra pública, mediante retribuição a obter directamente dos utentes, através do pagamento por estes de taxas de utilização" [3].

---

[2] Esta qualificação resulta aliás do próprio contrato — cfr. a cláusula 6.ª.

[3] V. FREITAS DO AMARAL, *Direito Administrativo*, III, Lisboa, 1989, p. 442.

Verificam-se, *in casu*, os caracteres desta definição doutrinal. Efectivamente, como contrapartida do desenvolvimento das actividades de concepção, construção, financiamento e conservação de certas auto-estradas, a AENOR viu constituído na sua esfera jurídica o direito de explorar esses bens imóveis, ou seja, e fundamentalmente, o direito de, por um determinado período de tempo, receber dos utentes das auto-estradas as importâncias nas mesmas cobradas e os rendimentos de exploração das áreas de serviço e, bem assim, quaisquer outros rendimentos obtidos no âmbito da concessão.

Existe hoje também uma definição legal do contrato de concessão de obras públicas. De acordo com o n.º 4 do artigo 2.º do Decreto-Lei n.º 59/99, de 2 de Março (diploma que aprova o regime das empreitadas de obras públicas — doravante REOP), trata-se do contrato "que apresenta as mesmas características de a) (a empreitada de obras públicas), com excepção de que a contrapartida das obras consiste quer unicamente no direito de exploração da obra quer nesse direito acompanhado do pagamento de um preço" [4]. Como resulta desta definição, o "principal traço distintivo da noção de concessão de obras

---

[4] Segundo a actual definição legal, que representa a transposição para o nosso direito da definição comunitária de empreitada constante da Directiva 93/37/CEE, de 18 de Julho, a empreitada de obras públicas é o "contrato administrativo, celebrado mediante o pagamento de um preço, independentemente da sua forma, entre um dono de obra pública e um empreiteiro de obras públicas e que tenha por objecto quer a execução quer conjuntamente a concepção e a execução das obras mencionadas no n.º 1 do artigo 1.º, bem como das obras ou trabalhos que se enquadrem nas subcategorias previstas no diploma que estabelece o regime de acesso e permanência na actividade de empreiteiro de obras públicas, realizados seja por que meio for e que satisfaçam as necessidades indicadas pelo dono da obra" (artigo 1.º, n.º 3, do REOP). E dispõe-se no n.º 1 do artigo 1.º do mesmo diploma que "para efeitos deste diploma são consideradas obras públicas quaisquer obras de construção, reconstrução, ampliação, alteração, reparação, conservação, limpeza, restauro, adaptação, beneficiação e demolição de bens imóveis,

públicas reside na atribuição do direito de exploração da obra como contrapartida da construção da mesma", sendo que este "direito de exploração pode também ser acompanhado de um preço" [5]. Por outro lado, ao contrário da definição tradicional, a cobrança de taxas junto dos utentes da obra já não é mais apresentada como o modo exclusivo de remuneração do concessionário de obras públicas, sendo apenas um de entre os vários possíveis [6]. Será porventura ainda o principal, sê-lo-á certamente, aliás, no contrato de concessão em apreço, mas já não é, de todo, o único, ou sequer necessário. Basta recordar que, ao lado de concessões de obras públicas em que a remuneração do concessionário provém de taxas percebidas dos utentes, existem hoje em Portugal concessões de obras rodoviárias em que o custo de construção da infra-estrutura é satisfeito pela Administração ao particular encarregado de, por um determinado período de tempo, construí-la, conservá-la e explorá-la, através do pagamento de um *canon* periódico cujo montante é função da utilização que da obra façam os particulares — são as concessões SCUT, cujo enquadramento legal básico está fixado no Decreto-Lei 267/97, de 2 de Outubro. Ora, pelo que já se disse acima, é igualmente líquido que o contrato de concessão em apreço reúne os caracteres essenciais da actual definição legal de concessão de obras públicas. Repete-se a ideia-chave: como contrapartida da concepção, financiamento, execução e manutenção de certo tipo de obras públicas, a AENOR ficou investida

---

destinadas a preencher, por si mesmas, uma função económica ou técnica, executadas por conta de um dono de obra pública".

[5] V. *Comunicação Interpretativa da Comissão sobre as Concessões em Direito Comunitário* (2000/C 121/02), in *Jornal Oficial das Comunidades Europeias*, de 29 de Abril de 2000, p. C 121/3.

[6] V. PIERRE DELVOLVÉ, "La Concession de Service Public et le Droit Communautaire", in *La Concession de Service Public face au Droit Communautaire*, Paris, 1992, p. 109.

no direito de proceder à respectiva exploração por determinado período de tempo.

b) Mas do objecto do contrato resulta também que a AENOR tem o direito de conservar, manter e explorar bens imóveis da propriedade pública do concedente. A concessão em análise é, por isso, acessoriamente, uma concessão de exploração do domínio público [7]. Acessoriamente, disse-se, porque o seu objecto principal é, de forma manifesta, a execução, financiamento e exploração privados de infra-estruturas públicas.

4. Surpreendamos agora, de modo perfunctório, os marcos fundamentais da evolução histórica da figura da concessão de obras públicas.

a) Este instituto remonta ao segundo quartel do século XIX [8]. Nesse mesmo século conheceu êxito considerá-

---

[7] A "concessão de exploração do domínio público" é *o contrato administrativo pelo qual um particular se encarrega de gerir ou explorar um bem do domínio público*. Continuamos na mesma figura genérica da concessão, mas agora o objecto é um bem dominial, isto é, um bem que, por motivo da sua *afectação* à utilidade geral, ao interesse público, está submetido a um regime de protecção que exorbita do direito comum. Aquele é gerido pelo concessionário, no lugar e em vez da Administração, mas o particular não é pago pela Administração: paga-se, antes, pela cobrança de taxas ao público — se se tratar de um bem no uso directo do público (é o caso, por exemplo, da concessão de exploração de um porto de recreio, de uma doca, ou de uma praia) — ou pela exploração económica do bem — nos casos em que o bem não é usado directamente pelo público (concessão de uma mina, de uma nascente de águas mineromedicinais, etc.). Sobre esta figura contratual, cfr., por todos, MARCELLO CAETANO, "Algumas notas para a interpretação da Lei n.º 2.105", in *Estudos de Direito Administrativo*, pp. 286-287; Idem, *Manual de Direito Administrativo*, II, 10.ª ed., Coimbra, 1990, reimp., pp. 948 e segs.; e FREITAS DO AMARAL, *A Utilização do Domínio Público pelos Particulares*, Lisboa, 1965, pp. 15-16 e 183 e segs..

[8] No entanto, sobre a existência no *Ancién Regime* de procedimentos análogos ao da concessão, cfr. CHRISTIAN BETTINGER, *La Concession de Ser-*

vel [9]. Foi assim, basicamente, porque diante de uma Administração teoricamente amarrada aos princípios do liberalismo económico (designadamente, ao princípio da não intervenção na actividade económica — *laissez faire, laissez passer*) [10], e, na prática, as mais das vezes descapitalizada e inexperiente — a concessão de obras públicas constituía a escapatória que permitia aos Estados promover a realização dos "melhoramentos materiais" que, em prol do progresso, a opinião pública tanto reclamava desde o descobrimento das aplicações técnicas da máquina a vapor [11].

Assim, "o Estado declarava a obra de utilidade pública, e concedia a sua realização a particulares que, por sua conta e risco, faziam as necessárias despesas mediante o privilégio de poderem explorar, em exclusivo, a utilização dessa obra durante um número de anos reputado suficiente para tirarem o lucro compensador do empate dos seus capitais" [12]. Por este meio, a Administração podia, portanto, "manter esses empreendimentos sob a autoridade do poder público, fazer funcionar na sua gestão o móbil do lucro capitalista, na óptica liberal estímulo do progresso económico, e, finalmente, descarregar sobre o concessio-

---

vice Public et de Travaux Publics, Paris, 1978, p. 2 e segs.; e MARQUES GUEDES, *A Concessão,* I, Coimbra,1954, p. 33 e segs..

[9] V. AUBY/BON, *Droit administratif des biens,* 3.ª ed., Paris, 1995, p. 209.

[10] Sobre o liberalismo económico e o sistema capitalista, cfr. JOÃO LUMBRALES, *História do Pensamento Económico,* Coimbra, 1988, p. 119 e segs.. Significativamente, SILVESTRE PINHEIRO FERREIRA referia entre nós que "o Governo não deve nunca visar ser fabricante nem empresário... Em todas estas empresas (grandes estradas, canais, minas, serviços de correio e malaposta, etc), o Governo não deve nunca perder de vista que é à indústria privada que a sua execução deve ser confiada..." — *Cours de Droit Public interne et externe,* Paris, 1830 (apud MARQUES GUEDES, *A Concessão...,* I, p. 59).

[11] V. MAGALHÃES COLLAÇO, *Concessões de Serviços Públicos — Sua Natureza Jurídica,* Coimbra, 1914, p. 14.

[12] V. MARCELLO CAETANO, *Manual ...,* II, pp. 1102-1103.

nário os riscos financeiros dessas iniciativas" [13]. Por outras palavras, a Administração conseguia assegurar a execução de obras públicas sem custos para o erário público, e assegurar o controlo público dessas obras sem necessidade de as gerir directamente.

b) A concessão de obras públicas sofreu, porém, um nítido retrocesso a partir do início do século XX.
Isto, basicamente, por duas razões fundamentais.

Por um lado, pela sua absorção na figura da concessão de serviços públicos; com efeito, passou a considerar-se, decorrido algum tempo sobre o termo dos trabalhos a partir dos quais se desenvolvia toda uma actividade de satisfação de necessidades colectivas, que a execução das obras públicas apenas era um meio para montar um *serviço público* e que, nessa medida, a concessão de obras públicas se *transformava*, uma vez executadas as mesmas, numa *concessão de serviço público* [14].

Por outro lado, mais em geral, pelo desenvolvimento e consolidação em vários países do Ocidente europeu (designadamente, Portugal) de razões ideológicas de cariz anti-capitalista — facto que, reflexamente, em matéria de realização de obras públicas, se traduziu na valorização da empreitada de obras públicas em detrimento da concessão de obras públicas [15].

c) Todavia, desde meados dos anos 80 vem-se assistindo ao *ressurgimento* pujante da figura da concessão de obras públicas.
Como afirma Sue Arrowsmith, "as concessões de obras públicas têm assumido cada vez mais importância, no Reino

---

[13] V. JEAN RIVERO e JEAN WALINE, *Droit Administratif*, 15.ª ed., Paris, 1994, p. 407.
[14] V. MARQUES GUEDES, *A Concessão*, I, p. 70.
[15] V. PROSPER WEIL, *O Direito Administrativo*, Coimbra, 1976, pp. 47--49.

Unido, em todos os sectores desde o início da «Private Finance Initiative», a qual, lançada pelo Governo no Outono de 1992, pretende promover o envolvimento do sector privado na provisão de serviços públicos e de infraestruturas"[16]. Hoje, pois, um pouco por toda a parte, é incontroverso que "concessões deste tipo constituem o principal meio de contruir sistemas de abastecimento de água, auto-estradas, túneis estações de tratamento de resíduos e outros tipos similares de infra-estruturas" [17].

Isto explica-se, em síntese, por quatro ordens de razões:

— Primeiro, razões *políticas*.

Na generalidade dos países do Ocidente europeu tende a aceitar-se cada vez mais que o papel do Estado em matéria de realização de obras infra-estruturais deve ser um papel supletivo, quer dizer, deve financiar apenas as obras públicas que não for possível financiar através do recurso aos capitais privados — é o caso daquelas obras que, pela sua fisionomia, não geram receitas suficientes para um privado recuperar lucrativamente o capital investido. Assim, por exemplo, no Reino Unido, o *chancellor of the exchequer* anunciou, em Novembro de 1994, que "the Treasury would not approve any capital projects procured by the public sector unless private finance options had first been explored" [18]. E em Maio de 1995, o Governo britânico, no

---

[16] V., por exemplo, as referências ao tema de GOMÉZ-FERRER, "El Contrato de Obras. La Concesion de Obras Públicas como Contrato", in *Comentario a la Ley de Contratos de las Administraciones Publicas*, Madrid, 1996, p. 604; de CHRISTINE BRÉCHON-MOULÈNES, "Rapport Introductif", in *La Concession de Service Public Face au Droit Communautaire*, Paris, 1992, p. 1; de LAURENT RICHER, *Droit des Contrats Administratifs*, Paris, 1995, p. 360; e de FELICE ANCORA, *Il Concessionario di Opera publica Tra Pubblico e Privado*, Milão, 1990, p. 1.

[17] Cfr. o guia *Project Finance*, 4.ª edição, 1996, p. 15, editado pelo *Internatinal Project Fiance Group* da sociedade de advogados internacional *Freshfields*, p. 15.

[18] V. *Project Finance*, Freshfields, p. 3.

documento Setting New Standards: A Strategy for Government Procurement, referiu também: "Departments will consider private finance options for their capital projects whenever it is possible genuinely to transfer control over the project and the associated risks to the private sector without disproportionate cost" [19]. O exemplo do Reino Unido pode ser generalizado a vários outros Estados do Ocidente Europeu.

— Depois, razões *económicas*.

Os textos comunitários determinaram e determinam aos Estados-membros o respeito de certos critérios macro-económicos com vista à realização da terceira fase da União Europeia. Designadamente, impõem que o déficite orçamental não exceda 3%, e que o nível de endividamento público não ultrapasse 60% do PIB (a preços de mercado). Ora, continuando a ser necessária na generalidade dos países europeus a criação e ampliação de grandes infra-estruturas existentes (especialmente nos sectores dos transportes, das telecomunicações e da energia — as designadas *Trans European Networks*) por forma a permitir o crescimento económico, e não podendo o investimento público deixar de canalizar-se (em Estados cujo paradigma teórico continua sendo, no essencial, o do Estado de Bem-Estar), para áreas como a educação, a saúde, a justiça e a segurança social — o recurso à figura da concessão de obras públicas (e ao financiamento privado por ela pressuposto) reaparece como uma das principais formas de ultrapassar o dilema causado pelo descomunal peso económico que a realização de grandes obras de infra-estrutura acarreta, em termos normais, para o déficite e o endividamento públicos.

— Além disso, razões *técnicas*.

É notório que a Administração Pública tem, nos nossos dias, dificuldades para controlar técnica e financeiramente a rea-

---

[19] V. *Project Finance*, Freshfields, p. 4.

lização de infra-estruturas cuja complexidade é elevada e cada vez maior. Além de razões políticas e económicas, o intenso recurso ao tipo contratual da concessão de obras públicas justifica-se, pois, também pela necessidade que os entes públicos sentem, sobretudo nas chamadas "indústrias de rede", de recorrer ao *know-how* privado.

— Por fim, razões *jurídicas*.

O facto de a figura da concessão de obras públicas ter sido objecto de disciplina pelo Direito Comunitário derivado desde 1989 conduziu à emanação nos vários ordenamentos jurídicos dos Estados Membros de regras específicas sobre a figura, o que, naturalmente, tem levado os poderes públicos a recorrer mais frequentemente a ela e, bem assim, as doutrinas nacionais a debruçarem-se com novo alento sobre o tema. Por outro lado, também por força do Direito Comunitário, atenuou-se claramente hoje o anterior protagonismo relativo da figura da concessão de serviços públicos. Na verdade, a necessidade de introduzir ou ampliar a concorrência em muitos sectores de actividade fez com que estes passassem "de um regime de reserva estadual e de concessão administrativa para um regime de liberalização" [20]. Ora, isso provocou o fim de muitas concessões de serviços públicos — e, concomitantemente, faz com que o contrato de concessão mais actual seja, hoje, em termos relativos, o de obras públicas.

5. No actual ordenamento jurídico-positivo português, a concessão de obras públicas perfila-se como um *contrato administrativo* por *determinação de lei* — a figura vem prevista na alínea *b*) do n.º 2 do art. 178.º do Código do Procedimento Adminis-

---

[20] V. SABINO CASSESE, "Le service public: l'experience italienne", in *AJDA*, número especial, 1997, p. 145-146.

trativo ²¹ (doravante CPA), e no artigo 2.º, n.º 4, do REOP, como um exemplo daqueles acordos de vontades disciplinados pelo Direito Administrativo ²² — e por *natureza* — tem por objecto a transferência para um particular do exercício de uma actividade pública legalmente reservada à Administração, que o concessionário desempenhará por sua conta e risco, mas no interesse geral: no caso concreto, trata-se de transferir para um particular o exercício das actividades de conceber, projectar, construir, conservar e explorar obras públicas rodoviárias ²³.

6. A principal consequência da qualificação do contrato da concessão / AENOR como concessão de obras públicas é a da sua submissão a um regime jurídico-administrativo, quer no plano substantivo quer no plano adjectivo. Assim, no plano substantivo, o contrato rege-se, para além das cláusulas nele expressamente estipuladas, seus "Anexos e respectivos Apêndices", pelas Bases da Concessão (cfr. cláusula 4.ª, n.º 2, alínea *a)*, do contrato), e pela demais "legislação aplicável em Portugal" (cfr. cláusula 4.ª, n.º 2, alínea *b)*). De entre esta, merece evidente destaque a Constituição e, no plano infra-constitucional, o CPA, o REOP (cfr. artigo 2.º, n.º 2, e artigos 243.º e segs.) — diploma que transpôs para o ordenamento jurídico português as regras constantes da directiva 93/37/CEE (a qual, por sua vez, consolida as alterações que a directiva 89/440/CEE, de 18 de Julho de 1989, introduzira na directiva 71/305/CEE) — e, evidentemente, a

---

²¹ Aprovado pelo Decreto-Lei n.º 442/91, de 15 de Novembro, com as alterações introduzidas pelo Decreto-Lei n.º 6/96, de 31 de Janeiro.

²² O contrato de concessão de obras públicas é também referido como um exemplo de contrato administrativo no elenco constante do n.º 2 do artigo 9.º do Estatuto dos Tribunais Administrativos e Fiscais (doravante ETAF), aprovado pelo Decreto-Lei n.º 129/84, de 27 de Abril.

²³ V. FREITAS DO AMARAL, "Apreciação da dissertação de doutoramento do Lic. J. M. Sérvulo Correia: Legalidade e Autonomia Contratual nos Contratos Administrativos", cit., p. 166 e segs.

"legislação nacional e comunitária em vigor" (cfr. cláusula 31.ª, n.º 2, do contrato de concessão) em matéria de avaliação de impacte ambiental, ou seja, hoje, o Decreto-Lei n.º 69/2000, de 3 de Maio, e a Directiva n.º 85/337/CEE, do Conselho, de 27 de Junho de 1985, com as alterações introduzidas pela Directiva 97/11/CE, do Conselho, de 3 de Março de 1997.

No plano adjectivo, a qualificação administrativa deste contrato implica, como é sabido, a atribuição de competência aos tribunais administrativos para conhecer os litígios a ele respeitantes. Mas o contrato prevê também que "os eventuais conflitos que possam surgir entre as partes em matéria de validade, aplicação, interpretação ou integração das regras por que se rege a Concessão serão resolvidas de acordo com o Processo de Resolução de Diferendos" (cláusula 95.ª, n.º 1).

§ 2.º
Resolução

I — A questão

7. Posto isto, enfrentemos a questão colocada na Consulta: à luz das regras por que se rege o contrato de concessão, deve, ou não, a AENOR ser directamente notificada da DIA proferida pelas autoridades responsáveis pela área do ambiente, no procedimento administrativo de AIA de cada lanço da auto-estrada integrada no objecto da concessão?

Antecipando a conclusão, respondemos negativamente.
Vejamos porquê.

II — A questão à luz do clausulado do contrato de concessão

8. Atentemos, em primeiro lugar, no que se estabelece no contrato.

a) Nos termos do n.º 1 da cláusula 27.ª, a Concessionária é "responsável pela concepção, projecto e construção dos Lanços referidos no número 5.1., respeitando os estudos e projectos apresentados nos termos dos artigos seguintes e o disposto no Contrato de Concessão"; e acrescenta o n.º 2 da mesma cláusula que "para cumprimento das obrigações assumidas em matéria de projecto e construção das Auto-Estradas, a Concessionária celebrou com o ACE o Contrato de Projecto e Construção que figura no Anexo 1, no âmbito do qual todos e cada um dos membros do ACE garantiram à Concessionária, solidariamente entre si, o cumprimento pontual e atempado das obrigações assumidas pelo ACE em matéria de projecto e construção dos Lanços referidos no número 5.1".

Por seu turno, dispõe-se na cláusula 29.ª, n.º 1, que a concessionária promoverá "(...) por sua conta e inteira responsabilidade, a realização dos estudos e projectos relativos aos Lanços a construir, os quais deverão satisfazer as normas legais e regulamentos em vigor", sendo que o n.º 2 da mesma cláusula prescreve que "os estudos e projectos referidos no número anterior deverão satisfazer as regras gerais relativas à qualidade, à segurança, comodidade e economia dos utentes das Auto-Estradas, sem descurar os aspectos de integração ambiental e enquadramento adaptado à região que as mesmas atravessam, *e serão apresentados sucessivamente sob as formas de estudos prévios, projectos base e projectos de execução*, podendo algumas fases do projecto ser dispensadas pelo IEP, a solicitação devidamente fundamentada da Concessionária àquela entidade".

Na cláusula 30.ª, n.º 1, consigna-se que "no prazo de 30 (trinta) dias contados da data de assinatura do Contrato de Concessão, a Concessionária submeterá à aprovação do IEP um documento em que incluirá as datas em que se compromete a apresentar todos os estudos e projectos que lhe compete elaborar".

Por sua vez, a cláusula 31.ª dispõe no seu n.º 2 que os estudos prévios devem ser apresentados ao IEP "(...) instruídos conjuntamente com os respectivos Estudos de Impacte Ambiental, elaborados em cumprimento da legislação nacional e comunitária em vigor, *por forma a que o IEP os possa submeter ao Ministério do Ambiente para parecer de avaliação de acordo com a legislação em vigor*"; e estatui a mesma cláusula no seu n.º 7 que "os estudos e projectos apresentados ao IEP, nas diversas fases, deverão ser instruídos com parecer de revisão emitido por entidades técnicas independentes previamente aceites pelo IEP, o qual os submeterá à aprovação do MEPAT" (n.º 7).

Por outro lado, prescreve-se na cláusula 33.ª que "os estudos e projectos apresentados ao IEP nos termos dos artigos anteriores consideram-se tacitamente aprovados pelo MEPAT no prazo de 60 (sessenta) dias a contar da respectiva apresentação, *sem prejuízo do disposto nos números seguintes*" (n.º 1); que "a solicitação, pelo IEP, de correcções e esclarecimentos aos projectos e estudos apresentados, tem por efeito o início da contagem de novos prazos de aprovação, se aquelas correcções ou esclarecimentos forem solicitados nos 20 (vinte) dias seguintes à apresentação dos documentos em causa, e a mera suspensão daqueles prazos se a referida solicitação se verificar posteriormente" (n.º 2); e que "o prazo de aprovação referido no número 33.1. contar-se-á, no caso dos estudos prévios, *a partir da recepção, pelo IEP, do competente parecer do Ministério do Ambiente*" (n.º 3).

Finalmente, refira-se que, nos termos do artigo 73.º do contrato de concessão, "os poderes de fiscalização do cumprimento das obrigações da Concessionária emergentes do Contrato de Concessão, serão exercidos pelo Ministério das Finanças para os aspectos económicos e financeiros e pelo MEPAT para os demais" (n.º 1), sendo que "as competências do MEPAT serão exercidas pelo **IEP** e as do Ministério das Finanças serão exercidas pela Inspecção Geral de Finanças" (n.º 2).

b) Resulta, pois, com meridiana clareza, das disposições contratuais transcritas que é a seguinte a tramitação que deve ser seguida em matéria de estudos e projectos:

— a Concessionária elabora e submete ao *Instituto das Estradas de Portugal* (IEP) os Estudos Prévios relativos aos diversos Lanços ou Sublanços da Auto-Estrada, bem como os correspondentes Estudos de Impacte Ambiental;
— esses Estudos, eventualmente com as correcções ou alterações exigidas pelo IEP, são por este, como representante do Concedente, enviados ao Ministério do Ambiente para avaliação ambiental;
— o Ministério do Ambiente, concluída essa avaliação, comunica o seu Parecer ao IEP;
— e, assim, fica o IEP habilitado a propor ao (hoje) Ministério do Equipamento Social (MES) a aprovação ou a reprovação dos Estudos referidos.

c) O clausulado do contrato da concessão / AENOR não podia ser portanto mais claro: o Estado não tem de, por intermédio do Ministério (ou da Secretaria de Estado) do Ambiente, notificar directamente a Concessionária da DIA proferida no procedimento de AIA de cada lanço da auto-estrada integrada no objecto da concessão.

O contrato determina, isso sim, que tal notificação deve ser feita à entidade requerente da avaliação ambiental: o IEP, enquanto representante do Concedente.

III — A questão à luz do Decreto-Lei n.° 69/2000

9. A conclusão alcançada mantém-se quando analisada a questão da Consulta à luz da definição de "proponente" constante do artigo 2.°, alínea *m)*, do Decreto-Lei n.° 69/2000 — a

"pessoa individual ou colectiva, pública ou privada, que formula um pedido de autorização ou de licenciamento de um projecto"[24].

É que, manifestamente, a situação jurídico-contratual da AENOR não se reconduz a tal noção, pelo que, logicamente, não deve aquela ser notificada pelas autoridades administrativas responsáveis pela área do ambiente de qualquer DIA.

10. Segundo o princípio geral de direito plasmado no artigo 160.º, n.º 1, do Código Civil, "a capacidade das pessoas colectivas abrange todos os direitos e obrigações necessários ou convenientes à prossecução dos seus fins".

Mas onde é que podemos ir buscar a determinação, em concreto, de quais são as atribuições do Estado?

"A resposta é esta: devemos, antes de mais nada, ir à Constituição. É na Constituição que vêm enumeradas as mais importantes atribuições do Estado. Sobretudo quando se trata, como a nossa, de uma Constituição programática. Toda a Constituição de 1976 (...) está recheada de preceitos que fixam as atribuições do Estado, isto é, que apontam os seus objectivos. Isso é verdade em todo o texto da Constituição, mas é particularmente assim nos princípios fundamentais, na Parte I, que se ocupa dos direitos e deveres fundamentais, e na Parte II, que trata da organização económica. Aí, em numerosos preceitos, aparece a indicação de variadas atribuições do Estado. Não podemos porém ficar por aqui, porque o Estado tem muitas mais atribuições do que aquelas que lhe são fixadas pela Constituição. A lei ordinária

---

[24] O Decreto-Lei n.º 69/2000 define "«Autorização» ou «licença»" como a "decisão que confere ao proponente o direito a realizar o projecto" (artigo 2.º, alínea d)) -, e "Projecto" como "concepção e realização de obras de construção ou de outras intervenções no meio natural ou na paisagem, incluindo as intervenções destinadas à exploração de recursos naturais" (artigo 2.º, alínea o)).

pode cometer ao Estado outras atribuições para além daquelas que a Constituição lhe impõe. (...). Designadamente, é possível encontrar muitas outras atribuições nas leis orgânicas dos diferentes ministérios e, em especial, nas leis orgânicas das direcções-gerais dos ministérios "[25].

Ora, extrai-se facilmente da Constituição e da lei ordinária que compete exclusivamente ao Estado definir e promover a realização da infra-estrutura rodoviária nacional e, concretamente, das auto-estradas. Assim, e por um lado, diz a Lei Fundamental ser tarefa fundamental do Estado promover o desenvolvimento económico-social do País (cfr. artigo 9.º, alíneas d) e g) da Constituição de 1976); para esse efeito, como é intuitivamente evidente, a realização de infra-estruturas rodoviárias do tipo das auto-estradas assume, em nossos dias, um papel chave [26]. Por outro lado, a lei ordinária e, especialmente, o Decreto-Lei n.º 129/2000, de 13 de Julho, diploma que aprova a Lei Orgânica do Ministério do Equipamento Social, estipula de forma inequívoca caber ao Estado, através deste departamento governamental, "(...) a *definição e prossecução da política nacional* e (a) coordenação e execução das acções desenvolvidas *no domínio das obras públicas*, habitação, transportes aéreos, terrestres, fluviais e marítimos, comunicações e telecomunicações" (artigo 1.º) [27].

---

[25] FREITAS DO AMARAL, *Curso de Direito Administrativo*, I, p. 226.

[26] V., por exemplo, MICHEL VAN DEN ABEELE, "Les Infrastructures d'interêt Europeen", in *Financement Privé D'Ouvrages Publics a L'Horizon 1993*, Paris, 1991, pp. 233 e segs.; e ALFONSO GONZÁLEZ FINAT, "La Participación de la Unión Europea en la Financiacion Privada de Infraestructuras. Las Redes Transeuropeas y su Financiacion", in *La Financiación Privada de Obras Públicas*, coord. A. Ruiz Ojeda, Madrid, 1997, pp. 29-36.

[27] Do mesmo diploma se retira também que o MES prossegue algumas das suas tarefas através de certos institutos públicos. Um deles é o *Instituto das Estradas de Portugal* (IEP), que tem, designadamente, como atribuições, "assegurar a execução da política de infra-estruturas rodoviárias numa perspectiva integrada de ordenamento do território e desenvolvimento económico"

Resulta assim incontroversamente da Constituição, da lei ordinária, e do princípio da especialidade, que o Estado português é, através do Governo, e concretamente por intermédio do Ministério do Equipamento Social, o titular exclusivo do direito de definir e promover no território nacional a realização de auto-estradas, fixando os seus objectivos, requisitos e características.

11. Mas, tal como sucede noutros ordenamentos jurídicos estrangeiros próximos do nosso [28], o Estado português, quando realiza obras públicas, tem segundo o artigo 1.º, n.º 2, do REOP, três principais sistemas de as fazer: ou as faz por *administração directa*; ou as faz *por empreitada*; ou, enfim, recorre a um terceiro processo, a *concessão*.

No primeiro caso, são os próprios serviços da Administração, normalmente o Ministério ou a Câmara competente, que executam a obra. Na segunda hipótese, a Administração promove a realização da obra por recurso aos serviços de um particular que é directamente pago por ela pelo preço convencionado para os trabalhos executados, sendo que, nesta hipótese,

---

(artigo 23.º, alínea a)); "regular e fiscalizar as infra-estruturas concessionadas" (artigo 23.º, alínea c)); "zelar pela qualidade das infra-estruturas concessionadas e assegurar a execução das respectivas obrigações contratuais" (artigo 23.º, alínea d)); "promover o desenvolvimento do conhecimento e os estudos que contribuam, no âmbito das suas atribuições, para o progresso tecnológico e económico do sector rodoviário" (artigo 23.º, alínea f)). Outro é o Instituto para a Construção Rodoviária (ICOR) que, além do mais, tem como tarefa: "Assegurar a construção de novas estradas, pontes e túneis planeados pelo Instituto de Estradas de Portugal (IEP) e a execução de trabalhos de grande reparação ou reformulação do traçado ou características de pontes e estradas existentes que lhe forem cometidos (artigo 25.º, n.º 1).

[28] Em geral, sobre os vários sistemas de execução de obras públicas, v. M. A. CARNEVALE VENCHI, *Opere Pubbliche (ordinamento)*, in *EdD*, XXX, pp. 366-375.

a posse e exploração da obra competem à Administração logo que a mesma seja por ela recebida. No terceiro sistema referido, enfim, e de modo similar a qualquer aplicação da técnica concessória, ocorre a *transferência temporária e parcial da Administração para (em regra) um particular do direito de exercer, por sua conta e risco mas no interesse geral, a tarefa pública de conceber, construir e explorar obras públicas* [29]. Noutros termos, "a execução da obra e toda a responsabilidade a ela conexa (...) são assumidas pelo concessionário, em virtude de um procedimento a tal fim dirigido, ou por efeito de uma disposição legal que, em relação a uma determinada obra pública, autoriza a Administração a fazer uso do instrumento concessório" [30].

Pois bem: tendo sido, no caso concreto, como vimos no § 1.º deste Parecer, celebrado um contrato administrativo de concessão de obras públicas entre o Estado e a AENOR — e na sequência, como se faz mister em contratos deste tipo, de Bases aprovadas e publicadas em anexo ao Decreto-Lei n.º 248--A/99, de 6 de Julho —, constituiu-se já na esfera jurídica da Concessionária, por intermédio dele, o direito de desenvolver as actividades públicas de "concepção, projecto, construção, financiamento, exploração e conservação, em regime de portagem real, de determinados lanços de auto-estrada e conjuntos viários associados na Zona Norte de Portugal" por um período de tempo que expira "automaticamente às 24 (vinte e quatro) horas do trigésimo aniversário da data da assinatura do presente contrato".

Logo, a Concessionária não precisa de requerer posteriormente ao Estado "autorização" ou "licença" para ser juridica-

---

[29] V. MARCELLO CAETANO, "Subsídios Para o Estudo da Teoria da Concessão de Serviços Públicos", in *Estudos de Direito Administrativo*, Lisboa, 1974, p. 92.

[30] GIOVANNI GARRONE, *La Concessione di Opera Pubblica negli ordinamenti Italiano e Communitario*, Milão, 1993, p. 2 e segs..

mente habilitada a conceber, projectar, construir, explorar ou conservar os lanços da auto-estrada objecto da concessão.

E, não sendo "proponente", é-lhe inaplicável o disposto no artigo 18.º, n.º 2, do Decreto-Lei n.º 69/2000.

12. Claro está, no entanto, que o contrato de concessão concretamente celebrado não se limitou a constituir na esfera jurídica da concessionária AENOR o direito de desenvolver temporariamente as referidas actividades públicas, antes definiu também, relativamente a cada uma delas, as condições em que tal desenvolvimento poderá e deverá ter lugar.

E concretamente em matéria de concepção e projecto consagra-se nele, como vimos, a obrigação de a Concessionária sujeitar os estudos e projectos que realiza, em todos e cada um dos seus estádios de desenvolvimento (estudo prévio, anteprojecto e projecto de execução), à aprovação do MES, devendo para o efeito ser previamente submetidos ao IEP.

Isto é compreensível. Por um lado, destinando-se a auto-estrada concessionada, uma vez executada, a servir a satisfação de importantes necessidades colectivas que a Constituição e a lei põem a cargo do Estado (que genericamente poderemos designar como necessidades de «bem estar económico-social»), e, por outro lado, sendo a mesma, precisamente por causa disso, também segundo a Constituição e a lei (cfr. o artigo 84.º da Constituição e o artigo 4.º do Decreto-Lei n.º 447/80, de 15 de Outubro), propriedade pública do concedente desde o momento da sua entrada em serviço (e desse modo insusceptível de comércio jurídico-privado), é perfeitamente compreensível que o Estado exija que a construção de cada lanço seja precedida da aprovação por ele das sucessivas versões do projecto, já que só desse modo pode assegurar que as mesmas correspondem à obra que decidiu construir.

Por outro lado, deve ter-se presente que em qualquer concessão, como com a habitual felicidade sintetizava Marcello

Caetano, a Administração "*nunca se demite de certa parcela de poder sobre a actividade cuja liberdade de exercício outorga a alguém (...): é que, na raiz, a função concedida continua a pertencer-lhe*" [31]. No mesmo sentido, diz, do Brasil, Celso Bandeira de Mello que o objecto de qualquer concessão "é res extra commercium, inegociável, inamovivelmente sediado na esfera pública, razão por que não há transferência da (sua) titularidade (...) para o particular" [32]. "O Estado mantém, por isso mesmo, sempre e permanentemente, total disponibilidade sobre o serviço (obra ou bem) concedido (...), que o concessionário (...) desempenhará *se, quando, como e enquanto* conveniente ao interesse público" [33].

Por conseguinte, quando a AENOR submete os estudos e projectos relativos aos vários lanços da auto-estrada ao IEP, para os mesmos serem posteriormente aprovados pelo concedente, ela não está a pedir a este qualquer autorização ou licença, mas tão-somente a cumprir, nos termos contratualmente convencionados, uma obrigação relativa ao exercício de uma actividade por lei "inamovivelmente sediada na esfera pública" (Bandeira de Mello).

13. Em suma: não tendo, em sentido técnico-jurídico, que pedir licença ou autorização ao Estado para conceber, projectar, construir e explorar cada lanço da auto-estrada concessionada, a AENOR não é "*proponente*" no sentido definido pelo artigo 2.º, alínea p), do Decreto-Lei n.º 69/2000, pelo que, consequenetemente, não tem de ser legalmente notificada, nos termos do artigo 18.º, n.º 2, daquele diploma, da DIA proferida no proce-

---

[31] Cfr. MARCELLO CAETANO, "Subsídios Para o Estudo da Teoria da Concessão de Serviços Públicos", cit., p. 93.

[32] Cfr. CELSO A. BANDEIRA DE MELLO, *Curso de Direito Administrativo*, 11.ª ed., S. Paulo, 1999, p. 507.

[33] Cfr. CELSO A. BANDEIRA DE MELLO, *Curso de Direito Administrativo*, p. 507.

dimento de AIA de cada lanço da auto-estrada concessionada.

Confirma-se, pois, pela análise da letra do artigo 2.º, alínea *p)*, do Decreto-Lei n.º 69/2000, a conclusão acima retirada das disposições transcritas do contrato de concessão.

IV — A questão ante a leitura do Decreto-Lei n.º 69/2000 em conformidade com o Direito Comunitário

14. E, por outro lado, tal conclusão é também confirmada quando, como no caso concreto terá de suceder, perspectivamos a questão da Consulta novamente ante o Decreto-Lei n.º 69/2000 mas agora interpretado em conformidade com o disposto no diploma comunitário que ele só de forma imperfeita transpôs para o Direito português.

a) Refere o legislador do Decreto-Lei n.º 69/2000 ser objecto deste a definição do "regime jurídico da avaliação do impacte ambiental dos projectos públicos e privados susceptíveis de produzirem efeitos significativos no ambiente, transpondo para a ordem jurídica interna a Directiva n.º 85/337/CEE, do Conselho, de 27 de Junho de 1985, com as alterações introduzidas pela Directiva 97/11/CE, do Conselho, de 3 de Março de 1997" (artigo 1.º, n.º 1)[34].

Pretendeu, pois, o legislador, na esteira do mencionado diploma comunitário, e ainda "em consonância com os compromissos assumidos pelo Governo (...) no quadro da recente aprovação, pelo decreto 59/99, de 17 de Dezembro, da Convenção sobre Avaliação dos Impactes Ambientais Num Contexto Transfronteiras (Convenção de Espoo)" [35], disciplinar o proce-

---

[34] A Directiva n.º 85/337/CEE aplica-se, de facto, "à avaliação dos efeitos no ambiente de projectos públicos e privados susceptíveis de terem um impacte considerável no ambiente" (artigo 1.º, n.º 1).

[35] V. preâmbulo do Decreto-Lei 69/2000.

dimento de AIA de certos projectos susceptíveis de produzirem efeitos significativos no ambiente, sejam eles *públicos* ou *privados*.

O que é aliás inteiramente lógico: o que está essencialmente em causa é preservar o ambiente de toda e qualquer actividade humana que o possa inadmissivelmente molestar, seja qual for a sua natureza jurídica.

O Decreto-Lei n.° 69/2000 indica também o tipo de projectos que tem em vista — são os "incluídos nos anexos I e II" [36], sendo que, "por decisão conjunta do membro do Governo competente na área do projecto, em razão da matéria, adiante designado «de tutela», e do Ministro do Ambiente e do Ordenamento do Território, podem ainda ser sujeitos a avaliação de impacte ambiental os projectos que, em função das suas especiais características, dimensão e natureza, devam ser sujeitos a essa avaliação" (artigo 1.°, n.° 3).

b) Porém, uma análise mais demorada do articulado do Decreto-Lei n.° 69/2000 mostra que o legislador não estabeleceu nele exactamente aquilo que no artigo 1.°, n.° 1, diz estabelecer.

Efectivamente, o legislador do Decreto-Lei n.° 69/2000 concebe e regula o procedimento de AIA no pressuposto de que em qualquer projecto a ele sujeito participam sempre e simultaneamente um *proponente* (designando este conceito, como vimos, a pessoa que pede à Administração licença ou autorização para desenvolver certa actividade) e uma *entidade licenciadora ou competente para a autorização* (conceito que, nos termos deste diploma, como também já se notou, corresponde à entidade pública que, a requerimento do interessado, cria a relação jurídico-administrativa permissiva).

---

[36] Na alínea *b)* do n.° 7 do anexo I inclui-se a "construção de autoestradas (...)".

Isso resulta, na verdade, de várias disposições daquele diploma. Desde logo, da norma que estabelece a competência da entidade que licencia ou autoriza o projecto (o artigo 6.º). Aí se refere, com efeito, competir a esta: "*a)* Remeter à Autoridade de AIA todos os elementos relevantes apresentados pelo *proponente* para efeitos do procedimento de AIA; b) Comunicar à Autoridade de AIA e publicitar o conteúdo da decisão final tomada no procedimento de licenciamento ou de autorização do projecto" [37].

O mesmo se verifica na disposição relativa à *fase inicial* do procedimento de AIA. Segundo o artigo 12.º, n.º 1, "(...) o procedimento de AIA inicia-se com a apresentação, pelo *proponente*, de um EIA à *entidade licenciadora ou competente para a autorização*" [38], acrescentando o n.º 2 do mesmo artigo que "o EIA é acompanhado do respectivo estudo prévio, ou anteprojecto, ou, se a estes não houver lugar, do projecto sujeito a licenciamento" [39].

---

[37] A *Autoridade de AIA* — nuns casos, a Direcção Geral do Ambiente, noutros, as direcções regionais do ambiente (cf. artigo 7.º, n.º 1) — é, segundo o Decreto-Lei n.º 69/2000, a entidade a quem compete, além do mais, "Coordenar e gerir administrativamente o procedimento de AIA" (artigo 7.º, n.º 2, alínea a)); "Fazer a proposta da DIA ao Ministro do Ambiente e do Ordenamento do Território e, após a sua emissão, notificá-la è entidade licenciadora ou competente para a autorização do projecto e ao IPAMB" (artigo 7.º, n.º 2, alínea e)), e "Notificar o proponente e a entidade licenciadora ou competente para a autorização do projecto do parecer sobre o relatório referido no n.º 1 do artigo 28.º" (artigo 7.º, n.º 2, alínea *f)*).

[38] EIA é a abreviatura de "*Estudo de Impacte Ambiental*", conceito que o Decreto-Lei n.º 69/2000 define no artigo 2.º, alínea i), como o "documento elaborado pelo proponente no âmbito do procedimento de AIA, que contém uma descrição sumária do projecto, a identificação e avaliação dos impactes prováveis, positivos e negativos, que a realização do projecto poderá ter no ambiente, a evolução previsível da situação de facto sem a realização do projecto, as medidas de gestão ambiental destinadas a evitar, minimizar ou compensar os impactes negativos e um resumo não técnico destas informações".

[39] Ou a autorização.

Por outro lado, depois de se prescrever que "o EIA e toda a documentação relevante para AIA são remetidos pela *entidade licenciadora ou competente para a autorização* à Autoridade de AIA" (artigo 13.º, n.º 1); que "recebidos os documentos os documentos a Autoridade de AIA nomeia a comissão de avaliação, à qual submete o EIA para apreciação técnica" (artigo 13.º, n.º 2); que "a comissão de avaliação deve, no prazo de 20 dias a contar da sua recepção, pronunciar-se sobre a conformidade do EIA com o disposto no artigo anterior ou, quando tenha havido definição do âmbito do EIA, com a respectiva deliberação" (artigo 13.º, n.º 3); que "declarada a conformidade do EIA (...), o mesmo é enviado: a) Ao IPAMB, para publicitação e promoção da consulta pública; b) Às entidades públicas com competências na apreciação do projecto, para emissão nos respectivos pareceres" (artigo 13.º, n.º 7) [40]; que "no prazo de 25 dias a contar da recepção do relatório da consulta pública, a comissão de avaliação, em face do conteúdo dos pareceres técnicos recebidos, da apreciação técnica do EIA, do relatório da consulta pública e de outros elementos de relevante interesse constantes do processo, elabora e remete à Autoridade da AIA o parecer final do procedimento da AIA" (artigo 16.º, n.º 1); que "a Autoridade de AIA deve remeter ao Ministro do Ambiente e do Ordenamento do Território a proposta de DIA no decurso do prazo previsto no número anterior" (artigo 16.º, n.º 2) [41]; que "a decisão sobre o procedimento de AIA consta da DIA, a qual pode ser favorável, condicionalmente favorável ou desfavorável, devendo, neste caso, fundamentar as razões daquela conclusão" (artigo 17.º, n.º

---

[40] O *IPAMB* é o *Instituto de Promoção Ambiental*, organismo cuja competência em matéria de AIA está estabelecida no artigo 8.º do Decreto-Lei n.º 69/2000.

[41] A DIA é a "decisão emitida no âmbito da AIA sobre a viabilidade da execução dos projectos sujeitos ao regime previsto no presente diploma" — cfr. artigo 1.º, alínea *g*).

1); que a "DIA condicionalmente favorável especifica as condições em que o projecto pode ser *licenciado ou autorizado* e contém obrigatoriamente as medidas de minimização dos impactes negativos que o *proponente* deve adoptar na execução do projecto" (artigo 17.º, n.º 2); e que "a DIA é proferida pelo Ministro do Ambiente e do Ordenamento do Território no prazo de 15 dias contados a partir da data da recepção da proposta da Autoridade de AIA" (artigo 18.º, n.º 1) — consigna-se, no artigo 18.º do Decreto-Lei n.º 69/2000, como vimos, que "a DIA é notificada, de imediato e em simultâneo, à *entidade licenciadora ou competente para a autorização e ao proponente*" (n.º 2), e que "os *prazos* estabelecidos para o licenciamento ou autorização ficam suspensos até à data em que ocorra a notificação da entidade licenciadora ou competente para a autorização ou ocorra a situação prevista no artigo seguinte" (n.º 3)[42].

Por outro lado ainda, dispõe-se no artigo 20.º do Decreto-Lei n.º 69/2000 que "o acto de *licenciamento ou de autorização* de projectos sujeitos a procedimento de AIA **só** *pode ser praticado* após notificação da respectiva DIA favorável ou condicionalmente favorável ou após o decurso do prazo necessário para a produção de deferimento tácito nos termos previstos no n.º 1 do artigo anterior" (n.º 1); que "em qualquer caso, o *licenciamento ou a autorização do projecto* deve compreender a exigência do cumprimento dos termos e condições prescritos (n)a DIA, ou, na sua falta, no EIA apresentado pelo *proponente*, conforme previsto nos n.ºs 2 e 3 do artigo 17.º e no n.º 2 do artigo anterior" (n.º 2); e que "são nulos os actos praticados com desres-

---

[42] O artigo 19.º do Decreto-Lei n.º 69/2000 o deferimento tácito da *DIA* — tal ocorrerá se "nada for comunicado à entidade licenciadora ou competente para a autorização no prazo de 140 dias, no caso de projectos constantes do anexo I, ou de 120 dias, no caso de projectos constantes do anexo II, contados da data de recepção da documentação prevista no n.º 1 do artigo 13.º".

peito pelo disposto nos números anteriores, bem como os actos que autorizem ou licenciem qualquer projecto sujeito ao disposto no artigo 28.º sem o prévio cumprimento do disposto nesse artigo" (n.º 3).

Por último, saliente-se que, nos termos do artigo 28.º do mesmo diploma (inserido na sua secção V: "*Pós-avaliação*"), se prescreve que "sempre que o procedimento de AIA ocorra em fase de estudo prévio ou de anteprojecto, o *proponente* apresenta junto da *entidade licenciadora ou competente para a autorização* o correspondente projecto de execução, acompanhado de um relatório descritivo da conformidade do projecto de execução com a respectiva DIA".

Ora, como dizíamos, concebendo o Decreto-Lei n.º 69/2000 o procedimento de AIA no pressuposto de que em qualquer projecto a ele sujeito figuram simultaneamente um *proponente* e uma *entidade licenciadora ou competente para a autorização*, ele omite, contrariamente àquilo a que o Estado português está comunitariamente obrigado, e em contradição com a sua teleologia imanente e objecto expresso, o regime da AIA dos projectos públicos.

Na verdade, decorre da teoria geral do Direito Administrativo substantivo, que o legislador por certo não ignora (cf. artigo 9.º, n.º 3, do Código Civil), que a licença e autorização são actos administrativos respeitantes a actividades privadas que, respectivamente, ou são em princípio proibidas por lei (licença), ou, uma vez que se considera que o seu exercício pode conflituar com um interesse público, só podem ser desenvolvidas depois de a Administração pesar os dois termos da contraposição para garantir que a satisfação do interesse privado só terá lugar se for possível equilibrá-lo com a realização de finalidades públicas (autorização) [43].

---

[43] V. sobre os conceitos de licença e de autorização, FREITAS DO AMARAL, *Direito* Administrativo, III, Lisboa, 1989; sobre o conceito de auto-

Já quando o Estado-Administração (ou, em certas situações, outras pessoas colectivas públicas) julga oportuno, para prosseguir as suas atribuições exclusivas, realizar determinado empreendimento, ele não tem de pedir e de obter junto de qualquer outra entidade licença ou autorização para o efeito, uma vez que tem já, por força da Constituição, da lei, e do princípio da especialidade, como vimos, o direito de tomar essa iniciativa. A única coisa que nesses casos ele carece de obter, se o projecto for daqueles que a lei sujeita a avaliação prévia de AIA, é uma aprovação do Ministério do Ambiente.

Portanto, o regime fixado no Decreto-Lei n.º 69/2000 tanto para a fase inicial como para a fase final do procedimento de AIA é inaplicável a projectos cuja realização consubstancia legalmente o exercício de uma actividade pública. É o que, como sabemos, sucede com a construção de auto-estradas.

15. Refira-se, a título de excurso, que a mencionada imperfeição do regime português em vigor se detectava também no primeiro diploma nacional de transposição da Directiva n.º 85/337/CEE[44]: o Decreto-Lei n.º 186/90, posteriormente alterado pelo Decreto-Lei n.º 278/97, e que era o diploma de avaliação ambiental que se encontrava em vigor no momento da celebração do contrato de concessão.

O Decreto-Lei n.º 186/90, na esteira daquela directiva comunitária, consagrava o conceito de "dono da obra" em vez do de "proponente". Definia-o como "o autor do pedido de

---

rização, v. também ROGÉRIO SOARES, *Direito Administrativo*, Coimbra, 1978, p. 111.

[44] Para uma análise desenvolvida do regime jurídico constante desta directiva, cfr, entre nós, L. F. COLAÇO ANTUNES, *O Procedimento Administrativo de Avaliação de Impacto Ambiental*, Coimbra, 1998, pp. 333 e segs.; e MÁRIO DE MELO ROCHA, *A Avaliação do Impacto Ambiental como Princípio do Direito do Ambiente nos Quadros Internacional e Europeu*, Porto, 2000, pp. 129 e segs..

aprovação de um projecto privado *ou a entidade pública que toma a iniciativa relativa a um projecto*" — artigo 1.°, n.° 2, alínea *b*). O mesmo diploma empregava também o termo "*aprovação*", em vez do de "«Autorização» ou «licença»", para significar a "decisão da autoridade ou das autoridades competentes que confere ao dono da obra o direito de realizar o projecto" — artigo 1.°, n.° 2, alínea c). Finalmente, definia-se ainda nele "projecto" como "a realização de obras de construção ou de outras instalações ou obras, ou outras intervenções no meio natural ou na paisagem, incluindo as intervenções destinadas à exploração de recursos do solo" (artigo 1.°, n.° 2, alínea *a*)).

Porém, e contraditoriamente ao que a (feliz) definição do conceito de "dono da obra" inculcava, o artigo 3.° do Decreto-Lei n.° 186/90 determinava que, "para efeitos da AIA, os donos da obra devem apresentar, no início do processo conducente à autorização ou licenciamento do projecto, à entidade pública competente para tal decisão um estudo de impacte ambiental (EIA)" (n.° 1); e que "a entidade pública referida no número anterior enviará, de imediato, ao membro do Governo responsável pela área do ambiente: a) O projecto em causa; b) O EIA; c) Outros elementos que considere convenientes para a correcta apreciação do projecto". Afinal, de forma similar ao diploma actualmente em vigor, sugeria-se que em qualquer procedimento de AIA participavam sempre simultaneamente um dono da obra e uma entidade licenciadora ou competente para a autorização. O que manifestamente não sucede nos projectos públicos, já que, aí, o dono da obra é também a entidade que tem o direito de "autorizar" o projecto.

A incongruência foi oportunamente notada por L. F. Colaço Antunes. Dizia o Autor, na verdade, que "dos dispositivos legais referidos — o Autor está a referir-se aos preceitos do artigo 3.° — parece resultar que cabe ao dono da obra dar início ao procedimento de avaliação do impacto ambiental. *No entanto, esta situação não é substancialmente praticável em todos os projectos. Com efeito, pode dar-se a particularidade de ser, não já numa pessoa jurídica pública, mas a mesma pessoa jurídica pública que decide da autorização do projecto, a que inicia o procedimento na qualidade de titular do projecto.* Situação particularmente delicada na medida em que a entidade competente para a aprovação ou autorização do projecto não é obrigada sequer a seguir o parecer de avaliação de impacto ambiental (artigo 6.º do Decreto-Lei n.º 186/90) [45], por não ser vinculativo mas apenas obrigatório. Estamos, assim, perante uma clara quebra da pretensa uniformidade do procedimento de avaliação de impacto ambiental a todos os projectos, sejam de índole privada ou pública, *confundindo-se nestes casos o dono da obra com a entidade licenciadora"* (itálicos nossos) [46].

Portanto, consagrando embora uma definição de "dono de obra" mais ajustada do que a definição de "proponente" constante do actual diploma de AIA — distinguia-se, e bem, nela, o "dono de obra privada" do "dono de obra pública" —, o Decreto-Lei n.º 186/90 ao prescrever, no seu artigo 3.º, que o

---

[45] Ao contrário do que se consagra hoje no artigo 20.º do Decreto-Lei n.º 69/2000, o artigo n.º 1 do artigo 6.º do Decreto-Lei n.º 186/90 dispunha efectivamente que "a entidade competente para a aprovação do projecto deve ter em consideração, no respectivo licenciamento ou aprovação, o parecer da AIA, o relatório de consulta pública, bem como, quando for aplicável, as informações recebidas de acordo com o artigo 6.º-A, e, no caso da sua não adopção, incorporar na decisão as razões de facto e de direito que para tal foram determinantes".

[46] V. L. F. COLAÇO ANTUNES, *O Procedimento Administrativo de Avaliação...*, pp. 662-663. E, em nota, acrescentava o A.: "os contratempos assinalados ficariam parcialmente resolvidos se viesse previsto a apresentação de um estudo provisório pelo proponente da obra ao Ministério do Ambiente e dos Recursos Naturais, assumindo um valor de consulta prévia para os cidadãos, Administração e entidades potencialmente afectadas pela actividade sujeita a avaliação (...). Esclareça-se, tal lacuna não é impeditiva de pelo menos nos projectos públicos a Administração proceder à elaboração de um estudo preliminar, garantindo assim a introdução de considerações ambientais e facilitando a elaboração do estudo de impacto sobre o projecto".

procedimento de AIA se iniciava invariavelmente com a entrega do EIA pelo dono da obra à entidade pública que autoriza ou licencia o projecto não contemplava a hipótese de, por se tratar de um projecto público, ser o próprio dono da obra pública quem deveria requerer a avaliação ambiental do seu projecto, primeiro, e, logicamente, ser notificado do resultado daquela, depois.

16. Da interpretação literal do Decreto-Lei n.º 69/2000 resulta, pois, que este não consagra de modo adequado o regime da AIA de certos projectos públicos — sendo certo, como vimos, que essa lei, "segundo a sua própria teleologia imanente e a ser coerente consigo própria, deveria conter tal regulamentação" [47].

Mas a interpretação de um regime jurídico legal se não cinge apenas à sua letra. Designadamente, e como ensina a "dogmática interpretativa canonizada" [48], o intérprete pode e deve tomar em consideração, não só as restantes disposições da mesma lei, mas também toda a ordem jurídica. "Baseia-se este subsídio interpretativo no postulado da coerência intrínseca do ordenamento" [49]. "Perante um problema a resolver, não se aplica, apenas, a norma primacialmente vocacionada para a solução: todo o Direito é chamado a depor. Por isso, há que lidar com os diversos ramos do Direito, em termos articulados" [50]. Em especial, e atendendo à integração de Portugal na União Europeia, é hoje geralmente reconhecido, tendo em conta o

---

[47] V. BAPTISTA MACHADO, *Introdução ao Direito e ao Discurso Legitimador*, Coimbra, 1983, p. 196.

[48] KARL ENGISH *apud* CASTANHEIRA NEVES, "Interpretação Jurídica", in *Introdução ao Estudo do Direito*, Coimbra, 1976, p. 37.

[49] V. J. BAPTISTA MACHADO, *Introdução ao Direito e ao discurso legitimador*, p. 183.

[50] V. ANTÓNIO MENEZES CORDEIRO, *Introdução à edição portuguesa — Pensamento sistemático e conceito de sistema na ciência do Direito (de Claus-Wilhelm Canaris)*, Lisboa, 1989, p. CXI.

primado do Direito Comunitário sobre o direito nacional [51], o princípio da interpretação deste em conformidade com as normas comunitárias e, em especial, com as directivas comunitárias [52]. Na verdade, como informa Dorthe Dahlgaard Dingel, desde o acórdão *von Colson* (1984) que o Tribunal de Justiça das Comunidades Europeias entende que "(...) aplicando o direito estadual, e em particular as normas de uma lei estadual que especificamente implementam uma directiva, os tribunais nacionais devem interpretar o seu direito à luz da letra e espírito da directiva, em ordem a almejar o resultado referido no terceiro parágrafo do artigo 189" do Tratado [53].

Vejamos, pois, o que na Directiva 85/337/CEE se dispõe na parte atinente ao tema do presente Parecer — procedimento de AIA de projectos públicos.

17. No preâmbulo, e depois de acentuar que "a aprovação dos projectos públicos e privados que possam ter um impacto

---

[51] O princípio do primado do direito comunitário sobre o direito nacional é explicitado como princípio constitucional da ordem jurídica comunitária desde o acórdão Costa/ENEL, proferido pelo Tribunal de Justiça da Comunidade Europeia em 15 de Julho 1964. Desde esta data ficou de facto assente que "when a case before a national court is regulated both by a directly effective provision of Community law and by conflicting national law adopted after the Community provision, the national court should allow the provision of Community law to prevail" — cfr. D. DAHLGAARD DINGEL, *Public Procurement. A Harmonization of the National Judicial Review of the Application of European Community Law*, Haia /Londres/ Boston, 1999, pp. 124-131.

[52] V., entre nós, J. M. ALBUQUERQUE CALHEIROS, *Algumas breves considerações sobre o princípio da interpretação conforme do Direito interno face às directivas comunitárias*, in *Documentação e Direito Comparado*, n.º 45/46, 1991, págs. 9 e segs..

[53] V. DORTHE DAHLGAARD DINGEL, *Public Procurement. A Harmonization of the National Judicial Review of the Application os European Community*, p. 93

significativo no ambiente só deveria ser concedida após uma avaliação prévia dos efeitos significativos que estes projectos possam ter no ambiente", refere-se nela que "esta avaliação se deve *efectuar com base na informação adequada fornecida pelo dono da obra* e eventualmente completada pelas autoridades e pelo público a quem o projecto diga respeito".

Por sua vez, o artigo 1.º, n.º 2, do mesmo diploma enuncia alguns conceitos operatórios. Define-se aí, na verdade: "projecto: a realização de obras de construção ou de outras instalações ou obras, (ou) outras intervenções no meio natural ou na paisagem, incluindo as intervenções destinadas à exploração dos recursos do solo; *dono da obra:* o autor de um pedido de aprovação de um projecto privado, *ou a autoridade pública que toma a iniciativa relativa a um projecto*; aprovação: a decisão da autoridade ou das autoridades competentes que confere ao dono da obra o direito de realizar o projecto".

Distingue-se, pois, nesta definição de "dono da obra" entre dono de obra *privada* e dono de obra *pública* — tal como se fazia no Decreto-Lei 186/90, e lamentavelmente não se fez no Decreto-Lei n.º 69/2000.

Por outro lado, e ao contrário do que sucedia com o Decreto-Lei n.º 186/90, o diploma comunitário em apreço, depois de formular tal distinção, estabelece, coerentemente, um regime de onde se retira que, no caso de projectos públicos, é a entidade pública que toma a iniciativa de realizar o projecto que deve submeter directamente um EIA à autoridade administrativa com responsabilidade específica em matéria de ambiente, bem como, logicamente, que é a ela que a decisão de avaliação ambiental deve ser notificada, uma vez proferida.

Na verdade, no artigo 5.º, o legislador comunitário dispõe que "no caso de projectos que, nos termos do disposto no artigo 4.º, devem ser submetidos à avaliação dos efeitos no ambiente, nos termos dos artigos 5.º a 10.º, os Estados membros adoptarão as medidas necessárias para assegurar *que o dono da obra forneça*, de uma forma adequada, as informações especificadas no Anexo III (...)" (n.° 1), que "as informações *a fornecer pelo dono da obra* nos termos do n.° 1, devem incluir pelo menos (...)" (n.° 2), e que "Sempre que o considerem necessário, os Estados-membros providenciarão para que as autoridades que possuem informações adequadas as coloquem à disposição do dono da obra" (n.° 3).

E no referido Anexo III prescreve-se, além do mais, que o dono da obra poderá ter de apresentar às autoridades ambientais, "(...) se for caso disso, um esboço das principais soluções de substituição examinadas (...) e a indicação das principais razões dessa escolha (...)" (n.° 2); "(...) a indicação dos métodos de previsão utilizados para avaliar os efeitos no ambiente (...)" (n.° 4); e "(...) um resumo das eventuais dificuldades (lacunas técnicas ou nos conhecimentos) encontradas (...) na compilação das informações requeridas" (n.° 7).

Resulta, pois, da letra e espírito da Directiva 85/337/CEE que, no caso de se tratar de um projecto público, é a entidade que toma a iniciativa da respectiva realização que pode e deve requerer à autoridade com responsabilidade específica em matéria de ambiente a competente avaliação ambiental, bem como ser por esta notificada da decisão aí proferida.

Note-se que, posteriormente, a Directiva 97/11/CE, de 3 de Março de 1997, "considerando que a experiência adquirida no domínio da avaliação de impacte ambiental, tal como exposto no relatório sobre a aplicação da Directiva 85/337//CEE, adoptado pela Comissão em 2 de Abril de 1993, mostra que é necessário introduzir disposições destinadas a clarificar, complementar e melhorar as regras relativas ao processo de avaliação, de modo a assegurar que a directiva seja aplicada de um modo cada vez mais harmonizado e eficaz" — alterou a Directiva de 3 de Março de 1997.

Todavia, esta alteração em nada de significativo modificou a Directiva 85/337/CEE, já no que respeita à definição de dono da obra, já no seu papel de único requerente legítimo no processo de avaliação ambiental de um projecto público.

18. É, pois, a esta luz, por força dos referidos princípios comunitários de origem jurisprudencial — e enquanto não sobrevier uma desejável alteração legislativa que clara e expressamente sintonize o direito nacional com o direito comunitário em matéria de avaliação de impacte ambiental de projectos públicos susceptíveis de produzirem efeitos significativos no ambiente –, que tem de ser interpretado o regime constante do Decreto-Lei n.º 69/2000.
Assim, e por um lado, deve entender-se que "proponente", para efeitos deste diploma, é, no caso de projectos públicos, a entidade pública que tem, segundo a lei, a iniciativa de os realizar.
Por outro lado, deve também entender-se que o início do procedimento de AIA pode ter igualmente lugar através do envio directo pelo "proponente" / entidade pública de um EIA à Autoridade de AIA competente.
Por outro lado ainda, da interpretação do Decreto-Lei n.º 69/2000 em conformidade com o Direito Comunitário resulta que o artigo 18.º, n.º 2, do Decreto-Lei n.º 69/2000, que presentemente dispõe, como vimos, que "a DIA é notificada, de imediato e em simultâneo, à entidade licenciadora ou competente para a autorização *e* ao proponente" (n.º 2), deve ser lido no sentido de que "a DIA é notificada, de imediato e em simultâneo, à entidade licenciadora ou competente para a autorização **e/ou** ao proponente".

19. Finalmente, e raciocinando em concreto, fácil é agora perceber por que se disse acima que a AENOR se não reconduz também ao conceito de "proponente" constante do Decreto-Lei n.º 69/2000, mesmo que ele seja interpretado em conformidade com a noção de "dono da obra" fixada na Directiva n.º 85/337/CEE: é que, à luz da Constituição e da lei portuguesas,

apenas o Estado pode tomar a iniciativa de realizar auto-estradas e, por conseguinte, apenas o Estado pode requerer legitimamente a respectiva avaliação ambiental. Noutros termos, e em linguagem de AIA, é o *Estado o único titular desse projecto*.

Bem vistas as coisas, a tramitação procedimental decorrente da leitura do Decreto-Lei n.º 69/2000 em conformidade com o Direito Comunitário é, afinal, a que, como vimos, se encontra plasmada no contrato de concessão de 9 de Julho de 1999 e que, como informa a Consulente, desde o seu início e até 26 de Janeiro de 2001 foi seguida sem qualquer desvio ou excepção no tocante a estudos e projectos.

Tal como deverá, de resto, continuar a suceder.

CONCLUSÕES

20. Do que antecede extraímos, em síntese, as seguintes conclusões:

a) O contrato de concessão que a AENOR celebrou com o Estado português em 9 de Julho de 1999 reconduz-se ao tipo legal da concessão de obras públicas, que é, inequivocamente, no actual ordenamento jurídico português, um contrato administrativo, quer por natureza (artigos 178.°, n.° 1, do CPA, e 9.°, n.° 1, do ETAF), quer por determinação da lei (artigos 178.°, n.° 2, alínea b), do CPA e 2.°, n.° 4, do REOP);

b) O clausulado do contrato da concessão / AENOR não impõe ao concedente o dever de, por intermédio do Ministério (ou da Secretaria de Estado) do Ambiente, notificar directamente a Concessionária da DIA proferida no procedimento de AIA de cada lanço da auto-estrada integrada no objecto da concessão. Determina, isso sim, que a notificação daquela decisão das autoridades ambientais seja feita à entidade que nos termos do contrato é competente para requerer a avaliação ambiental: o IEP, enquanto representante do Concedente (MES);

c) Resulta incontroverso da Constituição, da lei ordinária e do princípio da especialidade que o Estado português é, através do Governo, e, concretamente, por intermédio do MES, o titular exclusivo do direito de definir e promover no território nacional a realização de obras públicas rodoviárias do tipo das auto-estradas, fixando os seus objectivos, requisitos e características;

d) E, tal como sucede noutros ordenamentos jurídicos estrangeiros próximos do nosso, o Estado português pode, segundo o artigo 1.º, n.º 2, do REOP, promover a realização obras públicas segundo um de três principais sistemas: *administração directa; empreitada de obras públicas;* e *concessão de obras públicas;*

e) Tendo sido celebrado entre o Estado e a AENOR, na sequência de Bases aprovadas e publicadas em anexo ao Decreto-Lei n.º 248-A/99, de 6 de Julho, um contrato administrativo de concessão de obras públicas, constituiu-se, por essa via, na esfera jurídica daquela o direito de desenvolver as actividades públicas de "concepção, projecto, construção, financiamento, exploração e conservação, em regime de portagem real, de determinados lanços de auto-estrada e conjuntos viários associados na Zona Norte de Portugal" por um período de tempo que expira "automaticamente às 24 (vinte e quatro) horas do trigésimo aniversário da data da assinatura do presente contrato". Assim, no plano técnico-jurídico, a Concessionária não precisa, posteriormente, de pedir ao Estado qualquer "autorização" ou "licença" para exercer os seus direitos contratuais. Pelo que, não sendo "proponente" nos termos em que o Decreto-Lei n.º 69/2000 define este conceito, lhe é também inaplicável o disposto no artigo 18.º, n.º 2, deste diploma;

f) Também a apresentação pela AENOR ao concedente (via IEP) de estudos e projectos relativos aos vários lanços da auto-estrada para aprovação pelo segundo não configura, no plano técnico-jurídico, qualquer pedido de autorização ou licença; configura, isso sim, o cumprimento, nos termos contratualmente convencionados, de obrigação relativa ao exercício de uma actividade por lei sediada na esfera jurídica do concedente;

g) O Decreto-Lei n.º 69/2000 pretendeu, "transpondo para a ordem jurídica interna a Directiva n.º 85/337/CEE, do Conselho, de 27 de Junho de 1985, com as alterações introduzidas pela Directiva 97/11/CE, do Conselho, de 3 de Março de 1997" (artigo 1.º, n.º 1), disciplinar o procedimento de avaliação de impacte ambiental de projectos *públicos* ou *privados* susceptíveis de produzirem efeitos significativos no ambiente. Mas, ao conceber o procedimento de AIA no pressuposto de que nele participam simultaneamente um *proponente* e uma *entidade licenciadora ou competente para a autorização*, o legislador omite, contrariamente ao que estava obrigado a fazer, à sua teleologia e àquilo que indica expressamente ser o objecto do diploma (artigo 1.º, n.º 1), a definição do regime da AIA de certos projectos públicos;

h) Visando o Decreto-Lei n.º 69/2000 transpor a Directiva n.º 85/337/CEE, com as alterações introduzidas pela Directiva 97/11/CE, as suas insuficiências podem e devem ser superadas por recurso à interpretação em conformidade com o direito comunitário;

i) Do regime fixado na Directiva n.º 85/337/CEE resulta que, no caso de ser pública a entidade que toma a iniciativa de realizar um projecto, é ela que deve requerer à autoridade com responsabilidade específica em matéria de ambiente a avaliação ambiental do projecto e, bem assim, que deve, logicamente, ser por esta notificada da decisão final dessa avaliação — é, portanto, neste sentido que deve ser lido o Decreto-Lei n.º 69/2000;

j) A AENOR não se reconduz ao conceito de "proponente" constante do Decreto-Lei n.º 69/2000, mesmo que ele seja interpretado em conformidade com a noção de "dono da obra" fixada na Directiva n.º 85/337/CEE: isto porque, à luz da Constituição e da lei portuguesas, apenas o Estado pode tomar a iniciativa de realizar auto-estradas e, por conseguinte, apenas o Estado pode requerer legitimamente a respectiva avaliação ambiental.

Lisboa, Junho de 2001

ÍNDICE IDEOGRÁFICO

(Os caracteres romanos – destacados a negro – indicam o número de cada parecer, e os algarismos a eles anexos os números das rubricas; o índice é exemplificativo)
Abreviaturas: a. – administrativo; c.a. – contrato administrativo; v. – vide; s. – seguintes.

A
Ajuste directo – **VIII**.18 e s., 27 e s.
Arbitragem – v. «Processo de Resolução de Diferendos»
Autonomia pública (Princípio da) –
    generalidades – **V**.6
    discricionariedade – **V**.7, **VI**.19
    interpretação de conceitos indeterminados – **V**.7, 9; **VI**.19
    no procedimento de formação do acto a. e do c.a. – **V**.8, 10; **VI**.19
Avaliação do impacte ambiental – **X**.14

B
Boa fé (Princípio da) – **I**.43 e s., **II**.26, **III**.8

C
Concessão –
    actividades complementares e acessórias – **IV**.2
    critério geral para fixação do prazo da – **IX**.11-12
    e autorização – **X**.14
    e licença – **X**.14
    e regime de exclusivo – **IV**.2
    noção – **III**.22, **IV**.2, **V**.2, **VIII**.9, **X**.12
Concessão de exploração de bens do domínio público – **I**.5, **X**.3
Concessão de exploração de jogos de fortuna ou azar – **IX**.1 e s.

Concessão de mera construção – **VII**.4
Concessão de obras públicas – **I**.5-9, **II**.4-6, **III**.2-3, **V**.3, **VIII**.25, **IX**.5, **X**.3 e s.
Concessão mista de obras públicas e de serviços públicos – **III**.3-4, **V**.3
Concessão de serviços públicos – **III**.2-3; **IV**.6 e s.; **V**.3; **VII**.2, 8,11, 23; **IX**.5
Concessão de utilização privativa do domínio público – **X**.3
Concorrência (Princípio da)
    direito comunitário originário – **VIII**.15 e s.
    direito comunitário derivado – **VIII**.22 e s.
Concurso limitado – **VI**.11-13
Concurso público – **VI**.11, **VI**.14, **VI**.18
Confiança legítima (Princípio da tutela da) – **III**.6-7
Contrato a. –
    noção e critério – **V**.2, **VII**.6-7, **VIII**.5
    de atribuição – **VIII**.30
    e acto a. dependente de colaboração do particular – **VI**.8
    entre particulares – **VII**.27
    entre pessoas colectivas públicas – **VII**.20
    forma – **I**.25, **I**.27
    interpretação do c.a. – **I**.10-14
    invalidade do c.a. – **I**.35-37
    modificação bilateral do – **IX**.18 e s.
    modificação unilateral do – **V**.15
    princípio do equilíbrio financeiro do – **V**.14 e s.
    princípio da estabilidade do – **I**.20-21
Contrato a favor de terceiro – **VII**.22-23

D
Domicílio contratual – **II**.11-13
Domínio público –
    hídrico – **VI**.1
    uso privativo – **VI**.8, **VI**.10
Dono de obra pública – **VII**.27

E
Erro-vício – **I**.34 s.
Estado de Direito (Princípio do) – **IV**.15
Especialidade (Princípio da) – **VII**.10, **X**.10
Expropriação –
    sujeitos da – **I**.45 e s.

partilha dos encargos com a – **I.**47 e s.

F
Fiscalização da execução do acto a. e do c.a.
  considerações gerais – **VI.**28, **VI.**30 e s.
  e direito à imagem dos particulares – **VI.**31
Fraude à lei – **VI.**18, **VII.**14

H
Hasta pública – **VI.**15, **VI.**17

I
In claris non fit interpretatio – **I.**4
In dubio pro Fisco – **I.**33
Igualdade (Princípio da) –
  considerações gerais – **III.**19
  na formação dos contratos administrativos – **III.**20
Imparcialidade (Princípio da) –
  considerações gerais – **III.**25
  na formação dos contratos administrativos – **III.**26
Imprevisão (Teoria da) – **V.**16-20; **IX.**19
Interesse público (concretização do conceito indeterminado) – **IX.**8
Interpretação conforme à Constituição (Princípio da) – **II.**30
Interpretação conforme ao direito comunitário (Princípio da) – **X.**16

L
Legalidade (Princípio da) – v. também «Autonomia pública (Princípio da)»
  considerações gerais – **III.**10 e s., **V.**6
  e critérios de adjudicação em sede de concurso público – **III.**12 e s., **VI.**19
Liberdade de circulação de mercadorias – **VIII.**20
Liberdade de estabelecimento – **VIII.**20

M
Mandato sem representação – **VII.**8

N
Normas excepcionais – **VII.**18

O
Obras públicas – **VII**.25, **X**.11

P
Preço –
   enquanto receita pública – **VI**.8
   enquanto critério de adjudicação – **VI**.23
Prestação de serviços para fins de utilidade pública (Contrato de) – **VII**.3-4, **VIII**.11
«Processo de Resolução de Diferendos» –
   regras de funcionamento – **II**.7-9
   pluralidade de instâncias – **II**.23
   jurisdição competente para execução de decisões – **II**.30 e s.
Proporcionalidade (Princípio da) – **VI**.32
Propriedade privada (Direito fundamental de) – **IV**.15 e s.
Prorrogação do prazo do contrato de concessão – **IX**.6 e s., 9

Q
Qualificação -
   em geral – **VIII**.2
   de contratos – **VIII**.3

R
Regulamento administrativo – **VI**.3-4
Responsabilidade do Empreiteiro – **I**.41
Responsabilidade do Dono da Obra – **I**.41
Revisão de preços – v. «imprevisão (Teoria da)»

S
Serviço de interesse económico geral – **VIII**.17
Serviço público – **VIII**.10
Servidões administrativas
   noção – **IV**.10 e s.
   indemnização devida pela constituição de – **IV**.16 e s.
   e enriquecimento sem causa – **IV**.22 e s.
Servidões de gás natural (Regime jurídico das) – **IV**.8 e s.
Sociedades anónimas de capitais exclusivamente públicos – **VII**.27, **VIII**.19

T
Tarifas
 - princípios gerais – **V.**9
Telecomunicações (e interesse público) – **IV.**21
Título executivo judicial –
 noção – **II.**16
 modalidades – **II.**17 e s.
 natureza jurídica do Parecer da Comissão Técnica de Peritos – **II.**19 e s.
 transparência financeira (Princípio da) – **VII.**31 e s.

ÍNDICE GERAL

Prefácio 5

Plano 7

I. CONCESSÃO DE OBRAS PÚBLICAS: DA RESPONSABILIDADE PELO PAGAMENTO DAS EXPROPRIAÇÕES DAS «SALINAS DO SAMOUCO» 9

II. CONCESSÃO DE OBRAS PÚBLICAS: DA NATUREZA DE TÍTULO EXECUTIVO DE UM PARECER DA «COMISSÃO FINANCEIRA DE PERITOS» 101

III. CONCESSÃO DE SERVIÇOS PÚBLICOS MUNICIPAIS: DA ILEGALIDADE DA REFORMULAÇÃO ADMINISTRATIVA DE PROPOSTAS EM CONCURSO PÚBLICO 171

IV. CONCESSÃO DE SERVIÇOS PÚBLICOS ESTADUAIS: DEVEM OS TITULARES DE PRÉDIOS ONERADOS COM SERVIDÕES DE GÁS NATURAL SER RESSARCIDOS PELA AFECTAÇÃO DE CABOS DE FIBRA ÓPTICA A TELECOMUNICAÇÕES DE USO PÚBLICO? 225

V. CONCESSÃO DE SERVIÇOS PÚBLICOS MUNICIPAIS: CONCEITO DE «TARIFA MÉDIA» E DEFINIÇÃO DE UM LIMITE MÁXIMO À EVOLUÇÃO DO SEUVALOR 295

VI. LICENÇA DE UTILIZAÇÃO DO DOMÍNIO PÚBLICO: CONCORRÊNCIA EM PROCEDIMENTO ATRIBUTIVO DE LICENÇA DE EXTRACÇÃO DE INERTES E MODO DE FISCALIZAÇÃO DESSA ACTIVIDADE 347

VII. CONTRATO DE PRESTAÇÃO DE SERVIÇOS PARA FINS DE IMEDIATA UTILIDADE PÚBLICA: DO AUXÍLIO À CONSTRUÇÃO E GESTÃO DE INFRA-ESTRUTURAS E SERVIÇOS PÚBLICOS MUNICIPAIS 399

VIII. CONCESSÃO DE SERVIÇOS PÚBLICOS ESTADUAIS: DA ATRIBUIÇÃO POR AJUSTE DIRECTO DO SERVIÇO DE APOIO À CONTRATAÇÃO ELECTRÓNICA 458

IX. CONCESSÃO DE EXPLORAÇÃO DE JOGOS DE FORTUNA OU AZAR: DA PRORROGAÇÃO DO PRAZO E OUTRAS ALTERAÇÕES DO CONTRATO 529

X. CONCESSÃO DE OBRAS PÚBLICAS: A QUEM DEVERÃO NOTIFICAR-SE AS DECISÕES DE AVALIAÇÃO DO IMPACTE AMBIENTAL DE LANÇOS DE AUTO-ESTRADA?

Índice ideográfico 617